◎彭娜娜 罗康隆 主编

吴秋林文集

·第七卷·

◎文化边缘——六枝彝族文化研究

◎羊场布依族盘歌

◎六枝『箐苗』文化研究

吴秋林 著

WUQIULINWENJI

中央民族大学出版社
China Minzu University Press

图书在版编目（CIP）数据

吴秋林文集. 第七卷/彭娜娜，罗康隆主编. —北京：中央民族大学出版社，2023. 4

ISBN 978-7-5660-2177-9

Ⅰ. ①吴… Ⅱ. ①彭…②罗… Ⅲ. ①人类学—文集 Ⅳ. ①C52

中国国家版本馆 CIP 数据核字（2023）第 002295 号

吴秋林文集. 第七卷

主　　编	彭娜娜　罗康隆
策划编辑	舒　松
责任编辑	舒　松
封面设计	布拉格
出版发行	中央民族大学出版社
	北京市海淀区中关村南大街 27 号　　邮编：100081
	电话：（010）68472815（发行部）　传真：（010）68932751（发行部）
	（010）68932218（总编室）　　（010）68932447（办公室）
经 销 者	全国各地新华书店
印 刷 厂	北京鑫宇图源印刷科技有限公司
开　　本	787×1092　1/16　印张：29
字　　数	630 千字
版　　次	2023 年 4 月第 1 版　2023 年 4 月第 1 次印刷
书　　号	ISBN 978-7-5660-2177-9
定　　价	108.00 元

目　录

文化边缘——六枝彝族文化研究

羊场布依族盘歌

六枝“箐苗”文化研究

吴秋林文集

第七卷

文化边缘

——六枝彝族文化研究

安毅夫老先生访谈录（代序）

安毅夫

2010年11月17日下午，征得安毅夫老先生的同意，我们（贵州民族学院的吴秋林教授、郎丽娜、马秋晨硕士研究生）一行三人来到了南明东路其家宅，访问安毅夫老先生。当我们上到五楼时，给我们开门的是一位满头银发的老奶奶，她身体很好，而且很有气质，说话的声音很好听。我们在安毅夫老先生的书房落座。看得出，安老先生已在那里等我们了。安老先生虽然已经88岁，但身体很硬朗、精神也很好。

我们说明来意，并把《文化边缘——六枝彝族文化研究》一书的样稿给安毅夫老先生看，他看了书名和目录，说了句："很好嘛！"并接着说："我对六枝彝族的文化方面所知甚少，可能帮不上你们什么忙！"

我们说："安老谦虚！安老的祖上在六枝地区是非常有影响的。您对祖上的事还有多少记忆？"

安老说："我原名为安粤，1923年出生于广东省。后来从小学一年级到初中二年级都在南京读书，这期间一直没有回过老家贵州。直到抗日战争爆发，我们才来到了贵阳，来到贵阳后，我读完了初中、高中，后又就读于西迁到贵州遵义办学的浙江大学机械工程系。在读书时，我就是一个积极分子，经常参加学生运动。

安毅夫老先生（已故）

"一直到1946年夏天毕业后，我才回了老家一趟。因为我是学机械工程的，当时贵州的工业不发达，因此仅仅在家住了三个月就到江浙去工作了。

"1947年，在上海工厂工作时，加入了中国共产党。1948年年底，奉党的命令回贵阳从事地下工作。1949年6月，在贵阳，又有特务要抓我，就又跑到了香港。不久，去广东东江参加了中国人民解放军粤赣湘边纵队（即著名的‘东江游击队’）。中华人民共和国成立后，在广东工作到1951年春，组织上调我到成都正在筹备中的西南民族学院，1981年到贵州民族学院任院长，直到1985年，父亲坟墓被列为省级文物保护单位，省里出钱修墓落成典礼时，我才回过老家一次。所以对家乡是没有多少记忆的，对祖上也没多少记忆。”

我们问：“如果愿意，可以谈谈安家祖上的事情吗？”

安老：“可以的，只不过父亲1929年去世时，我才6岁，对父亲印象不深，对安家祖上就更没有什么印象。”

我们问：“您父亲是20世纪著名的国民革命家，当时很受孙中山先生的器重，能谈谈您父亲安健前辈吗？”

安老说：“我父亲出生于1877年，成人后，在安顺考上了秀才，接触到当时的一些进步思想，1905年，留学日本，在日本参加了孙中山先生组织的同盟会，成为后来的国民革命的元老之一，在西南地区少数民族国民革命者中具有很大的影响力。他还曾被孙中山任命为讨袁（世凯）军贵州司令官，去世后被国民党追赠为陆军上将。”（后来，安毅夫老先生给了我们他父亲的生平资料，我们已经把它作为本书附录，请参见。）

我们问：“我们与地方政府的相关机构合作，对六枝的彝族进行民族学的研究，安老您是如何看待这样的事情的？”

对于我们在做田野调查的基础上来进行研究，他认为这是一件很有意义的事情。他说：“自从我去西南民族大学工作时，就已经是民族学界的一分子了。当时在西南民族大学，教过‘民族理论与民族政策’这门课程。我夫人是云南民族大学社会系毕业的，也曾从事过民族工作。”

安老又说：“以田野调查的方法来做地方民族的文化是很有意思的工作，搞田野调查是很重要的。当然，文献资料也很重要，因为这些资料都记录的是过去的事，可以做参考。我们所面临的当前情况，还是需要做田野调查。”

安老提到，刘尧汉（费孝通的学生，现在已是全国有名的彝族方面的民族学专家）就非常注重做田野调查，“彝族太阳历”就是他们在做田野调查的基础上做出来的，所以不搞田野调查是不行的。他当时还带了一批年轻人，同样也是搞了很多田野调查，才写出了很多有价值的东西。此外，彝学作为一门学科是很早就有了。在清朝时，外国的一些传教士、学者就到中国来，做了很多田野调查，搞出了很多有分量的东西。当时的西南民族大学的研究室，也组织学生到阿坝藏族自治州、甘孜、西昌、凉山等地做过考察，这也是田野调查。

我们问：“安老您是我们民族学院的老院长，对我们民族学专业有什么期望？”

安老：“民族学是一门很重要的学科，在理论和实践中都有许多致用的地方。另外，搞民族学视野要开阔一点，不要只是研究中国的少数民族，要放眼世界。我去过日本，日本人搞民族学研究就不仅研究日本的少数民族，还研究日本主体的大和民族；也研究世界的各民族。”

我们说："我们希望今天的访谈记录成为《文化边缘》一书的序言，可以吗?"

安老："这是可以的，我这里还有一些我父亲安健写的一些东西，不知道对你们是否有帮助。还有就是最后书出版了，是不是可以给我一本。"

我们说："当然，我们还会送上我们研究贵州彝族的其他学术研究专著。"

(郎丽娜根据录音整理，经安毅夫老先生审阅)

2010年11月18日

绪 论

文化是由区域构成的！在我们把文化看成某一个区域中的表现的时候，这句话就很有意义了。我们的文化人类学家和民族学家不是上帝，可以全能全知一切，包括总体和部分，我们只能从一个部分一个部分地去理解和观照我们的文化。

这可能就是我们把六枝的彝族作为一个文化的部分来调查和研究的动因。

六枝彝族社勒村

彝族在中国有许多令人惊奇的部分。在云南省，彝族人被自己的文化演绎“分离”成许多部分，种田的是“哈尼”，打虎的是“拉祜”，唱歌的是“花腰”……这些人有的已经被认定为一个族群，有的还是云南彝族的一个部分。在四川省凉山，彝族人还比较顽强地守持着自己古老的族群文化，火葬的习俗，“草化”的鬼灵系统，大盘的成块的羊肉和酒的饮食文化，至今仍然在街上行走的留着奴隶娃子头式的彝族人（虽然凉山彝族的奴隶制度早已成为历史，但作为娃子标志的发式也还有个别人保留着）……在贵州省，历史入明以来，贵州省的彝族经历了艰难的历程，在与汉族文化的交流中发展了彝族的文化，使古老的彝族毕摩文化向“文献化”“彝学化”方向发展了一大步，使贵州省的彝族文化成为中国彝族文化发展的一个最高阶段，在很大程度上代表了中国彝族文化的发展进步。

这种历史在奢崇明、安坤事件之后戛然而止。

1995 年，我在六枝一个仡佬族村子进行调查的时候，一位仡佬族老人告诉我，我们这里的仡佬族原来属于彝族的大定管辖，我们祖辈上粮都是要上到大定的……这个大定就是今天的大方县，在明清时一直是贵州水西彝族地方性的文化中心和政治中心。这位老人还说，原来我们是每年都要去上粮的，但去大定太远，后来我们就不去了，说是有一年一个聪明的仡佬族人嫌去大定上粮太远，就拿了一小口袋的草籽和毛稗去上粮，说我们仡佬族人的地盘上就产这个，大定的彝族人一看这样，就说，这样的粮食，以后你们不用来上粮了！从那以后，这里的仡佬族就不用去大定上粮了。

这个故事给我的印象很深，以至于我多年后都没有忘怀。其实当时这个仡佬族老人还说了一件事情，即他指着这个老人所居住的村子对面山窝里的一个村子说，那边是一个彝族的村子。这件事情也被我记住了。后来我在六枝这个地区调查研究时，逐步发现，越过六枝这一区域，就很少有彝族人、彝族村子、彝族的文化表现了。我们知道，彝族是在公元初东进贵州地区以后，曾广泛地进至黔中一带，其中的“罗氏鬼国”时期是彝族势力范围最大的时期，但后来这种均势被打破后，彝族的势力范围主要也就存在于黔西北地区。在明代以后，就在六枝一带，形成了彝族文化区域在东面的一条边缘地带。

这个边缘地带主要是一种文化区域的边缘概念，而不是一种行政的政治的边缘，即区域文化在自己的中心区形成之后，就会向四周的周边地区延伸，产生文化上的影响力。这种文化影响力在延伸的过程中，如果所行进的地区是“文化真空”地带，那这一文化就会在自然条件下完全展开，就像殖民主义时期一些欧洲文化在新大陆展开一样，但是，如果遭遇了其他文化共同体的存在时，就会在地域上形成这一文化的边缘线。

我们在六枝多年的调查研究中，就看到了这样一条彝族人、彝族文化在东面的文化边缘线。在这样一条文化边缘线上，彝族文化与屯堡人的族群和文化体发生了接触，与仡佬族文化体发生了接触，与布依族文化体发生了接触，与苗族文化体发生了接触（这种接触还可以细分为两个部分：一是与本来就依附于彝族族群生存的苗族人的群体文化。于此我们称为“黔西北苗族”；二是从黔中一带迁徙而来的苗族族群的文化体，这个苗族文化体与黔西北苗族的文化是有巨大差异性的）。这些文化边缘的接触和碰撞，除了有它一般意义上的物理学效应以外（即物理学的碰撞是两个或者说多个质量板块相碰撞时会发生相应的振荡和边缘契合，这条边缘线上的诸多文化体，它们的存在亦是有能量的，也能够产生我们所说的物理学上的振荡和边缘契合，这样才能使新的文化拥有自己的界线和存在意义。这条边缘线上的物理学上的振荡和边缘契合是存在的，但文化体边缘的振荡和边缘的契合要比物理学上的碰撞表现

六枝彝族社勒村碉楼

的复杂得多)，还有比此更为复杂的表现，即这一文化边缘线在贵州彝族区域文化中具有什么样的意义？这些边缘的形成给彝族文化的边缘文化会带来什么样的东西？同时对其他文化的边缘会带来什么样的影响？

从文化人类学的文化传播理论上来看，文化是在某一个中心发生以后，就会向外发生传播和影响，并且在自然或者说人文的某一个边际上停留下来，形成这个文化区域的边际。

在文化边际的自然力表现中，最多的是山脉和流域的影响，因为我们古代的人类多是在河流形成的水边居住，水系和造成水系的山脉一般就是造成文化边际的基本力量，所以，人类古代的文明多以流域文明来命名，比如两河流域文明、尼罗河文明、黄河流域文明等等。在这些地域中，一旦文明和文化播散开来，地理环境的限制往往会成为文化边际的基本因素，即是自然力构成了这一文化的边际。

在文化边际的人文力表现中，与自然力大不相同了。在文化的推进中，它会在遭遇到另类的文化体时发生变化，并且以多种形式形成自己的文化边际。在这种变化中，如果这一文化体弱小，并且有可以共识的部分，也就可以被掩盖、包容和消灭，消灭又可以是自然的消灭和强制性的消灭。在这种变化中，如果这一文化体足够强大，可以形成一种文化上的均势，从而形成双方文化的边际。在这样均势的边际中，如果文化差异性太大，互相缺乏共识性，那这个文化边际就会非常清晰。再如果文化差异性不大，互相有一定的共识性，那这个文化边际的双方文化就会发生比较流畅的交流，形成一个文化边际中的中间文化带，这样的文化边际就是模糊的。当然，在文化差异性很大的、边际非常清晰的状态下，如果没有自然地理力量的作用重叠，也会发生一些经济、技术和文化上的交流，这种交流也会发生一些变化，使文化边际上的双方文化发生一些变化。

彝族在六枝形成的文化边际线实际上就是“一种文化上的均势”，只不过它的这种文化均势比较复杂，在与明代的屯堡人为主要的均势文化对接外，西堡长官司仡佬族的文化力量也是一个重要的文化边际力量，只不过后来屯堡人消灭了这股力量。其他的比如说消灭了西堡长官司的仡佬族之后，填补空白的喇叭苗人，以及黔中的布依族、苗族等民族的文化，也在这一文化边际线上发挥了自己的作用。

在任何文化边际上，其文化相对于发生这一文化的中心来说，都有一个沉降和积淀的过程，因为文化本身只是一种综合力量中的精神和观念的体系，本身没有完全自在的动力，它像一条船一样，是要依靠海洋与河流的水和风的力量来行走的。文化中心中的政治、经济、军事的力量“推动”了文化的一切向四周辐射的时候，就会呈现像波一样的形态，随着波纹的变大，力量也就越弱。这时候，文化的一切也就会发生沉降和积淀，文化事物就会在沉降和积淀的地方保存下来，并且随着所处的自然环境和人文环境发生变化而成为这一地区的文化事物，之后，也就很少发生变化了。这是来自文化中心的文化，一旦停留下来后就很少变化了，只有随着文化中心第二波次的文化波纹的到来，才会接受新的文化变化，成为新的文化而发展。但是，在文化区域中间状态的文化会随着新的文化影响力的到来产生发展性的变化，而在文化边缘上的沉降和积淀的文化却很少有发展性变化的机会了，特别是那种比较大的文化力量播散。所以，在文化人类学的传播学派的理论中，有一个重要的理论表述，即边缘的文化一般要比中心的文化陈旧。这陈旧的原因就是文化边缘的文化一旦形成，它就很难得到来自文化中心的政治、经济、军事等形式的文化动能了。在世界格局中的文化竞争中，“边缘化”常常就是一种“武器”，其意义就是使你不能够得到世界中心的文化动能和先机。

六枝社勒村彝族妇女服饰

不过，在文化边际上研究一种文化的传统，又是文化人类学的一种幸运，因为我们可以在这里看到旧有文化的陈旧形态，从而进一步来认知这一文化的意义。六枝彝族的文化边际线的调查和研究，也是一种动能，我们在这种调查研究中，可以看到在贵州彝族文化中心已经基本消失了的一些文化表现，也可以看到彝族文化在某些时期中比较传统的样子。

在任何文化边际上，其文化相对于中心的文化来说，更容易受到外来文化的影响，即边际文化的存在与中心文化不同，它一定会包含其他文化因子而存在，因为这是边缘文化的一种性质，只有这样，这样的文化边际才有可能出现相互依存的关系，这样的文化边际才会出现比较稳定的状态。如果是互相没有包容的文化状态，就一定是一种文化对抗，而存在对抗性表现的文化边缘，这一文化边际就一定不会稳定，就会强的消灭弱的，或者说强大的包含了弱的，改变了弱的，从而把文化边际向前推进。所以说，均势的文化力量对比，是文化边际的前提，而文化的相互包容，或者说相互融入，是边际文化的基本性质，因为再强势的文化总会出现文化边际的，这也是文化自身的内在力量所在。

在这样的文化边际中的文化，一定是一种发生了文化变异的文化。这文化变异可以研究文化的相互影响的形式和关系，也可以在一定程度上重现某些在一个文化体中已经消失了的文化，即在你的文化中包含了我的已经消失了的文化。这样的研究在解读文化关系时，是最好不过的事例了。我们调查和研究六枝彝族文化，这亦是一个重要的点。在这个复杂的点中，仡佬族的文化、布依族的文化、苗族的文化、屯堡人的文化等，都会在这条文化边际线中出现。

六枝彝族文化的调查研究，就是在这样的理论认知中展开的。其本体表述是一个基础性的表述，有第一章　六枝彝族文化概述、第二章　六枝彝族丧祭文化、第三章　六枝彝族婚俗和节日文化、第四章　六枝彝族服饰和建筑文化等。在这些表述中，我们可以看到这里的彝族文化的边缘性质，也可以看到这里的彝族文化与黔西北地区彝族中心区的彝族文化的区别，也可以探究彝族文化在这个复杂的文化边际线上的变化。第五章　六枝彝族的语言文化研究，这是专设的一章，也是关于语言文化在这样的边缘文化中展开调查研究的一种尝试。语言学是一门专门的学问，也是一个文化共同体中重要的组成部分。语言是记录文化的基本工具，也是其思维的重要工具，从语言中我们能够看到许多我们从其他角度看不到东西。这是我们在这一文化边际线的调查研究中加入这一章的重要诉求。另外，彝族是西南地区真正拥有自己古老语言文字的民族，彝族现在也是西南地区拥有自己语言文献典籍的民族，但是，彝族现今的语言运用却又基本上处于只有口头语言运用，而没有文字运用的状态，这在语言的文化状态中显得很特殊……所以，我们以无文字民族语言研究的形式来调查研究六枝彝族的语言时，希望能在学术的探究上有所发现。这也是我们在六枝彝族调查研究中特设这一章的重要理由。第六章　文化边缘与六枝彝族文化，这是最后的理论思考，是我们在调查研究中的理论运用。于此，我们梳理了关于文化边际的相关论述，其中尤其关注了关于文化边际线和文化边际值的理论认知。我们以为，它不仅是通过田野调查来梳理一种文化人类学理论的努力，也是探索中国民族文化内部运行机制的一种努力。

六枝彝族文化的调查是在2010年年初展开的，根据六枝彝族人的分布，分成了四个组：李相兴、郭宸利、周莲莲三人进入了中寨苗族彝族布依族乡的小补王村；王金元、郎丽娜、徐玉挺和专门负责语言文化调研的龙海燕、黄丽媛组进入了箐口彝族仡佬族布依族乡的社勒村；游珍海、李志勇、李海波三人进入了牛场苗族彝族乡的大箐村、箐脚村；吴秋林、马秋晨进入了折溪彝族乡的六堡村。六枝特区民族与宗教事务局的同志亦参与了调查。

在这些调查的基础上，分头撰写该书的人员：

吴秋林撰写了绪论、第一章、第六章。

李相兴、郭宸利、周莲莲撰写了第四章。

龙海燕、黄丽媛、蔡吉燕撰写了第五章。

游珍海、李志勇撰写了第三章。

王金元、郎丽娜、马秋晨撰写了第二章。

吴秋林最后统稿。

第一章　六枝彝族文化概述

中国的彝族是由氐羌族群南下后在云南地区形成的，在云南地区到了“六祖时代”后期，就开始了在西南地区的扩张，这次扩张就形成了现今的彝族族群在西南地区的分布。关于彝族人的这次扩张，在彝族的口述文化中有一种悲情主义的描写，即为了逃避战争而进行了这次彝族历史上的大迁徙。在彝族中，主要是在贵州的彝族中，其男人的帽饰上有一条直直的帽鬏鬏，叫“朝天一炷香”，说是由于战争，他们的祖先连夜逃走，天黑路遥，山大林密，怕迷路，于是就在男人的帽子上插上一枝燃香，依靠香的火光指引大家不容易迷路，后来，彝族男人的帽子上就有了这样的称为“朝天一炷香”的鬏鬏，以纪念那一次的族群迁徙的历史。但是，据我们在西南地区的田野考察，这种迁徙的悲情主义描述不一定是历史事实，我们以为更多的因素是在云南的“六祖”的后裔为了寻找高山草场而往东和北上。北上的彝族人到达了凉山地区，寻找到了凉山地区的高山草场，东进的彝族人在乌蒙山区寻找到了高山草场。我们在对比了凉山和乌蒙山的高山草场的地理环境和气候状态后发现，两者有很多的一致性。在彝族人的祖先南下以后，其生计方式必然由游牧生计方式转向农耕的生计方式，但这个转变是艰难的，而“彝族六祖”后裔的“四祖迁徙”（两祖东进、两祖北上），可能亦是这种文化复古主义行为的最后表现，即希望北上和东进，寻找到昔日的草原式的光荣……我们在这里梳理彝族的这一历史，实际上是想说明，今天彝族的文化中，太多的文化与这种由游牧文化向农耕文化转化的过程相关，我们如果不理解这种游牧文化和农耕文化在彝族文化中的双重印迹，在很大程度上就不可能理解彝族和彝族的文化。六枝的彝族，也是这种彝族族群历史文化链条中的一小段。

第一节　六枝彝族区域分布和构成

六枝是一个地域概念，在行政化分中是一个国家的县级行政单位。现在它隶属贵州省的六盘水市管辖，但这个区划并没有反映原来的区域性文化归属的实际情形。20世纪60年代，毕节地区是一个体现原来黔西北彝族文化的基本区域，它的区域包括今天属于六盘水市的水城县，它的东面隔鸭池河与修文、清镇相邻，南面与安顺地区的六枝、普定、盘县相邻，北面与黔北的仁怀、四川省的古蔺、云南省的镇雄为界，西面靠云南省的昭通、彝良等县。现今黔西北彝族的族群文化地域基本未变，只有水城县被划归六盘水市。这是贵州省彝族族群文化的基本区域，在这个基本区域之外，彝族族群并不完全受这种地域的限制，也就是说，在这区域的周边，彝族的族群也广泛存在，六枝地区的彝族也就是这样的存在。

六枝全称为“六枝特区”，20 世纪 60 年代前，这里称为郎岱县，县行政机关也不在今天的六枝，而是在今天的郎岱镇。在我们国家搞“三线建设”时，这里成立了“六枝市”，把原来的县级行政机关迁到了今天的六枝，并且在这里设立了“西南地区三线建设指挥部”，指挥整个“三线建设”（包括云南、四川、贵州等）。后来改为六枝特区，至今未变。

这个原来称为郎岱的六枝，正好处于彝族族群文化区域的南部边缘，在历史上亦是彝族的势力范围，但是，在明代以后，这里就是彝族的南部文化边缘了。

中国的彝族人口在 2000 年国家人口普查中有 7762272 人，其中四川 2122389 人，云南 4705658 人，贵州 843554 人，十年过去，这个人口数字肯定比 2000 年多。

六枝特区辖 5 个镇、5 个乡、9 个民族乡：平寨镇、郎岱镇、岩脚镇、木岗镇、大用镇，新窑乡、落别布依族彝族乡、折溪彝族乡、牛场苗族彝族乡、中寨苗族彝族布依族乡、箐口新场乡、堕却乡、龙场乡、新华乡，彝族仡佬族布依族乡、洒志彝族布依族苗族乡、毛口布依族苗族乡、梭嘎苗族彝族乡、陇脚布依族乡。

在这 9 个民族乡中，标有彝族的乡有 7 个：落别布依族彝族乡、折溪彝族乡、牛场苗族彝族乡、中寨苗族彝族布依族乡、箐口彝族仡佬族布依族乡、洒志彝族布依族苗族乡、梭嘎苗族彝族乡。

处于彝族文化边缘的六枝彝族，现今全特区人口约 6 万人。在这 6 万人中，由两个组成部分，一是原来的彝族人部分，二是在 20 世纪 80 年代经过识别而来的彝族人部分。这后一部分的彝族人在历史上称为“里明人”，这个部分的彝族人与安顺的屯堡人的族源关系密切，基本上属于屯堡人的“二次迁徙”的结果，但长期与彝族人为邻，亦有了基本的民族认同感。现今的属于原来的彝族人的人口约有两万来人，但在 2000 年的人口普查中，最多也就 1 万多人。我们的六枝彝族文化的调查研究，应该说主要是在这些彝族人中进行的，包括调查点的分布，六枝彝族区域性分布描述，等等，都是按照前一种彝族人的基本情况而言的。这一点要特别强调，因为在六枝经过识别而来的彝族人在文化表现上有自己特定的表现，应该不属于一个范畴内的事物，不过，我们会在六枝彝族人的文化边缘性上来谈论这个问题。

在六枝，这两万来人的彝族族群分布主要在以下几个乡镇，即箐口彝族仡佬族布依族乡、中寨苗族彝族布依族乡、牛场苗族彝族乡、洒志彝族布依族苗族乡、梭嘎苗族彝族乡等，以这几个乡的彝族人口最多，文化影响力最大，民族文化最为浓郁，但在其他乡镇彝族人的村落也有分布。这样，我们的“六枝彝族文化调查研究”的调查点就主要设在箐口彝族仡佬族布依族乡的社勒村、中寨苗族彝族布依族乡的小补王村、牛场苗族彝族乡的大寨村，以及我们顾及20世纪80年代识别为彝族人的情况，在折溪彝族乡亦设立了一个调查点。每个调查点的彝族文化描述，是可以代表这一片区的彝族文化状态的。

四个调查点的基本情况如下：

一、箐口彝族仡佬族布依族乡调查点

社勒村位于贵州省六枝特区的西部，距六枝特区人民政府所在地34公里，其所属的箐口彝族仡佬族布依族乡东部、北部与堕却乡相连，西部与水城县红岩乡相邻，北靠堕却乡田坝，南与中寨乡接壤，地理位置为东经105°13′18″~105°16′25″，北纬26°13′22″，南北长约12公里，东西宽约9公里，乡人民政府驻地箐口，全乡总面积56.4平方公里。耕地面积15706.7亩，占总面积的18.6%。其中水田2916.7亩，旱地12790.1亩，林地20945.9亩，山地面积的24.9%，牧草地23522.4亩，占土地面积的38.7%，其他占60.5亩，占0.07%。

箐口乡气候湿润多雨，为典型的亚热带季风气候，年平均气温为16℃，年平均降雨量1482.3毫米。地形以高原、山地为主，平均海拔1418.7米。该乡最高海拔1961米，1800米以上的山峰有10余座。全年无霜期290天，最热7月，平均气温21.3℃；最冷1月，平均气温4.2℃。是六枝特区的高寒山区。

箐口乡以农业为主，粮食作物有玉米、水稻、小麦、洋芋等。以种植果木及开发煤炭资源为辅，发展多种经济。1995年，粮食产量1800余吨，人均口粮120公斤。

箐口乡原属六枝区管辖，1953年建箐口乡，后划归堕却区管辖，1961年成立箐口公社，1984年9月改建箐口彝族布依族乡。1991年9月，由原堕却区的箐口彝族布依族乡及牛坡仡佬族乡的1个村合并，建立箐口彝族仡佬族布依族乡。全乡现辖7个行政村，112个村民组，总户数2987户，总人口12931人，是一个彝族、仡佬族、布依族、苗族、汉族等多民族杂居的少数民族乡，少数民族人口8016人，占全乡总人口的61.9%。

而社勒村，便是箐口乡7个行政村之一，现属于箐口彝族仡佬族布依族乡管辖，从六枝特区县城出发，先驱车34公里到箐口乡政府所在地箐口，然后再换车往东南方向驱车20多公里，需40分钟便到达社勒村。社勒村东与居都仡佬族村遥遥相望。西、南与下马翁村相连，北望过瓦村，坐落在三山包围的半山腰，地势陡峭，森林覆盖稀少，寨脚下有三条小溪汇集，然后往中寨乡方向流去。静静流淌的小河，河水四季清凉。

全村有10个小组，分上、下两个寨子，上寨有5个小组，95户人家，汉族20多户，苗族13户，其余为彝族；下寨5个小组，168户人家，全部为彝族。上下两寨共有陈、王、李、毛、杨、张、文、叶、石、欧、胡、龙等十二大姓，263户人家。

他们这支彝族支系自称“那斯濮”（音译），汉族称他们则为“沙濮”（音译）。但具体的族源又因不同的宗支、家族而异。比如社勒村的陈氏，有的说彝族是从一个叫“伊纳”（彝语音译，古地名，不详）的地方迁过来的；有的说是从江西迁来的，到现在已有300多年了；而社勒村其他的姓氏家族有的则说从郎岱迁来的；也有的说来自水城一带。他们来时，时间不同，陈氏来得比较早，其他姓氏来得则相对晚一些。这个社勒村原本是个苗族村寨，后来这几个姓氏的彝族进入后，他们就逃走了。

至于“伊纳”说，由于时间久远，“伊纳”具体位于今天的何处，老人们的回忆已经不清楚了。对于江西说，亦非偶然。据史籍记载，明代初年，朝廷为了巩固封建统治，曾经实行大规模的移民，把人多地少的江西吉安一带的汉人迁移到湖南开垦新区，于是出现了“江西填湖南，湖南填贵州”的现象。那这些汉族人到底与这里的彝族人有什么关系，有待进一步的考证；而郎岱、水城说，由于户数很少，并且从迁来之时到现在不过三四辈人，应该有据可循，但却不是这个彝族的大部分。

社勒村除了大部分是陈姓以外，还有王、李、毛、杨、张、文、叶、石、欧、龙10个姓，其中欧姓为汉族，李、杨为苗族，其余的全部是彝族，但分属于不同的支系或者族系。

社勒村有很长的历史，虽然彝族有本民族的文字，但却由于没有专门的人士把其族源或者族谱记录下来，所以，到目前也无法断定其历史具体有多久远。如果从寨子里的三座古坟的墓碑来判断，至少也有300年的时间了。

口述史材料：

（陈胜富：男，彝族，社勒村支书）

我们彝族的祖辈是从江西迁来的，到现在有300多年的历史了。迁来时，有三兄弟，具体迁来的原因，不清楚。只听老人们说是从江西迁来的。

（陈明忠：男，彝族，50岁，毕摩，社勒村大寨组村民）

据老人回忆说，我们（彝族）是从江西迁来的，某一年的春节，陈家三兄弟帮主家杀年猪，不小心，年猪挣脱缰绳跑了。他们为了把年猪追回来，就拿枪去打，结果把官家的一个人给误杀了。就这样，他们的举动引起了主家的愤怒，并强迫他们杀人偿命。三兄弟为了躲避主家的血债，就一路向西南地区逃跑，他们跑了一处又一处，最后才跑到毕节、大方这些地方。后来，由于战争等原因，他们三兄弟才逃到社勒并定居下来，到后来，他们三兄弟发展到八兄弟，可人口多了，田地不够种，他们八兄弟便分家，其中的三个兄弟便迁到社勒的东面——下麻翁村去了。只有五个兄弟留了下来。经过百多年的时间，就发展成现在这个样子了。

（石永学，男，彝族，62岁，中共党员，社勒村小寨组村民）

我们是从郎岱县过来的。那时，在那边没有田地种，没有饭吃，老祖辈们兄弟多，就搬到这里来了，到现在已经有五代人了。

（龙国亮，男，彝族，83岁，社勒村小寨组村民）

我们是从水城那边来的，在水城那边经常遭到压迫，所以一个老祖祖就带我们搬过来了，到现在已经有四代人了。

二、中寨苗族彝族布依族乡调查点

根据调查的基本要求，调查组经过5天的紧张工作，在六枝特区中寨乡小补王村调查了以下各方面的内容：小补王村彝族婚俗、丧礼、建筑、歌舞（跳脚、铃铛舞、打嘎）与传统节日（元宵节、三月三、吃新节、火把节）、服饰、生计、音乐、立碑习俗等。

我们组的调查严格按照民族学、文化人类学田野作业的规范和要求进行，主要使用了“入户访谈”“个体访谈”“群体访谈”，以及现场观察等方法。

中寨乡位于六枝特区西南部，距特区政府驻地65公里，地处东经105°07′1″5~105°23′01″，北纬26°05′49″~26°15″，辖境东邻新窖乡、陇脚乡，南接郎岱镇、毛口乡，西接水城县、普安县、晴隆县，北靠箐口乡、堕却乡，全境东西长26.25公里，南北宽18.15公里，边界周长91.8公里，全乡土地总面积219.6平方公里。

现全乡分设四方井、中寨、双夕、鲁戛、长寨五个办事处，共辖21个行政村，1个居民委员会，346个村民组，9669户，总人口39068人。其中，苗、彝、布依、仡佬等少数民族人口占全乡总人口的93.7%，是六枝特区内典型的少数民族聚居杂居区。

中寨乡地处云贵高原东斜坡，位于苗岭山脉和乌蒙山的交接地带，乡内最低海拔613米（北盘江出境处），最高海拔2126.9米（老王山），乡政府驻地海拔1403米，大部分地区平均海拔在1300~1500米之间。全乡土地总面积219.6平方公里。

由于地形复杂，地势高低悬殊，乡内气候类型多样，仅仅200余平方公里的乡境，就集中了亚热带的三种气候特征，即北盘江、月亮河沿岸的鲁戛、长寨、捞河、木则等河谷地带具有南亚热带气候特征，新场大坡、仙马山、老王山等海拔超过1900米的山体上部具有北亚热带气候特征，其余地区为中亚热带气候，“一山有四季，十里不同天”正是本乡气候的真实写照。

中寨乡煤炭资源十分丰富，保有储量6亿吨，占六枝特区总储量的20%以上，煤种以焦煤、肥煤、焦肥煤为主，煤层大部分埋藏较浅，露头发育，便于开采。此外，乡内还有铁矿、铝、锌、砷等矿产资源。

小补王村隶属中寨苗族彝族布依族乡的一个行政村，距离中寨乡政府所在地约15公里，全村分为四个组，据前几年的统计数据，总人口为2019人，其中彝族占全村总人口的50%，其余的为汉族、布依族和苗族。该村煤矿资源丰富，经勘探，部分地方的煤层厚度达12米，本村现已有几个由政府统一开采的煤矿。

三、牛场苗族彝族乡调查点

牛场苗族彝族乡位于贵州省六枝特区西北部，距六枝特区政府驻地65公里，地势呈东南低、西北高的阶梯状。东与织金县相邻，西与水城县接壤，北抵纳雍县，南面和东南面分别与六枝特区的新场、梭嘎两乡隔河相望。辖9个行政村125个村民组，5146户20929人（截至2006年数据统计）。境内居住着汉、苗、彝、回、仡佬、布依、蒙古等民族，少数民族人口占总人口数的42.2%。

牛场苗族彝族乡境内无矿产资源，但这里却有着得天独厚的发展农业资源的优势。境内边缘地带多为悬崖和陡坡，中心地带多为土山和坝子；日照充足，气候温和，热量丰富，降水充沛，无霜期长；平均海拔1450米；年平均气温13.5℃，年降雨量1380毫米，无霜期达265天，年日照时数达1300小时，适宜玉米，小麦、辣椒、烤烟、洋芋等农作物生长。

大箐村位于牛场乡东南部，东与梭嘎乡平寨村隔河相望，南与新场乡白果村隔河相邻，西与黔中村接壤，北与织金县木底河相邻。辖10个村民组，373户，总人口1439人，有少数民族931人，占全村总人口的65%，初中以下文化程度686人，高中及中专文化程度30人，大专以上文化程度6人。全村耕地面积1165.7亩，水田面积105亩，林地面积810亩，草坡面积1050亩。大箐村彝族主要分布在清官1、2组中，共计70户，人口250人。

箐脚村位于牛场乡政府所在地北面，全村14个村民小组，10个自然村寨，包括箐脚、官寨、小屯、大寨、瓦厂、大荒地、大包、大屯、箐木冲、野都。共计544户，2248口人，主要居住有苗族、彝族、汉族等民族，该村彝族主要分布在官寨上下组。

四、折溪彝族乡调查点

折溪彝族乡位于六枝特区东南部，乡人民政府驻距六枝特区政府驻地38公里，地处东经105°10′~105°15′，北纬26°05′~26°11′；北部与落别相邻，东部与关岭县坡贡镇接壤，南部与郎岱镇相邻，西部与陇脚相交，西北部与新窑相接。

折溪彝族乡地处山区，长岭岗连绵约18公里，把全乡分成折溪和滥坝两个部分。最高海拔程家小屯1684米，乡政府驻地海拔1380米，全乡平均海拔1504.8米。

折溪彝族乡地处群山环绕的山谷地带，村东北、东南有一条曲折的小溪环绕，故名折溪。1992年建立折溪彝族乡，辖9个行政村，79个村民组，69个自然村寨。2005年末全乡共4024户，16198人，除彝族占95%以外，还有苗、布依、仡佬族等少数民族。

当地气候最热是7月份，平均气温21.8℃；最冷为1月份，平均气温4.8℃；全年平均气温14.4℃。无霜期达290天以上，年降雨量1405.2毫米。全乡总面积56.7平方公里，截至2006年，耕地12180亩，其中田7995亩，地4185亩。

六堡村位于折溪乡的东南面，距离乡镇府所在地仅5公里，该村由场坝、大寨、黄泥洞3个自然村组成，现有425户1942人，共7个村民组。根据该村老辈人描述，他们的祖辈都是在明洪武年间朱元璋调北征南时来到现在的安顺市七眼桥附近的老堂关一带，现今他们的祖坟仍在安顺，每年清明都会到那里祭拜先人。

根据六堡村柴家人的描述，他们的先人是三位大将军，分别叫作柴天福、柴天德、柴天寿，他们三人受朝廷之命到南方平定北帆（他们说可能就是蒙古军），平定之后由于受到朝中奸臣的挑拨，没有班师回朝，而是又被派到南蛮平定叛乱，之后就在现安顺市七眼桥老堂关一带安居，后来又迁居到现在的六堡村。这群人从衣服服饰上与屯堡人类似，妇女穿着大花袖衣，脚穿绣花尖鞋，根据柴其芳大娘所说，从1949年后服饰就逐步开始改变，在经过“文化大革命”、改革开放之后，原有的服饰特色就基本消失，大花袖衣已经基本没有了，妇女们都已经改装。他们自称自己为“黎族”“大脚”，他称为“里民子”或者“里民人”（这两个名称都有贬义在其中，并且该名称的起源也不详），而一直到中华人民共和国成立后，1956年开始民族识别工作，将他们识别为划定为汉族，但到1982年民族识别调整时，又将其认定为“彝族”，直至现在。在采访询问过程中，当问到为什么一开始把你们划定为汉族，之后又划定为彝族，在场的几位老辈人也都说不清楚，只有一位叫柴作良（今年70岁，原六堡村小学校长，柴家第十一辈）的老人认为，他们被划定为“彝族”是合理的，他曾经去过云南昆明的某个彝族村，看到那里的人身穿着的服装与他母亲的服装一模一样。

图1-1-1　折溪六堡“里明人”村庙

这里的彝族与前面三个调查点的彝族族源关系是不一样的，他们是1983年时通过民族识别而成为彝族的，他们原来的族称为“里明人”。

第二节　六枝彝族文化概述

在第一节里，我们基本理解了“六枝彝族”的地域性和民族性，即“六枝彝族”是一个特定的民族地域的概念，我们研究六枝彝族，也就是研究这一地域内的彝族的民族文化。并且是从彝族的角度来研究此地域内彝族民族文化的。

正如前述，六枝的彝族在总的概念上包含了20世纪80年代经过识别后而确定的3万多“里明人”，但在实际的文化调查和描述中，并没有这3万多人的文化描述，原因是这些经过识别的彝族人，在族别概念上没有问题，但在文化上却不属于一个文化范畴，故我们这里的彝族文化概述，也只是表述了原来的两万多人的彝族文化。

六枝彝族文化按照本书的章目分布，亦可以分成：“六枝彝族的丧祭文化”“六枝彝族的婚姻习俗文化”“六枝彝族的节日文化”“六枝彝族的服饰文化”“六枝彝族的建筑文化”“六枝彝族的音乐歌舞文化”“六枝彝族的语言文化”等等。

一、六枝彝族丧祭文化

“六枝彝族的丧祭文化”是六枝彝族文化的核心部分。按照一般意义上的文化，其祭祀文化才是其文化的核心部分，而丧祭文化只是祭祀文化中的一个组成部分，但是在其文化中的祭祀部分缺失或者说不完整时，其丧祭就会自动补偿到其文化的核心位置。因为在文化群体中祭祀文化缺失时，最有可能在丧祭中进行文化的自动补偿，会在其仪式中承担起在一般意义祭祀中要解决的问题。

这种祭祀文化一般是在群体祭祀的形式中体现，并且因此会形成一定的制度，成为一个文化体中的制度文化的一个组成部分。在这个文化体出现“离散式”的群体的迁徙，以及其制度文化随着政治上的失败而被打碎时，其群体性的祭祀就会出现断裂，出现遗失，这样，其族群的一些祭祀内容就会“转移”到丧祭仪式中来，从而使丧祭仪式成为这种族群文化中的核心文化部分。

六枝彝族的丧祭文化，实际上就是这样的一种文化。

图 1-2-1　六枝社勒村彝族祠堂

生活在六枝地区的彝族，绝大部分是从彝族的中心区域迁徙过来的，这种迁徙实际上就是我们上面所说的“离散式”的群体迁徙，即他们离开了祭祀性群体的主体之后，是没有能力很快建立起新的祭祀性群体的。另外，贵州省的彝族人在经过“奢安事件”之后，其政治体制是被全面摧毁了的，这样，贵州省彝族人的群体性祭祀已经失去了制度基础，可能以家族为单位的群体性祭祀还在，但是以地域为单位的群体性祭祀也就不存在了。六枝彝族处于贵州省彝族文化区域的边缘，这种状况就更为严重，所以，在六枝的彝族文化中，其丧祭文化是非常重要的。

在六枝的丧祭祀文化中，其丧祭仪式的过程大致是：死亡准备、死亡告知、装棺、停灵祭祀、发丧、下葬、停棺待葬、复丧等环节。

死亡准备。六枝彝族丧祭文化中死亡准备是第一个环节，它的意义与其他土葬民族的形式是一样的，也是强调了老人死亡时子女应该守在身边，但它是以“扶持”老人落气这种形式来呈现的。在这个环节中，把即将死亡的老人扶持到地上的草上是六枝彝族在死亡准备阶段比较特定的表现。

死亡告知。在六枝彝族的死亡告知中，大致分两种告知，一是一般意义上的告知，用放地炮的形式来表示。二是派两个人去相关亲戚家的告知，这是亲缘集团之间关系的告知，是礼仪和仪式的一个组成部分。这两个人去到这些亲戚家时，有三种基本的禁忌，一是只在门外说暗语，二是不随便进这些亲戚家门，三是一定不要在外面过夜，要在当天赶回来。在六枝的中寨小补王村的丧祭仪式中，去告知的人还要象征性地带着死人的魂魄去告知的。

图 1-2-2　六枝社勒村彝族建筑上的符号

装棺。在装棺中，穿衣服男单女双是一个基本的礼数，在装棺中注意不要让金属东西进入等等，均是六枝彝族人丧祭中的要求，但明显这是与汉族土葬仪式同类的事物。

停灵祭祀。在六枝彝族的丧祭中就显得多样化，有彝族式的绕棺仪式，也有汉族式的开路仪式。一般意义上的土葬仪式主要由汉族先生来做，但是在用彝族式的牺牲品时，就要请彝族的毕摩了。在六枝彝族的丧祭中，各个地方的停灵祭祀是不一样的，有的地方注重彝族文化的仪式内涵，有的地方注重汉族土葬文化的仪式内涵。只不过不管是汉族式的，还是彝族式的，都比较注重对亡者的祭祀。有的地方，停灵祭祀时还要举行专门的“跳脚”仪式，以表示对亡者的敬意。

发丧。发丧是所有需要在家里举行的仪式全部完毕之后的环节，即这时要把死者的棺木抬上山。这个环节完全是汉族式的，包括孝子在沟壑上匍匐，象征性地“背”老人过河的过程。应该说这一环节与一般意义上的汉族丧祭没有什么区别。

图 1-2-3　六枝彝族妇女头饰

下葬。下葬这一环节在挖圹时有一定区别，即埋葬老人的坟堂挖多深，甚至于不挖，要垫高起来等，都是根据死者的八字来推定的。另外，一般意义上的汉族土葬是讲究“入土为安”，但是彝族人的土葬却很不在乎及时入土，而基本上是“停棺待葬”，在以后的数日，甚至数年再行埋葬。

复丧。有的地方称为“扶山”等，其过程主要是在三天后要到坟上举行一个仪式，表明此次安葬已经全部结束，以后就只能进入正常的祭祀了。

这是六枝彝族的丧祀仪式的土葬仪式部分，这部分自然夹杂了许多彝族丧祭仪式的内容，但是，这里的彝族还是保留了祖灵筒的祭祀，即在土葬中会有“扯神筒”的仪式，在彝族村子里有专门放置这些灵筒的小房子，他们称为祠堂。另外，六枝的彝族，也还有专门的彝族亡灵的仪式，他们称为“打嘎”。这是彝族毕摩举行的仪式，目的是为了把亡者的一个灵魂，通过一个称为“指路仪式”，送到彝族祖先之地去与老祖先汇合。在这个比较纯粹的彝族“打嘎”仪式中，还有一个彝族传统的救赎仪式，使亡者的灵魂经过此仪式后，成为一个干干净净的灵魂。

这种仪式要在同辈的兄弟全部死亡后才由后人举行，许多年才会在六枝的彝族村落中出现一次。在六枝彝族文化中，也仍然存在毕摩这样的神职人员，但有的丧祭也不完全由他们来主持。

二、六枝彝族婚姻习俗文化

六枝彝族的婚姻习俗文化是六枝彝族文化的一个重要的组成部分，也是在现实社会中最容易发生变化的一个部分，故在六枝彝族的婚姻习俗文化中，一般都存在着三种形式：一是自由的男女婚姻关系；二是仍然受传统婚姻习俗制约的婚姻关系；三是两者结合在一起，既有青年男女的自由恋爱，又有传统婚姻的习俗礼仪的婚姻关系。这样，在六枝彝族的婚姻习俗文化中，一些基本的传统礼仪仍然存在，婚姻的缔结，在绝大多数人中，说媒、接亲、跳脚、送亲、回门这样的一些基本礼仪，不管是上述的哪一类婚姻关系的缔结，这些过程在婚姻中或多或少，或者说变化形式等都要在婚姻缔结中出现。

在六枝彝族中，青年男女的结识可以是经人介绍的，也可以是自己结识的，父母亲满意，或者说自己满意后，一般就会请媒人去说亲。能说会道、名声好是媒人的基本要求，在不同的彝族村落对媒人会有不同的要求和禁忌，或者说“讲究”。

一般的媒人第一次去说亲都是不带礼物的，女方家也不会马上同意，受现代社会的影响，每个家庭对说媒的态度都是不一样的，传统婚姻意识重的家庭可能就会注重这样的说媒次数，开通的家庭也可以一次就成功了。有了明确的答复后就是准备聘礼（男方）和准备嫁妆（女方）了。

图 1-2-4　六枝彝族人演唱酒令歌

在六枝彝族的婚姻习俗文化中，聘礼基本是象征性的。

> 去女方家提亲时，需看日子。选好了日子，背些瓶装的酒，再备好两个大的糯米粑粑，还要带猪后腿一只。看男方家的经

济是否宽裕，宽裕的话就多背点东西去。此外，歌郎要请两个，一个背粑粑和一小吊的肉；另外一个负责提猪腿。带去的粑粑和酒都要分发给女方家的亲戚，粑粑要用刀子割成小块分给女方家的亲戚、家人。酒要送给女方家的每个内亲，每家一瓶，女方家则要为男方家的人准备饭菜，好好招待他们。(见《社勒村婚姻习俗调查报告》)

这实际上就是一个关于婚姻礼仪的一个组成部分。在这个仪式背后应该还有实际数量的礼金的。

其下一个环节就是男方的接亲和女方的送亲了。实际上这两个不同的环节几乎是同时进行的，具体的过程可以参见第三章。在这里面，世俗社会的过程可能各地大同小异，但仪式性的过程却与众不同。男方的接亲者要被“打”，进门接亲前要歌郎对歌，完成这个仪式才能进屋。女方家在女儿出嫁的前一天晚上要“跳脚”。

在婚期九天之前，女方的亲朋好友需要为新娘准备跳脚舞，选择其他八家作为跳脚舞的活动地点，在晚上举行。如果有歌郎，跳脚舞需从晚上八点举行到次日十二点。到第九个晚上时，才把“跳脚”的活动地点转至女方家，由女方家主持最后一次跳脚舞。这时，男方就要做好前往女方家迎亲的准备了。(见《社勒村婚姻习俗调查报告》)

这个婚姻习俗在六枝彝族的婚姻习俗文化中是比较特定的。

在送亲中，也有一定的规矩，比如用马驮新娘、哥要抱妹妹上马，在进到男方家门前，六枝各地的彝族人都要举行一定的“扫除”仪式。

在新娘到达男方家时，有一个把衣服、或把帽子甩上房顶的仪式。

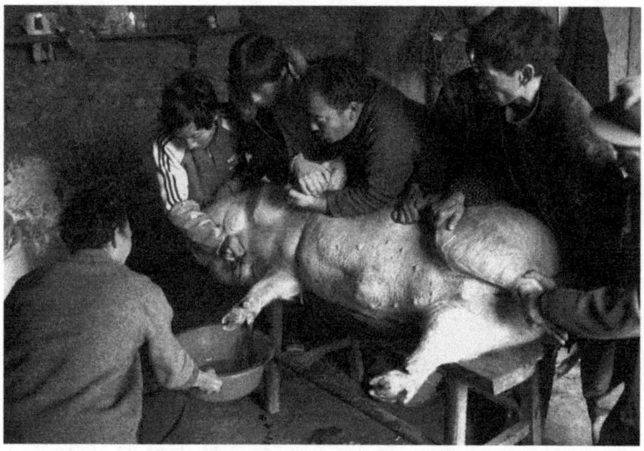

图 1-2-5　六枝社勒村彝族人杀猪过年

到达男方家之后，由新郎将新娘接下马，新娘将其头上的盖头或者衣服取下扔到屋顶，到第三天才拿下来。(见《社勒村婚姻习俗调查报告》)

新娘要背着凉帽到男方家，到男方家大门口时，边甩帽边由她哥哥扶她下马，把凉帽甩到房顶，凉帽不能翻，否则象征着新娘在夫家不久，要重嫁，生孩子也不乖。(见《中寨乡小补王村传统婚俗调查报告》)

这实际上是此次婚姻未来巫意性的测试。

其后是三天后的回门，这样，整个婚姻过程才算完整。

在六枝彝族的婚姻习俗文化中，还有诞生礼、满月酒、百日礼等内容，这也是六枝彝族的婚姻习俗文化的一个组成部分。

三、六枝彝族节日文化

在六枝彝族的节日文化生活中，8 个节日分别是春节、三月三祭山神、四月初八、五月初五端午节、吃新节（六月六）、七月半、九月九重阳节、十月初一。从这些节日名称来看，都不是彝族传统文化中的节日，春节是汉族的节日，三月三祭山神是仡佬族的节日，四月初八是苗族的节日，五月初五端午节是汉族的节日，吃新节（六月六）是仡佬族的节日，七月半是汉族的节日，九月九重阳节、十月初一等等亦然。但是，六枝的彝族却在这些节日的名称下，展现了自己丰富多彩的彝族文化内涵，虽然这些节日是其他民族节日的名称，而实际上所展示的内容是彝族的节日文化。

比如春节，这个节日在六枝彝族中，已经不是汉族世俗生活的享受和娱乐，而是祭祖和驱逐不吉和瘟疫的仪式。

> 这三天都要供饭。杀鸡是在大年三十那天才杀的，在供饭前，要杀一只公鸡，毛头要好看的。杀的鸡并不是马上就拿去煮熟，而是等吃饭之后再去煮熟，到第二天供饭后再拿出来吃。
>
> 供饭是由家里的男主人或者年长的老人来主持，供饭是在吃饭之前供的，首先是供山神，然后再供奉老人。供桌上的贡品有猪肉、豆腐，杀猪的人家还要有猪腰子、猪舌头、猪肝，还要挑家里最好的东西放在供桌上。使用的供桌用一般的供桌就可以了，在过年期间要供 3 天的饭，一般是在年三十的晚上、初一早上、初二晚上、初三早上，总共要供四次饭。每次供饭都要供三桌，供饭的时间是在给神龛处供饭之前，供的时候要准备香纸和酒，一般是插上三炷香，供一碗酒，还有一些吃的东西。
>
> 供第一桌饭的时候，是在门前的空地上，将一张桌子放置于空地上，再去坡上砍 3 棵泡木树，树是越直越好。砍伐以后要将树枝剃掉，剥皮后露出白色的面，将其修整顺直。然后在供桌两边各插一根泡木树枝，两根竖插的树枝尖要砍成丫枝状，然后再拿另外的一根横放于两根树枝之间。有一个人会用火钳从灶膛里取出一块烧红的石头，将从山上采来的蒿草放在烧红的石头上，再用水倒在石头上面，就会冒出热气，意味着可以驱邪。供饭的时候由老年人来念请山神的词，只敬酒不敬茶，首先是供山神，然后是树神，最后是敬奉家里的老先人。（见《箐口乡社勒村彝族节日文化调查报告》）

这样的春节活动是六枝彝族展现祖先神性的春节，而不是汉族文化中的春节了。在这个节日中，火把节的余绪还留存其中。

送火把。在年初三的早上（天亮之前），村民要来送火把，火把是用竹子制作的，这个火把必须是在家中的火塘点燃，由家中的老男人去送，这个火把要送到水井边或者清水池边，到那个位置将这个火把放到水里熄灭，这样就可以避免火灾和重大的瘟疫病情的发生。（见《箐口乡社勒村彝族节日文化调查报告》）

这个活动使该地村民认为，他们仍然有自己的火把节，不过举行火把节的日子在春节。

在六枝的社勒村，他们还过所谓的“吃新节”，但这个吃新节与3公里外的仡佬族人的吃新节大不一样，实际上是这里彝族人礼敬玉米魂的节日。

这天，家里的人会去自家的田地，采摘熟玉米，在地里他们会叫玉米魂和田地魂回家去过节，并且把玉米秆顶端带回家。放在锅里和玉米一起煮，供饭的时候，要把玉米秆顶端的部分插在神龛那里。（见《箐口乡社勒村彝族节日文化调查报告》）

四、六枝彝族服饰文化

六枝彝族的服饰在中寨、箐口等地彝族中，保存得相对完整，分为婴幼儿服饰、未婚青少年服饰、已婚及老年服饰、婚丧服饰以及毕摩服等几大类。其中，婚丧服饰特点尤为鲜明，特别是丧仪服饰在整个彝族中独具特色。

婴幼儿服饰包括帽子、衣服、裤子、鞋袜、背带等，一般都是在婴幼儿出生前，由婴幼儿的母亲在怀孕期间着手准备。其中背带最具民族特色，所绣花纹多包含旧有的生殖崇拜，多表现在背带中部的绣片上。背带外部是展示绣饰的部分，既是彝族独特的审美意识的展现，又是长辈们祈求孩子健康、平安成长愿望的寄托。一般在底布表面直接添加一整块经过精心刺绣加工的绣片，有的只拼接上部分绣片，同时也在底布上进行局部的刺绣装饰。刺绣方法主要有挑花、平绣、堆绣等，其中以挑花和平绣最为常见。

刺绣的图案纹样多以各种各样的动植物图案为题材，如蝴蝶、鲤鱼、喜鹊、兰花、菊花、喇叭花、牵牛花等等，最常见的是菱形的八角花。

未婚青少年的服饰，主要体现在青少年女子服饰上。过去六枝彝族的未婚女子基本都穿独特的本民族传统服饰，但自20世纪50年代以后，受外界影响较大，平时几乎都改穿流行服装了。

六枝彝族妇女服饰，分为头饰、配饰、服装、围腰、鞋子几部分。头饰为“打盘头”是当地彝族妇女的一种缠头方式，是六枝中寨乡彝族妇女最独特的标志。这种盘头不分年龄大小和结婚与否，都盘成一个样式。头部样式是一个族群对外界展示自我的重要标志，六枝彝族妇女的头饰便是这种对外展示的物质载体。

整个头饰由发箍（彝语“欧补”）、假发辫（彝语“欧搓杂”）、飘带（彝语“农格木”）、纱帕（只有已婚者才佩戴纱帕）几部分组成。假发辫长约50厘米左右，用黑色毛线制作的。

当地彝族的配饰比较简单，通常只有耳饰、手镯、戒指等。

六枝彝族妇女的服装多为宽边、长袖、直领、右衽对襟长衫。这种长衫一般长及脚踝。在直领处有三对布纽扣，右胸两对，腋下三对。在长衣的左侧开衩，从腰际处开衩直达长衣底部，方便行走和做活。制衣用的布料现在一般是棉布，以前是用自己加工制作的麻布。

下装很简单，通常只穿深色的棉布直筒裤，没有任何刺绣装饰，显得简单大方。

围腰是当地妇女服饰中的必备之物。这种围腰很简单，形状为简单的长方形，长度依人的个子而定，一般长及踝骨以上，只围正面腰腿部分。

传统上的鞋子是自己做的绣花布鞋。

六枝彝族男子也穿类似女装的直领、右衽对襟长衫，头包黑色的纱帕，腰上系腰带，但腰带多余的部分不能垂下来。随着时代的变迁，目前当地彝族男子鲜有穿传统服饰的了。

六枝彝族的丧礼服饰有亡人服饰、尽孝者服饰、毕摩服饰等。

亡人的寿衣穿戴有一定的讲究，要穿白色长衣服，以前是用麻布制成，现在也有用棉布等代替的。六枝彝族尽孝者的着装一律是白色的，白色的头带、白色的长衣。毕摩拥有自己专用的一整套服饰，包括法帽、法衣以及一些配套的法器。毕摩的法帽，严格的是用羊毛毡制作而成，其形状如礼帽。其他饰物包括鞋垫、包袋、手帕等等。

图 1-2-6　六枝彝族服饰图案

五、六枝彝族建筑文化

六枝彝族的建筑文化主要表现在民居建筑上，民居建筑又以村落建筑为主。在材料的使用上主要为石、木、草、竹、泥、石灰、瓦等等，在现代，也有使用水泥、瓷砖等建筑材料。

六枝彝族村落的建筑主要以家族聚居为区域分户修建。民居依山或依地形而建，房屋坐落朝向不统一且分散。单户建筑有一主体正房型、一正一厢型、一正两厢型三种类型。

在六枝彝族的建筑文化中，有一种被彝族称为“祠堂”的建筑，是用来放置祖先灵筒的地方，在彝族中这是一个比较特定的建筑。

据六枝彝族调查发现，当地的祠堂一般由一个家族或家族支系修建，是专供族人放置祖筒和祭祀祖先的处所。祠堂一般都修在寨子后面的山上，面积只有几平方米。六枝彝族祠堂有几种不同的类型。如六枝箐口乡社勒村的祠堂既有草顶石墙结构的房屋，又有草顶木栅栏的屋棚。六枝中寨乡小补王村的祠堂为瓦顶石墙结构的房屋。

供奉在祠堂内的灵位叫灵筒。一个灵位有两个灵筒，表示一对夫妇，灵筒按男左女右并列排放。同辈的灵筒并列成一排，灵筒排放的顺序是从老到小一代一代地放。灵筒是指头大小的竹筒，长约五、六寸，里面装入米和草（分公草和母草）、纸（纸上写有死者的姓名和身份）等。已婚者的灵筒用编织的篾笆包着，未婚者的灵筒只是一个光的竹筒。

灵筒放进祠堂前必须有四个步骤：一是毕摩在村寨附近山上的坝上设堂，主人家要准备 12 只草鸡、一头猪、12 个鸡蛋、12 对泡木树枝。泡木树枝围绕设堂地点插在地上，然后杀鸡和杀猪。二是设堂完成后，毕摩装灵筒。三是把泡木树枝捆好带到祠堂，在祠堂旁边供饭。四是毕摩把灵筒装进祠堂，把泡木树枝捆在祠堂侧边。

非正常死亡的人必须要请毕摩做法事，灵筒才可以进入祠堂。

六枝彝族在村落选址和民居选择上很注重风水的选择。六枝彝族传统民居在内部格局上分为左中右三个部分，大致上分为三大间、五小间。入门正中为堂屋，堂屋靠墙处设有神龛，供奉祖先牌位。彝族认为人有三魂，死后一魂守坟，一魂回归祖先发祥地，一魂守护灵牌。因此，堂屋都供奉有祖灵牌，逢年过节和举行各种仪式时都要供奉祖先。

在六枝彝族的民居建筑习俗中，有下盘子、架码、立柱、开梁口、包梁、上梁、开财门等习俗。下盘子指的是看地基和测日子。架码指的是正式开工，加工建筑用的木材。立柱开梁口、包梁、上梁是一系列建筑房屋的重要仪式。开财门是房子建好后求吉利的一个仪式。

六、六枝彝族音乐歌舞文化

六枝彝族的文化中，音乐文化主要表现在婚礼“跳脚”和接亲时歌郎对唱，以及彝族唢呐的演奏，前者属于声乐，后者属于器乐，但这些文化在六枝彝族中表现并不突出。

六枝彝族的文化中，舞蹈文化主要表现在丧祭相关舞蹈中，比如说我们在小补王村采录到的“彝族铃铛舞”。

图 1-2-7　六枝社勒村彝族废弃的传统用具

《中寨乡小补王村彝族铃铛舞调查》

采访地点：六枝特区中寨乡小补王村坡脚组

采访时间：2010年1月19日

讲述人：毛永达，男，彝族，60岁

记录整理：郭宸利

彝族铃铛舞是六枝特区中寨乡小补王村的彝族特色舞蹈。铃铛舞普遍流传于乌蒙山区的彝族聚居区，在民间亦称“跳脚舞”“搓蛆打老鸹”等，意为灵体告别舞，是彝族人民在祭祀场中跳的一种传统民间丧葬舞蹈，应属于一种原始的宗教舞蹈。一般要在丧葬祭祀仪式上才能跳，以此达到祭奠死者和驱邪的目的。

据说，彝族铃铛舞蹈起源于这样一个传说：从前有位彝族的首领，其王印被偷窃，找不到踪迹，危及他的统治地位，于是下令如果有谁能把王印找回来，就把自己的女儿嫁给谁。结果，却是一条狗把王印用嘴叼来呈献给彝王，为了不食言，彝王只好把女儿嫁给了它。后来，其妻子为它生下了一个儿子，这条狗却在几年后不幸坠崖死了。当儿子懂事问起父亲的下落时，母亲如实告诉了儿子，于是，儿子苦苦寻找到了父亲的尸体。这时，尸体已经腐烂，啃噬尸体的蛆虫引来了很多乌鸦，人们就边跳边舞以驱赶乌鸦，后来慢慢演变成了铃铛舞。

但是也有不同的说法，有人认为它原先应属于一种表现军事征战舞蹈。从铃铛舞的道具与反映的内容来看，有着战争场面描写的寓意，刻画了彝族传统的民族尚武意识。在古代，铃铛舞表现的是战斗的场面，舞者以红、白、黑、黄为装饰色，象征四方将领，手持铃铛以示骑马，同时也用铃铛声来控制舞步。舞蹈表现了彝人艰难的迁徙、勇猛的战斗、壮烈的牺牲、对祖先的虔诚祭祀等一系列壮怀激烈的历程。

随着时代的发展，彝族铃铛舞的表演场合、表演内容也发生了变化，从单一的丧礼舞蹈演绎，逐渐演化成了一种舞台表演艺术。

（一）表演形式

原始的彝族铃铛舞仅限男性表演，而由于观念的更新，现在女子也加入表演队伍，而且场合不再限于丧葬礼仪，在春节等节日庆典用来娱乐，在一些大型表演活动和比赛中由政府请去演出。在丧事时，一般由主人家请去跳，孝女家也可请铃铛舞表演队，有几个孝女，就请几队铃铛队。

表演人数：在丧葬场合跳时人数不限；在舞台表演时一般需要12人（男、女各6人）。

表演器具：铃铛，即在铜铃上拴上各色的彩布条，一般五六个铜铃为一串。

表演服饰：丧事时，穿白色长衣服，戴黑色帕子；舞台表演时，则着彩色表演服装。

（二）动作过程

丧事时，铃铛舞的表演队在进行绕棺这一环节时跳。各家带领人马扛彩旗，吹唢呐，围绕灵房绕场，铃铛舞队手执铃铛围绕棺木边绕边舞，围着棺木正三圈、反三圈的来跳。铃铛舞动作虽然不多，但难度大，每跳一场，都需要把所有高难度动作做完，休息一会儿再重复动作接着跳。孝子、孝女也可以跟着队伍走，但不用做难的动作。在跳动作的同时还要唱词，唱的内容多是讲彝族族源之类的，唱起来气氛严肃，类似开追悼会。

彝族铃铛舞大致有以下五个动作：弓卧摇铃；挂腰摇铃；背翻摇铃；站肩摇铃；站顶摇铃。

彝族铃铛舞的显著特色是载歌载舞，舞蹈无音乐伴奏，靠鼓点及舞者摇响手中的铜铃声为节拍，控制舞步节奏和统一舞蹈动作。表现形式雄浑悲壮、豪放粗犷。一连串的高难动作，把战场上勇猛威武、彝族汉子的血性气概表现得淋漓尽致。

由于铃铛舞具有广泛的群众性，因而得以世代相传，并保持着相对完好的形态。一直以来，彝族铃铛舞在六枝特区中寨乡小补王村得以较好传承，村子里15岁以上的大部分人都会跳，有自己的表演队。近年来，在一些文艺工作者的帮助下，将传统的铃铛舞加工创新，使舞蹈的艺术形式更加完善，率领村里的铃铛舞队参加了各种文艺演出和比赛，并获得了可喜的成绩。例如1982年参加呼和浩特举行的全国少数民族民间传统文化艺术表演活动，荣获了第3名，在贵州历届少数民族民间传统文化表演艺术活动中也都取得了良好的成绩。

但看得出来，这是在丧祭舞的基础上向审美娱乐舞蹈转化的一种舞蹈，但它在彝族人中有相当的认同。

七、六枝彝族语言文化

六枝彝族的语言文化是一个非常专业的部分。

社勒村彝族深居崇山峻岭，其地理位置十分偏僻，所以，社勒村彝族的语言得以完整地保留下来。这里所说的“完整”有四个意思：一是凡彝族人口都能说彝语；二是彝语是村民最先习得的语言；三是村民内部普遍使用彝语交流；四、彝语特有的语音、词汇、语法特征多数犹存。

第二章 六枝彝族丧祭文化

丧祭文化是一个族群文化信仰文化表现最为富集的地方，尤其是在一个族群信仰文化没有自己明确的仪式形式和过程的时候，更是如此。因为这时候这样的情景下，族群的人们会将所有的信仰表现在丧祭中呈现，使丧祭的行为不仅是对死亡的观念精神的表述，而且亦是信仰依托的最后表现，进而还有集体无意识形式的族群教化等一系列的附加功能。在六枝的彝族文化中，其丧祭文化就属于这样的文化。

第一节 六枝彝族丧祭文化描述

关于六枝彝族丧祭文化我们是用个案的方式来表述的。我们力图通过个案表述的方式来表现六枝特区区域内彝族的丧祭文化，因为只有这样才能更为清晰地展示这一区域的彝族丧祭文化。

一、箐口彝族仡佬族布依族乡社勒村丧祭调查

时　间：2010 年 1 月 19 日晚
地　点：箐口彝族仡佬族布依族乡社勒村陈明忠家
讲述者：陈明忠（男，彝族，50 岁，毕摩，懂彝文，对本民族文化比较了解）
天　气：晴
采录人：郎丽娜、徐玉挺、王金元

丧葬，俗称“送终”或“白喜事”，它是人生中最后一项“通过仪式”，也是人“生与死”的间隔点。人们相信人死后仍有灵魂，死亡只是灵魂脱离了肉体，而到另外一个秀丽之地去寻找新的归宿，从而与老祖宗团聚。因此，丧葬作为将亡灵送入彼岸美好世界的仪式过程，备受人们的重视。人们不惜一切代价，尽其所能去置办丧事，备棺木、择吉日、请毕摩、杀猪宰牛、宴宾客，缺一不可。人们花费掉近万元举办这样隆重的葬礼，不仅是对逝者的怀念与尊敬；同时，也体现了人们对现世平安的祈福。

在社勒村，就是这样的一种情况，社勒村作为箐口乡比较大的彝族村寨之一，其民族构成有彝族、苗族、汉族。全村有263户人家，上、下两寨共有陈、王、李、毛、杨、张、文、叶、石、欧、胡、龙十二大姓。其丧葬方法主要为土葬。凡家里有老人者，都要给其准备棺材、寿衣，此外还要饲养牛、猪。老人落气时，都要给亡人洗身，然后去请先生测死者的生辰八字，看停柩待葬多少天，然后再进行报客、请毕摩、下葬、宴宾客等一系列的仪式过程。不论男女，其仪式过程大致如下：

陈明忠和张昌富是共同的一个师傅，其师傅是张昌富的爷爷（已经过世），一般有人家要做丧事，两个人都是一起去的。当我们问到在做丧事期间所念的一些经文的时候，陈明忠说这些经文一般是不能在家里说的，必须在坡上或者路上讲，他还说以前他们的师傅也是在坡上教他们的。

家里有老人过世，主家提前要准备棺材、衣服、纸、火药等，如果是男性老人，要准备单数，最多的是15套衣服，女性老人则要准备双数，最多是16套衣服。要杀牛（不分公母）、羊、猪等，棺材的原料是楸树木和杉树木，主人家准备的牛必须是眼、角、耳都要好的，如果是姑娘家的牛，对好坏则没有过多要求（一般是有几个姑娘就牵几头牛，一家一头，主家备一头牛），如果是男性老人过世了，在老人快落气时，由长子在老人身后将其扶起，如果没有儿子则由女儿来扶，如果儿子和女儿都没有则由自己的家门扶起。其含义是：老人在世的时候是有人照顾的。老人一落气就开始放炮，每天都要放，直到将老人抬出家。放炮的时间一天内大致分三个时段：从早上天不亮一直放到早上八九点钟，从上午11点放到下午14点，从下午17点放到晚上24点。

男性老人升天后，要请人给男性老人洗身子，给男性老人剃头，最后要将剃下来的头发烧掉。然后再把所准备的衣服一件一件穿在男性老人身上。最后将其放入棺材中，再将棺材顺梁放，头朝里，脚朝外，一般是男性偏向左边，女性偏向右边。

女性老人升天后，要请人给女性老人洗身子，再将女性老人的头发辫起来，也像上述男性老人一样，将准备的衣服一件一件穿在女性老人身上。最后将其放入棺材中，再将棺材顺梁放，头朝里，脚朝外，偏向堂屋右边。

图2-1-1　六枝彝族祠堂里的祖灵筒

还要请寨上的两个人去通知姑娘家、外家、舅家、姑妈家，这两个人一个人头戴白帕子，一个不戴，来到亲戚家的门口，也不进门，就在门外喊：会抽烟的，装烟出来，不会抽烟的，舀水出来，亲戚家一听到这些话，就知道有人去世了，就会杀一只鸡来款待这两个人。虽然现在有电话了，一个电话就可以通知所有的亲戚，但是舅家、姑妈家必须亲自派人去请，可见他们对舅舅和姑妈的尊敬。去请先生还是这两个人，要带上两瓶酒，仍然是在家门外喊，先生听到了就会出门来，在家门外，根据亡人的生辰八字，测好亡人的灵柩在家停放几天，抬上山的日子（出殡的日子）等，在家停放的天数有二、四、六天不等，但最多是七天。在家停放的这几天里，每天都要给亡人供饭，一天三顿，活着的人吃什么就给他（她）也供什么。

如果是办斋事，姑娘等外家亲戚要牵牛来，姑妈不论牵什么都行，因为办斋事要花好多钱，至少得好几万元，所以很少有人能办得起。不办斋事时，姑娘等外家都是牵羊来，另外还要做纸火，快到村边的时候就放炮，主家就知道了，就会派人去接。来了后，他们就会供饭，然后住一晚，第二天才回家。如果第二天是抬上山的日子（出殡的日子），前一天所有的亲戚都会来，住一晚第二天再回去，如果离得比较近，当晚就可以回家去了。

图 2-1-2　六枝彝族人土葬现场

抬上山的那天，用篾条编好绳子绑在棺材上，由帮忙的八个人来抬，孝子拿着香、纸，撒买路钱，走在前面，抬棺的人走在后面。不办大斋事的，只由女的穿白长衫，男的穿什么颜色的衣服均可，但男女都要头戴白帕子，去的时候所走的路和回来的时候所走的路不能是同一条路，回来的路要比去时的路短。白长衫要拿回来，白帕子就在山上烧掉。坟地的选择主要是依据“亡命丧甲”，如果选在别人家的地里，就要用钱来买。如在去山上的路上，遇到过河、桥，就要拿一只鸭子和一丈青布来，因为鸭子可以浮在水上，因此就意味着鸭子可以将老人背过河去。将白布从棺材下面牵过去。如果在去坡上的路上经过了其他寨子，就要放炮，意味着将寨子冲干净。

抬到山上以后，如果“亡命丧甲”不合，三年、五年都不能落土，就暂时用茅草将棺材盖住。等到可以落土的时候，要挖坑，请先生先挖一两锄（动土），然后由帮忙的人来挖，下葬时，停棺三年、五年的就开棺看一下。如果是没停棺就立即下葬，这时候要用鸡、羊来祭，羊的一条腿和整只鸡要给先生，剩下的就抬回来，做熟后大家分吃。最后将羊角插在坟顶上，四条腿按老人所躺的方向分别插在坟的周围，前腿插在头部，后腿插在脚部。下葬后的三天之内，孝子每天都要来供饭，第一天，孝子要在坟边，喊亡人来吃饭、喝酒、吃肉，第二天则是在半路，第三天就在寨边。

回煞，根据亡人的生辰八字来推算亡人哪天回煞。到回煞时家人都要避开，躲到邻居家不回来或者悄悄地睡在床上不要吭声。要是不躲或者出声，怕碰到老人来回煞，便会生病，对主家不好。这时还要把房门锁好，并把树枝上的木菌子摆在门槛上，同时，找一些带刺的树枝挂在门上，把火封好，水缸上也要放些浮漂。等亡人的亡灵回到家来，看到这些，以为家里没有人居住，就回去再也不会回来了。孝子把灰撒在亡人落气的地方，并把灰撒在门口，看灰上留下什么印迹，如果有猫爪印，就意味着亡人变成了猫，如果是狗爪印，就意味着亡人变成了狗，如果是人脚印，就意味着亡人变成了人，如果有铁链印、铁锁印，就意味着亡人被阴间里面的亡魂用铁链或铁锁拴去了。第二天早上起来就把门口或者亡人落气地方的灰扫出去。

亡人死后第一年的正月初三，姑娘及其他亲戚都要提腊肉回来祭供亡人，另带一些米，在他们这里没有包坟这一说法，坟上的石头都是当时就砌好了，以后的清明节，就自家人去亡人坟上挂纸，其实就是认坟而已，如果不去的话，时间久了，就不知道自家的坟是哪一座了。

祠堂房，里面供着过世老人的名字，在祭祠堂的时候，各家都会斗钱买来猪、酒、菜来供。

二、中寨乡小补王村彝族丧祭仪式过程

采访地点：六枝特区中寨乡小补王村坡脚组

采访时间：2010 年 1 月 22 日

讲述人：毛永达（男，彝族，60 岁）

采录人：李相兴、郭宸利、周莲莲

中寨乡小补王村的彝族丧葬礼仪从先后顺序来看，大体分为装棺、报丧、绕棺、交牲、掩材和起山、下葬、扫晦气、扶丧等过程。

图 2-1-3　六枝彝族挂在堂屋里的祖灵筒

（一）装棺

受传统观念的影响，当地彝族对生老病死也讲究落叶归根，认为老人要在家里过世才吉利，否则死者的亡灵就不能顺利进入家族宗祠，而成为孤魂野鬼，享受不到后人的祀奉。不同于其他地方的独特之处在于，这里的人认为病人不能在床上过世，临终前事先要在屋内的地上铺好稻草，将快要过世的人放在稻草上面，让其在上面断气。在老人断气时，要往老人的嘴里立即放一点银子，称为“口含钱”，意为给他到阴间买水喝的钱。随即在较短的时间内又把“口含钱”取出，并为他烧一些纸钱，当地人称为“落气钱”。在老人落气时，要马上撒几颗米粒和将几个剥好的大蒜丢进水缸里，否则这家人三年内不能食用大蒜。

接下来，要为死者进行“净身”仪式，也就是用清水为死者洗最后一次澡。按常规，若死者为女性，一般由儿媳妇来洗，若是男性，则由儿子来洗。

洗好后，要为死者穿上寿衣。寿衣的穿戴也有一定的讲究，要身穿白色长衣服（以前是用麻布制成），并且不能带纽扣。寿衣的件数讲究男单女双，一般为男性三、五、七，女性四、六、八。若死者是年轻的要头戴孝帕（有父母在世的戴白色孝帕，父母过世了的戴黑色），死者是年纪大的则不用戴孝帕。为体现阴阳相别，给死者穿的寿衣要反着穿，头帕也要反着包。

棺木扛出来后，由年轻人来进行清洗。洗好后，在棺材内底部先铺一定数量的白纸，白纸上面铺上棉絮（棉絮要求抽掉网线）。枕头用白纸来做，无论用几刀（每刀80张），都要折成三角形，把死者的头部固定起来。躯干四肢也都要用草纸或者白纸塞紧，把尸体固定好，使其不能移动，否则将会对后代不利。

装棺要由内亲的人来负责，以避免外人乘机动手脚。若有现成的棺材，可以即死即装，如果是临时做准备的，则要另行找毕摩算好时辰才能装棺。将亡人放入棺材后，要用白纸包数节高粱秆（称为“白棒”，有几个孙子就包几节）放入棺内左手边一侧，这是给死者到阴间做拐杖用的。棺木上忌带铁器，不能钉钉子，棺盖用木榫头固定好以后，再用土漆刷。

装好后，棺木按男左女右的方位摆在堂屋一侧的预先准备好的两条凳子上，脚朝向堂屋门。从这时起，一定要有内亲的人轮流来守棺，主要是为了防止猫跃过棺木，传说如果有猫从棺材上面经过，亡人就会变成妖怪，前来祸害村民。

在死者断气时所躺的地方，先分别在头部、四肢位置处用锄头各挖一个十字，同时用一只领魂鸡来取走死者的魂。并在各个十字位置放置一个“红火”（即一团尚在燃烧的煤），煤上边覆盖一团蒿草，再往“红火”上泼水，使其淬出火烟，同时，众人大吼一声，便把死者生前所用的衣物收拢，先由一个人揭开大门顶上的一两块瓦片，用一根金竹竿从里面伸出去，再把收拢的衣物拿出家外烧掉。这根竹竿要一直插在那里，直至死者上山。

接着进行“开路”仪式，这个过程极其简单。由一个与死者平辈的人在棺材前高声念道：“在你生前不叫你的名字，到你死了才叫你的名字，你的死不怪三亲六戚，不怪在世的人，不怪一本九族。你今天死了，我拿这只草鸡给你带路，让你跟着这只鸡走向阎王十二殿，永远不再回来。”紧接着，用一只白色草鸡（未下过蛋的小母鸡），把鸡放在棺材上砸死，取出鸡肠子，用一只破簸箕，用一段剥掉皮的名叫“芊芊活”的树枝，从簸箕正中央穿过去，把鸡肠子绕在树枝（白棒）的一端。这样就表示死者的灵魂已经升天。

同时，孝媳、孝女要包白色孝帕，穿白色长孝服（孝媳的孝服是在出嫁时就从外家带来的，等到她的所有长辈都过世之后，就收好保存起来，直到她自己去世时，才同她的物品一并烧掉），孝男头包白色孝帕（孝帕要等到孝期过了之后，挂在家里自己卧室的篱笆墙上，并且不能从上面跨过去，也不能拿去另作他用，只能让其自行腐烂）。

图 2-1-4　六枝彝族毕摩经书

（二）报丧

按照当地的风俗习惯，谁家有人不幸死亡后，要先放三声地炮报丧（三声地炮分别为告知天堂一炮、告知地府一炮、告知村邻亲戚一炮），目的是把死讯告知全寨的村邻，听到炮响后，全村的人都会主动前来帮忙。同宗族的人聚在一起商讨如何去请先生，定日子的事宜。

定好日子，请两个亲戚或乡邻邀上死者的灵魂一同前去所有的内亲家“赶死”（即把安葬的日子通知亲戚）。出发前，两人先跪在棺材脚，戴上孝帕，并嘱咐亡人：“某某老人，我们一同去某某家赶死。”在中途休息的时候，也不能忘记交代亡人：“某某老人，我们先休息一下，你不要急着走。”休息好启程时，也要交代亡人：“我们现在走了……”（如果中途休息时不交代清楚，亡人的灵魂就会在两人之前走

图 2-1-5　六枝彝族毕摩张昌富

到别处祸害生灵，如果再次启程时不邀约亡灵，他的灵魂又会留在半路上祸害过往的行人）。

到了被赶死的人家门口，赶死的人不能先进去，要在门口站住，高声喊道：“请你家送一支烟出来。”主人家在递烟的同时要搬一把椅子出来，这把椅子是专门准备给死者的亡灵坐的，烟摆在椅子的旁边（男左女右）。这时候，赶死的人才能进到家里去。主人家要杀一只鸡祭奠亡人，亡人家在哪个方向，就要到哪个方向的十字路口杀。杀鸡有一个仪式，先用芊芊活或者杉树搭建一个青篷，篷内点上三炷香，烧上三分纸，祭奠酒后，又念：“某某老人，你死了不怪三亲六戚，不怪亲朋好友，不怪众本家，你要回家去好好守你的棺材……”然后杀鸡，回熟以后先在神龛前祭奠，再在门口祭奠，同时交代亡灵：“你吃了这餐饭以后，好好回去守你的棺材。”祭奠完毕，大家共食此鸡。以此类推，每到一家“赶死”，都要杀鸡、吃饭。并且“赶死”的人，无论路途多远，都要在饭后立即返回，不能在外过夜。

（三）绕棺

能否在近日内下葬，要请先生经过测算来决定，如果能葬，就去选择墓地，若当年不能葬的，就只能先选个地方寄放起来。

先生定好日子之后，主人家要很快准备好葬礼所需物品，如猪、羊、鸡、烟酒、糖果、粑粑等。

参加葬礼的客人，均在下葬的头天到齐。上下辈的外家、舅舅家以及姑妈家等嫡亲，每家都要拉一只羊来（外家、女儿家一律要求要公羊）、一升米（一公斤左右）、六斤米的粑粑、香纸等物品。

客人到达的时候，孝子、孝女要在门口进行跪接。同时安排一些人在前面敬酒，一人负责倒酒、两人负责敬酒，倒一杯酒需要向前走三步，向后退三步，再倒一次酒，又要向前走三步，向后退三步，如此重复三次，这三杯酒是不能喝的，均洒在地上用来敬奉亡人，之后，又要给所有来客每人喝一杯酒。女婿、女儿可以直接进到堂屋，到棺材前烧香纸、磕头、祭奠。其余的人都在空地上烧起火堆取暖。由姑娘家带来的铃铛队、纸马队、唢呐队，必须依次绕棺正反各转三圈以后，才能出去找位子休息或找火塘烤火。

图 2-1-6　六枝彝族毕摩张昌富祭祀经书现场

隆重一些的丧事，纸马队、铃铛队、唢呐队都要请到，在转场的时候，纸马队在最前面跳，紧接着是铃铛队，后面才是唢呐队。纸马队由要一整只纸马的人带头来跳，纸马舞是彝族的一种民间叙事性舞蹈，起源于三国时期孟获渡江的传说故事。铃铛舞是具有较多的高难度动作的一种民族舞蹈，需要边唱边跳，气氛肃穆、庄严，唱腔深沉、悲壮，其唱词主要叙述的是彝族族源及民族迁徙历史，动作主要以弓卧摇铃、挂腰摇铃、背翻摇铃、站肩摇铃、站顶摇铃等，正三圈、反三圈地反复跳，一次大约五分钟，一场丧事大约跳一两个小时。跳铃铛舞的时候，孝子孝女可以跟着跳，但必须身穿白衣，不做动作。唢呐队曲调委婉凄凉，主要叙述人生的艰辛和生命的无常，反映少数民族悲壮的迁徙史和奋斗史。

安排吃饭以后，唢呐队开始边烤火边对调子，直到天亮。至少要保持有两队的人比赛吹唢呐，输者按事先定好的数额付钱给赢家。

（四）交牲

第二天凌晨四五点钟，进行交牲仪式。给亡人供饭完毕后，毕摩在棺材旁念诵相关经文，孝男孝女分别站在棺材两边。另找一个与亡人同辈的人，带一把杀猪刀（刀柄用白布包好），站在一边，大孝子身背一把弓箭（象征性的临时用竹子做成的）站在另一边，相当于保镖的角色。

图 2-1-7　六枝彝族毕摩张昌富的法衣法帽

棺材下面放置一碗水，准备三个带斜口的竹筒靠在棺材脚，预备着杀羊后用来盛装羊血。毕摩开始做法事，用一个半边葫芦，绑上一根一米左右长的木棒，和竹筒一起按照男左女右的方位靠在棺材旁，同时放置一根带有几片竹叶的金竹竿。毕摩做完法事后，孝男孝女分别拿起金竹竿和带葫芦的木棒，依次在水碗里蘸三下，这个仪式叫作敬水。敬水时，孝男孝女对亡人说：“某某，我们给你敬水了，你喝完水后就放心地走进阎王十二殿。”敬完水后，毕摩又开始念另一段经文，帮忙的人同时在门口开始杀羊。

杀完羊，就进行打牛。打牛是先把拴牛绳子的一端放进棺内亡人的手里摸一下，然后拉出来，由一个人持斧头打牛头三下，如果此时牛还没有倒地，就要继续打，直到把牛打倒在地才能杀，并且不能用绳子拴牛脚。这里所打的牛都要由女儿家拉来，每家一头，孝家自己准备的牛早在头天就杀了，用来招待前来参加葬礼的客人。

打完牛后，要取出牛肝、一块牛肉、一根肋骨来供奉亡人。之后，就等待着天亮以后“起山”了。

（五）掩材和起山

起山前，由毕摩来测算亡人所带的杀气多重，杀气重的就要杀相应多的鸡鸭，不能少于六只。然后在毕摩的主持下打开棺盖进行掩材，掩材的仪式一方面是由孝家检查一下死者躺在棺内是否倾斜，若有倾斜就用衣物和纸塞正。一方面是由毕摩念一段经文后将棺盖封严。再在棺材上面放一碗草木灰，毕摩念："天煞、地煞、年煞、月煞、日煞、时煞、五方诸煞尽皆煞，诸神回避，百无禁忌……"念毕，将灰碗打破，就可以起身抬棺出去。

抬棺的人要选属相，不能与死者相冲，也不能与当日的属相冲，属相相克的人要回避不能参加。先由四个人用手将棺材托出屋外，再用绳子、"龙杆"将棺材固定好，棺木顶上绑上一只"站龙鸡"，由四个人抬起棺材正式起山（即将棺木送往墓地安葬）。

起山的同时，家里的人要很快将家里面进行清扫。先从神龛往门外扫，边扫边念："是非口舌扫出去，凶神恶煞滚出去。"边念边用两只簸箕往屋外滚。接着又念："金银财宝滚进来。"又把两只簸箕从外往屋内滚。

起山的过程中，如果遇到沟坎的话，必须由孝子匍匐在沟上，意为用肉体搭桥给死者过。等到前面两个抬棺材的人跨过去后，孝子就要马上起身绕到前面，继续引领死者往墓地走。

到达安葬地点，把棺材歇放在凳子上，孝男必须给所有帮忙的人下跪，行叩头大礼，磕完三个头后，大家齐声高呼："你跪得快，起得快，发得快，膝盖落地，一本万利。"紧接着，给主持仪式的毕摩设一个堂。需用鸡一只、米一升、粑粑一对、桌子一张、酒一壶、碗四个（碗内分别装净水、净酒、刀头肉、茶），准备一份利市（一般是 12 元钱），以上物品摆放好后，毕摩开始请祖师，念经文，宣布杀"开山鸡"（在堂内杀），毕摩先在东、南、西、北、中各挖一下，并把毕摩挖"中"位置的那里的一把土供在堂内后，帮忙的人就正式开挖墓穴，墓穴的深度由毕摩根据死者的属相和安葬日子的庚甲来定，一般只有一米深，也有两米多深的。

图 2-1-8　六枝彝族地区土葬仪式中的汉族先生

墓坑挖好后，毕摩抓一把米在坑底虚写“乾坤富贵”四个字，把“站龙鸡”（这里称为“跳井鸡”）扔进坑里，等鸡把米吃完后自已跳出来，如果“跳井鸡”在坑里鸣叫就表示不吉利，要更换地点埋。等鸡跳出来后，进行“买地契”仪式。(用过的跳井鸡要抱回主家饲养，直到当年的大年三十，到坟上为亡灵接魂回家过年才能杀，这个仪式同样需要香纸、蜡烛、火炮、酒水，把鸡在坟前杀了，燃放鞭炮后，把鸡带回家煮熟后供奉亡人。)

先由毕摩写一张“地契”给大孝子背着，由一个指定的人扛一把锄头，装作卖地的人，口中喊道：“卖地，卖地……”由大孝子扮作买地的人前来买地，后面跟着一个抱着鸡的人和一个牵着羊的人，一起随着孝子绕墓穴转三圈。然后把“万贯钱”和“地契”烧在井底，杀羊、杀鸡。如果死者是男性，就把羊和鸡拉到左边杀，如果是女性，就到右边杀，羊血和鸡血全部要洒进井里。同时要烧一个预先找好的叫作“万年财”的鸟窝，还要烧一只事先从别人家偷来的叫作“千里马”的草鞋（如果死者是男性，要偷左边的鞋；反之，则偷右边的鞋)。

（六）下葬

烧完“万年财”和“千里马”后，就把棺木放进墓穴，毕摩为帮忙的人进行出魂，念道：“在前在后、在左在右的所有帮忙的，生魂所有出，死魂所有入井中，虫虫鸟鸟都出来……”念毕，毕摩先让孝子背对棺木，反系围腰跪在井边，毕摩取一些泥巴撒在孝子的围腰上，孝子要接着念道：“爹（妈)，我背泥巴来埋你……”然后起身，把泥巴撒在棺材上，帮忙的人就可以进行盖土，砌坟。坟堆垒砌完毕后，把白纸花等祭奠物品插在坟上。

然后，由毕摩念经，安土。安土要按照东、南、西、北、中五个方向，每个方向依次摆放一块粑粑、一块豆腐、一块羊肉。毕摩念经的时候，所有孝男、孝女都必须跪在坟前并且每个人都系一块围腰。毕摩先从堂内做法事的升子中抓一些大米撒给他们，孝男、孝女都必须把围腰拉起来接住毕摩撒给他们的米，并且每个人接到多少都必须生着吃完，不能扔掉，因为这些米是代表金银财宝和福禄的。撒完米后，毕摩把做法事的净水碗反扣在坟上，宣告安葬完毕。

（七）扫晦气

安葬完死者，回到家中，在进门前，所有人都要先去晦气，就是用一盆水，里面放蒿叶和九个烧红的煤火，等到蒸气升腾起来，大家都把手伸过去熏一下就行。如果死者是在家里死亡的，就要进行扫晦气仪式。这个仪式也要设一次堂，需要用鸡、鸭、香、纸、米、酒、利市。具体做法是，由毕摩手持几根燃香，嘴含汽油或煤油，对着燃香喷火，家里的每个房间和角落都要喷到，同时也要提起一只雄鸡在喷到的地方扫来扫去。

（八）扶丧

到了第三天，孝家和所有直系亲戚都要到坟上进行第一次扫墓，这个仪式叫作扶丧。去时，同样要带足香纸、糖果、酒水、肉饭、火炮等祭品。到达坟山后，所有去的人都要给死者添放三撮泥巴，然后进行供饭、敬茶酒、烧纸、放炮。

至此，整场丧事圆满结束。

三、中寨乡小补王村彝族二次葬仪式

采访地点：六枝特区中寨乡小补王村坡脚组

采访时间：2010 年 1 月 23 日

讲述人：毛永华，男，彝族，28 岁

采录人：李相兴、郭宸利、周莲莲

在六枝特区中寨乡，有的家庭由于连遭不幸，当地人就认为是祖坟风水不好的原因造成的，需要把坟迁到风水更好的地方进行安葬，于是就出现了二次葬这一特殊的丧葬仪式。

图 2-1-9　六枝彝族"停棺待葬"野外停棺处

举行二次葬也要由毕摩的主持，甚至全宗族的人全部出动。孝女、孝媳身穿孝衣，孝子头戴孝帕。

按照毕摩选定的吉日良辰，到达原安葬地点后，要给毕摩设堂，也需要鸡一只、米一升、粑粑一对、桌子一张、酒一壶、碗四个（碗内分别装净水、净酒、刀头肉、茶），准备一份利市（一般是 12 元钱），以上物品摆放好后，毕摩开始请祖师，念经文，燃香烧纸，敬酒敬茶。毕摩念过经文，所有孝子、孝女哭丧一场后，就可开始挖掘坟墓。

图 2-1-10　六枝彝族念过"依楼经"和"指路经"的祖灵筒

挖开墓穴，取出棺材后，由毕摩将一张事先写好的地契贴在孝子的背上，进行"还地契"。毕摩摆好祭品，念完经文后，将地契烧在旧坟坑内。

然后将新准备的一口小棺材放在旧棺材旁边，还要临时搭建一个小窝棚，上面用塑料纸遮盖住，意为使之不见天日。点蜡、敬酒后，由手系红线的一些沾亲带故的人打开旧棺材，将死者的尸骨捡入新的小棺材内，并按人体的原部位摆放好。小棺材内要预先放置好棉絮和折成三角形的纸张等物品，尸骨放进去后用纸包裹固定。同样还要放入用白纸包的数节高粱秆（有几个孙子就包几节），称为“白棒”，放入棺内左手边一侧，这是给死者到阴间做拐杖用的。捡骨完成后，盖好棺盖，同样在棺材顶上绑一只“站棺鸡”。这时，原来的旧棺材要砍烂，烧掉，并在原来的坟坑里回填土，栽种一棵容易成活的树，一般是芊芊活或者冬青叶树，讲究一点的也有栽松树和杉树的。

接下来，就把新棺材移到新选定的坟址去。在迁移的路上，可以中途休息，但是小棺材必须停放在木头或长凳子上面，而不能直接落地，并且棺材一定要直着走，不可横走也不可调头，不然，死者的灵魂就不走了。

到达新坟地后，孝子、孝女要第二次为亡人哭丧一场。孝子必须在那里为亡人守夜，直到第二天下葬。一般在守夜的当晚，天亮前就要挖坑，具体时辰毕摩要根据亡人的生辰八字来确定。在新坟址动土前，也要先为毕摩设一次堂，这里可以用长凳代替桌子，同样需要一升米、一对粑粑、一坨刀头肉、12 元利市、一壶酒、一只公鸡拴在凳子腿上。毕摩敬过祖先后，先念一段《开山辟地经》，然后开始挖坑。

墓穴挖好后，先用草木灰撒在坑穴内，再用雄黄在灰上写“荣华富贵”四个字，墓穴的中央部位画一个八卦图，中间写个“穴”字。然后由死者的嫡亲把棺材放进坑穴，在棺材的两端各钉一根木桩，木桩之间拴一根线，进行校向，看棺木摆放的方位跟罗盘上的墓向是否一致。

接下来，进行“买地契”，先由毕摩写一张“地契”给大孝子背着，由一个指定的人扛一把锄头，装作卖地的人，口中喊道：“卖地，卖地……”大孝子扮作买地的人前来买地，答道：“买地葬母（父）。”后面跟着一个抱着鸡的人和一个牵着羊的人，一起随着孝子绕穴转三圈，把“地契”烧在井底。然后杀羊，羊血要撒进井里，并把羊角和四只羊蹄都取下来备用。接着，填土砌坟，把取下来的两只羊角放在坟顶上正中位置，四只羊蹄又分别放在坟顶的左右两边。

新坟砌好后，孝子、孝女为亡者哭丧。哭毕，摆上从家里准备好的十道菜供奉亡灵，十道菜要五生五熟，比如若有熟鸡肉就必须有生鸡肉，有熟豆腐就必须有生豆腐，其余的羊、鸭、猪以此类推。十道菜的供品要在按照东、西、南、北、中的方位来摆放，以此来压住土气，让死者的灵魂得到安息。

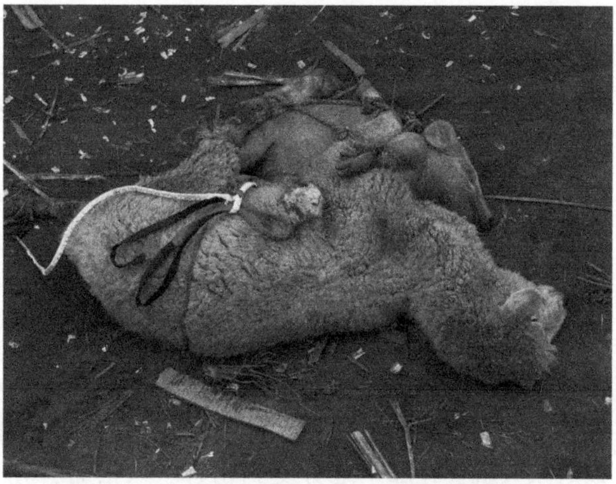

图 2-1-11　盘县彝族丧祭仪式中的献祭牺牲品

回到家后，家里要连续给亡人供饭三个月，每天早、中、晚各供一次饭。

同样，安葬完毕，回到家中，在进门前，所有人都要先去晦气，就是用一盆水，里面放蒿叶和九个烧红的煤火，等到蒸气升腾起来，大家都把手伸过去熏一下。如果死者是在家里死亡的，就要进行扫晦气仪式。这个仪式也要设一次堂，需要用鸡、鸭、香、纸、米、酒、利市。具体做法是，由毕摩手持几根燃香，嘴含汽油或煤油，对着燃香喷火，家里的每个房间和角落都要喷到，同时也要提起一只雄鸡在喷到的地方扫来扫去。

至此，二次葬仪式全部结束。

四、牛场乡大箐村彝族丧葬仪式调查报告

时间：2010 年 1 月 20 日星期三

地点：六枝特区牛场乡大箐村清官 2 组

被访谈者：王章德（男，彝族，1926 年出生，时年 84 岁，1945 年前后开始参加工作，曾经担任大队支书、村支书等，1999 年 6 月离任）

采录者：游珍海、张娟、李志勇、李海波

老人在世时，家中一般都要提前给老人准备好棺木，棺木有自己家中准备的，也有的是从市场上买来的，棺木的材质一般是杉木或楸木，一副棺木现在一般都要花几千元以上，如果材料是杉木的话那就贵得多，可能要六七千元甚至上万元才能买到，楸木的棺材便宜一些，一般都是两三千元。

老人去世以后，或者还没有落气之前，家中就要给老人准备好寿衣，老人落气以后要给老人穿上，衣服一般都是青蓝色，如果这个人在去世的时候家中老人还健在，那么就不能穿青蓝色的衣服，而只能是穿白色的衣服。

老人快要落气的时候，就要把老人抱到堂屋中来，把老人的脚放在装有玉米的斗里，这样做的主要原因就是不让老人的脚落地。老人落气以后家人就要给亡人梳洗，梳头穿衣都是家中的亲人来做，在给亡人梳洗穿衣之前，首先要将身上的东西收拾干净，身上的衣服不能留有纽扣。如果老人身前安有铜牙之类的，那么在铜牙中就会有铁丝连着的，所以要将铜牙取下来，因为这里的彝族人认为，金属对后人不利，所以必须要拔下来，而老人的本牙不拔。

将老人梳洗穿衣好了以后就要将亡人装入棺材，这里有两种情况，一种情况是家庭条件好的要用纸来装大帘，其中有两种装法，称为大帘小帘，有些三折，有些两折，亡人入棺之后全部拿来裹在亡人的身上，但是要将头留出来，在棺材里头部下面放一个小枕头，枕头可以是用棉花来做成的，也有是拿旧衣服来做成的，还有的直接拿白纸来做。将亡人装进去了棺材后留一个缝，便于先生“验材”，验材主要的作用就是清棺，就是看里面有没有其他东西，如果里面有什么铁器的东西放在那里，那么以后家人就会在那个地方受到伤害。入棺时，先生都要来看，同时要进行阴阳隔仪式，就是先生要看当天的日子，如果来帮忙的哪一个人属相和当天的日子是一样的，那么这个人就不要来棺材边帮忙，以免自己的魂被吸入棺木中对这些人不利。

将亡人装入棺材中以后，先生就要在屋中念经，先生在房中念经的时候，一般外人不可以进去。同时家中不能吃猪油、不能喝酒，只能吃菜油，要等到念经结束了以后才能吃猪油、喝酒。

在亡人装入棺材的过程中，先生还要做一个“出魂”的仪式，主要是针对在世的人做的一个仪式，就是将亡人的魂和生人的魂隔开，担心不做这个仪式，哪一天哪一个人生病了大家就会讲这是在帮忙的过程中亡人的魂被压着了。主要的用品是一个鸡蛋、一碗米，隔魂就是拿个称去碰一下，先生会讲：“生魂出，死魂入，生魂归身体，死魂渺渺入井中。”然后在碗中抓一点米丢到棺木中去就可以了。

把亡人装入棺材以后，就要将棺材放在堂屋的正中间。大箐村王彝族丧葬有一个习俗，就是王姓有正倒王之分，正停王姓在放置棺木的时候，棺材头部一直都是向着神龛，倒停王姓则在停棺堂屋时，先将棺材尾部向着神龛放置，然后才转过来头部向着神龛放置。

过去老人过世落气的时候，家中要放地炮，一般要放三声，然后才放火炮，放了地炮、火炮之后，寨中的人就知道是哪家有人去世了。人去世后就要通知家中的亲戚，过去都是家中派人去通告，现在大部分村寨都有电话了，用电话通知也可以。以前通知的时候，要请家族中的人帮忙去通知，去的人手里拿一根削去皮的棍子，拿着棍子去了以后亲戚就知道是有人过世了，白棍去到亲戚家的时候插在门口，吃完饭之后转回来就拿走，去的时候那边的亲戚要杀一只鸡给这个报信的人吃，棍子在报信人回来的途中可以丢掉。现在有电话，可以电话通知，但是外家必须要请人去通知才行，通知外家的时候一般要提 5 斤酒去，其他的亲戚可以电话联系。

老人上山的日子由先生来定，根据孝家的情况也可以改动，看期要看亡人的生辰八字，根据亡人的生辰八字来选定的日子无论单日双日都行。看能不能在那一个时间埋葬，如果是不能埋葬的日子那么就要放着等，一直到适合的日子才能入土，有的直接就可以在日期选定的日子埋葬，有的要放好几年，每年大年三十的时候要给亡人送灯，送灯主要是自家去，也可以是家族兄弟去，还可以是自己的亲戚去。

棺木在堂屋放好之后，要在棺木的前面放有一张供桌，供桌上放有一个升，升中装有玉米，升子上插有香，放有一碗饭，一碗煎鸡蛋，肉、米之类的东西，这里彝族的丧葬，供饭只是供一次。

如果棺木比亡人的身材长的，那么棺材中多余的那个部分用纸或者是旧衣服来填充，这样才紧固，抬棺上山时亡人不会移动。

客人来奔孝的时候，孝女之类的都会来哭孝，家中的人为了表示也要陪着哭。哭孝主要是在家停灵的时候哭，但是上山出门了以后就不能哭了。

把老人入棺的时候家中熟悉的人都可以来帮忙。守灵的都是家中熟悉的人，在堂屋中念经的时候外人就不可以进入。怀孕的人不能到家中来，如果过世的是女性，那么就由媳妇来给梳头穿衣，如果过世的是男性，那么就由孝子来理发穿衣。给亡人梳洗用的水，不能随意倒掉，要留到晚上鸡叫的时候孝子用脚在门边踩，同时连喊三声，蘸三滴洗尸水在嘴上，表示已经喝了老人的洗尸水，之后可以随便倒掉。

“叫魂”，即先生手拿一个碗，碗中装有米，同时放一个鸡蛋在上面，一个一个地喊，先由孝子叫起，然后才叫其他人的名字，这样做主要是将阳间的魂叫回来，不能跟着亡人的魂到阴间去。

办联，是先生在做法事时的一个仪式，就是请先生来为亡人解怨仇，给子孙后代祈福。

请先生一般都是家中有人过世了，派人去请先生。请先生的时候提5斤酒，去请先生的人只要是寨子上的人都可以，没有具体的要求。一般来的都是三四个先生，是由主请的那位先生再去请其他先生来做帮手，先生来了以后要做道场，做道场的时候要敲锣打鼓。写对联、搭灵房都是由先生亲自来做，将这些东西准备好了以后先生就可以做法场。

晚上先生做办联仪式的时候，孝子要来绕棺，绕棺时孝子、宗族兄弟手里都拿有一束香。先生有专门的经书，内容主要是念怨愁，讲亡人的历史。

大箐彝族村寨，丧事没有专门的称呼，现在当地做法事全部都是请先生来做。死在外面的人都不能进家，在屋外搭一个灵堂。

抬亡人上山的时候，遇河遇桥孝子要跪在棺材下面让棺木从身上过去，同时要连喊三声，是男性喊“爸”，是女性喊“妈”，孝子跪在棺木下，让棺木从身上过去象征孝子背着亡人过河过桥。

选圹的时候由先生来选地址，选好了地址，由先生来选方向，选方向主要是根据亡人的生辰八字和过世的日期来定。

家中有老人过世，孝子、亲戚都要穿孝衣戴孝帕。但是孝子有亲孝和外孝之分，亲孝就是亡人的亲生子女包括女婿，外孝就是指那些弟兄的孩子以及亲戚的孩子，老人的孙辈之类的不戴孝、不祭祖。

家中孝子一起负责丧事中所有的开支，统一落表挂单，将老人送上山之后大家再来摊派所有的费用。

出棺的时候家中孝子要在院坝外面跪着，棺木抬出来的时候家中孝子要绕着棺木转三圈。上山的时候棺木都是弟兄亲戚来帮忙抬，孝子不抬，棺木上放有一只红公鸡，称为“落井鸡”。上山的过程中，如果遇上有人家的，要放炮才能经过，在路上休息的时候棺木不能落地。

先生开路的时候孝家点火在前面走，先生敲锣打鼓跟在后面，到十字路口将老人的衣物拿去烧，烧衣物时先生要念经，如果一些好的衣物可以拿在火上燎一下，然后拿回家来用。

在上山时，望山钱、幡等都是自己家准备，走在前面。花圈、轿子、纸马、灯笼等都是亲戚来的时候送来的，猪杀死了弄干净了才抬来。起棺时用斧头在棺木上打几下，大路砍开八尺，小路砍开一丈，意思就是砍开一条路。棺材都是8个人来抬，棺头有一根绳牵着，有人拉起。在抬棺上路的过程中没有什么要求，抬棺的人也没有什么报酬，大家都是相互帮忙。在抬棺上路之前，孝子磕三个响头，作为对来帮忙兄弟朋友的答谢。

在走的过程中，每个孝子手拿三炷香以及纸钱，在路上要插香插纸，为的就是给亡人当作买路钱。抬棺上山时有吹唢呐，两个唢呐、一个鼓、一个锣。

看地形时，有的圹挖得不深，有的整平就行了，有的还要垫高。整好了之后要筑“拱井”“灰壳”就是在坟地上先盖一层纸，纸上再盖石灰，石灰和纸混合在一起之后就形成了一个坟壳。筑坟墓时，有钱人家修墓房，无钱人家用土饼来砌坟，根据自家的情况来定。

“拱井”，就是用石头或是砖头来筑，先用木头筑成一个拱形的架子，然后将砖或石头盖上去，弄好了以后用火烤干，准备上山时用“万贯钱”来烧，烧钱就是为了给老人在阴间使用。

“拨正”，就是棺木上山到了圹边以后，先生首先用线、罗盘来拨正坟墓的方位。

如果选的圹比较远，那么在抬到山上了以后还要开棺来检验，主要是看里面的亡人是不是躺得正，路程近的就没有必要再开棺检验。

如果要立碑，那么先生要看日子，同时也要根据自家的情况，能立则是当天可以立，不能定则择期再立。

跳井的作用就是把鸡放进圹中去，如果鸡鸣叫或者是在圹里拉屎，鸡鸣叫表示时间到，鸡拉屎是表示这是一块好地，将亡人埋在那里能使子孙后代兴旺，财源广进，可以将棺木放入圹中。在埋棺木之前，先用“归土鸡”的鸡血滴在井头上，然后才可以盖棺，而“归土鸡”最终是归先生自己用。抬亡人上山的东西可以拿回家来，比如扁担、杠子之类的。

做“归土”的时候，主要需要几个小粑粑、豆腐、归土鸡、香升，同时要放火炮。粑粑放在坟边以及前面，五个粑粑、五个碗、粑粑供完了以后娃娃可以抢碗里的粑粑来吃。

将亡人埋好后，先生做完法事回来吃饭就可以回家，孝家之后要给先生把东西捎去，捎去的东西除了先生的道具之外，还有一个猪头、归土鸡，同时还有给先生的酬劳。

晚上回家的时候会去送灯，送灯的时候要在坟上点蜡烛，连着要去三个晚上，送饭主要是孝子，孝女及其亲戚也可以去。过三十那天放火炮送行，去供的时候，水果、饼子之类的都可以，在坟上要磕三个响头，放了火炮后就可以回家。

孝子在家期间，不能戴孝去别人家，老人上山了以后孝帕孝服怎么用都可以。

办坛只能是单数，而不能是双数，也就是只可以做一、三、五，做完一坛法事一般要用 120 元，如果还要过殿，又要做好几坛法事，这样需要五六百元才能办下来，这些主要是根据家庭的情况来决定，家庭条件好的可以多做几个晚上，家庭条件不好的只做一个晚上就可以了。做拜坛主要是祭奠亡人，老一辈在做丧事的时候都要用一头牛，现在简单一些了，一般都是杀猪来开坛。

丧事中除了请先生来以外，还要请管事，管事主要是由那些比较有能力、在寨子中有威信的人来担任，管事是由主人家自己来定。棺木下面的长眠灯有专门的人来负责管理，不能让它熄灭，一般都是两个人来负责。

老人去世以后，如果夫妻俩八字相合，那么就可以合葬在一起。

整个丧葬仪式过程要出两趟魂，一趟是在入棺的时候，一趟是入土的时候，都是由先生来操办。

凶杀的人也要给他办丧事，但是不是在家中死的要在外面来办。

五、牛场乡箐脚村彝族丧葬仪式调查报告

时间：2010年1月22日

地点：六枝特区牛场乡大箐村清官2组

被访谈者：李柏芳（男，彝族，76岁，曾经当过干部，读过一些书，是当地有名的彝族先生）

采录者：游珍海、张娟、李志勇、李海波

临终准备：亲人要陪在身边，老人要落气的时候，在房间放置蒲扇，让亡人躺在蒲扇上面，以图吉利。

死亡处理：老人落气之前，没有把他放到堂屋中来，而是留在自己的房间，老人落气后，如果老人是艺人，那么就要给老人开天门，就是在房子上开一个洞，房屋上下两个人相互对话，老人生前做什么手艺就将老人的东西从洞中拿上去，比如老人生前做的是木匠的手艺，那么就要将老人的工具拿上去。老人过世，要给亡人梳洗，给老人剃头、洗头的水倒在门角内，洗身的水要孝子来喝，但是不是真正的喝，每个人蘸一点水放在嘴边即可。梳洗完就要给亡人穿衣穿鞋，男的要穿白里蓝外的衣裤，女的穿黄里白外的衣裤，根据“七父八母”来穿，也就是男的要穿七件衣服，女的要穿八件，头都是包白帕子，袜子没有具体的要求。

入棺：是在堂屋中进行，入棺之前棺木下面要垫上被单，被单根据主人家的情况来定，一般都是1—5床，然后再垫纸，垫纸要对角折，三张纸折成一个对角，有七层也有九层，最少也要五层，把纸折成人字形把尸首裹好，一压就好了。枕头可以用衣物来做也可以用纸来做。在入棺时先生要做一个“出魂”的仪式，拿一个青叶丫巴在棺木上扫，同时口中念词：“阳魂请出去，阴魂请进来。”把亡人装入棺的亲人身上有一根针都不行，放骨头担心露出骨头来。之后就可以盖棺，盖棺时家中有条件可以放炮。

告祖：盖棺完成后，就要拿一只活鸡放在棺木下面，同时先生要念：“你在这里坐着，你自己在这里来吃，你去世了，你的媳妇拿鸡来给你，活鸡是给你到阴间去养，你要保佑你的子孙发达幸福。”家庭有条件的要打嘎告祖。告祖的时候一般要做一个“扯神筒”的仪式，意思就是告诉自己已经离世的祖先，说：“这个人要来了，要来和你们做一家人，你们要照顾好他。”如果不扯神筒就不要讲这些话，扯神筒的好处就是祖宗都在一起，不分散了，到大年初一、初二时就不必在上山去祭供祖坟，只要在房子边上建一个小祠堂来供这些祖灵就可以，大年初一初二在那里一起祭供就可以了。

请先生：老人过世了以后，要及时去请先生，先生来了以后就要立绥字、立幡，

准备办灵的事情。同时还要写对联，对联根据亡人的情况来写，一般大小门帘都要写有对联。

报孝：老人过世先生算好上山时辰之后就要请人去报丧，报丧的人要拿一根削好的白棒棒，绕着棺木转三圈，同时口中要念："来，我带你到哪家亲戚吃酒去。"到了亲戚家以后，亲戚要杀鸡给报丧的人吃，如果死的是女性要杀公鸡，如果是男性就要杀草鸡（母鸡）。

奔孝：亲戚得到老人过世的消息之后，就要准备来奔丧，过去的时候姑妈家和外家都要拉牛来，一般都是抬猪、鸡，拉羊等，香纸不能少。奔丧的时候，妇女都会哭丧，来到的时候要绕门口的万山钱三转才能进屋，孝子要跪着哭，亲戚来哭丧的时候有陪哭的也有的劝哭。孝家有普孝和正孝之分，要戴孝，从山上回来之后才可以将孝布取下来，孝帕拿去做什么都可以。

办灵：办灵的时候所有家族的人和帮忙的人都要来，办灵的时间一般都是在第一天和第二天的晚上，不同的办灵次数，先生所用的经书都不一样，一般要从晚上十点到第二天凌晨三点才结束，需要好几个小时的时间。办灵的时候要看屋基、推八字，要看亡人的犯头，如果是犯重山、犯天坑、犯杀，要用鸡来杀，并且用朱砂画符来掩。办灵主要目的就是为了救苦，办灵的时候有很多程序，其中包括有散千音、散花、破地狱、荐亡等，散千音主要诉说姑娘的苦情；散花主要是为了娱乐休息；破地狱是为了将亡魂从地狱中拿出来，因为人过世以后阎王将亡魂拿去坐地狱，破地狱以后就可以将亡人的魂拿出来；荐亡就是请亡人来吃饭，在灵台前摆一个供桌，家中有什么东西就供什么，没有什么要求。

跳脚：到了晚上要进行跳脚喝酒，跳脚之前首先要点酒给亡人，跳脚的时候是绕着棺材来跳。跳脚都是主人家出钱请人来跳，跳脚有专门的队伍，现在一般跳一个晚上需要 120 元，总共有八个人，两个先生，两个跳脚，跳的时候先生手拿摇铃，不断地摇动。

扎祭门：是在第二天的白天由先生来做，扎祭门就是在堂屋的门外立一个门，扎祭门的时候不要做其他的仪式，也不要念什么词。

过殿：是在第三天的晚上进行，过殿的时候孝子要手拿三炷香和先生一道围着棺木转。过殿之前要取经念经，念经的时候孝子要跪下，要在亡人的令牌前磕三个头。过殿的时候如果亡人是女性，就要念血河经，因为妇女过去生孩子多，流血也多，念经是为了减轻亡人的痛苦。念经在不同的时段念的内容也不一样。

选圹：由先生来定，根据亡人的生肖、生辰八字，水八字找木山南方，火八字找土山东方。如果亡人在生前已经找到地基的，那就直接到那个地方去看，如果没有找到的，那么就由先生去找。

开路：一般是在办灵结束以后就进行，开路是为了给亡人指路，开路一般都是用鸡来做，如果有猪也可以用猪来做。

上山：天一亮就上山，路远的就要吃了饭再上山，路近的可以不吃，从院坝出来，过河、过桥的时候孝子都要跪拜让棺木从身上过去。上山的时候，先生三口净水验棺材，验棺材的时候先生要念咒语：天杀、地杀、年杀、月杀、日杀、时杀，全部收入棺木中，永远不回宗。念完咒语之后就喷净水，之后可以将棺材抬上山。

入圹盖土：到了坟地之后要做招魂的仪式，要一个鸡蛋，逐个喊孝子的名字，然后拔单，一半丢到孝子裙中，另外一半丢到坟尾，之后可以砌坟。

孝期：从山上回来之后，晚上要给亡人送灯，送灯的时候主要是送肉、饭、酒等，在坟上说："灯在这儿，饭、酒、肉在这儿，你自己来吃。"第一天要送到坟上去，第二天送到半路，第三天送到村头路口就可以了。

立碑：过去在箐脚村彝族中，一般都不立碑。现在如果要立碑，就要请汉族先生来立，当地苗族、彝族的先生都不立。首先要打碑，请道士先生来写字，同时还要选日子，立碑的时候要遵循两个利，要利方位，东西方都要利，只要是哪一方不利就不能立碑，不能亏到家里的人。立碑的那一天先生不去，主要是由石匠来立碑，立碑的时候石匠也要念词。包好坟的时候先生要来归土，在坟上弄一碗净水整五方土，水碗首先要拿到四个方位去洒，然后才拿到中间倒放在坟上。立碑的时候可以放炮也可以不放炮。

停棺候期：在当地彝族中，老人去世以后，先生根据老人的生辰八字认为老人不能在今年埋，那就要选个时间将棺木抬到一个地方放着，不能用土掩埋，只能用树皮草木之类的东西来遮盖，这个地点没有大的要求，由主人家自己去定，等到了可以埋亡者的时日，再去请先生来选一块地将棺木落圹。

以上5个关于六枝彝族丧祭文化的调查是在此次调查中完成的，2006年，吴秋林等人在距离社勒村不远处的下麻翁村，也做了一次关于六枝彝族丧祭文化的调查，这个调查报告亦是该地区彝族丧祭文化的重要体现。

六、六枝特区箐口乡彝族丧葬仪式调查报告

调查时间：2006年2月3日

调查地点：箐口乡下麻翁村张昌富家

调查人：柳远超、吴秋林

讲述人：张昌富

张昌富，男，今年53岁。是家传的毕摩（百幕），已经是第四代人了，是父亲教他做的毕摩。父亲张文全，在父亲成神前，开天门教给他的。他学习的时候是20多岁，自己出来做毕摩时40多岁了。

现今会做的事情有：

1. 扫家；2. 转嘎（打嘎）；3. 病灾时用毛羊扫除去

图2-1-12 六枝彝族土葬形式

病；4. 为老人做寿；5. 解身上；6. 叫魂；7. “尼六挪”［彝话，意思是求财祈福、顺利吉祥、求家运、求子孙发达等等，在年三十的腊月的某一天，用一个草鸡（母鸡），一个猪来做］；8. 祭祖；9. 扫寨；10. 祭山；11. 看地。指的是彝族用鸡蛋看地，不是汉族的看地。

这些事象，在张昌富所在的彝族地区还在经常做。

下麻翁村有 142 户，全部是彝族，张、陈、李为大姓，还有王、杜等姓。在这个村子的附近，还有不少的彝族村寨，基本形成一个彝族文化片区。其彝族传统的丧葬仪式如下。

在老人将要成神时，要先把老人移到堂屋的中间，用草垫子加被子等铺在地上。儿子及媳妇由大到小在身边扶着等老人落气，不能让老人躺着落气，要一直扶着，谁扶得久，其得福就多。而姑娘是不能扶老人落气的。

老人一落气，就放鞭炮通告寨人，大家就会来帮忙。去世是男性老人，一个与亡者同辈的人来为他剃头，剃成光头。去世的是女性老人，要为她梳头。帮忙的众人为死者洗身子，换衣服，全部换成新衣服。以前是棉布的，现在料子也用。穿衣服时男的单数，女的双数，女的还要有一条彝族的裙子。然后装棺。装棺完毕就放地炮，把一只白公鸡摔死在棺木上，意思为死去老人引路的鸡。这只鸡在棺木抬出屋子时，会用一个竹笼装好，放到棺木出村的路口。

然后找先生看日子，这个先生是汉族的先生。下葬是汉族先生的事情，祭祀和打嘎等等是彝族毕摩的事情。

定好日子就要去山上看地，这里看地是先生、毕摩都要看的。即先生看好了地，就用彝族的鸡蛋再看，如果孝子把鸡蛋甩下去，鸡蛋不破，这地就要不得，说老人不喜欢，要叫先生重新看地，看了再甩鸡蛋，一直要甩到鸡蛋破了为止。这个事情据说很怪，随我们一同前去的一位彝族乡干部说，他为他的母亲去找地，先是把鸡蛋甩在石头上只破裂不散开，而在一块烂泥田里，一甩下去蛋黄就散了一地，这就证明老人喜欢这块地了。

抬人上山是汉族先生做，但在抬老人上山头一天早上，给老人献牺牲品时，就要用毕摩来念经了。念的是献牲经。丧葬献牲以前多是献牛，现在多是献猪。这时候献的猪牛是主人家的猪和牛。献时，搓一根“反手绳”，一头拴在牺牲品身上，一头搭在棺木上。搭的时候分男左女右。

在毕摩念经书时，其旁边有一个壮汉，手里拿着一把杀猪刀。这把刀是被捆扎在一根木棍上，刀尖向上，被壮汉竖立在身边。这个人在毕摩念经时，一直在毕摩身边，直到仪式结束。

之后，女婿家拉来羊，又要给老人献牺牲时，毕摩又要来念“奠祭经”，这时候不念献牲经，只有打嘎时才念。

以前是外家拉羊，女婿家拉牛，现在是女婿家拉羊，外家带唢呐乐队来，带“干礼（钱）”来就行。

以后就直接埋葬，多数是抬上山去放着，等到好日子再埋葬。

在下葬后，就可以做灵筒了，即在坟上扯一金丝茅草，后面的丢给前面的接着，带回家就可以做灵筒了。做灵筒要用百花燃草，灵筒里要放米。

如果当时忘记了扯金丝茅草，以后也可以去扯，但扯时要用一只草鸡（母鸡）。

灵筒做好了可以放在家里的神龛上，打嘎以后才能进家族祠堂。

转嘎不一定与埋葬的事一起做，它们的关联不大。只是在刚刚埋葬了就打嘎叫“热嘎”，以后打嘎叫“冷嘎”。

如果定了要打嘎，就全部是彝族毕摩的事情了。

打嘎有一定的要求，一般是这一辈人的几家老人，主要是男性老人全部都死亡了，那么，下一辈人就可以凑钱来为这一辈的老人打嘎了。即这种打嘎是数个家庭的集体行为，而不是一家一户做的事情。在老一辈的老人死亡上，一般不顾及女性老人，即男性老人死了，女性老人没死，也是可以打嘎的，并且把活着的女性老人的魂灵一样招进嘎房，一起祭祀。

打嘎时，看好年利、月利、日利、时利的日子，就可以动土建嘎房了。在起嘎房时，要看利在何方，嘎房的方向就朝向何方。嘎房一般建在村外的空地上。

嘎房长 4 米、宽 4 米、高近 6 米。这是长兄的嘎房尺寸，以后的兄弟，一个比一个矮一尺就行了，长宽不变。有几个兄弟就会有几个嘎房，即一家一个嘎房。

嘎房全部用木料做框架，做成三层亭楼的样式，房顶用杉树皮来盖，四周用纸糊好，并画上窗户等，在嘎房的纸上还画有花鸟、龙等图案。嘎房有门，门是拱形门。嘎房要请专门的木工来做，工钱要几百块钱。

举行这样的打嘎时，一般会有一个棺木，即最后死的那个老人的棺木会抬进嘎房里。

到了日子，就先把嘎房里打一遍“粉火”。“粉火”的原料是杉树皮捣碎成末，掺上煤油即成。在打“粉火”时，打粉火的人手里拿一个火把，口中念诀，不断地把杉树皮粉打在火把上，每一打都会火焰老高，以驱逐不好不干净的一切。

打完粉火后，用巴茅竹在每个嘎房前面插一个圆圈，用一只小猪绕三转。一个嘎房用一个小猪，转完后把小猪摔死，作为亡灵的“引路猪”。

做好这一切，毕摩把每个嘎房的灵魂招到嘎房中来，一家一家的，从大的开始。有棺木的就抬棺木进嘎房，没有棺木的就扎一个两三尺长的小棺木代表，并从死者的坟上扯来茅草，扎一草人放进去。男女一家，写上生辰八字。

刚去世老人的棺木是帮忙的人抬进去的，小棺木由两个人抬进去，放在嘎房的正中。这之后，除了毕摩，任何人都不准进嘎房了。

下一步是杀牛祭祀，是主人家的牛，要一个嘎房杀一头牛，要求是完整健壮的大骟牛，不要公牛。是黄牛，不用水牛。

毕摩念献牲经，也是有一个“扛刀者”在一旁一直陪同保护。“扛刀者”彝族人称为“吃母”。牛拉来要在嘎房边转三转，用一根“反手绳”拴在牛角上，另一头拴在嘎房上。

毕摩献酒，子弟献酒，孝子献酒。男孝子站着奠酒，女孝子跪着奠水。端碗，用一种叫豆食叶的叶子把酒和水往外拨洒。

帮忙的人先用地炮或铁锤把牛打昏在地，然后割脖子放血。然后用煮熟的牛肉和三根肋巴骨来做贡献。

之后，女婿家的人这时也会来。主家会在嘎房附近跪着迎接，来一家迎接一家，来人和主人相互用竹筒敬酒，敬完后往左面洒在地上，意思是一起敬给亡灵的酒，这种敬酒一般人们不会自己喝的。接来之后，要围绕嘎房转三圈，放炮，等等，然后回到属于自己家的火塘边。

所有人家接完，就要布置念经的地方。

念经地建在嘎房的前面，用三棵一组的泡木杈杈，搭 12 组，共 36 棵，在泡木杈杈前放一张席子，席子上靠近木杈处放九个碗，碗前面是一个升子，在往前放是一只口袋，里面装有 5 升苞谷，对着席子是一个木马架架，架架上放一个口袋，里面有 5 升谷子。这个地方就是毕摩念经的地方，即坐在木马的谷子口袋上，脚踩着苞谷口袋念经。

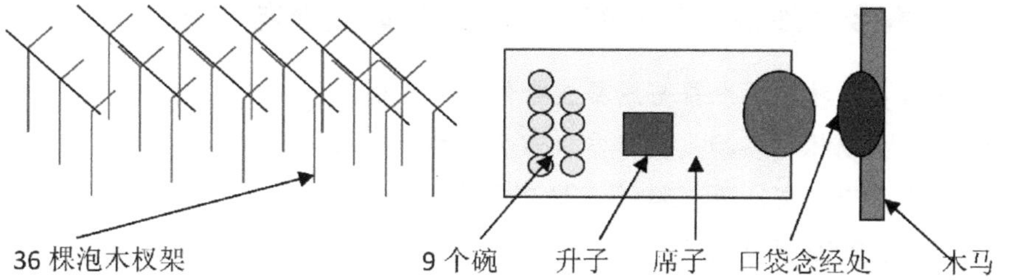

图 2-1-13　念“依楼经”位置示意图

“依楼”在彝语中是“开始念经”的意思。念的内容是“摸色不一怕”，彝语意思是“鸭子落水死”。实际讲的是彝族的苦难历程、经历等等，有些如“诉苦经”的内容，当然，这不是彝族个人的苦难，而是彝族人民的苦难。

念“依楼”经一般都是夜间。念完这一经书，就一起把女婿家、外家拉来的牛杀掉献祭，情形跟杀主人家的牛一样。

打嘎，女婿家一定要拉牛来，外家可以拉羊，拉牛更好，但打嘎绝不用猪。

到半夜时，男人们手拿“马抄子”跳“铃铛舞”。这时有一个毕摩在为“铃铛舞”伴唱。这种舞蹈彝族叫“尼绿嘎”，意思是“幸福舞”，即跳此舞有赐福于人的意思。

第二天把棺木抬出来，怎么抬，放在哪里由先生决定，毕摩在原来念“依楼”经的地方为亡灵指路。这里的指路一般指向水城——昆明方向的西边指，不会往其他地方指。

念完“指路经”，就到各家里打“粉火”。打完“粉火”就到念经的地方转三圈，再从 1.5 米高的泡木杈杈门里钻出来，把一只白公鸡杀了给大家扫身上。

这样，打了嘎的老人的灵筒由“扛刀者”者送到家族的祠堂里，并献一次酒，

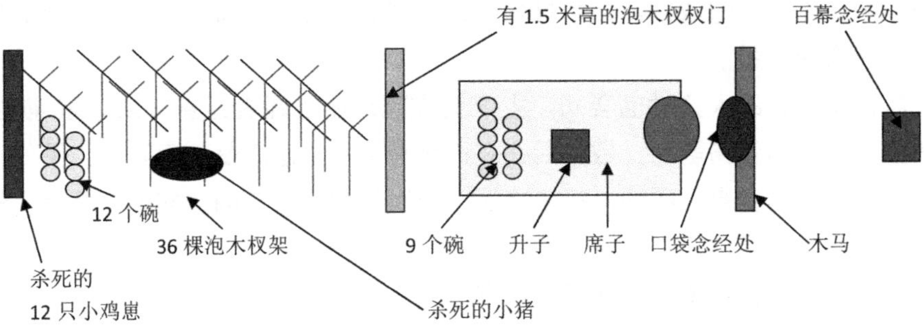

图 2-1-14 念“指路经”位置示意图

整个仪式结束。

嘎房的木料会被人们拿走做牛圈、猪圈，说这种木料做的牛圈、猪圈，牲畜长得快，不得病。小棺木里的草鬏鬏要送回死者的墓地。

七、中寨乡“沙锅寨”彝族“祖灵筒”调查报告

采录地点：六枝特区中寨苗族彝族布依族乡沙锅寨

采录人：吴秋林（在场人员叶华、四方井办事处书记等）

被采录人：李发文，男，54 岁，世袭彝族“补摩”

采录时间：2003 年 7 月 24 日

我 38 岁那年才开始做“补摩”的。

父亲是“补摩”，家传的。

“补摩”有“阴传阴教师”“阳传阳教师”“父传子教师”（即阴间师傅、阳间师傅、家父师傅），我是“父传子教师”。

父亲 32 岁那年被烧漆树的烟熏过后，眼睛就失明了。

原来我们家有经书，我记得有“通书”“看地的书”“谢土经”等一大摞，可惜“四清”（1964—1965）时都烧了。别人家的经书多少还保存下来一些，我家有个姑妈在公社当干部，她来家抱去烧得干干净净。

父亲在世时，有人请他做事我也跟随他去，一些事我也会做。

父亲活到 84 岁，他成神了（那年我 38 岁）就由我自己做事了。父亲成神前教了我许多东西，但教不完。经书也没有了。

父亲过世时对我说：“你做事只管说，你不会说的我帮你说，说不全的我在阴间会帮你补。”

父亲有时在梦中会讲一些给我听，要不书都没有了，他不教，我讲不成什么。

沙锅寨有 100 多户人家，近 700 人口，很集中，有三个村民组，就都住在一个如沙锅的山洼里，是当地最小的一个行政村。李家世代相传是这里的“补摩”，是过去这里的传统文化的传承者。村里一般的“法事”大都由他家做，当然也可请外面的

"补摩"来做。

我们去时正是他们彝族传统的"扯火草节"(即彝族火把节),有对歌等许多内容,但今年十分冷清,据说是因为年轻人都打工去了。

"补摩"现常做的事有"退煞""解身上""换祖灵筒"等。我们请他讲述了"换祖灵筒"的法事。

(一)祖灵筒是什么

沙锅寨每个彝族人家堂屋对着门的墙上,挂着一个用草编成的椭圆形的草片,上面由高到低捆绑着一些有五寸来长的小竹筒。这些小竹筒就是彝族人的"祖灵筒"。它有些像汉族的祖宗牌位,表示祖宗灵魂的所在之地,是彝族人祖宗崇拜的对象。

这上面,至少要放三代以上的祖宗灵筒。这里只存放血亲支系老人的灵筒,如老祖这一辈有三兄弟,就在最高处挂三个灵筒,每个老祖一个灵筒,并在竹筒上做了记号,表示大祖公、二祖公、三祖公。沙锅寨这里是在竹筒上刻道道,大祖公刻一道,二祖公刻二道……

在这层次的下面,就是爷爷这一辈的祖灵筒了,在下就是父亲这一辈的……

据相关资料,有的彝族地区在上放近十辈的祖灵筒,沙锅寨说一般只放三辈,三辈以上在换祖灵筒时就要送走。

以此相关的是最初的分支时有一定的仪式,就是分祖灵筒,但在此个案中,我们没有问及分支时的情况,他也可能说不清楚。

祖灵筒里装的什么?在下面有所涉及。

(二)换祖灵筒的缘由

祖灵筒是彝族祖先灵魂居住的地方,故而在彝族人心灵是很神圣的。为什么要换祖灵筒?第一种说法是到了三年就要换一次;第二种说法是不一定三年,不到三年,或三年多也可以,如果这几年家境顺利,诸事顺利,过一段时间换祖灵筒也可以。如果说家里总有不好的事情发生,沙锅寨的彝族人就首先想到要换祖灵筒了。实际上往往在三年左右一般就要换祖灵筒了,而草片放了三年,也该换新的了,因为一旦出现祖灵筒有坏损的现象,就是很不吉利的事。

一旦主人家要换祖灵筒,一方面主人家要在物资上做准备,一方面就要请"补摩"了。

(三)换祖灵筒的时间和牺牲

换祖灵筒的时间原来是什么时候都可以换的。每月的具体时间是这样要求的,如换祖灵筒安排在6月,那么,主人家里的人的属相天要避开,鸡和猪的属相天也要避开,避开这些属相天,其余的任何一天都是可以换祖灵筒的日子。

换祖灵筒的牺牲主体为猪,以鸡相配合。在过去,彝族用于换祖灵筒一般都用20-30斤的小猪来作为牺牲,但现今一般不单独办理了,说只用它的一口气,故换祖灵筒现今一般安排在腊月间（每年的 1 月份）杀年猪时一并举行。即把年猪同时作为换祖灵筒的牺牲。其原因之一是过去有段时间，杀小猪敬祖先也要上屠宰税，很“划不来”。

（四）换祖灵筒的经过

看好日子，准备好牺牲等一应物品，这天“补摩”首先要在主家堂屋的左边，或者在堂屋外，做一个“度阴灵床”一样的东西。

图 2-1-15　六枝彝族信仰遗迹（一）

“补摩”要先上山去砍一些“补舍”，说是“补摩”要“补舍”才能成事。这叫“补舍”的就是“泡木枝”，要看有三个叉的泡木枝三棵，为三三九的数，两个叉的六棵，为 12 的数。把这些树枝在堂屋的左边插好后，又在这些树枝中插一棵香樟树枝，并在上面拴一个草鬏鬏，香樟树枝代表度阴，草鬏鬏代表老祖先人来了。同时还要用泡木枝削一棵木标，上面削尖，在木标上刻五条道道，每条道道上又卡一条泡木枝，像一个楼梯样。这棵木标要插在这些树枝的中间，比一般树枝都高。

在这一片树枝的前面，铺一些草，草上铺一块一尺二寸长的麻布（现在用白布）。

做完这一切，就可以烧香念请了。然后把旧的灵筒从墙上取下来放在白布上。

这时作为牺牲的猪也摆在案子上，鸡也准备好了。案子上的猪头对着那个“度阴灵床”一样的东西，一阵念请之后，就可以杀猪了，并且“补摩”同时念“交牲词”，内容是表明这牺牲是献给祖先和天地四方诸神的。

献牺牲完毕，就可以换祖灵筒了。

其过程是把旧的竹筒用刀剖开。先把一种叫“白花然”的茅草找来，这种草分公母，草秆有节者为公，无节者为母。这草就代表祖先，一般是一节公草，一节母草，各代表老祖公、老祖婆，如果这祖公有三个老婆，侧可放三节母草秆。草秆选定后，先用棉花裹草秆，然后用线捆扎起来，公草秆用白线捆，母草秆用蓝线捆。

捆扎好草秆，用一新的竹筒，把草秆放进竹筒里，然后用米把竹筒装满，装米的意思是让儿孙今后有米吃，不挨饿。装米时要放点盐进去。

装好米的竹筒用一节苞谷核棒塞住竹筒口，然后刻上道道，放回草片上原来的位置。

这时就可以用回熟成形的鸡、猪头、一点猪肝等牺牲，摆在案子上敬供祖先了。

点好香，烧好纸，一家大小就可以来磕头求祖先保佑了。

换下来的东西，最后由“补摩”安抚之后，送出村外烧埋。

这时，换祖灵筒的全过程就算完毕了。

问及为什么要把祖先的灵魂放在竹筒里，解释说夜郎国的老国王是从竹筒里生出来的，所以说祖灵就要住在竹筒里。

第二天，我们在中寨苗族彝族布依族乡的小补王村，又见到了“祖灵筒”，但这个距沙锅寨不到20里路的彝族寨子，其祖灵筒是放在寨子高处的（后山）一种建在野外的叫作“祠堂”的小屋子里。一般是结过婚的老祖用草捆竹筒，如没有结婚成家，就是一个光筒筒。在这种“祠堂”里，所挂竹筒的辈数不限，十几辈都可以。

小补王村的张、毛二姓是早年老祖公因在盘县地方杀了人，躲到这里的，故小补王村的彝族祖籍在盘县。

第二节　六枝彝族丧祭文化分析

我们从以上六枝彝族的七个丧祭个案中，按照先后顺序，可以看到A社勒村个案、B小补王村个案一、C小补王村个案二、D大箐村个案、E箐脚村个案、F下麻翁个案、G沙锅寨个案。这七个个案除了F下麻翁个案是在四年前做的、G沙锅寨个案是在七年前做的外，其余五个个案都是在2010年年初做的。

A社勒村个案的主要要点有：扶老人落气、装棺、死亡告知、停灵、出殡、停棺待葬、回煞等。

扶老人落气是一个死亡的预备性的环节，即老人在快要死亡前，强调要有子女在身后扶持着，这是一种农业伦理社会的子女责任和义务的表达。在A社勒村个案中进行了表述，但不是很详细。

装棺是所有使用棺木进行土葬的丧祭仪式的第一个环节，在所有的土葬民族中都有，A社勒村个案中也做了详细描述，并且注重了衣服的数目男单和女双，以及男性剃头和女性梳辫，并且把男性死者的头发烧掉。

死亡告知是在人死亡后的一种告知行为，在A社勒村个案中有两种告知：一种是自然的村社告知，一种是专指的血缘婚亲告知。前者告知在A社勒村个案中是放炮（可以是鞭炮，亦可以是地炮），而后者则是请两个人到姑娘家、外家、舅家、姑妈家四种具有血缘姻亲关系的家中，进行专门的或者说特定的告知。

在这两种告知开展的同时，就是停灵了，即装了死者的棺木在死者家中的停放位置和规矩，A社勒村个案中有一定的表述。

A社勒村个案中关于出殡有一些假设的描述，即“办斋”与否，如果“办斋”，其许多丧祭仪式就可以在停灵期间开展，如果不“办斋”，就可以在停灵结束时出殡，即把棺木抬到事先在山上早就看好的坟地里。在A社勒村个案中，也有简略的出殡过程。

停棺待葬在A社勒村个案中也是一个要点，即把棺木停在山上的坟地里，在合适的时候再埋入土中。

回煞是A社勒村个案中描述比较详细的要点之一，但回煞的文化表述不一定是彝族人文化中固有的。

在A社勒村个案中，还有三个点值得注意：一是在出殡过程中遇到村寨的处理仪式过程；二是在埋葬死者之后把羊角、四只蹄子在坟堆上的处理；三是在停灵过程中的供饭。

B小补王村个案一的主要要点有：装棺、报丧、绕棺、交牲、掩材起山、下葬、扫晦气、扶丧等过程。

这个个案是从装棺开始记录的，在装棺前老人死亡之时，要把死者抱到地上的稻草上扶着死者落气，并在口中含“落气钱”，并且把米粒和大蒜丢在水缸里，这些是B小补王村个案一的要点之一。

装棺穿衣的要点体现在反穿衣服，反包头帕。装棺的禁忌和注意事项在此个案中被描述得比较详细。另外，在死者死亡的地方，还有一系列的仪式意在清除死者灵魂影响。

在装棺后有一个所谓的开路仪式，意在把装在棺木中的死者灵魂指向所谓的“阎王十二殿”。

在B小补王村个案一中，死亡告知在报丧环节。告知中地炮有了明确的意义，即告天一炮，告地一炮，告亲戚一炮。在死亡告知中，告知血缘亲族集团的“赶死”有了新的演绎。

在B小补王村个案一中，“绕棺”是重要的一个环节，在停灵过程中，所有亲缘集团的亲戚们礼敬死亡者的一个仪式，并且这个仪式在这里被人们很看重。

图2-2-1　六枝彝族信仰遗迹（二）

有“绕棺”就会有“交牲”这一环节，“交牲”就是把亲戚们带来的牺牲品杀祭给亡人，但在B小补王村个案一中，这个仪式是与“敬水”一起做的，或者说是合并在一起做的。这里面有一个带杀猪刀的与亡人同辈的人和背着象征性弓箭的大孝子是特定象征意义。

在B小补王村个案一中，“掩材、起山”这一环节中，验棺被强调了，并且要杀鸡鸭来驱除死者的“杀气”，抬棺上山前要对死者的家里进行清扫仪式，并用两只簸箕的滚动作为仪式的象征。在棺木抬到山上的墓穴后，按照死者的八字来测算挖墓穴的深度，并且用羊来扫穴是这个个案的特点之一。同时还有卖地的一系列仪式举行。

在B小补王村个案一中“下葬”这一环节里，要由毕摩念经，安土。安土要按照东、南、西、北、中五个方向，每个方向依次摆放一块粑粑、一块豆腐、一块羊肉。

在B小补王村个案一中，还有专门的为所有参加葬礼的人“扫晦气”的仪式。

在B小补王村个案一中，“扶丧”这一环节是在下葬三天后举行的，实际上是第一次扫墓，以此来表示“整场丧事圆满结束”。

C小补王村个案二的主要要点有：二次葬在彝族中出现是很少的，进一步强调了生者对死者的礼敬，也强调了死者在死后对家人的影响力。这在新葬地的安放羊头和四蹄，以及敬奉十道菜，并对死者连续性祭供三个月中都可以体现出来。

D大箐村个案的主要要点有：装棺、告知、办联、修坟房、下葬等。

在D大箐村个案中，“装棺”有许多的禁忌和要求，比如老人去世前要把老人抱到堂屋里，脚踩在装有玉米的斗上，在装棺时注意金属，要象征性地蘸一点老人的洗身水抹在嘴上，等等。

在D大箐村个案中，“告知”这个环节与其他的个案基本相同。

“办联”在D大箐村个案中是一种糅合了多种意识为老人解冤的仪式，目的是为亡人解怨仇，给子孙后代祈福。

在D大箐村个案中，“修坟房”是一个比较明显的异样之处，它强调了给死者修建墓室，并且作为一种对死者的礼敬。

在D大箐村个案“下葬归土”这个环节中，有“安土”的仪式和环节，但对于“安土”后的处理是不一样的。另外，这里还有立碑的意象。

E箐脚村个案的主要要点有：临终准备、死亡时处理、入棺、告祖、请先生、报孝、奔孝、办灵、跳脚、扎祭门、过殿、选圹、开路、上山、入圹盖土、孝期、立碑、停棺候期等等。这个个案的记录分得很细，但过程记录一般，它与其他的个案没有太大的区别，只是在“告祖”这一环节中有“扯神筒”的环节，但这个环节在此个案中是可有可无的。“办灵”与上一个个案中的“办联”是一回事，但前一个个案是误读，后面的“办灵”是正确的。在所谓的“办灵”中，实际上是包含了多个为亡灵举行仪式的过程，或者说是把多个这样的仪式过程简化并且糅合在一起称为“办灵”。

在E箐脚村个案中，“跳脚”也是一个比较特定的表现要点。

F下麻翁个案的主要要点有：彝族毕摩的基本情况、彝族毕摩在此地彝族丧祭中保持的彝族丧祭文化最为传统的一些部分，即他们在土葬仪式上很多都让给了先生（主要指的是汉族先生）来做，他们很清楚在此地彝族丧祭中他们必须做的是什么。就是“打嘎”，但此地的“打嘎”与其他地方的彝族丧祭中的“打嘎”大相径庭。

在这前五个个案中，我们看到，这与汉族的土葬仪式在精神观念和仪式过程上没有太特别的差异性，只是受地域环境和民族文化环境的适应性影响，故而在死亡准备中有扶持老人落气的特别表现，即把老人扶到屋里的地上来落气，但几个个案表现不一样。A个案中是把老人扶到地上的稻草上落气，而B个案则把老人放在蒲扇上落气，其意义和象征性表述有一定差异。在A个案中，老人落气的地方强调要经过扫除仪式的处理。

在死亡的告知上，几个个案在自然告知上都基本一致，也就是放地炮，用铁筒装上火药点燃，火药爆炸声响很大，为区别于鞭炮，人们称为地炮，或者说铁炮。但在亲族集团的告知上就体现了一定的彝族礼仪性。

> “还要请寨上的两个人去通知亡者姑娘家、外家、舅家、姑妈家，这两个报丧人一个人头戴白帕子，一个不戴，来到亲戚家的门口，也不进门，就在门外喊：‘会抽烟的，装烟出来，不会抽烟的，舀水出来。’亲戚家一听到这些话，就知道有人去世了，就会杀一只鸡来款待这两个人。”（见《箐口彝族仡佬族布依族乡社勒村丧祭调查》）
>
> “人去世后就要去通知家中的亲戚，过去都是家中派人去通知，现在大部分村寨都有电话了，用电话通知也可以。以前通知的时候，就要请家族中的人去帮忙通知，去的人手里拿一根削去皮的棍子，拿着棍子去了以后亲戚就知道是有人过世了，白棍去到亲戚家的时候插在门口，吃完了之后转回来就拿走，去的时候那边的亲戚要杀一只鸡给这个报信人吃，棍子在报信人回来的途中可以丢掉。现在有电话，可以电话通知，但是外家必须要请人去通知才行，去通知外家的时候一般要提5斤酒去，其他的可以电话联系。”（见《牛场乡大箐村彝族丧葬仪式调查报告》）

这个个案与《中寨乡小补王村彝族丧祭仪式过程》的个案基本类似，但更注重的是消息性的通告。

在《中寨乡小补王村彝族丧祭仪式过程》的个案中，这种告知被称为“赶死”，是要经过一定的仪式把死者的灵魂一起请上前去的。

> “定好日子，请两个亲戚或乡邻邀上死者的灵魂一同前去所有的内亲家‘赶死’（即把安葬的日子通知亲戚）。出发前，两人先跪在棺材脚，戴上孝帕，并嘱咐亡人：‘某某老人，我们一同去某某家赶死。’在中途休息的时候，也不能忘记交代亡人：‘某某老人，我们先休息一下，你不要急着走。’休息好启程时，也要交代亡人：‘我们现在走了……’（如果中途休息时不交代清楚，亡人的灵魂就会在两人之前走到别处祸害生灵，如果再次启程时不邀约亡灵，他的灵魂又会留在半路上祸害过往的行人）。”
>
> “到了被赶的人家门口，赶死的人不能先进去，要在门口站住，高声喊道：‘请你家送一支烟出来。’主人家在递烟的同时要搬一把椅子出来，这把椅子是专门准备给死者的亡灵坐的，烟摆在椅子的旁边（男左女右）。这时候，赶死的人才能进到家里去。主人家要杀一只鸡祭奠亡者，亡者家在哪个方向，就要到哪

个方向的十字路口杀。杀鸡有一个仪式，先用芊芊活或者杉树搭建一个青篷，篷内点上三炷香，烧上三分纸，祭奠酒后，又念：‘某某老人，你死了不怪三亲六戚，不怪亲朋好友，不怪众本家，你要回家去好好守你的棺材……’然后杀鸡，回熟以后先在神龛前祭奠，再在门口祭奠，同时交代亡灵：‘你吃了这餐饭以后，好好回去守你的棺材。’祭奠完毕，大家共食此鸡。以此类推，每到一家‘赶死’，都要杀鸡，吃饭。并且‘赶死’的人，无论路途多远，都要在饭后立即返回，不能在外过夜。”（见《中寨乡小补王村彝族丧祭仪式过程》）

“报丧：老人过世先生算好上山期辰之后就要请人去报丧，报丧的人要拿一根削好的白棒，绕着棺木转三圈，同时嘴里要念：‘来，我带你到哪家亲戚吃酒去。’到了亲戚家以后，亲戚要杀鸡给报丧的人吃，如果亡者是女性要杀公鸡，是男性话就要杀草鸡（母鸡）。”（见《牛场乡箐脚村彝族丧葬仪式调查报告》）

这个个案也是要带上死者的灵魂去告知的，但已经非常简略。

除了以上的四个个案中有告知的描述外，另外两个个案一个是“二次葬”，一个关注的是彝族传统毕摩的丧祭仪式，所以没有告知环节的描述。

在这四个个案中，《中寨乡小补王村彝族丧祭仪式过程》中的告知仪式是所有个案中最为复杂的，但也是最有文化内涵的，在这里，告知不仅有派去的两个族人，还有死者的灵魂。所以，在告知时死者的灵魂有一把专门的坐椅，而且鸡也不像在《中寨乡小补王村彝族丧祭仪式过程》的个案中那样，是招待去告知的两个人，而是杀祭给亡灵吃的。这样的告知就不仅是死亡消息的告知，而是一种神性或者说灵性的告知，于是，这个告知也自然由一个消息的告知，变成一个告知仪式了。这也就是两个个案的不同告知的意义。

这种告知有两个为所有的彝族丧祭中都要遵守的东西，一是在亲戚处都禁忌说“死亡”的词汇，都用“暗语”来表述，二是不在亲戚家居住。这应该是强调死亡的意义和重要性的一种如同禁忌一样的表现。

在这些个案的净身装棺中，有两个个案涉及对死者洗身水的处理。

“给亡人梳洗用的水，不能随意倒掉，要留到晚上鸡叫的时候孝子用脚在门边踩，同时连喊三声，蘸三滴洗尸水在嘴上，表示已经喝了老人的洗尸水，之后可以随便的倒掉。”（见《牛场乡大箐村彝族丧葬仪式调查报告》）

“老人过世，要给亡人梳洗，给老人剃头、洗头的水倒在门角内，洗身的水要孝子来喝，但是不是真正的喝，每个人蘸一滴放在嘴边就可以。”（见《牛场乡箐脚村彝族丧葬仪式调查报告》）

这样的喝洗身水的习俗在这里已经只是一种象征性的事物，但是我以为不管它最终属于哪个民族的文化，都有着极为深远的文化渊源。

装棺中，在空棺内举行扫除仪式，这是所有土葬仪式中都有的环节，但在彝族人那里被强调了，因为彝族人更为相信灵魂的存在和力量。

穿衣是装棺的前提，一般的也就在穿多少件衣服上分别进行男女性别的表达，如男单女双等，但在个案中，有了进一步的意义。

“洗好后，要为死者穿上寿衣。寿衣的穿戴也有一定的讲究，要身穿白色长衣服（以前是用麻布制成），并且不能带纽扣。寿衣的件数讲究男单女双，一般为男性三、五、七，女性四、六、八。若死者是年轻的要头戴孝帕（有父母在世的戴白色孝帕，父母过世了的戴黑色孝帕），死者是年纪大的则不用戴孝帕。为体现阴阳相别，给死者穿的寿衣要反着穿，头帕也要反着包。”（见《中寨乡小补王村彝族丧祭仪式过程》）

在这里，衣服的正反，又表达了阴阳的观念和意义。

在以后的停灵过程中，其仪式表现得比较复杂，有源于汉族的丧祭和观念的仪式，也有源于彝族的丧祭和观念的仪式。比如“交牲仪式”：

“第二天凌晨四五点钟，进行交牲仪式。给亡人供饭完毕后，毕摩在棺材旁念诵相关经文，孝男孝女分别站在棺材两边。另找一个与亡人同辈的人，带一把杀猪刀（刀柄用白布包好），站在一边，大孝子身背一把弓箭（象征性的临时用竹子做成的）站在另一边，相当于保镖的角色。”

图 2-2-2　六枝彝族“指路碑”

“棺材下面放置一碗水，准备三个带斜口的竹筒靠在棺材脚下，预备着杀羊后用来盛装羊血。毕摩开始做法事，用一个半边葫芦，绑上一根一米左右长的木棒，和竹筒一起按照男左女右的方位靠在棺材旁，同时放置一根带有几片竹叶的金竹竿。毕摩做完法事后，孝男孝女分别拿起金竹竿和带葫芦的木棒，依次在水碗里蘸三下，这个仪式叫作敬水。敬水时，孝男孝女对亡人说：‘某某，我们给你敬水了，你喝完水后就放心地走进阎王十二殿。’敬完水后，

毕摩又开始念另一段经文，帮忙的人同时在门口开始杀羊。”（见《中寨乡小补王村彝族丧祭仪式过程》）

这个交牲实际上就是彝族式样的“交牲”，但是最后走进的却是“阎王十二殿”，这“阎王十二殿”肯定不是传统中的彝族人灵魂要去的地方。

传统文化中的彝族人的死亡最后一定要出现一个叫祖灵筒的东西，但这里被称为“神筒”，这里的彝族人实际生活中是有这个文化事象的，但其观念却比较淡薄。在以上的六个个案中，只有两个个案中有这样的记录：

“告祖的时候一般要做一个‘扯神筒’的仪式，意思就是要告诉自己已经离世的祖先，说：‘这个人要来了，要来和你们做一家人，你们要照顾好他。’如果不扯神筒就不要讲这些话，做扯神筒的好处就是祖宗都在一起，就不是分散的，到大年初一、初二的时候就不必在上山去祭供祖坟，只要在房子边建一个小祠堂来供奉这些祖灵就可以，大年初一、初二的时候就在那里一起祭供就可以了。”（见《牛场乡箐脚村彝族丧葬仪式调查报告》）

“在下葬后，就可以做灵筒了，即在坟上扯一金丝茅草，后面的丢给前面的接着，带回家就可以做灵筒了。做灵筒要用百花燃草，灵筒里要放米。如果当时忘记了扯金丝茅草，以后也可以去扯，但扯时要用一只草鸡（母鸡）。灵筒做好了可以放在家里的神龛上，打嘎以后才能进家族祠堂。”（见《六枝特区箐口乡彝族丧葬仪式调查报告》）

在这里，这做灵筒是可以忘记的事情，说明了这一神圣的过程被淡化了。

在以上的个案中，基本上都说到彝族人的土葬有“停棺待葬”的习俗，即棺木上山后很少有立即“入土为安”的汉族土葬观念，反而是要选择一定的期程，在以后的某一个日子里再埋入土中。这一点与其他彝族地区的彝族土葬几乎没有什么区别，我在其他彝族地区也很少看到彝族人直接把死者立即入土的，一般都是在后来入土，似乎后来入土对于彝族人来说是更为符合彝族文化观念的选择。

入土以后，在坟上举行“安土仪式”而出现了坟头上的羊头和四个方位的四只羊蹄，也是一种彝族文化融入土葬文化的重要表现。

“如果是没停的就立即下葬。这时候要用鸡、羊来祭，羊的一条腿和整只鸡要给先生，剩下的就抬回来，做熟大家分吃。最后将羊角插在坟顶，四条腿按老人所躺的方向分别插在坟的周围，前腿插在头部，后腿插在脚部。”（见《箐口彝族仡佬族布依族乡社勒村丧祭调查》）

“然后，由毕摩进行念经，安土。安土要按照东、南、西、北、中五个方向，每个方向依次摆放一块粑粑、一块豆腐、一块羊肉。”（见《中寨乡小补王村彝族丧祭仪式过程》）

“然后杀羊，羊血要洒进井里，并把羊角和四只羊蹄都取下来备用。接着，填土砌坟，把取下来的两只羊角放在坟顶上正中部位，四只羊蹄又分别放在坟顶

的左右两边。”（见《中寨乡小补王村彝族二次葬仪式》）

羊是彝族人的极为重要的比较传统的牺牲品，在土葬的最后形式中强调它是有意义的，尽管这样的意义在一般的彝族群众中不是十分明了，但肯定是彝族文化在新的丧葬文化中的调适。

G 沙锅寨个案的主要要点有：这个个案主要讲了祖灵筒的制作，以及在中寨地区的分布。从这里看来，以祖灵筒表现形式为主要表征的文化，在六枝彝族中表现是存在的。

在以上的七个个案中，实际上有两个个案是有特定意义上的个案，一是 C 个案，二是 F 个案。前者是一个“二次葬”的个案，是在特定条件下才会出现的。后一个个案意义就比较特别了，因为这位毕摩讲述的是一种彝族丧祭文化的核心之处。

在这个个案中，我们描述的就是一个称为“打嘎”的过程。这个过程实际上比较简单，即在这一辈人的所有男性兄弟全部死亡之后举行的关于灵魂的处理仪式。这个仪式实际上由两个部分组成，一是念“依楼”经，二是念“指路”经。

念“依楼”经的意思是：“依楼”在彝语中是“开始念经”的意思。念的内容是“摸色不一怕”，其直接的彝语意思是“鸭子落水死”。实际讲的是彝族的苦难历程、经历等等，有些如“诉苦经”内容，当然，这不是彝族个人的苦难，而是彝族的苦难。

这个解读是我们在与彝族毕摩反复讨论后得出来的结果，“鸭子落水死”实际上是彝族语言的机智所在，鸭子会落在水里死掉吗？这是不可能发生的事情，故彝族的一些苦难是天的意志，也是人的意志不可以违背的。仔细琢磨彝族这句很耐人寻味的话，“鸭子落水死”，就可以更深层次地理解彝族的智慧了。

念“指路”经是其他彝族地区在老人去世时一定要举行的仪式，而这里只有在所有同辈兄弟全部死亡之后才能举行。这是一种仪式的简化和衰微，还是变通，我们以为都是。

第三节　六枝彝族祭祀和神灵

在六枝的彝族中，除了丧祭是彝族祭祀文化的主要部分外，它抑或还有一些另外的祭祀和神灵表现，以此来共同组成六枝彝族的祭祀文化。

在每年的三月三，六枝彝族的村寨都要举行祭山神的祭祀活动，这样的祭祀往往是伴随着过节日的民俗事项而出现的，但它实际上就是一个祭祀仪式。对于这样的祭祀，我们在社勒村和小补王村的调查中都有记录。

社勒村的记录如下：

每年三月的第一个鼠场天，社勒村都要集体祭拜山神。所谓山神，其实就是一棵大树，在社勒村，有三棵这样的大树，人们在每年的三月三，都来祭拜这个山神，通过祭拜树的形式来祈求得到山神的护佑，保证庄稼丰收，六畜兴旺，人们幸福安康以及年年风调雨顺等。

在三月三的头一天，每家都要凑上二三十元或者五六十元不等的钱，将这些钱汇集后，大家便用这些钱去买一头猪、一只白公鸡、五只保生鸡，另外还买了一些火炮、酒和香纸。主持这个仪式的人是本村的毕摩，参加人员也是本区域本宗族的人。

第二天天一亮，人们就早早地起来，抬上准备好的东西，全村的人都要参加，但60岁以上的老人，不论男女，都不能去祭山神，因为它们年纪比较大，树神都害怕他们。

图 2-3-1　六枝社勒村彝族神树

去的这些小孩和年轻人，大家在那儿打牌、玩耍，但不能说一些对树神不敬的话，整个仪式过程由毕摩全程负责，毕摩主要宣读一些禁止偷盗等不良的行为，并赋予大树以神性，如果谁不遵守这些规约，就会遭受到神树的惩罚。所以，当小孩子生病、生疮等家庭不顺当的时候，或者发生偷盗的行为，但双方无法判决时，都会来到这棵神树下，进行一定的仪式来祈求保佑或者判决。

他们祭山神时，对这棵大树极其敬重，不敢折，也不敢砍，甚至枯死的树干都不敢拿下来烧掉。据他们说，这棵树非常灵验，记得有一次，村里的两个人C和Y发生纠纷，怎么判都无法平息。便约去树底下捞油锅，村子的人，都捞遍了，都没有问题，而临到Y去捞时，才靠近不远，油就溅了起来烧着了他的手。后来，六枝特区法院来说，C属于故意伤害罪，判他坐了7年的牢。村里的人都说，Y心术不正，可结果却把C判到监狱去了。但这棵神树呢，只对本村的村民有效，其他的村民就不灵验了。

毕摩宣读完规约，全村人就一起吃大锅饭，吃完就各自回家了。如果吃不完，每家就分一点，带回家去吃。

小补王村记录如下：

在当地，每年的三月初三都要扫寨、祭山神。一般每个村都把山神供奉在一棵神树上，这棵神树要是四季常青的高大乔木，多数的是选香樟树作为神树。小补王村的神树在1958年被砍，又重新栽种了一棵，又第二次被砍，据说砍树的人后来就瘫痪了，不知是天意还是众怒难犯，很多村民都是这样介绍的。

祭山神的由来，这个地方经常遭遇干旱，几个月不见一点雨，收成不好，村民们就自发组织起来祭拜山神，祈求风调雨顺、五谷丰登，慢慢地祭山神就成为一种民族风俗，并约定俗成在每年的三月三这一天来举行祭山神仪式。并在祭山神前进行扫寨，把村里一年以来的口舌是非、瘟病灾祸一扫而光，全村村民才清清爽爽地上山祭拜山神。

祭山神前两个月就要着手进行一系列准备工作，例如小补王村共有彝族村民四个组，每年由一个组轮流负责祭山神的组织活动。从正月开始，就由村民推举出来的两个人提前到各家各户收取玉米一斤、糯米两斤，玉米用来酿烧酒，糯米用来酿米酒，两种酒酿制出来以后，再混合装坛，密封后沉到村后的龙潭里面浸泡到祭山神的头一天取出。另外要准备好两只羊（一只扫寨时用，一只祭山神时用）、六只鸡（其中有两只草鸡）、十二只小鸡仔（准备在祭山神时在山上放生），这几只小鸡不能用钱买，而是看到村中随便哪家有小鸡仔就直接去捉，主人家不得反对。

三月三的当天上午，要先请毕摩来扫寨。扫寨要准备的祭品有：羊一只、雄鸡一只、草鸡（未下过蛋的小母鸡）一只。先在寨口为毕摩设堂，需要桌子一张、升子、香米、酒水、利市、三个茅草人。

身穿长衣，头戴凉帽的毕摩请完祖师后，提着和牵着用反手索拴着的鸡、鸭和羊，在一帮人的跟随下（女性不能参加），挨家挨户逐一进行扫寨。每到一家，毕摩手拿白棒（用芋芋活树枝剥掉皮，绑上蒿草，这根白棒相当于毕摩的神杖，主要用来驱赶邪气）敲一下主人家的门，口念吉利，主人家就随着打扫。吉利的大致意思为："是非口舌扫出去，金银财宝扫进来……通过这次扫寨，主人家大吉大利"。每家的各个房间都要打扫到。

扫寨结束后，到寨外把羊、鸡、鸭都一起杀掉，给毕摩分别留羊、鸡、鸭的一只腿，其余的由村民分而食之。三个茅草人也就插在寨外了。

接着，进行祭山神。这个时候又要在寨口为毕摩设一次堂。需要桌子一张、活鸡一只拴在神案的桌脚（当地人称为"马脚鸡"）、升子、香米、酒水、利市、扎几个茅草人插在升子上。并用泡木杈杈"打素坛"，使将用来供奉神灵的鸡、鸭和羊得到净化。

毕摩请完祖师，全寨的男人就开始上山（女人不能参加，外村人也不能参加），这一天，全寨人都要休息，包括不能上山的人都不能动土，做活。上山的路要从专门的一条路上走，而不能走其他的路。

到达祭山神处，把泡木杈杈、茅草人、茶盐五谷全部绑在神树上，烧过香纸，敬完茶酒，把羊杀了就行了。羊肉不能带回村里煮来吃，要在村外煮来吃，并且羊肉不能吃剩下。在哪家借锅，就要事先给哪家人留两斤生羊肉。

聚完餐之后，大家聚在一起喝咂酒。这咂酒就是之前浸泡在龙潭里的酒，取出来后，先用棕皮进行过滤，盛在几个大坛子里，坛口蒙上红布。用几根金竹把节穿通，用后烧软后折弯，把吸管（折弯的金竹管）插进每个坛子里，一般每个坛子插四根管。众人通过管口吸食坛里的酒，这种喝酒方法叫作“咂马酒”，只要是男的就可以随便去咂酒。

这种全村性的祭祀活动只准本村的真彝族男性参加，其他民族的、外村的都不能参加，并且要求在整个活动过程中，只准讲彝语，而不能讲其他语言。

这两个村子的三月三祭祀山神的活动，虽然名称相同，但事项不完全一致，且功能也不尽一致。小补王村的三月三祭山明显要比社勒村的三月三祭山要复杂得多。社勒村的祭山就是希望“通过祭拜树的形式来祈求得到山神的护佑，保证庄稼丰收，六畜兴旺，人们幸福安康以及年年风调雨顺等。”（社勒村记录）而小补王村的祭山神则是“村民们自发组织起来祭拜山神，祈求风调雨顺、五谷丰登，慢慢地祭山神就成为一种民族风俗，并约定俗成在每年的三月三这一天来举行祭山神仪式。并在祭山神前进行扫寨，把村里一年来的口舌是非、瘟病灾祸一扫而光，全村村民才清清爽爽地上山祭拜山神。”（小补王村记录）在小补王村的祭山神活动中，扫寨也是一项非常重要的内容，在这一天的祭祀山神活动中，包含的东西更多。而且这个祭祀是小补王村典型的神性仪式，是由毕摩来实施的，而在社勒村却没有毕摩来实施此项活动的必然要求。所以，在小补王村的祭山神仪式中，其禁忌是比较多的，比如60岁以上的老人不能去，只准本村的彝族男性参加，在祭祀现场只准说彝语，等等。在小补王村的记录中，还出现了十二只放生鸡的事象，这是非常特定的表现。在小补王村三月三的祭山神的祭祀中，还特别出现了彝族人的咂酒、特有的茅草人灵偶，以及毕摩的设堂，故小补王村的三月三祭山神是一种更为典型的彝族化的山神祭祀。

在这两个祭祀中，山神都明显地表征在一棵具体的大树上，即神树就是神山的具体形象化体现，祭祀了树，就是祭祀了山神。

这样的祭祀在社勒村对面山上的仡佬族中也有，两者之间有同有异。

把节日“过”成一种神性仪式的祭祀过程，在六枝彝族中还不仅是三月三的祭祀山神，在小补王村，我们还看到这里的彝族把“吃新节”过成了一个表现神性巫术意味的仪式。其记录如下：

吃新节在农历七月份，具体是那一天不固定，要根据每年这个月每一天的庚甲来决定。过吃新节的主要目的就是给庄稼驱虫，预防干旱，庆祝作物丰收。

到选定的这一天，老人先在家里准备好供饭用的饭，由家里的年轻人到田头地间为玉米和稻谷喊魂。到了玉米地，先抓一把土往田地里撒一下，就开始喊玉米魂："玉米魂，你快回去，快快回到仓里面，在这里，山上的老鼠和鸟类会吓到你，你快跟我走，回到仓里去，回到箩筐里去……"然后掰几个玉米棒子带回来。喊稻谷魂也一样，往田里撒把土以后就喊："稻谷魂，你快回去，快快回到仓里面，在这里，山上的老鼠和鸟类会吓到你，你快跟我走，回到仓里去，回到箩筐里去……"然后，拔几穗稻谷带回去，即使谷穗还不成熟也要带几穗回去。

回到家，把带回来的玉米和稻穗一起蒸熟，供饭以后即可吃掉，玉米也可以炒着吃。

喊完魂，要进行祭水口。也就是在田头杀鸡，来祭水口。杀鸡前，还要用泡木杈杈搭上蒿叶"打素坛"。然后烧三炷香、三份纸，开始杀鸡，把鸡血滴几滴在蒿叶上。(小补王村记录)

在附近地区的仡佬族也过"吃新节"，但是其内容与其完全不是一回事，而小补王村的彝族"吃新节"实际上就是一个玉米魂、谷魂祭祀仪式。

在六枝牛场乡的箐脚村，还有所谓的"弥拉"和"解身煞"的仪式，其文化渊源不一定来源于彝族，但这也是六枝彝族神性文化的一个组成部分。

箐脚村的记录如下：

弥拉，当地人认为是一种神灵附体，然后为人们治病祈福的人，而这个人要有一定的缘分，也就是说这种人不是随便就可以成为弥拉的。箐脚村清官组的老人李柏芳已经76岁了，是当地有名的彝族先生，同时也是一名弥拉。

李柏芳老人自己介绍，他在7岁的时候得了一场病之后，就成为弥拉了，怎么成的他也不清楚，而李柏芳老人的祖宗也是弥拉，但是已经隔了三代了，一直到李柏芳老人这一辈弥拉神才又重新回来。

图 2-3-2 六枝社勒村彝族陈家古坟

李柏芳老人介绍说，弥拉代表一种神，解决人间疾苦的，要成为这样的神，是因为天兵天将进入人的躯体中来，代表着神来到民间，也就成了弥拉，但是天兵天将进来的时候，人都要大病一场，李柏芳老人也就是病了三年才好的，李柏芳老人生病的时候已经是一名干部，但是工作也要做，而被认为是迷信的东西也要去做。

弥拉看病，小孩子三冷三热，到医院去打针也没有什么效果，那么就要请弥拉来看。要请弥拉来看，请弥拉没有花什么钱，最多就是准备两只鸡，一只白鸡，一个无色鸡，杀死之后祭供神灵。鸡都是全家来吃，不是弥拉一个人的。如果请了弥拉小孩子治病还是不好，那么再送医院检查治疗，医学与弥拉两者的结合。

弥拉也有真假，真的弥拉是不怕火烧的，而怕火、用净水退去的是假的。弥拉一般都不喝酒，特别是在二月十九、六月十九、九月十九的时候绝对不可以喝酒。弥拉在请观音菩萨的时候不能杀生，同时在念经的时候不能喝酒。一般弥拉杀鸡，如果给你办不好，治不了病，那么吃了鸡，可能就对自己不利，以后自己办事的时候也不会顺利，做弥拉的时候没有书。

请观音菩萨来的时候要供素的而不是供荤的，要用一个升子装米，然后将点燃的香插在装有米的升子上面，还要电灯、摆上师刀和灵牌。请弥拉神的时候有的时候来有的时候不来，但是有的时候经还没有念完弥拉神就到了的情况也有，弥拉神来到的时候人要动起来，弥拉讲的什么东西还有怎么跳，自己清醒来以后都不知道了。弥拉神来到，就可以做法事了。做完法事，还要退弥拉神，退神的时候用一碗净水对着弥拉喷五口，然后在背上拍几下，弥拉神就走了，弥拉又恢复到正常人的样子。

解生杀请先生、弥拉都可以来做，要用一只鸡、白粑来念。先请土地神、树神、五道、水神来，总之地下的神都要请来，还要请十二甲子，这些都是先生或者弥拉用嘴巴来讲的。

用的鸡根据自己家的情况来定，有花公鸡、白公鸡、红公鸡等。

一般做解生杀要花半个小时以上才能做完，香要点，还要烧纸钱，在神龛前面摆一张桌子，上面放有一个香升、师刀、灵牌、水果之类的东西，同时放净水一碗。

做解生杀仪式的时候先生要拿鸡来旋，主要包括下面几个过程，一是解生杀，祭神请神；二是解法，就是从头到尾的解，先从头开始，包括头、肩膀、背心、胸口，一直到脚底下，每念一节就要剪下来一节，然后拿去烧就可以；三是打印，印是白吉金星印；四是压鬼，就是要把鬼赶出门，请师祖师爷压住鬼。整个过程先生要做手诀和念口诀，并且要点火把，同时用灵牌拍桌子。

鸡杀死了以后就拿来煮吃，在哪里做解生杀就在哪里做来吃。

这样的神性和神性事物在贵州省的多个民族中都有表现，是一种普通性质的民间神性意识的表现，在这里的彝族中出现，表明六枝的彝族神性文化中亦融入了这样的东西。

在六枝的彝族中，还有一些神灵表现，比如说我们在社勒村就记录到了关于此地一系列神灵的表述。

社勒村的神灵记录如下：

在社勒村，彝族人信仰各种各样的神，有大的小的，有凶的善的，无一不流散在他们的生活空间。大自然的变化以及财运不顺，家畜不旺，人丁不兴，邻里纠纷等生活琐事，无一不与众神的喜怒哀乐联系起来，人们为了祈求平安，便在正月间，请来了各式各样的神。这些神主要有：

1. 牯牛神

彝族信仰着天和地，认为闪电、雷鸣是由于天和地的矛盾而引起的，所以他们对天地敬而畏之。于是，在正月间，大家一起喝酒的时候，便将蜂渣渣放在碗上，再燃好一炷香熏到两个年轻小伙子的鼻子间，熏一小会儿，就喊牯牛神来上身，牯牛一上身后，两个小伙子，不管是否醉酒，还是平时性格如何，要立即弯腰，形如牯牛的样子打斗起来。人们在一旁，看到此情景忍不住大笑。但一般情况下，只要打斗2—3分钟便可以了，否则会有伤害到双方生命的危险。所以，往往斗一小会即可，喝一口水喷到他们的身上就解了。

2. 琵琶神

用麦丝丝、几片琵琶叶，弯成“2”字形的钩钩就是此神。

3. 毛娘娘神

在正月十五这天，用篾条制作成一个与人的形状类似的器物。然后用个钩子挂在这个器物的脚上，在毛娘娘神来临的时候，家人让这个器物去啄东西，这个类似人形状的器物就会听人的使唤。

4. 请新神

如果家里财运不顺、小娃娃经常哭，不乖、大人身上疼痛或者家畜不兴旺，就可以在正月间请新神来帮助，这些新神一般是过世了的祖先。请时，毕摩要用黑帕子把眼睛蒙住，并拿棉花塞住耳朵，拿蜂糖放在碗里，燃一炷香后熏在鼻子间。当蒙上眼睛、熏上香，新神就附在毕摩的身上了，这时家里有什么不顺当的，或者有什么要求的，就询问阴间的老人，看看是怎么回事，如何去解决这些问题。请新神一般要持续三个小时之久，去请毕摩的时候得给他12元、24元、36元不等。现在条件好了，给的钱也相应地增多了。

5. 姑娘神

请姑娘神一般在正月间，请时一定用黑帕子蒙住眼睛，当蒙上眼睛后，姑娘神就会降临到他的身上。请的人便让他看一下，老人成神后，在阴间过得怎么样，家里面有哪些不顺的事情。

6. 猴神

请猴神也是在正月间，一般起娱乐助兴的功用，过春节大家一起喝酒的时候，便拿蜂渣渣放在碗上，并燃好一炷香熏到某个人的鼻子下，熏一小会儿，这个人不论男女，也不论年纪多大，只要请来的猴神附在他（她）的身上，他（她）都会像猴子一样，非常轻巧灵活地爬上蹿下，自由嬉戏玩耍。如果想要他（她）停止下来，只要喝上一口冷水喷在猴神者的身上，他就醒来了。

7. 山神

在社勒村共有3棵古老大树，他们将这3棵说叫作山神，就是通过祭拜树的形式祈求得到山神的护佑。在三月三这一天，一家要拿10元到15元左右，这些凑的钱就用来买一只白公鸡、五只保生鸡、一头猪。主持这个仪式的人是当地的毕摩，他们说此山神很灵验，有一年，天大旱许久都没有下雨，祭拜之后就会下雨。

当小孩子生病、生疮，还有哪家的东西丢失的时候，他们都会到这棵古树下，进行一定的仪式来祈求保佑和弄清东西丢失的缘由。他们说这棵古树只是针对本组的村民有效果，对其他的村民就不是很灵验。

此外，社勒村彝族人还喜好在大门上挂镜子，以防鬼怪进屋伤害家人，并有招财进门之意；有的还挂马蜂窝，挂鸡蛋壳，暗喻多子多孙；而有的人家，当第一个男孩子出生时，生怕招惹人们的油嘴恶舌或者邪魔鬼怪的注意，为了保佑孩子的成长和健康，便在村口的路旁竖起一块指路碑，上面一般书写为“清净：奉佛修因保安信×××室氏所生长男叶双克命贵，将军箭来挡。开弓弦断，凶星退位，吉星降临。东走××，西走××，南走××，北走××。”另外，还在碑上放置一把弓和箭。

这些神灵不一定经常出现在社勒村彝族人的祭祀中，但却经常化的影响社勒村人的观念和日常生活，并且，这也是六枝彝族人神性文化表现的一个组成部分。

第三章　六枝彝族婚俗和节日文化

在文化中，婚姻习俗和节日是关乎世俗生活的部分，它们的存在，在很大程度上反映了人们的生存方式和生活方式，这些方式也在很大程度上影响人们的精神观念。人们在死亡的文化意义上更多的寄托未来，而婚姻习俗上表现的是现在。有时候，婚姻也是人类人口生产的重要方面，因为这种生产在很早就不仅是种族的繁衍，它早就被人们赋予了文化的意义，所以，这种生存是具有双重性的。一年是人生存的一个周期单位，应该说这个时间单位是比较漫长和平淡的。随着对农业生产的重视，以及岁时节令在农耕生计方式上的重要性和影响力，节日也就成为人们“集合”与“发散”力量的点，也是激活生命状态的重要形式。这样，人们的文化诸多要素往往会在节日中呈现，即表现节日，就能便捷地了其文化的意义。

六枝彝族的婚姻习俗和节日文化，自然亦属于这样的范畴。

第一节　六枝彝族婚姻文化描述

六枝的婚姻习俗我们也是用个案来描述的，亦是以我们的几个调查点来分布关于六枝彝族婚姻文化的诸多事象。

一、社勒村婚姻习俗调查报告

调查时间：2010年1月20日上午、21日晚

调查地点：六枝特区箐口彝族仡佬祖布依族乡社勒村

调查对象：张贤福，男，彝族，46岁，家住社勒村大寨四组。大姑娘已经外嫁，现在家里共有四口人，儿子在四川当兵，现家里有一个女儿和妻子。在办喜事的时候，会给人家去当歌郎，还会搞建筑，平时都是在家做农活。

天气：晴

采录人：徐玉挺、郎丽娜、王金元

社勒村的彝族人不禁止与外族通婚，但大多数在本民族内部联姻。以前，社勒村

彝族人的婚姻大多数是父母指腹为婚、包办或者青年男女长大以后，由男方父母请媒人到女方家里说亲，征得女方父母同意后，便择日通知女方为他们举行婚礼，年轻男女在自己的婚姻上无法做主。但也有另外一种，当男女青年从相识到相恋，双方都情投意合、称心如意后，便让男方父母请媒人到女方家里说亲，征得女方父母同意。同意后就择日告知女方，欲为他们举办婚礼。但至今，随着人们思想意识的转变，青年男女普遍追求婚姻自主，恋爱自由。“父母之命，媒妁之言”的说法已经成为历史。父母也不再过多地干涉子女的婚事，相反还给予子女足够的情感空间。但无论哪种婚姻形式，亦无论过去或现在，人们新婚时，一般要经过说媒、看日子、接亲、送亲、回门等几个环节。

1. 结识

社勒村彝族人结婚比较早，父母很早就开始给孩子请媒访亲。在结婚之前，男女双方一般是通过赶场天和节庆的日子来相互认识的，还有就是走亲戚的时候认识的。

2. 说媒

当男子遇到心仪的对象时，若有意与某一女子结为良缘，就会托媒人前去女方家说媒。男方家请去说媒的人要有一定的讲究，需要父母都健在，还要家里面近几年状况都比较好（安定，不出什么重大的事故）的人，而且还要能说会道，这样的人才能将男方的想法更好地向女家表达。媒人不论辈分高低，可以是男方自己的叔叔、伯伯或者阿姨之类的人，也可以是自己的同辈人如哥哥姐姐等人，只要他们能说会道就可以。媒人去女方家的时候，要向女方的父母说明来意，大致就是“谁家的儿子对你们家的女儿有意，现在特意托我来说媒，然后简要地介绍男方家的基本家庭情况。”第一次去说媒的时候，只有媒人一个人去，也不需要携带说媒礼物。女方父母觉得可以的话，就给媒人说明自己的态度，如果不同意就算了。如果同意，媒人就回家来告诉男方家的父母要准备些什么东西，准备多少钱。等到媒人再次去女方家的时候，男方家就会请媒人将事先说好的礼钱送到女方家去。

去时，需看日子。选好了日子，背些瓶装酒，再备好两个大的糯米粑粑，还要携带一只猪后腿去女方家。看男方家的经济是否宽裕，宽裕的话就多背些东西去。此外，歌郎要请两个，一个背粑粑和一小吊的肉；另外一个负责提猪腿。带去的粑粑和酒都要分给女方家的亲戚，粑粑要用刀子割成小块分给女方家的亲戚、家人。酒要送给女方家的每个内亲，每家一瓶，女方家则要为

图 3-1-1　六枝彝族小孩帽饰

男方家的人准备饭菜，好好招待他们。

3. 备嫁妆、跳脚

在举行婚礼之前，女方家需要准备女儿的嫁妆，如橱柜、箱子、衣物、凳子、被褥、彩电、缝纫机等必备家具。同时，在婚期九天之前，女方家的亲朋好友需要为新娘准备跳脚舞，选择其他八家作为跳脚舞的活动地点，在晚上举行。如果有歌郎，跳脚舞需从晚上八点举行到次日十二点。到第九个晚上时，才把“跳脚”的活动地点转至女方家，由女方家主持最后一次跳脚舞。这时，男方就要做好前往女方家迎亲的准备了。

4. 接亲

男方家去接亲时，组成了一支庞大的队伍，有一位媒人、一位携带礼金的长辈、一位负责背腊肉、酒、糯米粑粑的男人，两名歌郎，还有一位马夫及一匹马（如果远的话，就要牵马去接；近的话就让人背，马要棕色的，要脾气好的，这样当新娘骑上去才不会摔倒在地）。女方家等送亲的时候，要返还一点肉和糯米粑粑给男方家。

快到女方家门前时，男方家娶亲的小队伍要燃放鞭炮。女方家会将前来的男方歌郎和其他帮忙的人拦在大门外，女方家歌郎站在门内，男方家歌郎站在门外。等对歌完了以后，才让这两位歌郎及拿礼品的人进门。然后，女方家便把男方家来的歌郎和一些帮忙的人招呼到别的人家去歇息一会儿，之后才返回请他们回家里去吃饭。在家里摆一张八仙桌，但是要先将歌唱完了才能坐到桌子旁。坐在这张桌子旁的人是男方家所请的两个歌郎和女方家的六个歌郎。

而背酒、腊肉、糯米粑粑的人，要接受女方家的兄弟姐妹和同辈青年男女的“惩罚”，如用手、条子等惩罚工具“打”他们。所以，要想逃过这一“毒打”，当快到达女方家大门口时，背酒、腊肉、糯米粑粑的人就立即跳进屋内，以示礼成，惩罚也就终止。此夜，跳脚舞依旧进行。

5. 送亲

到次日快到良辰吉日时，新娘退出跳脚舞的队伍，在自己闺房轻声哭泣，以示报答父母的养育之恩。跳脚舞达到最激动人心的时刻时，要燃放鞭炮，以告男方接亲队伍可以起程。这一时刻，如果男方家请来的歌郎未能唱赢女方家请来的歌郎，即使前去接亲的队伍将一切接亲工作准备得天衣无缝都不能让新娘的兄长将新娘抱上马。男方接亲队伍来了之后，做好搬移所有嫁妆的准备活动。经过几番引导和反复演示之后，男方请来的歌郎不负众望地取得胜利。此时，马夫牵好马，由新娘的兄长将哭泣的新娘抱上马。歌郎护驾左右，不容许新娘有任何差错。所有接亲成员跟随起程。在路上，若遇到冲喜的时候就要绕路而行。

到达男方家之后，由新郎将新娘接下马，新娘将其头上的盖头或者衣服取下扔到屋顶，到第三天才拿下来。同时，男方家把大门打开，顺便在大门口摆放一个空碗。当新娘经过时，用力踩碗一脚，以踩碎为好。如果新娘无力踩碎，则由尾随的兄长代劳，务必将其踩碎。意喻把不好的东西踩破，以后就事事都顺利了。新郎将新娘接到新房，接亲结束。但双方歌郎继续对歌。

6. 回门

三天后，新娘随送亲队伍返回娘家，新郎也一起去。去的时候，带酒12斤、大糯米粑粑两块和一吊肉去，到女方家时，女方家要送一根蓝色带子给新郎，若不给，便遭到人家的笑话。住了一个晚上，第二天，新娘和新郎一起回男方家，这时女方家还要返还一点肉。这样，所有的仪式全部结束。明媒正娶，终身不得反悔。

二、中寨乡小补王村传统婚俗调查报告

时间：2010年1月21日
地点：六枝特区中寨乡小补王村毛永华家
口述者：毛永华，男，彝族，56岁，小学文化
调查者：李相兴，周莲莲、郭宸利
整理者：周莲莲

1. 相识

小补王村以前有包办婚姻和姊妹开亲的习俗，并且特别禁忌同姓通婚，现在该地区婚姻习俗实行的都是自由婚姻形式。过去男女主要是以唱山歌的形式互相认识，以歌传情，以歌定情。有了意向之后告诉父母，父母再请媒人去说媒。媒人一般就是一个人，男女都可以。

2. 请媒人

男方家请媒人去女方家说媒，一共要去三次，彝族说媒有俗话"一次不打狗，二次不装烟，三次才打招呼"。意思是说媒人第一次去女方家连狗都不理他；媒人第二次去女方家主人不给装烟，双方谈论婚事，但女方家不表态；媒人第三次去女方家才正式谈论婚事，并表明态度。

3. 提亲

如果父母双方都同意了，男青年和媒人就选个好日子，提一对糯米粑粑和12斤酒送到女方家。女方家把所有的亲戚都请来吃饭，并喝男方家带来的酒，表明同意婚事，提亲成功。男青年和媒人要在女方家住三天两夜才能回家，在这三天两夜中男青年要帮女方家做农活。

4. 合八字、选日子

提亲成功后，男方家就请毕摩或者先生合八字和选日子。合八字主要看男女双方的属相和五行，五行为金、木、水、火、土，五行相生，五行相克，不合则不通婚，合则通婚。媒人把选定的日子送给女方家，女方家同意就定下去接亲的日子，接亲的日子大多数是腊月前后。晚上男青年提着两只公鸡、一对糯米粑粑、12斤酒去女方家，并送女方家每户本家一份礼品，礼品包括一对糯米粑粑、一瓶酒。

第二天女方家杀一只鸡，看鸡卦（鸡的两只大腿骨），看女青年需要几件嫁衣。女青年把12种颜色的线捆在鸡腿上，给媒人带回男方家，男方家按线的颜色买12种颜色的布做成12件长衣。嫁衣件数根据男方家的家境决定，也用青、白、蓝、黑四色做四件或六件长衣，白色长衣必须有，白色长衣是当地的孝衣，一生中只有丧事时

才穿，等家里的长辈全部死后白衣才能烧。男方家送的嫁妆还包括2对银手镯、2对银戒指、1对银耳环。盘头头饰由女方家父母准备。

图3-1-2　六枝彝族绣花鞋

5. 接亲

接亲前一段时间，女方家举行跳脚舞，跳脚舞的日子带单不带双，一般选1、3、5、7等单日。女方家请12个女性在堂屋陪新娘跳脚舞，跳脚舞的人年龄、人数、辈分不限，主要是年轻人。跳脚舞的人腰上系一块红色绣花的帕子，新娘身上系两块帕子，身穿长衣但不系围腰。跳脚舞时由会跳的熟人带领大家，人们手拉手，边唱边跳，跳脚舞的动作统一、重复，并随着歌曲内容变化，唱歌的内容包括新娘在妈妈肚子里、出生、成长、受教育等内容，新娘边听边哭。

接亲前一晚上接亲的人就到女方家，跳脚舞到天亮，第二天开始接亲。接亲时新郎不去，如果新郎去接亲，认为夫妻将来会打架，与新郎同辈的男性去接亲，与新郎属相不合的人也不能去接亲。接亲的人去双不去单，至少6人，礼品多则人数多，礼品包括：一只连着尾巴的猪后腿、一吊肉（12斤）、一对四折粑（12斤糯米打制成）、酒（12斤）、12件衣服、火腿（30—40斤）、一个猪舌头和一个提篮（里面放有一包由茶、盐、五谷组成的用红纸包的包裹）等。

接亲的人走到女方家门口时，12个女青年手拿2米长的金竹条站在门边堵住接亲的人，媒人走在最前面，女方家的人就用一块白板打媒人，边打边念“打是非口嘴，打凶神恶煞……”12个女青年用金竹条打接亲的人，但不再打媒人了，接亲的人不能还手，挨打后才能进女方家的门。进门后，接亲的人把礼品送给女方家，把装有茶、盐、五谷的包裹放在神龛上。吃饭时，要等安排好女方家客人，吃完饭后，接亲的人才能吃饭。接亲的人吃完饭后，被安排在女方家周围的人家中休息。媒人与女方家点礼。然后开始跳脚舞，女方家12个跳脚舞的女青年中的2个人去邀请接亲的人，接亲的人拒绝就用水泼他们，跳脚舞一直进行到天亮。第二天，接亲的人把马准备好，按毕摩或先生选好的时辰把马牵到大门口等待接新娘。

新娘当天打的盘头有规定，必须要与新娘属相相合的人打，打盘头时念“子孙发达，多子多孙，白头到老，夫妻和睦”。新娘身上穿着男方家送的12件衣服，用黑纱帕把头盖住哭着出来。

6. 送亲

送亲的人只能是女方家的男性内亲，新娘父母也不能送亲，新娘出门时由她的哥哥、姑父或舅舅抱她上马，由一名与新娘八字相合的人帮她撑着伞陪送到男方家。

路上禁忌：新娘上马后不能下马、回头、说话和吃东西，马边由接亲中的两个人一左一右扶着新娘，一人拉着新娘的手，一人拉着新娘的腰带。

女方家的陪嫁品：鞋子、衣柜、新衣、箱子、提篮、一床被子等。

新娘要背着凉帽到男方家，到男方家大门口时，边甩凉帽边由她哥哥扶她下马，把凉帽甩到房顶，凉帽不能翻，否则象征着新娘在夫家不久，要重嫁，生孩子也不乖。新娘下马后，站在门口，男方家要杀一只鸡退喜神，杀鸡时念“天杀，地杀，月杀，日杀，一切凶神恶煞，雄鸡换挡”。杀完鸡后由男方家派两个女青年接新娘进门，门中放着一只扑倒的碗，碗上放着一个瓢，新娘进门时要将瓢踩破，如果不破则由新娘的哥哥踩破，踩破后新娘才能进洞房。

由新娘送亲的女青年在新房陪她三天两夜，在这段时间内，新娘不能出门，只能在新房里洗脸、洗脚、上厕所，出了新房会得罪祖先。当地有俗语“三天媳妇婆惯，七天娃儿娘惯”，这三天内男方家只有婆婆和新郎可以进入新房。新娘在婚前 7 天和婚后三天都不能自己吃东西。

新娘进入新房后，接亲和送亲的人坐在堂屋的两边，新郎给每个人倒两次酒，寓意双双有喜，每个人要一口喝完酒。当天要在新郎家跳脚舞一天，接亲和送亲的人被安排在村里住三天两夜，每天在新郎家吃饭。

饮食：在饮食上没有具体的要求，一般结婚时男方家要杀猪，并把最好的菜拿出来招待客人，要有鸡、鸡蛋、糯米粑粑等。亲朋好友来吃酒一般都要送礼，礼品包括 6 斤糯米打制的糯米粑粑和 6 斤糯米，因为第二天早上，男方家要把客人送的糯米粑粑，与甜酒、红糖一起煮成粥，客人们要都要来男方家“喝粥”，当地称为“喝粥”。

第三天早上，新娘从新房中出来，新娘和送亲的人坐在堂屋左边第一桌，请六个好生养，70—80 岁的老人同新娘一桌吃饭，寓意新娘将来也能生育。吃完饭后，新娘把堂屋打扫干净，在神龛左右摆两张长凳子，新娘的公公、婆婆坐一边，男方接亲的人中两个好生养的男性老人坐在一边。在凳子前面放一张席子，新娘前进三步，后退三步，每次倒一部分酒，重复三次倒两碗酒，放在神龛上，敬神。新娘再重复上面的动作倒四碗酒，跪在席子上，用盘子端着四碗酒敬坐在凳子上的四位长辈。喝完酒后，公公、婆婆要在碗里放 12 块钱，另外两个人在碗里放 2 块钱，作为给新娘的喜钱。

7. 回门

三天后新娘要回娘家，婆婆要在新房里连烧 7 天火。新郎挑着带有尾巴的猪腿和四折糯米粑粑，送亲的人挑着酒和肉之类的礼品陪同新娘回门。回门时新娘的同辈老表在路口等着抢新娘，抢到后抱着新娘把她的脸对着新郎家的望一眼（新娘望则乖，不望则不乖）。新郎进到女方家门后，在堂屋磕头三下，然后吃饭，吃完饭后新郎一个人回家。女方家要送新郎一条蓝色的腰带，新娘的两个平辈老表把腰带绑在新郎腰上一左一右拉。

新娘回门 7 天、15 天或者 1 个月后，找毕摩或先生测个日子回夫家。回夫家时一般是晚上从娘家出发，回夫家的路上不能让人看见，由新娘的妈妈送她回夫家，新娘要提个篮子，篮子里装有草鞋和针线。

平时农忙时在夫家，农闲时在娘家。农闲时男方提一对糯米粑粑和一瓶酒送女方回娘家，女方回夫家也要准备一对糯米粑粑和一瓶酒。

三、牛场乡大箐村彝族婚俗文化调查

时间：2010 年 1 月 20 日星期三

地点：六枝特区牛场乡大箐村清官 2 组

被访谈者：王章德，男，彝族，1926 年出生，时年 84 岁，1945 年前后开始参加工作，曾经担任大队支书、村支书等，1999 年 6 月离任。

采录者：游珍海、张娟、李志勇、李海波

过去，都是家中老人看好了哪家的姑娘，就请媒人去说媒，媒人一般都是些能说会道的，并且与女方家有一点关系的人最好。一般去说媒要去三次，第一次首先是去套口气，就是要看看女方家的态度；第二次就要带礼物去，礼物一般就是酒和糯米粑粑之类的；如果女方家也有意了这门亲事，那么就要去第三次，要带一只大红公鸡去，除了白鸡不能带去，去了以后将鸡杀了煮了吃，首先要看鸡卦，称为“打鸡卦”，主要是商量男方家应该给多少财礼，说明这门亲事已经成了，只等男方家来接亲。

当地彝族，过去一般都是十七八岁就结婚，并且都是家中的老人来做主，孩子没有决定权，所以许多新郎新娘都是到结婚的那一天才相识。现在大箐村中，年纪在五六十岁的人都是由家中的老人决定的婚事，现在就开放多了，很多年轻人自己找伴侣，但是最后还是要家中老人同意才行。

图 3-1-3　六枝彝族妇女腰带

家人同意了婚事之后，就要请先生来定日子，根据男女双方的八字来定。到了接亲的日子，男方家就要抬东西去，抬的东西根据打鸡卦时定好的，因为到了女方家之后女方家那边还要点数，如果数量不对就不好，有可能就会退婚。

去的时候人数不定，但是一个媒人、两个押礼先生、两个小姑娘不能少，其他的人根据财礼的情况来定，过去的时候要抬一对公鸡，一只在发亲时宰杀，一只打杀鸡，两块肉。带有两个小瓶瓶，一个装有米，另外一个装有钱，称为“保福瓶”。

发亲时，由新娘的兄弟将新娘背出房间，一直背到屋子外面院坝中，以前抬轿要一直背进轿子中去，三十年前当地还有抬轿接新娘的习俗。新娘出门时一般都要哭，出了门之后就不哭了。发亲时要分红包，最少的也要12元，燃蜡也给红包，出了大门之后就可以上路。

发亲时，送亲的人要在轿子外面转三圈，然后拿打杀鸡来杀，杀死之后直接丢过轿子去，过去打杀鸡不能随便吃，而是属于轿夫。现在不抬轿了，但是打杀鸡的仪式还是有，现在打杀鸡归押礼先生。送亲的人都是女方家找那些缘分好的人来送。

在路上的时候，如果遇上另外一组接亲的队伍，那么新娘之间就要相互交换洗脸帕。

到男方家以后，在门前拿一张凳子给新娘坐，先生做来喜神仪式，做完之后新郎新娘朝大门边和神龛分别磕三个响头，接亲仪式就结束，新娘可以进入洞房。

铺新床时一般都是请那些多子多福并且丈夫健在的老年妇女来铺，在床上放四颗核桃，四个小粑粑，喻示早生贵子。在拿床单铺床的时候，铺床的人总是会讲一些吉利话：“这床床单摆得好，儿子儿孙遍床跑……”

当地彝族办红喜的时候不烧纸，办席根据自己家的情况来定，家庭条件好的就办得风光一些，家庭拮据的办简单一点也可以。所有的这些都是由管事来安排。

送礼的时候，过去一般都是五角、一块的，现在一般都是几十元或者几百元。办酒席一般都是办一天，但是寨子上来帮忙的一般都是三天才结束。

当地一般都是三天回门，回门的时候要背肉去，找一个人帮着背去，送亲的每一个人都要送一定的礼信，新郎也可以跟着去。

当地彝族婚俗禁忌孕妇进入新房，新娘进屋之后，在大门下面点一盏七星灯，七星灯的作用主要就是割四眼人（孕妇），新娘进新房以后拿去放在新床下面。

过去，彝族结婚都有讲究，各个民族之间内部结婚，民族之间不通婚，彝族除了自己内部可以开亲以外，还可以和汉族开亲。现在时代变了，观念也变了以后，不同民族之间相互通婚的已经很多，不再受到限制，但同姓不可以通婚。在当地，“侄女赶姑妈”的现象不是很多，也就是姑舅婚的现象不是很多。

当地彝族离婚现象也存在，原因很多，家庭不和、结婚之后没有子女等造成离婚的原因，一般离婚之后子女都是归男方，判定财产分割以及子女归属一般都是两种渠道，一种是法院判，还有一种方式就是家族自己来判。

再婚不再需要举办之前的那些仪式。过去分家的时候，一般老人都是跟着最小的孩子生活，现在要是分家，老人自己生活，大家一起来照顾。

四、牛场乡箐脚村彝族婚俗文化调查

时间：2010年1月22日

地点：六枝特区牛场乡箐脚村

被访谈者：李柏芳，男，彝族，76岁，曾经做过干部，读过一些书，是当地有名的彝族先生。

采录者：游珍海、张娟、李志勇、李海波

过去，一般都是在跳花节日中老人看中了哪家的女孩，就要准备东西去开亲。跳花是当地苗族、彝族的一个节日，正月十五或者二月十五要过节，在20世纪五六十年代的时候流行，现在已经不再举行了。首先要请媒人去说媒，一般都是请一个与女方家来往好的人去说媒，第一、第二次去女方家的时候不用带东西，如果女方家也有意向，那么第三次媒人去的时候要带一瓶酒、一只鸡、一升黄豆，婚事就基本上定下来了。之后要杀鸡，讲礼数，女方家如果要用什么布就要把布的数量和颜色拴在鸡卦上，在接亲的时候，男方家要根据鸡卦上说的要求拿来聘礼。

定好了亲之后，就要请先生推八字，要杀猪吃，女方家有多少外家就要准备多少的礼信。女方家要请家门来吃猪肉、喝酒，吃了猪肉、喝了酒之后要讲猪价。大户人家一般都是360元，小户人家一般都是120元或者240元。

到了约定好的日子男方家就要去接亲，去的时候新郎不去，一般都是大哥去，去的人根据情况来定，如果男方家这边去10个人，那么送亲的时候女方家那边就要成倍的人来送亲，也就是要来20个人。但是媒人、押礼（毕摩）先生、两个接亲婆绝对不能少。叫毕摩去说书，女方家也请毕摩来，背报单走在前面，要在路口打闹喜庆，主要是打三个，有些用棒棒来打，有些用水淋。来到女方家之后，要在屋子外面说书，女方这边问男方那边答，外面的说里面的还。说定了之后就可以进屋，供酒，点礼，之后吃晚饭。男方家拿来的东西要合卦，当即定口封，完了以后，要摆桌子吃饭，在神龛的桌子上放坛子酒。

在这些过程中，如果男方家悔婚，那么所送的礼就不能退回男方家。要是女方家悔婚，那么财礼钱就要翻倍退还。

吃饭了以后大家就来跳脚舞，大家一起唱，唱一阵之后又要喝酒，喝完酒又开始跳，跳的时候大家手拉手一起跳。一直跳到鸡叫发亲的时候才能结束。

发亲的时候由兄弟将新娘背出大门上马，过去新娘要骑马到新郎家。新娘来之前，先备马，一个凳子放在院坝中，凳子上放一双筷子，新人绕着凳子转三圈，然后上马，两个人掌马。发亲的时候，要用烟敬献给掌马的人。

来到男方家以后，要用水来给新娘洗脸，洗好了以后将洗脸水倒在堂屋神龛角落里。来到家中的时候，要拦喜神在路口，屋外一边一个茅草人，拿鸡来杀，砍死以后弄成两半。进门时不磕头，直接进入新房。当天吃素饭，第二天才办酒，第三天早上新娘敬酒。

第二天新娘要敬酒，要敬给家中的长辈，要送给亲婆戴喜绳。敬酒时要敬三杯，如果家族长辈不接杯子新娘就不能走。喝酒时第一杯倒在地上，第二杯和第三杯要喝，喝酒时要送钱，送钱是有讲究的，一般前面的给钱要少一点，因为后面的要逐渐地加上去，如果前面的给多了，后面的就要比前面的多，所以起头的不能送太多，送多了后面的人就无法送了。送礼的时候，男的一般送布匹，姑娘送衣服，其他人送钱。

过去送亲，近的当天就回去，远的三天回门，回门时新娘和送亲的一起回去，有的满月以后才能回来，回娘家时女婿要陪着去。

人类婚姻的结果自然是家庭的出现和生育的出现，所以，我们在对六枝彝族文化的调查中也进行了关于家庭形式，尤其是诞生礼的调查。

五、箐口乡社勒村家庭及诞生礼调查报告

调查时间：2010 年 1 月 20 日上午、21 日晚

调查地点：六枝特区箐口彝族仡佬祖布依族乡社勒村四组

调查对象：张贤福，男，彝族，46 岁，家住社勒村大寨四组。大姑娘已经外嫁，现在家里共有四口人，儿子在四川当兵，现家里有一个女儿和妻子。在办喜事的时候，会给人家去当歌郎，还会搞建筑，平时都是在家做农活。

天气：晴

采录人：徐玉挺、郎丽娜、王金元

（一）家庭

社勒村彝族人的家庭组织形式有：父母与未婚子女同居家庭，父母与未婚子女及一个已婚儿子儿媳同居家庭，单亲家庭等类型。多数人的家庭是当儿子婚后不久，就与父母分开自立门户，俗话说："树大要分丫，人大要分家。"分家时，要请家族内德高望重的老人参加，老人也要留有一份，为养老备用，若老人由某一儿子来赡养，则父母的那份财产便归赡养者所有，其余财产、田地，兄弟平均分配。分家后，有的仍然住在一起，同在一个屋檐下，也有的三代、四代同堂，但各自理财、开伙、耕种、收割。有的则另建新房，大都同在一个村子里，共为一个祠堂。

图 3-1-4　六枝彝族青年男女

父母年老，或跟某一儿子

住，或分开跟儿子们住，亦可根据儿子的多少，轮流赡养。父母的财产，儿子才有继承权，女孩则不能享受。家庭内部，以长辈、丈夫、兄长为家长，决定处理家庭内外事务，一般情况下，男主外女主内。成年男女，皆是家庭的劳动力，家庭内一起活计，全家都要参加劳动，农忙时男女都上山下田。

（二）生育

1. 产前准备

孩子还没有出生之前，孕妇、孕妇的母亲、婆婆都会给孩子准备衣服、毯子、尿布等之类的衣物。

2. 产后的禁忌与准备

孩子出生后，到满月这三十天之内，像毕摩这样一类神性的人不能进产房外，其他人都可以进，产妇不能喝冷水，不能吃酸菜，只能喝热水，喝甜酒，吃鸡肉等。满30天后，就要给新生儿取名字，然后叫魂。一大早，家里的人会准备一炷香，一碗米，一个鸡蛋，一只公鸡（能叫的），一只母鸡。请一个会叫魂的人来叫魂，要念口诀，念完后，就把公鸡和母鸡放了。如果看到公鸡和母鸡都拉屎了，就意味着，新生儿的魂已经叫回来了。

3. 人生礼仪习俗

在人的一生中，诞生礼仪是开端之礼。一个小生命在父母的期待中呱呱坠地。从此，孩子就成为父母心头的牵挂，孩子的每一步成长足迹让父母欢欣，他们为孩子办“四朝”酒，举行隆重的取名仪式（3天）、过满月、百日酒、6岁或者12岁剃头酒，祝愿孩子健康成长。孩子生疾有病，父母焦虑万分，四处为孩子求医问药，盼望着孩子早日康复。这里的彝族，从孩子出生前到出生后，也举行一系列仪式，主要有：

图3-1-5　六枝彝族儿童

（1）诞生礼

孩子在出生三天后，要进行取名字的仪式。当孩子出生一周年时，家里要为小孩子办酒，俗称周年礼。这天，家里要邀请10桌以上的亲戚朋友，前来的亲戚朋友会送礼钱，一般是50元。整个宴席持续三天以后，主家要给前来的客人返还20元。这个仪式，在2006年时，经过村委会的研究决定，将这个风俗进行了改革，改为一天。孩子6岁或者12岁时，家人就会请一个人来给孩子剪头发，请来的这个人要给主人家的孩子买一套衣服，同时主人家也要还礼，还礼也是要给剪头发的人买一套衣服。在孩子6岁以前，头发要一直留着，不能剪。

（2）满月酒

第一个孩子才办满月酒，第二个孩子可办也可不办。以前是3岁办满月酒，现在是1岁办满月酒。婆家要送鸡、酒、盐、米等礼信来。若出生的孩子是女孩，婆家在7天时就把一块粑粑、6斤酒、一提酒送过来；若是男孩，婆家3天就送来。喝满月酒时，男子一般不能随去，一般持续两三天，摆设十来桌酒席。前去的亲朋好友们会带着米、鸡蛋、背扇、毯子或者衣服送给小孩。现在，人们都改成送鸡蛋、50元的礼钱。关系好的就多送的一些，有的还去集市买烟花来燃放。后来，由于喝酒时间长，荒废农事，村里众人便提议把喝酒时间缩短为一天，礼钱需退回20元。

（3）百日酒

以前，主要是聚集几个亲友过来大家吃饭喝酒，现在都不过了。

（4）6岁或者12岁剃头酒

小孩子自出生后，头发长了，要举行剃头仪式，但需要是在6周岁或者12周岁时方可举行。剃头时，要请毕摩来念经，改小孩子的八字，如果不改，以后小孩子不懂得节约，花钱太多。

来剃头的人，其八字需和小孩子一样，他来时要带一块毛巾、一顶帽子、一件衣服和一对红蜡烛来给小孩子。剃前也需要一段念词，如果不会，就请毕摩来念。念词如下：

一剃天长地久；
二剃地久天长；
三剃荣华富贵；
四剃儿孙满堂；
五剃五子登科；
六剃六合同春；
七剃七仙女到场；
八剃八仙过海；
九剃久长久远；
十剃家里得个状元。
金盆打水剃贵人。

六、牛场乡大箐村彝族诞生礼调查报告

时间：2010年1月21日
地点：六枝特区牛场乡大箐村清官2组
被访谈者：张成秀，女，彝族，71岁，没有读过书，在家务农。
采录者：游珍海、张娟、李志勇、李海波

图 3-1-6　六枝彝族背扇

未孕求子：如果结婚之后一直没有孩子，那就要去医院做检查，看夫妻是哪个的问题不得娃娃，找人看有的话就在一起，不得娃娃就会离婚，或者请弥拉来算命，有些男的认为这是不光彩的问题，认为责任是女人的，不去招摇。以前不能生，那就再娶一个。现在政策不允许，那么就只能是离婚了，不生了就不生。找人算，找人来解，实在不行就离婚。过去，在当地，如果实在生不出儿子来也有迁坟的。还有的就是偷老瓜来煮吃，八月十五去偷，意思就是偷娃娃来给他家。如果请弥拉来看，认为没有娃娃是家中屋基的问题，那么就要把屋基升高。不能生娃娃的女人家中的人会看不起她。为了能怀上娃娃，有的时候要解除身上所带的邪气，栽花树，要说四句，唱山歌。如果怀孕了，如果孕妇感觉腹部左面在动，那么生出来的可能就是儿子，如果孕妇感觉腹部右边在动可能就是女儿。根据吃东西来区分，那么喜欢吃酸的可能就是儿子，喜欢吃甜的可能就是女儿。

怀孕忌讳：吃东西不忌，别人家办喜事的时候不能去。不懂的人进去主人家也不讲。拜灵的时候不能绕棺，供财神的时候已怀孕妇女不能爬楼。

出生准备：孩子要出生了，就要准备好用药煮好的剪刀，脐带直接用剪刀来剪，找点药棉敷肚脐，脐带剪下就丢了。在当地，接生婆没有什么大的要求，比较懂得接生的，接生的时候不出现问题的人都可以去喊来，伤口用酒精来擦。给接生婆的酬劳一般都是几十块钱，一件衣服、一双鞋子。

接生忌讳：要接生了，就要弄一个草标，放在门边，表示这一家有人要生娃娃了，外面的人就不要进去。孩子出生七天后才放心下来。生娃娃都是在自己的房间里边生，位置不定，不能在堂屋中生孩子。

孩子洗浴：要用药水来洗，家中有老婆婆的就让老婆婆去洗，洗后用布来包裹孩子就行了。药水主要是将各种草药，如三角枫、野菊花等草药放在一起煮。尿片不能拿到外面去晒，只能在家中火上烤干，说是拿到外面去天神看到了不好。

产妇洗浴：产妇都是自己家中洗浴，所用的水和孩子洗浴所用的水一样。

脐带处理：以前脐带要在门槛下面挖一个洞来埋，现在就在竹林里挖一个洞来埋。

报喜：孩子生下来满三天才可以去外家报信，抱一只大公鸡或者是母鸡去报信，如果生的是男娃即用大公鸡，如果是女娃就用母鸡。外家知道了这个消息之后，就给点东西过来，如鸡、米之类。娃娃出生一个月才可以抱到外面去，一般都不给其他人讲。外家的酒和东西什么时候都可以带来。

生孩子禁忌：月子婆不能出门，包着头自己出来上厕所。不能走到人家家里去。如果你走到人家家里去，那么就要拿筛子给人家洗堂屋。不在神龛面前或者堂屋中来过等。

取名：孩子出生三天或者是满月的时候可以起名字。如果名字取得不好，那么就要去请先生来算，重新起名字。

满月：满月的时候外家要带着背扇、衣服、尿片、披风等来看孩子，还要背鸡蛋。孩子出生以后不能剪头发，一直要到满月的那天才能给孩子剪头发。如果当天不理，那么以后就要请先生来看日子才能理，一般都是爷爷辈的人来剃，压三刀就可以，不一定真的要剃，剃头的时候要办酒，叫作“剃毛头”，请一个人八字相合的人来剃，剃的头发包着放到别人的地方去了，不让雀雀拿去做窝，意思就是那样对娃娃不利。外家来的时候拿的东西不能进入房间。满月那天媳妇出来要放一个坛子在门下，要拿火子放进去，媳妇从坛上过来三趟，意思就是这样才干净。要摆满月酒，亲戚好友都要来。外家来了一般都是要给他们准备两顿饭，人家要是拿背扇来要买一套衣服给他们，主要是看自己家的情况。满月的那天不放炮。亲戚如果住得远了的话就要过夜，近的可以不过夜。一般都是妇女来，男的不来。这个人要提酒去请。不开钱。来剃头的人还要给这个孩子钱。有 30 元、20 元、12 元等，适逢难遇，缘分好的别人才来找你。满月酒不一定就是在满月的那天来办。以前就是要到满月的那天来办，现在办满月酒要请先生来看期辰，什么时候做都可以，满月酒一般都是给头胎办。送礼的一般拿鸡、鸡蛋，现在都是送钱，满月的那天要供饭。满月后孩子的妈妈就可以出来。满月了以后什么时候想回娘家就什么时候回去。满月了孩子就可以随便抱出去。要拿一个篮子别在娃娃的帽子上，目的就是为了避邪气。如果孩子是在外面动刀子生下来的，那么回家的时候要放鞭炮，意思就是去外面动刀子了。

落牙处理：上牙丢在门槛下，上牙丢到房上去。

搭桥：娃娃不好，说是前世这个娃娃有问题，做了什么坏事，掀了哪家的桥。要请先生来搭桥，搭桥的时候要请人来把娃娃抱过河。抱娃娃过河的那个人还要给娃娃送钱。

第二节　六枝彝族婚俗文化分析

在人们为了共同生活而结成的社会关系中，最基本的是物质生产关系和人类自身的再生产关系。人类自身的再生产关系则主要是在人类婚姻中体现出来，婚姻形式是维系人类自身繁衍和社会延续的最基本的制度和活动，是男女两性结合，并被一定社会历史时代、一定地区内的社会制度及其文化与伦理道德规范所认可的夫妻关系。同时婚姻也是一种不断发展变化的社会现象，其根据社会发展的轨迹，由低级阶段向高级阶段不断演进，最后形成一种规范性的社会限制，规范着整个人类社会的延续发展。婚姻作为研究民族文化的一项重要内容，在具体的社会环境中，其必然会呈现出具体的表现形式，所以说，整个民族群落的婚姻发展，必将受到其历史源流、经济发展、社会结构、生产方式等诸多方面的影响，从而造成了同源异型的文化呈现样式。从本章第一节对六枝彝族婚姻习俗的描述中，我们就能分析出其独特的文化表现形式，从而有助于我们在进行整个文化的分析中深入理解其文化。

六枝彝族的婚姻习俗，在特定的历史条件、社会环境中不断发展，形成该民族文化中不可缺少的主要部分，其文化内涵深远，具有非常意义的民族文化事物，这是值得进行深究的。在六枝彝族婚姻文化中，我们拟从以下几个方面来认识和研究它：

一是六枝彝族婚姻文化的性质特点。

二是六枝彝族婚姻文化的仪式分析。

三是六枝彝族婚姻文化的变迁发展。

在以上六枝彝族婚姻文化的调查个案中，我们可以看到整个婚姻过程是围绕着问亲、定亲、合八字、接亲、送亲、回门等仪式程序来进行的，从整个程序而言，其与汉族等其他民族的程序大体相同，但其主要的差异点是在仪式中表现出来的文化表现形式，从这些差异点中，我们可以看到六枝彝族婚姻文化中独特的内在样式和文化内涵。

人类社会中，人类的生产具有生物性的一面，同时也具有文化性的一面，前者主要表现在人类进行自我繁衍生产的层面上，即以男性与女性的结合为前提；后者主要表现在人类进行自我生产繁衍的过程中，体现出来的具有文化内涵的东西，主要就是婚姻中的礼仪样式。人类发展的文化中，从人类自我繁衍生产的层面上你无法看出人类文明的进步，因为这是人类本能的需求，从生物性的角度来说，其他生物也存在着这种自我繁衍发展的能力。但是，从文化的角度来说，人类社会中，进行有礼仪的婚姻，则表现出人类文明的进步，从原始社会中的婚姻习俗一直进入今天现代社会中来，可以说是人类社会的不断进行自我生产的过程，更重要的是通过礼仪婚姻的发展，从另外一个方面说明了人类社会发展的文明史进程。婚姻礼仪在人类社会中能不能得到使用，体现的是人类社会中伦理道德和人性美的问题，也在表明人类文明的程度到了一个什么层次的问题。我们分析六枝彝族婚姻文化在整个地区彝族文化体系中所起到的作用意义，不是从单方面的去分析其生物性的层面，而是从文化性的角度来进行研究，只有对整个婚姻礼仪的文化性作为一个重要的前提来进行分析，我们才能更好地去认识到六枝彝族婚姻文化的性质特点。

在六枝彝族婚姻礼仪中，从现今呈现出来的仪式程序，我们可以看到，问亲是整个婚姻习俗的第一步，虽然男女之间婚前的相识也存在一定的意义，但是从礼仪的角度来说，问亲才是整个婚姻礼仪的开始。问亲一般包括说媒定亲、问礼、合八字等等。在六枝彝族婚姻礼仪中，说媒定亲是问亲的开始，在这个过程中，关系是否确定成了整个婚姻礼仪的起点。合八字突出地表现了当地彝族对于神意的信仰，通过主要的文化点可以从中窥视当地彝族传统的婚姻习俗，在六枝彝族婚姻文化中，家庭的建立一定程度上与家庭的条件有关，但是更重要的是“命”的相合，男女双方属相和五行是否相合对于婚姻是否能够顺利缔结尤为重要。问礼的过程，也就是定亲、合八字成功以后女方向男方提出具体彩礼数的过程。在六枝彝族婚姻文化的调查中，我们得出一个信息，即当地彝族在过去基本的婚姻缔结形式是以族内婚为主，很少与周边其他民族进行通婚，从族群婚姻的角度上来说，这就是一种以族内婚为大框架的近亲婚姻缔结方式，从中我们也了解到了当地族群之间传统婚姻观念和文化心理。很显然，这是多民族杂居地区民族心理的基本表现，家族观念、文化习俗的差异性形成了这样一种表现形式。从文化的角度来说，这是可以接受的，从中我们可以更好地去理解当地彝族人民的文化心理。

在六枝彝族婚姻礼仪中，虽然说女方家通过各种渠道来对男方家问才或问财，但这不是整个婚姻得以成功缔结的关键因素，而是通过“看鸡卦”来决定两家之间亲戚关系是否能够确定，从精神层面来说，“看鸡卦”是一种具有宗教信仰层面的表现形式，主要表现的是当地彝族对于神意的心理认同。看鸡卦，即是在女方家同意了这门亲事之后，在定亲的时候来进行的，也就是在问亲的过程中来进行，主要是杀了鸡煮熟之后，看鸡腿骨上的颜色和洞眼来判断这场婚姻在以后是否顺利，同时也在判定婚姻的基本命运。从信仰崇拜的意义上说，神对于这门婚姻起到了主宰的作用，婚姻是否能够顺利缔结需要得到神的认可，这种传统的信仰文化在一定程度上对当地彝族婚姻文化有所影响，但是文化的认同使得这种信仰在彝族婚姻礼仪中延续着。所以说，六枝彝族婚姻礼仪形式具有浓厚的传统宗教信仰色彩。

在六枝彝族婚姻文化中，看鸡卦定亲之后，就要进行“礼”的商定，“礼”即是聘礼或礼金，“礼”的多少由双方家庭来定，“礼”的最后建立，则表明婚姻正式得到缔结，不再轻易更改。在六枝彝族过去的婚姻文化中，大部分是以布匹来做“礼”，男方家根据捆在鸡卦上的线的颜色与多少来进行准备，进入现代社会以后，“礼”即指的是礼金。从整个六枝彝族婚姻礼仪来看，我们可以看到所谓的“礼”，其实很大程度上基本是象征性的，虽然有所要求和规范，但是更看重的是婚姻缔结之后形成的亲情以及男女双方在未来生活中的和睦相处。从精神心理层面上来说明当地彝族对婚姻价值观的追求，更多体现的是彝族人民对于未来生活的向往。“礼”的多少是一个礼仪的过程，是婚姻缔结中不可缺少的部分内容，其内在包含的文化意识更多地表现了婚姻形成的标志。

问礼之后，则是接亲、送亲、办礼、回门等婚姻仪式程序，这是整个婚姻礼仪中正式进入仪式化的过程，在整个仪式环节中，彝族文化样式得到了具体的表现。如果说之前的问亲是婚姻缔结的开始，其主要表现还仅仅局限于简单的婚姻仪式过程，那么接亲、送亲、办礼、回门则是更多地融入了集团化的亲缘因素。问亲的成功，婚姻得到了启动，男女双方所处的位置就已经不仅是单个婚姻缔结的问题，而是形成了整个家庭乃至家族亲戚集团缔结的问题，整个婚姻过程中表现出来的仪式样式，已经形成了一种集体性的仪式。

在六枝彝族婚姻礼仪过程中，接亲队伍的人数、结构的构成、礼数的多少都有一定的要求和规范。如牛场乡大箐村彝族接亲时一个媒人、两个押礼先生、两个小姑娘不能少，其他的接亲人员根据情况来定。在中寨乡小补王村彝族婚姻礼仪中，接亲时新郎不去，如果新郎去接亲，认为夫妻将来会经常吵嘴打架。与新郎属相不合的人也不能去接亲，只有与新郎同辈的男性并且属相相合的人才可以去接亲。接亲的人数为双数而不是单数，至少 6 人，礼品多则人数多，一般礼品包括：一只连着尾巴的猪后腿、一吊肉（12 斤）、一对四折糯米粑粑（12 斤糯米打制成）、酒（12 斤）、12 件衣服、火腿（30—40 斤）、一条猪舌头和一个提篮（里面放有一包用红纸包的由茶、盐、五谷组成的包裹）等。从以上物品数目中我们不难看出，男方家所给的礼品大多都是讲的 12 这个数，12 符合于十二生肖的同时，也是一年中月份的计数，从另外一个层面上来说，更多的表示了当地彝族人民期待生生不息、和谐相处的婚姻形式。诚然，在其他民族中，12 这个数字很常见，所表达的意思大体相近，这是各民族文化中相似性的体现。

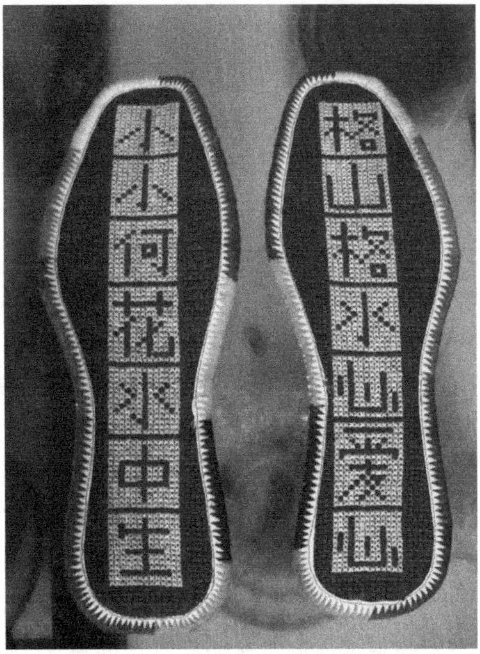

图 3-2-1　六枝彝族青年男女的定情物

“跳脚舞”是六枝彝族婚姻礼仪中一个重要组成部分，即在接亲前一段时间，女方家组织举行跳脚舞，选择跳脚舞的日子带单不带双，一般选 1、3、5、7 等单数的日子。届时，女方家请 12 个女生在堂屋陪新娘跳脚舞，跳脚舞的人年龄、辈分不限，主要是与新娘年纪相仿的年轻人。跳脚舞的每个人腰上系一块红色绣花帕子，新娘身上系两块帕子，穿长衣但不系围腰。由会跳的人带领大家，人们手拉手，边唱边跳，跳脚舞的动作统一、重复，并随着歌曲变化而内容也在不断地变化。唱歌的内容包括新娘在妈妈肚子里、出生、成长、受教育等内容，在次日快到良辰吉日时，新娘退出跳脚舞的队伍，在自己闺房中轻声哭泣，以示报答父母的养育之恩，同时也是对娘家更多的不舍之情。

在六枝彝族婚姻礼仪中的接亲、送亲、回门等仪式上，彝族文化中的神灵信仰、禁忌、生育观等文化样式尽览无疑。正是因为彝族本身存在的这种文化样式，使得婚姻礼仪在整个彝族文化中具有独特的体现方式，这是有别于其他民族的。如拦喜神仪式（退喜神）、敬神等集中体现了彝族人民对神灵的崇拜和信仰；发亲路上新娘不下马不下轿、孕妇不可以进入新房等更多地表现了彝族婚姻文化中的禁忌；在铺新床时，一般都是请那些多子多福并且丈夫健在的老年妇女来铺，在床上放四个核桃，四个小粑粑，喻示早生贵子。在铺床的时候，铺床的人总是会讲一些吉利话，“这床床单摆得好，儿子儿孙遍床跑；……”从中看出六枝彝族婚姻文化中多子多福的生育观念。

诚然，在六枝彝族婚姻文化中，除了表现出来的文化样式之外，其内在的文化内涵对于六枝彝族的民族文化发展具有深远的价值意义。文化的传承与发展是一个不断变化的过程，也是一个需要得到更多关注的问题，六枝彝族婚姻礼仪的作用，很大程度上对于本民族传统文化的传承发展具有重要意义。彝族传统文化是一个文化整体，那么其婚姻礼仪则是整个文化整体中不可或缺的一部分，一个什么样的文化平台，必然呈现出一个什么样的文化样式。整个婚姻礼仪过程的进行，无论是在传承文化层面，还是在培养道德理念层面上都具有不可忽视的价值意义。从传承文化层面上来说，彝族婚姻习俗更多的是作为文化的一个载体，其本身承载的是整个彝族文化样式的体现。如展现本民族服饰，特别是展现本民族女性文化，很多精美的服饰在婚姻礼仪过程中表现出来，不光是新娘展现一生中最有意义的一次着装，还包括群体中其他人，这些服饰在平时是很难见到的。仪式过程中遵循传统形式，起到了保存民族群体传统的婚姻样式的作用，这其实也就是保存了彝族传统文化中的根。从培养群体道德理念的层面上来说，负载在婚姻礼仪上的道德观念和伦理观念则是得到了充分的展现。在整个婚姻仪式的过程中，不是哪一家或哪一个人的问题，而是整个民族群体的问题，这是最基本的民族集体活动，体现出整个民族群体中的团结友爱、互尊互助等精神。

当我们在分析整个六枝彝族婚姻礼仪文化的性质特点、仪式内涵及作用意义时，有一个重要的文化现象我们不可忽视，那就是现今六枝彝族婚姻礼仪的文化变迁问题。我们可以从六枝彝族婚姻的形式、过程中来分析该地区彝族婚姻的变迁问题。

从六枝彝族婚姻的形式来看，主要表现在婚姻的缔结方式、择偶范围上。首先，从缔结方式上来说，过去，六枝彝族大多数的婚姻是父母包办、指腹为婚以及媒妁之言而形成的，很多年轻人在结婚之前基本上不知道自己以后的对象是谁，正因为不熟悉不了解，对于感情的交流和家庭的结合都有一定的影响。只有少部分地区彝族是通过自由的恋爱方式来缔结婚姻的，但是最终的决定还是属于父母，当男女青年相识和相恋后，双方都情投意合，男方父母则请媒人到女方家里说亲，征得女方父母同意后，择吉日举行婚礼。现在，这种由父母包办、指腹为婚的婚姻习俗已经基本不存在，基本上都是自主婚姻，男女青年通过自由恋爱缔结婚姻，从传统的缔结方式束缚中解脱出来，这样的婚姻形式对于家庭的和睦发展起到了积极的作用。其次，从择偶范围上来说，过去，六枝彝族主要是族内婚，也就是本民族间通婚，而不与本地区其他民族通婚，如牛场乡大箐村，彝族、苗族、汉族等民族成分杂居在一起，但是民族与民族之间不通婚，均是本民族内通婚，从文化心理的角度来说是民族心理认同感的一种表现。但是现在，这种族内婚的传统婚姻习俗已经发生改变，虽然在择偶上还是优先选择自己本民族伴侣，但是总体传统形式已经被打破，现在彝族村寨，彝族与周边其他民族缔结婚姻关系的比比皆是，还有的更是远嫁外省或是从外省娶进，择偶的范围不断扩大，已经不只局限于传统意义上的族内婚姻关系或区域性婚姻关系，选择的面更加广泛，值得肯定的是，这样的择偶方式已经融入当地彝族群众中，形成了一种意识形态。

从六枝彝族婚姻的仪式过程来看，婚姻文化的变迁主要体现在传统与现代形式的交融层面上，在六枝彝族婚姻礼仪中，传统性与现代性从始至终贯穿着整个仪式过程，在这个过程中，很多其他民族的文化样式也融入彝族文化中来，形成了以彝族传统文化样式为主干，但负载其他民族文化因素的一种全新文化，这是区域发展中民族文化交融涵化变迁的具体体现。从问亲、定亲、合八字、接亲、送亲、回门等婚姻仪式过程中，我们可以看出这种传统性与现代性相融合的体现，如传统意义婚俗仪式中“看鸡卦”“合八字”如果不合，那么婚姻关系无法缔结，只能依照民族传统信仰中对神意的尊崇而不缔结婚姻关系，但是现今对于此类仪式，大多数可以作为参考而没有作为缔结婚姻关系的决定性因素，即使“看鸡卦”“合八字”不合，也会通过其他的方式来处理，婚姻关系还是要继续下去；又如在送亲过程中，传统上新娘要骑马或者坐轿子，但是现今汽车取代了这些传统的接亲工具，方便了很多；再如婚姻的仪式程序有所简化，不再像传统那样繁杂，传统习俗上的东西不能改变，比如问亲的过程不再像过去那样繁杂，回门的天数也不再像过去那样有一个固定的期限，但是婚姻中传统的仪式还都保留着，比如说看鸡卦、合八字、新娘出阁礼俗、拦喜神、铺新床等传统礼俗都还存在，支撑着整个彝族文化的发展，所以说在六枝彝族婚姻过程中，传统性文化唱主角，现代性文化样式不断充实与丰富了整个婚姻文化。

第三节　六枝彝族节日文化描述

六枝彝族节日文化亦是比较丰富的，于此也以个案的面目出现。

一、箐口乡社勒村彝族节日文化调查报告

调查时间：2010 年 1 月 18—20 日

调查地点：社勒村下寨村委妇女主任王喜家、社勒村二组

调查人员：徐玉挺　郎丽娜

受访人员：陈意伦、陈胜富、龙品全

陈意伦，男，彝族，41 岁，家住贵州六枝特区箐口乡社勒村，高中文化。之前从事了八年的文书工作，现在在家务农。

陈胜富，现在从事村委工作，家里共有 3 个孩子，其中有 2 个儿子和 1 个女儿。大儿子现在已经结婚且有一个 4 岁的儿子，小儿子在西南大学读书。

龙品全，74 岁，男，彝族人，对本民族文化比较了解。

在箐口乡社勒村，这里的彝族人，一年之中所过的传统主要有 8 个：春节；三月三祭山神；四月初八；五月初五端午节；吃新节（六月六）；七月半；九月九重阳

节；十月初一。

其中，有将近一半的节日，与其他民族类似，但具体的内容却迥然不同。具体的传统节日分述如下。

图 3-3-1　六枝彝族服饰图案（一）

1. 春节

社勒村彝族都有过春节的习俗，每逢春节，在外面读书的孩子或者外出打工的人都要回家，大家团聚在一起，快快乐乐地过个春节。

他们过春节，是从腊月三十开始，过初一、初二、初三。在过年之前一段时间，家家都要准备杀年猪，但是也要看各自家庭的经济情况，杀年猪一般是在腊月间。

过年这三天都要供饭。杀鸡是在大年三十那天才杀，在供饭前，要杀一只公鸡，毛头要好看的。杀的鸡并不是马上就拿去煮熟，而是等吃饭之后再来煮熟，到第二天供饭后再拿来吃。

供饭是由家里的男主人或者年长的老人来主持，供饭是在吃饭之前，首先是供山神，然后再供奉老人。供桌上的贡品有猪肉、豆腐，杀猪的人家还要有猪腰子、舌头、猪肝，还有挑家里最好的东西放在供桌上。使用的供桌用一般的供桌就可以了，在过年期间要供 3 天的饭，一般是在年三十的晚上，初一早上，初二晚上，初三早上，总共要供四次饭。每次供饭都要供三桌，供饭的时间是在给神龛处供饭之前，供的时候就要准备香纸和酒，一般是插三炷香，一碗酒，还有一些吃的东西。

供第一桌饭的时候，是在门前的空地上，用一张桌子放置于空地上，再去坡上砍 3 棵名叫泡木的树，树是越直越好。要将树枝剃掉，剥皮后露出白色的面，将其修整顺直。然后在供桌两边各插一棵泡木树，两根竖插的树尖要砍成丫枝状的，然后再拿另外的一根横放于两根木之间。有一个人会用火钳从灶膛里取出一块烧红的石头，将从山上采来的蒿草放在烧红的石头上，再用水倒在上面，就会冒热气，意味着可以驱邪。供饭的时候是由老年人来念请山神的词，只敬酒不敬茶，首先是供山神，然后敬树神，最后是敬奉家里的老先人。

第二桌是在大门边来供饭，大门是敞开着的，大门上贴着门神还有对联。这时候桌子上的菜饭都是从第一桌上端来的，但是第一张桌子还放在那里，不能搬动。桌子放在大门的正中间位置，老人开始念请门神词，请门神保佑家中的每个人，人们都是从这道门进进出出的，希望门神能够给家里的人带来好运，门神能够驱除邪魔，将这些邪魔抵挡在外面，不让他们闯进门。

第三桌是拿来供奉灶神的，祭拜灶神的时候，火是燃着的，上面不放锅盆。菜饭依旧是第一桌上的菜饭，方法如前面。老人开始念祭祀灶神的词。

送火把。在年初三的早上（天亮之前），村民要来送火把，火把是用竹子制作而成的，这个火把必须是在家里的火塘里点燃的，是由家中的男性老人去送，这个火把要送到水井边或者清水池边，到那个位置将这个火把放到水里熄灭，这样就可以避免火灾和重大的瘟疫病情的发生。

2. 三月三祭山神（略）

3. 四月初八

这一天，人们要烧香、烧纸，还要蒸糯米、打糍粑，并且还要把二月间开的一种香草煮在锅里，再用滤出来的水，把糯米染黄，再给黄花饭配点精肉，放些茴香，然后舀一小勺猪油在锅里，并再把饭放回锅里蒸熟。经济好的人家还要杀一只鸡。等所有东西都备齐了，便给祖先供酒、供饭。此外，还要准备五匹茴香，倒挂在门上，意喻五子登科，发财发福。

在这里，还有一种说法，如果四月初八前，秧高 10 厘米，过四月八后，秧就高 20 厘米了。过节后比过节前要高出 10 厘米。因此，人们也视“四月八”为“开秧门”。过这个节，一来祭祀祖先，二来祈求庄稼苗壮成长。

4. 五月初五端午节

在端午节这天，人们要打糍粑、吃甜酒，还要喝雄黄酒，给祖先供糍粑，供鸡蛋，所供鸡蛋的个数，按家庭的人口数来准备，此外还要准备一些新鲜的肉。据当地人说，把一碗雄黄酒置于案上，再把水草鹏（一种植物）的根部切一些放在碗里，然后喝了或者将放有水草鹏的雄黄酒涂抹在头、手、脚上，这样蚧子、虫、蛇就不会叮咬人了。把水草鹏倒挂在门口外，虫、蛇也会避开。还有，这个时候秧苗有的都长了两三个头了，当地人认为，如果这天一过，栽什么都不好了。其实这个节日在当地来说也是一个种田时间的提醒。它提醒着人们，种田别错过了最佳时间。

5. 吃新节（六月六）

这天，家里的人会去自家的田地里，采来熟玉米，在地里他们会叫玉米魂和田地魂回家去过节，并且把玉米秆最顶端的部分带回家，放在锅里和玉米煮。最后供饭的时候，要把玉米秆最顶端的部分插在神龛那里。

图 3-3-2　六枝彝族服饰图案（二）

6. 七月半

七月半，一般选择在就是七月十三过，俗说：“官十三，民十四，叫花子烧十五。”七月初一，把祖先的名字全部写在祖先牌上，然后挂在神龛的右边，不能放置在神龛上面，另外还准备碗菜、酒肉、纸钱、香等祭品，备好，献给老祖祖。先请老天祖，后供祖祖牌、敬菩萨。到十三晚上，做八个菜即“八福寿星”。

供时，上至三代高征，四代远祖，下到下代复考祖。烧香烧纸、献酒献肉给他们。所烧的纸钱，在外面烧，上面也要写上祖祖的名字。

烧完纸钱后，就把祖祖牌拆下来，裹好存放起来。这一天，家里面的男主人要身背木制的马刀，还有弓箭。

7. 九月九重阳节

家家要做糯米酒。这一天，造酒满街香，所酿的酒，不苦、不咸，放进坛子后，到二三月间拿出来喝，酒比较甘甜可口。

8. 十月初一

十月初一这一天，要谢耕牛，供牛王菩萨。供时，要准备一升糯米，打成糯米粑，并捏成6个牛角状的小粑粘在牛角上；还要准备一只大红公鸡，杀鸡时，先在牛圈扫一圈，再从牛头扫到牛尾巴，这样，所有的瘟疫便给扫走了。吃鸡要看鸡卦，若卦上有2个，4个口子就是好卦了。扫好牛圈，还要弄些草料放在盐水里给牛吃，牛喝盐水时，牛角上的糍粑会掉落到盐水盆里，而从水盆里倒映出来的影像就是牛王菩萨。据说，这样一来，牛就特别高兴，以后，不管水深水浅，牛都能耕能跑，走在坡上，也不滑脚、受伤。

二、中寨乡彝族传统节日文化调查报告

时间：2010年1月21—22日

地点：六枝特区中寨乡小补王村

调查者：李相兴 周莲莲 郭宸利

整理者：郭宸利

六枝特区中寨乡的彝族传统节日活动中，至今还保留着以下几个民族传统节日：三月三、吃新节、火把节等，与其他地方的民族节日庆祝活动在内容和形式上有着明显的区别。

1. 三月三祭山神（略）

2. 过年

大年三十：要用金竹枝扫尘（即清扫家里，准备过节），家里的老人要戴着草帽念吉利：“所有的口舌是非，病灾瘟疫扫出去，金银财宝扫进家，福禄寿喜扫进家，全家平安，大吉大利……”这一天，要先把家里的水缸挑满水，因为大年初一这天不能挑水。吃饭前，要先给祖宗供饭，供完饭，全家吃年夜饭。全家人要早早地洗脚，但不能洗超过膝盖，据说如果不早早洗就赶不上饭吃。

到晚上，大家到宽敞的场坝上去对歌、打陀螺、打鸡毛（自制的类似于羽毛球的一种娱乐形式），举行各种娱乐活动。然后灯火通宵，全家守夜。午夜十二点，还要供一次饭。

大年初一：这一天不挑水，不动刀斧一类的利器。其余没有什么特别的活动。

大年初二：早上，要用甜米酒煮糍粑供祖宗。到晚上，午夜十二点时，要全家起床来给祖宗供饭，需要用猪头、猪耳朵、猪尾巴作为祭品。全家男女老少都必须起来，据说谁不起来，就会被回家的祖先灵魂带走。全家在神龛前祭拜祖宗，念彝语经，直至凌晨三点钟。然后进行压土气，就是用一碗烧开的水，放入姜末、蒜末，混合搅拌，拿到房前屋后各个角落里甩洒，从此牛鬼蛇神再也不敢靠近房屋，保证全家清吉平安。在这几天还有一个禁忌，从除夕夜到大年初二，妇女是不允许到别人家串门的，否则视为不吉利。

大年初七、初八：初七要做好初八吃的饭，因为传说初八是大米的生日，不能做饭。

正月十五：这天是元宵节，吃过晚饭，天黑以后，全家男女老幼去祖坟上灯。要带上香、灯、纸、烛、糯米饭、白米饭、茶酒、鞭炮等物品，到祖坟上进行祭拜，在坟上挂灯，即点蜡烛。

正月二十九：这一天是彝族小年，也要在家里供饭。传统上要用火麻土布做衣服，并到野鸡坡去挖白泥巴来给衣服染色。

3. 吃新节（略）

4. 火把节

每年农历六月二十四（确切地说是从六月二十三过到六月二十五）是彝族最隆重的节日——火把节。在中寨乡，节日期间并不举行任何祭祀仪式。据说，过火把节是因为以前人们农活繁杂，又苦又累，不堪重负，所以在族人的提议下，在六月安排一天，作为本民族休闲娱乐的一个节日。最初，这一天就定在六月二十四，后来，由于活动愈加隆重，在六月二十四的前后两天也作为节日来庆祝。

六月二十三这天就开始杀牛，准备节日聚餐。六月二十四是大人过节的日子，男女老少盛装打扮，喝酒唱歌，围着篝火，举着火把跳彝舞，尽情联欢，整个村寨洋溢着节日的喜悦，大家沉浸在欢乐的海洋里。六月二十五是年轻人的节日，他们要到山坡上对山歌，进行交友活动。这一天，要在家早早准备好糯米饭和整只煮熟的鸡，放在饭箩里，背到山坡上。大家通过对歌的形式寻找各自的意中人，同时，男青年还要进行摔跤比赛。到了中午，所有人聚在山坡上分享带来的饭菜，享受节日的快乐。

三、牛场乡大箐村彝族节日文化调查报告

时间：2010 年 1 月 20 日

地点：六枝特区牛场乡大箐村清官 2 组

被访谈者：王章德，男，彝族，1926 年生，时年 84 岁，1945 年前后开始参加工作，曾经担任大队支书、村支书等，1999 年 6 月离任。

采录者：游珍海、张娟、李志勇、李海波

大箐村彝族节日主要有：春节、三月三、四月八、端午节、月半节、中秋节、重阳节、十月初一等。其中四月初八、端午节、中秋节、重阳节都是一般的节日。

1. 春节

春节是当地民族最大的节日，有大年小年之分，大年是农历十二月三十、正月初一、初二、初三，正月十五的时候过小年。

春节到来之前一般都是提前一个月左右的时间杀年猪，大年三十夜打粑粑，如果当年家中有新亡人，那么就不能在大年三十夜那一天打粑粑，可以提前打也可以延后打，这样做的意思就是说如果在大年三十夜那天打粑粑的话，会将老人的耳朵打聋。春节的时候家家都要写对联，一般都是红底白字。

图 3-3-3　六枝彝族老年妇女传统服饰

吃年夜饭之前首先要敬供祖宗，还要给老人送灯，大年三十还要上山给已经过世的老人拜年，拜年的时候点一对蜡烛，正月十五时送灯，送灯的时候要点香、点烛、烧纸，同时还要放炮，然后要给老人磕头，家里的人都可以去，没有具体的要求。

吃饭时要先供祖先，要放三个刀头，一个粑粑，从大年三十供在神龛上，一直供到正月十五那天才可以拿下来，供在神龛上的刀头一般都有几两重。

年夜饭之前可以放火炮，吃完饭要拜年，拜年回来以后就可以睡觉休息。

挑夜水一般都是初一凌晨的时候去挑，家中男女都可以，但是一般都是男的去，去挑水的时候要拿三炷香和三贯纸钱，要在水井边点香烧纸，意思就是要烧钱买水才能挑水回家。挑回家来的水什么时候用完都可以，挑井水越早越好，去挑水的时候不放炮。

按照过去的传统，春节期间，三天之内水不能倒出家门，现在就不管这些了，什么时候想倒都没有关系。

大年三十夜要给娃娃压岁钱，未婚的都有压岁钱，年轻的不会给老人压岁钱，压岁钱多少不定，根据自家的条件来定。儿子、孙子不给老人拜年，可以在初二、初三的时候给外家拜年，带的东西看自家的情况来定。大箐村的彝族，正月十四那天要过小年。

过春节的时候当地彝族有一个禁忌，就是换洗的衣物不能高高的晒在外面，要是在春节期间将衣物高高晒在外面，那么今年可能要起大风，对家庭不利。大年三十夜要烧大火，正月十五的那天要点长明灯，过去过年期间妇女不能到别人家里去，去了可能就会踩坏了别人家的财门，现在就没有这样的禁忌了。

2. 三月三

三月三是当地彝族的一个比较重要的节日，即是清明节，在这一期间给祖坟挂纸，要拿饭、酒肉、果品去供，去的时候全家人都可以去。供完以后，果品之类的就可以分给娃娃吃，饭、酒、肉之类的可以带回家。去给老人挂纸都是在农历三月三前后十天可以去，如果要去打理坟墓、给坟添土之类的，那必须要在三月三当天去做才可以。如果过了这些日子去做可能就会出问题。上山给亡人挂的纸都是去街上买来的，也有的是去街上买纸回来自家制作的。立碑不论清明，立碑要请先生来推八字，就是要将全家老小的八字都要推过去了才能立碑。

以前村寨中有神树，到三月三的时候就要去拜，现在没有了，破除迷信活动的时候全部都砍了，当时砍了以后拿来盖房子，后来寨子中的牛就接二连三地死去了，开始的时候还敢拿来吃，但是后来死的太多就不敢拿来吃了。

3. 端午节

端午节的时候家中有糯米的要包粽粑，要在堂屋中供饭，粽子可以供也可以不供。

4. 七月半

晚上要给老人烧包，烧包的时候可以在堂屋中烧，也可以在院坝中来烧，烧香以后，要将燃起的香火从院坝选定一个方向插出去，插的方向不定，由自家来选，插香的时候插到哪个地方就算哪个地方。

吃了晚饭以后才烧包，插香回来之后要叫魂，意思就是在送老人走的过程中魂可能跟着走，所以要喊回来，弄完了以后晚上不出去。在这一天中，香火被当作老人的拐杖，包就是阴间所用的钱，所有的这一些都是要拿去给逝去的祖先在阴间中使用的，这一天没有什么忌讳。

5. 十月初一

即是当地俗称的牛王节，这一带各个民族都可以过这个节日，一般都是在早上杀鸡，杀死煮熟了以后拿鸡冠、鸡头、鸡爪到牛圈口去供，供的时候只用红公鸡，不要白公鸡。杀鸡的时候要在绕角转三转，用鸡血将鸡毛粘在牛圈门上，将两个粑粑放在牛角上，放的时候只要放在一头牛的角上就可以。然后放牛出去喝水，当地彝族认为，把牛放出去喝水了以后，牛会看到水中自己倒影的样子，要是牛看到水中角上有粑粑，表示牛已经有吃的了。

第四节　六枝彝族节日文化分析

节日是社会群体的特殊的程式化的生活样式，是社会群体为满足自身需要而创造的一种文化。作为一种存在于社会群体社会中的文化事象，它和其他文化事象及有生命的物质存在一样，都离不开特定的环境而孤立存在。现今学术界，对于“文化”这一个概念解释众说纷纭，但是不管对“文化”的定义与解释有多少，都无法否定的是节日属于群体文化的范畴，也就是说：节日作为一种文化事象存在着，并且其对于社会群体中呈现出来的图腾、饮食、服饰、建筑、礼仪等文化都更加具有包容性和复合性，之所以说其具有包容性和复合性，是因为我们可以从节日文化中看到多种文化形式的反映。民族学家陈永龄教授说：“节日文化特别凝聚着多方面的民族传统，许多民族习俗的精华、多彩的文化传统都在民族节日活动中展现出来，特别是缺少文字的民族，更是利用节日活动作为传统文化学习机会。”从中我们可以认识到它们凝聚并规范着民族的文化心理、宗教信仰、伦理道德、价值观、生产活动以及各种文化习俗等，同时节日也是民族文化延续、传播的重要载体，承载着民族共同的文化心理素质，维系着民族意识，丰富民族群体的社会生活，加强民族之间经济文化交流，等等。因此，在此部分内容中，对六枝彝族节日文化的分析是有价值意义的，我们也期待在对六枝彝族节日文化的分析中看到彝族整体文化样式的表现形式。

在对六枝彝族节日文化进行调查的过程中，我们可以将其节日统归为以下几种类型：一是具有宗教文化色彩的；二是与农事活动相关联的；三是基于当地群体文化娱乐活动之上的。针对以上各种类型的节日习俗，我们可以从历时性和共时性的角度来进行分析认识，以历史条件和现代社会因素对彝族节日文化的影响作为基点，窥视整个六枝彝族节日文化中的特征、功能作用以及文化变迁，从而更深层次地认识六枝彝族整体文化的存在样式。

一、六枝彝族节日文化的特征

从六枝彝族节日文化的整体样式层面来看，主要体现在以下几方面的特征。

1. 祖先崇拜、神灵崇拜意识浓厚

在对六枝彝族节日文化表现的调查过程中，我们发现，在上文我们所认识到的六枝彝族节日中，均有一个共同的程序过程，那就是祭祖祭神。在比较重要的节日活动中，这样的程序更是不可忽视，人们在祭祖祭神时表现出来的那种虔诚，更能够说明当地彝族群体对于祖先、神灵的崇拜心理。如春节中的供饭，就是对神灵以及祖先崇拜的最好体现。供饭是大年期间吃饭前都要进行的，供饭由家中的男主人或者是长者来主持，供桌上的贡品有猪肉、豆腐，杀猪的人家还要有猪腰子、猪舌头、猪肝等等。首先是供山神，然后是供树神，最后是供祖先。总共要供四次饭，从大年三十开始一直到正月初三才结束，大年三十和正月初二在晚上供饭，大年初一和初三在早上供饭。在六枝彝族地区，除了对祖先崇拜之外，对于神灵的崇拜也很多，而神的种类也很多，比如山神、树神、门神、灶神等。从对箐口乡社勒村彝族节日文化调查中我们更是感觉到了这种浓厚的神灵崇拜意识的存在，很大程度上形成了当地彝族群体的精神支柱。除了春节之外，三月三、七月半等节日也集中体现了当地彝族群体对祖先以及神灵的崇拜。在六枝彝族群体看来，祖先是有灵魂的，可以为家庭带来福祉，保佑家人的健康及其美好生活，如果奉祀不周或者对祖先不敬，将会给后人带来灾难，山神等神灵亦然。所以对于祖先和各路神灵的虔诚成为六枝彝族情感认同的表现，也在不断的社会历史发展过程中强化了祖先、神灵崇拜的意识，从而这种崇拜仪式在节日活动中凝固成为一种礼俗保存了下来。

2. 传统农耕文化意向强烈

很多资料显示，节日文化的产生、传承与发展的根源在于农耕文明的发展。从对六枝彝族节日文化的调查中，我们也能够看到，大概三分之一的节日是与农事相关的。从深层次的角度来说，与农耕文化相关联的节日，一方面反映了彝族群众所从事的劳动生产及习俗，另一方面也表达了人们祈求丰收、祝愿人畜平安的美好愿望。如四月初八、六月六（吃新节）、火把节、十月初一（牛王节）都集中体现了当地彝族群体强烈的农耕文化意向。六枝彝族视“四月八”为“开秧门”，之所以要过这个节，一来是祭祀祖先，二来是祈求庄稼苗壮成长，有大的丰收；六月六也称为吃新节，过六月六的主要目的就是给庄稼驱虫，预防干旱，庆祝农作物丰收；火把节是彝族最主要的节日之一，在中寨乡各村寨彝族群体中，过节的大体时间是每年的农历六月二十四左右，据调查资料显示，当地彝族百姓过这个节日主要是因为过去人们农活繁杂，又苦又累，不堪重负，所以在族人的提议下，在农历六月份期间安排一天，作为本民族休闲娱乐的一个节日；十月初一在六枝彝族地区称为牛王节，主要就是敬奉耕牛，因为家中一年的丰收离不开牛

图 3-4-1　六枝彝族传统服饰

的辛苦劳作，在这一天中对耕牛进行侍奉，一是慰劳耕牛一年的辛苦，二是期望来年耕牛不辞劳苦，为家里做事。从以上的节日活动中，我们感觉到了强烈的农耕文化意向，这些节日活动都深深地刻画出了一年生产过程中的轨迹。

3. 丰富的节日文化样式

在现今的社会中，民族文化的样式不断得到更新和丰富，彝族的节日文化亦然。在六枝彝族节日样式中，我们不难发现，其节日文化贯穿了整个彝族群体的生活空间，本民族传统节日与新生节日的相结合，无论是种类上还是从具体的表现形式中都呈现出了其丰富性的一面。从种类层面上来说，其包含了祭祀性、农事性以及娱乐性等方面；从具体的表现形式上来说，节日中活动形式愈加地得到丰富，从过去单一的文化表现进入一个融入多种文化因子的文化形式中来，增加了其文化样式的丰富性。

二、六枝彝族节日文化的功能作用

节日是传承民族文化的重要载体，它强化着民族文化传统的记忆，其文化功能及社会功能的意义影响深远。而六枝彝族节日文化的功能作用，我们可以统归为以下三个方面：一是能传承、积淀民族传统文化；二是能满足彝族群众的物质和精神需求；三是能增强本民族凝聚力和提高本民族自信心。

1. 传承、积淀民族传统文化

民族节日文化活动是在漫长的历史长河中不断发展形成的，其活动源远流长，具有鲜明的传承性、地域性、群众性以及变异性等特点，而传承性是民间节日文化中最主要的一个特征。在具体实际中，传统节日对民族文化的传承与积淀功能，突出地表现在传统节日及宗教节日中，因为这个节日类型具有悠久的历史。在六枝彝族节日中，如年节、四月八、火把节、十月初一等节日均是该民族传统节日和宗教性节日。这些节日活动，基本上是随着该民族的发展而发展起来的，同时伴生的还有民族发展中呈现出来的文化样式，比如服饰文化、饮食文化、伦理道德等。在现今的六枝彝族群体中，传统意义上的服饰已经很少看到，但是在节日期间，这些传统的服饰则被当作美的象征展现出来；而在节日期间，家庭中传统的饮食习惯得到了彰显，这些饮食结构在平时的时段中是不会得到体现的，在特定的节日期间，六枝彝族群体讲究食物的丰盛，必然会千方百计弄出不同样式的饮食结构来，这也为传承饮食文化提供了一个极好的平台；一个族群中伦理道德的健康发展，与传统节日具有一定的联系，传统节日在构建人类自然伦理观与社会伦理观的过程中发挥了巨大的作用，因为传统节日与该民族原始宗教具有不可分割的联系，而原始宗教的本源功能就是解决人与自然、人与人之间的关系问题。在六枝彝族群体中，对山神、树神等的崇拜在节日仪式中表现出来，从而强化了本民族群体尊崇自然的伦理观，同时祖先崇拜也在不断强化民族群体的家庭意识观念。

2. 满足本民族群众的物质和精神需求

节日文化同时具有物质文化和精神文化两方面的综合特点。从物质文化上来讲，农事节日中多有聚餐享受劳动成果或者祈求丰收的活动内容，这些内容正是满足物质生活需要的反映。在六枝彝族节日文化中，六月六、牛王节等则是这种物质文化的具体体现。而从精神需求方面上来讲，彝族以娱乐为主要目的的节日，满足了当地彝族群体于农忙时放松休息、恢复体力、调节生活样式的需要，这也就是一种精神上的需要。在这样的节日活动中，通过盛装打扮，参加各种活动来展现自己的才华，在这样的途径中来满足自我价值的实现，从中获得荣誉，从而得到社会承认的精神追求。如彝族火把节，节日期间将进行赛马、摔跤、歌舞表演、选美等。而在宗教祭祀性的节日活动中，虽然有时蒙上了神秘的面纱，但是透过这样的一层神秘面纱，可以发现这样的节日活动更多的是抒发了彝族对五谷丰登、家庭和谐的美好心愿。

3. 增强本民族凝聚力和提高本民族自信心

在六枝彝族绝大多数的节日活动中，都具有群众性和有节日互访欢聚的特点。从地域性的角度上来说，至少都是以一个民族群体为单位而进行的节日活动；而从社会层面上来讲，无论老少都可以参与到节日活动中来。这些表现出来的则是一种共同的文化心理，这种共同性本身就具有一种亲和力。在一个民族群体中，共同性越多，整个民族的凝聚力就会越大。再则，作为一个民族群体，其本身就拥有一种希望通过本民族的节日来集中展现本民族优秀民族文化的意识。通过这种优秀文化的展示，更能够提高一个民族的自信心。在六枝彝族的节日活动中，火把节是一个很有影响力的节日活动，在节日期间，当地彝族同胞希望来自外面的客人能够留下来，观看该民族的火把节，欣赏在火把节上呈现出来的民族文化等，他们通过这样的一种心理表达方式，认同自己民族文化的优越性，从而在这样的层面上提高民族自信心。

三、六枝彝族节日文化的变迁

节日作为社会群体生活中的文化事象，其稳定性是相对的，而它的发展变化则是绝对性的。在经济发展较为缓慢的旧时代社会中，节日文化比较稳定，但是在今天科技文化日新月异的时代，我们能够感受得到节日文化的发展受到了前所未有的外来影响。

1. 节日文化的相互渗透在不断加速

在六枝彝族地区，节日文化的相互渗透主要表现在汉族节日与本民族节日的融合以及周边其他民族与本民族节日的融合上，并且这样的渗透趋势在不断地加速发展。以箐口乡社勒村彝族节日为例，我们可以看到在近十个节日活动中，就有春节、端午节、重阳节与汉族相一致，虽然具体表现形式上有所差异，但是我们可以从中看到汉族节日的影子。而在该地区彝族群体中，我们没有发现彝族过属于彝族群体的彝族年。在六枝地区中，彝族与其他少数民族成分杂居在一起，由于与周边各民族联系日趋紧密，很多节日样式在不断地与周边各民族相互融合，形成一种与周边民族共同拥有的民族节日样式。

2. 节日活动形式发生变化

节日活动形式发生变化，主要体现在活动参与者以及活动内容的变化上。过去，由于地域限制的原因，节日活动只能局限于一个限定的环境之中，参与者的面就相对较小，参与的群体有限，族别也相对单一，整个节日活动基本是在有限的环境中来进行，缺少多样性。近年来，由于区域经济的发展，人们的生活水平有了很大的提高，各种条件已经具备，所以节日的规模也在不断地扩大，参与的人群族别日益复杂，节日活动样式更加丰富，已经突破了过去限制性的节日活动，人与人之间的交流更加频繁，情感的交流不断得到增强。如彝族传统意义上的火把节，在现今的社会中，不再局限于本民族本区域的参与，而是吸引了更多外区域其他民族共同参与。

3. 传统节日观念不断变化

节日文化的产生与发展，与该民族的宗教意识观念和生产劳动是分不开的，同时与对本民族节日文化的认同也是分不开的。宗教意识观念层面上可以从对神灵以及祖先的崇拜中体现出来，而与劳动生产的关系则从农耕文化中看到，如吃新节、牛王节等节日活动就是彝族节日中对农耕文化的具体反映。但是随着经济社会的不断发展，六枝彝族人的观念也在不断地调整变化。就对节日文化的影响而言，主要体现在以下两个方面：

一是传统的观念意识不断淡化。主要表现在节日活动中，流于形式化而缺少了本该存在的庄重与威严。由于科学进步的原因，人们在对神灵崇拜和祖先崇拜的神圣感已经消减，在进行此类的仪式活动中基本上是简单了事，形式的简单化必然导致原有文化本体的削弱；对于农耕文化层面上来说，进行农事性的节日活动，缺少了那份对丰收的期待和祈求，因为大多数人认为农业生产如何取决于科学技术的作用，这在精神文化层面上缺少了原有的丰富性。

图 3-4-2　六枝过节中的彝族人

二是群体意识在削弱，功利意识在增强。这是现今各民族中普遍存在的问题。社会在发展，人的思想观念也就会发生改变，在市场经济下，六枝彝族人的经济观念、市场意识明显有所变化。从表现在节日上来说，即功利意识在不断地得到增强，导致的结果则是群体意识不断地削弱。在对六枝彝族节日文化进行调查中，我们或多或少会得到一些信息，那就是在节日举行的集体性活动中，群体间参与的积极性不断减弱，很大程度上人们存在着一种心理，即是自己能在这样的群体活动中获取什么？而扬弃了彝族传统文化中和谐共处，团结互助的精神文化生活。

4. 传统节日文化为现代社会发展服务

彝族整体文化的特点，在其传统节日文化中得到了充分的体现。但是我们也知道，传统文化中有与现今时代精神不完全吻合和适应的一些地方，这就需要在节日活动的过程中，学会鉴别扬弃，对于那些不适合现代社会发展进步的文化形式加以改革，使其能够符合现代社会发展的要求。

文化的变迁是一个永恒的过程，而六枝彝族传统的节日文化也不可能脱离这样的一种发展规律。我们现今面临的问题就是，在今天的历史进程中，作为人类文化中不可或缺的节日文化，在保存自己原有文化内涵的基础上，该以怎样的样式来适应时代的需要？怎样来适应整个文化的变迁问题？这需要得到本民族以及其他民族更多的认同和关注，才能使彝族传统文化中节日文化不断得到发展。

第四章　六枝彝族服饰和建筑文化

服饰文化是民族文化外显的一张名片，我们选取了中寨乡的小补王村作为重点调查对象，对当地彝族服饰进行了详细的调查记录。同时，也对箐口彝族仡佬族布依族乡村落的彝族服饰做了一些了解。在这一章节，主要结合相关的调查资料，先对当地彝族传统民族服饰做一详细的描述，并在此基础上做一些简要的分析研究。

在漫长的历史发展过程中，彝族人民创造了绚丽多姿的服饰文化，千百年来，彝族服饰始终保持着其独特的民族文化特色，形成了一个独立的民族服饰文化体系，堪称世界民族服饰文化中的一枝奇葩。各种服饰款式、装饰纹样和装饰品都同其社会历史、生产、生活、宗教信仰、婚姻恋爱等联系在一起，包含着特定的社会内容和深厚的民族情感，从而形成了彝族文化的特殊标志，记载着彝族人民在历史长河中的演变和发展，十分值得进行深入研究。

这在六枝彝族服饰文化中亦是如此。

建筑亦是一个民族文化的重要组成部分，再简陋的建筑，都会在一定程度上包含一个民族的精神和观念以及审美等等。六枝彝族的建筑文化主要表现在村落式的民居中。六枝彝族的建筑文化受到当地地理环境和物质建筑材料的影响，也受到当地其他民族建筑文化的影响。

第一节　六枝彝族服饰文化描述

六枝彝族的服饰在中寨、箐口等地的彝族中保存得相对完整。中寨、箐口两地的彝族服饰基本相似，在此将结合起来做一个六枝彝族的服饰概况描述。具体分为婴幼儿服饰、未婚青少年服饰、已婚及老年服饰、婚丧服饰以及毕摩服等几大类。其中，婚、丧服特点尤为鲜明，特别是丧仪服饰在整个彝族中独树一帜。

一、婴幼儿服饰

在孩子出生前，孩子的母亲就会在怀孕期间着手为孩子准备衣物，包括帽子、衣服、裤子、鞋袜、背带等。过去一般都是自己亲手缝制，材料以棉或毛为主，现在为了节省时间、图方便，大多到商店去购买。

1. 帽子

一般在婴儿出生前，其外婆就要准备好布料、线、绣花底样等做帽子的必备材料，为婴儿制作帽子。布料一般选择较柔软的棉布，以免伤害到小孩细嫩的皮肤。如果感觉布料不够暖和，还加入少许棉花，然后缝住让其黏合在一起。裁成帽子的模板后，就用线绕边绣上一圈，以免布料上的边线脱落。缝好，就可以按自己所想要的图案来裁制帽子了。有的裁制成鱼尾的样子，有的则裁制称虎头的样式，等到小孩穿戴起来时，犹如鱼儿摇头摆尾般，亦如小老虎那样虎头虎脑，大人希图其可爱，健康成长。

2. 背带

在六枝彝族中，用来背婴儿的背带是必不可少的婴幼儿服饰，也是最具民族特色的。从深层次来看，一方面，它是长辈向外界，尤其是外戚展示自己女红技艺的方式之一；另一方面，也是长辈给予晚辈的第一件正式性的物质化礼物。因此，在一件背带的制作过程中，凝结了长辈的很多心血。在背带制作完成后，亦格外精致美观。背带一般由护背、带子、托垫三部分组成。

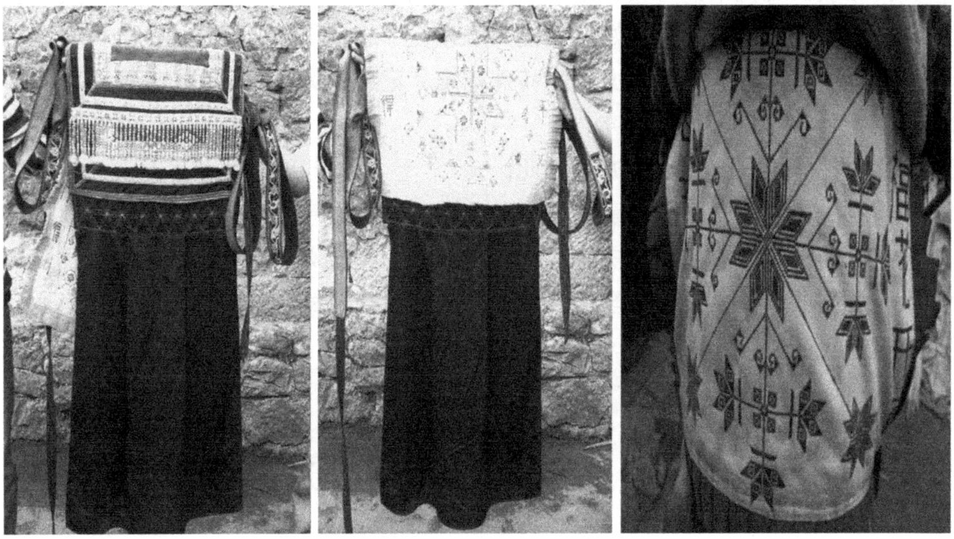

图 4-1-1　六枝彝族婴儿背带

护背部分是背带的核心，主要起到支撑、保暖的作用，需要比较厚实才能保证孩子的保暖和安全需要，所以，护背多以黑色或蓝色的棉布为底布，再在内里叠加数层的裱布作为内衬。护背一般用长约 1 米，宽约 0.5 米的布料（比如家布）制作而成，然后在布料的顶端用一根长约 2 米~3 米的布带绣织穿过，从而形成一个巨大的“T”形，这就形成了一件雏形期的“背带”。

整块背带外部，是集中展示绣饰的部分，既是彝族独特的审美意识的展现，又是长辈们祈求孩子健康、平安成长愿望的寄托。一般在底布表面直接添加一整块经过精心刺绣加工的绣片，也有的是只拼接上部分绣片，同时也直接在底布上进行局部的刺绣装饰。刺绣方法主要有挑花、平绣、堆绣等，其中以挑花和平绣最为常见。

刺绣的图案纹样体裁多以各种各样的动植物图案为主题，比如蝴蝶、鲤鱼、喜鹊、兰花、菊花、喇叭花、牵牛花等等，最常见的是菱形的八角花。有的是以各种各样的几何图案如“◇”字纹、“☆”字纹、“▽”字纹、各种各样六边形、梯形图案作为核心纹样，然后在周围绣上一些花朵作为配饰，主题突出。同时，还在两侧绣上一些各种各样的、代表吉祥如意的字样，如“出入平安，出门得利”“一生平安，幸福花开”等。制作比较讲究的，还在其顶部加以着重装饰，添加一些色彩斑斓的珠子，形成漂亮的流苏，十分耀眼。

带子主要起到固定的作用。每边的长度约为 2 米左右，总长达 4 米。使用时，把两边带子在胸前交叉，然后返回后面托住托垫的孩子臀部再到前腰交叉打结。带子上面也绣有一些花纹、几何图案，但从护背开始绣起，齐肩时，所有的刺绣便戛然而止。因为在“肩膀”到“背”的过渡地带，这是一件背带最为显眼的部分，而及肩膀时，背带两侧的带子便从人的胸部交叉而过，然后绕过腰间一两圈，就此打结。如果在此处刺绣，一来看不见女红技艺，二来也生怕在缠绕或打结时把绣物拧坏。而“托垫”几乎是朴素的，没有一点的修饰物，但功用在整个背带中却是最大的，起到托护婴幼儿的作用。

二、未婚少年服饰

未婚少年的服饰，主要体现在青少年女子服饰上。在过去，六枝彝族的未婚女子基本都穿独特的本民族传统服饰，自 20 世纪 50 年代以后，受外界影响较大，平时几乎都改穿流行服装了。现今我们所看到的多是她们从集市上购买来的流行时装，与城市汉族女子服饰相差无几，只有在节假日或者婚丧事时才穿上传统服装。

图 4-1-2　六枝彝族青年女子服饰

过去，制作服装所用的布料多是自家种植的棉花，然后自纺、自织成白土布，再染成青色或者蓝色。制衣时根据所穿者的身材而定，一般取5尺左右的布料剪裁而成一件长衣。样式基本为立领的右衽长袖长袍，类似旗袍。在长衣的左侧开边，开衩从腰际开始直达长衣底部。穿时，再用一根约1.5米长的纯青色布带在腰间缠绕上两三圈，然后在腰背后打成活结或者相交长结，让多余的带子部分自然垂落到小腿上。

底色素雅，多为青色、蓝色。绣饰部分不多，只在衣领周围、前襟、两肩、袖口以及衽边部位有刺绣。也有直接从集市买来绣片、花边镶上去的。这些绣制花边，其图案亦是大自然中各种植物的花朵样式，又或者一些简单的一些几何图形。随着现代教育的普及，有些妇女还在上面绣上一些汉语拼音，然后沿着拼音绣各种颜色的边线，弯弯曲曲，色彩各异，较传统的服饰绣制自成一体，也是一种美。

三、妇女服饰

六枝的彝族服饰，婚礼服和婚后日常服饰没有多大区别，所以，在此可以归为一类来进行描述。具体分为头饰、配饰、服装、围腰、鞋子几个部分。

1. 头饰

“打盘头”是当地彝族妇女的一种盘头方式，是六枝中寨乡彝族妇女最独特的标志。这种盘头不分年龄大小和结婚与否，都盘成一样的样式。头部样式是一个族群向外界展示自我的最外向的重要特征，六枝彝族妇女的头饰便是这种外向展示的物质载体。

图4-1-3　六枝彝族“打盘头”的形态和定型的造型

整个头饰由发箍（彝语称“欧补”）、假发辫（彝语称“欧搓杂”）、飘带（彝语称“农格木”）、纱帕（只有已婚妇女才佩戴纱帕）几部分组成。假发辫长约50厘米左右，是用黑色用毛线做成的。据中老年妇女讲，过去，是不用毛线等假发来缠绕的，后来，由于拿头发编成的辫子不稳定，容易滑落；而且时日一久，发质变坏。所以，才在众多的现在科技产品中找寻到“毛线”来作为头发的替代品。这些替代品自传入社勒彝族地区后，便深受到妇女们的喜欢，一则容易梳洗，二则轻便、美观。飘带的中央是一段桂花图样的银片，两端各接上一端长布条，布条的颜色只能选蓝色，而不能是白色和红色。纱帕则是一块简单的黑色纱布，这种饰品只有已婚妇女才佩戴。

“打盘头”时，先将头发盘成髻，把白色的发箍戴在头上，然后把假辫子按“前齐额头，后着脑勺，左右压耳”的标准一圈一圈地紧紧缠绕在其上，并用发箍两端的长带子固定呈扇形，多余的部分任其随意垂落在身后。如果是已婚妇女，还要用一块黑色的纱帕覆盖住整个头顶。接着，把长长的飘带系在头上，让银片在额头最中央的位置，带子在后脑勺部位打好结，剩余部分也照样垂在背部，显得摇曳多姿。

因为“打盘头”程序比较复杂，通常需要半个多小时才能完成，比较费时，并且不方便劳作。所以，除了着盛装时必须“打盘头”，在平时的日常生活中，妇女们则喜欢到市场上买头巾来包头。头巾一般为一块织就的格子方巾，色彩搭配艳丽，多是红、黄、蓝、绿、蓝各色相间。戴时先将整块方巾对折成三角形置于头上，然后将前两角收起，再将后一角收起最后用针线或发夹固定即可。

图 4-1-4　六枝彝族妇女简化的盘头形式和所用的假发辫

2. 配饰

当地彝族的配饰比较简单，通常只有耳饰、手镯、戒指等。耳饰多为银质的圈状耳环。一般不佩戴任何项饰。首饰有银手镯、银戒指。银手镯制作比较精致，多为圆柱形的镂空雕花手镯，雕花图案纹样以花草图案为主，配以部分的回形纹或水涡纹。

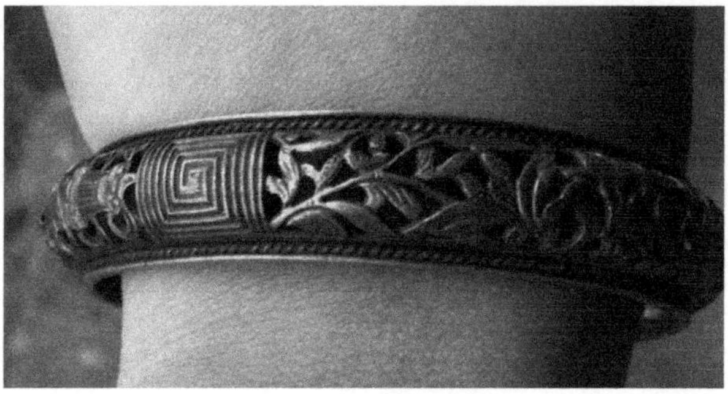

图 4-1-5 银手镯

3. 服装

六枝彝族妇女的服装多为宽边长袖的直领右衽对襟长衫。这种长衫一般长及脚踝。在直领处有三对布纽扣，右胸两对，腋下三对。在长衣的左侧开衩，开衩从腰际开始直达长衣底部，方便行走和做活。制衣用的布料现在一般是棉布，以前是用自己加工制作的麻布。

图 4-1-6 六枝彝族女子服饰正面和背面

服装的款式设计简单大方，底布颜色清淡素雅，底色多为青色、蓝色、淡紫色。没有繁杂的配饰，绣饰部分不多，一般只在衣服的领口、胸襟、双肩、袖口或衣服下摆处有绣花装饰。用红、黄、蓝、绿等各种颜色的丝线挑绣各种花纹图案，常见的纹样有动植物类的花朵、小鸟、蝴蝶、马鹿等，也有很多几何图案类的波浪纹、回形纹、云纹、雷纹、折线、钩状纹等。所绣的图案具有对称性，左右两边均为同样的图案设计。图案排列布局也显得比较紧凑，色调搭配很和谐。既能恰当地把整件衣服装饰得美轮美奂，又不会掩盖其清雅的整体风格。

穿着时，先用一根约 1.5 米长的黑色或者蓝色的布带在腰间缠绕上几圈，在腰后打好结，束出腰身。最后系上一块纯黑色的围腰，作为装饰。

下装很简单，通常只穿深色的棉布直筒裤，没有任何刺绣装饰，显得简洁大方。在传统婚礼中，新娘的服装也是这种款式的长衣，只是装扮显得比平常隆重一些，必须在出嫁当天把事先制作好的所有嫁妆穿戴上，通常穿多达 12 件衣服。最为特别的是新娘在出嫁时就必须准备好孝服，即准备好为参加其所有长辈和亲族的丧礼而穿的衣服。一般是纯白的对襟长衫，没有任何绣饰。这件孝衣平时必须好好保存，等到她的所有长辈都过世之后，就收好不再动用，直到她自己去世时，才同她的生前物品一并烧掉。

在当地，已婚妇女日常的便装实际上就是新娘装的简化。中老年妇女服饰，是六枝彝族妇女中最常见的，也是这里彝族民族传统服饰继承最为重要的载体。她们的服饰也是这种样式的直领右衽对襟长衣，只是颜色一般都较暗淡，多为青黑色和褐红色，没有青少年女子服饰那般色泽亮丽。在图案和纹样上也没有前者那般轻巧，显得简朴一些。

4. 围腰

围腰是当地妇女必备的服饰。这种围腰很简单，形状为简单的长方形，长度依人的个子而定，一般长及踝骨以上，只围正面腰腿部分。面料一般是棉布，颜色为纯黑色，整块面布没有任何绣饰，只有两端的布带子有精致的绣花装饰。图案一般为各种几何图案的组合，有波浪形、云纹、回形纹、雷纹等，带子自然地垂在腰际。

图 4-1-7　六枝彝族中年妇女服饰

图 4-1-8 六枝彝族老年妇女服饰

5. 绣花鞋

传统上的鞋子是自己做的绣花布鞋。绣花鞋一般由鞋底、鞋帮以及鞋帮上的一块布料三部分组成。鞋底是用多层布料叠加，然后用魔芋或者米汤使其黏合在一起，再用针线把它们最终固定起来，很厚实。鞋帮则根据脚面的形状，量好尺寸后，裁剪两块一样大小、形状相同的布料做鞋帮，然后，在后脚跟处将两块布料连接，前足间处，亦让两块布料对接，成尖拱状覆盖到足面。在裁剪时，还需注意把布料前足处裁成钩状，以及连“帮”后让钩钩竖立并钩回脚面。这时，就可以在鞋帮上凭自己的爱好，绣制各式各样的图案了。连接好鞋帮，便又在鞋帮上“嫁接”一节状似圆柱体的白色布料。整个鞋子，犹如现在的“靴子”。

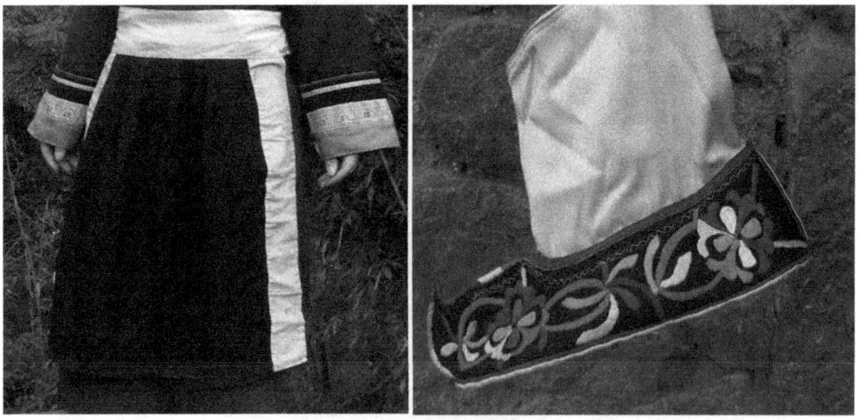

图 4-1-9 围腰、绣花鞋

在很多的少数民族中，鞋子是衡量一个女子女红技艺、贤惠的标准，因此，对鞋子的精心制作，几乎成了各个少数民族女子的共性。她们在未出嫁前，就在前辈们的教导中一针一线地编织着，在出嫁时才能避免落于人后，遭人耻笑，等到她们为人母时，又以同样的“经验”教导自己的女儿。这样的惯习，使得鞋子的制作，在一代又一代的延续中得以传承。平时在假期或者节日期间，母亲便组织女儿们聚集起来，教授她们女红技艺。但随着年轻人价值观念的转变及各种因素的影响，使得她们对这样的传授不屑一顾，故而，很多有价值的服饰文化早早地隐没了。

四、男子服饰

传统上，六枝彝族男子也穿类似女装的直领右衽对襟长衫，头包黑色的纱帕，腰上系腰带，但腰带多余的部分不能垂吊下来。随着时代的变迁，目前当地彝族男子鲜有穿传统服饰的了，偶尔有穿的也是在外地买来的，属于别的地区的彝族服饰，或是在节日场合、舞台上表演时，有穿普同化的舞台装的。例如类似凉山地区的“擦尔瓦”斗篷、类似云南路南的对襟小马褂等。

五、丧礼服饰

1. 亡人服饰

亡人的寿衣穿戴有一定的讲究，要身穿白色长衣服，以前是用麻布制成，现在也有用棉布代替的。衣服上不能带纽扣。若死者为女性，要穿麻布做的长裙。寿衣的件数讲究男单女双，一般为男性三、五、七，女性四、六、八。若死者是年轻的要头戴孝帕（父母在世的戴白色孝帕，父母过世了的戴黑色孝帕），死者是年纪大的则不用戴孝帕。为体现阴阳相别，给死者穿的寿衣要反着穿，头帕也要反着包。箐脚一带，男的要穿白里蓝外的衣裤，女的穿黄里白外的衣裤。

2. 尽孝者服饰

六枝彝族尽孝者的着装一律是白色的，白色的头帕、白色的长衣。用料方面，以前是用自己织的麻布来做，现在多为买来的棉布。

孝男头包白色孝帕，身穿白色的麻布长衣。孝帕要等到孝期过了之后，挂在家里自己卧室的篱笆墙上，并且不能让脚从上面跨过去，也不能拿去另作他用，只能让其自行腐烂。

孝媳、孝女要包白色孝帕，穿白色对襟长衫的孝服。孝女和孝媳的孝服比较特殊，结婚时就已经准备好，并在结婚当天穿在里层从外家带到夫家来的。这件独特的孝衣要伴随她参加完每位长辈以及亲族的丧礼，等到她的所有长辈都过世之后，就收好保存起来，直到她自己去世的时候，才同她的一些生前所用物品一并烧掉。这种独特的风俗包含很深的伦理道德和人生观，在婚礼的大喜日子就把为长辈尽孝作为重点，通过准备孝衣来表达对长辈的孝敬和感激。

3. 毕摩服饰

毕摩拥有自己专用的一整套服饰，包括法帽、法衣以及一些配套的法器。在做法事时必须穿戴这些特别的服饰，庄严肃穆。法帽和法衣成为毕摩神性的象征，负载了很多深层的文化内涵和彝族人民的宗教信仰。

毕摩的法帽，是用羊毛毡制作而成，形状如礼帽，具有浓厚的民族宗教信仰色彩。衬架必须用当地的刺竹制作，衬架与帽毡缝合的线也是当地的一种藤，另外，每次做法事，毕摩都要拿点绵羊角间的毛放置于帽顶，以增强法力的“灵性”，并且忌清洗。现在，简化了的法帽则是用竹篾编制的斗笠或凉帽来代替。传统上的法衣必须是麻质的对襟长衣，其长度一般及膝。法衣在他们心目中是极为神圣的物件，外人不可随意触摸毁坏，通常也不能清洗和缝补。

六、其他饰物

在农活闲暇之时，心灵手巧的彝族女子会利用闲暇时间来绣制一些简单的小饰品，包括鞋垫、包袋、手帕等等。

绣制鞋垫是很普遍的，充分展现了彝族女子高超的手艺和独特的审美情趣。一般采用挑花和平绣的手法，用各色的花线，在鞋垫上绣以花草鱼虫、各种几何图案，或者是字体纹样，一针一线地绣制出多彩的工艺品来。所绣的字一般为吉祥语，很多则是对美好爱情的向往和歌颂，如“平安、富贵”“小小荷花水中生，隔山隔水心爱心”等。

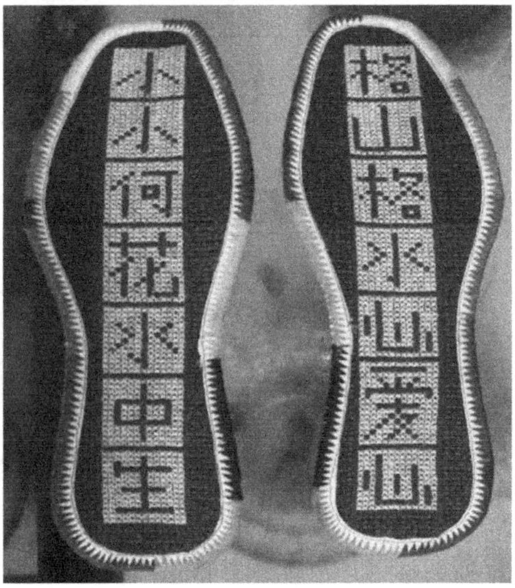

图 4-1-10　手工刺绣的花鞋垫

包袋、背带也是彝族女子所喜爱的日常饰物。一般以方格织锦为主布料，根据不同的审美和实际需要，制成不同样式的包袋，再发挥想象而随意添加一些绣饰和其他装饰物，琳琅满目，美不胜收。

第二节　六枝彝族服饰文化分析

种类款式的纷繁多变，是彝族服饰的特点。由于彝族支系众多，生活在不同地域的各支系彝族都具有各自不同的服饰习俗，均带有各自鲜明的地域性特征，整个彝族服饰文化呈现出百花齐放的局面。据不完全统计，彝族服饰有 300 多个种类，3600 多个款式。各地区的服饰各具特色，又多与其他民族服饰文化渗透融合。关于彝族服饰类型的划分，众说纷纭，根据现有服饰不同的地域特征、色彩、质地、式样、着装习惯、服饰工艺等因素，大多学者将其划分为凉山、乌蒙山、红河、滇东南、滇西、楚雄六种类型，在此基础上，各种类型又可细分为若干种小类。

彝族服饰属氐羌民族服饰，六枝彝族服饰从地理区域上看，应属于乌蒙山型，其中，有学者认为，乌蒙山型又可分为盘县型和威宁型两类。六枝彝族服饰与周边的威宁型、滇东型比较接近，另一方面，又体现出自己独特的个性特征，但在整体上凸显出了古朴典雅，宽博厚朴、简洁端庄的服饰特点。随着时代的发展，六枝彝族的传统服饰也在不断地发展演变。目前，各村寨里彝族传统服饰文化传承的载体主要是妇女，平时几乎已经很少见穿着民族服饰的男性了。可喜的是妇女服饰和丧服的特点还比较鲜明，在整个彝族服饰中独树一帜。

在长期的生活实践中，六枝彝族妇女以织、绣、挑花等各种手法创造了古朴纯正、繁缛华丽、疏密有致、典雅别致、色彩斑斓的图案纹样世界。每件服饰上的众多色彩鲜艳、寓意深刻的绣饰纹样都蕴含着深层的民俗文化内涵，每个图案纹样中的文化寓意都非常丰富，如花朵象征“吉祥、富贵”、蝴蝶象征“福”、喜鹊象征“喜”、鹿象征“禄”等。这些图案以装饰特有的概括、提炼、夸张等手法，以鲜明、生动的装饰形式，或直接地再现了彝族人民的民族风貌、生活习俗与民族信仰，或间接寓意和表达了彝族人民的思想感情与对生活的美好愿望。

一、服饰图案内容

从图案纹样的创作素材和内容来看，大致可分为动植物类和几何图案类两个大类。

1. 动植物类

大自然是人类赖以生存、繁衍的环境，又是艺术表现的第一母题，在六枝彝族服饰图案纹样中，有大量取自于自然界，以各种动植物的自然形态为题材，在造型上也有一定的夸张、添加或是省略，但仍然保持着物象的自然形态特征。常见的植物形象有花朵、草、树木等；动物形象有蝴蝶、小鸟、鱼、马鹿、羊角等。

（1）花草植物

自然界中各种常见植物的花、果、叶、茎、根等都被作为刺绣的素材，展现在六枝彝族的各种服饰上。常见的花朵图案主要有八角花、桂花、六瓣花、杜鹃花等。其中以八角花最多，即由八个菱形“◇”图案所组成的花朵纹样，这种菱形花朵常常被绣在服装的领口、胸襟、两袖上，儿童的背带上，围腰的带子上，鞋子的鞋帮上，手帕上以及各种包袋上。草和树则比较简单，多是把经过简化了的叶子和树干的形象组合成小单元的图案，作为主题的搭配纹样而镶饰在主图案的边缘，起到装点的作用。

（2）动物

动物类又可分为生活中常见的动物与象征性虚构动物两种。在生活范围随处可见的主要蝴蝶、小鸟、鱼、羊角等是被选用最多的动物纹样。蝴蝶绣饰是几乎体现在服装的各个部位和各种饰品上，从头饰、衣领、胸襟、袖口、围腰带子、鞋饰上都有所分布；鸟纹绣饰分布也比较广泛，在服装的领口、胸襟等处都可见；鱼纹绣饰主要在衣襟、袖口等部位上，也有在手镯上雕饰的；羊角绣饰也是很常见的，在服装的领口、前襟、袖口等处都有体现。象征性的虚构动物形象一般有龙、凤等。主要是为了取其吉祥象征意义，例如“龙凤呈祥”等，以寄托人们对美好生活的向往和期盼，以图保佑平安富贵。

图 4-2-1　六枝彝族服饰绣饰中的各种图案纹样

2. 几何图案

六枝彝族服饰中常见的几何图案主要有三角形、折线纹、菱形纹、波浪纹、倒钩状纹、万字纹、回形纹、雷纹、字纹等。

三角纹、折线纹、菱形纹、波浪纹主要是对主体绣饰图案的装饰，起到对整个主题图案布局的连接和分散作用。把各个具体单元的图案，组合成为连续的整体图案。

倒钩状纹、万字纹、回形纹、雷纹是较为常见的一种纹饰，这类纹饰图案的运用使服饰显得古朴而悠远，很有文化深意。一般都以对称的形式出现。常作为衣襟的主体图案，并由折线纹、波浪纹等连接起来，形成了一个整体图案。

字纹主要是用在鞋垫、婴儿背带、包袋、手帕上。以各种带有吉祥寓意的字来表达特定的愿望，例如对爱情天长地久的追求、对生活大富大贵的向往、对儿女健康平安的祈盼……

从图案纹样的造型特征来看，六枝彝族服饰的绣饰图案又大致可分为以下三类：第一类是具象性图案，即接近于写实的拟形图案；第二类是半抽象半具象纹样，即由几何形纹样组合成的实物具象；第三类是纯几何线条。

具象性的拟形图案直接来源于自然环境中的各种自然物体，各种花草树木、兽鸟鱼虫、日月星辰、山川河流等。其图案保持了其所描绘对象实物的形象特征，让人一目了然。半抽象半具象纹样不是以写实的手法，而是以概括、简练、夸张甚或稍做变形的手法来表现，以点、线、面、角等几何因素将各类自然形象进行抽象、概括、变形，形成有规则的几何纹样，界于自然形与几何形之间的纹样。纯几何线条则是选用各种抽象几何纹样，通过折线、波浪线、水涡纹等线形的组合，与主题纹样相匹配，给人以强烈审美感受的独立装饰纹样。

服饰作为民族文化的一种符号载体，它的内涵是极其丰富的。每种民族服饰的图案纹样所表现的内容都具有一定的传承性、寓意性，作为劳动者的艺术表现，更多地融入了生活与环境的内容。每种图案纹样所选择的这些题材，与其说是造型的需要，不如说是反映了人们对日常生活的关照与赞美。创作者在对自然原型进行模仿时，还寄予了丰富美好的想象，是彝族人民对美好事物的赞颂，对幸福生活的祈求与祝愿。

二、服饰色彩搭配

色彩的文化寓意，在彝族传统文化系统中是一大特色。透过六枝彝族服饰，我们可以看到，所有的服饰几乎都有一个共性——以清淡素雅为基调，在绣饰中又配以多彩的元素，显得相得益彰。

在服饰的主体颜色方面，底色多为黑色、蓝色、藏青色、浅紫色，很少见特别艳丽的颜色，故其服饰的整体效果显得亮丽而不失沉稳，浓郁而不失庄重。中老年以上的男女服饰基本上以黑色为主，这一点沿袭了彝族的古老审美风格。在历史记载中，彝族是一个尚黑的民族，黑色代表着高贵，所以过去凉山地区黑彝等级的衣着皆以一身全黑为至尊，表示身份的高贵和等级的森严。

在服装绣饰的配色方面，具有多样化的特征，经过各种颜色的巧妙搭配，打破了服饰原本的单调感，显得绚丽多彩，更具活力。红、黄、白、绿等各色被大量使用在刺绣中，其中多以红色为主。刺绣者深谙色彩规律，善于运用对比手法表达创作意图，用反差较大的对比色，冷色调与暖色调相搭配，以适当的配色穿插，起过渡或提亮的作用，使装饰纹样变得鲜活、醒目、生动，极富动感，整体服饰显得灵巧生动、绮丽多彩，这种丰富的色彩搭配充分地反映了当地彝族人民独特的审美意识、对生活的热爱之情，更展现出其淳朴、奔放的民族性格。

从深层次来看，色彩的选择能反映出很多的文化内涵。每个民族的审美心态都有所不同，从而对色彩的选择也就有不同的倾向。其中囊括了民族情感、宗教情感、历史情感等种种因素。色彩在特定的民族群体中具有特定的情感象征，并凝结成世代相传的集体表象，世代沿袭，经久不衰。

三、六枝彝族服饰的现代流变

服饰是一个民族文化特征的重要标志，它不仅能直观地反映不同地域和不同历史阶段的发展状况，也浓缩和积淀着该民族社会特点、生产方式、宗教信仰、民俗特征诸多文化意蕴。服饰作为一种文化符号，是民族文化的载体，折射出该民族的审美情趣和审美心理特征，透露出独特的民族文化心理和礼仪制度。服饰对于我们了解民族的文化心理和精神特征，考察其生存方式及历史文化有着重要的意义。

四、自然特性

服饰与该民族居住地的自然生态环境有着密切的关系。众所周知，服饰作为人类生存的需要，其主要的一个作用是为了遮体避寒，这就决定了服饰的质地、款式、图形、色彩等的选择必然要适应其所生存的环境，因此，彝族服饰也必然是在其特定的生态环境中产生的，体现出与生存环境相适应的实用多元性特征。

1. 自然地理环境的限制

六枝彝族服饰的特点是与当地独特的地形、气候等自然条件密不可分的。六枝地处云贵高原东斜坡，位于苗岭山脉和乌蒙山的交接地带，平均海拔 1300 米~1500 米。地形地貌复杂，地势高低悬殊，气候类型多样。时而天晴、时而下雨的气候特征，以及崎岖不平的山地地形，决定了在服饰形制的选择上必须要保证良好的保暖性能，又要方便劳作。所以，为了适应昼夜温差大、晴雨无常的自然环境，需要比较厚实的服饰。为适应山地的自然地理环境，当地彝族的服饰样式为直领右衽的长袖长衫，宽松肥大，便于山路的行走。其长度和厚度具有很强的保暖防寒性能，同时，在上山下河进行劳作时，又方便随时随地穿脱。这就最大限度地主动适应了当地的自然地理环境，达到和谐的状态。

2. 生计方式的反映

彝族是远古游牧民族氐羌人的后裔，历史上过着逐水草而居的游牧生活，历史上不断地迁徙，由于各地自然环境及经济状况等条件的差别，导致了各地的彝族在语言、风俗习惯、服饰等方面都存在着差异，造成了各地彝族服饰风貌异彩纷呈的局面。六枝彝族的服饰之所以有些类似于蒙古族的服饰，也与历史上的游牧生计方式有着千丝万缕的联系。

六枝彝族的先民为游猎民族，大部分居住于山区，有着“一山有四季，十里不同天”的气候特征，其经济形态更是农、林、牧并举，这些特征在服饰的质料、款式及色彩等方面必然有所反映。

在以前以游牧为主要生计方式时，畜养牛羊比较多，所以服饰以毛麻为主要原料，用毛麻捻线织布，也有以牛羊的皮毛为衣料，制作披毡、坎肩等。随着生计方式的改变，不再有足够的羊毛老制作衣物，所以逐渐改为棉布。

五、社会特性

作为彝族文化的一种符号和民族精神的载体，六枝彝族服饰不仅体现了明显的自然特性，也表现了一定的社会特性。它凝聚着彝族人民千百年来形成的审美心态、民族精神、社会规范等方面的信息，蕴含着文化结构深层的心理积淀。

1. 审美心态与民族性格的彰显

服饰是一种物化了的文化，它以特殊的形制和图案装饰体现出本民族共同体的心理素质，即这个民族的传统文化特征和维持民族稳定的基因。彝族服饰种类繁多，色彩纷呈，是彝族传统文化和审美意识的具体体现。这种深层的审美意识是具有历史传承性的，也正是彝族传统服饰审美风格保持至今的原因所在。

民族服饰中某种特定的图案、色彩及形式的多样化，是其对祖先文化的传承，是认祖寻根意识的体现，有一种根深蒂固的民族心理依附在其中。穿着传统服饰的同时，既表达了对祖先的缅怀，实现祈求护佑的心理，同时又增强民族凝聚力和强烈的民族认同感。在存在祖先崇拜的民族中，包括服饰在内的各种形制都是必须严格遵循并沿袭下去的，这就使得六枝彝族服饰在漫长的历史中，除了部分吸收了外族服饰文化特征，稍有改动，在整体上还是保留了祖辈传下来的形制。

2. 现代流变

文化的变迁和涵化伴随着人类社会的发展而不断发生着。服饰又是随着社会的发展而不断演进变化的一种特质文化，必定要伴随着社会的发展不断进行着演变。六枝彝族服饰的发展变化，一是各民族间的文化交流，吸取了周边各民族的文化成分；二是社会的发展带来的生活条件和社会观念的转变，引起了传统与现代的结合。在诸多因素的作用和影响下，六枝彝族服饰经历着不断变革，逐渐形成现今的服饰特点。在保留本民族传统服饰特征的基础上，也不断吸收了其他民族的一些服饰因素，在服饰的质地、款式、民族特征等方面改进和创新，以适应现实社会的需要。这种流变主要体现在以下几个方面：

（1）与周边民族文化的涵化

六枝彝族多与布依族、苗族、仡佬族、汉族等民族相互交错杂居，是历史上苗瑶族群、氐羌族群、百濮族群、汉族群等五大族群相互交融的汇点，这就使得当地的彝族文化较易受到外族文化的影响，呈现出边缘文化特点。

六枝彝族的传统服饰，有着明显的民族特征，自成一个独立的文化系统，同时也有与周边各民族相互涵化，呈现出与外文化调适的一面。在服饰的用料方面，借鉴了别的民族以棉布为主的特点，打破了用料以皮、麻、毛为主的传统。绣饰方面，融入了汉文化系统的“寿”“双喜”等汉字式样，具有了一定的现代性，同时，也吸收了不少布依族的传统刺绣图案纹样，如鱼、波浪纹等。头饰方面，也效仿了布依族的花格子头巾，简化了程序繁杂的传统盘头。

六、传统与现代元素的碰撞

在当前市场经济浪潮的冲击下，传统文化与现代元素的碰撞和交融是不可避免的，六枝彝族服饰文化自然也面临着普同化的趋势。目前，传统服饰与普同化流行服饰交互使用的现象较为普遍，村寨里除了中老年妇女外，平时很少见年轻人穿着传统服装。有时虽然穿着传统的长衫，却配上了市场上购买的牛仔裤、皮鞋等现代性装束。

随着社会的发展与时代的进步，彝族人民的审美意识也发生着改变，彝族服饰在保留自己鲜明的民族特色和浓郁的乡土气息的同时，也不断地吸收汉族及其他民族文化成分，现代性因素的渗入，促使彝族服饰的文化内涵得到不断延伸。

可喜的是，六枝彝族逐渐出现传统民族服饰意识的觉醒现象，这对六枝彝族服饰文化的传承是有积极意义的，对彝族传统服饰的传承也是至关重要的。近年来，全球在提倡文化多样性的保护，全国也注重起民族文化的保护和开发，政府大力组织彝族年、火把节、彝族山歌比赛、多彩贵州大赛选拔赛等活动的开展，六枝彝族人民的民族文化认同感逐渐加强，传统服饰意识逐渐觉醒。他们主动学习云南、四川以及临近地区的彝族文化模式，同时也接受了这些不同地区的各种服饰样式，凉山型、石林型、楚雄型、水城型、盘县型等各地的服饰特征都汇聚在这里，因为他们认同这是彝族共同的服饰。在各种节日庆典、舞台表演、走亲访友的场合，他们就会盛装打扮，充分向外界展示自己民族的服饰文化。这种民族文化自觉的现象，势必形成一种新的民族文化环境和服饰文化，引导六枝彝族服饰在现代社会中得到有效的传承和良性的发展。

第三节　六枝彝族建筑文化描述

一、六枝彝族民居基本情况

（一）建筑材料

1. 草料

草房是六枝彝族村寨常见的建筑样式，中华人民共和国成立前当地民居主要以草房居多，因此，草料是当地主要建筑材料之一。草料主要包括：茅草、稻草、麦秆或其他干草。建房时，在搭建好柱子房梁后，即可用草料铺盖屋顶，铺盖好草料以后，再压上些必要的树干木头或者石头，以防草料被风吹走。草料均为就地取材，造价低廉且实用。但是草顶经过日晒雨淋后容易腐朽断烂，至少每年要翻盖一次，所以每年都得在屋顶添续一层草料，或者用新的草料换掉原来腐旧的草料。

2. 石料

石料主要用作墙体材料、屋面材料以及房屋基石等。石料主要包括两种：一种是经过精加工的石板，一种是直接从石山选取天然的石片。六枝牛场乡大箐村近三分之一的民居为石板房，用石条或石块砌墙，以石板盖顶。房屋除檩条、椽子是木料外，其余全部是石料，甚至家用的水缸、喂猪用的槽子都是用石头凿的。用石板（或类石的水泥板）盖顶在六枝彝族村寨是比较普遍的做法，一方面是因为当地布依族普遍用石料建房、盖顶，彝族人受到布依族的影响。另一方面是因为当地石料丰富，人们在建房时就地取材。石料除了用于墙体和屋面材料外，也用来作屋基。建房前先有石材垒砌数米高作为屋基，然后再在屋基上建房，以达到加固防护的作用。在六枝中寨乡小补王村类似干栏的“提半楼”民居建筑中，半楼下面的楼柱为了避免被家畜屎尿侵蚀而使木柱发潮、发霉，通常会垫上石头。

3. 瓦

六枝彝族民居用的瓦片只有一种类型：板瓦。无论是用于承接还是用于覆盖的瓦，皆为板瓦。这种板瓦瓦面较宽，弯曲的程度较小。过去瓦片都是就地烧制，现在都是到市场上购买。随着经济的发展，现在六枝彝族民居屋顶大多数覆盖瓦片。

4. 竹料

竹料主要用于墙体四面的墙胎或搭楼板，在六枝彝族民居建筑中广泛的使用竹料（金竹）。一方面是因为受布依族建筑文化的影响，墙壁多为竹篱笆墙。另一方面是因为六枝属于亚热带气候，降雨量充沛，适合竹类的生长。如六枝中寨乡小补王村几乎家家户户都种有竹子，当地的民居以竹木结构的“提半楼”建筑为主。当地人用竹篾片编织成篱笆作为墙胎，内部间隔亦为竹墙（或木板）。

5. 木料

六枝彝族大多聚居在山区，森林资源丰富，木料是主要的建筑材料。木料主要用于建筑中的柱、梁、椽、檩、楼板、墙板、楼梯、窗、门等。过去，盖房子所用的木料都是就地取材。现在由于生态环境遭到破坏，人们对树林的乱砍滥伐，造成当地严重缺乏木材，人们建房所用的木材大部分需要到市场购买。

6. 泥土和石灰

泥土主要用于墙体材料，六枝彝族村寨现存少量的土坯房，墙体以土墙居多，墙体材料以黏土或亚黏土为主要原料，一般就地取材，土墙结构的民居造价便宜且冬暖夏凉，一次性投资少，对于当地大多数经济收入较低的农户较为适用。石灰主要掺和在泥土里并用，过去多是自家到石灰石质量较好的地方烧制，现在一般在市场上购买。

（二）民居村落特点

1. 以家族聚居为主、偶有间杂

六枝彝族主要分布在落别、折溪、牛场、中寨、箐口、洒志等乡镇。彝族人多为同姓聚族而居，也有部分与异姓杂居，偶有间杂其他民族。比如中寨乡小补王村就是一个彝族村寨，该村主要居住彝族毛、张、刘、王四大姓氏，从血缘上追溯，该村这四个姓氏中同一姓氏的彝族人在不同程度上具有血缘关系。若干个血缘相近或相连的家庭一般居住在相邻或相近的地段内。又如小补王村的毛永达，他家周围居住着他的姑妈、侄儿以及他的两个女儿，其中一个女儿就是他的邻居。六枝彝族分布特点是大杂居小聚居，与其杂居的民族主要有苗、汉、仡佬等民族。比如小补王村虽然是一个彝族村寨，但是该村事实上是由彝族和汉族共同组成，除了同姓的彝族人还共同生活着异姓的汉族人。

2. 民居依山或依地形而建，房屋朝向不统一且分散

六枝彝族的村寨多聚居在海拔较高的山区、半山区，民居依山或依地形而建。村落不论大小，一般选择向阳山麓，顺山修建，以山腰、山梁处居多，山脚、河谷地带较少。彝族民居随山势而建，但在总体布局没有统一的规划，同一村落的民居分布比较零散。房屋朝向亦不统一，同一村落的房屋没有统一的朝向。山腰、山梁处的民居大多为坐北朝南，以利采光向阳。山脚、河谷地带则背山面水。坐落于交通要道的民居，沿道而建，面向道路以获得经济上的便利。

3. 单户建筑规模

六枝彝族单户建筑的结构有三种类型：正房型、一正一厢型、一正两厢型。正房型民居多为正房三间（三大间，五小间），一明两暗，一明为堂屋，两暗为卧室。一般以堂屋待客、议事、吃饭、祭祀等。左房为厨房（烧水做饭）兼卧室或杂物间，右房卧室。其平面为正厅一间，边房四间，组成三开间（如图 4-3-1 所示）。

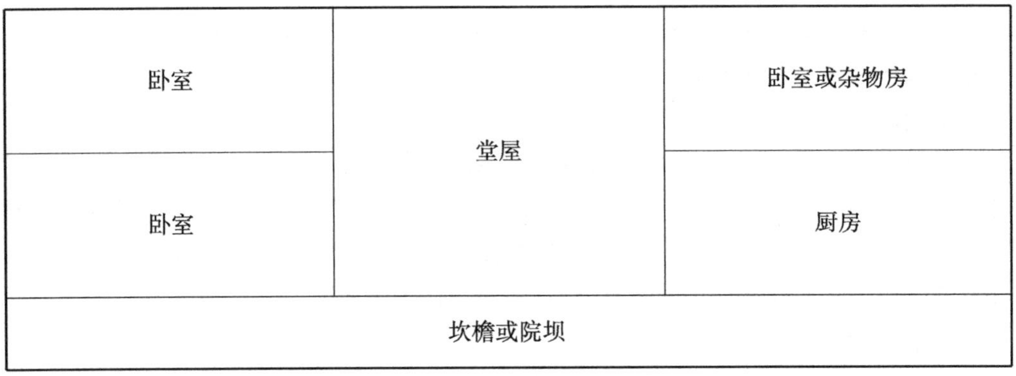

图 4-3-1 六枝彝族单户房屋建筑图

六枝彝族民居主要以正房型为主，也有一正一厢型、一正两厢型的民居形式。一正一厢型即在一明两暗的正房一侧搭建一厢房，一正两厢型即在一明两暗的正房两侧各搭建一厢房。厢房主要用来圈养家畜或用作厕所。

4. 民居附属建筑

厕所。无论新式民居还是传统老式民居，彝族都不习惯把厕所设置在家里，一般厕所单独搭建在房屋附近或建在房屋的侧边（与房屋墙壁相连），传统厕所为石木结构或土木的简陋低矮的屋棚。比如六枝中寨乡小补王村有的厕所以石板砌墙，棚顶覆盖石棉瓦或油布。还有一些厕所为土墙，用木栅栏和布搭建。有的厕所没有门，有的厕所以布作门，有的厕所以木板为门。厕所高度一般低于 2 米。新式民居的厕所一般都用水泥、砖头等材料修建，与传统的厕所相比干净卫生许多，地面高度大多超过 2 米。

畜棚。彝族干栏式民居建筑一般为两层，楼上住人，楼下圈养羊、猪、牛等家畜，彝族人通常把牛和猪都关在一起，下面的楼柱为了避免被牛和猪的屎尿侵蚀而使木柱发潮发霉，通常会垫上石头。平地楼，一般在房屋一侧修建厢房用来关养家畜，实现人畜分居。

禽圈。六枝彝族几乎家家都有养鸡，但是鸡不会像猪、牛那样关在半楼的底层或厢房饲养，大多数属于野外放养，晚上的时候再关进鸡笼。修建有院坝的人家则放在院坝，没有的人家则直接放在堂屋的某一处。

（三）祠堂及其形制、位置、作用

据六枝彝族调查发现，当地的祠堂一般由一个家族或家族支系修建，是专供族人放置祖筒和祭祀祖先的处所。祠堂一般都修在寨子后面的山上，面积只有几平方米。

六枝彝族祠堂有几种不同的类型。比如六枝箐口乡社勒村的祠堂既有草顶石墙结构的房屋，又有草顶木栅栏的屋棚。六枝中寨乡小补王村的祠堂为瓦顶石墙结构的房屋（如图 4–3–2、图 4–3–3、图 4–3–4 所示）。

图 4–3–2　六枝箐口乡社勒村草顶石墙结构祠堂

图 4–3–3　六枝箐口乡社勒村草顶木栅栏结构祠堂

图 4-3-4　六枝中寨乡小补王村瓦顶石墙结构祠堂

供奉在祠堂内的灵位叫灵筒。一个灵位有两个灵筒，表示一对夫妇，灵筒按男左女右并列排放。同辈的灵筒并列成一排，灵筒排放的顺序是从老到小一代一代的放。灵筒是指头大小的竹筒，长五六寸，里面装入米、草（分公草和母草）、纸（纸上写有死者的姓名和身份）等。已婚者的灵筒用编织的篾篼包着，未婚者的灵筒只是一个光的竹筒。

图 4-3-5　六枝箐口乡社勒村陈家祠堂灵筒

灵筒放进祠堂必须有四个步骤：一是毕摩在村寨附近山上的坝子上设堂，主人家要准备 12 只草鸡、一头猪、12 个鸡蛋、12 对泡木树枝。泡木树枝围绕设堂地点插在地上，然后杀鸡、杀猪。二是设完堂后，毕摩装灵筒。三是把泡木树枝捆好带到祠堂，在祠堂旁边供饭。四是毕摩把灵筒装进祠堂，把泡木树枝捆在祠堂侧边。

非正常死亡的人必须要请毕摩做法事，灵筒才可以进入祠堂。

图 4-3-6　六枝中寨乡小补王村祠堂灵筒

（四）民居风水观及其应用

彝族在村落选址和民居选择上很注重风水的选择。六枝彝族的村寨多聚居在山区、半山区。因为彝族人相信世界上有鬼，并认为鬼生活在大地之下，天上住着神，认为山是介于天、地之间而存在的，所以居住在山上既远离了鬼又靠近了神灵。此外，彝族信仰万物有灵的原始宗教，认为天有天神，地有地神，日、月、山、川、风、雨、雷、电都有神。崇拜神灵可以消除灾患、保佑平安，因此，出于对山神、树神的敬畏，彝族人的村寨一般选择依山傍林的地方。达到靠近神灵，便于与神灵沟通，实现心目中的天人合一。彝族传统民居建房，房基力求坐北朝南，即“负阴抱阳”。建房前请毕摩（汉族先生）用罗盘根据屋主的生辰八字等确定建房方位，选用对屋主有利的方位和地点。相宅时一般都以“上边有山坡养羊，下边有田种粮”为理想居住地，主张住宅应选建在依山傍水、土肥草盛之处，多在接近河谷或道路的向阳山坡聚族而居，从而形成了有险可守、有路可走，出门能见流水耕地和水草牧场的村落空间秩序。由此产生许多建宅择地的禁忌，如忌门户所对之山为秃山，否则家败不吉，若门户对山树茂草盛，户主就会兴旺发达；房前有水为上者，忌房后有水。总之，彝族村落、民居的选址，体现了彝族古朴的“天人合一”的原始风水观，创造了人文环境和自然环境的和谐统一。

（五）民居内部格局及其功能

六枝彝族传统民居在内部格局上分为左、中、右三个部分，大致上分为三大间、五小间。入门正中为堂屋，堂屋靠墙处设有神龛，供奉祖先牌位。彝族认为人有三魂，死后一魂守坟，一魂回归祖先发祥地，一魂守护灵牌。因此，堂屋都供奉有祖灵牌，逢年过节和举行各种仪式时都要供奉祖先。新式民居堂屋里除了供奉祖先以外，也供奉“天地君亲师”、土地神、灶神、财神、孔子、文曲星等汉族神灵。传统民居堂屋中摆放桌椅、沙发等家具，是平时招待客人、议事、举行各种仪式的主要活动场所。新式民居堂屋只摆放桌子和椅子，不再作为家里主要活动场所，而把侧房作为客厅摆放沙发和电视，用来招待客人、议事等。传统民居堂屋内没有用木板隔开，直接中空，堂屋一般高达6米（从地面到中梁距离）左右。因为当地彝族人习惯粮食晾干后要在堂屋里脱壳。因此，堂屋的内部空间要求比较高。新式民居堂屋高度大多三四米左右。传统民居在堂屋两侧用木板或竹篱隔成四间内室，一侧两间用来作卧室，一侧两间用来作厨房和客房或杂物间。一般在厨房屋内上层空间用木板或竹栅栏隔成阁楼，用来储藏粮食、杂物或熏制腊肉。新式民居为钢筋水泥结构，屋内上层取消了阁楼设计，但是其楼板设计中都留有用竹木做材料的一间或两间，以利肉或粮食的干燥。

（六）民居营造习俗

本文叙述的“营造习俗”，主要指的在建房前后过程中举行的一系列仪式，六枝彝族传统的营造习俗主要有：盘子—架码—立柱—开梁口、包梁、上梁—开财门等几个仪式。这些仪式在彝族传统民居营造过程是必不可少的。

1. 下盘子

下盘子指的是看地基和测日子。下盘子时主人家要准备一升6斤的米、12块钱、三炷香、三张香纸、两瓶酒给毕摩或先生。请毕摩或先生看地基和测日子，看地基时毕摩或先生手拿罗盘在各处测算适合主人建房的位置。测日子包括测算建房的年份和动土的日期，看当年是否有利于盖房和选一个黄道吉日动土。

2. 架码

架码指的是正式开工，加工建筑用的木材。架码的时间也是预先选好的良辰吉日，架码的当天要用两张木马去山上献饭，木匠师傅和石匠师傅分别要敬自己的祖师。木匠师傅要杀一只五色公鸡敬鲁班，杀鸡前念“此鸡不是非凡鸡，头戴红冠子，身穿五色六毛衣，日在乾坤山上叫，夜在王母脚内踢，别人讲你无用处，弟子讲你是个架码鸡。天煞，地煞，年煞，月煞，日煞，一切凶神恶煞，雄鸡抵挡”。杀鸡时念“日吉时良，天地开张，一不早，二不迟，正是主人家架码时”。杀完鸡后念“天无忌，地无忌，年无忌，月无忌，日无忌，时无忌，姜公到此，大吉大利”。

石匠师傅敬祖师时也要杀一只五色公鸡，杀鸡时念“日吉时良，天地开张，一不早，二不迟，正是主人家下石时……”

煮好的鸡要再敬祖师，然后大家才可以吃。

当天主人要请人帮忙砍树，把树抬回家，木匠正式开工，做好门和窗。

建房所需的大梁，在正式建房的前一天由舅舅家送来，当地称为“舅梁”。用来做梁的树一般是杉树，舅梁上用15米的红布扎成三朵花绑在舅梁中间，红布的两端要拖地。舅梁由 8 个人抬到主人家，放在木马上。主人家要放火炮欢迎，请客人吃饭，晚上通宵吹唢呐。

3. 立柱

第二天早上 6 点，木匠师傅和石匠师傅分别设两个堂。

木匠师傅设堂时，在堂中央摆放一张桌子、一个墨斗、一只鸡、装有米或玉米的斗、一把尺子（插在斗里）、一个木马、一小吊肉、一把凿子（把肉和凿子串起放在木马边上，叫“马口菜”）、一个新的木盆、一把梳子、一个篦子、一件女性的新衣服、一根带子、一块纱帕等。用竹子扎成十字架，把衣服穿在十字架上，用带子把衣服系住，再把竹子插在土里，然后整个堂用席子围住。寓意纪念鲁班，否则木匠出工时就会出意外。请木匠师傅时如果不设堂，人们不能叫木匠师傅的名字，否则他会出意外事故。

石匠师傅设堂简单一点，堂中央摆放一张桌子，准备一把碾子，一个手锤，整个堂用席子围住。

设堂完成后，木匠师傅发锤，木匠师傅提着榔锤围绕地基走一圈，边走边念“此锤不是非凡锤，鲁班师傅来到此，一锤惊动天”，然后打一锤；“二锤惊动地”，然后打一锤；“三锤惊动山中树木林，一锤打你万丈深，起!”然后再打一锤。在木匠师傅喊“起”时众人立柱。帮忙立柱的人少则先立神龛左边的柱，人多则两边同时立柱。

4. 开梁口、包梁、上梁

传统上舅舅要拿 12 块钱请木匠师傅来开梁口，然后包梁，即把一锭银子放在梁口里，在旁边放两支新毛笔、茶、盐和五谷，用舅舅家送的 1 丈 2 尺的红布包好。用四枚铜板固定红布包，用墨线从四枚铜板的中间穿过，成十字交叉状，多余的墨线向下垂。把一双筷子砍成两段，用五色线布捆成十字交叉状挂在下垂的墨线上。梁上还挂有亲戚家送来的所有红布。

上梁前在堂屋里摆放两个木马，把大梁抬进堂屋里，在神龛前放一张桌子，摆席供鲁班，木匠师傅敬好鲁班后准备上梁，上梁时先上神龛左边的梁。

正式上梁时，让一只大红公鸡踩在梁面上，当地称为踩梁鸡，踩梁鸡如果在梁上拉粪，寓意“进财”。将踩梁鸡的鸡冠掐破，用鸡冠血点梁，点梁时念“此鸡点梁头，子孙众诸侯，此鸡点梁腰，儿孙做高官，此鸡点梁尾，儿孙做财主”。让踩梁鸡站在梁上，念“此鸡不是非凡鸡，弟子叫你站梁鸡，起!”当木匠师傅喊到“起”时，大家开始上梁。当梁上到屋顶，在中柱叉口放三张纸钱，然后把梁放到中柱叉口上。

在堂屋两边放两把梯子，木匠师傅先上神龛左边的梯子，边上边念：“脚踏楼梯寸步高，我手把仙树结仙桃，仙桃本是仙树结，横梁本是弟子刨。爬楼一步，锦鸡叫；爬楼二步，凤凰生；爬楼三步，三羊早柱；爬楼四步，四季发财；爬楼五步，五步登高；爬楼六步，六位高升；爬楼七步，七星披北斗；爬楼八步，八个老神仙；爬楼九步，九梁来归位；爬楼十步，儿子儿孙顶状元。爬了头包到二包，儿子儿孙做高官，爬到山川六尺五，儿子儿孙代代做财主。”

两个人提着篮子分别站在左右梁上，每个篮子里装有小块四方形糯米粑粑、一瓶水、一瓶酒、一对火炮、一个元宝（糯米制成）。

然后堂屋两边同时放火炮。

主人家面对神龛跪着，前后系两块围腰，旁人拉开他前后的围腰，左边梁上的人把元宝扔在他前面的围腰里，右边梁上的人把元宝扔在他后面的围腰里。主人家把元宝带回家，三天后煮着吃，只能一家人吃，别人不能吃。

两边再放火炮。

最后梁上的人要撒安土粑粑，即把小块糯米粑粑从梁上撒下来，先撒五块糯米粑粑，念“一撒东方甲乙寅卯木；二撒南方丙丁子午火；三撒西方庚申辛酉金；四撒北方壬葵亥水；五撒中阳戊己土，粑粑落地土神安慰”。然后边撒粑粑边洒水，众亲戚把粑粑拾起来拿回家。主人家拿两瓶酒给梁上的人喝，上梁完成。

5. 开财门

房子建好后，就开始立大门，立大门时要请毕摩或先生测好黄道吉日，一般只立正门，门背对着山。门的高矮、宽度由木匠师傅决定，根据房屋的高低、大小变化。开财门前要准备好一捆柴、一担水、一小锅蒸饭、两个童子，在选定的时辰打开财门。两名童子先进门，其次挑水的人、背柴的人、拿饭的人，象征金银财宝进门来。

从以上的描述可以知道六枝中寨乡彝族对鸡的重视。当地的彝族建房、结婚、丧葬、祭祀、过年、过节都需要用到鸡，平时家里来了贵客也要杀鸡招待，以表示欢迎。六枝中寨乡几乎家家都养鸡，但是鸡不会像猪、牛那样关在半楼的底层饲养，大多数属于野外散养，晚上的时候再关进鸡笼。

（七）民居变迁（钢筋水泥房）

随着生态环境的变化，社会经济的发展和各民族之间文化交流的加深，六枝彝族的民居建筑不断发生变迁，出现了干栏式盒式楼。这种盒式楼既传承了本民族民居建筑传统，又融合了周边苗族、布依族干栏式建筑的优点和现代民居建筑的风格。

干栏式盒式楼是钢筋水泥结构的平顶房，当地彝族一般会在人居住的一楼下面再修建几间面积较少的水泥房，一间作厕所，一间堆放杂物，一间用来豢养家畜。人居住的一楼通常是三开间，中间为堂屋，两侧为卧室和厨房。现在受汉族文化影响，堂屋神龛上除了供奉祖先以外，也供奉“天地君亲师”、土地神、灶神、财神、孔子、文曲星等汉族神灵。也有一些家庭不设神龛。在堂屋里摆放桌子和椅子，作为餐厅，把客厅设在侧房，在侧房里摆放沙发和电视用来招待客人和休息。二楼两边侧房安装有玻璃窗，一些家庭还在玻璃窗内镶有几根铁栏杆用来防盗。即使在平地无坡度地带建房，仍在房屋大门口从一楼搭建楼梯而上，形成下层养畜，上层住人的干栏式格局。干栏式盒式楼与现代盒式楼建筑材料相似，主要包括：钢筋、水泥、砖、沙石、玻璃、石灰、瓷砖等，均要在市场上购买，地基石块、木板则可以就地取材自制。

第四节 六枝彝族建筑文化分析

一、类型多样化

1. 类干栏的“提半楼”

以六枝中寨乡小补王村彝族民居建筑为例。六枝中寨乡最早的古居民应是百越民族的布依族先民和百濮民族的仡佬族先民，彝族先民按一般的观点认为是秦汉时或更晚的时候才陆续进入该地区的。因此，后来的彝族先民在建筑文化等方面就吸取了布依族杆栏式建筑和竹笆墙建筑形式的特点，融入本民族传统建筑之中，形成了独具当地彝族特色的建筑样式——“提半楼”。

“提半楼”即在正房的两边选择任意一边的一间房来修建半楼（半楼的底层用来圈养牲口，楼上则可住人），正中的堂屋位置则不能修建“提半楼”。“提半楼”是石基竹木结构悬山式瓦顶建筑，石料、木料、竹料均为就地取材，这种建筑样式，借鉴苗族、布依族传统的干栏式建筑，而又有所区别。比如布依族的吊脚楼，是整幢干栏式建筑，底层由数根木桩支撑的悬空式结构，一楼全部悬空架起离地面数米，多用竹片、木板镶拼为墙，可作畜厩，或堆放农具、柴火、杂物等。二楼用来住人，在一楼一侧从地面直接架木梯通往二楼。“提半楼”的半楼一般仅高出地面 1 米左右，在堂屋架木梯连接半楼，半楼除了住人，一般还用来储存粮食，在半楼的一侧搭建木质谷仓，谷仓与房屋融为一体搭建而成，不能随意移动。半楼下面主要用来养羊、猪、牛等家畜。半楼下面的楼柱为了避免被牛和猪的屎尿侵蚀而使木柱发潮、发霉，通常会垫上石头。

“提半楼”为四排柱三开间石基竹木结构悬山式瓦顶建筑，由椽柱、二柱、中柱穿方，大梁、瓜、悬挑、椽胚、楼枕、楼板、板壁组合而成。房屋一般为五柱八瓜或七柱十二瓜，最多有 13 柱。房屋大致上分为三大间、五小间，房屋中间为堂屋，堂屋两侧用木板或竹篱笆隔为卧室和厨房。堂屋专做祭祀之用，在靠墙处设有神龛，供奉祖先牌位及各种神灵，逢年过节和举行各种仪式时都要祭祀。堂屋里桌椅、沙发等家具，是平时招待客人、议事、举行各种仪式的主要活动场所。堂屋两侧的房间通常又隔开为四小间，一侧两间全部用来作卧室，另一侧一间用来作厨房，一间用来作卧室或储藏间。

2. 石板房

以六枝牛场乡大箐村的石板房为例，该村有三分之一的石板房。当地石料丰富、质优，彝族人因地制宜，就地取材，用石料修造出一幢幢具有本民族特色的石板房。石板房以石条或石块砌墙，墙可垒至 2 米至 6 米高。以石板盖顶，风雨不透。整栋房子除檩条、椽子是木料外，其余全是石料。这种房屋冬暖夏凉，防潮防火，只是采光较差（如图 4-4-1 所示）。

图 4-4-1　六枝牛场乡大箐村石板房

3. 草房

以六枝牛场乡大箐村的草房以例，该村有三分之一的草房，屋面以草料铺盖成人字顶，其墙体结构是典型的版筑墙。墙体以土墙居多，墙体材料以黏土或亚黏土为主要原料，一般就地取材，土墙结构的民居造价便宜且冬暖夏凉、一次性投资少，对于当地大多数经济收入较低的农户较为适用（如图 4-4-2 所示）。

图 4-4-2　六枝牛场乡大箐村草房

4. 盒式楼

随着经济的发展，现代钢筋水泥结构的盒式楼在六枝彝族村寨也是比较常见的民居建筑类型之一。盒式楼包括：一层的平顶房，两层或三层的小洋楼。盒式楼一般为三间开，中间为堂屋，两侧为厨房和卧室。在堂屋对着大门的墙上中间位置用长方形木板搭建神龛，用来供奉祖灵牌。堂屋只摆放桌子和椅子，不再作为客厅使用，而把客厅设在侧房，在侧房里摆放沙发和电视。平房两边侧房都安装玻璃窗，且面积大、采光效果好。

虽然六枝彝族村寨出现了现代化的盒式楼，但是这种类型的民居数量在当地民居总量中所占的比例并不大。出现这种情况主要有以下三个原因：一是盒式楼造价高，当地大多数人经济上负担不起。在六枝彝族村寨修建一幢竹木结构的房子大概需要 2 万元左右，但是修建一幢平房至少需要 3—5 万元左右。现在大多家境较好的人家或外出打工赚到钱的年轻人回乡后一般修建盒式楼。二是盒式楼不适合当地传统的生计方式。六枝彝族人主要以种植稻米、糯米和玉米等农作物为主，兼营畜牧业。当地民居要求透气性好，以利于储存粮食和腊肉。六枝属于亚热带气候，盒式楼夏天比较闷热，冬天水汽重，对人们日常生产、生活造成极大的不便。三是在彝族人的生死观中，不把死亡看成一件悲伤的事，他们认为人的死亡只是灵魂离开肉体以另外一种形式存活在世上。所以在彝族传统丧葬仪式中，在死者落气后要用金竹把屋顶的一片瓦掀开，好让死者的灵魂从屋顶掀开的地方升天，否则死者的灵魂会被困在屋内不得自由。因此彝族人在丧葬活动中特别重视灵魂升天，然而在盒式楼里是无法做这个仪式。

二、多民族因素融合

贵州六枝特区是多民族杂居的地区。氐羌族群中的彝族、百越族群中的布依、苗瑶族群中的苗、百濮族群中的仡佬以及汉、回等民族先民历史上就在这里交汇。由于长期的交往，各民族文化相互渗透，形成了文化上的你中有我、我中有你的特点，当地彝族建筑文化中就兼有多民族建筑文化因子的特点。因此，六枝彝族民居是多民族因素融合的文化产物。

1. 类干栏的“提半楼”百越文化特色

通过对六枝中寨乡的“提半楼”民居建筑的分析，我们发现，“提半楼”是在继承本民族建筑传统的基础上，融合了周边苗族、布依族干栏式建筑风格的干栏式民居。在梁架结构上，氐羌民族主要是抬梁式构架，百越民族以穿斗式构架为主，六枝彝族民居属于混合式构架，集穿斗式、抬梁式为一体。在内部格局上，传统的彝族民居通常是三开间，然而六枝彝族民居通常用木板或竹篱笆间隔为五间，与当地布依族六开间的内部格局极其相似。在建筑结构上，传统的彝族民居不建成吊脚楼样式，而六枝中寨乡彝族民居在堂屋一侧修建半楼。综上所述，六枝彝族的“提半楼”主要是受到百越民族建筑文化影响的产物，具有浓厚的百越文化特色。

2. 墙体的南北结合特点

传统风格上的中国民居墙体，一般南方为木墙、竹墙，北方则以版筑墙为主。六枝彝族民居建筑类型丰富，既有土木结构的茅草房，又有竹木结构类干栏的“提半楼”，还有复合结构的平地房。这三种类型的彝族民居的墙体材料各不相同，其墙体结构体现了南北建筑文化交融的特点。

版筑墙以六枝牛场乡大箐村的茅草房为例，该村有三分之一的茅草房，其墙体结构是典型的版筑墙。墙体以土墙居多，墙体材料以黏土或亚黏土为主要原料，一般就地取材，土墙结构的民居造价便宜且冬暖夏凉，一次性投资少，对于当地大多数经济收入较低的农户较为适宜。

竹木墙以六枝中寨乡小补王村类干栏式的“提半楼”为例。当地由于受布依族建筑文化的影响，当地居民主要以赤竹为墙体材料。民居墙壁多为竹笆墙，即用竹篾片编织成篱笆，再在内外墙面涂上用石灰和煤灰搅拌而成的混合泥。经济条件困难的人家用牛粪糊墙壁，房屋由于建筑时间长，外墙容易脱落，露出墙壁或篱笆上的牛粪块。竹笆墙主要由竹篱笆、木锁、夹柱三部分组成，每两片竹篱笆之间用一个木锁、一根夹柱固定，一栋 90 多平方米的彝族传统民居大约需要 25 个木锁、13 个夹柱。房屋两边的竹笆墙上各开两个内镶五角星形状或古老的铜钱形状的圆形透气口（如图 4-4-3 所示）。

图 4-4-3　六枝彝族民居竹篱笆墙

当地人解释墙上的五角星形状是中华人民共和国成立前红军路过留下来的，铜钱形状则是因为好看。具体的关于这两个特殊的符号所代表的含义当地人也无法诠释，但是从文化符号象征的角度我们可以推测五角星形状可能是受到政治因素的影响，具有政治倾向的含义，而铜钱形状的符号可能代表财富，象征着人们对财富的向往。采光方面，“提半楼”卧室和伙房都装有万字格木窗。既安全实用，又美观大方，体现了彝族人的价值观、审美观。

复合墙以六枝箐口乡社勒村民居建筑为例。当地彝族民居不像周边民族那样修建干栏式“吊脚楼”，而是修建独具当地建筑风格的平地房。这种平地房墙体材料属于复合墙体，墙体材料由竹、木、石、砖四种材料组成。墙的下半部分用石块和砖修建，左右两侧及背面上半部分的墙由竹篱笆建成，房屋正面上半部分的墙由木板搭建而成。这种平地房的墙体既吸收了中国北方筑墙的建筑特点，又融合了中国南方传统的竹木墙建筑风格，综合了南北建筑的特点。平地房的竹笆墙上有五角星形状或铜钱形状的符号，当地居民对这些符号的解释与中寨乡的解释相似。由于经济条件的改善，箐口乡彝族人大多兴建砖房，竹、木、石、砖混合结构的墙体逐渐被砖墙替代。

3. 屋顶悬山式与个别的歇山式特点以及覆草、瓦、石片相结合的特点

六枝彝族民居建筑的屋顶形式主要以悬山式为主，还有少量的歇山式建筑。选择悬山式屋顶，主要是由该区域的气候决定。六枝属于亚热带气候，降雨量充沛，悬山式的屋顶伸出山墙之外，与当地多雨的气候类型相适合。因为悬山式屋顶不仅前后出檐，两侧山墙也出檐，可以遮挡雨水，减少雨水对房屋的侵蚀。在南方多雨的其他地区的民族中，悬山式屋顶建筑随处可见。歇山式屋顶在傣族、白族、彝族传统民居建筑中是比较普遍的屋顶样式，但在六枝彝族民居建筑中歇山式屋顶比较罕见。据六枝彝族民居建筑调查得知，仅牛场乡大箐村一座七层楼高的碉楼建筑属于歇山式屋顶。该碉楼以前由一名有钱的汉族人修建的，主要用于防御，现在已荒废。因为周边民居都是悬山式结构，所以其歇山式建筑风格特别引人注目。

六枝彝族民居屋顶材料主要有草、石板（水泥板）、瓦片。据六枝中寨乡小补王村毛永达回忆，中华人民共和国成立前当地民居以茅草屋居多，人们在屋顶覆盖金丝毛草，并用其做鳌头。随着经济的发展，现在屋顶大多覆盖瓦片，鳌头的材料也改用瓦片代替。比如六枝中寨乡小补王村的“提半楼”、箐口乡社勒村的平地房屋顶都是盖瓦。在六枝用石板盖顶也是比较普遍的做法，比如牛场乡大箐村近三分之一的民居为石板房（或类石的水泥板），屋顶亦用石板铺盖。

从六枝彝族民居屋顶的建筑形式及其屋顶使用的材料，我们发现，六枝彝族民居屋顶形式及其材料具有多民族文化并存的特点。在百越民族中，歇山式屋顶是普遍的建筑形式，而在汉族中，歇山式屋顶主要用于宫殿、庙宇，少数权贵也修建这种样式。可能因为受到汉族建筑文化的影响，当地歇山式屋顶比较罕见。传统的彝族民居屋顶材料不包括石料，六枝彝族民居屋顶材料出现石板，一方面是因为当地布依族普遍用石料建房、盖顶，彝族人受布依族的影响，另一方面是因为当地石料丰富，人们在建房时就地取材。

三、因地取材（如石板、竹）

六枝彝族民居建造材料主要包括：木料、竹料、草料、石料、瓦、泥土、石灰等，均为就地取材，建筑材料依赖于当地的生态自然资源。当地森林资源丰富，建房时所需的木材直接从周边的山林里砍伐。六枝气候适宜竹子生长，彝族人盛行种植竹类植物，建房所需的竹料一般都为自产；草料是最容易获得的建筑材料，在村寨路边或附近山上随处长有野生的茅草，也可用自家田里的稻草或麦秆。石料可以直接从周围的石山凿取。泥土在山区是最常见的、最多的建筑材料，随处可见、可取。瓦片、石灰也可以就地取材烧制。

四、传统生计与民居的紧密结合

六枝彝族民居内部格局通常为三开间，中间为堂屋，两侧为侧房和伙房。堂屋靠墙处要设神龛，供奉祖先牌位，逢年过节和举行各种仪式时都要祭祀祖先。中间堂屋是主房，两边是次房，这样的格局是与以农业为生计的传统伦理有紧密联系的。

六枝彝族的生计方式属于半耕半牧经济文化类型。由于受周边汉族、布依族饮食文化的影响，当地彝族除了种植玉米外，还种植水稻和糯米，收割后的粮食一般放在堂屋里晾干，晾干后在堂屋里脱壳。因此，堂屋的内部空间要求比较高，所以当地堂屋都没有用木板隔开，直接中空，堂屋一般高达 6 米（从地面到中梁距离）左右。每年接近过年时当地都要“杀年猪”，吃不完的猪肉一般悬挂在伙房梁上熏制成腊肉。因此，如何储存粮食和腊肉对当地村民来说是非常重要的事情，也因此，即便是主体材料用了钢筋水泥的现代彝族民居，其楼板设计中都留有用竹木做材料的一间或两间，以利腊肉或粮食的干燥。

五、变迁及其原因分析

1. 六枝彝族民居的变迁

（1）营造习俗的变迁

六枝彝族传统的营造习俗主要有：盘子—架码—立柱—开梁口、包梁、上梁—开财门等几个仪式。这些仪式在彝族传统民居营造过程是必不可少的，但在我们的调查中发现，这些仪式中涉及语言表述的部分主要是用汉语韵文体方式表述。反映六枝彝族建筑文化中渗透了汉文化因子。

现代六枝彝族民居营造习俗，由于受到周边民族的影响，特别是受到汉族文化的影响，营造习俗与传统有所不同，主要表现在营造习俗中的汉文化程度和汉语祝词。一是在“下盘子”这个环节，由于从事毕摩行业的人减少，汉族先生代替了毕摩的工作。看地基时先生手拿罗盘测算适合建房的位置，罗盘是汉族的文化产物，彝族传统的营造习俗中没有这个程序。二是在架码的环节中，架码前木匠师傅要设堂，举行敬鲁班的仪式。鲁班是汉族木匠的祖师爷，彝族传统的建筑文化是不敬鲁班的，因此这个仪式完全是受汉族建筑文化的影响。三是在建房各个环节中，所念的颂词均使用汉语表达，彝语在各种仪式中被汉语取代。

此外，由于多种因素的综合作用，六枝彝族村寨出现了钢筋水泥结构的盒式楼，因为盒式平房建筑材料发生改变，下盘子—架码—立柱—开梁口、包梁、上梁—开财门等环节被取消，营造习俗与汉族基本相同。以前架码当天主人要宴请客人，亲戚们要送红布或糯米等礼品，舅舅家更要请唢呐队送建房所需的舅梁（中梁）。现在新房建成后，主人再宴请亲朋好友，客人直接送钱或其他礼品即可，汉族称为“搬迁酒”。

从六枝彝族民居营造我们可以发现，由于长期的交流濡染，各民族文化相互渗透，特别是汉文化大量渗入彝族地区。但当地彝族的文化自觉比较高，他们对汉族的建筑文化并不是全盘接收，既有对传统的萃取与摈弃，又有对外来文化的批判与吸收。

(2) 建筑材料的变迁

六枝彝族传统民居建筑材料主要包括：木料、竹料、草料、石料、瓦、泥土、石灰等，均为就地取材，建筑材料依赖于当地的生态自然资源。现在随着生态环境的变化和经济社会的不断发展，出现了钢筋水泥结构的盒式楼。盒式楼的建筑材料主要包括：钢筋、水泥、砖、沙石、玻璃、瓷砖等，均要在市场上购买，木板、地基石块也可以就地取材自制。

(3) 建筑结构的变迁

六枝彝族传统民居主要是土木结构的草房、竹木结构的类干栏式建筑或石木结构的石板房。近现代以来彝族人多居住在砖石混合结构的平地楼、钢筋混凝土结构的干栏式盒式楼，不少地区还有砖木结构的瓦房。

在交通便利的马路两旁的彝族地区民居结构变化相对比较大，一般房屋是两层，一层主要用来从事经商活动，在主房一侧搭建猪圈或牛圈，实现人畜分居。二层用来住人。

从民居的内部空间来看，传统老式民居堂屋内部空间要求比较高，堂屋上面没有用木板隔开，直接中空，堂屋一般高 6 米（从地面到中梁距离）左右。新式民居——盒式楼堂屋一般是 3 米~4 米。六枝彝族村寨一些盒式楼也刻意追求干栏式结构，比如六枝牛场乡大箐村钢筋水泥结构的干栏式盒式楼。即使是在平地无坡度地带建房，仍在房屋大门口从一楼搭建楼梯而上，形成下层圈养家畜，上层住人的干栏式格局。

(4) 建筑功能的变迁

民居建筑功能的变迁主要体现在堂屋功能的变迁和厨房功能的变迁两个方面。不管是新老式民居，堂屋靠墙处都设有神龛。但是老式民居只供奉天地君师亲、祖先等，新式民居除了供奉天地君师亲、祖先以外，也供奉土地神、灶神、财神、孔子、文曲星等汉族神灵。传统老式民居在堂屋里摆放八仙桌，两侧摆放木凳，现在摆放柜子和电视机，两侧摆放沙发等现代家具，作为平时招待客人、议事、举行各种仪式的主要活动场所。盒式楼堂屋里摆放桌子和椅子，但把客厅设在侧房，在侧房里摆放电视、柜子和沙发。现代化的厨房代替了以前的伙房和火塘的功能，新式的节能煤烟灶在村里家家户户随处可见，平时取暖御寒、烧水烤茶的地点亦由堂屋转移到厨房。普通家庭以烧煤或烧柴火为主，富裕的家庭也有使用电磁炉、电饭煲等家用电器。无论新式民居还是传统老式民居，彝族人都不把卫生间设置在家里，一般设在房屋的侧边或附近空地上，传统民居的卫生间是用布、木栅栏或土墙围成的，石棉瓦盖顶的简陋低矮的屋棚。新式民居卫生间都为水泥、砖头等材料修建。

此外，在交通便利的马路旁边的盒式楼功能也随之发生了变化。以六枝中寨乡小补王村的盒式楼为例。这种盒式楼一般有两层，一楼临街门面主要用来从事经商活动，二楼住人，并在房屋一侧搭建猪圈或牛圈，实现人畜分居。

2. 六枝民居变迁的原因分析

(1) 生态环境的变化

六枝地处云贵高原东斜坡，位于苗岭山脉和乌蒙山的交界地带，乡内最低海拔613米（北盘江出境处），最高海拔2126.9米。山高谷深的地理环境决定了这里人们的生计方式属于半耕半牧经济文化类型。人们在山谷水源充足的地方种植水稻，在山地里种植其他的旱作农作物，还从事畜牧业生产，放养牛、羊、马等牲畜，人们的生活资料基本上自给自足。半耕半牧的经济方式决定了人们对耕地的面积要求比较多。过去由于耕地面积少，当地人进行了大规模的垦荒，大量的草地和林地被开垦为耕地，造成当地草地面积大量的减少和树林大量的被砍伐，对当地的生态环境产生了严重的破坏。

六枝拥有丰富的煤矿资源，过去由于国家对煤矿资源的管理较松，当地政府走依靠煤矿资源致富的道路，因此私人开采煤矿盛行。小煤窑大量开采，由于设施落后，在提炼焦炭时就地取材，大量地砍伐树木，造成了林地毁坏和水土流失。虽然近年来国家加大了对非法小煤窑的监管力度，禁止当地私自开采煤矿，但是由于对煤矿资源的过度开采，已经导致当地的生态环境发生变化，特别是树林的乱砍滥伐，使得当地严重缺乏木材，使得木质结构的房屋成本过高，人们采用钢筋、水泥等现代化的材料取代木材。

(2) 经济的发展

彝族在历史上是一个半耕半牧的民族，经济来源单一，在家务农的收入是主要的经济来源。彝族居住在山区，经济收入水平低，生活贫穷，物资要求低，人们没有多余的金钱和精力花费在房屋建筑上，所以以前彝族传统的民居建筑材料比较简单，种类不多。现在随着社会经济的发展，人们的经济来源扩大，特别是越来越多的年轻人外出打工，使当地人的经济收入得到了极大的提高。外出打工赚到钱的年轻人回乡后修建的房子一般是钢筋水泥结构的平房。经济上的富裕，使当地彝族居住条件有了极大的改善，人们有更多的钱用来购买现代化的钢筋、水泥、砖、沙石、玻璃等建筑材料，彝族同胞也有多余的钱用来购买沙发、电视机、电话机等家电设备，并且在当地得到普及。可能在不久的未来，新式平房建筑也会模仿城市建筑装修，在墙上贴瓷砖等。

(3) 文化的交流加深

六枝是贵州山区典型的少数民族聚居杂居区之一，过去由于交通运输条件差，人们出行几乎全靠步行，各民族之间文化交流活动少。现在随着社会经济文化的快速发展，不同文化的交流日益频繁，各民族文化的相互渗透和相互影响。随着各民族间建筑文化的融合和经济的交流，现代化的钢筋、水泥、砖、沙石、玻璃等建筑材料自然而然地输入彝族地区。人们也越来越多地接触到外界先进的建筑形式，民族审美观也逐渐发生变化，认为新式平房建筑比原来传统的民居建筑更气派、更美观，并认为修建新式平房建筑是家庭经济富裕的表现。

此外，各民族间的通婚也促进了文化交流加深。以前彝族人不与其他民族通婚，民族文化被限制在一个狭隘的民族区域内。由于经济的发展，现在的年轻人走出去，外面的人走进来，通婚的民族增多，通婚的地域范围扩大，不同民族的结合，必然导致民族间文化交流加深，在一定程度上促进当地彝族传统民居建筑文化与其他民族的建筑文化出现相似性。

通过对六枝彝族民居变迁的研究，我们发现生态环境的变化、文化交流的加深、社会经济的发展等必然会引起文化的变迁。这些变迁主要体现在营造习俗的变迁、建筑材料的变迁、建筑结构的变迁、建筑功能的变迁等方面。这些变迁实质上是文化的调适，然而，文化调适具有两面性：一方面是积极的文化重构，一方面是消极的文化适应。文化的重构是对传统文化的重新布置结构，但是不是简单的破旧立新，而是适应时代变迁的要求，吸收外部先进力量，是一种合适的文化选择。比如六枝中寨乡“提半楼”的民居建筑是当地文化变迁后的积极产物，既充分吸取了周边民族建筑的优点，又融入本民族传统建筑风格。当地民居建筑材料的变化也体现了变迁积极的一面。建筑材料的变迁中分析到由于生态环境的破坏，当地严重缺乏木材，人们采用钢筋、水泥等现代化的材料取代木材。禁止村民乱砍滥伐树林，有意识的植树造林恢复生态环境。当然，我们在看到文化变迁积极的一面时，也不能忽视它的消极作用。面对社会生态环境的变迁，人们在进行文化调适时，往往会存在一些消极的文化无意识适应。如在营造习俗的变迁中提到主持各种仪式的毕摩基本上由汉族的先生代替，仪式中的各种彝语颂词也由汉语替代。当地人对各种变迁并没采取积极的措施解决这个问题，反而消极的被动接受。人们并没有更深层次地意识到本民族的文化正在受到汉族文化的同化，普遍缺乏民族文化自觉。从总的发展趋势来说，彝族民居建筑文化的变迁是好的，是对传统的萃取与摈弃，又是对外来文化的批判与吸收。

六枝彝族由于长期与周边民族交往，各民族文化相互渗透，形成了文化上的你中有我、我中有你的特点。各民族文化的交融状态必然导致文化发生变迁，特别是当地民居建筑文化的变迁尤其明显。对六枝彝族民居建筑的文化变迁研究，有助于我们理解彝族建筑文化的变化和发展，把握其文化发展的规律，为正确引导其文化向前发展，提供理论依据，具有非常重要的文化人类学研究价值。

第五章　六枝彝族（社勒村）语言文化研究

六枝的彝族语言文化调查研究的点设置在一个称为社勒的小村子里，所以，六枝彝族语言文化的研究也就冠以“社勒”的名字，这是语言学调查和文化人类学、民族学调查都非常注意的细节问题，在贵州省这样的“千岛文化”的地域中，这样的学术定位非常重要，因为翻过山头的另外一面，可能其文化和语言就大相径庭，跟山头这边的文化就可能不是一个文化共同体，如果这时候以一个地区的概念来命名和论述它们，就可能出现问题。但是，社勒点的彝族语言文化调查研究是在一定程度上能够代表六枝的彝族语言文化表现的。

第一节　社勒村彝族及其语言使用情况

社勒村地处贵州省六枝特区西部，现今的行政归属箐口彝族仡佬族布依族乡管辖。它的东面与仡佬族人聚居的居都村遥遥相望，西面、南面与布依族彝族杂居的下麻翁村相连，北面是苗族聚居的过瓦村。社勒村坐落在一个山腰间，前临深谷，背靠大山，这里地势陡峭，森林覆盖稀少。本村连通外界的交通线，是一条在山腰间开凿出来、至今仍崎岖不平、狭窄而又艰险的公路。据说，公路修建的时间也还并不长，社勒村民为了修建这条交通线付出了很多劳力。我们一行乘坐乡政府提供的越野车，从乡政府出发驱车约 40 分钟才抵达社勒村。我很惊叹驾驶员高超的驾驶技术，在这样险峻、高低不平的公路上仍然显得游刃有余，确保了我们的安全。也许只有本地司机才敢在此行车。

全村由 10 个村民小组组成，分上、下两个寨子，其中上寨有 5 个小组，95 户人家，除了 20 多户汉族和 13 户苗族外，其余为彝族；下寨也有 5 个小组，168 户人家，全部为彝族。上、下两寨共有陈、王、李、毛、杨、张、文、叶、石、胡、龙、欧 12 个姓氏。其中欧姓是汉族，李、杨两姓是苗族，其他姓氏是彝族。

这里的彝族文化浓郁，具有鲜明的特色，其生计方式基本上与贵州西部高山地区的其他民族呈同质化的状态。他们的生计方式和文化表现，请参见其他相关章节。

社勒村彝族深居崇山峻岭之中，其地理位置十分偏僻，自古交通极为不便；由于群山阻隔，这一带的自然寨往往主要居住一个民族，村寨信息闭塞，与外界、外族的交往较少；本村彝族人口占绝大多数，内部凝聚力强，文化水平普遍很低；因此，社勒村彝族的语言得以完整地保留下来。这里所说的“完整”有四个意思：一是凡是彝族人口都能说彝语；二是彝语是村民最先习得的语言；三是村民内部普遍使用彝语交流；四是彝语特有的语音、词汇、语法特征多数犹存。但是，社勒村彝族毕竟只是“小聚居”，它所在的箐口乡是一个由彝族、仡佬族、布依族、苗族、汉族组成的多民族杂居区。因而，社勒村彝族普遍具备双语能力：母语（当地称“土话”）和汉语（当地称“客话”），有的还略懂仡佬语和苗语。村民与外族交流一律使用汉语，只是汉语表达能力远不及母语，尤其是妇女和老人。由于受汉文化的影响，社勒村彝族文化带有明显的边缘文化特征，这在语言方面也有所反映。

第二节　社勒村彝语语音

一、声母

社勒村彝语的辅音声母共有 41 个（另有零声母）。下文每一个声母各举 1—6 个例词（其中使用频率高的声母所举例词多，使用频率低的声母所举例词少）：

pu^{33}ku^{33} 苞谷	pi^{13} 笔	pu^{33}mu^{55} 鬼师
pɑ^{13}tɑ^{33} 垫单	lɑ^{13}pu^{55} 手	o^{33}pu^{55} 肚子
p^{h}　p^{h}ɑ^{33}dɤ^{33} 别人	p^{h}iɑn^{13} 骗子	se^{33}p^{h}u^{55} 棺材
ku^{33}mu^{33}p^{h}u^{33} 小襟	ɑ^{33}p^{h}i^{33} 外婆	ɑ^{33}ȵi^{33} 姑母
bɑ^{55} 小	bu^{31} 山	ɬi^{33}bɑ^{31} 孙子
bo^{33}mo^{33} 疮	bu^{13}to^{33} 菜刀	bi^{31}si^{31} 碓
mb su^{55}mbo^{33} 富人	nɑ^{33}mo^{33}mbu^{55} 眉毛	ɑ^{33}mbu^{33} 祖父
mo^{55} 痣	mu^{33} 马	mi^{55} 地
mu^{31} 麻	mu^{55}tsɑ^{55} 缰绳	mo^{13}to^{33} 火
no^{55} 豆	nu^{31} 病	nɑ^{33}du^{33} 眼睛
no^{33}mu^{55} 鼻子	ni^{13}nɑ^{55} 煤	no^{55}ndzo^{31} 豆腐
ȵi^{33} 牛	ȵi^{55} 霜	ȵi^{31}ȵi^{55} 野兽
ȵi^{13}ho^{55} 缺嘴	ȵi^{31}ts^{h}ɿ^{31} 胡须	ȵo^{31}bɑ^{31} 弟弟
ɑ^{33}ŋɑ^{55} 小孩	ŋoŋ^{33}gu^{55} 头	ŋɑ^{33} 鸟
ŋo^{31} 鹅	ŋo^{33} 鱼	ŋɑ^{33}tɕi^{55} 野鸡
ŋ̊ ɑ^{33}ŋɑ^{55}tɑ^{33}bi^{55}ȵi^{55}ŋ̊oŋ^{33} 抱养儿	fe^{55} 盆	fɑ^{13} 岩
fu^{55}se^{33} 媒人	bo^{33}mo^{33}fo^{31} 干疮	fo^{55}pu^{31}tʂo^{31} 癞蛤蟆

de^{31}fɑ^{13} 脓	vɑ^{13}ndu^{31} 屠夫	vi^{55} 屁
vɑ^{13}pɑ^{55} 臂膀	vɑ^{13}k^{h}o^{55} 糠	vɑ^{13} 猪
dzo^{13}ve^{33} 裙子	t¡^{55} 口水	tu^{31} 斗
te^{33} 云	to^{55} 田	t¡^{33}lu^{55} 撮箕
to^{13}p^{h}u^{31} 枪	t^{h} t^{h}ɑ^{33}ts^{h}e^{33} 妻妹	t^{h}i^{55} 屎
t^{h}¡^{33}pu^{33} 厕所	t^{h}u^{31}ʑi^{33} 纸	ɬ^{h}u^{33}t^{h}¡^{55} 腿
t^{h}¡^{33}bu^{33} 蛆	dɑ^{31}tsɿ^{31} 梯子	du^{55} 话
me^{33}du^{33} 名字	m¡^{33}dɤ^{33} 地方	ʑ¡^{31}du^{55} 水井
ʑi^{13}dɤ^{31} 床	nd vɑ^{13}ndu^{31} 屠夫	ȵ¡^{31}ndu^{31} 下巴
ɣɑ^{33}ndu^{55} 鸡蛋	se^{31}ndu^{31} 梨子	he^{31}ndu^{55} 椽子
tɕ^{h}¡^{55}nd¡^{33} 鞋子	le^{31}bɑ^{31} 颈子	lɑ^{13}pu^{55} 手
lo^{33}di^{33} 碗	lo^{33}ts^{h}ɿ^{55} 磨子	lu^{55} 龙
lo^{33}mu^{31} 石头	ɬu^{55} 裤子	ɬi^{55}bɑ^{55} 秧苗
ɑ^{33}ɬu^{55} 兔子	ɬi^{55} 船	ɬu^{33}bɑ^{55} 舌头
mu^{33}ɬi^{13} 闪电	ɬ^{h} ɬ^{h}u^{55} 银	ɬ^{h}u^{33}pɛ^{33} 跛脚
ɬ^{h}u^{33}t^{h}i^{55} 腿	ɬ^{h}u^{55}ʑe^{31} 镜子	ts^{h}i^{31}ɬ^{h}u^{33} 米
se^{33}ɬ^{h}u^{33} 树叶	tsɿ^{13}mi^{55} 乳房	lɑ^{13}tse^{13} 肘
lɑ^{13}tsi^{55} 手指	tsɿ^{31} 锯子	mu^{55}tsɑ^{55} 缰绳
ts^{h} ts^{h}o^{55}ts^{h}ɿ^{33} 客人	ts^{h}o^{33}dɤ^{33} 智力障碍者	ts^{h}e^{13}ȵi^{55} 剪刀
ts^{h}i^{31} 稻谷	ts^{h}i^{55} 早饭	ts^{h}i^{31} 毛
dz dzɿ^{31}dzi^{31} 奴隶	ɑ^{31}dzu^{31} 筷子	no^{31}dzo^{55} 豇豆
vɑ^{13}dzu^{31} 猪食	dzɿ^{55}mu^{31} 花椒	dzu^{31}ʑi^{31} 米汤
me^{31}sɿ^{33}ndzɿ^{55} 火子	ȵi^{33}ndzo^{33} 牛圈	ndzɿ^{31} 桥
tʂ se^{33}tʂo^{55}dze^{13} 棕树	se^{33}ko^{55}tʂu^{55} 杏仁	se^{33}pu^{55}tʂɑ^{31} 木版
ɣu^{55}lu^{33}tʂu^{33} 被里	tʂ^{h} tʂ^{h}o^{31}sɿ^{33} 大襟	tʂ^{h}o^{31}t^{h}i^{33}mu^{55} 老变婆
tʂ^{h}u^{33}bɑ^{55} 钱	tso^{33}tʂ^{h}ɑ^{33} 锣	tʂ^{h}o^{31}o^{33} 衣服
dʐ dʐu^{33}tɕ^{h}i^{55} 蜂窝	dʐo^{13}ti^{33} 火炮	dʐu^{31} 道理
ɳdʐ le^{33}ɳdʐu^{55} 镰刀	s so^{55} 肝	sɿ^{55} 垢
sɿ^{33} 血	se^{55} 升	su^{55} 麦子
so^{55} 金	z zu^{55}bɑ^{31} 儿子	zu^{31}ʑo^{31} 丈夫
zu^{33}ndu^{55} 侄儿	zu^{33}ts^{h}ɿ^{33} 孤儿	ze^{13} 豹子
tɕ tɕo^{55} 汗	tɕo^{33}tsɿ^{55} 茄	tɕi^{55}dze^{31} 漆树
tɕi^{55} 树	tɕo^{33}gu^{33} 水沟	tɕiŋ^{33}ko^{33} 歌
tɕ^{h} tɕ^{h}i^{55} 狗	u^{33}tɕ^{h}i^{55} 角	tɕ^{h}i^{31}ts^{h}ɿ^{55} 篱笆
tɕ^{h}u^{55} 声音	tɕ^{h}i^{55}ndi^{33} 鞋子	tɕ^{h}i^{55}t^{h}o^{55} 脚心
dʑ nɑ^{33}dʑi^{33} 盲人	ŋoŋ^{33}dʑi^{55} 头皮	dzu^{31}dʑɑ^{33} 午饭
hɑ^{33}dʑi^{31}bu^{33} 松鼠	dʑi^{13}k^{h}e^{33} 项圈	lɑ^{13}dʑu^{31} 手镯

ȵdʑ　ȵdʑi^{31} 酒	ȵdʑi^{31} 皮	ȵi^{31}ȵdʑi^{31} 太阳
ɕ　ɕi^{33}pu^{33} 草	vɑ^{13}ɕɑu^{31}tsʰən^{13} 猪蹄	ɕi^{33}mu^{55} 虱子
tɕʰi^{33}ɕi^{55} 跳蚤	ɕi^{33}he^{31} 草房	ʑ　ʑe^{55} 影子
ʑe^{33}hoŋ^{33} 灵魂	ʑɑ^{31}vɑ^{33} 袜子	ʑɑ^{31} 水
ʑi^{31}mu^{31} 河	ʑi^{13}dɤ^{31} 床	j　ɑ^{33}jɑ^{55}bu^{33} 曾祖父
ɑ^{33}jɑ^{55}tɑ^{33} 曾祖母	k　kie^{33} 秤	nɑ^{33}ko^{55} 眼皮
o^{33}kɯ^{55} 梳子	ʑi^{13}kɑ^{33} 烟杆	kə^{33}sɿ^{33} 大蒜
kʰ　kʰe^{31} 线	kʰu^{55}tsʰi^{33} 药	kʰɑ^{33}dɤ^{33} 背篼
kʰu^{55}mu^{33} 桌子	sɑ^{33}kʰu^{55} 辣椒	vɑ^{13}kʰo^{55} 糠
g　dzɿ^{33}go^{31} 驼背	ŋoŋ^{33}gu^{55} 头	lɤ^{33}bi^{31}gu^{55} 喉结
ho^{13}gɤ^{55} 骨头	ɑ^{33}gɤ^{55} 勺子	lɑn^{13}ge^{55} 桶
ŋg　nu^{31}ŋgu^{31}sɑ^{33} 医生	se^{55}ŋgu^{55} 犁头	ŋgu^{55} 苦荞
bu^{31}u^{33}ŋgu^{55} 山头	he^{31}ŋgu^{55} 门	ŋgɤ^{33}dɤ^{33} 枕头
ɣ　ɣu^{13} 疯子	ɣu^{31}nɑ^{33} 大肠	nɤ^{31}ɣɤ^{55} 肋巴
ɣɑ^{33} 鸡	ɣu^{31}mu^{55} 堂屋	ɣu^{55}lu^{33} 被子
h　he^{31}se^{55} 主人	hu^{33}dʑu^{31} 皱纹	hɑ^{31}lɑ^{13} 锅
hu^{33}mu^{55} 簸箕	hɤ^{31} 刀	he^{31} 房

二、韵母

社勒村彝语的韵母共有 20 个，其中单元音韵母 13 个，复元音韵母 7 个。下文中每个韵母各举 6 个例词（其中使用频率高的韵母所举例词多，使用频率低的韵母所举例词少）：

ɑ	ŋɑ^{33} 鸟	ɣɑ^{33} 鸡	vɑ^{13} 猪
	fɑ^{13} 岩	mɑ^{33} 梦	hɑ^{31}lɑ^{13} 锅
o	tɕo^{55} 汗	mo^{55} 痣	ʑo^{13} 锅铲
	no^{55} 豆子	so^{55} 肝	to^{55} 田
u	ɣu^{31} 肠	nu^{31} 病	tu^{31} 斗
	su^{55} 麦子	u^{55} 菜	mu^{31} 麻
i	tʰi^{55} 屎	zi^{55} 尿	vi^{55} 屁
	ʑi^{13} 针	ɬi^{55} 船	tɕi^{55} 漆
ɪ	ɬi^{33}vi^{33}ɪ^{55} 樱桃		
e	fe^{55} 盆	se^{55} 升	tsʰe^{55} 车
	te^{33} 云	ʑe^{55} 影子	he^{31} 房子
ɛ	ɬʰu^{13}pɛ^{33} 跛脚		
ə	sɑŋ^{33}kə^{31} 伤口		
ɚ	ɚ^{13}hu^{31} 二胡		
ɤ	nɤ^{31}ɣɤ^{55} 肋巴	hɤ^{31} 铁	hɤ^{31}tsʰo^{31} 斧头

hɤ^{31} 刀　　ɣɤ^{33}tɕi^{55} 芹菜　　kɤ^{33}sɿ^{33} 大蒜

ɿ　　sɿ^{55} 垢　　tsʰɿ^{31} 毛　　sɿ^{33} 血

tsɿ^{31} 锯子　　tsʰɿ^{55} 早饭　　tsɿ^{55} 露

ʅ　　nɑ^{33}ndʐʅ^{33} 眼泪　　dzu^{31}dʐʅ^{55} 稀饭

ɯ　　o^{33}kɯ^{55} 梳子　　ŋoŋ^{33}no^{13}dʐɯ^{55} 脑髓

ɑi　　pe^{31}tsʰɑi^{31} 白菜　　suɑn^{13}tʰɑi^{31} 蒜薹

uɑ　　liɑŋ^{13}huɑ^{33} 灯芯　　tɕi^{55}huɑ^{33} 计划

ɑu　　jɑu^{33}tsɿ^{31} 肾　　vɑ^{13}ɕɑu^{31}tsʰən^{13} 猪蹄

suei^{33}pʰɑu^{13} 水泡　　lɑu^{31}tɕa^{33} 老家

iɑu　　tʰiɑu^{13}piɑu^{33} 吊褊　　tɕiɑu^{33}tɕiɑn^{13} 地界

ie　　kie^{33} 秤

ei　　hɤ^{31}pei^{31} 刀背　　suei^{33}tsei^{33} 水灾　　hɑn^{13}tsei^{33} 旱灾

uei　　suei^{33}tsei^{33} 水灾　　suei^{33}pʰɑu^{13} 水泡　　huei^{33}tsʰən^{31} 扬尘

三、声调

社勒村彝语共有 4 个声调，其调值分别是：55、33、31、13。例词如下：

55　　fe^{55} 盆　　se^{55} 升　　su^{55} 麦子

ɬi^{55} 船　　tɕi^{55} 漆　　tsɿ^{55} 露

33　　ŋɑ^{33} 鸟　　ɣɑ^{33} 鸡　　mɑ^{33} 梦

sɿ^{33} 血　　te^{33} 云　　kie^{33} 秤

31　　tsʰɿ^{31} 毛　　tsɿ^{31} 锯子　　hɤ^{31} 铁

hɤ^{31} 刀　　ɣu^{31} 肠　　he^{31} 房子

13　　vɑ^{13} 猪　　fɑ^{13} 岩　　ʐo^{13} 锅铲

ze^{13} 豹子　　lɑ^{13}tse^{13} 肘　　pi^{13} 笔

第三节　社勒村彝语语法

一、词的构成

社勒村彝语词汇有的是由一个语素构成的，也有的是由两个或两个以上语素构成的。由一个语素构成的词，不论它有几个音节都是单纯词；由两个或两个以上语素构成的词是合成词。下面分别介绍这两种词的构成情况：

1. 单纯词

按照音节的多少，社勒村彝语单纯词可分为单音节单纯词、双音节单纯词和多音节单纯词三种。

（1）单音节单纯词

单音节单纯词，一般都是彝语本身固有的基本词。如：

（mu^{33}）“马”　　（ȵi^{33}）“牛”（黄牛）　　（ɣu^{31}）“肠”

（mi^{55}）“地”　　（tsʰɿ^{55}）“肺”　　（so^{55}）“肝”

（2）双音节单纯词

社勒村彝语的双音节单纯词，大部分都是本族语所固有的。如：

（ɬʰu^{33}nɑ^{31}）脸　　（ɬʰu^{55}ʑe^{31}）镜子　　（ɬʰu^{55}pʰu^{55}）癣

（3）多音节单纯词

社勒村彝语的多音节单纯词，大部分是本民族所创造的词，借用的情况是比较少的。本族固有词。如：

（ko^{33}ȵi^{55}ȵa^{33}）“蜻蜓”　　（bu^{31}lɤ^{31}ȵa^{13}）“蝴蝶”

2. 合成词

社勒村彝语合成词的构词方式有两种：一种是由实词语素和实词语素构成的，属于复合式合成词；另一种是由实词语素和虚词语素构成的，属于附加式合成词。

复合式有联合式、偏正式、动宾式、后补式和主谓式五种。

（1）联合式

社勒村彝语联合式合成词有两种；一种是由两个意义相同或相近的语素，不分主次地并列起来构成的联合式合成词。可以并列复合的同义或近义语素一般是名词性语素。如：

（ni^{13}mu^{55}）泥土　　po^{33}lɑŋ^{13}（波浪）　　（ʑe^{33}hoŋ^{33}）灵魂

另一种是由两个意义相反或相对的语素，不分主从地并列起来构成的联合式合成词。可以并列复合的相对或相反的语素一般是动词性语素或形容词性语素。如：

（ɕi^{33}su^{55}）“死活”　　（tʰi^{33}di^{31}）“往来”　　（ɣo^{33}ba^{55}tsʰe^{55}）“大小”

（2）偏正式

由两个语素构成复合词，它们之间的关系不是并列的，而是有轻重、主次、偏正之分，其中一个语素是修饰成分，另一个语素是被修饰成分。社勒村彝语偏正式合成词，按其语素意义和性质来分，它的结构形式有两种：一种是前偏后正式，如：

ɬu^{33}ba^{33}　kən^{33}dʑi^{33}：舌根　　ɕi^{33}bu^{33}　du^{33}dɤ^{33}：草堆

舌头　　根　　　　草　　堆

se^{33}bo^{33}　dʐa^{33}：木渣　　ɕi^{33}　he^{31}：草房

木　　渣　　　　草　　房

另一种是前正后偏式。凡形容词性语素修饰名词性语素，形容词性语素都在被修饰成分的后边。如：

va^{13}kʰo^{33}　sa^{33}：粗糠　　o^{33}pu^{55}　bɑ^{55}：小肚子　　ɣu^{31}　bɑ^{55}：小肠

糠　　粗　　肚子　小　　肠　小

（3）动宾式

两个语素在构成复合词之后，前边的语素受后边语素的支配，前后两个语素有使动和受动的关系。这就是动宾式合成词。如：

ɬʰu^{55} tɕʰi^{33}：洗脸　　　　dzu^{31} dʑɑ^{33}：剩饭

脸　洗　　　　　　　　饭　剩

（4）后补式

两个语素构成复合词后，以前一个语素为中心，后一个语素补充说明前一个语素，这种复合词就是后补式合成词。以下是动词性语素和形容词性语素构成的后补式合成词。如：

dzu^{33} ȵu^{55}：吃好　　　　tsʰe^{55} dzu^{55}：伸直

吃　好　　　　　　　　伸　直

（5）主谓式

两个语素构成复合词之后，前一个语素是被陈述部分，后一个语素是陈述部分，彼此有陈述与被陈述的关系。这种复合词就是主谓式合成词。如：

ŋoŋ^{33}ku^{55} nu^{31}：头痛

头　痛

附加法合成词是指由有实际意义的实语素和无实际意义的虚语素构成的合成词。其中实语素是基本成分，即词根，虚语素是附加成分，即词缀，附加成分可以出现在实语素的前、后两个位置。

附加在实语素前边的虚语素叫词头，也叫前缀。如：

da^{33} tʰə^{33}：初一　　da^{33} ȵi^{55}：初二　　da^{33} sɿ^{33}：初三

初　一　　　　　初　二　　　　　初　三

附加在实语素后边的虚语素叫作词尾，也叫后缀。社勒村彝语中出现词尾叠音的形式较多，而且有动词性语素加叠音词尾和形容词性语素加叠音词尾两种形式。如：

o^{31} si^{33}si^{33}：笑嘻嘻　　　　lo^{33} tɕʰo^{33}tɕʰo^{33}：轻飘飘

笑　嘻嘻　　　　　　　轻　飘飘

二、词组的构成

社勒村彝语词组的构成方式，与合成词的构成方式大致相同。所不同的是，词组的内部结构关系比合成词要复杂，类型也更多。一个简单词组可以独自充当句子成分，也可以和别的词组组合起来成为一个更大、更复杂的词组来充当句子成分。有的词组是由实词和实词直接组合成的，它们主要依靠语序来表明词与词之间的各种关系；有的词组是由实词和虚词组合成的，虚词有助于表明实词与实词之间的关系。社勒村彝语词组可以分为一般词组和特殊词组；一般词组是各种语言都存在的词组类型，特殊词组只在部分语言中存在。

1. 一般词组

（1）联合词组

联合词组是由两个词不分主次地组合而成，词与词之间构成并列关系。如：

mu³³　mi⁵⁵：天地

天　　地

（2）偏正词组

偏正词组的两个部分，一个部分是中心语，另一个部分是用于修饰限制中心语的附加语，有说明中心语的所属、方式等的作用。如：

t^hi^{31}　bu^{13}　$su^{33}pau^{33}$：他的书包　　　　$u^{33}se^{33}$　vo^{31}：买的帕子

他　　的　　书包　　　　　　　　帕子　　买

（3）后补词组

由两个部分组成的、前后具有补充关系的词组是后补词组。这种词组也可以看作一种偏正词组。只是补充成分在后，是补语，被补充的成分在前，是中心语。如：

mu^{31}　t^ho^{13}：做成　　　　mu^{31}　$ma^{31}t^ho^{13}$：做不成

做　　成　　　　　　　　做　　不成

（4）主谓词组

主谓词组内部两个部分具有陈述与被陈述的关系，前一个部分是被陈述部分，后一个部分是陈述部分。如：

t^hi^{31}　ka^{33}：他去　　　　t^hi^{31}　di^{31}：他来

他　　去　　　　　　　　他　　来

（5）动宾词组

动宾词组的两个部分具有使动和受动的关系，前一部分受后一部分支配。如：

$he^{31}ŋgu^{33}$　p^hu^{31}：开门　　　　he^{31}　$sɿ^{33}$：扫地

门　　　　开　　　　　　　　房　　扫

2. 特殊词组

（1）连动词组

由两个或两个以上的动词依一定的次序组成，表示先后发生的几个动作行为的词组是连动词组。动词和动词之间具有承接关系。如：

$he^{31}ŋgu^{33}$ p^hu^{31} $he^{31}sɿ^{33}$：开门扫地

门　　开　　房　　扫

（2）兼语词组

由述宾词组加主谓词组而构成的词组叫兼语词组。其中述宾词组的述语是表使令的动词，它的宾语又兼做主谓词组的主语。例如：

ko^{33}　t^hi^{31}　ka^{33}　su^{33}　vo^{31}：叫他去买书

叫　　他　　去　　书　　买

（3）方位词组

方位词组一般由方位名词和一般名词构成，联合表示方位、处所；其中一般名词在前，方位名词在后。如：

$ɕi^{13}$　k^ha^{33}：楼上　　　　mu^{33}　ha^{55}：天上　　　　he^{31}　de^{33}：房前

楼　　上　　　　　　　　天　　上　　　　　　　　房　　前

(4) 数量词组

由数词和量词构成的词组是数量词组。如：

o^{33}tsʰo^{55}　tʰa^{31}ʐo^{31}：一个人

人　　一个

(5) 指量词组

由指示代词直接与量词构成的词组叫作指量词组。例如：

tʰa^{33}　lɤ^{33}：这个　　　　a^{33}　lɤ^{33}：那个

这　　个　　　　那　个

(6) 趋向词组

由一般动词和趋向动词构成的词组叫作趋向词组。趋向词组实际是后补词组的一种，其中趋向动词作补语，对前边的一般动词进行补充说明，但由于它只在部分语言中出现，所以这里单独成类。如：

sɿ^{33}　do^{55}do^{33}di^{33}：走出来

走　　出来

三、句子的种类

同汉语的句子类型一样，如果依据说话人的说话语气来分，社勒村彝语也可以概括为陈述句、疑问句、祈使句和感叹句四种类型。

1. 陈述句

在社勒村彝语的陈述句中通常可以见到“ɣu^{33}”“bu^{13}”一类的语气助词，它们有辅助表现语义的作用，相当于汉语的“的”“了”。如：

su^{33}　tʰa^{33}lɤ^{33}　tʰi^{31}　bu^{13}　ŋɤ^{33}：这个书是他的。

书　　这个　　他　　的　　是

tʰi^{31}　di^{31}　ɣu^{33}：他来了。

他　　来　　了

2. 疑问句

向别人提出问题的句子叫作疑问句。疑问句句尾一般用上升语调。如：

tʰi^{31}　sɿ^{13}　a^{33}si^{33}　ŋɤ^{33}：他是哪个？

他　　是　　哪个　　是

3. 祈使句

表示命令或要求的句子是祈使句。祈使句表示命令或禁止和表示请求或劝阻两种情况。前者语调短促，一般用降调；后者语调较舒缓，常用平调。如：

na^{31}　tʰi^{33}　si^{33}：你先走。

你　　先　　走

ko^{33}　ȵi^{55}：请坐！

请　　坐

4. 感叹句

抒发某种强烈情感的句子是感叹句。感叹句一般有逻辑重音落在所强调的词语上，语调一般先升后降。如：

$t^h ai^{13}$　$ȵu^{33}$：真好啊！

真　　好

第四节　从彝汉语言接触看社勒村彝族文化的边缘性

语言不仅其本身是一种文化现象，而且它还包含许多其他的文化内容，所以人们常说语言是文化的“活化石”，是民族精神的外在体现。德国语言学家威廉·冯·洪堡特曾精辟地指出语言与文化、人类精神的关系。他说：“语言与人类的精神发展深深地交织在一起，它伴随着人类精神走过每一个发展阶段，每一次局部的前进或倒退，我们从语言中可以识别出每一种文化状态。”洪堡特的另一个名言则是“民族的语言即民族”。正因为语言同文化的关系如此地密切，所以文化的边缘性也总是会在语言中有所反映。

我们说社勒村彝族文化具有边缘性，是相对于彝族文化中心来说的。社勒村彝族由于和汉族、仡佬族、布依族、苗族杂居，所以其社区文化并不像彝族文化中心那样典型、那样富于特色，无论是形式还是内容上其文化特质都已有所削弱。这一点在社勒村彝族语言上也会得到印证。

社勒村彝语无疑是保留完整的。但是，由于多民族杂居的因素，社勒村彝语又难免受到周围语言（主要是汉语）的影响，致使其语言特征同彝族文化中心相比有了更多的“异质性”。下边我们从彝汉语言接触的角度来考察社勒村彝语所受汉语的影响，借以说明社勒村彝族文化的边缘性。

一、词汇方面的影响

1. 因汉语的影响而产生概念泛化

这里所说的概念泛化是指原本不同的概念，由于重视其内在差异，因而用不同的词语来表达，在外来语的影响下，两个概念间的差异被忽略，因而改用同一个词语来表达，其结果是词汇的总量有所减少。如：

大方彝语管“小孩”叫 $\alpha^{33}ŋ\alpha^{55}b\alpha^{21}$，管“婴儿”叫 $\alpha^{33}ŋ\alpha^{55}nɒ^{33}$，而社勒村彝语却不做区分，统称为 $\alpha^{33}ŋ\alpha$。我们认为其根源可能是当地汉语（西南官话）把“小孩”“婴儿”都称作“娃娃”，因而导致社勒村彝语也不作区分。大方彝语管“岳父”叫 $\alpha^{33}ɣə^{33}bɯ^{33}$，管“外公”叫 $\alpha^{33}ɣɯ^{33}bɯ^{33}$，社勒村当地汉语里“岳父”和“外公”称谓相同，都叫“外公”，因而社勒村彝语里“岳父”和“外公”称谓也相同，都叫 $\alpha^{33}ɣə^{33}bə^{33}$。大方彝语管“岳母”叫 $ɑ^{33}p^hu^{21}$，管“外婆”叫 $ɑ^{33}p^hɯ^{21}$，由于当地汉语里“岳母”和“外婆”称谓一致，都叫“外婆”，因而社勒村彝语里

“岳母”和“外婆”称谓也一致，都称作 ɑ^{33}pʰi^{21}。

2. 部分汉语词汇进入社勒村彝语

社勒村彝语中也有一部分借词，主要借自西南官话。这些汉语借词有音译和音译加意译两种类型。

音译词是照着当地汉语的语音直接写下来的，如：

mu^{13}tɕɑŋ^{13}木匠	sɿ^{13}tɕɑŋ^{13}石匠	wɑn^{31}kuei^{13}碗柜
lu^{31}tsɿ^{31} 炉子	tʰi^{33}fu^{31}提壶	pu^{33}ku^{33}苞谷
pɑn^{33}tɕu^{33}斑鸠	huɑ^{33}sən^{33} 花生	pe^{31}tsʰɑi^{13} 白菜
lu^{31}tsɿ^{33} 鹿子	lɑŋ^{31}狼	fu^{31}li^{33} 狐狸
ɕɑŋ^{13} 象	ɕoŋ^{31}熊	soŋ^{33}su^{13} 松树
tsʰɑn^{31}tɤ^{13} 蚕豆	lu^{31}tɤ^{13} 绿豆	suɑn^{13}tʰɑi^{31} 蒜薹
tsʰɑ^{31} 茶	mɑn^{31}tʰəu^{31} 馒头	tɤ^{13}tɕɑŋ^{33} 豆浆
huɑ^{33}pɑu^{33} 花蕾	ŋo^{31} 鹅	huei^{31}tsʰoŋ^{31} 蛔虫
jin^{33}tʰiɑn^{33} 阴天	huei^{33}tsʰən^{31} 扬尘	suei^{33}tsei^{33} 水灾
hɑn^{13}tsei^{33} 旱灾	po^{33}lɑŋ^{13} 波浪	kʰən^{33} 坑
hɑi^{33} 海	suei^{33}pʰɑu^{13} 水泡	tʰoŋ^{31} 铜
liɑŋ^{31} 梁	tsʰuan^{33}tsɿ^{31} 窗	pi^{13} 笔
tsʰən^{31} 城	lɑu^{31}fɑŋ^{31} 牢（监狱）	miɑn^{31}pu^{13} 棉布
su^{33} 书	me^{13}suei^{31} 墨	ɕiŋ^{13} 信
ȵu^{31}pʰi^{31}tsʰɑi^{13} 牛皮菜	ɚ^{13}hu^{31} 二胡	suɑn^{33}jɑŋ^{31}mei^{33} 杨梅
tsʰuɑn^{33}sɑn^{33}tɕɑ^{31}穿山甲		

音译加意译词是指整个音译之后，外加一个彝语词素，用以注明类别和性质。如：

ŋɑ^{33}ko^{13}tsɿ^{31}鸽子	ŋɑ^{33}tɕi^{55} 野鸡	ɣɑ^{33}mu^{31} 母鸡
se^{33}dze^{33}kən^{55}dʑi^{13} 树根	vɑ^{31}he^{31} 瓦房	tsuɑn^{33}he^{31} 砖房

其中 ŋɑ^{33}，ɣɑ^{33} 是“ko^{13}tsɿ^{31}”“tɕi^{55}”“mu^{31}”的前缀，起区分动物类别的作用。se^{33}dze^{33} 是“kən^{55}dʑi^{13}”的前缀，起区分植物类别的作用。he^{31} 是“vɑ^{31}”“tsuɑn^{33}”的后缀，起区分事物性质的作用。上述汉语借词，几乎都是日常生活中使用频率很高的词汇，这些词的借用说明社勒村彝语受汉语的影响是久远的，其接触的程度是不浅的。

二、语音方面的影响

语音方面的影响主要表现在韵母上。我们以贵州大方彝语为参照，具体考察了大方彝语和社勒村彝语在韵母方面的异同（声母、声调方面的差异不明显）。

1. 大方彝语韵母（20 个）

i、y、ɪ、ɛ、e、ɑ、ɒ、o、ʊ、u、ɯ、ə、ɿ、ʅ、m、ie、ue、uɯ、uɑ、ye

2. 社勒村彝语韵母（20 个）

i、ɪ、ɛ、e、ɚ、ɑ、o、u、ɯ、ə、ɣ、ɑi、ɑu、iɑu、ɿ、ʅ、ie、ei、uei、uɑ

大方彝语的韵母和社勒村彝语的韵母数量相同，都是 20 个。但是，两地彝语韵母的类型同贵州汉语韵母相似的程度不一样。大方彝语中，y、ɒ、ʊ、m̥、ue、uɯ六个韵母，是社勒村彝语所没有的；反过来社勒村彝语中，ɚ、ɣ、ɑi、ɑu、iɑu、ei、uei 这七个韵母，又是大方彝语所没有的。从这里明显可以发现，社勒村彝语的韵母类型在向当地汉语趋同，而大方彝语韵母所受汉语的影响不明显。

第五节 词汇附录

词汇附录①

人 ɣo^{33}ʦʰo^{55}	男人 zu^{31}ʐo^{31}pʰu^{55}	女人 ȵi^{31}nɤ^{55}mu^{31}
小孩 ɑ^{33}ŋɑ^{55}	婴儿 ɑ^{33}ŋɑ^{55}	老人 mu^{55}su^{33}
青年 ɬɑ^{13}su^{33}	姑娘 ɑ^{33}mu^{33}bɑ^{31}	儿子 zu^{55}bɑ^{31}
长子 zu^{55}ɣo^{55}	幺儿 zu^{55}bɑ^{55}	独子 zu^{55}tɤ^{33}
双生子 zu^{33}tʰɑ^{31}ʦɿ^{31}	抱养儿 ɑ^{33}ŋɑ^{55}tɑ^{33}bi^{55}ȵi^{55}ŋ̥oŋ^{33}	
媳妇 ʨʰi^{55}	女婿 ɑ^{31}mo^{33}ʨʰi^{55}	孙孙（孙子）ɬi^{33}bɑ^{31}
外孙子 su^{55}ɬi^{33}	丈夫 zu^{31}ʐo^{31}	妻子 ȵi^{31}nɤ^{55}mu^{31}
夫妻 ȵi^{55}mo^{33}jo^{33}	舅母 ɑ^{31}ɬɑ^{13}ɣo^{33}	岳母 ɑ^{33}pʰi^{33}
岳父 ɑ^{33}ɣə^{33}bə^{33}	外公 ɑ^{33}ɣə^{33}bə^{33}	外婆 ɑ^{33}pʰi^{33}
妻兄 tʰɑ^{33}ɣə^{33}ɣo^{33}	妻弟 tʰɑ^{33}ɣə^{33}bɑ^{55}	妻姐 ɑ^{33}ɣo^{55}
妻妹 tʰɑ^{33}ʦʰe^{33}	哥哥 ɑ^{33}mo^{33}	弟弟 ȵo^{31}bɑ^{31}
姐姐 nɤ^{55}nɤ^{55}	妹妹 mu^{31}kʰɤ^{33}	嫂嫂 ɑ^{33}mu^{55}
小姑子 mu^{31}kʰɤ^{33}	亲戚 ʦʰo^{55}ʦʰɿ^{33}	朋友 ʦʰu^{55}pɑ^{31}
新郎	长辈 mu^{55}su^{33}	父亲 ɑ^{33}je^{33}
母亲 ɑ^{33}mɑ^{33}	伯父 ɑ^{33}ve^{13}	伯母 ɑ^{33}ɣo^{33}
叔父 ɑ^{33}bɑ^{55}	叔母 ɑ^{33}ʦʰe^{33}	姑父 ɑ^{33}je^{13}pʰu^{55}
姑母 ɑ^{33}ȵi^{33}	姨父 ɑ^{33}ʦʰe^{33}bɑ^{55}	姨母 ɑ^{33}ʦʰe^{33}
继父（比自己父亲大的）ɑ^{33}ve^{13}	继父（比自己父亲小的）ɑ^{33}bɑ^{55}	
继母（比自己母亲大的）ɑ^{33}ɣo^{33}	继母（比自己母亲小的）ɑ^{33}ʦʰe^{33}	
堂兄 ɑ^{33}mu^{33}	堂弟 ȵo^{31}bɑ^{31}	老表（姑表）ɑ^{33}ȵi^{33}zu^{55}
老表（舅表）ɑ^{33}ɣɤ^{33}ɬɑ^{13}	侄儿 zu^{33}ndu^{55}	侄女 ɑ^{33}mu^{33}ndu^{55}
干儿子 zu^{33}ndu^{55}ʦʰo^{33}	孤儿 zu^{33}ʦʰɿ^{33}	儿孙 zu^{33}ɬi^{33}

① 有些词，由于发音人说不出，所以只能空着。

祖父 α^{33}mbu^{33}	祖母 α^{33}dα^{33}	曾祖父 α^{33}jα^{55}bu^{33}
曾祖母 α^{33}jα^{55}tα^{33}	老头子 α^{33}bu^{33}mu^{55}	老太婆 α^{33}dα^{33}mu^{55}
鳏夫 mo^{55}tsʰɿ^{33}pʰu^{55}	寡妇 mo^{55}tsʰɿ^{33}mu^{31}	农民
商人 vo^{31}lα^{13}mu^{31}hɤ^{55}ɣɤ^{55}	匠人	木匠 mu^{13}tɕαŋ^{13}
石匠 lo^{33}mu^{31}tse^{55}（老年人）/sɿ^{13}tɕαŋ^{13}（青年人）		
铁匠 hɤ^{31}do^{33}pʰu^{31}（老年人）/tʰie^{13}tɕαŋ^{13}（青年人）		
银匠 tʰu^{55}to^{33}tse^{55}	屠夫 vα^{13}ndu^{31}	炊事员 tsʰu^{13}kuαn^{33}
奴隶 dzɿ^{31}dzi^{31}	老师 su^{33}mu^{55}se^{31}	学生 su^{33}ɣα^{13}ŋα^{55}
医生 nu^{31}ŋgu^{31}sα^{33}	和尚 bu^{33}gɤ^{33}	鬼师（男性）pu^{33}mu^{55}
皇帝 ɣɤ^{31}se^{55}	群众 lu^{31}kʰα^{55}	官 α^{33}mu^{33}pu^{55}
主人 he^{31}se^{55}	别人 pʰα^{33}dɤ^{33}	客人 tsʰo^{55}tsʰɿ^{33}
媒人 fu^{55}se^{33}	富人 su^{55}mbo^{33}	穷人 su^{33}su^{33}pʰu^{55}
智力障碍者 tsʰo^{33}dɤ^{33}	乞丐 dzu^{31}kʰə^{31}dzu^{33}pʰu^{55}	强盗 kʰə^{33}so^{33}pʰu^{55}
缺嘴 ȵi^{13}ho^{55}	跛脚 ɬʰu^{33}pɛ^{33}	盲人 nα^{33}dʑi^{33}
驼背 dzɿ^{33}go^{31}	疯子 ɣu^{13}	骗子 pʰiαn^{13}
苗族 mα^{55}ni^{31}pʰu^{55}	彝族 nɤ^{55}sɿ^{31}pʰu^{55}	仡佬族 pʰu^{31}pʰu^{55}
汉族 sα^{33}pʰu^{55}	回族 sα^{33}nα^{55}	南京人
壮族 tsαŋ^{55}tsʰu^{13}	头 ŋoŋ^{33}gu^{55}	头发 ŋoŋ^{33}tsʰɿ^{33}
头旋儿	脑髓 ŋoŋ^{33}no^{13}dʐɯ^{55}	头皮 ŋoŋ^{33}dʑi^{55}
辫子 ɣo^{33}tsʰo^{13}tsα^{55}	额 nα^{33}bu^{31}	皱纹 hu^{33}dʑu^{31}
眉毛 nα^{33}mo^{33}mbu^{55}	眼睛 nα^{33}du^{33}	眼皮 nα^{33}ko^{55}
睫毛 nα^{33}tsʰe^{55}tsʰɿ^{31}	眼珠 nα^{33}so^{33}dʐu^{55}	眼角 nα^{33}ȵdʑi^{55}
眼泪 nα^{33}ɳdʐʅ^{33}	眼屎 nα^{33}ti^{55}	鼻子 no^{33}mu^{55}
鼻梁 no^{33}to^{33}ze^{31}	鼻孔 no^{33}mu^{55}du^{31}nα^{55}	口水 ti^{55}
鼻涕 no^{33}ʑi^{33}（老年人）/no^{33}mu^{55}（青年人）		嘴 ni^{13}pu^{31}
嘴唇 ni^{13}pʰi^{55}	牙齿 dzo^{31}mo^{31}	犬牙
舌头 ɬu^{33}bα^{55}	下巴 ȵi^{31}ndu^{31}	胡须 ȵi^{31}tsʰɿ^{31}
耳朵 le^{31}po^{55}	耳屎 le^{31}po^{55}tʰi^{55}	脸 ɬʰu^{33}nα^{31}
颈子 le^{31}ba^{31}	后颈窝 ɕe^{33}mo^{33}le^{31}kɤ^{33}dɤ^{33}	喉咙 tʂʰu^{33}bi^{31}gu^{55}
喉结 lɤ^{33}bi^{31}gu^{55}	呼气 sα^{13}hu^{31}	胸膛 ne^{33}tu^{55}
乳房 tsɿ^{13}mi^{55}	乳头 tsɿ^{13}mi^{55}mu^{31}	乳液 tsɿ^{13}mi^{55}ʑi^{31}
心脏 ne^{33}mu^{31}	肺 tsʰɿ^{55}	肝 so^{55}
肠 ɣu^{31}	肚子（胃）he^{13}mu^{55}	肚子 o^{33}pu^{55}
小肚子 o^{33}pu^{55}bα^{55}	肚脐眼 tsʰα^{33}bi^{31}du^{33}	大肠 ɣu^{31}nα^{33}
小肠 ɣu^{31}bα^{55}	肾（腰子）jαu^{33}tsɿ^{31}	膀胱 zi^{33}pu^{55}ɬɤ^{31}
臀部（屁股）to^{31}pu^{55}	屎 tʰi^{55}	尿 zi^{55}
屁 vi^{55}	腰 dzo^{13}pu^{55}	肋巴 nɤ^{31}ɣɤ^{55}

背 ko^{31}pu^{55}
背膀 lα^{13}tα^{55}
臂膀 vα^{13}pα^{55}
肘 lα^{13}tse^{13}
手 lα^{13}pu^{55}
左手 lα^{13}fo^{33}
右手 lα^{13}sɿ^{55}
手心 lα^{13}pu^{55}ku^{55}ku^{55}
手背 lα^{13}nu^{55}
手指 lα^{13}tsi^{55}
大指 lα^{13}mu^{55}
小指 lα^{13}tsi^{55}bα^{55}
指甲 lα^{13}sɿ^{33}ko^{55}
拳头 lα^{13}ko^{31}po^{31}
腿 ɬ^{h}u^{33}t^{h}i^{55}
小腿 ɬ^{h}u^{33}t^{h}i^{55}bα^{55}
膝盖 bu^{31}tse^{33}u^{33}
脚 ɬ^{h}u^{33}t^{h}i^{55}
脚背 tɕ^{h}i^{55}ko^{31}bu^{33}
脚心 tɕ^{h}i^{33}t^{h}o^{55}
脚板 tɕ^{h}i^{55}pαn^{31}pαn^{31}
皮肤 p^{h}i^{31}fu^{33}
汗 tɕo^{55}
垢 sɿ^{55}
毛 ts^{h}ɿ^{31}
筋 dʑu^{33}
骨头 ho^{13}gɤ^{55}
骨节
血 sɿ^{33}
病 nu^{31}
伤风 α^{33}dʑα^{33}
关节炎 bu^{31}tse^{13}nu^{31}
麻风
天花 lαn^{13}dʑo^{33}
疮 bo^{33}mo^{33}
干疮 bo^{33}mo^{33}fo^{31}
脓 de^{31}fα^{13}
癣 ɬ^{h}u^{55}p^{h}u^{55}
伤口 sαŋ^{33}k^{h}ə^{31}
痣 mo^{55}
麻子药 k^{h}u^{55}ts^{h}i^{33}
犁头 se^{55}ŋgu^{55}
铧口 p^{h}α^{13}k^{h}ɤ^{33}
犁辕 ȵi^{55}lu^{55}le^{55}
缰绳 mu^{55}tsα^{55}
牛索 ȵi^{55}tsα^{55}
钉耙 hɤ^{31}tɕα^{33}lα^{33}
锄头 ts^{h}o^{31}p^{h}o^{31}
楔子 sən^{33}tsɿ^{55}
挖锄 ʐαŋ^{31}tsuαŋ^{13}
镰刀 lie^{33}dʐu^{55}
菜刀 bu^{13}to^{33}
斧头 hɤ^{31}ts^{h}o^{31}
锯子 tsɿ^{31}
棍子 du^{31}te^{55}
背篼（背箩） k^{h}α^{33}dɤ^{33}
鸡笼 ɣα^{33}k^{h}α^{33}
撮箕 ti^{33}lu^{55}
簸箕 hu^{33}mu^{55}
筛子 lα^{13}tʂu^{33}
磨子 lo^{33}ts^{h}ɿ^{55}
碓 bi^{31}si^{31}
纺车 ts^{h}u^{33}
织布机 ɣα^{13}dʑi^{33}
梭子 ɣα^{13}ɣα^{13}
甑子 lα^{13}ȵi^{55}
甑底 lα^{13}ȵi^{55}t^{h}o^{31}
锅（砂锅） hα^{31}lα^{13}
锅盖 hα^{31}lα^{13}se^{33}
锅铲 ʐo^{13}
鼎锅 ts^{h}αŋ^{31}ko^{55}/ti^{13}ko^{55}
勺子 α^{33}gɤ^{55}
碗 lo^{33}di^{33}
碗柜 wαn^{31}kuei^{13}
筷子 α^{31}dzu^{31}
筷箩 α^{31}dzu^{31}k^{h}α^{33}
炉子 lu^{31}tsɿ^{31}
水壶 t^{h}i^{33}fu^{31}
酒杯 dʑi^{31}pei^{33}
水桶 lαn^{13}ge^{55}
桶 lαn^{13}ge^{55}
桶箍 lαn^{13}ge^{55}dʑu^{55}
皇缸（大木桶） lαn^{13}ge^{55}mu^{55}
盆 fe^{55}
洗脸盆 ɬ^{h}u^{55}tɕ^{h}i^{33}fe^{55}
镜子 ɬ^{h}u^{55}ʐe^{31}
梳子 o^{33}kɯ^{55}
篦子 ɕi^{33}tɕu^{55}
小刀 hɤ^{31}bα^{55}
剃头刀 u^{33}dɤ^{33}hɤ^{33}
剪刀 ts^{h}e^{13}ȵi^{55}
磨刀石 so^{33}no^{55}
针 ʐi^{13}
针线包 ʐi^{13}pu^{33}
伞 ts^{h}o^{13}lo^{31}
扇子 tɕ^{h}i^{31}loŋ^{31}
扫把 sɿ^{33}dɤ^{33}
秤 kie^{33}
秤锤 kie^{33}lo^{33}
秤钩 kie^{33}kα^{55}ku^{33}
斗 tu^{31}
升 se^{55}
灯 tən^{33}tsα^{31}
灯芯 liαŋ^{13}huα^{33}
火把 nα^{33}dʐu^{55}
烟杆 ʐi^{13}kα^{33}
烟盒 ʐi^{13}ho^{13}
烟斗 ʐi^{13}kα^{33}lɤ^{31}pα^{33}tɤ^{31}
烟嘴
烟屎 ʐi^{13}tɕi^{55}

桌子 kʰu55mu33	椅子 ʑi31tsɿ31	凳子 ȵi31dɤ33
床 ʑi13dɤ31	梯子 dɑ31tsɿ31	箱子 ɕɑŋ33tsɿ31
车 tsʰe55	船 ɬi55	轿子 ȵi31tɕi55
汽车 tɕʰi55tsʰe33	刀 hɤ31	刀背 hɤ31pei13
刀刃 hɤ31vi55	弓 tɕʰɑ13nɑ55	箭 tɕʰɑ13zu33
火 mo33to33	鸟枪 to13pʰu31	火药枪 to13pʰu31
火药 to13pʰu31tsʰi55	铁链子 hɤ31tsɑ33	秧苗 ɬi55bɑ55
稻谷 tsʰi31	糯谷 tsʰi31ȵo55	谷穗 tsʰi31nɤ55
谷粒 tsʰi31mu33	苞谷 pu33ku33	天花（雄蕊）pu33ku33nɤ55
苞谷丝（雌蕊）pu33ku33ȵi31tsʰɿ31		苞谷秆 pu33ku33ɣɤ33
苞谷芯（苞谷核）pu33ku33du33	麦子 su55	荞子
油菜 u55tɕu33	苦荞 ŋgu55	甜荞 ŋgu55tsʰɿ33
红稗 kɑ13lɑ33	小米 tsʰi13	粮食 dzu31ʑi55
种子 sɿ55mu31	米 tsʰi31ɬʰu33	糯米 tsʰi31ȵu13
红米 tsʰi31ɬʰu33nɤ31	糠 vɑ13kʰo55	豆子 no55
蚕豆 tsʰɑn31tɤ13	豇豆 no31dzo55	金豆
绿豆 lu31tɤ13	小豆 no55bɑ55	花生 huɑ33sən33
油菜籽 u55tɕu33mu31	向日葵 lo31bu31tɕʰo31	菜 u55
白菜 pe31tsʰɑi13	青菜 u55ȵi31	牛皮菜 ȵu31pʰi31tsʰɑi13
韭菜 so13tsʰe55	豆芽菜 no33nɤ33	芹菜 ɣɤ33tɕi55
酸菜 u55tsi33	萝卜 u55pʰe31	茄子 tɕo33tsɿ55
洋芋 jɑŋ31ʑi13	魔芋 ɑ13o31mu31	南瓜 ve31so55mu55
黄瓜 bu31gɤ55	姜 tsʰu33pʰe33	小蒜 so31pʰu55
蒜（大蒜）kɤ33sɿ33	辣椒 sɑ33kʰu55	蒜薹 suɑn13tʰɑi31
花椒 dzɿ55mu31	猪油 vɑ13tsʰo33	油渣 mi55tɕi33pu55
菜油 u55mi33	盐巴 tsʰu33mu31	酒 ȵdʑi31
糯米酒 tsʰi31ȵu13ɬʰu33ȵdʑi31	甜酒 ȵdʑi31pu33	酒曲 ne55tsʰi33
酒糟 ȵdʑi31be13po33	猪食 vɑ13dzu31	茶 tsʰɑ31
汤 tsʰɿ33dɤ33ʑi31	米汤 dzu31ʑi31	酸汤 u55tsi33ʑi31
糖 sɑŋ33tʰɑŋ31	蜂蜜 dʐu55ʑi33	粑粑 tɕʰi31nɑ55
饭 dzu31	早饭 tsʰɿ55	午饭 dzu31dʑɑ33
晚饭 tsʰɿ31	稀饭 dzu31dʐʅ55	米饭 tɕʰi31ɬʰu33
剩饭 dzu31dʑɑ33	锅巴 dzu31ko31	馒头 mɑn31tʰəu31
面条 su33kʰe33	豆腐 no33ndzo31	豆渣 no33ndzo31pu31
豆浆 tɤ13tɕɑŋ33	霉豆腐 no33ndzo31tsʰɿ55	腊肉 vɑ13hu33mo55
菌子 mu55lu33	鸦片 jɑŋ31ʑi33	花 mo33ve33
花蕾 huɑ33pɑu33	花朵 mo33ve33pu33	花瓣

杜鹃花
麻 mu^{31}
树丫 se^{33}kɑ^{13}
树脚 se^{33}dze^{33}tɕ^{h}i^{55}
树心 se^{33}dze^{33}ne^{33}mu^{31}
松毛（松钉）soŋ^{33}su^{33}tʂ^{h}u^{13}
杉树 so^{13}dze^{31}
椿树 se^{33}su^{33}
青冈树 se^{33}k^{h}ɑ^{33}dze^{13}
竹子 u^{55}dze^{31}
果子 se^{33}mu^{33}lo^{33}mu^{33}
李子 se^{31}tɕu^{55}
杨梅 suɑn^{33}jɑŋ^{31}mei^{33}
核桃 se^{31}me^{31}
麻雀 ŋɑ^{33}dzu^{13}
鸽子 ŋɑ^{33}ko^{13}tsɿ^{31}
画眉鸟 ŋɑ^{33}tɕi^{33}p^{h}u^{55}
野鸡 ŋɑ^{33}tɕi^{55}
母鸡 ɣɑ^{33}mu^{31}
鸡嗉包 ɣɑ^{33}lɤ^{13}
蛋黄 ɣɑ^{33}tʂ^{h}o^{13}so^{55}
鹅 ŋo^{31}
羽毛 ŋɑ^{33}ts^{h}ɿ^{31}
马 mu^{33}
水牛 u^{55}ȵi^{33}
猪 vɑ^{13}
板油 vɑ^{13}ts^{h}o^{55}
狗 tɕ^{h}i^{55}
疯狗 tɕ^{h}i^{55}u^{55}
兔子 ɑ^{33}ɬu^{55}
狼 lɑŋ^{31}
熊 ɕoŋ^{31}
鹿子 lu^{31}tsɿ^{33}
松鼠 hɑ^{33}dʑi^{31}bu^{33}
牛角 ȵi^{33}u^{33}tɕ^{h}i^{55}
猪蹄 vɑ^{13}ɕɑu^{31}ts^{h}ən^{13}
尾巴 me^{31}su^{55}

草 ɕi^{33}pu^{33}
树 se^{33}dze^{33}
树芽
树根 se^{33}dze^{33}kən^{55}dʑi^{13}
柴 se^{33}kɑ^{13}
松香 soŋ^{33}su^{33}ts^{h}o^{33}
柏树
棕树 se^{33}tʂo^{55}dze^{13}
漆树 tɕi^{55}dze^{13}
苦竹 mu^{55}k^{h}u^{33}
果核 se^{33}mu^{33}lo^{33}mu^{33}tʂu^{55}
杏子 se^{31}ko^{55}
板栗 mo^{31}tso^{55}
樱桃 ɬi^{33}vi^{33}ɪ^{55}
燕子 ŋɑ^{33}ʑi^{31}k^{h}o^{31}
喜鹊 ɑ^{55}tsɑ^{33}
老鹰 vɑ^{13}ʐu^{31}tʂɑ^{13}nɑ^{55}
鸡 ɣɑ^{33}
仔鸡 ɣɑ^{33}bɑ^{55}
鸡爪 ɣɑ^{33}tɕ^{h}i^{55}tɕɑ^{33}lɑ^{33}
蛋白 ɣɑ^{33}ndu^{55}tʂ^{h}u^{33}
鸭子 bo^{55}
鸟嘴 ŋɑ^{33}ȵi^{13}pu^{31}
牛（黄牛）ȵi^{33}
山羊 ts^{h}e^{13}
猪鬃 vɑ^{13}ts^{h}ɿ^{31}
脚油 vɑ^{13}ts^{h}o^{55}
公狗 tɕ^{h}i^{55}t^{h}u^{31}
猫 ɑ^{33}mi^{55}
老虎 tɕ^{h}i^{13}bu^{55}
狐狸 fu^{31}li^{33}
穿山甲 ts^{h}uɑn^{33}sɑn^{33}tɕɑ^{31}
猴子 ɑ^{33}no^{13}
黄鼠狼 hɑ^{33}lɤ^{55}so^{33}
皮 ȵdʑi^{31}
爪子
虫 bu^{33}

茅草 he^{31}po^{31}ɕi^{33}
树叶 se^{33}ɬ^{h}u^{33}
树梢 se^{33} dze^{33}uŋ^{33}to^{55}
树圪兜 se^{33}ts^{h}ɿ^{31}
松树 soŋ^{33}su^{33}
松子
梧桐 ku^{33}dze^{33}
桑树
漆 tɕi^{55}
笋壳 u^{55}ko^{31}
桃子 se^{31}u^{55}
杏仁 se^{31}ko^{55}tʂu^{55}
梨子 se^{31}ndu^{31}
鸟 ŋɑ^{33}
斑鸠 pɑn^{33}tɕu^{33}
乌鸦 ɑ^{55}nɑ^{13}
蝙蝠 ŋɑ^{33}dʐʅ^{31}u^{55}
公鸡 ɣɑ^{33}p^{h}u^{33}
鸡冠子 ɣɑ^{33}kɤ^{55}
鸡蛋 ɣɑ^{33}ndu^{55}
蛋壳 ɣɑ^{33}ndu^{55}ȵdʑi^{31}ko^{55}
翅膀 du^{31}lɑ^{13}
野兽 ȵi^{31}ȵi^{55}
花牛 ȵi^{33}kɑ^{55}
绵羊 ho^{31}
猪肉 vɑ^{13}hu^{55}
野猪 vɑ^{13}ȵi^{55}
母狗 tɕ^{h}i^{55}mu^{31}
野猫 u^{31}mu^{55}
豹子 ze^{13}
象 ɕɑŋ^{13}
鱼 ŋo^{33}
鼠 hɑ^{33}mu^{31}
角 u^{33}tɕ^{h}i^{55}
蹄子 t^{h}i^{31}tsɿ^{33}
马鬃 mu^{33}le^{31}mu^{31}
蛔虫 huei^{31}ts^{h}oŋ^{31}

蛆 t^{h}i^{33}bu^{33}
蜻蜓 ko^{33}ȵi^{55}ȵɑ^{13}
蜂窝 dʐu^{33}tɕ^{h}i^{55}
跳蚤 tɕ^{h}i^{33}ɕi^{55}
臭屁虫 bi^{31}si^{55}
蜘蛛网 ɑ^{31}ȵo^{31}k^{h}e^{31}
癞蛤蟆 fo^{55}pu^{31}tʂo^{31}
地 mi^{55}
星星 tɕo^{33}mu^{55}
雪 u^{33}
凌 u^{33}
雨 mu^{33}hoŋ^{33}
风 mi^{33}hi^{33}
露 tsɿ^{55}
火烟 mu^{33}gɤ^{33}
柴灰 se^{33}gɑ^{13}k^{h}u^{55}
山 bu^{31}
山谷 tɕɑ^{31}ŋɑi^{31}
坑 k^{h}ən^{33}
石头 lo^{33}mu^{31}
河岸 ʑi^{31}mu^{31}ȵi^{33}p^{h}ɑ^{55}
波浪 po^{33}lɑŋ^{13}
田 to^{33}
荒地 mi^{55}tɕ^{h}o^{55}
银 ɬ^{h}u^{55}
锡
家 he^{31}ɬ^{h}u^{55}
瓦房 vɑ^{31}he^{31}
楼梯 dɑ^{33}dzɿ^{33}
梁 liɑŋ^{31}
板壁 he^{31}tɕ^{h}i^{33}
窗 ts^{h}uan^{33}tsɿ^{31}
门槛 ŋgɤ^{31}t^{h}əu^{31}
厨房（灶房）ko^{33}lo^{55}tɕ^{h}i^{33}
牛圈 ȵi^{33}ndzo^{33}
柴园
地方 mi^{33}dɤ^{33}

蚯蚓 bi^{31}di^{31}
螳螂 bu^{33}kɑ^{13}lɑ^{55}
蚂蚁 bi^{31}ʑa^{55}
虱子 ɕi^{33}mu^{55}
萤火虫 mu^{31}sɿ^{55}to^{13}
蝌蚪 u^{33}lɤ^{55}
龙 lu^{55}
太阳 ȵi^{31}ȵdʑi^{31}
晴天 mu^{33}ts^{h}o^{13}
天河 to^{13}tɕo^{55}
闪电 mu^{33}ɬi^{13}
虹 se^{33}ʑi^{55}
云 te^{33}
水 ʑɑ^{31}
扬尘 huei^{33}ts^{h}ən^{31}
水灾 suei^{33}tsei^{33}
山头 bu^{31}u^{33}ŋgu^{55}
半山腰 bu^{33}dzo^{13}pu^{55}
洞 du^{33}
泥土 ni^{13}mu^{55}
水沟 tɕo^{33}gu^{33}
水泡 suei^{33}p^{h}ɑu^{13}
田坎 to^{33}de^{55}
坟地 tsɿ^{33}bu^{55}tu^{33}dɤ^{33}
铜 t^{h}oŋ^{31}
钢 kɑŋ^{33}
老家 lɑu^{31}tɕɑ^{33}
砖房 tsuɑn^{33}he^{31}
房檐 he^{31}lɑ^{13}ɬu^{55}
椽子 he^{31}ndu^{55}
房间 be^{13}tɕu^{55}
门扣 he^{31}ŋgu^{55}ke^{33}dɤ^{33}
堂屋 ɣu^{31}mu^{55}
火塘（火坑）ho^{33}p^{h}ən^{31}
猪圈 vɑ^{13}ndzo^{33}
桥 ndzɿ^{31}
村寨 lu^{31}k^{h}ɑ^{33}

蛇 bu^{33}so^{33}
蜜蜂 hoŋ^{33}dʐu^{33}
蚊子 bu^{33}ts^{h}e^{33}
臭虫 ɕi^{33}mu^{55}nɤ^{31}
蜘蛛 ɑ^{31}ȵo^{31}mu^{31}
青蛙 o^{55}pu^{33}
天 mu^{33}
月亮 lo^{31}bu^{31}
阴天 jin^{33}t^{h}iɑn^{33}
霜 ȵi^{55}
雷 mu^{33}dzɿ^{33}
冰雹 o^{31}lo^{31}
雾 mu^{33}nɤ^{13}
火 mo^{33}do^{13}
火子 me^{31}sɿ^{33}ndzɿ^{55}
旱灾 hɑn^{13}tsei^{33}
垭口 bu^{31}ɑ^{33}k^{h}əu^{55}
岩 fɑ^{13}
岩洞 fɑ^{13}du^{33}
河 ʑi^{31}mu^{31}
海 hɑi^{33}
坎子 he^{31}de^{31}
旱地 mi^{55}
金 so^{55}
铁 hɤ^{31}
煤 ni^{13}nɑ^{55}
房 he^{31}
草房 ɕi^{33}he^{31}
柱头 ze^{31}mu^{31}
穿枋
门 he^{31}ŋgu^{55}
门闩 he^{31}ŋgu^{55}dʐo^{33}lɑ^{13}
庙 bu^{33}he^{33}
厕所 t^{h}i^{33}pu^{33}
鸟窝 ŋɑ^{33}tɕ^{h}i^{33}
地界 tɕiɑu^{33}tɕiɑn^{13}
路 dʐu^{31}

花场（跳场的地方）

生漆 tɕi^{33}dzo^{33}

纽眼 ho^{13}mu^{31}du^{31}nα^{55}

裤裆 ɬu^{55}t^{h}o^{31}

鞋底 tɕ^{h}i^{55}ndi^{33}t^{h}o^{31}

项圈 dʑi^{13}k^{h}e^{33}

棉花 se^{33}ve^{55}

垫单 pα^{13}tα^{33}

笔 pi^{13}

马圈 mu^{33}ndzo^{33}

城 ts^{h}ən^{31}

牢（监狱）lαu^{31}fαŋ^{31}

木头 se^{33}kα^{13}

衣服 tʂ^{h}o^{31}o^{33}

大襟 tʂ^{h}o^{31}sɿ^{33}

裙子 dzo^{13}ve^{33}

帽子 mo^{55}mo^{55}

手镯 lα^{13}dʑu^{31}

棉线 se^{33}ve^{55}k^{h}e^{31}

枕头 ŋgɤ^{33}dɤ^{33}

墨 me^{13}suei^{31}

芦笙

年龄 k^{h}o^{13}t^{h}ɤ^{33}

话 du^{55}

歌 tɕiŋ^{33}ko^{33}

二胡 ɚ^{13}hu^{31}

菩萨 p^{h}u^{31}sα^{55}

事情 nu^{55}dzo^{31}

印（脚印）tɕ^{h}i^{33}du^{55}

老变婆 tʂ^{h}o^{31}t^{h}i^{33}mu^{55}

棺材 se^{33}p^{h}u^{55}

棉衣 se^{33}ve^{33}tʂ^{h}o^{31}o^{33}

小襟 ku^{33}mu^{33}p^{h}u^{33}

绑腿 tɕ^{h}i^{55}ndo^{33}

斗笠 k^{h}u^{55}lu^{55}

戒指 lα^{13}ti^{55}

麻线 ne^{33}tɕ^{h}i^{55}k^{h}e^{31}

毡子 pα^{13}tα^{33}

粮仓 tso^{33}

鸡窝 ɣα^{33}ku^{31}tu^{31}

水井 ʑi^{31}du^{55}

路 dʐu^{31}

木板 se^{33}pu^{55}tʂα^{31}

衣领 le^{31}k^{h}ɤ^{33}

吊褊 t^{h}iαu^{13}piαu^{33}

袜子 ʑα^{31}vα^{33}

头帕 o^{33}se^{33}

棉布 miαn^{31}pu^{13}

被子 ɣu^{55}lu^{33}

书 su^{33}

信 ɕiŋ^{13}

唢呐 me^{31}hα^{55}

灵魂 ʑe^{33}hoŋ^{33}

影子 ʑe^{55}

钱 tʂ^{h}u^{33}ba^{55}

笛 mi^{33}si^{33}

名字 me^{33}du^{33}

良心 ne^{33}mu^{31}

谣言

石灰 lo^{33}no^{13}mu^{55}

衣袖 lα^{13}dɤ^{33}

裤子 ɬu^{55}

鞋子 tɕ^{h}i^{55}ndi^{33}

毛巾（洗脸帕）ɬ^{h}u^{55}ts^{h}i^{33}p^{h}u^{33}

麻布 mu^{31}p^{h}u^{31}

被面 ɣu^{55}lu^{33}ko^{33}

字 su^{33}nα^{33}mo^{33}

粪坑 tɕ^{h}i^{33}pu^{31}ke^{33}

篱笆 tɕ^{h}i^{31}ts^{h}ɿ^{55}

地基 dzo^{31}du^{55}

场（赶场）tɕ^{h}i^{55}ŋgα^{13}

钉子 hɤ^{31}tsɿ^{55}

纽子 ho^{13}mu^{31}

裤腰 ɬu^{55}tɕ^{h}u^{33}

鞋帮 tɕ^{h}i^{55}ndi^{33}p^{h}u^{55}

耳环 ȵi^{31}dzi^{55}

线 k^{h}e^{31}

被里 ɣu^{55}lu^{33}tʂu^{33}

纸 t^{h}u^{31}ʑi^{33}

锣 tso^{33}tʂ^{h}α^{33}

神 sən^{31}

计划 tɕi^{55}huα^{33}

梦 mα^{33}

鼓 dze^{13}ŋgu^{55}

火炮 dʐo^{13}ti^{33}

力气 u^{33}

声音 tɕ^{h}u^{55}

道理 dʐu^{31}

附录：

调查时间：2010 年 1 月

发音合作人：石永学，男，72 岁，彝族；张志全，男，66 岁，彝族；张贤福，男 46 岁，彝族；陈胜，男，42 岁，彝族；王喜，女，39 岁，彝族。以上四位发音合作人均是贵州省六枝特区箐口乡社勒村三组的村民。

第六章 文化边缘与六枝彝族文化

文化边缘可能是一种边际，但边缘不一定能成为一种边际，因为形成边际的原因不一定是文化处于一种文化的边缘，它可能有许多其他的原因，比如说政治的、制度的、文化交流的、地理环境因素的等等。我们在政治和制度上可能一定要寻找一个确定的边际，并且会用行政区划分的方式来体现这种边际，但我们发现，文化边缘也许可以与这样的边际等同，却更多的与这样的边际不等同，并且超越这样的边际。所以，我们在表述文化边缘的时候，并不能准确地表述文化的边际，不过，这二者是不能够割裂开来的，它们都是文化边缘上的重要概念。

六枝彝族文化就是这样的边缘与边际关联，但又不能重合的边缘文化，所以，我们论说六枝彝族文化的边缘性质，亦处于这样的状态中。

第一节 文化和文化边缘

文化在文化人类学中是一个令人深思的概念，因为在学人的追寻下它已经有了400多种的概念解释，有的人类学著作就是为了这一概念的解读而成为文化人类学著作的。这种现象让许多人不敢批评文化人类学，也让许多人读不懂文化人类学，其实文化人类学用不了这么多概念，它也不可能有一种文化就有一种概念，但每个人只能生活在自己的文化中。

文化边缘这一概念自然与文化关联，文化可以是多元化和多样性的，但边缘却只是一种存在的形式，任何多元化和多样性的文化都会有自己的边缘。

文化边缘也可以称为边缘文化。在文化人类学的研究历史中，人们对于它的研究是很少的。这种边缘文化的研究，应该属于文化结构性研究，在以往的研究和论述中，人们似乎更习惯于把文化看成一个不变的均衡、均势、均质的整体，但实际上在“文化面”上的分布从来就不是均质的。在文化传播学派的理论中，注意了这种文化质量的分布性，注意了文化传播的中心和边缘的文化意义，但没有论及这种文化分布的意义。文化人类学的“文化模式论”涉及了文化结构性与文化模式的关系，但也没有直接论及边缘文化的意义。对于边缘文化的认识，实际上是生物学带给我们的果实。

1879 年德国植物病理学家安东 · 豆 · 培里提出了“共生”的概念，后来人们把凡是两种生物在一起生活的现象，统称为“共生”，指的是那些在行为与生理上稳定地保持着相互依存，各方不可或缺又独立生存的生物关系。于此，人们又发现了生物多样性的意义，并且逐步深化为文化多样性的认知。在 2000 年，联合国教科文组织发表的《世界文化报告 2000 》中明确指出：“文化多样性的丧失应被看作与生物多样性丧失的互动过程。”① 但是，此时的文化边缘仍然没有被人们充分认识的地方。

1942 年德国地理植物学家比查尔（Beechar）首先发现了“边缘效应”，这才引起了人们对于边缘的重视和讨论。

比查尔指出：“不同地貌单元生物群落的界面地带或交互作用处，结构比较复杂，不同物种共生于此，种群密度非常大，一些物种特别活跃，生产力水平相对较高，这种现象就是‘边缘效应’。”②

“后来的科学发展表明，边缘效应是生态过渡带的显著特征之一，边缘效应主要表现为，生态系统内部生物多样性的增加，系统的波动性导致系统的变动。引起边缘效应的机理在于边缘效应的加成效应、协和效应和集肤效应。边缘效应对于生物多样性具有的特殊价值是，边缘地带有利于生物多样性的发展。边缘效应显著的生态过渡带，恰好是人类早期文明的发祥地，也是人类历史上一些重大的发明创造的诞生地。这说明生态过渡带的边缘效应是普遍客观存在的现象，它不仅对保护生物多样性具有特殊意义，而且对于促进人类社会多样性良性健康发展有重要影响。”③

在张子中先生的研究中，他认为，生物学上的一系列关于生物边缘现象的理论，是文化人类学上关于边缘文化认知的理论基础。于是，他为我们给出了一个边缘文化的定义。

“根据上述‘共生’思想和‘边缘效应’理论，可以概括得出边缘文化的基本定义。‘边缘文化’首先是指在不同文化交往中，某种文化吸取其他文化成分后，派生出许多新的文化，在此意义上，边缘文化是文化交流互动的产物，边缘文化也就是‘杂交文化’或‘共生文化’。除此之外，‘边缘文化’还指与主流文化相对应的弱势的、不发达的、少数的文化，非主流意识形态的文化。边缘文化包含的这两方面内涵，前者侧重动态发展方面，强调文化流动中的变异；后者侧重静态原生态意义，是从各种文化的力量不同、发达程度不一和数量大小等方面，相比较而得出的与主流文化的差异特性。”④

在这个定义中，包含了文化边缘的两个意义，一是与中心关联的意义，即主次关

① 联合国教科文组织，《世界文化报告 2000 》［Z］，北京大学出版社，2002.
② 宋豫秦 . 生态过渡带之人地关系刍议［A］. 周昆叔主编 . 环境考古学研究（第二辑）［C］. 北京：科学出版社，2000.
③ 张子中，边缘文化三论，［J］东方论坛，2007 年第 2 期.
④ 张子中，边缘文化三论，［J］东方论坛，2007 年第 2 期.

系的边缘；二是交流的边缘，即与异文化关联互动的边缘。表述不一定完备，但在实际的相关论述中，多数人都是如此来理解边缘文化的。

在张子中的《边缘文化三论》中，他给予了一个定义后，就走向了关于文化多样性意义的论述，对于文化边缘的诸多意义就阙如了。

在边缘文化的关于中心与边缘，属于文化内在结构性表现方面，姜义华先生的表述比较到位。2001 年，姜义华先生在《学术月刊》2001 年第 11 期上发表了一篇题为：《上海：近代中国新文化中心地位的形成及其变迁》的文章，其副题为："——兼论边缘文化的积聚及其效应"。在这篇文章中，他表述了关于"文化体的构成与边缘文化的界定"的认知。他说："文化是一个融合继承与更新、保全与创造于一体的动态的发展运动过程；但是在特定的时间与空间范围内，它又是一个不断再生与重复的相当稳定的立体的存在。如果将文化视作一个球体，那么，可以看到，它大致由三个层次构成：内层，是核心文化；中层，是主干文化；外层，是边缘文化。"①

姜义华在此基础上，对相关概念进行了解读：

"核心文化，指的是人们在历史的创造与选择过程中形成的价值体系。人们追求真善美的认知价值取向、抒情价值取向和审美价值取向，人们在社会实践过程中形成的人生价值取向、政治价值取向、经济价值取向、社会价值取向，由它们构成的价值体系是各个文化体中最为稳定的部分，它们决定着文化发展的主要方向，构成了文化的特殊本质。这种价值体系，也表现于主干文化和边缘文化之中，甚至于可以说，它们在主干文化和边缘文化中通常处于支配地位，但支配力强弱程度不同，一般来说，在主干文化中，支配力较强，而边缘文化中，支配力则较弱。

"主干文化，指的是人们的知、情、意在历史的创造与选择过程中形成的实践体系，包含人们认识已知世界和探索未知世界的实践，科学思考和科学发明的实践，依循特定的经济伦理、政治伦理、社会伦理将生活目标付诸实现的经济政治、社会实践，艺术追求和艺术创作的实践，等等。每一文化体的实践体系，构成了这些文化的主体，它不仅包含着精英文化中的主要部分，而且包含着大众文化中的主要部分，直接表现为人们的各类文化活动、文化事业和文化产品，包含观念的、物化了的以及制度化了的各类文化产品。

"边缘文化，相对于核心文化与主干文化而言，指受占支配地位的价值体系影响相对薄弱，乃至对这一价值体系表现某种疏远或离异倾向的文化区域、文化活动、文化事业、文化人以及相应的文化产品。边缘文化和核心文化、主干文化为同质文化，而不是异质文化。但是，在特定文化体系中，它终究是变异性最强、离心力最为活跃，而排他性较弱、与异质文化交流最为容易的部分。"①

其后，姜义华先生对如何形成这样的边缘文化进行了比较深入的分析。

这个关于文化结构性的边缘文化表述，有其自己独立的视觉和形式，也有自己独

① 姜义华. 上海：近代中国新文化中心地位的形成及其变迁——兼论边缘文化的积聚及其效应［J］. 学术月刊，2001 年第 11 期.

到的分析，比较真实地反映了文化结构性的边缘文化的意义。

其实，边缘文化还有一个最为重要的表述部分，即关于文化边缘的表述。当我们把文化作为一个区域来进行表述时，在文化平面上，边缘、边际、边界、边界线、边际的文化运动等等，就很有意义了。这也是我们今天研究六枝彝族文化最为关注的地方，因为我们今天的六枝彝族文化研究，主要的还是一个文化区域的平面文化边际的研究，而文化结构性的边缘文化表述是其次的。1997 年的《世界民族》第 4 期上的王晓丽的《试论边缘文化——现代文化的平面研究》一文，应该是迄今为止关于文化区域平面文化边际研究最为优秀的一篇论文。在王晓丽的文章中，文化边缘是被作为一种文化边际来认识的。

“文化的内容和形式是在人们的生产和生活实践中逐渐形成的。文化内容的形成受实践形式制约，不同的实践形式会形成特质各异的文化内容，从而产生多样化的文化和文化间的差异。这是其一。其二，人们实践活动的方式是受地域限制的，在不同的地域，人们的生产和生活方式不同。如山区与平原、沙漠与草原、城市与农村、沿海与内地等等，地域差别很大，人们的生存方式就不同，文化也不一样，其文化中一定包含有地域的特点。其三，各民族的文化是不相同的，而民族再大也是有边界的，因此，代表其民族特征的文化也是有界的。总之，文化是分为不同特质的，而每一种特质的文化都是有界的。”①

文化在一个区域里形成一个文化平面，其边际于此就非常重要，因为文化在一个平面时，其均质就不会平均分布在其中，文化的关系表现就会与结构性文化表现大不相同，就会有文化中心和文化边缘的具象概念。另外，“你只需环顾四周，就可以看到，你并不是同一文化的，甚或是亚文化的伙伴之映象。”②

“文化的中心，包含着此种文化最具特征、最为典型的内容和一套完整的文化体系结构。它是经过长年积淀、总结、传承下来的该文化的经典代表，是这一地区人们生活方式和生活需求的表达，支配着这一地区人们的习俗、价值观念、行为方式的延续和演变。而文化的边缘区属于中心文化的传播范围，它虽然有与中心文化相同的核心内容，但不具备与中心文化完全相同的文化体系，甚至有些起支配作用的文化内容在它那里也已经淡化，趋近于无。”③

在王晓丽的论述中，这个“文化边缘”，“是相对于文化中心而言的，它是指在某种文化范围内，随着远离中心文化而出现的若干中心文化内容消失或淡化的文化区域。这些消失或淡化的文化内容是已经存在过的，只是现在不再支配人们的生产和生活，不再影响人们的思维和行为。”④

在王晓丽的论述中，她强调了：“边缘文化是对文化边缘的文化研究，是相对于中心文化的文化区域，它没有中心文化的影响力，也没有中心文化的顽固性，更没有中心文化那么强的传播功能。但是，有多少个中心文化，便会产生多少个边缘

---

① 王晓丽. 试论边缘文化——现代文化的平面研究［J］. 世界民族，1997 年第 4 期.
② ［美］克莱德 · W. 伍兹著. 文化变迁［M］. 何瑞福译，石家庄：河北人民出版社，1989 年，第 5 页.
③ 王晓丽. 试论边缘文化——现代文化的平面研究［J］. 世界民族，1997 年第 4 期.
④ 王晓丽. 试论边缘文化——现代文化的平面研究［J］. 世界民族，1997 年第 4 期.

文化。”

“边缘文化并不因为丧失和淡化了中心文化的某些内容而自行消失；边缘文化属于中心文化的传播区域，也是中心文化的淡出区域。但在文化的核心内容上，它与中心文化是同质的，认同心理是一致的，保留下来的内容依然是中心文化的延续。……边缘文化是中心文化的不完全现象；边缘文化不是缺损文化，它依然是一个完整的文化体系。被丧失和淡化的文化内容对它来讲，一定是不需要或者是可以补充、可以替代的文化内容。”①

王晓丽在文章中很充分地论述了边缘文化的意义。她认为：“边缘文化的存在反映着中心文化的传播与扩散的范围，显示着一种文化的影响面。同时，边缘文化的存在证明了中心文化传播的有限性，表现着一种文化影响的衰减状况。边缘文化的存在还说明在同一种文化内部，也会出现内容上的差异，这说明文化的发展是主动的，并不仅仅依靠传播。文化的传播只是文化发展的一种形式，但不是唯一的形式。文化的传播是被动的，而新文化内容和形式的形成是主动的。”②

王晓丽还认为：“边缘文化是有弹性的。”“边缘文化依然是文化体系覆盖着的一个层面。”“边缘文化有较强的兼容异文化的特征，而且中心文化内容丧失得越多，兼容性越强。”

在王晓丽的论述中，边缘文化区被其分为三种形式：一种是“距离式边缘文化这是一种以距离中心文化远近而确定的边缘文化”；一种是“杂居式边缘文化，即两个以上不同文化背景的人们长期杂居在一起形成的文化区域”；一种是“插入式边缘文化，即一种文化进入另一种文化地区，从而形成进入者的边缘文化状态”。

六枝彝族文化就属于三种形式中的前两种，它既有“距离式边缘文化这是一种以距离中心文化远近而确定的边缘文化”的边缘，因为六枝相对于彝族的文化中心区域黔西、大方、毕节来说，就是距离上的边缘。但六枝彝族的文化也是“杂居式边缘文化，即两个以上不同文化背景的人们长期杂居在一起形成的文化区域”的边缘文化。也就是说，六枝彝族文化的边缘性质是由这两个部分的因素构成的。

第二节　六枝彝族文化边缘状态

说到六枝彝族就不可避免地要说贵州彝族，因为六枝彝族首先是贵州彝族的一个组成部分，作为一个部分的存在，自然整体要发生一系列的联系。

贵州彝族在现今的概念上来说，是一个行政区域限定词上的民族概念，而这个概念一定是贵州地成为一个行政区划的概念后才可以构成。但是，彝族进入贵州地却是在贵州地没有形成一个省的行政区划概念之前。

---

① 王晓丽. 试论边缘文化——现代文化的平面研究［J］. 世界民族，1997年第4期.
② 王晓丽. 试论边缘文化——现代文化的平面研究［J］. 世界民族，1997年第4期.

从一般意义上的历史表述上来说，彝族人是在公元前后东进贵州地的，也就是说，在两千年前，彝族人就进入了今天他们所在的地域，在他们进入时，遭遇的应该是贵州地的“原住民”百濮人的后裔仡佬族人。这里有几个问题，一是当时的贵州地不是今天我们称为的贵州省，而是一个处于云南滇文化、百越文化、楚文化、巴蜀文化之间的文化稀疏带，之所以称为文化稀疏带，就是因为百濮族群的文化和人口在这一地域里是相对稀疏的。故在明代之前，这里的彝族人不能称为“贵州省彝族人”，而是在贵州建省后才有了贵州省彝族人的概念。二是彝族人进入的时候，仡佬族先民是这一地带里的原住民，也许还有由北向南迁徙的苗族人，等等。这在彝族人的口述历史和苗族人的口述历史中都有一定程度的反映。

在这样的历史背景下，我们可以称明代以前的贵州彝族人为“贵州地彝族人”，而明代以后的彝族人则称为贵州省彝族人。在这两个不同的称呼后面，其贵州彝族人的区域概念是不一样的。

在公元前，彝族人东进后，其势力范围很快扩张到贵州中部和南部，其南部最南到达过今天广西的一些地域内，其贵州中部越过了今天的福泉等地，但是，这样的地域状态并没有维持很久，很快就退回了彝族人的黔西北之地，并在此地建立了比较稳定的贵州彝族文化区域分布。这种分布在明代得到加强，也于此形成贵州省彝族人的地方性民族行政区域和文化区域。

在这样的贵州省彝族文化区域中，彝族人的文化得到了长足的进步，使整个中国的彝族文化走向了文献化和彝学化。

在这样的贵州省彝族文化区域中，其地域的分布使今天的毕节地区，包括六盘水市的水城等地，成为彝族文化的基本区域，我们一般称为黔西北地区，而今天的毕节、黔西、大方等三地是原来彝族文化的中心区域，其余地区是次一级的区域，如织金、纳雍、金沙、水城等地，而在毕节地区边缘地带的一些地方，则是黔西北彝族的边缘地区，如普定、六枝、盘县等地。六枝彝族就是这种处于边缘地带的彝族分布，也许在彝族人的地方性政权还没有被消灭之前，六枝的一部分地区也是彝族人的实际管辖区域，但后来在彝族人失去了自己的地方性政权之后，六枝等地的实际管辖权也就失去了，逐步形成了今天的样子。

这就是六枝彝族的基本历史文化背景，是它们的存在决定了今天六枝彝族的相关的存在。

在今天，我们把六枝彝族的边缘性质作为一个探讨对象时，我以为应该从以下几个方面来认识它：一是六枝彝族的地理环境和区位的边缘性；二是六枝彝族的文化的边缘性；三是六枝彝族文化的均势和交互作用。

一、六枝彝族的地理环境和区位的边缘性

在六枝彝族的地理环境和区位的边缘性表现上，是一个毋庸置疑的问题，不管是在贵州彝族发展最为鼎盛时期，或者说是衰落的时期，这里都是贵州彝族的边缘地带。在历史上，彝族也许曾经越过此地区，但最后形成文化均势，形成比较稳定的文

化区域边际也还是在这里。彝族在贵州的东进，最早肯定是在靠近云南省的一些地区，比如说威宁、赫章等地，这些地方属于乌蒙山脉地带，有最好的高山草场，是有游牧文化根源的彝族最理想的居住地。进入贵州地的彝族，在乌蒙山一带稳定下来后，就发生了一系列的再迁徙，往这一区域的四周扩散，而六枝地区彝族，就是在这种再迁徙中“前进”到六枝一带的。这种迁徙也许发生得很早，也许发生得很晚，也许这样的迁徙在早的时候就存在，并且一直发生，即六枝彝族是经过比较长的时间的不断迁徙，才逐步形成今天这个样子的。

在贵州地的彝族完成了稳定的区域定位后，即最后形成了以黔西、大方、毕节为中心的彝族地区之后，六枝地区的彝族也就处于地理环境和区位上的边缘了。六枝彝族处于地理环境上的边缘，这个好理解，即把黔西北地区定位为彝族文化的区域之后，六枝地区正好是这一彝族区域在南部的边缘上。这里是彝族文化的边缘地带，也是彝族文化的边际，即离开这一边际，也就要进入异文化的空间了。在区位的意义上，黔西、大方、毕节是其文化的中心地带，那么，有文化的中心地带的出现，必然就有所谓的文化的边缘为依据。中心是因为边缘的存在而成为中心的，同样，边缘的存在亦是以中心为依据的。在地理环境分布上，六枝是黔西北彝族区域的南部部分，在区位上，六枝亦是黔西北彝族文化区域的边缘。

二、六枝彝族的文化的边缘性

在地理环境上认识六枝彝族文化的边缘性是容易的，但要从六枝彝族文化的本身来认识六枝彝族文化的边缘性就不是一两句话的事情了。

认识六枝彝族文化的边缘性，我以为要从以下三个方面来入手，一是六枝彝族文化的边缘性缺失；二是六枝彝族文化的边缘性填充；三是六枝彝族文化的边缘性异化。

“边缘性缺失”就是文化在处于边缘时最容易出现松动而缺失，使在文化中心区表现完整的文化在这里表现为不完整。这是文化处于边缘状态时的最常见的现象。

在六枝彝族中，这种现象最为明显，比如其丧祭。丧祭文化应该是一个文化体在种种文化变化中最不容易变化的部分，如果这一部分完全变化之时，就是这一文化体失去基本文化生存依据之时。

在贵州省盘县的彝族中我们看到，彝族的丧祭一共有：（一）除死魂；（二）“赶水”报丧；（三）寨邻分工；（四）入棺装殓；（五）场地布置；（六）抬棺入场；（七）“蹉措”进场；（八）呗耄解冤；（九）转场椎牲；（十）洒水指路；（十一）寻灵入筒等过程。

其每一个过程在实际的实施中，都会有一系列的仪式出现，而且每一个仪式都包含了丰富的内容。有时候，这个过程可以是一个仪式，也可能是一组仪式。比如说“寻灵入筒”这个仪式，它就可能包含许多的仪式和内容。

彝族认为人有三魂，有一个被指到祖先那里去，一个在坟里边，还有一个在家里的竹灵筒里。在转场坝里所做的一切活动都是为去祖先那里的灵魂而做。埋葬的时候也把另一个灵魂安顿好了，这个灵魂今后还可以为他做一些事。还有在灵筒里的哪个灵魂没有安顿好，接下来的仪式就是安顿这个魂。

这个仪式可以在转场坝做，也可以到家门口去做，主要是为亡灵献衣，寻找亡灵和追赶“无常鬼”。“朝耄”把祭棚上撤下来的树枝，砍去枝叶，留 1.5 米左右长，顶端有一个分杈。把树枝两两相距 1.5 米左右插在地上，在两棵树枝上面搭一根横的树枝，形成一道门的样子，共插九道，每道之间相距 1 米左右，中间要足够人通过。布置妥当以后，毕摩念《献衣经》。说是《献衣经》，实际上是两部分内容。一部分为叙述衣服的来历，从蚕种的来历开始，到蚕桑的选择，到织布的过程，一直到做成衣服为止。另一部分为寻找死者灵魂。古代彝族认为，人死了是因为灵魂离开躯体，只要把灵魂找回来就能复活。于是毕摩和孝子们都做最后的努力，去寻找死者灵魂，从村头找到村尾，从君长家找到毕摩家。得知是被“细叟”抓去，又通过“暗度陈仓”的办法，用一只鸡的灵魂把死者的灵魂给换了，然后把“细叟”的牢房烧掉。但灵魂是不可能找回来的，说是又不见了，毕摩又继续追，追到刺竹林里不见了，只看见一蔸竹节草（也有的叫“骨节草”）。于是砍刺竹做灵筒，用竹节草秆做“灵偶”（死者灵魂的依附物），这个“灵偶”还要裹上从家拉来上祭的那只羊身上的一点毛，用红绿丝线缠好（男的缠红线，女的缠绿线），把“灵偶”放到竹筒里，再放一点盐和米，用一片竹片离竹筒口约 1 厘米处横穿过去封好口就成了祖灵筒。这个祖灵筒最后放到家里边供奉。到一定的年代，竹灵筒就放到祠堂里，年代更早的就送往深山老林里比较隐秘的岩洞里。

在做这一仪式的时候，毕摩不是站着念，而是领孝子们在插好的树桩里绕来绕去，死者长子端着一只升，跟在毕摩后面，升里面是玉米，竹灵筒插在玉米里，其他孝子也跟着绕，每个人手里面拿着一枝树枝。孝女和孝媳都要哭。这时的哭词内容和毕摩经书的内容差不多。转几个来回后，在最后一门里，在横梁上吊着一只小鸡，那里还搭了一个象征性的鬼房，亲孝男用弓箭把小鸡射死，放火把鬼房烧了，所有的孝子把手里的树枝放到里面去烧。嘴里还喊“火烧细叟房！火烧细叟房！”意思是救火，实为添柴烧鬼房。

绕的过程当中，还要把升里的灵筒放到九道门下面穿过并“打醋碳”表示洁净。毕摩嘴里念念有词。

如果夫妻两个，有一个已先死的，这时要做合灵仪式。要重新做一个灵筒，把夫妻两个的灵放在一起。男的竹节草有草结，女的没有草结。

做这个仪式时，寨邻们会每家拿一碗饭和一块鸡蛋饼来供，做完这个仪式时，把饭收了，把鸡蛋饼分给小孩吃，把灵筒放回家中，这个仪式结束。整个这场丧葬活动也基本结束。只剩下一些善后工作。

在这个仪式中，表面上看起来是一个仪式，实际上会因为情况的不同，衍生出另外的仪式，比如说夫妻两人都已经亡故时，其“寻灵入筒”仪式中就会有一个称为“合灵”的仪式出现。

这些丧祭仪式比较完整地表现了彝族人的精神、观念和信仰，以及价值观等等。

相比六枝彝族的丧祭仪式，其丧祭仪式过程就缺失了许多东西。

在六枝彝族丧祭中，我们看到的主要是装棺、报丧、绕棺、交牲、掩材起山、下葬、扫晦气、扶丧等仪式，而这些仪式主要是“处理”彝族人三个灵魂中“坟墓灵魂”的仪式，而且基本上与普同化的土葬仪式没有太多的区别。一般来说，在彝族的丧祭仪式中，一定要有“处理”“指路归西灵魂”“祖灵筒灵魂”“坟墓灵魂”的仪式，那这样的彝族丧祭仪式才算完整，而在六枝彝族丧祭仪式中，“处理”“指路归西灵魂”“祖灵筒灵魂”的仪式已经基本缺失，而“处理”“坟墓灵魂”的仪式也基本依照的是汉族的土葬仪式，其只有在“交牲”这一环节中还使用彝族的毕摩。正如在第二章中我们看到个案中毕摩说：“抬人上山是汉族先生做……”即六枝彝族人，已经把自己的土葬仪式部分完全放弃了。

当然，这些缺失了的部分会在“边缘性填充”中有自己新的事物出现，也可以在“边缘性异化”中实现自己新的存在。

这样的缺失在其他文化中也有表现，如六枝彝族的节日。

在六枝彝族的节日文化中，大致有春节、三月三祭山神、四月初八、五月初五端午节、吃新节（六月六）、七月半、九月九重阳节八个，但是严格来说，这些节日都不是彝族固有的民族节日。春节主要是汉族的节日，三月三祭山神主要是仡佬族、布依族的节日，四月初八主要是苗族的节日，五月初五端午节主要是汉族的节日，吃新节（六月六）主要是仡佬族的节日，只是被六枝彝族改成了“六月六”，七月半和九月九重阳节也主要是汉族的节日。就节日文化而言，彝族最隆重的节日文化就是“火把节”，但这个节日在六枝彝族中基本被遗失了。

在六枝彝族中，婚姻文化中的这种缺失也比较多，故它的婚姻礼仪也与普同化的传统婚姻礼仪区别不是很大。

在“边缘性缺失”之后，边缘性文化就会走向“边缘性填充”了。

“边缘性填充”就是在文化处于边缘状态时，会失去许多外围性质的文化，并且在失去的同时，也就会有许多的异文化的事物进来，“填充”这样的缺失。在六枝彝族中，其节日文化表现得最为明显。在前面我们看到，在六枝彝族缺失自己的节日文化之后，几乎吸收了所有周边民族的节日来作为自己的节日文化。有汉族的、仡佬族的、苗族的，布依族的，而这几个民族正好就是贵州彝族文化区域“六枝边缘”上的几个民族。

在丧祭中，六枝彝族基本上失去了自己丧祭文化的外在形式，所以，土葬部分完全由汉族先生来举行（替代填充），而祖灵灵魂的处理也很随意，在进行土葬时做个简单仪式就行了，甚至于在事后从坟墓上扯几根草来做个祖灵筒就行了。

可以说，文化在处于边缘状态时，这种“边缘性填充”是经常性发生的。但是，边缘性文化中文化可以发生“边缘性缺失”和“边缘性填充”，但是它却不会因此而丧失其与文化中心的基本认同和改变基本的核心价值观，而且这些东西会以某种形态存在于经过“边缘性缺失”和“边缘性填充”变化的文化中，成为文化边缘文化的基本要素。其在形态上我们称为“边缘性异化”。

"边缘性异化"是边缘文化中的一个重要概念，它是保证文化在处于边缘时不"脱离"文化中心文化意义的根本。在文化的演化和发展中，如果边缘性文化中没有保持好这样的"边缘性异化"文化，那这一文化体就可能脱离文化区域，成为新的文化体，或者说消失在异文化中，而消失这一边际，形成新的边际。

在六枝彝族文化中，边缘的文化核心价值与中心文化的核心价值仍然是同质的，原因就是其"边缘性异化"文化的大量存在。

在六枝彝族丧祭文化中，虽然没有了完整的仪式过程，但它却把对于"指路灵魂"的处理进行了"异化性处理"。即在所有同辈兄弟都全部去世以后，会举行一个总的仪式，请毕摩来念两种经文，一种是"依楼经"，一种是"指路经"。念"依楼经"是为了解除死者一生所有的"罪孽"，使其灵魂洁净。念"指路经"是为了使死者的其中一个灵魂回归到祖先之地，与祖先汇合。

"依楼经"的念诵有些类似于前面所说的"呗耄解冤"，但又有巨大的不同，"呗耄解冤"的仪式复杂多样，非常强调"原罪"意识，会在现实的丧祭仪式中直接解决死者的"愿罪"和"次生罪"，因为这样的仪式举行过后，会有一种宣告，即现实中的一切纠纷和罪责就此结束，不能有族人来"清理"他生前的事了。而"依楼经"念诵所包含的内容却比较虚置，不具体，包含的范围也比较大一些。另外，所面对的死者是一群。按照彝族的丧祭观念，这是一个重要的环节，是不能随便丢掉的。

念"指路经"也是这样的情景。这是一种节约型的丧祭仪式，在这仪式中，要把彝族人的死者灵魂指向西方的祖先之地，才能最后保证彝族人的灵魂意义，有了这样的灵魂意义，才能保持住彝族人的基本核心价值观。

在前面我们看到，彝族的丧祭是一个繁复、多意义的过程，在这个过程中，有许多的仪式存在，但最核心的应该是灵魂的最后洁净和灵魂的最后归属。在文化处于边缘状态的时候，尤其是处于多文化均势状态的时候，其文化是最容易丧失的，最容易被异化的，但是，六枝彝族保持了这两项最为基本的仪式，故他们的彝族灵魂还在。

这样的"边缘性异化"还表现在六枝彝族实行土葬的两个环节中。

一是在死者上山后的"停棺待葬"，即不马上入土，而是以后择日入土。这个环节至今在贵州省所有的彝族地区都得到了完整的保留，而这是一种典型的丧祭文化的异化表现，即贵州彝族虽然实行了土葬，但观念表现上与汉族的土葬观念是有巨大差异的。

二是在埋葬了死者之后，要在坟墓上安置羊的象征性事物。

> "接下来，进行'买地契'，先由毕摩写一张'地契'给大孝子背上，由一个指定的人扛一把锄头，装作卖地的人，口中喊道：'卖地，卖地……'由大孝子扮作买地的人前来买地，答道：'买地葬母（父）。'后面跟着一个抱着鸡的人和一个牵着羊的人，一起随着孝子绕墓穴转三圈，把'地契'烧在井底。然后杀羊，羊血要洒进井里，并把羊角和四只羊蹄都取下来备用。接着，填土砌坟，把取下来的两只羊角放在坟顶上正中部位，四只羊蹄又分别放在坟顶的左右两边。"（见《中寨乡小补王村彝族二次葬仪式》）

“最后将羊角插在坟顶，四条腿按老人所躺的方向分别插在坟的周围，前腿插在头部，后腿插在脚部。”（见《箐口彝族仡佬族布依族乡社勒村丧祭调查》）

土葬可以安置所有依存于土地生存的灵魂，但是，有了这只祭祀羊的头和四只蹄，这样土葬的就可以“标定”是彝族人的灵魂了。在丧祭中献祭羊是彝族丧祭文化最为重要的表现，但是，在其献祭被弱化之后，又在买地仪式中得到强调。这种强调是一种文化补偿，也是一种文化“边缘性异化”表现。

这种“边缘性异化”还表现在六枝彝族的节日文化中。春节这样的汉族节日在六枝的彝族，主要在社勒村的彝族中有自己的理解，即在年初三要送火把到井边。

“送火把。在年初三的早上（天亮之前），村民要来送火把，火把是用竹子制作而成的，这个火把必须在家里的火塘里点燃，由家中的男性老人去送，这个火把要送到水井边或者清水池边，到那个位置将这个火把放到水里灭熄，这样就可以避免火灾和重大的瘟疫病情的发生。”（见《箐口乡社勒村彝族节日文化调查报告》）

这当然不是彝族的火把节，这是彝族关于火把文化的遗迹在春节这一节日中的异化表现，是六枝彝族将火把节的记忆包含在春节这一节日中了。

在六枝彝族文化中，这样的“边缘性异化”文化表现是比较多的，正是依存于这一性质文化的表现，才在一定程度上保持了六枝彝族文化的传统性和六枝彝族文化与黔西北地区彝族中心文化的基本同质性。

三、六枝彝族文化的均势和交互作用

我们在前面说过，六枝彝族文化的边缘性除了它自身文化的表现外，还在于它的文化边际处于一种文化的均势中，并且这种均势还在发生交互作用，推动六枝彝族文化边缘性的形成。这种均势我们以折溪的调查为例。

《六枝折溪彝族乡六堡村调查报告》

时间：2010年1月20日

调查地点：六枝折溪彝族乡六堡村

天气：阴转晴

调查人：吴秋林、叶华、郎丽娜

受访者：柴作良，男，彝族，70岁，六堡村柴家第十一辈，原六堡村小学校长。曾达礼，男，彝族，71岁，六堡村地戏的戏头。

折溪彝族乡位于贵州省六枝特区东南部，其北部与六枝特区落别布依族彝族乡相邻，东部与关岭县坡贡镇接壤，南部与六枝特区郎岱镇相邻，西部与六枝特区陇脚乡相交，西北部与六枝特区新窑乡相接。下辖9个行政村，人口4369户16964人，其中彝族在折溪乡总人口中占90%多，还有苗族、汉族、仡佬族分布。

六堡村位于折溪彝族乡的东南面，距离乡镇府所在地5公里路程，该村由场坝、大寨、黄泥洞3个自然村组成，现有425户1942人，共7个村民组。根据该村老辈人描述，他们的祖辈都是在明洪武年间朱元璋调北征南时来到现在的安顺市七眼桥附近的老堂关一带，现今他们的祖坟仍在安顺，每年清明都会到那里祭拜先人。

根据六堡村柴家人的描述，他们的先人是三位大将军，分别叫作柴天福、柴天德、柴天寿，他们三人受朝廷之命到南方平定北番（他们说可能就是蒙古军），平定之后由于受到朝中奸臣的挑拨，没有班师回朝，而是又被派到南蛮平定叛乱，之后就在现安顺市七眼桥老堂关一带安居，后来又迁居到现在的六堡村。这群人从衣服穿着服饰上与屯堡人类似，妇女穿着大花袖衣，脚穿绣花尖鞋，根据柴其芳大娘所说从1949年后服饰就逐步开始改变，在经过“文化大革命”、改革开放之后，原有的服饰特色就基本消失，大花袖衣已经基本没有了，妇女们都已经改装。他们自称“黎族”“大脚”，他称“里民子”或者“里民人”（这两个名称都含有贬义，并且该名称的起源也不详），而一直到中华人民共和国成立后，于1956年开始民族识别工作，将他们划定为汉族，但到1982年民族识别调整时，又将其认定为“彝族”，直至现在。在采访过程中，当问到为什么一开始把你们划定为汉族，之后又划定为彝族，在场的几位老辈人也都说不清楚，只有一位叫柴作良（今年70岁，六堡村小学原校长，柴家第十一辈）的老人认为，他们被划定为“彝族”是合理的，他曾经去过云南昆明的某个彝族村，看到那里的人穿着的服装与他母亲的服装一模一样。

六堡村有一堂地戏，但经过了解并不是他们的祖先当年从安顺迁往六堡时带过来的，而是因为村中的一座古庙而来，根据曾达礼（男，时年71岁，六堡村地戏的戏头）老人的描述，他们从很早就开始唱地戏，据传是在康熙元年，村中修筑了一座名叫永丰寺的古庙，修庙的匠人告诉村里人，有了庙就应该有堂戏来配合，这样修庙的匠人就帮助六堡从安顺引入了一堂地戏，包括了戏本六本和地戏的脸子（即面具），戏本可以从正月一直唱到三月三，脸子一直保存到中华人民共和国成立后，后来由于一些历史原因被破坏，现在用的这套脸子已经不是老祖传下来的，而是在改革开放后重新从安顺打造的一套，现在六堡地戏演出仍然活跃，每逢春节、三月三等节日都会唱地戏，并且还呈现出一些新的特色，出现了女子地戏，培养了一群中老年妇女来唱地戏。

从节日习俗上来看，六堡村一年中主要有三月三、四月八、端午、六月六、七月半等节日，还有一些节日与永丰寺紧密相连，譬如，正月初三财神会，正月初九玉皇会，正月十五上元会，二月十九观音会（即观音诞辰日），三月三跳戏赶庙会，四月八祭观音，六月十九观音得道，六月二十四雷神会，七月初九到十四中元会，九月十九观音会，十月十八地母会（地藏王菩萨的诞辰），冬月十九太阳会，以上这些“会”都在永丰寺内举行，一般都是村中的女性成员组织参与。

在婚俗方面，一般分为这么几个步骤：

发八字，又分为小八字，即只是找一个媒人上门去说，去定亲，并不用带双方八字；大八字，需要将男女双方的八字写在纸上。

送日子，即定婚期，男方家要带两方（即猪肋骨）两肘，两瓶酒，两瓶水，两只公鸡，两只鸭，三百封糖，三百个粑粑（糖和粑粑的数量具体要由女方家亲戚的数量而定）；女方家要准备两套衣服，两双鞋，到现在又多了两口缸，两把牙刷，还有蜡和炮仗。

接亲，男方要带两套红衣服，两双红鞋，一块红色盖头帕，12 个红鸡蛋，12 个核桃，两把红木梳，两块上头菜（两块小肉，给梳头人），两个红封封（即红包，也给梳头人）。男方家的人到了女方家之后，娘家哥或舅要将姑娘背上轿，在上轿的过程中，先背到堂屋中的斗上，在斗上插上一杆秤，口中念“金鸡飞在梁上，脚踩斗梁四方角，一把筷子 12 双，拿给哥哥买田庄，一把筷子 12 对，拿给哥哥买田地。”之后才能将新娘背上轿子。在新娘离开娘家时，要让新娘哭，在当地有一种说法认为如果新娘不哭的话，就亏了外家（即娘家），娘家人会不高兴，起轿后，除了男方家来接亲的，娘家还要派两个年轻的兄弟和两个老舅陪着新娘一块去男方家，在路上要打着灯笼。到了男方家之后，新郎和新娘要在堂屋中拜堂。

新娘到公公家之后的三天内，不能到其他人家去串门或者走动，只能待在家中。三天之后，新娘要回门，回去的时候男方家又要按女方家亲戚数量的多少，送相应数量的粑粑去。

在彝族人来到六枝一线时，在南边遭遇了布依族人，在东面遭遇了屯堡人，是这两个族群的力量使这一文化边际形成了均势，这样，彝族人在六枝的文化边缘就基本形成，而且在这一边缘中，演化了一系列边缘文化的意义。在这样的均势中，还存在边际文化的运动，有时候这种运动是有文化内因的，有时候又是机械的。

在折溪的这批“里民人”，其族源明显来自屯堡人，但是，他们在 20 世纪 80 年代的“民族识别”中却被认定为“彝族”，而且这个认定还被折溪的“里民人”认同。在六枝，现今的彝族人口有近 6 万人，而属于由“里民人”识别过来的彝族有 3 万多人。这使得六枝的彝族文化表述处于比较尴尬的境地，如果我们说这些“里民人”所带来的文化也是六枝彝族文化的一个组成部分，那六枝彝族就会是另外一个样子，即基本与屯堡人的文化同质了，但是，从“里民人”识别而来的彝族却也自我认同了彝族。我们在六枝彝族文化表述中，没有包含这一部分文化，但我们却不能否认这也是边缘文化的一种表现，即它的存在会包含许多异质的文化，“里民人”的文化被机械地包含其中，就是最为鲜明的例子。

当然，边缘上文化的交互作用有机械的，也有文化内部的，它们都可以视为边缘文化的表现。

第三节 六枝彝族文化边缘意义

六枝彝族文化的边缘意义是多方面的，但我认为“文化边际”是其最为重要的表现。

对于“文化边际”，在本尼迪克特那里被称为“交界处”，但最深入的进行研究和论述的是王晓丽，她在1997年发表在《世界民族》第4期上的《试论边缘文化——现代文化的平面研究》一文中说：“一种文化除了有它的中心与边缘的区分之外，还存在着另一种现象，这种现象在两种或两种以上不同文化特质相遇时，或者在拥有两种以上不同文化的地区内，极易观察到……我将之称为‘文化的边际’。”① 她还认为：“文化的边际是指在某一地区直接反映出的不同文化之间的差异，它可以确定性地刻画出‘你文化’与‘我文化’的区别，明确地体现着文化的界线，是对文化的质的描写。”②

王晓丽认为，形成文化边际有以下的条件和意义：一是每种文化本身存在的特质，是文化边际存在的必要条件。二是文化边际是一条文化界线。三是文化边际的社会效果。

在“文化边际存在的必要条件”上，王晓丽认为：“同一地区不同文化的共存，是文化边际显示的先决条件。也就是说，能进行文化对比的地方，就是文化边际存在的地方；文化边际只有在文化的对比之中才能找到，单一文化中看不到文化边际。文化的对比实际上是一种文化特质与另一种文化特质的对比，单一文化不显示文化特质，仅仅显示文化内容和文化现象，质的特殊性只有参照不同的文化才能反映出来。”（王晓丽．试论边缘文化——现代文化的平面研究［J］．世界民族，1997年第4期．）这样的边际条件在六枝彝族文化中是显而易见的，它不但处在两种文化的对比中，而且还处于多种文化的对比中，屯堡人、苗族、布依族、仡佬族、汉族等等。这样多种文化的共存，形成了错综复杂的文化边际，并且在文化的交流和互动上产生了多种形态。

在“文化边际是一条文化界线”上，王晓丽认为：“文化的界线原本很难确定，而我们在生活中又实实在在地感觉到文化是有界线的，它那么清晰，那么易于描述，就在我们眼前，谁都可以指证它。……文化边际所说的正是文化与文化对比时，由于行为、观念上的不同而形成文化的质的分界。”③ 在这条边际线上，每种文化的对立存在都在对方的眼中不屑一顾的。“那些对于我们似乎是最重要的生活侧面，在那些其文化丰富而又志趣相异的部族看来，却是不屑一顾的东西。甚或同一特性会被他们

① 王晓丽．试论边缘文化——现代文化的平面研究［J］．世界民族，1997年第4期．
② 王晓丽．试论边缘文化——现代文化的平面研究［J］．世界民族，1997年第4期．
③ 王晓丽．试论边缘文化——现代文化的平面研究［J］．世界民族，1997年第4期．

搞得非常繁复精巧，以至可能被我们看成稀奇古怪的东西了。"① 文化边际正是在这种文化对立的心理认知上被显示出来的。"不同文化所追求的那些形成对照的东西，在它们那些有关风俗的基础上形成的不同意向，对于理解不同的社会秩序和不同的个人心理来说都是些基本的东西。"② 在文化的边际上，能够形成对立的文化往往是一些质的东西，这样才能构成文化边际的对比。

在文化边际线的文化意义上，王晓丽给予了很深入的论述，她说：

"这些形成对照的东西，从平面上看是一条线，一条区别出我、你、他的参照线。当然，这条线不是鸿沟，也不是隔阂，它只说明每一种文化都存在质的特殊性，决定文化与文化的不同，展示着人类文化的丰富多彩。"

"文化边际证明某地区是多元文化并存的地区，不论这种并存的方式是相容的还是冲突的，这一地区至少存在两种文化。单一文化下人们无须进行文化的对比和区别，不存在对比和区别的参照条件，因此，看不到文化的边际。当文化边际显现出来的时候，这里已经是文化相遇和相撞的状态。"

"文化边际反映出人的流动和文化随着人的流动方向流动，边际则由于文化流动时出现的文化碰撞而显现。因此，文化边际的产生是不可避免的，是现代社会中的普遍现象，因而对边际文化的研究就成为极其重要的文化研究领域。"③

王晓丽的这些论述，正好表明了六枝彝族文化的边际意义和性质。在六枝彝族文化中，这种文化边际的多彩是随处可见的，就如生态学种的边缘效应一样，在这条边际上它积聚了许多的文化能量和文化表现，使得边缘上的文化与文化中心的文化既同质有异样。另外，从这里我们亦能够深刻认识到，我们论述六枝彝族文化的边缘文化意义，实际上也是要展示其文化边际的意义。

在"文化边际的社会效果"上，王晓丽认为："文化边际对社会的影响是正面和负面双向的。……人们并不是一开始就能做到或始终都能做到明确自身的文化行为，这是需要条件的。文化边际的存在提供了这种条件，它使'我文化'的特征与'你文化'的区别变得很清晰，使人们对自己本文化的意识不仅明确，而且逐渐强化起来。费孝通先生所说的对自己的和他人的'文化自觉'，意识上'我'与'你'的不同，也会在文化上显示出来。"④ 这就如 P. K 博克所说："人类群体中大部分显著的差异是由文化决定的。不论你所讲的语言、使用的工具、偏好的食物、选择的职业，还是你对美妙的、神奇的事物的观念，无不是首先依从于你生长在其中的群体的文化。"⑤

在这种文化机制下确立的文化边际，往往会出现正、反两个方面的影响。在正面

① [美] 露丝·本尼迪克特．文化模式 [M]．王炜等译，北京：生活·读书·新知三联书店，1988 年，第 5 页．

② [美] 露丝·本尼迪克特．文化模式 [M]．王炜等译，北京：生活·读书·新知三联书店，1988 年，第 11 页．

③ 王晓丽．试论边缘文化——现代文化的平面研究 [J]．世界民族，1997 年第 4 期．

④ 王晓丽．试论边缘文化——现代文化的平面研究 [J]．世界民族，1997 年第 4 期．

⑤ [美] P. K 博克著、余兴安等译．多元文化与社会进步 [M]．沈阳：辽宁人民出版社，1988 年，第 12 页．

的影响中，我们以为会出现“文化边际的存在会强化同一文化的认同心理，稳固自身文化的某些特征，使其形成不易变化的内容。”① 在六枝彝族边缘文化中，其边际被绝大多数人所认知，而且明确地促进了民族自身的认同。比如说在社勒村，社勒村人就比较坚持地认为，他们在大年初三的送火把，就是他们的“火把节”。折溪的“里民人”的彝族认同也是这样的表现。

而在负面的影响中，王晓丽认为：“文化边际的存在有显化和激活民族主义的可能。民族主义最核心的内容是本民族利益至上，最大的特征是排他性。文化边际的存在正好显示着两种或两种以上的文化对立，而文化自身是有张力的，文化张力与张力之间存在互动与反互动，互渗与反互渗的摩擦，这种摩擦凸现时，便产生利益问题。多一个参照者便多一个利益上的分割对手，使原本可能不明显的民族主义因为文化边际的提示和其他社会矛盾的淡化而显现出来。”②

在六枝彝族文化的文化边际中，应该说这样的负面影响是不存在的，因为在六枝彝族文化的文化边际中，其错综复杂的多边交错关系，民族与民族之间的深刻的文化关联性，等等，都制约了民族主义的产生和存在。

在王晓丽的文化边际研究中，她还给定了一个“文化边际值”的概念：“通常情况下文化会发生程度不同的变化；有的保留大部分原有文化的内容和现象（但被保留的文化内容也因时代的变迁或受周围文化的影响而在形式上有所改变）；有的保留少部分原有文化的内容和形式，而大部分内容已经基本消失或完全消失；有的文化内容和文化现象则发生了很大的变异，或者是吸收了异文化的内容，或者仅剩下名称，而内容已完全改变，也有可能整个文化本身已经不存在，留给我们的仅仅是传说、史料和考古文献等。哪些是保留的，哪些是新吸收的，哪些又是消失的，能不能用较确定的概念来加以量化呢？文化能划出界线，文化也可以定量。我设定‘文化的边际值’来叙述文化的定量情况。”③

这是受西方工具理性思维方式影响的方式，也是比较有趣的方式。

王晓丽在进一步解说“文化边际值”时，又给定了一系列的概念。

“关于文化的边际值是指可以观察和证明的某种文化的保留、衰减和吸纳的波动状态，它是文化的量化尺度，是文化的变化曲线。”

“首先，文化的边际值是对现存的和各种已经存在过的文化内容和文化现象的考察，它是确定的，是客观实在的。”

“其次，文化的边际值是用最大值、最小值和新增值等来规定文化变化的定量内容。”

“继承和保留下来的文化内容和文化现象为文化的最大边际值。如认同心理，包括民族认同、国籍认同、祖籍认同、语言认同等等，都体现为维持和保留某种文化核心的作用。它最不容易消失，又最容易被激活。在多种文化现象中，它的凝聚作用最

① 王晓丽．试论边缘文化——现代文化的平面研究［J］．世界民族，1997年第4期．
② 王晓丽．试论边缘文化——现代文化的平面研究［J］．世界民族，1997年第4期．
③ 王晓丽．试论边缘文化——现代文化的平面研究［J］．世界民族，1997年第4期．

易显现。所以说，认同心理是文化边际值的最大值之一。再比如价值观念，它经常是一段时期内驾驭人们行为的准则很难改变，从而体现出最大值作用……”

“曾经有过但调查时已完全丧失掉的文化内容和文化现象为文化的最小边际值……最小值的考察反映出文化的变迁结果或变迁的过程，也是人类学家和民族学家在追溯人类社会如何起源、如何发展时最重要的部分，因为许多文化的因素不是可以通过考古和实物能够证实的，当它在边际上消失的时候，便成为不可逆转的事实。”①

但是，文化的边际值的应用是有特定要求的。

“文化的边际值是以每一次考察的具体对象来限定取值范围的。我们的考察只能在某一具体文化体系上进行，只能对某一具体文化体系的各个项目做一定量分析。而每一具体文化体系的形成和变化是不一样的，变化原因和变化方式也是不一致的。不是所有的文化体系都只有一种文化的最大或最小边际值，或者说，各种文化的最大边际值和最小边际值的保留是不一样的，甲文化可能表现为这样一些文化的最大边际值和最小边际值，乙文化则可能保留另外一些文化的最大边际值，或丢失另外一些文化的最小边际值，考察结果不同。同时，考察的目的也不同，有的是为取得最大值，看看保留了多少文化传统；有的则是为获得新增值或最小值的对比，研究该文化对异文化的容忍情况、自身发展状况和发展速度，这就决定文化边际值对每一具体文化体系取值的结果是多样化的。”②

即在王晓丽的“文化边际值”的认知方法论中有自己特定使用方法，与工具理性的僵硬有很大的不同，她做了适应性调整。

在“文化边际值”的特性表述中，王晓丽认为其有五个方面：

（1）直观性。文化边际值用以解释文化因素的保留、衰变和新增状况，而文化的保留衰变和新增状况是要用具体的文化内容来证明的。

（2）文化边际值是可以反复证明的。文化是发展的，文化的具体内容是不断更新和变化的。文化的边际值解释和证明这种更新和变化，追踪这种更新和变化，因此文化边际值是可以反复证明的。

（3）文化的边际值是波动的。不论是某种文化还是某种文化现象，都随着人们生产和生活的不断发展而发生变化，这就使文化的边际值处于波动的状态之中。文化边际值的波动只是文化变迁状态和文化变迁过程的反映。从这个意义上讲，文化边际值是所有文化普遍存在的现象；对文化边际值的考察是定量地解释文化现状、文化变迁和文化波动的普遍的、具体有效的方法。

（4）文化的边际值在文化的中心区和文化的边缘区都可以找到。换句话说，文化的边际值存在于文化涉及的所有区域之中。

（5）无论是对最大值还是对最小值的考察，都会发现新增值的存在。任何民族在丧失和衰减中心文化的某些内容时，也不会变成没有文化的民族。文化边际值在衰减的时刻不是单一地剪除某些文化特征，也不是原有文化因素量上的削减，而是在放

① 王晓丽．试论边缘文化——现代文化的平面研究［J］．世界民族，1997年第4期．
② 王晓丽．试论边缘文化——现代文化的平面研究［J］．世界民族，1997年第4期．

弃某些文化内容的同时，就已经吸收了异文化或产生了一种新的文化内容，以满足人们现实的生活需求。这是一个文化的替代和更新过程。①

在六枝彝族文化中，我们基本认为它是一种边缘文化的表现，但这种文化的价值意义何在？我们在对王晓丽的“文化边际值”的讨论中，实际上就可以看到这样的边际线和文化边际值在六枝彝族文化中的呈现。在六枝彝族文化中，民族认同、祖籍认同、语言认同、服饰认同等文化心理认同因素都完好存在，这是边缘文化中的最大边际值的第一表现。在价值观念上，在六枝彝族文化中也基本保持了原来的体系，比如说其丧祭仪式中土葬已经退缩到了让汉族先生来主持，但献牲仍然是毕摩的事情，献祭仍然是彝族式样的。再则，虽然不能给每一个死去的人都及时举行指路仪式，但在这一辈人全部死亡之后，这些彝族人的祖先灵魂也还是要通过仪式指往西方祖先之地的。

在六枝彝族文化中，文化边际的最小值也普遍存在，因为在六枝彝族文化中，我们已经看不到许多彝族文化的“曾经有过但调查时已完全丧失掉的文化内容和文化现象”。比如说节日中的火把节，这个节日在彝族人中有着极为深厚的历史记忆，它的举行不仅是聚会和狂欢，也不仅是为男女的婚姻交流提供场所，它是与彝族的迁徙和历史命运的转变紧密联系的……所以，失掉了这一节日事物，就完全到了其文化边际的最小值上。当然，现今六枝彝族试图改变这种状态，至少已经有了这样的心理驱动力表现，为什么？不就是为了改变这一文化的文化边际最小值嘛！

在六枝彝族边缘文化的文化边际值的认知中，我们还可以从文化边际值的五个特性上来进一步认识它。

“直观性”是“文化边际值”的第一特性。即“文化边际值”我们是可以在文化中直接观察到，以及需要用具体的实际存在的文化事物来说明的。在前面所有的关于六枝彝族文化的表述中，基本上都可以证明这种直观性，它文化的衰变、植入、演化……我们都可以看到和说明、表述等等。

“文化边际值是可以反复证明的”这一特性在六枝彝族文化中也充分体现出来。我们在上述的叙述中，不难看出其文化的变化和发展性质，我们可以预测其文化会向哪个方向发展，会进一步失去什么，会进一步保留什么，会进一步替换什么，会进一步演化什么……也就是说，六枝彝族文化会不断地证明“文化边际值”的存在和意义，因为它是一个变化发展的过程。

“文化边际值是波动的”这一特性与前一特性紧紧关联，因为变化和发展其“文化边际值”就会产生必然性的波动。比如说六枝彝族文化量值在20世纪80年代民族未识别时是一个变量，那么在20世纪80年代民族已经识别后，就是一个新的变量，不管这个变量是关于“文化边际值”的最大值还是最小值，它都发生了波动。

在王晓丽的文化边际值特性的表述中，她还认为文化的边际值是随处可见的，在文化的任何一个部分都可以看到文化边际值的存在。我们以为有一定道理，但这已经

① 王晓丽. 试论边缘文化——现代文化的平面研究［J］. 世界民族，1997年第4期.

不是一个平面文化上的问题了。

“无论是对最大值还是对最小值的考察，都会发现新增值的存在”是“文化边际值”的最后一个特性表现，这在六枝彝族文化中亦是显而易见的。比如说在丧祭文化的“新增值”，在节日文化上的“新增值”，在婚姻习俗上的“新增值”。尤其是在节日文化上，六枝彝族几乎来者不拒。并且在节日文化表现上，最能够表现其文化边际上的文化交流。

六枝彝族文化的边缘文化意义论述，最后我们还得回到王晓丽的关于“讨论文化边际值的意义”上来，因为她的表述最能够说明我们今天论述的论题。

王晓丽认为，讨论文化边际值的意义有以下几个方面：

（1）对文化边际值的讨论，可以从人们对异文化的吸纳或排斥中看出人们对单一文化认同的增减情况，最容易发现多种文化的互渗和互动，发现文化变迁的取向。

（2）文化边际值的存在，使同一文化体系内的人们对自身行为的解释多样化。

（3）寻找最佳文化边际值的构成状态和最佳文化边际值的波动状态。[①]

在前两个方面，我们已经有了一系列的论述，故第三个“寻找最佳文化边际值的构成状态和最佳文化边际值的波动状态”应该是我们的“终极”。

“社会与社区在文化边际值构成上处于什么样状态下最稳定？人们在一个时期内能接受多大的文化边际值波动？人们能不能对文化边际值产生主动的影响，即能不能人为地调节文化边际值？能不能找到两个最佳状态，即最佳构成状态和最佳波动状态？如果能找到文化边际值的最佳构成，我们就能减少文化间的冲突。”（王晓丽.试论边缘文化——现代文化的平面研究［J］. 世界民族，1997 年第 4 期 .）

在六枝彝族文化的表现中，我们以为在数百年的文化变迁和发展中，其已经形成了稳定的文化边际状态，已经是一个自然形成的“最佳文化边际值的构成状态和最佳文化边际值的波动状态”。原因可能是多方面的，但文化边际的均势应该是一个基本的原因。我们在调查中不难发现，在这条大约于明代形成的文化边际线上，文化力量的各方面，都没有改变这种边际存在的文化欲望，也没有改变这种文化均势的力量，更为重要的是，也没有改变这种文化边际的必要。在彝族人的社勒村的对面，是仡佬族人的居都村，在社勒村的右面是布依族人的麻翁村，在社勒村的左面是苗族人的过瓦村，但是，在旧有的时代，这四个民族却很少发生族际间的婚姻。这说明，这四种族际间都在极力保持自己的文化，“保护”各自的文化边际，但是，在地域性的一些文化表现中，他们却都表现一系列的同一性，比如祭山神这样的祭祀仪式，在四个民族中都有。

最后，我们还是借用王晓丽的一段话来作为本书的总结。

“文化的冲突是没有结果的冲突，或者说是两败俱伤的冲突。任何一方的最终所得都不会是所求，至少不是完全的甚至大部分的所求。文化边际值的存在证明，人类不必用冲突的方式解决文化间的差异，可以用协调的方式调整共有的边际值，寻求一

① 王晓丽. 试论边缘文化——现代文化的平面研究［J］. 世界民族，1997 年第 4 期.

条共存的出路。”

这也是我们研究六枝彝族文化的边缘性质的最大愿望，而于此的研究不但完成了我们在文化人类学传播学派理论的学习，也完成了我们的关于这一文化边际线的“最佳文化边际值的构成状态和最佳文化边际值的波动状态”的“发现”。我们之所以强调这一点，是因为中国有几千年处理族际关系的智慧和经验，六枝彝族这样的边缘文化表现，实际上就是中国几千年处理族际关系的智慧和经验的一个典型事例，在中国，尤其是在中国的南方地区，这种研究对于我们认识错综复杂的族际分布和族际文化关系，意义是重大的。

附录：贵州彝族土司革命者——安健

编者按：在20世纪初叶，从贵州省郎岱县上官地方走出了一位在贵州省赫赫有名的国民革命的先驱者——安健。安健，是郎岱地方的一个彝族土司，其田产、家资丰厚，生活十分优裕。安健在1905年东渡日本留学期间，参加了孙中山领导的同盟会，成为中国国民革命的元老之一，为中国的国民革命，打倒清朝的封建帝制贡献了自己的一生，是贵州少数民族革命者中的佼佼者。其子女在后来也都参加了中国革命，加入了中国共产党，投身于中国革命的洪流之中，为中国革命和贵州的革命与建设做出了自己应有的贡献。《文化边缘——六枝彝族文化研究》一书，虽然是以民族学的理论与方法对六枝彝族民族文化进行的民族学研究，但其作为旧时代六枝彝族上层人士的一系列革命经历，亦是六枝彝族历史文化的重要组成部分，故我们把“安健生平”等四篇文章作为本书的附录，以史鉴今。

一、安健生平

安健，字舜卿，又名舜钦。彝族。去世后被南京国民政府追赠为陆军上将。1877年8月22日出生于贵州省郎岱县。

1897年，20岁的安健离开家乡，到安顺府考取附生（即秀才），就读于府学。

1905年5月，为了寻求救国救民之道，安健离开贵阳，到上海乘船东渡日本。8月20日，孙中山在东京召开同盟大会，安健也加入了同盟会。

1907年4月，广西钦州、廉州“三那”（即那黎、那彭、那思）地区爆发了刘思裕领导的大规模的抗捐运动，清政府派巡防营统领郭人漳和新军标统赵声（同盟会成员）前往镇压，孙中山认为这是一个发动起义的好机会，派人去郭人漳、赵声军中活动。安健受孙中山指派，参加了这次史称“钦廉之役”的武装活动。

1908年3月29日，孙中山命黄明堂、王和顺发动“河口起义”安健积极起义，清军六营600余人相继投降。此役缴获清军枪支1000余支，子弹20万发。5月下旬，清政府调集云、桂、川、黔清军数万人向河口革命军反扑，相持20多天，起义军弹尽粮绝，安健等600余人退入越南。

1908年，安健回到家乡贵州郎岱，按照孙中山在旧金山参加洪门致公堂及帮助该堂订立章程的办法，先与刘显臣、罗国昌、江福初、陈福卿等16人结拜兄弟，继而利用这些帮会成员，建立自治学社郎岱分社。

由于安健及贵州革命者的努力，贵州于1911年11月4日光复，推翻了清朝在贵州的统治。贵州光复后，孙中山派安健回国赴贵州指导工作。

由于安健家是彝族土司，孙中山还多次委派他到包括贵州威宁、水城在内的广大彝族地区开展工作，发动这些地区的少数民族人民起来斗争。

中华革命党于1915年1月1日在东京召开反对袁世凯复辟帝制大会，与会者千余人，孙中山发表《讨袁檄文》痛斥袁世凯罪行。孙中山任命安健为中华革命军贵州司令长官，席正铭为贵州司令长官部参谋长，并拨款5000元作为活动经费。

1917年8月25日，在广州召开国会非常会议，组织军政府，孙中山被推举为大元帅。安健于9月29日被任命为军政府的中将参议，成为孙中山处理西南，尤其是贵州方面问题的得力助手。

1925年，为在黔军中组织北伐力量。安健四处奔走，耐心劝说开导。黔军彭汉章、王天培部接受广州革命政府的领导，编为国民革命军第九军、第十军，黔军总司令袁祖铭也接受广州革命政府的任命，担任国民革命军左翼总指挥职务。为加强对新编部队的领导，广州革命政府任命安健担任第九军的党代表。

1927年，蒋介石、汪精卫相继叛变革命，大革命失败。安健于1927年悄然离开武汉，到达昆明。安健到达昆明后，受聘担任云南省政府驻粤代表。广东省政府在中山大学"清党"，抓了许多进步学生，安健以云南省驻粤代表的身份与其他人一起保释了部分学生出狱。

1928年，安健奔走于云、贵之间，参与倒周（西成）的活动。这期间，蒋介石一再电请安健去南京"共商国是"，同时邀请安健出任交通部或外交次长，但均被安健拒绝。蒋介石对此恼羞成怒，转而对安健进行通缉。

1929年6月，安健参与李森、龙云推翻周西成在贵州统治的军事行动，结果，周西成战死于贵州镇宁，李、安夺取贵州省政权。

安健一面与蒋介石等右派作斗争，同时还积极撰写文章，研究少数民族问题，先后写了《贵州土司状况》等发表于报纸杂志。

1929年10月12日，安健因病去世于昆明法国医院，享年52岁。由于云南国民党省党部和原同盟会诸多老会员力争，国民党南京政府追赠安健为陆军上将，予以一等抚恤。

（原载《国民党高级将领传略》华文出版社1995年9月第二版）

二、贵州南龙桥土司安健劝滇蜀桂黔诸土司文（转录《民立报》）

仆，贵州安顺郎岱厅属之长官司也。幼不逊弟，长而无述，食粟而已。每念"慈君不能爱无益之子，仁君不能蓄无用之臣"一言，未偿不抚躬自悼、彷徨终夜。

惧先人之祀，将自我而斩，而清政府胙土分茅之恩，不得与河山并永也。当甲辰（1904）乙巳（1905）之交，林侍郎绍年抚黔时，尝请咨赴日本留学，以性懒散，致迟迟未果。今岁仲春，由京东渡，考查夫彼都人士之纳身轨物，各安其身，各遂其性，益恍然吾国衰弱之所由然。又进而观其所谓华族者，贫者除俸给外，无地立锥，富者所入年数百万，而两者之间，各安其分定，从不闻有纷争诟谇之事。王侯子弟当就学之年，与牛医儿、菜佣子一例出外就傅，不闻有骄淫矜夸敢自放废者。记曾于故纸堆中，拾得去岁残缺新闻纸一则，云执政某公爵性嗜柑，有园若干亩，悉种柑，手自培壅，收租吏赋之过当，某怒曰："乃公从政之暇，手胼足胝，仅得此柑，汝等乃忍箕敛之耶？法不可挠，纳税如律可也。"若此者，不又见虽贵族不敢自外于法耶！如此种种，实足为吾诸同胞矜式。仆本拟暇时搜集见闻，少有陈述，以为吾四省同胞告，不谓诸同胞之自绝于天，竟有如近日轰传云吾四省土司同胞，将联合乞保护于法国，以抗清廷改土归流之政策者，遍载各报，不得谓全属子虚乌有之事。意者吾四省同胞，悻悻然怒清政府之抚御失策，又惑于为虎作伥一二汉奸之言，乃冒昧有此成议耶！吾独怪吾四省同胞中，竟无一二老成深虑之人，彻前彻后，通盘合算，一决利害，乃坐听浮薄叫嚣者，一唱百合，明目张胆，躬蹈倾宗覆家之祸，将先代数千年之礼祀、子孙无穷之富贵孤注一掷，不忍小忿而陷大恶，速全国分崩离析之祸。如今日者，无亦传之非其真耶，耿耿杞忧，非言可喻，愿就愚见所及，为诸同胞策之。如大错已铸成，则系铃解铃，能发能收，挽救之术，又甚易易；如本无是事，只各报之记载失实，则刍荛之言，于劝孝劝忠之旨，不无少有涓埃之助，仍愿诸同胞一俯听之也。

就诸同胞之意计中，实有五惑三谬见。敢推心置腹，披肝沥胆，一一解析而明辩之。何谓五惑？曰：土汉之成见，主客之臆断，种族革命之错信，官吏之凌暴，自身之不能自存活，几几乎有日趋衰亡之势。五者相因，乃生三谬见：一、中国必不可救药，不如舍旧谋新；二、外人招徕如恐不及，必不夺我世守之地；三、有所凭藉，积不能兼容之宿怨，可以报复。种种梦想，如环无端，庸非今日唱乞援主义者之所最主张哉！汉人本恢恢有容，必不自矜其种姓，进于中国则中国之。吴越秦楚，在未通中国以前视之，与长狄陆浑究有何别。且自五胡扰晋以后，即大姓如张、刘、王、赵，亦且夷汉各半，未闻汉人曰：某某羌出也，某某氏出也，宜不得冒我姓字。可知同化于汉人者，汉人决不异视之。吾人数千年宗教风俗，都混合无迹，且杂居羼处，耦俱无猜。数千年来，即真有土汉之别，亦当消化无迹，况乎所谓土者，禀姓受氏，孰非黄帝尧舜之子孙？特当日远殖蛮荒，声息隔绝，中原文物日趋不变，而鄙陋在夷者故步自封，遂觉獉獉莽莽，隔阂于文化之外，自成部落，秦汉而降，渐通中国。京华冠盖，何一非蛮夷大长之伯叔舅孙！年湮代远，谱系无存，羲轩之后，且降为舆台，又何怪不学无术者之蛮夷、戎狄视我哉！夫九黎三苗与防风氏，尚俱为神农之后；庄娇王滇，顺金沙江而下殖于蜀，凡滇蜀土司，氏族虽繁，同颛顼之一脉；象封有庳，西南移殖，在广西为岑田龙诸氏，在贵州为奢、为安、为余、为沙诸氏，派别虽殊，溯源则一，博搜载籍，固有蛛丝蛇迹之可寻。汉不异视我．而我自惑于诸不经之谈，不识古昔人种移殖之原，妄存畛域，自生隔阂，翘然立异于匪寇婚媾之汉族，牢守不破。此惑者一也。

吾属世受国恩，采邑所人，或比大郡，不耕而食，不织而衣，襁褓之中，便邀爵命，除今帝室天潢之亲，及古圣先贤与夫勋臣之胤外，即当屈指吾侪。彼周秦汉晋，宗社一屋，其孙子便下侪齐民，反是吾人以祖先效顺之荫，蝉递至今，削地除封，未尝有闻。虽康熙时亦曾以鄂文端之建策，改土归流，然特欲统一事权，非必夺我恒产令陷饥寒。今清廷之所议，亦仍为此疆尔界，犬牙相错，强邻迫处，易起纷争，设流官使责成有规，正所以保全吾等，岂曰贪吾所有哉？中国地大物博，东三省为其起基，历代冠剑之所藏，时局所迫，尚不得不俯许互市，而谓弃文轩而涎敝舆乎？惑于彼客我主之说，拘迂土地世守之议，弃顺效逆，祖先有知，其恫其怨，曷其有极！夫滇、蜀、桂、黔，在吾祖先不过有优先移殖之权，比六朝五代偏安割据，尚有惭德，宁足妄比一统受命之王，纳地人款，已多历年，世其圭笏，本属无二殊恩，而云鸟择木乎。此惑者二也。

汉族中少年，尝唱革命排满之言，即就彼所谓种族革命者，亦第以翘异于汉族之满人，不以平等相待，乃积不能平，而有此不择之音。若吾人同化有年，宗教语言，起居服食，都无差别，而谓不嫉视异言殊教回藏诸族，汉族乃嫉视我乎？且我等即受汉族排斥，当自思所以招之之道。直道而事人，焉往而不三黜？枉道而事人，何必去父母之邦？可以反面思之也。不容于廓其有容之汉族，而谓窃邑奔去，能见容于言语不通嗜欲不同、宗教信仰相背而驰、皮肤毛发一见判然、骄夸凶暴疾视黄人之碧眼黄须乎！弓藏狗烹，恐不必待鸟尽兔死之日。杀汝璧将焉往？不能不代为寒心矣！天之所助者，顺也；人之所助者，信也。倒行逆施，所以速祸也。摭拾浮言，不思实际，切身利害，乃决于浮薄叫嚣之一言。此惑者三也。

世禄之家，鲜克由礼，匪今思今，振古如兹。惟吾辈土司，则积习尤甚，隔绝朝市，远在遐荒，目不睹宫阙廷庙之壮丽，身不接冠冕措绅之雍容，耳不闻清庙明堂之和乐，庞然自得，惟我独尊，夷女蛮童，歌舞满前，田夫野老，蒲伏上寿，意气之豪，几谓汉家功德与我孰多！土地与我孰广！夜郎王口吻，不独吾黔中土司，得其嫡派真传已也。骄奢淫佚（逸），不能闭门为乐，而同类之夸多斗靡以起，浸假而因嫉生怨，浸假而因怨成仇，械斗争杀，时有所闻，微特干国之纪为不忠，即戕贼同类，身陷刑戮，亦为不孝之尤，人必自侮，而后人侮之。官吏残虐，只能荼毒细民耳。如吾辈俨然巨室，使束身自好，纳于轨物之中，将如何者？已触法网，自然狱吏为尊，地方官有诘奸禁暴之责，其屠毒摧残我，非屠毒摧残土司，乃屠毒摧残罪人也。法不可仇，仇法，是仇国也。虽土司中，不少矩行规步奉公守法之人，而一二不良之官吏，率举一以例余，藉端凌虐，则亦由怀璧之故，所谓泽麋虎皮众射之的是也。不思世荷国恩，负屏藩干城之责，终日饱食暖衣，无所事事，为粟之蠹，为木之蛀，不有人祸，必有天刑。苟内自讼，当愧汗淋漓，又何暇怨人，而乃睊睊于执法之吏乎！此惑者四也。

衣租食税，坐拥厚资，甚或苛敛其佃人以实其橐，夫不知稼穑之艰难，又多行不义，有悖入之货，自然易流人骄奢一路。一人倡其先，竞相模仿，以有限之蓄积，供无底止之挥霍，为不疾而用不舒，穷拙亦自然之势已，岁岁支绌，已骎骎乎有五月卖丝六月卖谷之势，一遇水旱偏灾，或吉凶庆吊之事，下无以征佃民之纳赋，上无以应官府之催科，内无以支家人之生活，外无以给朋从之酬酢，而表面装潢，亦即有年。由啬而丰者人羡之，由丰而啬者人将笑之。中干而外愈不得不强，质田鬻屋，千疮百孔，久之习若固然，遂至一燕会一祭扫之微，亦必举债，子母累累，不恤举历世递承之产以付债家，生活既穷，又习惯骄惰，一腔悲忿，不思所以致止之由悉缘自取，而迁怒于乘势剥削我之客族。此惑者五也。

一二留心时局者，眼光渺小，不足与言彰往而察来。本其龃龉不合之主观，一切所见，悉觉非是，不必有厌世之心，而不免有厌中国之心。列子不云乎：人有亡鈇者，意其邻之子，视其行步窃鈇也，颜色窃鈇也，言语窃鈇也，动作态度无为而不窃鈇也。俄而扣谷而得其鈇，它日复视邻人之子，作动态度无似窃鈇者。志荧于内者，形惑于外，事物之真相，遂与所观察者相背而驰。今吾四省土司中，不有强作解人，自谓能了然于现世大势者乎。据彼所见，岂不以畇畇禹甸，必无再振之望，三四年或五六年，便当任人分剖。与其事后而作亡国俘虏，无如几先而为识时俊杰，臣仆安往而不臣仆。小国之一，何如大国之三，即无改土归流之议，尚将去汝适彼乐国，况乎有词可托乎哉！举地外属，中国鞭长不及，既不患追亡，彼人得寸则寸，得尺则尺，以劝来者，宜善抚我，不虑不指河山以为盟，俾勿坠先烈，即不敢望陈敬仲鸣凤之占，亦决不至有臧孙振鹰鹊之逐。中国官吏，即责有烦言，亦不惧其索逋求判，纵令索之求之，彼人亦必振振有词，为我庇护也。苟若此，不但服属于弱小之耻可雪，即积年与客族积不相能之仇怨，亦可恃强援以报之。粢盛可备，宗祀不斩，仁也；时可而动，义也；舍弱事强，礼也；转危为安，智也；约成乃行，信也。有此五者，何惮而束手坐待清廷之剥夺我土地人民！不思一为变计哉，则固三谬见之蝉递相承，一误再误也。夫千足之虫，死而不僵，狡狗之肉，虽死尤濡，治乱兴衰之数，何国蔑有！强邻相压，便被吞并，则世界当早成大一统之国，无复角立竞争之局。况中国四千余年文明之历史，四万万余伟大之民族，果众志成城，牛虽瘠，加于豚上，胜败之数，岂云未可逆都耶？特今者值新旧过渡之期，百事草创，黠者因缘为奸，愚者所见不远，行政方针，不无少有谬误之处。然谓其欲为善政而不能，则可；谓其故为不善之政，则不可。今之改土归流之举，谓清廷有意督过土司，或竟欲驱逐土司。得耶！

徒以一二浅虑贪功之人，惩于某土司之桀骜抗命，遂以为四省土司悉如某也，知其一不知其二，率尔人告。而清廷达官，不了了于历代建置土官之所以然，第见鄂文端行之于前而有效，我仿而行之，我亦一鄂文端也。拓土，美名也，设官，大利也，岂曰以固吾圉而已。委东北数千里之地于虎狼者，拓西北数千里之地于羁縻郡，虽曰得失不偿，亦聊以解嘲而自慰也，不知流可尽归者。鄂文端当日，何不作一劳永逸之计，在昔不可，而今则可。今者疆吏之明干，有贤于昔耶；枢臣之操纵，有巧于昔耶；清廷之财力军威、民人之安抚效命，有加于昔耶。何不一一絜短较长，猝欲悦以犯难也。此所谓欲为善政而不能也。然而济济盈廷，谓秦无人，是固不可。吾知因吾四省土司同胞之将铤而走险，一二老成硕望之达者，静察大势，知此举之非出万全，力图善后，以免一言丧邦之祸者，必有其人。和众而善邻，柔远而绥近，弊去其大甚而已。积习非一朝可革，美俗非一蹴可几，劳之来之，教之诲之，土司虽顽梗，亦具人心。衣不如新，人不如故，平情准理，相见以天，安见斤斤内讧者，不天良激发，化蠢动为蚁附，且移其好勇斗狠之气以同仇御侮耶，疆圉又安，外宁而后内可治。及是时明其政刑，又何患狼贪蛇毒哉。移转之间，自足起贫弱为富强。天压中土之说，宁非大谬乎？则第一谬见可破也。

皙种之骄戾，无复人理，其最甚者，厥惟对待异教之人。彼于同种，苟新旧教殊，一见便各欲割刃其腹，况素相冰炭如吾中土之教义哉！穷而相投，非不抚而噢咻之。然非怜我无告，特利用我以肆其狡焉思启之志耳。我甘心为之媒囮，已非须眉丈夫之所为，况将举吾数千年祖宗世承之宗教，舍而从彼，馁若敖之鬼，以快为子孙者一日之心，更不可以为人。且弃历世相依为命、相信以心、好爵久縻之宗邦，而乞哀求纳于异言异服之殊族，我即倾心归附，其如彼之不免疑二何。炫女不贞，炫士不义，弃甲归乙者，有时亦可以弃乙归丙，则叛人以附人者，即所附之人，亦时时疑其又将叛彼也。此可疑之在我者也。彼利于得地，不恤以虚誉诱我，及彼势力既固，则我将为赘旒。将虢是灭，何爱于虞？赵孟之所贵，赵孟能贱之，不待智者而决也。此可疑之在人者也。利不百不易器，功不百不改图，弃相习而就不相习，冒背叛之名，以改颜事仇，将以求福也，福不可必，而祸且莫测！虽甚蠢蠢，犹且不为。奈何为国屏藩、为国干城、策名天府之吾四省土司，竟联袂盲从，轻身一试也！此第二谬见可破也。

夫土司与官吏及客族之相龃龉，咎岂尽在人？譬之百口之家，妇孺繁多，岂能尽免勃溪诟谇之事？要在明达者，知乖戾之气，非家人之福，遇事善为调停排解，平其戾而释其矜，协力同心，意见冰释，久之养成和乐，自然太和翔洽，一门怡怡也。土司以其祖父之余荫，爵位世承，采地连阡陌，不能躬为民望，乃斤斤与细民事雀角鼠牙之争，已属非是，甚且恃势凌人，兼弱而暴寡，洎乎触于法网，或又巧为营脱。固现世世禄之家，积习相沿，不但吾属土司为然，而土司则独受其弊，无援于朝，无爱于民，善难见推，而恶易见怨，彼昏不知，犹侈然自足；不自艾而怨人，不知发愤于学问事功之途，有所建树，以支天然淘汰生存竞争之局。食其食而不事其事，既辜清廷期望之心。今更伺隙求逞藉势以相抗，躬蹈叛亡。对于清廷为不顺，亏常败节；对于祖宗为不孝，速讼启衅，兴戎扰边，首祸肇殃，诸恶咸具，而云以图报复乎？此第三谬见可破也。

如上所述，吾四省土司同胞，固当知吾人之种种非是，只宜免自濯磨，以涤旧染而自新，效顺忠守，如济火之助诸葛、秦良玉之平贼。岑猛之助沉希仪、奢香夫人之辟龙场九驿，世济其美，宣力王家，内励忠孝之心，外讲治生之策，兴学劝工，绝奢去侈，砥节砺行，守法奉公，上副求治之心，下协自奋之力，不惟无过，且亦有功，所谓御寒重裘、解谤自修是也。有以餍疆吏求钱责备之心，即有以执好事者喜事更张之口。夫清廷兴一议、建一策，非尽能朝令而夕行，要必几经谘度、几经审慎，而后见诸实施。改土归流之是否失策，吾土司等，何必疾剧乞援外人，牵动大局乎！

第以是议为晨钟幕鼓，警醒吾人之深省。凡以往之不善，悉改良之，有以自治而自立，则恢复清廷之信用，亦甚易易。土司，人也；流官，亦人也，土司而不自囿于土司，清廷将腹心任之，而曰是区区者不余畀乎！吾固知归流之说，对屈实待之期且将作罢论，特患吾土司之不能自振耳，夫安于积习，沉沦不返。清廷即宽大为心，一切放弃，吾土司亦将有自归灭亡之势，如思自救，则正不必舍近求远、舍易求难，但时时勉于忠孝，干国而栋家，则不特足以奉先祀而勿坠，又足以扬前人之烈，而垂末裔之庥。清廷施政，固有权衡，而栽培倾覆，亦时因物而付，何有一定之成心！欲所恶之勿施，既施而拒，何如未施而防；善防而使人不能攻，何如使人并无攻我之心。吾四省土司同胞乎，何不于根本上求解决，而奴颜婢膝，作病狂丧心之举，造弥天之孽，酿不可收拾之祸，流毒全国，自祸而祸人也。区区愚诚，敢布腹心，祸福转关，微乎危乎。愿吾土司中之明眼人，平心察之，天下幸甚，国家幸甚。

（见《东方杂志》第八卷第七号《内外时报》第8-13页/宣统三年七月二十五日发行。资料来源于《贵州档案资料》2003年第2期58-62页）

三、贵州民族概略（安健）

贵刊第35、第36两期，专研究西南民族。余家世长黔中，于贵族民族，知其概略。录陈所见，以便采取。

（一）确定各民族名称。以免混淆。南夷为虫，北夷为犬。此中土人士褊狭之见。故浙闽赣粤桂川滇黔湘夷族，旧籍多载为盘瓠后裔。在交通不便时代，延数千里而为一族之后，且为犬之后，于理未通，于势则不能。即以贵州论，尤非一族，其八黔时代，有先后之不同，唯从前记载笼统，无论何族，概以苗子称之，致有水家族（水家即仲族，以其族喜居水边，称曰水家。贵州有高山苗水仲家之谚）。苏麦苗丁格尔避记，谓昭通有苏麦苗族。（按苏麦译言小民。乃平民对土司之称。非一民族也）甚有以土司为苗族者。（按土司乃官职，如宣慰司、安抚司、宣抚司，皆土司职。袭斯职者。有罗罗、仲家、藏人、汉人。盖四川西部土司多藏人，中分红黄两教。南部则藏人罗罗参半。云南之东南两路，贵州之西路，其土司多罗罗。广西之西路土司多仲家。）殊各省实无苗族充当土司者。盖苗族早已为各族所征服也（俗谚谓老鸦无树桩，苗子无地方）。鄙意以为欲以西南各族分类研究，从来冠以苗字，如仲家蔡家等，则仍其名称。原冠有苗字者，依据其习称，而定以名称，仍冠苗字。不然仅就其服色而称之曰花苗、青苗、黑苗，则贵阳之花苗、青苗、黑苗，不同于安顺之花苗、青苗、黑苗。更不同于威宁兴义之花苗青苗黑苗矣。且何解于理明子之称穿青。蔡家子之称穿白，汉人之称穿蓝。无怪乎从来记载西南苗族者，百人记之百异。十人记之而十异也。

（二）用语言文字礼俗器用以考证各族到西南之先后。苗子语言习俗，与中土相去太远，祭祀尚鬼，婚姻尚自由。食饭用匙面无箸，女子衣饰，长裙而短衣，细腰而大乳。除汉苗一部分系汉人同化于苗族外，皆滇黔之土著也。罗罗语言多古音，吾人试以诗经古韵证之，至少有五分之一相同，文字由左而右。祀佉芦于中堂之左（按仓颉芦佉同为造字者）其祠堂所祀为竹王。（汉书，有女浣于水，见一竹漂流而来，有音乐之声。剖之得一见，抚养成人。后争服黔中，称竹王。）父母死书名于竹中，盛之以罗，人因称曰罗罗。其人合众壮健，盖以武力而征服苗族，而掳有黔滇中部者也。以汉、晋、唐、宋、元、明历史所载。其武功文治，有足述者。若仡佬中有一部分语言同罗罗。其人滇黔，或与罗罗为以一时。仲家聚居多半，在湘西及黔桂交界一带。祭祀击铜鼓，铜鼓者马伏波军中之用器也，可知仲家入西南之朝。为东汉时也，一般人称白儿子曰湖广人，老巴子曰南京人，大概移居未久也。至理明子言语风俗。与汉人同，人骂之曰通背猴。固自有说，惜余未得祥闻耳。侬家子纯为江南籍，妇女装饰与江北人同，环居安顺一带，其村庄曰坉曰堡。明初付友德征滇时之士兵也。

贵州各族，在明代属水西安氏者，有四十八种之多，同时长黔者，尚有乌撒安氏。遵义杨氏。盘州龙氏未计。黔苗图说八十二种之说或是。所惜者余家西南夷志一书，十一年广州政变失遗。今欲从新考证，为困难耳。

（原文刊登于国立中山大学语言历史研究所周刊第四集，第 44、第 45 期合刊，1928 年 9 月 5 日）

四、贵州土司状况（南龙桥土司 安健）

贵州土司，近日衰极。盖自鄂尔泰收回土司行政权而后。各土司无管辖词讼钱粮、兵马之权，与川滇诸土司异，推空存衔名。而隶于地方官之下，习惯上受所辖土民之尊敬。盖其实不过恰如地方之团总土豪而已。辖地大者约七八千户，小者千余户。土地与汉民杂居。土地所有权则渐移于汉民。土司亦有私有田地，招佃承种。纳赋于官，与其民无异。土司官职有土地总、千总、守备等。皆称曰长官司。土民则称曰官家。论其民族之别，则大抵省城以东南者为苗族。省城以西北者为僰族，僰族之起源甚古，与苗族不同，在汉盖为夜郎。汉书言夜郎王由竹中剖出。今土人犹存此口碑。此族的地理分布，自贵州西北安顺遵义大定等府。北至于四川叙永宁远巴塘等处。西至于云南迤南各属。皆有之。种类甚多。有于汉民杂居同化者，有伏居山谷，尚保存野蛮风俗者。前者黔滇各处较多。后者四川各处较多。皆通称曰白夷人。僰人语言文字。于各族异。言语颇为简单。文字亦为标音。字向右直行。云永昌白夷，语言与人同者甚多。可知此二族本同源，分居两地也。僰人在贵州者多业农。风俗习惯大抵皆已同化汉人。语言亦渐忘其祖先。在之以前。为罗施鬼国。在明为水西乌蒙乌撒等部。水西地今黔西。乌蒙地今遵义。乌撒地今威宁也。水西奢氏后。今尚存。已改为佘余二姓。郎岱厅土司长。安氏，即前明水西安氏后也。苗族状况多与族同，其起源，诸书多详言之，兹不赘。

（原文刊登于《地学杂志》第二年第 18 号辛亥年九月出版）

五、安健遗诗二首

《乙丑九月游仙人洞》

曾上泰山游，俯视天下小。今来仙人洞，到眼珠了了。
崖高未百寻，不足跨窅窈。世多神仙窟，此间安足道。
何不凌高风，直下蓬莱岛。茫茫沧海中，一笑尘世渺。

《1929 年赠余锦渊》

革命未成功，齐家勿忘治国。
讨逆须用武，桴鼓以代弹琴。

后 记

这已经是“贵州西部民族文化研究文丛”出版以来的第四个年头了，从2007年至今，每年一部的专题性民族研究专著，现在已经是第四部了，而每部专著出版时，都无一例外地要有一个“后记”来记录关于每年“贵州西部民族文化研究文丛”出版前的田野作业、资料整理、后期研究等一系列的“琐碎之事”。这个“琐碎之事”的说法也许并不难，但正是这些我们称为“琐碎之事”的过程，或者说细节，使我们久久不能忘怀。

我们的田野作业是今年初开始的，四个小组散布在六枝特区的四个乡镇，中寨、箐口、折溪、牛场……负责语言调查的龙海燕晚上有点怕鬼……在中寨调查的学生们情不自禁地帮助主人家做饭……吴秋林老师从居都村下到深沟，再从深沟爬到对面的社勒村，有一点苦行者的自我折磨的意味……在社勒村里有在外读书回家的大学生一直帮助社勒村的调查组……学生马秋晨在居都村一个十年未变化（洗）的“床”上“宿”了一夜……车在居都村没电，民宗局的师傅深夜救援……

我们回来之后，在六月有了初稿，但一系列的杂事使书稿于八月才完成。

“感谢”这二字每次都要用，但可能每次的对象不一样，上次是仡佬族的乡亲们，这次是彝族的乡亲们，以及各有关乡镇的领导和民族与宗教事务局的领导、工作人员，当然还有我们的各位学子和老师。

是为记！

著者

2010年8月3日

吴秋林文集

第七卷

羊场布依族盘歌

序言（一）

朝戈金

（中国社会科学院民族文学研究所所长、中国少数民族文学学会会长）

布依族是居住在我国西南地区的一个少数民族，民间文学蕴藏丰富，这些经过千百年传承的、经由广大民间艺人的锤炼而充满艺术魅力的口头艺术遗产，不仅是在西南地区，即便是在全国，都是很有影响力的。

在布依族民间文学的诸多文类中，神话、传说、故事、歌谣等都十分发达，其中又以歌谣的高度发达令人瞩目。人们都说布依族人喜欢唱歌，看来，他们的才能和创造力、他们的诗性智慧和语词艺术造诣，在这里得到了最为充分的、顺畅的表达。简单地说，布依族人民用歌谣来倾诉他们的生活感受，回忆自己族群的历史足迹，强调人间的礼仪和规范，巩固民众信仰和操演仪式，等等。总之，很难想象，如果没有这些歌谣，布依族民众的生活会是什么样子。

由于这类歌谣的重要性、杰出性、特异性和代表性，它们入选国家非物质文化遗产代表作名录就是顺理成章的事情了。我们高兴地看到，贵州省盘县羊场布依族盘歌，成为第二批国家非物质文化遗产代表作名录中的一项。

我们原来就对布依族民间文学有所了解，知道这是个不得了的民间文学艺术。不过，当吴秋林教授拿出来厚达近千页的《盘县羊场布依族盘歌》的书稿时，我们还是很吃惊。大家知道，对于黔中、黔南布依族的歌谣，此前有人已做过一些搜集和整理，也产生了一定的影响。这里的成果，在体量和系统性上，是大大超过了以往的工作。应当说，大家手中的这份资料辑录，是很有分量的。吴秋林教授他们将在盘县羊场的布依族民众中搜集到的盘歌，分为三个“套歌”和一个“户外歌”四种类型。所谓套歌，大略说来，是属于仪式歌一类。羊场的布依族民众在举行婚礼仪式、丧葬仪式等民间活动时，就会唱起这些套歌来。那么，这些歌，就不仅是民间口头艺术了，它们还具有民族学和文化人类学的重要意义，因为它们的功能和作用，已经远远超越了艺术的娱乐功能，而具有复杂的社会文化功能。

《盘县羊场布依族盘歌》的编辑思想很有意思，为了让读者和学者更好地了解这些盘歌的内容、功能和特色，编者们还将自己在长年的学术调查中形成的理论思考，一并放在这本书中。那些愿意探究盘歌文化意蕴的读者们，可以从这些文字中，读到与盘歌有直接联系的大量有趣信息，如盘歌形成的历史文化背景，盘歌演唱的场景和氛围，盘歌所具有的艺术魅力和实用功能，等等。想深入一步的学人，还能从这些直接的田野观察中，从长期学术思考所形成的理论概括中，形成对盘歌更为专深的把握。对这样一种搜集资料和理论的编辑原则，我深表赞赏。

吴秋林教授他们在搜集和整理盘歌的时候，是按照学术规范做的——国际音标记音，后附汉语翻译。这样的做法很好，既为今后的研究，保留了原初的语词信息，又为文化的跨语际传播，提供了很大的便利。

贵州的民间文学蕴藏丰厚，像本书所展示的这样的资料搜集工作和理论总结工作，是一个很好的榜样。我们诚挚地希望贵州的同仁有更大的作为。

是为序。

2011年8月26日于贵阳

序言（二）

潘　蛟

（中央民族大学教授、中国民族学家）

民族学文化人类学的研究是一种实践性极强的研究，你既要从田野中寻求它的存在和意义，也要把自己的理论运用到田野中去实践，而且，这前一种的实践是最为重要的。在学人吴秋林把一个近1000页的文本呈现在我面前时，我就再一次理解了这句话的意义。

《盘县羊场布依族盘歌》是一部以搜集、整理、记音、翻译"羊场布依族盘歌"为主，兼及初步研究的著作。"羊场布依族盘歌"是国家第二批的非物质文化遗产代表作名录，是以民间文学的名义来命名的，但从文本的基本呈现来看，它的实际存在要大于这个"名头"。在"羊场布依族盘歌"中，按照该书的分类，它存在四个类型：丧祭仪式歌、婚礼仪式歌、友情仪式歌、"户外歌"，很明显，这不仅是民间文学中的歌谣性质的歌唱，而是以仪式为主体的"仪式性歌唱"。我们知道，民间文学的歌唱的基本功能性要求主要是审美和娱乐，而以上的歌唱大大超出了这个范畴，四个分类中有三个是仪式性歌唱，而仪式性歌唱则可能完全是民族学文化人类学意义上的歌唱。当然，仪式性歌唱也是民间文学歌唱的一个重要组成部分，但我要说的是仪式性歌唱可以大大超出这个意义，包含了更为广阔的领域……

作为一个民族学文化人类学家，我更为看重的是该书的民族学文化人类学上的意义！

在贵州，乃至全国，对于布依族古歌的搜集整理有，但像《盘县羊场布依族盘歌》这样规模和体量的未见，而且这样的文本更符合民族学文化人类学的田野规范，对于民族学文化人类学的研究意义更大。在这本书中，被作者分成了两个部分：文化背景和研究部分、盘歌文本部分。这样的安排也是非常符合通行国际惯例的。在这本书中，研究部分有自己出彩的地方，比如对于"羊场布依族盘歌"中的关于百越族群，以及百越族群之后裔族群原始族群记忆的论述，就很出人意料，这在国内是第一次有人提出这样的观点。且不论这种观点的正确与否，它至少给予了我们一条思路，我们可以在一些料想不到的地方，看到我们祖先的一些文化印迹，给我们带来一些新的发现。比如在现今的侗族、壮族、布依族等属于百越族群之后裔族群中所表现的喜欢歌唱的文化性质，就是一条非常好的研究和探索路径，对于我们解读这些民族的历史文化大有益处。在“盘歌”的文本，这样的记音和翻译形式，也是比较到位的，它保留了原始布依族歌唱的语音，可以为未来的语言文化研究打开一扇大门，翻译成为汉语，也可以大大促进人们对于“盘歌”的研究和理解。

《盘县羊场布依族盘歌》的出版应该是一件“实在”的事情，我们民族学文化人类学需要更多这样“实在”的事情发生，因为只有这样，我们民族学文化人类学才能有更大的发展和发现！

是为序！

2011年8月28日

序言（三）

韦兴儒

（贵州省政府文化参事、贵州省布依学会常务副会长）

布依族是我国少数民族中文化特色比较显著的民族，也是贵州省文化影响力较大的民族之一，但是，对于中国布依族文化的研究，以及收集整理记音翻译研究等均不足，值得我们进一步的努力。盘县文体广播旅游局从国家非物质文化遗产保护的角度，对羊场的布依族盘歌进行了全方位的收集整理记音翻译和研究，是一件功德无量的大好事，值得赞赏和鼓励。从近1000页的《盘县羊场布依族盘歌》看来，是目前贵州省收集整理记音翻译规模最大的举动，为此，盘县文体广播旅游局和以贵州民族学院师生为主体的盘县羊场布依族盘歌项目组成员付出了艰辛的努力，我作为一个布依族人，对他们为布依族文化所做出的贡献表示感谢和敬意！

从《盘县羊场布依族盘歌》的内容来看，它分为两个部分，一是研究和文化背景部分，二是盘歌部分。在研究部分中，对于盘县羊场布依族盘歌研究者有许多发现和真知灼见，对于深入地研究认识布依族文化是一个较大的突破，特别是深入到百越族群文化的部分，过去我们很少看到如此视野的研究。另外，过去的布依族古歌的收集整理记音翻译有，但是都不涉及文化背景的描述，而在《盘县羊场布依族盘歌》中有了比较严格意义上的民族学文化人类学的田野调查的羊场布依族文化背景的文本，这是一个进步，有利于人们对布依族文化的理解和认知。在盘歌部分，虽然“羊场布依族盘歌”不一定如布依族中心区域的歌唱那么恢宏，但它比较完整，包含的原始族群记忆比较丰富，亦是非常有特色的。在盘歌部分，记音使用了国际音标，保存了羊场布依族语言的语音，为后世的语言研究者打开了一扇窗，是一个比较有远见的行为。翻译上用了直接的意译，在语义和布依族习惯性语言，以及语法上会损失一些信息，但是，其翻译均是在布依族歌师的译读下进行的，也在一定程度上弥补了这样的不足。

《盘县羊场布依族盘歌》的出版，应该是中国布依族文化研究的一件可喜之事，也是一件大事，它对于推动中国“布依学”的建立，推动中国布依族文化研究是一个有力的促进。

是为序！

2011年8月31日

绪 论

在年轻的时候，我对李白的诗歌《赠汪伦》印象很深，即“李白乘舟将欲行，忽闻岸上踏歌声。桃花潭水深千尺，不及汪伦送我情。”在这里，李白深感的是歌唱的情感和魅力。歌是人类情感表现中仅仅次于舞蹈的形式，人们在说话不足之时，就必然是“吟歌之”，而这种“吟歌之”在我们的生活中往往是表现感情，或者说是表现审美感情的，是对生活情感的一种“吟歌之”，但如果有一个族群的人把“吟歌之”用来歌唱生活，歌唱生活的一切，你会觉得意外吗？

我国的布依族（应该主要是羊场的布依族）就是一群这样的人！在采录、记音、翻译完羊场布依族盘歌之后，我可以坚定地说这一句话了。

在贵州，我们做了多年的民族学、文化人类学田野调查和研究，在接触贵州的布依族时，我们发现歌唱是许多地方的布依族人表现文化和情感的基本方式，或者说重要方式。互相间打个招呼要唱，交朋结友要唱，表达友情要唱，表达爱情要唱，表达礼仪往来要唱，缔结婚姻要唱，举行婚礼仪式要唱，甚至举行丧祭仪式、祭祀仪式，也是用歌唱的形式来完成。走在坡上要唱，坐在家里要唱，走村串寨可唱，田边地角可唱……在工作中与布依族的歌师接触久了，你会发现，他们说汉语的时候没有说布依语的时候流畅，说布依语的时候没有唱歌的时候流畅，可以说，一旦进入歌唱，他们是最为神采飞扬的时候。在文学上我们可以有许多“动情”的描述和形容，在学术上我们则可以说，这是一种“歌唱的文化”，或者说“歌唱的生存”。我们在学理上可能一时还没办法解读为什么我国布依族人会把文化表现形式“停留”在歌唱这一形式上，但分析和理解它，在文化上的意义重大。

我国布依族歌唱在贵州省是普遍存在的，各地的布依族可能会因为自己的发展和种种的历史原因，对歌唱的理解和应用不尽一致，有偏重于仪式的，有偏重于娱乐和审美的，有注重于一般意义的歌唱，有注重于特定意义的歌唱……在南部、西部、北部，各个布依族群体在歌唱上的表现也不同，北部的布依族已经很少有仪式性的歌唱了，南部的歌唱相对于中部要少一些，西部的歌唱形态会比之其他地方更为古老……总体上看来，北盘江上游两岸的布依族歌唱形态最完整、最古老，而羊场的布依族盘歌就是这一带布依族歌唱和歌唱文化的典型代表。

盘县羊场的布依族盘歌，已成为中华人民共和国非物质文化遗产代表作名录之一，为国人和世界所瞩目，这是布依族给中国带来的荣誉，但是，对于羊场布依族盘歌的认知似乎才刚刚开始。从分类上来说，羊场布依族盘歌是属于民间文学类别的存在，但它的意义远远大于这个类别的定义，在歌唱的形式上来说，它是一种民间文学性质的歌唱，而实际上它是一种族群文化意义上的歌唱。民间文学意义上的歌唱主要是审美的歌唱，也就是为了族群的审美而展开的歌唱，或者说为了审美娱乐而展开的歌唱，而羊场布依族盘歌的歌唱却没法用“民间文学性质的歌唱”来定义它，因为他们的歌唱已经远远超越了这个定义，属于“一种族群文化意义上的歌唱”了，即这样的歌唱全面地反映了包括“民间文学性质的歌唱”在内的属于一个种群文化的歌唱。这里还有一点要说明，“一种族群文化意义上的歌唱”的概念实际上是超出了布依族的族称概念的，它可以涵盖整个百越族群之后裔族群，即这样的歌唱意义亦可以延伸到诸如水族、侗族这样的属于百越族群之后裔族群的民族。因为羊场布依族盘歌中所呈现的原始族群记忆，不仅是今天布依族的，还可以是今天侗族、壮族的……这些，也都是在我们基本完成了对羊场布依族盘歌的调查和采录，以及记音、翻译后所得到的认知，这可以是一个重大的学术发现，因为这可以是我们“解读”百越族群之后裔族群诸民族文化的重要依据之一。2010 年年初，在我们接受地方的委托，对羊场布依族盘歌调查、采录，记音、翻译诸任务时，是绝对没有这样的预期的，这是现实中多方的明智给予我们的历史机遇，我们为此要谢谢，再谢谢！

2010 年，经过多方面的精心准备，我们是当年的 7 月下旬进入盘县羊场的。在进入羊场的 20 来天里，我们运用民族学、文化人类学田野的基本方法，调查、采录了所有的羊场布依族盘歌，以及整个的羊场布依族盘歌的文化生境，用录音、摄像的手段，记录了所有羊场布依族盘歌的演唱形式，以及绝大部分内容。这里面包含了丧祭仪式歌的全部，婚礼仪式歌的全部，友情仪式歌（酒礼歌）的全部，以及爱情歌、青年歌、山歌、孤儿歌等的大部……

在两个月之后，我们又集中羊场布依族人的主要歌师，进行了三个多月的记音、解读、翻译工作，其间的“苦情”，以及全体人员的“投入”至今仍历历在目。记得一次在翻译“爱情歌”，解读的歌师在情深处因情而呜咽，大呼：停，停！

后续的整理和修改润色工作更加艰难，句、逗间有许多磨难，也是旷日持久的使人难熬，但好在一步一步地走过来了。

最后成型的羊场布依族盘歌大致包含以下几个部分：丧祭仪式歌、婚礼仪式歌、友情歌，以及山歌、爱情歌、青年歌、孤儿歌等等。其中的丧祭仪式歌、婚礼仪式歌、友情歌等歌唱都是成套的歌唱，丧祭仪式歌主要由 10 首歌组成，有 tsuŋ^{35}fa：n^{33}pai^{33}（送魂走歌）、fɯn^{33}tso^{31}piŋ^{11}tso^{31}na：m^{13}（找地盘歌）、kəu^{35}pun^{11}ɣɯn^{11}（做梦）、kəu^{13}pɔ^{35}（报丧）、kəu^{35}kui^{11}（做马郎）、kəu^{35}paːn^{33}pʰui^{53}paːn^{33}ŋui^{11}（分遗产歌）、kəu^{35}lɯk^{33}ka^{31}（孤儿歌）、jaːi^{31}faːn^{33}（收魂歌）、kəu^{13}tɕet^{35}（得病歌）、kəu^{35}pəu^{11}ɕin^{33}（归仙）等。婚礼仪式歌有数十首，主要有拦路歌数首、路上歌数首、摆桌子行礼歌数首等歌唱组成。友情歌的内容是涉及面最广的歌唱，世间万物、天文地理、友情思念、闲情逸致……可以说无所不包。羊场布依族盘歌之所以称为

"盘歌"，是因歌唱中相互之间的盘诘问答而生，因为在羊场布依族盘歌主要的歌唱中都有"盘诘问答"的歌唱形式出现，在以上的三类歌唱中表现显著，而其中的友情歌演唱中的"盘诘问答"最甚。

盘县羊场布依族盘歌从类型上来说，大致有以下几个类型：第一，丧祭仪式歌类型；第二，婚礼仪式歌类型；第三，友情仪式歌类型；第四，"户外歌"类型。

这四个类型的分类是根据内容、场合、歌唱形式来进行的。这方面，我们在后面会有比较详细的研究。

在盘县羊场布依族盘歌的文化认知上，我们以为，羊场布依族盘歌是布依族人的一种歌唱文化，这是我们认识羊场布依族盘歌的基点。在以民族为称谓的族群文化中，以歌唱的形式来展示的并不多见，羊场布依族盘歌则是特定的表现，没有哪一个地方的族群文化像羊场布依族盘歌那样，是用歌唱的形式来表现的。布依族人是一个非常喜欢歌唱的民族，但也没有哪一个地方的布依族像羊场布依族这样喜欢歌唱。从羊场布依族盘歌的三个套歌看来，羊场布依族盘歌的歌唱几乎覆盖了全部的羊场布依族文化，仪式性的文化是用歌唱来完成，一般礼仪性的文化也是用歌唱来实现的，日常社会生活的交流也是用歌唱来达到的，群体性的聚会和交流是歌唱，个人的情感交流和倾诉也是歌唱，生产知识和生活知识是用歌唱来传达的，思想和意识，以及信仰观念也是用歌唱来传达的，传统的伦理道德教育是用歌唱来实现的，个人的品格修养和性格养成是在歌唱中获得的……这种歌唱文化在羊场布依族中几乎无所不在。在我们完全展开这种歌唱文化时，你就会深刻地理解它对于我国文化，乃至于人类文化的珍贵性质。

盘县羊场布依族盘歌在被国家认定为国家级的非物质文化遗产代表作名录时，是以民间文学中民歌的名誉而命名的，故羊场布依族盘歌不但是文化的盘歌，也是文学的盘歌。在羊场布依族盘歌中，其文学的盘歌也非常重要，因为羊场布依族盘歌在表现其深刻的文化意义的同时，也表现了其深刻的文学意义。羊场布依族盘歌不但是文化的盘歌，盘歌中亦表现了他们的喜怒哀乐和基本的审美情趣，是美的盘歌。

……

调查、采录、记音、翻译、研究盘县羊场布依族盘歌，我以为是一个特定的文化事件，我们所有的参加人在其中都受到了"洗礼"。我想，谁都不会忘掉这个过程，或者说谁都不愿意忘掉这个过程，但是，不想忘掉这个过程的方式可能是不一样的，比如羊场布依族人的方式。在记音、解读、翻译结束之际，羊场布依族的歌师们一定要现场编唱一首歌来"纪念"，或者说"记录"这件事情。我当时很愕然，但随即醒悟到这就是羊场布依族歌唱文化的一种现实表现，他们已经在历史中既定如此，他们也一定要以歌唱来表述对这一事件的见解和思想。

我们把这样的歌唱特引述如下（去掉记音）：

东边日出西边雨（这是布依语音说法），
东边日出西边雨（这是布依语借用汉语说法）。

好政策来到乡间，
好政策来到布依寨。

政策来到大家心欢喜，
政策来到大家高兴万分。

今年上级领导下来资助我们，
今年上级领导下来支持我们。

可惜我们布依族没有文字，
讲到我们布依族的这些文化有没有文字记载。

我们布依族的习俗文化面临失传，
喊几位懂道理的人来商量，
喊几位文化人在一起商议。

在羊场住了好几天，
到县城也住了几天。

市里面的几位老人家也操心了不少，
我们几位才来到了贵阳。

整天摆着桌子在一起研究，
整天围着桌子在一起研究。

跟几位专家在一起共同研究，
几位女大学生在不停地记载。

说布依语几位都还可以，
翻译成汉语大家都有一点困难。

可惜我们对布依的文化了解得不透，
布依族的风俗习惯还了解得不全面。

希望全体布依同胞原谅，
做得不周到也请全体布依族同胞们不要抱怨我们。

我们几位的水平有限，
做的不周到的地方请后人来补。

到时间了我们就要回去了，
不知道以后还会不会再与大家相聚，

最后希望全体布依同胞一切都好！

这首歌歌名最后定为“感谢歌”，我们把它归为“友情歌第三十七首”，作为盘县羊场布依族盘歌“友情歌”的一个组成部分。这首“感谢歌”也同样表现了我们的内心的感激之情，表现了我们的歉意，表现了我们的留念之情。

第一章　盘县羊场布依族盘歌文化生境

“文化生境”就是文化生态环境。这是一个生态学概念引入民族学、文化人类学的基本范例，即文化的存在是以一定的文化生态的存在为依据的，因为我们可以在一系列的文化生态环境中看到和理解文化存在的意义，有什么样的文化生态环境，就会有什么样的文化存在。自然生态环境可以决定自然生物的存在和存在形式，那么，文化生态环境也可以决定文化的存在和存在形式。不仅如此，对文化生态环境的表述，还可以帮助我们正确地理解文化，因为生于斯就一定会成于斯，成于斯必然就得于斯，也就会确立其基本的文化性质。我们表述羊场布依族盘歌文化生境也依据于此。

对于盘县羊场布依族文化，我们与数年前就有一个关于非物质文化遗产普查性质的调查，有了一个基础。在“盘县羊场布依族盘歌”成为国家级非物质文化遗产代表作名录之后，羊场布依族的歌唱文化就进入了国家视野的层面，它的存在一定程度上代表了布依族的文化形象。故而，我们在2010年7—8月又有了一个更为深入的调查。在这个调查中，除了加强了丧祭仪式和婚礼仪式的调查外，我们还注重了歌师口述史的调查，以期在配合盘歌的文化生态环境的描述上有一定作为。

第一节　自然地理文化生境

在文化生境的诸要素中，自然地理环境是很重要的基础性要素，它在影响人们生计方式的时候，也强烈地影响着人们的文化。

羊场乡位于我国西南地区的贵州省盘县东北部，总面积136平方公里，是一个很小的行政区域，是一个布依族、彝族、苗族、白族、汉族共居的地方。这里群山林立，纵横交错，距盘县城关镇42公里，距盘县政府所在地红果72公里，距松河编组站45公里，东与普安县窝沿乡隔河相望，西与淤泥乡接壤，北与保基乡相依，南与旧营乡相邻。水盘东线、英柏公路在境内交叉而过，现辖16个行政村，235个村民组，149个自然村寨，共10475户，36406人。少数民族15924人，占总人口的43.74%。其中，布依族4024人，白族4649人，苗族4354人，彝族2767人。现全乡共有耕地面积2481.8公顷。其中，田477.06公顷，地2004.74公顷，最高海拔2053米，最低河谷海拔968米，四季分明，气候温和，年平均气温15℃，雨量充沛，年降雨量1300毫米左右，无霜期260天以上。适宜药材、板栗、核桃、竹类、竹荪、枇杷、红橙、椪柑、花生等多种农作物生长。粮食作物主要以玉米、水稻、小麦为主。境内少数民族民间文化悠久而丰富，古朴典雅的民族风情，丰富多彩的民间艺术，隆重热烈的民族传统节日独具魅力。

羊场乡是周边乡镇的农产品集散地和文化交流中心，全乡林地面积达45615亩，森林覆盖率达27.5%，境内拥有4.6平方公里的长山箐林场和白块林场，林场内高山流水，常年清澈，是夏季避暑的好去处，还建有1916亩金秋梨、1500亩板栗基地、1500亩茶场及桉树、药材、大红杨梅等示范基地，已示范成功，将逐年在全乡推广；拥有初级中学两所，其中，羊场中学是盘县首批唯一的一所县级初中花园式示范学校，升学率名列全县榜首；建有装机容量为600千瓦的水电站一座，预计装机容量为1200千瓦的清水河电站正在建设中。境内煤炭资源丰富，经勘测，煤炭储量为10.9亿吨，且品种齐全，是一块亟待开发的处女地。现全乡境内有年产15万吨的煤矿4个，新建煤矿3个，焦化厂1个，洗煤厂2个。

2007年全乡共完成国民生产总值30438.1万元，比上年同期增长29.32%，农业总产值2077.9万元，比去年同期增长5.19%，粮食产量完成12676吨，比上年同期增产2.39%。人均纯收入2228元，工业总产值6943万元（90价），比上年同期增长26.17%，完成财政总收入3012.09万元，比上年同期增长47.84%，其中本级财政总收入919.51万元，同比增长39.79%，肉类产量1391吨，比上年同期增长13.18%，人口自然增长率4.52‰，全乡社会稳定，经济文化繁荣，人民安居乐业。

羊场乡地理环境条件优越，生物、矿产、旅游资源丰富，畜牧养殖业条件得天独厚，交通、电力、通讯方便，是商家投资的最佳选择。

这是从政府角度表述的关于羊场乡的自然地理环境和人文生态环境，数据是前几年的，在近年肯定有一系列变化，即增长。但是，只有其中的地理环境和人文是变化不大的，而我们在关于盘歌的文化生境中，地理环境和人文环境则是非常重要的。

在政府角度的自然地理环境描述中，只有“群山林立，纵横交错”，以及气候的“最高海拔2053米，最低河谷海拔968米，四季分明，气候温和，年平均气温15℃，雨量充沛，年降雨量1300毫米左右，无霜期260天以上”等一系列描述。这些固然很重要，但这些对于我们理解盘歌的自然地理生态环境是远远不够的。在文化生态的理解中，其视野要大得多，其方位和历史上的自然文化通道的存在，以及地理文化圈的存在也很重要。

在大的西南地理环境中，贵州一带的地理环境属于东南丘陵向云南高原的过渡地带。在中国，有两个比较大的高原过渡带，一是贵州高原过渡带，二是云南高原向西藏高原的过渡带，在这两个过渡带中，山是极为崎岖，所以有“群山林立，纵横交错”的基本描述。在这样的地理环境中，“文化隔断”的作用十分明显，即群山的分割不但分割了地形，也分割了文化，使文化在这样的分割中得以演化和保存。在贵州山地文化中，我们有“千岛文化”，或者“大分散、小聚居”的说法，即文化是在一种极为分散的情形中存在的，这里有“政治和行政分割”的原因，但主要是地理环境造成的，是极为崎岖的山地造成了这样的文化分布，所谓“十里不同俗”。这样的崎岖山地自然环境，很难受到外在信息的影响和干扰，一旦某一文化进入这样的环境，一般就会停顿下来，保有最初的形式，以比较缓慢的速度演化和发展自己的文化。羊场布依族文化自然也是受到这样的地理环境影响的文化。这种地理分割的作用有时候我们还很难用单一的地理因素来评价，因为山梁的分割有时候还不是边际的分割，山梁间还会有自然的通道可以“沟通”两道或者数道山梁的文化，故而，贵州山地文化中，文化边际的分割也是贵州山地文化分割的一个重要因素。在贵州山地文化中，历史上有多种异样文化从不同的方向进入，亦形成了不同的边际，故贵州山地文化，不但被崎岖山地分割，也被多种文化边际分割，这就形成了贵州奇特的岛状文化景观，有时候，一个文化片区里，会有一处，或者几处异样的文化，而且还相对完整。在不同文化的边际上，可能这样的分割更为多见，即文化的边际隔断了某一文化，崎岖山地又隔断了某一文化，多数时候是两者交织在一起，难于区分是谁起了主要作用。

羊场布依族文化就是这种交织分割的结果。

布依族属于古代百越族群，是在百越族群分化过程中形成的族群。百越族群在古代应该主要存在于中国的南方，在分化中一部分古百越人北上，在今天贵州形成了侗族、水族、布依族等多个民族。在这几个族群中，布依族是群体最大、人数最多、分布最广的一个百越族群之后裔族群，羊场的布依族，也自然是这个族群中的一个组成部分。在这样的历史演化中，布依族中的一部分，沿着北盘江两岸西进，在进至今天的盘县境内的羊场时，与彝族、苗族人的传统文化区域相遇，也就停顿了下来，保存、演化、发展了自己的文化。在这样的情形下，羊场布依族仍然属于北盘江流域布依族的范畴，但是，由于地理的分割，羊场布依族与整个北盘江布依族的联系又不是那么密切的了，有了一定的隔断和疏离。这种情形对羊场布依族文化有巨大的影响，我们将在后续进一步研究。

在这样的情形下，羊场布依族不但处于一种地理的边界中，而且亦处于族群文化的边际中，即彝族文化、苗族文化、白族文化既是羊场布依族文化的边际，也是羊场布依族文化的文化生境的一个组成部分。这些文化边际的存在，在一定程度上也影响了羊场布依族文化的保存、演化和发展。

在这样的地理文化环境中，即地理上的分割，以及文化边际的分割，羊场布依族也在这样的分割中形成了自己的边际，形成了自己独特的文化，也培育了自己的文化环境。这些文化和文化环境是相对羊场布依族的盘歌而言的，实际上，它们应该是一体的。

在羊场，作为羊场布依族盘歌的文化生境，除了上述的地理环境和彝族、苗族、白族文化的外在环境以外，羊场布依族盘歌还有自身的文化生境，即除盘歌以外的羊场布依族文化，都可以是羊场布依族盘歌的内在的文化生境。

彝族、苗族、白族的文化作为羊场布依族的外在生境，对于羊场布依族文化是有一定影响的，但对于羊场布依族盘歌的影响甚微，故略之。

羊场布依族文化自然是羊场布依族盘歌的最为重要的文化生境。对于这个文化生境，我们从两个层面来表述它：一是面上的一系列文化的描述；二是自立节日的丧祭文化和婚姻文化的描述。

在羊场，我们对三个布依族自然村寨的文化进行了采录，一是赶场坡村的化家庄，二是张家寨村罗潘组，三是赶场坡村的坪地组。

三个自然村寨的采录信息如下：

赶场坡村化家庄

时间：2008 年 1 月 21 日　天气：阴

采录人：杨春艳、马秋晨、徐玉挺、余朝政（盘县文化馆）、姜兆龙（羊场乡文化中心）

采访地点：盘县羊场乡赶场坡村化家庄

讲述人：罗照恒（男，72 岁，布依族，未读过书，务农，中共党员）

简介：其在本族中有较高的威望，懂得布依族的婚丧嫁娶的规矩和礼节，常成为本寨和邻近村寨家办丧事中的主管，为别人家操办一切大小事务。

张家寨村罗潘组

时间：2008 年 1 月 22 日　天气：阴

采录人：杨春艳、马秋晨、徐玉挺、余朝政（盘县文化馆）、姜兆龙（羊场乡文化中心）

采访地点：盘县羊场乡张家寨村罗潘组

讲述人：潘方林（63 岁，男，布依族，未读过书，在家务农）

简介：从小学习唱布依族盘歌，并没有拜过师傅，只是不断通过观看长辈们的演唱，逐渐学会，他经常在别家举办喜事时，被请去演唱盘歌，是当地有名的盘歌歌师。

羊场乡赶场坡村坪地组

时间：2008 年 1 月 23 日　天气：阴雨

采录人：杨春艳、马秋晨、徐玉挺、余朝政（盘县文化馆）、姜兆龙（羊场乡文化中心）

采访地点：盘县羊场乡赶场坡村坪地组

讲述人：岑立国（62 岁，男，布依族，布依族先生）

简介：以前从事教育事业，寨中大小事情，他往往充当管事角色。退休之后，开始跟随老人学先生，熟知布依族的丧葬习俗。

在以上采录的基础上，我们在 2010 年 8 月和 2011 年年初，又进行了一系列的补充性质的采录和专项采录。现分述如下：

在羊场的布依族中，多数的姓氏中都有自己的家谱，家谱记载着自己家姓的来源，在一定程度上表现了羊场布依族的族源关系。比如我们在羊场乡赶场坡村坪地组的调查中得知：坪地组各姓氏迁徙来源，在经书上都有详细的记载，每家亡人都要通过念经书上的记载才得以和本家族的人在另一个世界团聚。岑姓的迁徙史在经书上的记载是这样的：从江西南阳经浙江到广西纳劳，又经广西马场、大田到盘县，最后在洪武二年岑姓人才到达赶场坡村坪地组。

赶场坡村坪地组这个布依族寨子有160户人家，以岑、潘、罗、吴、陆姓为主。

岑姓的来源据岑立国的讲述，在“文化大革命”的时候，他曾经看到过有一本小册子上记载着关于岑姓的来源。谱书上说，刘秀和一位岑盆的岑姓先祖是老相识，两人感情很不错，刘秀生了几个女儿，没有生儿子。岑盆把大儿子过继给刘秀，后来刘秀又把女儿许配给过继的儿子。这样更加密切了刘秀和岑盆的感情。后刘秀收复中原，岑盆也从湖南一直打到江西，平息了这一带的战事。当时刘秀听到流言说他只是个有勇无谋的匹夫，而岑盆不但有勇而且有谋，以后天下的大业非岑盆莫属。刘秀听了，不顾以往两人的感情，把岑盆杀了。过继的儿子听到噩耗，跑到广西的息林县，后又从广西一带辗转到了今天岑姓住的地方。据说现在广西息林境内还有他为岑盆立的碑。

在羊场布依族中，每个姓氏都会有这样的家谱故事来说明自己家族的缘起。这些应该都是美好的传说，但是，包含在其中的迁徙路线和历史，亦是可以说明些问题的。

在羊场的布依族中，信仰文化主要体现在丧祭和婚礼仪式中，但在其他一些状态中，也表现了一定的信仰文化。

在羊场乡张家寨村罗潘组，每逢正月十五都会在固定地点举行祭土地神的仪式。男女祭祀是分开的，寨中男性的祭祀点在村东面的保鸡篼（布依语音译）的黄阿树下。在凌晨夜深人静的时候，带上鸡到那里进行祭祀，等天亮后全寨男性族人带上酒、饭、菜、香、纸钱再进行供奉，在树下设有供奉的石头神像——土地公公，原来是有木制的土地公公神像的。

女性则在村中亚兵棒（布依语音译）的凉亭中进行供奉，原来亭中放有土地公公的神像，但现在已经不在了，带去供奉的东西与男性所带的相同。

在过去，张寨村有三棵金沙郎树（布依语音译），分别位于村中上水井（位于村的最高处）、下水井（村的西面）、保鸡篼三处（村的东面），形成一个三角形。据老乡说这三棵树保护了整个村寨，被人们奉为镇村之树，但随着时代的变迁，由于各方面因素，这三棵树现今都已经不存在了。

每年农历三月三，全寨男女老少都会一起出动，在村西面的某一个地方举行活动，宰猪祭“禾苗”。农历六月二十四会祭山神，必须宰一头牛，以表达对山神的供奉，让山神保佑全寨平安。

在羊场布依族中，信仰文化和节日文化有时候是浑然一体的。三月三的宰猪祭“禾苗”，六月二十四会祭山神既是节日活动，也是祭祀活动。

在羊场布依族中，节日文化有如下表现：

过年：大年三十早上，带上三炷香、纸、公鸡、酒、饭、茶水等到土地庙处去接老祖宗回家过年，先供土地庙，意即把老祖宗们都接回家过年。接回来后在堂屋供祖先，在堂屋要宰一只公鸡，回熟后摆在供饭前，另还要有猪头、刀头肉供“天地君亲师”牌位和家神。供饭时念“请报天地、土地……全家顺顺畅畅”一段词。大意即：前请天地神，中间请自家的祖先，“包火”是老祖宗，“报火”是上一辈祖先，请大家来团圆，来一起过年吃饭，让他们保佑后辈“愿子成龙、愿女成凤。”

供完祖先，一家按辈分依次坐好，一家团团圆圆吃年夜饭。堂屋里的香从开始供奉祖先时点燃，一直到初三送走祖宗。

鸡叫以后，各家准备去井边请水。哪家最早，就说明哪家最勤劳，因此每个去请水的人都希望自己是最早的一个。各家去请水的人带上三炷香、三张纸钱、竹篾片夹起的三个纸马，到了井边，先把这些东西插起，供了水井神以后先舀三瓢倒出去，而不直接舀到水桶里，之后才开始往水桶里舀。

过年了，样样都是新的，初一这天也要用新水煮饭吃。这天还有吃素不吃荤的习惯。据说以前有典故，但现在说不上了。晚上一家人随便吃，也没有严格的给祖先供饭的时间。

初二早上打牙祭，代表新的一年有好的收成。子时家家就开始杀鸡，每家也都是想赶在别人家前面吃。这天还要炸油粑粑来供祖先。某家这年如有亡故的老人，家人先要在屋里给亡灵供饭，接着还要去坟山上供饭，要连续供三年。如果这一年有刚刚给亡人转场的情况，也要连送三年饭。姑爷家也要到坟山上送粑粑，还要请唢呐、锣鼓队伍一行一起前往。供完饭姑爷回到东家吃过饭后就回自己家了，初二这天的主要活动就结束了。

初三送老祖宗，一般认为在凌晨一两点钟的时候送老祖宗最合适。有些人家抢先送老祖宗，别人家就会说，他家老祖宗的脚是跛的，要让他先走，免得走不赢别人，落在后面。要是有些人家迟迟不送老祖宗，别家也会说，某家太懒了，别家老祖宗都走了，他家还不送，害得其他家老祖宗都在等他家老祖宗。送老祖宗时烧的纸钱最多，相对过年供饭时来说，至少要烧一刀的纸钱。送的时候，在神龛前摆两个簸箕，一个里面放粑粑，一个里面放腊肉、火腿，一根扁担放在上面。烧完纸钱，把两个簸箕端起，做这些东西都让老祖宗一起带走的姿势，意即让老祖宗的脚夫带这些东西一起走。

正月十五早上吃甜酒粑，并用甜酒粑供祖先。白天全寨还要举行扫寨子的活动。

正月结束的那天，要过小年。这天打糍粑，供老祖宗。

二月二，祭小白龙，保佑今年风调雨顺，庄稼免遭冰雹。

三月三，以家族的形式来过节，各家凑钱买鸡祭神树，鸡血洒在树下。

四月八，以前老辈过，现在不过了。但对于这种变迁缘由说不清楚。

五月五，过端阳节。

六月二十四，祭青苗，各家去自家的田地边祭青苗，有鸡的杀一只鸡，没鸡的人家拿鸡蛋去祭。以前必须到每一块田地边祭，现在仪式已很简化了，只在一处田里祭过，代表一下，就结束了祭青苗仪式。

六月二十四，打牛祭山，这日的活动在布依族人们心中是比较隆重的，整个寨子的人一起过。到目前为止，还有为这日活动做经费开支用的“祭山田”，即轮到哪家这年栽种公田，就为这日活动“凑份子”。以前都是毕摩打牛，现在演化成只要老房（长房）的人在场，每年由年长受尊敬的人轮流主持活动即可。牛打了，祭过山林后，在神树前各家分了牛肉，回家再供各家的老祖宗，整个活动就结束了。

七月十五，扫寨子。

十月初一，供牛王菩萨，打粑粑时捏一团粑粑挂在牛角上，表示对辛苦了一年的牛的尊敬。

在羊场布依族中，除了传统的节日外，在当地政府的参与和支持下，还在近期兴起了新的布依族节日，这也是羊场布依族节日文化的一个组成部分。

在2001年8月举行了第一届布依族歌节，此次歌节是盘县政府及羊场乡政府共同组织举办的，整个布依歌节，规模宏大，将布依族的特色文化展现在世人的面前。其中有人们熟知的“东方魔叶”木叶演唱，表达布依族青年男女追求爱情的绣荷包舞，充满神秘色彩的转场舞等一系列的布依族民间歌谣及舞蹈。对弘扬羊场乡布依族特色的民族文化起到重要的推动作用。

这样的“布依族歌节”可以说是羊场布依族节日文化的现代表现。

在羊场的布依族中，服饰文化也有充分的表现。

在张家寨，40岁以上的妇女都会织布，以前从纺线到制成衣服，都是手工，现在因为买棉线比较方便，故棉线一般都从市场上购买。

在羊场布依族中，关于织布纺线有一些禁忌，纺线时忌人从线上跨过，正月十五和春分这些日子忌动针线，也不纺线织布。

正月十五以后、七月、冬月、腊月这些农闲时节，寨中每家都会染布。特别是六七月间，天气好，染布不仅容易晒干，而且容易上色。用的蓝靛也是自己种的。一匹布要染七八天，每次染布时间持续一个小时，然后将布在染缸边晾上直到滴干水，又把布放回染缸染，这样一天反复染五六次。

在羊场布依族中，织布属于丢梭织布，有580根经线，有1.5寸左右宽。长度最长的可达几十丈，一般20丈左右。

问到村民，现在家庭经济情况、交通条件都好了，为什么还自己织布用？回答说，自己织的布是纯棉的，习惯穿棉质的衣服。

我们见到的织布机由机梭、扣、脚架、踏板、机架等部分组成。

在羊场布依族中，服饰上的刺绣工艺主要集中在衣服的前胸部位上，鞋的前面，背篼、花包、枕头帐檐等处。属于剪纸贴花绣，绣的图案主要有蝴蝶、花、草等，具有民族风格和地方色彩。现在的绣线较以前鲜艳得多，主要以大红、水红为绣色。绣花的手法是平绣。

现在羊场布依族中从事刺绣的女性较多，大多数妇女都会剪纸绣花。从我们访问的对象来看，有的家祖孙三代都会这些工艺，但每家制作衣服的数量并不多，每人有一套，多者有过世时穿的那几套就不再多做了。从羊场布依族服饰的整体上来看，绣花并不华丽，花样也不多。

在羊场布依族中，音乐歌舞文化也很有特色。

盘歌是其最大亮点，后述。

在羊场布依族中，吹木叶是羊场布依族人的拿手好戏。

木叶吹奏是布依族青年男女追求爱情的方式之一。

吹木叶在羊场布依族民间流传着一个感人的故事，相传在很久以前，在一个布依族村寨住着两个青年男女，女子出身于富裕家庭，男子则出身于穷人家。那时候，布依族的婚姻讲究门当户对，女方的家长不让他们双方见面，两人的婚事就被搁浅了。一天男子在院子里用一片叶子吹，吹出动人的音调，被关在家里的女子听到之后也用木叶来吹，一唱一和。他们的举动感动了天上的神仙，托梦给男子让其到寨里的树林里，就会见到思慕已久的女子，果然如此。他们的行为也感化了女方的父母，最终两个年轻人走到了一起。

吹木叶流传至今，不仅在布依族村寨吹，而且还吹出布依村寨，吹出国门，被国外的演艺人尊称为“东方魔叶”。成为羊场乡布依族的骄傲。

在羊场布依族中，还有一系列的舞蹈，主要有转场海马舞、绣荷包舞、织布舞等。

转场海马舞是一种在布依族丧葬活动中表演的舞蹈。

在布依族丧葬活动中，马郎家如有人来上祭，就进行跳脚舞活动。当跳脚舞跳累了，就会表演一场海马舞，由三人来演，两个人骑海马，一个人甩金箍棒，场下有锣、钹、唢呐队伍的助兴。舞时舞海马者将马臀用绳系于腰后，手执马头，脚踏唢呐、鼓、钹节奏，按旋律随着指挥的花棍做前进、后退、跳跃、翻滚等舞蹈动作。舞蹈中常模拟马的各种动作，以腾、闪、跳、挪见长，有“甩尾蹶蹄”“二马相亲”“双马抢宝”“骏马腾空”等造型。舞蹈热烈奔放，端庄激昂中时而透露出诙谐欢快，极富生活情趣。

布依族绣荷包舞是一种表现妇女的恋爱劳动舞蹈。

羊场乡布依族绣花包舞中的道具“花包”，以前人们将其称为“糠包”，原因是袋子里面装的是糠渣。随后又将其叫作“荷包”，后来也有叫作“花包”的，现在人们都叫“荷包”。通过绣荷包表达了布依族青年男女自由恋爱和布依族人民的辛勤劳作，从而展示出布依族人民的含蓄性格。绣荷包成为一种舞蹈形成于20世纪70年代的甘塘，是由布依人罗文军、罗跃兴、罗奇福等人发起而创作的布依族特色舞蹈。

布依族织布舞是穿插在绣花包舞蹈当中的一种舞蹈，主要是模拟织布时的动作。

在羊场布依族中，布依族民间文学的存在也是羊场布依族盘歌重要的文化生境之一，我们在这些旧有的民间文学作品中，也能看到羊场布依族盘歌的背景意义。这些民间文学主要有民间故事和民间歌谣等，在这些民间文学作品中，亦显示了与羊场布依族盘歌的关联。另外，羊场布依族是盘县布依族的重要组成部分，但是，布依族在盘县及比邻地区也有分布，并且与羊场布依族有着千丝万缕的联系，因而整个盘县地区的布依族民间文学，对于羊场布依族盘歌也是有意义的，至少我们可以对羊场布依族盘歌提供一个参照系。于此，我们转录了20世纪80年代由卢树雄先生采录的部分民间歌谣，以作为羊场布依族盘歌的另类文化生境。

老鹰叔叔救葫细（布依族叙事长歌）

一、序

从前天上什么样，
从前地上什么样，
天上雷声哪里来，
地上人烟哪里生，
山上崖洞何处来，
山脚大河何处生。
老辈人的古话哟，
我们代代来传唱。

二、娄底和雨神

很早很早的时候，
天地刚刚才分开。
那时大气混沌沌，
天上的雨神哟，
一觉睡了三年六个月。
坡上的树黄了，
田里的秧死了，
寨边的井干了，
地上的人去求雨，
地上的牛朝天叫。
这时有个娄底公，
百般武艺样样通，
他离地腾空九百里，
一脚跨到“水天门”，
娄底来到水口处，
雨神还在打呼呼，
啪！——
娄底伸出伞大的巴掌，
狠狠打在雨神的脸上，
雨神痛叫几声妈，
昏昏糊糊跳起来，
他呵欠扯了几百个！
喷嚏打了几囤箩。
娄底又是一巴掌，
打断雨神打呵欠，
打断雨神呵欠讲：
哼！——
好你个管水爷，
一觉睡了三年六个月，
不管凡人生和死，
只顾自己打呼噜。
雨神挨了一顿打，
他牙齿咬得格格响，
发誓放水把人淹。

三、洪水朝天

娄底下凡来，
雨神翻了天。
他打开“水天门”，
放开七十二道闸，
七天和七夜，
大水泼人间。
田水翻过埂，
井水涨过房，
沟水淹过山；
人死了，
牛被冲了，
天下一派白花花的水。

四、葫兄与细妹

葫兄与细妹，
娄底送给葫芦籽，
一更种下，
二更牵藤，
三更结瓜，
四更长大，

天明像囤箩，
洪水来时变成仓。
众人淹死了，
万物不见了，
白花花的洪水中，
只有葫兄和细妹，
坐在葫芦仓里随水冲。

五、娄底消洪水

洪水朝天水不消，
洪水朝天浪不散，
娄底借来金龙剑。
剑砍地，地成槽，
剑刺山，山起洞，
水往槽子流，
槽子变成河，
水往山洞流，
山洞通八方。
娄底消了人间水，
他又上天找雨神，
雨神害怕娄底公，
雨神害怕金龙剑，
东奔西跑无处躲，
一逃逃到九层天。
娄底追到九层天，
追得雨神团团转，
追得娄底阵阵吼。

(今天下雨为什么要打雷，那就是娄底追打雨神的吼声。)

六、老鹰叔叔救葫细

洪水退下去，
葫芦挂半崖，
葫细兄妹坐在葫芦里，
眼泪唰唰往下滴：
阿妈看不见，
阿爸看不见，
幺公姑妈也看不见。
唉！——
这是到了什么鬼地方哟！
兄妹要上岸又陡，
兄妹要下岸又深，
要上上不去，
要下下不来，
兄妹眼泪流排排。
月亮从头上过了六十六次，
太阳从头上翻了九十九回，
要喊喊不答应，
要叫叫不下来。
葫芦芯吸干了水，
葫芦皮啃完了壳，
眼望兄妹就要饿死了，
这时候天边飞来一只老鹰。
兄妹喊道：
老鹰叔叔救救我们啊，
只要你把我们救到地下去，
我们每年三月都祭你，
园里的猪随你吃，
院里的鸡随你叼。

(今天老鹰为什么会叼鸡，这是祖先许下的愿。)

哥哥抱着老鹰的脚，
妹妹抱着老鹰的脖，
好心的老鹰叔叔哟，
把葫细兄妹救到了地面去。

七、葫兄细妹造人烟

地上断人烟，
天神要把葫细兄妹来婚配，
兄妹死活不肯干。
神叫他们隔河去穿针，
神叫他们隔河去滚磨，
丢线线穿针，
滚磨磨重合；
葫细不敢反天意，
兄妹二人成了婚。
结婚三年过，

细妹生个血坨坨；
葫兄气得颤抖抖，
一刀劈成四大块。
四块血坨挂在树，
天明变成四个崽。
四个娃娃饿得叫，
可惜细妹没长奶，
细妹吞下两个葫芦籽，
长出两个奶奶挂在胸。
四个崽崽吃奶十二岁，
没有一个会开声。
葫兄和细妹，
找来龙毛竹，
火烧竹竿炸，
火子四处飞。
火子先烫谁，
谁就是老大，
老大开声叫妈——“lao”
他是后来苗家老祖先。
火子烫着第二个，
老二开声叫妈——“luao”
他是后来彝家老祖先。
火子烫着第三个，
老三开声叫妈——“fo”
他是后来水家老祖先。
火子烫着第四个，
老四开声叫妈——“Ye”
他是后来布依老祖先。
四家四姓同个母，
四家四姓不开亲。

口述：盘县格所乡罗陆学、谢庭义（男，50岁，布依族，文盲，农民）
搜集整理：卢树雄（男，27岁，汉族，大专）
流传地区：盘县格所乡
搜集时间：1987年7月于格所乡

盘县其他地方布依族民歌四首

（这四首布依族民歌都是20世纪80年代卢树雄先生搜集整理的布依族民歌，这是布依族民歌在盘县的另类表现，它类似于羊场布依族盘歌的“户外歌”，附录于此，可以成为羊场布依族盘歌的参照，有利于人们分析研究盘县羊场布依族盘歌。）

一、生不丢来死不丢（布依族情歌）

唱歌唱到大门边，
门神老爷站两边，
门神老爷让条路，
请我朋友来团圆。

唱歌唱在堂屋间，
得罪老人得罪天，
得罪老的不要紧，
还是老的兴在先。

围齐坐在火塘边，
火塘团转四块砖，
火塘团转砖四块，
缺了一块不团圆。

远方蜜蜂进园来，
桃花李花四处开，
有心采蜜爱花朵，
要让花朵年年开。

哥是远方小蜜蜂，
妹是园中花一蓬，
蜜蜂见花就要采，
花见蜜蜂更要红。

粉花生在粉团山，

粉团花开十里鲜，
哥是粉团香十里，
妹是蝴蝶不敢攀。

哥无本事脸皮薄，
见妹有话不敢说，
心中好像雷打鼓，
脸上犹如火烧坡。

莫谦虚来莫装腔，
妹见哥哥心才慌，
心中好比乱麻绕，
没有头绪没主张。

好酒不得好瓶装，
好妹不得配好郎，
好妹不得好郎配，
好比六月打明霜。

好茶不得好罐煨，
好郎不得好妹陪，
好郎不得好妹伴，
好比腊月冷风吹。

高山青松长得长，
砍它下来盖新房，
郎是柱头妹是瓦，
柱头全靠瓦遮凉。

高坡杉树青又青，
砍它下来做传皮，
妹是传皮郎是瓦，
传皮还要瓦遮阴。

几棵梧桐一样齐，
砍它下来装板壁，
郎是枋条妹是板，
千年万代永不移。

一棵青冈高又高，
砍它下来改门梢，
郎是门梢妹是锁，
门梢配锁万年牢。

扯把谷草扭根索，
挽个疙瘩丢过河，
千年不让疙瘩散，
万年不让妹丢哥。

两根丝线一样长，
打个疙瘩丢过洋，
千年疙瘩不会散，
万年不让妹丢郎。

说不丢来就不丢，
抓把泥巴捏个牛，
牛儿放在山坡上，
哪天吃草哪天丢。

说不丢来就不丢，
抓把冷饭撒田头，
抓把冷饭田头撒，
冷饭发芽妹才丢。

生不丢来死不丢，
要等蚂蟥长骨头，
要等白岩生菌子，
要等白马变青牛。

生不丢来死不丢，
要等黄鳝变泥鳅，
要等螃蟹直起来，
要等石头知害羞。

演唱：冯国全（男，50岁，布依族，高屯乡农民）

搜集整理：卢树雄

流传：盘县忠义区

搜集时间：1985年10月

二、绣花袋（布依族情歌）

正月香袋绣起头，
绣个狮子滚绣球，
绣球滚在花园内，
郎解香袋妹解愁。

二月香袋绣得长，
绣个香袋装砂糖，
只要郎心合妹意，
打开香袋随你尝。

三月香袋绣三方，
绣个磨坊李三娘，
白天挑水三百担，
晚上推磨到天光。

四月香袋绣四方，
四个要须吊中央，
风吹要须根根动，
根根打在妹心房。

五月香袋五色绸，
你要香袋我不愁，
你要香袋你拿去，
千万莫把妹子丢。

六月香袋热太阳，
少栽杨柳多栽桑，
多栽桑树养丝蚕，
少栽杨柳少歇凉。

七月香袋绣得齐，
绣个云中马一匹，
人家给钱我不卖，
留给郎哥早晚骑。

八月香袋绣得高，
绣个狮子墙上跑，
狮子落地有人拖，
狮子上天人说好。

九月香袋九点红，
九头狮子九点红，
劝郎莫走江边过，
狮子见水要变龙。

十月香袋绣白纱，
劝郎外面少拈花，
你要贪花妹吊死，
黄泉路上结冤家。

冬月香袋绣水波，
绣个白牛爬山坡，
绣个白牛爬山顶，
绣个情妹配情哥。

腊月香袋收起针，
拜郎三拜转回程，
拜郎三拜转回去，
望郎莫忘妹的情。

演唱：普古区王小国
搜集整理：卢树雄
流传：普古格所二乡
搜集时间：1987 年

三、游方歌（布依族情歌）

正月游方正月正，
哥妹各自办金银，
办起金银慢慢走，
免得路上求别人。

二月游方离开家，
哥宰金鸡妹宰鸭，
宰了鸡鸭吃血酒，
哪个变心刀杀他。

三月游方到大坡，
脚踩木叶对对梭，
想起爹娘老封建，
眼泪汪汪流成河。

四月游方到大山，
讨张木叶放嘴边，
木叶本是和气草，
吹来吹去合团圆。

五月游方到广东，
情哥买个好斗篷，
情妹买把洋布伞，
免得太阳晒脸红。

六月游方到广西，
挑个货担卖东西，
哥妹二人做买卖，
哪个敢说拐来的。

七月游方到大街，
写封家信带回来，
情哥会打五尺棒，
没有坏人敢来挨。

八月游方到桥头，
手扶栏杆望水流，
清水不合浑水路，
哥妹游方要出头。

九月游方到九州，
九州街上九层楼，
不歇高楼和大厦，
茅棚小屋最自由。

十月游方到长江，
水流千里归大海，
水流千里大海归，
哥妹游方配成双。

冬月游方冬月冬，
毛雨蒙蒙打湿胸，
有钱人家烤大火，
无钱人家吹冷风。

腊月游方到家乡，
朋友弟兄来探望，
夫妻不是爹娘配，
是我朋友配成双。

演唱：冯国全
流传：盘县水塘区
搜集整理：卢树雄
搜集时间：1985 年 10 月

四、想你想得眼落眶（布依族情歌）

男：妹在河边洗围腰，
十个指头水上漂，
拐山拐水来相会，
心头好比火来烧。

女：老远隔河望见哥，
拐山拐水来会合，
心想过河问一问，
脸上好比火烧坡。

男：对山对寨对条河，
哥编簸箕妹编箩，
哥编簸箕簸谷子，
妹编囤箩来会合。

女：对门对户对条街，
哥编簸箕妹编筛，
哥编簸箕翻翻簸，
妹编筛子转转筛。

男：砍柴要在这边山，
打鱼要在这边滩，
想妹要得真心妹，
山花野草莫去贪。

女：赶场要赶这边场，
想郎要想有情郎，
无情无义独桥走，
有情有义雀成双。

男：走过妹家篱栏边，
看见花园花正鲜，
想进花园摘一朵，
又怕篱刺锥手尖。

女：哥家门前有棵梨，
哪个见了都稀奇，
心想上树摘一个，
阳雀喳喳叫得急。

男：妹家房子楼接楼，
妹在楼上绣枕头，
哪天哥从楼下走，
才见妹妹抛绣球。

女：哥家房子起得高，
又挂笆子又挂箫，
哪天妹从房前过，
才得哥哥一根箫。

男：新打草鞋四根索，
白天捶草夜间搓，
绳子用了几背箩，
双双打来不合脚。

女：鞋子烂了对妹说，
妹妹不要棕草绳，
连夜扯布连夜打，
不看人才看手脚。

男：白布里子青布帮，
情妹送郎鞋一双，
鞋子配在郎脚上，
人人都说亮光光。

女：鞋子做得真不巴，
小妹针线不到家，
是哥爱妹情意深，
才把妹子手脚夸。

男：新鞋左右配成双，
好犁好锄要配钢，
情妹要有情哥配，
郎妹真心是一双。

女：两只筷子一样长，
出出进进总成双，
要学筷子成双对，
莫学饭瓢打单帮。

男：纽子纽襻一样长，
枉自白日配成双，
夜晚丢在床头边，
纽子纽襻各一方。

女：哥将纽襻打比方，
好比情妹和情郎，
要学鸳鸯同到老，
莫学纽襻各一方。

男：郎约妹来妹约郎，
山歌相对配成双，
情妹你把心肠放，
郎哥不会变心肠。

女：想哥想得病缠身，
一天到晚头发昏，
灵丹妙药难得治，
得见情哥病脱根。

男：想妹想得心发慌，
想妹想得眼落眶，
山珍海味不想吃，
白天夜晚好悲伤。

演唱：黄小牛、张二毛（布依族，雨那乡农民）
搜集整理：卢树雄

流传：盘县忠义区
搜集时间：1987年4月

以上的一系列描述，我们可以视为羊场布依族盘歌的面上的文化生境。

第二节 丧葬祭祀文化

丧祭文化在一个民族的文化中，往往是一种具有重大包容的文化种类，也是一个民族文化最后坚守的地方，所以，它在其文化中显得特别重要，这在羊场布依族文化中尤甚。在羊场布依族文化中，其信仰文化的大部分融入了丧祭仪式，其精神观念的大部分也融入了丧祭仪式，其民间礼俗亦大部分融入了丧祭仪式……并且其丧祭仪式还特定地表现为一种歌唱形式，构成盘歌的极为重要的组成部分。这样，作为羊场布依族盘歌文化生境的丧祭文化不但重要，而且是十分直接的了，因为盘歌的最为重要的部分——丧祭仪式歌，就是直接在这样的仪式中演唱的，可以说，我们不清楚丧祭仪式，也就不清楚其丧祭仪式歌的意义。

对于羊场布依族丧祭仪式的表述是以调查报告的形式来呈现的，一共有两个调查报告，一是综合了数次调查而得来的报告；一是纯粹观察式的调查报告。前一个报告以祭师（歌师）的口述为主，后一个报告以对丧祭仪式现场的观察记录为主。

一、盘县羊场布依族丧祭调查报告

时间：2010年7月26—28日
地点：羊场乡吉星旅社
访谈人：岑立明，男，布依族，时年66岁，盘县羊场乡赶场坡村坪地组人。
潘方林，男，布依族，时年63岁，盘县羊场乡张家寨村罗潘组人。
吴廷贵，男，布依族，时年64岁，盘县羊场乡赶场坡村东场组人。
采录人：杨春艳、王金元、岑天德

（少数民族中的丧葬礼仪程序繁杂，但不乏有序。从访谈者和观察者的不同视角，可以把一场丧葬礼俗描述成多棱镜中的一个角度或几个角度。2008年调查者在羊场采录的《羊场布依族丧葬调查报告》是从先生做法事的角度来记录的。但由于语言交流的困难兼之调查者学识方面的欠缺，所以今天重新审视这份调查报告时，不免发现其中的诸多错漏之处。这次我们采录的丧葬礼俗，基于从“歌唱”的角度做的访谈，便是这样的一种尝试，即试从另一个角度对羊场布依族的丧葬礼俗做一个记述。这里想说明的是，我们根据访谈人的口述，记录下我们所听到的，而没有说羊场布依族的丧葬礼俗就是这样亘古不变的程式化仪式，文字的记述也难免这场繁杂仪式场面的疏漏。本调查报告是在2008年和2010年两次田野调查的基础上完成的，调查文本出现后又送至调查人员的手中，由被调查人员岑天德老人做最后的审阅及修改。）

1. 听交代

老人病危的时候，要把儿子、姑娘、侄男、侄女等通知到场，听老人的交代。

2. 净身穿衣

老人落气时，家中要拿出事前由女儿和儿媳妇准备好的老衣，准备的老衣数量至少要有三套。亡人穿的老衣数有一定的讲究，双方老人一方先过世，那么亡人穿的老衣必须是单数；如果是两位老人都过世，那么后过世的老人所穿的老衣数就必须为双数。如羊场布依族罗姓的一位男性老人过世，其妻健在，那么他穿的老衣数是或三套、或五套、或七套。其妻过世的时候，她穿的老衣数就是或四套、或六套、或八套。

老人病故以后，可以视主事家的家庭经济情况而定是否接着办转场、祭祀，超度亡人，给老人大办丧事可分为热办和冷办。要是主事家的家庭经济情况好，就在亡人过世的时候，就为其办转场，请先生来念唱。大办丧事，称为热办。要是家庭经济情况紧张，也可以等亡人过世后，等经济宽裕时再大办转场，或三五年之后，或十年之后，总之可以等家庭经济状况比较好的时候，再大办，不大办转场、祭祀等称为冷办。

3. 热办

家族、姑娘、姑爷等亲戚及时都要来商量，确定好谁来做大马郎，准备好东西。热办的时候也可以连带为未办过转场的先辈亡人一起办。

4. 冷办

冷办是老人过世的时候，主事家庭经济状况周转不开来（即经济状况不好），就请先生看一个合适的日子，把老人抬上山土葬。这个日子的确定是根据亡人的生辰八字来定的，如果亡人病故当天也适合抬上山土葬，就当天把亡人抬上山去，等待日后再办转场。老人土葬下圹的仪式程序与汉族的大同小异，也要用鸡来祭圹坑，用罗盘定方位等。等过或三年、或五年、或十几年之后，主事家或后辈家有了一定的经济基础之后，再为亡人办转场。届时大马郎家拉牛来上祭，场面大，一般主事家要安排多位管事帮忙招呼转场的各项事宜。主事家安排的有内、外管家之分。内管家管财务，外管家负责安排、统筹。一般至少要两个内管家，七八个外管家。看主事家办转场的场面来确定需要安排几位管家。

5. 确定“大马郎”

在办事之前，要聚集家族、亲戚来商量办事，先确定好了来做大马郎的姑爷，并准备好东西。确定“大马郎”的人选要从为这次办事的亡人的下一辈中选出，要是这下一辈的不健在，就依次往下辈推；同时还有一个比较重要的因素是看这场转场的地点确定在哪家，以从与主事家同辈的姑爷中间确定“大马郎”人选。

如罗姓家族办转场，这次办事中亡人的最高辈分是曾祖父辈，那确定“大马郎”就要从祖姑妈辈中挑选一位祖姑父为马郎，要是祖姑妈辈中没有健在的，就从姑妈辈中挑选。确定的大马郎人选还必须是长女、长女婿或者幺女、幺女婿，中间的女儿、女婿不作为“大马郎”的确定人选。作为“大马郎”，在这次办事当中起着举足轻重的作用，耗费精力和财力上都要比其他众女婿多，其他的姑娘家起着“帮衬”的作用，唱主角的是大马郎家。所以在办事商量时，中间的女儿都会推迟，要么推荐大姐家来承头，当“大马郎”，要么推荐幺妹家来承头，当“大马郎”，当然，众姐妹也会考虑到各自家庭的经济状况，会依据具体的实际情况来确定好“大马郎”的人选。所以，这个“大马郎”并不一定和年纪相吻合，在一般的概念中，大马郎或许就是年纪最长的女婿，而在这个场合中，最小的女婿也可以成为“大马郎”。还有一种情况，在诸多辈的亡人中，就同样有诸多不同辈的马郎，确定哪一辈的马郎为“大马郎”，这就要依据这次转场是在哪家办的来确定，从和主事家同一辈的马郎中确定好“大马郎”的人选。

羊场布依族中办白喜事可以依据家庭经济情况而定，是为一个亡人办转场，还是为家族几代亡人一起办转场。在20世纪80年代以前，能给家族亡人办得起转场的人家相对较少，因此经常是集中起来给家族亡人一起办。如果给多位亡人办转场，就用幡杆树来代表。一般给亡人冷办转场的较多，以下以冷办的仪式过程来描述羊场布依族的转场仪式。

6. 选日子

转场日子的确定，要根据最后过世且辈分最高的老人的生辰八字来确定，一般转场历时三天。

如岑姓家族有四房要同时为家族五辈亡人办转场，其中男女老人共有八位，在这八位亡人中，以最后过世且辈分最高的亡人的生辰八字来选定，选好的日子要与她（他）的生辰八字不相冲。

7. 请先生进屋

看东家为亡人办转场的人数多少，视情况提前几天把先生请进屋，做一些准备工作。先生要写字、剪纸等。

8. 准备工作

帮忙的寨邻在起事前的一两天到主事家帮忙，做好转场前的准备工作。

（1）帮忙人员分别要去山上割茅草、砍芦苇、砍师刀树、割大血藤、砍竹子、找黏山药等。（至于为什么要用到这些仪式必需品，原因附后）

在山上找到茅草，用糯米饭、酒，祭过后才能动手扯茅草，这种茅草要生长在平时人们和牲畜不去的地方。

幡杆树要预先选好，一般是长势比较好的松树、杉树的子树，不能是砍倒后从旁边重新发出的新枝。去砍时要带上现煮的糯米饭、酒，素鸡蛋、稻穗、酒药各一个，纸马三张和纸钱等物品去祭树。将树砍倒后，树要从根部往顶部剔枝条，避免打断树尖。

割回的茅草数量大致是用茅草搓好的绳子要能围住主事家的房子一圈。

根据亡人和幡杆来定，需要直径为3厘米左右的竹子，有几棵幡杆树就要有几棵竹子，同时要准备好与亡人数量同样的小金竹，小金竹大约2米长。

（2）在三股沟交叉处取水和六个小石块。从这个交叉处取回的水称为“六合水”，根据这里的布依族人认为，这三股水汇合的水不仅干净，用这样的水煮成的供奉亡人的糯米饭会显灵，同时他们也认为这三股水汇合的水是龙水，寓意着吉祥、顺利。

（3）根据亡人的生辰八字，请寨上及临近寨子的妇女来“站场”。她们要穿传统的衣服，在为亡人立幡杆的时候来踩场。请这些妇女来送亡人，还要考虑她们的生辰八字是否与要送的亡人相生相克来确定是否能送得走亡人。依据东家为亡人办转场的数量来确定需要多少位妇女来“站场”。妇女的生辰八字要和预备送的亡人的生辰八字不相冲突、不相克。以为亡人办转场的数量来确定立幡杆的数量。

（4）办丧事的时候，接幡的纸按双方老人是否健在，确定好接幡纸的单双数。确定幡纸的单双数，如果双方老人都过世，接幡的纸要挂双数，要是有一方老人健在，接幡的纸要挂单数。然后再按照给亡人办转场的时间年数来确定挂幡纸的数量。

（5）在办事之前，把要用的茅草搓成的绳子准备好，平常搓绳子手搓干了的时候，可以吐口水润手，但搓这种场合用的绳子时，不能吐口水在手上，而要在搓绳之前在旁边摆上一碗水以备用润手。

用火麻搓好绳子，一棵幡杆树要一斤左右的火麻搓成的绳子，火麻要搓粗一点，用于把立在幡杆树旁边的竹子拉伸捆在幡杆树上。柱麻要搓细一点，搓好底线（用于纳布鞋鞋底的棉线）一样粗细的绳子，用于缝好接幡的白棉纸，也意味着一位亡人需要一棵柱麻，另外铜鼓上要一棵，鼓槌上也要用一棵柱麻搓好的绳子捆。

东家要准备的工作和要做的事情就算完成了。这些准备工作一般也要到中午之后才能做好。

9. 禁荤

在起事当天凌晨四五点钟的时候，主事家摆席吃饭，在这顿饭席中，大家都可以吃荤菜，而这顿之后，直到“解荤”，办事期间大家都不能吃荤菜。

10. 围房

吃完这顿早饭后，寨邻帮忙人员用茅草搓好的绳子绕着主事家房梁围一圈。在房屋四角放上从三叉沟处捡来的六个小石块。

来上祭的姑娘们一般会在围房之前到，姑娘在围房之后到的话，还要经过一道手续：放一只小鸡在堂屋进门处，小鸡上放一根扁担，就要跪在扁担上把小鸡跪死才能进门。

11. 招灵

冷办前，要把亡人的灵魂招回来，先生念经并用找来的茅草做好茅草人，用茅草人到寨口去招灵，替身用草扎成的茅人代表亡人的灵魂，写上名字，装进纸函里面，做完事的那天，再拿出去。

先前编织好的鸡笼放在经堂里，做一个如棺材式样的纸函，上面写上亡人的名字，这个纸函里面装着的茅人就代表亡人的灵魂。

12. 接幡杆树

招灵回来后，先生、孝子、孝女要请人吹着唢呐去路上接幡杆树。

13. 挂大鼓

在招灵回到堂屋时要把铜鼓挂起来，敲打铜鼓，意即惊动南天门，让老人的灵魂从南天门升天。

14. 立幡杆树

在转场时所立的幡杆树是有讲究的，同辈人不能共用一棵幡杆树，长辈和小辈可共用一棵幡杆树，但男女亡人必须分开。

如岑姓家族有四房要同时为家族亡人办转场，为五辈家族亡人，其中男女老人共有八位。一个房族要为家族老人立一棵幡杆树，共四棵，幡杆树上的老一辈亡人可以带着小辈，也就是说小辈亡人可以和老一辈亡人共用一棵幡杆树。在幡杆树“枝丫”上所挂白棉纸的张数和写上亡人的名字以作明示。

另外，立幡杆树有一定的讲究，幡杆树上的“耳朵”朝向是根据亡人的生辰八字确定的。立起的幡杆树的位置大体上是代表男性老人的幡杆树在左边，代表女性老人的幡杆树在右边，大致在中午十一二点幡杆就立好了，栽好幡杆树后先生就开始做法事。

把幡杆抽上去，喊“站场”的妇女到场，都来到幡杆脚下，要唱各姓来源的歌，(罗耀辉）唱完，接着先生才做事。

15. 报信

立好幡杆树，东家请寨上帮忙的人去给外家和大马郎家报信。报信的过程如下：两个男人一起去，其中一位拿伞，另一位拿一绺小孝布、一瓶酒。以到外家为例描述此过程：报信的两位到外家的门口，对主人家说：“我们口干得很，舀点水给我们喝啰。”主人家递过来一瓢水，报信的一人接过瓢，反手从肩上把水泼出，这瓢水代表是给亡人喝的。来报信的人把酒、伞放在外家的神龛桌上，然后从房梁上接一块网或筛子放到地上，意即接亡人下来吃一顿饭。主人家请寨子里的能说会道者陪来报信的两人吃饭。在饭桌上，来报信的两人和主人家的对话不同于平常。在这种场合的对话不能直截了当，以一问一答互相盘问的方式而展开，来表明来意。

报信者第一人：“哎呀，今天我们从家里面来，听到你家那个奶有点伤风着凉了，请你们去看一看。”

主人家请来的陪客：“我们刚才从她那里来，她还好好的，还给我们煮饭。”

报信者第二人：“我在后面来，她已经老到（方言，意即已经过世）了，寨子里商量哪天是个好日子，给她老人家办好事，请你们去看一看。”

16. 解冤

要是亡人为非正常死亡的话，幡杆树立起之后，先生要为亡人唱一首“解冤”（即“解难歌”）的歌。

帮忙的在中午之后也可以歇歇气。

17. 大马郎来到

天黑的时候，大马郎来到，到场跳转场之后，去店家吃饭，看店家的安排、视情况而定要不要唱“安排马郎到住处唱的歌”，要是店家有亡人还没有超度的话，就不能在店家唱孝歌，要是唱的话，就等于提醒了店家的亡人，反正是热闹热闹，要是白喜事中没有这些热闹，也不像回事。要是店家给家族亡人都办过转场，并且乐意让他们唱的话，就可以唱这首歌。

马郎安排人来招呼经堂。

在店家吃完饭，马郎要安排一男一女来服侍亡人、先生、站场的等人。意思是把晌午做好，该做好的事情做好，就转到店家去住。

18. 先生念唱

等马郎家该做的事情做完了，先生就开始念唱。经堂里摆上桌子，桌子上放一升米，孝帕、（桌角捆）一只大公鸡，念唱的两位先生一个人顶一块孝帕，唱一夜到亮，也称为“唱长歌”。念唱的内容较多，一直要延续到第二天早上。

当天的仪式程序结束。

19. 开祭

请来帮忙的，扎牌位，开祭。开祭的时候，以幡杆树上辈分最高的亡人往下推，辈分小的，都要到场坝。举例说明：岑姓家族有四房要同时为家族亡人办转场，为五辈家族亡人办转场，分别是曾祖辈历代、曾祖辈、祖辈、父辈、那家族中健在的比曾祖辈辈分小的人都要到场参加祭祀。

主人家开祭后亲戚朋友来上祭，来上祭的人，把上祭的东西交给先生，先生讲明是哪家来祭、祭哪位老人。东家打发来上祭者一块白孝帕，孝帕最小的有两指宽。女孝都要一块包头孝帕，男孝的孝帕大概两指宽，能围着头转一圈就行。

在当地布依族丧葬中礼俗分为开满孝、开半孝和开普孝。满孝是指在寨中不分姓氏，只要比亡人辈分低的人，都可以来顶孝；半孝就是要求本家族中比亡人辈分低的人，才能顶孝；普孝是指亡人往下的三辈人以内的孝子才能顶孝。主事家要为每位顶孝的人发一块孝布。

20. 马郎来上祭

第二天早上，大马郎家要带上牛、猪等牺牲及纸火来东家上祭，大马郎来的时候要吹唢呐。

这一天是专门接客上祭。客人、主人都不能吃荤。

晚上大马郎来跳转场舞。大马郎来跳，先生有法事，这一晚先生的法事还比较多，但上半夜主要是大马郎跳，等大马郎跳毕，先生开始念唱。

大马郎跳完去吃饭，同时请来外家和小马郎家的客人坐在一个桌子，准备吃饭。吃饭前，马郎和外家要敬亡人酒，意思是招呼一下亡人。之后，在堂屋里、偏房的火边安放桌子，大外家、马郎坐堂屋里的桌子，外家坐偏房火边的桌子。坐好后，先生和两个人念唱着依次从灵房、马郎坐的桌子、外家坐的桌子，沿着这样的线路走过，大马郎口中也要念唱，先生又从外家坐的那桌到马郎坐的桌子边，最后返回经堂的灵房旁边，然后在堂屋的桌脚和屋外的幡杆树上滴两滴酒。

撤席毕，大马郎来送伞、送鹅、送灯（有《送伞》《送鹅》《送灯》歌）。大马郎来到幡杆处打粑粑，意思给亡人打晌午。打好之后，大马郎先用两个碗装上粑粑放进灵柩里面。

第三天，天蒙蒙亮时，去一个事先确定好的地点“赶场”，地点要避开寨子，看不到寨子，且位置要比寨子低。“赶场”的寓意是孝男孝女带着亡人去赶街，以前还要用猪或鸡作为牺牲，去“赶场”的地点给亡人办交割，现在都用鸡作为牺牲，这个牺牲就是亡人的替身，让亡人轻轻松松地去。

回来之后先生做先生的事，做完后，把外家喊到幡杆脚处，马郎带着牛在幡杆脚杀牛。牛打好以后，就拿两只牛腿肉到经堂的门口来祭亡人，先生念祭祀经。两只牛腿肉中先生得一腿，主事家得一腿。其他马郎视家庭情况而定用哪样牺牲来上祭。家庭经济情况最紧张的马郎家也会带一只鸡来上祭。

牛、猪牺牲都杀好后，拿到马郎吃住的店家去煮，煮好后，马郎请先生、站场的一起去吃。

羊场布依族丧葬习俗中为什么有打牛习俗，对此有一个传说：

> 古时候，老人过世后，人们不知道可以把亡人土葬，寨上的老人过世，就把亡人的肉分给寨邻吃。到后来，有一个小伙子不忍心吃寨上亡人的肉，就把每次分得的亡人的肉拿回家，炕干。等到自己家的父亲过世的时候，他就用木板钉成一个棺材样，把父亲的尸身放进木匣里拿出去埋了，为了还寨邻其他家的“债”，他就想了一个办法，说是打牛，拿牛肝、牛肺来抵原来他得吃的寨邻亡人的肉，因为之前其他家老人过世时，分给了他亡人的肉。征得寨邻们的同意，小伙就打牛用来替父亲的“肉”，分给了寨邻，之后，大家觉得这个办法好，既行了孝，也不破坏老规矩，给亡人办转场中打牛的习俗就沿袭下来。

准备好东西，准备出丧。先生做先生的法事。

21. 接魂

男孝、女孝都拿一个仔鸡，接魂。丧家的鸡拿来杀了，做马郎的要把鸡带回去。意即人的魂跟着鸡转来了，不跟着亡人去。不接魂的话，就可能发生人的魂随着亡人去了，会经常生病，不大顺利等。

簸箕里放一碗糯米饭，一碗米，一只鸡，再放一生一熟两个鸡蛋在米碗上。

把魂接来，马郎家拿起一碗米、生鸡蛋、鸡去店家，回去的时候把这些东西带回家。

杀完牛，大马郎转来放幡杆，从大门把灵柩顺出去，只留着一棵树枝和一棵竹子。将幡杆放倒，然后送上山，再把各个亡人的纸函送到其坟上烧掉。

先生把事情做完，外家的那一桌唱了“出孝歌”后，才脱孝，外家唱完这一首歌以后，就可以吃荤了。

要是东家宽裕的话，送马郎家一头仔母牛，称为“传耕牛”。马郎家拉来上祭的是公牛，东家送给马郎拉回一头仔母牛。

附：

1. Ea 萌：一种草，用来扎茅人招亡人的灵魂来超度。为什么要用 Ea 萌而不用其他草呢？据说远古时候的人，在父母去世后不知道如何处理父母的尸身，就把父母的肉分给大家吃了。有一孝子把这种事情看在眼里记在心头，他非常孝敬父母，认为父母把自己生下来养大很不容易，父母的养育之恩一定要报答，不忍心把父母的肉分给大家吃。从那以后，别人家分给的肉，他都拿来晒干不吃，留着还别人的人情。父母病重时，他就独自在家砍木料做棺材，不让人知道，别人发现他整天只砍木料而不出门就问他，他便回答说是“做甑子”。后来父母死了，他就把老人的尸体装进棺材里藏了起来，而把晒干的肉分给大家。但大家说不要干肉，一定要新鲜的肉。孝子没有办法，就连夜杀了一头大牯牛，第二天把肉分给大家才算完事。布依族人用牛做替身的习俗就是这样得来的。

把肉分给大家后，这位孝子才悄悄地把老人埋了，并用土坯垒成坟。仔细说来也奇怪，那坟垒后不久在上面就长出了一棵 Ea 萌草。后来，他搬到其他地方去住时，到坟前把那棵草拔了出来并携带而去，并说道：“从今以后，我们去哪里，您老人家就跟到哪里。”后来，为老人“转场”时就用 Ea 萌草扎茅人来招亡灵回家超度。所以，在丧葬中用 Ea 萌草就这样一代接着一代地传下来了。

2. 大血藤：据说布依族是从江南被捆而来的，可是绳子不够，就把大血藤剥皮后用来绑，这样一个牵着一个，一个拉着一个跋山涉水而来，为了纪念这段历史，所以布依族人才用大血藤。

3. 芦苇：编成篱笆来围房子。

4. 石头：用来垫柱脚的。

5. 师刀树：过江后随手用作拐杖。

6. 稻穗：遮风挡雨。

以上的这个羊场布依族丧祭调查报告是一个历经两年多，并经多次访谈，以及回访证实后的调查报告，是羊场布依族丧祭调查报告的主体，但我们为了更为详细地了解羊场布依族的丧祭仪式，增强实际感受和现场细节，2011 年 2 月，又做了一次题为“现场观察记录”的田野调查，故有了以下这个调查报告。这后一个调查报告完全可以作为前一个调查报告的现场注释，以及补充一系列的细节。

二、盘县羊场乡赶场坡布依族转场仪式调查报告

调查时间：2011 年 2 月 27 日至 3 月 2 日

调查地点：盘县羊场乡赶场坡

操办仪式先生：岑立明、岑立国、岑国章、岑天兵、岑天虎

调查人员：彭娜娜（观察记录）、马秋晨（摄影）

（此调查主要为“观察式”的，主要内容为现场观察仪式过程而来，部分是询问笔录。）

2011 年 2 月 27 日下午 13 点半，我们来到了盘县羊场乡赶场坡，这是一个布依族村寨，全寨人大多都姓岑，我们将要对在赶场坡岑言光家举行的转场仪式做现场实

录。到达现场后对主人家的基本情况进行了大致了解。

岑家共有七兄妹，三个女儿和四个儿子。（注：七兄妹同父异母，大女儿、二女儿为大妈所生，三女儿和下面四兄弟是后妈所生。大女儿夫妇已不在人世，大妈还健在）操办此事的主要是岑家四兄弟：老大岑言光，老二岑云，老三岑青城，老四岑金锋。

举行这次转场仪式的目的是为已逝的父母亲及老大岑言光英年早逝的儿子超度。父亲岑国孝已去世10年，老大岑言光之子岑佳平和母亲潘升秀于五年前先后去世。三位亡者在去世当时都没有举行过转场，这次补办的原因主要有：操办法事的先生说，老人去世以后在举行转场仪式前他们的灵魂是四处游荡的，只有经过转场仪式先生超度之后灵魂才会得以上天，得到安乐。另外，岑家的一个弟兄还介绍说，岑家自父亲去世以后家中就一直不顺，尤其是大哥岑言光的儿子岑佳平早逝后，母亲潘升秀便一直是长期卧病在床，直至在孙子去世后半年老人家也相继而去。岑言光的儿子岑佳平五年前在水城念高中，因突发急性脑膜炎而去世，当时年仅20岁。岑家在双亲和老大儿子去世后家族中一直时运不济、有病有灾。因此，就请先生算好了日子于2011年2月28日至3月2日为亡者举行转场仪式，超度亡灵升天，从而才能保佑全家以及全寨人平安顺利。

2月28日这天主要是做一些准备工作，把仪式要用的道具都一一准备好，从白天到晚上11点左右，执事先生们除吃饭时间外都是在忙活。包括做灵罩、灵柩、扎草人等等。

仪式分三天完成，每一天都有具体活动。

第一天（2月28日）

2011年2月28日凌晨4点半，执事总管通过喇叭用汉语和布依语各通知了一遍："时间到了！"之后参与此事的全村人便纷纷起床洗漱，准备早饭。5点钟，院子里放了三响地炮，接着便开始吃早餐。吃完早餐已是5点半，操办法事的五位先生（岑立明、岑立国、岑国章、岑天兵、岑天虎，五位执事先生的关系是：岑立明与岑立国是两兄弟，岑国章是岑立明的堂弟，岑天虎和岑天兵是堂兄弟同时也是岑立明两兄弟的孙辈）以及寨中前来帮忙的人员都开始忙了起来。

1. 请师

这一天要做的第一件事是请师。首先，只见两位先生将4个草马插在神龛前，草马是用一根30厘米长的小竹片，系上一根串上酒曲的稻穗做成，用于开天门。这时院子里已经有几个人在敲锣打鼓吹唢呐，开始"热身"了。接着就是设祖师神坛进行请师仪式。祖师神坛设在堂屋内左角，用一张方桌，桌上放一个大升子，升子内装满苞谷，之后在升子的四个角分别插上四根竹片，然后用一块白布以竹签为支撑围住升子，只留出前面。白布的中心贴了一张红纸，上面画满了符。升子内两侧还各放了一个碗，分别装一块豆腐和五花肉。坛内还供奉了烟、酒、茶，还要在苞谷里插上一把剪刀、铃铛、毛笔。这时，抓了一只公鸡，用草绳拴住公鸡双脚，系在方桌的左后腿上，这只鸡称为马脚鸡，是为祖师神灵的鸡。这样，祖师神坛就基本完成了，接着五位法事先生以及四个孝男开始在神坛前一一跪拜，每个人磕7个头。之后，五位先生就开始在神坛前边摇铃铛边念着经文向祖师一一请示，并开始打卦，这样重复持续约半个小时才完成请师仪式。

2. 维元

做完请师仪式后要做的是维元，这时大约是早晨6点半，要先将两块桃符订在堂屋大门外的左右两边，还要用一根藤条撕开，中间打上三个圆圈，再将其悬挂于堂屋大门外最上方。紧接着有一批人将一根长长的反手绳（指的是左手在上右手在下，从里往外搓的草绳，上面挂了白纸符）将整座房子围住，绳子系在房梁上，同时，还要用一个由几根茅草扎成的扫帚蘸上石灰水往房屋周围墙壁上涂，这样就算完成维元仪式了。

3. 招灵

请师和维元结束后，一件最重要的事就是招灵。由于超度的三位亡者都是几年前已经过世的，所以必须做法事将他们在外面的灵魂招回来才能为其超度。

早上7点半左右，上山采茅草的人已经回来，这时候先生就要开始用茅草扎茅草人（做三个，分别用来代替三位亡灵的身体）。扎完茅草人还要给他们穿上衣服，这些衣服是用死者生前穿过的衣服剪制而成。三位茅草人做好之后要把他们放进“轿子”（把一张木板凳倒过来放，再将两根1米多长的竹竿分别串在小木板凳下，并用绳子绑固定，板凳内放置两个小碗，分别装上米饭和鸡蛋）中。共有两顶轿子，一顶轿子内放岑言光母亲的茅草人替身，另外一顶放置其父亲及儿子的替身（因儿子和爷爷是同一个家族的，爷爷可以带着孙子一同上天，因此要将爷爷和孙子的茅草人替身同放在一顶轿子内）。

早上8点半左右时还有一个“小插曲”，那就是主人家要派人去向外家报丧了。两个年轻人为一组，带上两个系在一起的布包，包里装有一条烟、一瓶酒，还有一把伞。所谓外家，一般是指姑妈家和女婿家。

分派去报外家的几个小伙子出发以后，准备招灵仪式的先生们也已经准备就绪了。这时要将两顶轿子抬至路口，同行的有五位法事先生，以及敲锣打鼓的几个成员。到达离房屋不远的岔路口，将轿子放置于路口，这时要将挂好白纸符的反手绳（共三根），每一根的两头分别系在两根芦苇秆的上端，然后要将这六根芦苇秆插在道路的两侧，形成一个门帘状。之后先生穿上袍子要开始做法事了，五位先生在路口点上香，一边摇铃铛一边念词（均是用布依语念）。之后要将一只公鸡宰了，并将鸡血滴在路上，然后将它扔在路口边。杀完公鸡，先生们继续念念有词做法事，然后又抱过来一只小黑狗（最多有两三个月大），同样将其杀完滴血在路上。后面还有一只刚孵出来没多久的小鸡仔，将它的脖子卡在芦苇秆上的反手绳中间，挂在路上。

路口的一番法事进行了近半个多小时才完毕，这时就要抬回亡灵了。两顶轿子抬到堂屋门口时并没有直接进堂屋，而是先放在大门口，还要进行一场法事。以岑立明老先生为首的法事先生在不停地念经，又杀了一只鸡，接着就可以将亡灵抬进堂屋了。这时候是早上 8 点 50 分，从请师开始所有的法事已进行 3 个多小时了。亡灵进堂屋后要做的就是入棺和开南天门了。

抬着三位亡灵的两顶轿子进堂屋后，几位先生会边用布依语念词，大概意思是："老人请回来咯，老人渴了快给他们上茶！"然后便端来茶水，紧接着又说："老人饿了，快给上饭菜！"于是又端来饭菜，后面还有："哎哟，这老人好像是感冒了，快点，老人好像快没气了！"这样就意味着老人断气要入棺了，棺木是三个用纸扎成的纸质棺木。这时候先生们将亡灵替身放入"棺木"内，然后再将"棺木"放进一顶纸扎成的轿子模样的灵罩内。在入棺和入灵罩的同时，先生们同时在开南天门，所谓南天门，是堂屋左侧的一扇小门，平时是封死的，只有在老人入棺后同时打开，并将铜鼓挂在南天门的位置，先生一边敲铜鼓一边敲木鼓。南天门是亡灵上天的通道，因此是在老人断气后就马上打开。在进行亡灵入棺和开南天门仪式的同时，三位用草绳捆住头发的孝女（有两位是死者二老的亲生女儿，另外一位是大女儿的儿媳，由于大女儿夫妇已去世，只能由儿媳妇来代替）在堂屋右侧的垫子上跪哭，另外有三位女子分别站在三位孝女后面劝。这时候岑家的四个儿子头戴孝帕跪在灵柩一侧磕头烧纸钱。

4. 开天门

堂屋内的一系列仪式进行到早上 9 点半左右时要举行开天门仪式。

一位先生手执一根长长的竹竿，按照另外一个先生所念的亡者生辰八字往屋顶指定的方向指去，然后在房顶上的那个人就依照先生的指示爬到指定的位置，掀开一块瓦片将草马固定在洞口。照此共在房顶的指定位置开了四个洞，各个洞口意为死者灵魂上天的通道，即天门。这样，开天门仪式就完成了。

另外在房屋外左边窗户下放置了两张椅子，两张椅子上用竹竿为支撑分别将男性老人和女性老人的衣服、帽子、鞋子、裤子、裙子摆上，象征着二老坐在椅子上的身体。这时候堂屋内又在举行一个仪式，堂屋右侧的灵柩房前放了两个大竹筐，先生要一边念经一边往竹筐里放东西。首先，竹筐的底层各放 10 块钱，第二层撒上一些大米，第三层放糍粑，第四层垫上纸钱，第五层放一瓶酒，第六层铺上孝帕，第七层放先生的道袍，之后还要在男性老人的竹筐一侧插上一把镰刀，女性老人的竹筐则插上一把小刀，然后再在两个竹筐内各放一本皇历。另外女性老人的那个筐内还要放上几张毛巾、枕巾，以及两个装满主人家平时穿的衣服的布包。竹筐装满后就要将其抬至屋外二老衣冠的一侧，然后先生、孝子又依次跪拜。

这一系列仪式进行到上午 10 点 40 分才结束，接下来就是午饭时间了。

午饭时孝女继续在堂屋右侧的垫子边上吃，四个孝男则蹲在灵柩一侧吃。灵柩前供奉了鸡蛋、豆腐、米饭，其中一个孝女和一个孝男要用手中的勺子在灵前供奉的米饭中各舀一勺放入一只土坛子中，然后才开始吃饭。从今天开始到整个仪式结束，所有人都不能吃荤，菜是用猪油炒，肉也只能吃鸡肉鸭肉等，不能吃猪肉。

5. 立幡杆树

午饭后，中午 11 点 10 分左右要举行立幡杆仪式。

幡杆树是两棵杉树，是一早从山上砍来的。主持立幡仪式的主要有岑天兵和岑天虎先生。首先要在院子地面凿出两个坑，将两棵杉树立于坑中，并固定好。再将报天钱升上去。报天钱是用白纸扎成的，一张纸代表一岁，同时还要再加上一张红纸和黄纸（男性老人）或者红纸和绿纸（女性老人）以区分亡者性别。

同时在堂屋内举行的仪式有，主持立幡的两位先生换上了新鞋袜，堂屋中央摆上了一床垫子和被子，两位先生穿好道袍，手执剑，头戴孝帕，头上还各顶一根稻穗，站在被子上，之后岑家四个孝男在先生面前跪成一排，第一个孝男向第一个先生敬酒，然后两个孝男又再接受先生的酒。院子外的幡杆已固定好，下方还各放置了一个簸箕，内放10个糍粑，一碗酒，一碗大米。两根幡杆下还各有一截短短的小木头，上面满是未脱外壳的谷子以及三根小木棍（用来舂米用）。

院子和堂屋内的相关准备工作已经完成，这时候两位主持仪式的先生就要各领着一批孝女来到幡杆树下。每一组孝女由一个手执木剑的男孩领头，后面跟着10个孝女，有堂屋内哭丧的孝女，也有另外的一批身着盛装的女子。四个孝男两个为一组分别跪在两棵幡杆树下，紧接着主持仪式的两位先生就要各领着一批孝女围着幡杆以逆时针方向转圈了。其间有岑家的几位儿媳妇在一旁哭，队伍中的盛装女子中也有部分在哭。先生边念边领着孝男孝女围着幡杆转圈，转圈时每个经过幡杆下在置有谷子的木头上，女子都要用手去拿小木棍象征性地舂谷子，依次轮流。快进行到尾声时，先生拿来了两只公鸡，分别走到两棵幡杆树前，手紧握公鸡双脚往幡杆上砸去，然后再将公鸡卡在绑幡杆树的绳子上。中午12点整，立幡杆树仪式就算基本结束了，先生再领着孝男孝女进堂屋，立幡杆树仪式完毕。

从立完幡杆树，整个下午基本上没有仪式，在下午四五点时举行过两小场孝男跪拜孝女哭丧的仪式。晚饭之后，今天白天所要进行的仪式就结束了，接着要到晚上才会有相关活动。

6. 转场舞

晚上19点30分，岑家的大马郎（即女婿家，因岑家的大女儿夫妇已过世，因此大马郎角色由小女婿担当，二女儿家任小马郎）领着请来的一群小伙子来到现场。

大马郎家请来的人由一人在院子中央敲锣，另外10个人均身穿长袍，头戴帽子，手执大钹，一边击钹一边围着幡杆树以逆时针方向跳着转圈，这被称作转场舞。跳转场舞的都是一些20来岁的年轻小伙，他们随着锣声、钹声有节奏地跳着，围观的乡亲们非常多，场面气氛十分热闹。其间围观的人群中还不时有人叫好，小伙子们跳得非常起劲。大约跳了十几分钟，这时有人拿着毛笔在每个跳舞的小伙子脸上画上一道印，样子颇为滑稽。年轻小伙子们跳累了就有人从旁边拿个大水瓢递上一瓢水。

小伙子们在院子里大约跳了半个小时，接着所有人分成两列排在堂屋门口，接着跳。跳了几分钟后再从大门进入堂屋，经过堂屋左侧的门进入侧间，然后再接着跳。就这样一直跳了半个小时才出来，由寨上来帮忙的人领着他们到今晚住宿的人家，然后再在那家人的火塘边继续跳。

7. 点灯

在晚上21点时，要举行一个点灯仪式。

首先，先生要先搓灯芯，然后拿出两个小碗，并在碗内先烧上几张纸钱，然后再装入适量菜籽油，把搓好的灯芯放入菜籽油中，然后点燃，放在堂屋右前角用木板搭成的一个台子上。之后先生要开始念念有词，紧接着就把两个纸扎成的灯塔形状的灵房请进堂屋，两个灵房乃大马郎家带来的。灵房请进堂屋后，先生要把这两个灵房分别罩在之前点燃的两个碗上，这时候又有一位老先生岑正华手执剑在灵房前默默念词，并将手中的剑在灵房前挥来挥去。这样，点灯仪式就全部结束了。

8. 唱长歌

点灯结束后就基本没有大型仪式了，晚饭过后，21 点半左右，歌师们就开始坐在堂屋唱盘歌了。参与执事的先生岑立国说，今晚歌师们要一直唱到天亮，他们称作唱长歌。就这样歌师们轮流着唱长歌，孝女们整晚都一直待在堂屋右角的垫子上。

晚上 23 点过后开始打糍粑，两位年轻小伙子抡起木槌往粑粑盆里用力地上下捶打，旁边围观的人有的在大声为他们加油，两位小伙也越打越起劲，不一会儿，刚蒸出来的糯米就被捣碎变得黏糊糊的并且散发出一股股糯米香味。之后，岑家的媳妇们以及寨上来帮忙的女子们就用开始把打好的糍粑捏成一个个圆形的小糍粑放在筛子里。她们的手上都抹上了煮熟的蛋黄，这样糍粑才不会黏手。

之后，晚上 24 点过几分钟的时候，杀祭祀猪的七八个男子也已经做好了准备，经过杀、烫、去毛、开膛，一头 200 斤左右重的猪就已经洗干净抬到堂屋大门口，等着白天开祭用。

到现在，这一天的仪式就基本结束了，堂屋内剩下几位歌师在唱长歌，一直延续到次日凌晨 5 点多钟。

第二天（3月1日）

经过了第一天的起事，第二天才算是转场仪式的正式组成部分，这一天要正式开祭，同时主人家的亲戚朋友，尤其是外家（指的是岑家各弟兄的丈人家）和马郎家（指女婿家，岑言光的几位姐姐家）要“隆重登场”。

1. 开祭

转场的第二天是整个仪式的高潮部分，执事先生们前一天一宿没睡，今天一早又要开始准备开祭仪式了。首先要布置灵位，在堂屋大门口搭一个圆拱门，门边上用一种当地叫作“狮子草”的植物缠住。门内放一张小方桌，桌上放一个盛满大米的升子，并将牌位插在升子上，然后在前面摆上岑家父母的遗像，而岑言光儿子岑佳平的遗像则放在桌子下方。把灵位设置好后，圆拱门上方的长竹竿上挂了一些画着生肖图案的白纸，分别画有鸡、鸭、鹅、猪、马、羊，在挂铜鼓的“南天门”位置挂的是一张画有铜鼓的白纸。执事先生解释说，这些畜生图案只是用来代替的，因为在早些年，开祭仪式上这些动物都是要被一一杀来祭祀，而如果现在也这样做，一是太浪费，二是操办此事的主人家没有这样的经济承受能力。因此只能杀用来祭祀的鸡、猪、鹅，别的就用画图案来代替了。

牌位是布置好了，可关于岑家的这场开祭仪式还有一项很重的仪式要做，那就是非正常死亡超度仪式，这个仪式是必须在开祭之前做的。所谓非正常死亡，男子一般是指死亡前有身体浮肿情况，而女人一般是指难产而死的情况。岑家之所以要在开祭祀之前做非正常死亡的超度仪式，是因为岑父岑国孝在去世之前身体出现浮肿，因此现在要请先生为他“解难”。

非正常死亡者的超度仪式不是所有的执事先生有资格主持的，参与执事的岑国章老先生说，他虽然是20世纪六七十年代就开始进入这行，可从来没有碰过这个仪式，因为主持非正常死亡者灵魂超度仪式的先生必须是在50岁以上，年轻的先生法力不足以镇压邪魔。

今天的非正常死亡超度仪式有岑立国和岑天兵两位先生主持。首先，院子内摆一张方桌，桌上再放一个盛满米的升子，升子下压一张纸钱，升子内塞了50元钱，同时插上三炷香设好灵位，再在灵位前供上三杯酒。另外方桌的一条腿下还放了一个织布时用的篦子。除了准备这些还要做12个形状由大到小的泥碗，里面盛满水，代表12个水潭。然后再将一个用竹子串上几根高粱秆做成的竹筏放在最大的一个泥碗内，竹筏上有个茅草人，代表死者。还杀了一只鹅并将血分别滴在这12个“水潭”中。（注：赶场坡的布依族人认为，浮肿去世的老人是身体被泡在水里才会发生水肿的，老人走后灵魂一直是在河里，只有经过超度后把老人接上了岸他才会过上好日子。）这样，所有的准备工作就完毕。

这时是早上9点40分，岑立国先生和岑天兵先生在堂屋内做完法事后从堂屋出来，来到12个“水潭”边，其中岑天兵先生手提一个小竹筐，筐内装有一只公鸡。接着两位先生就开始念经为亡者超度了，他们用布依语唱着解难歌，大约唱了一个小时，等一一把那12个“水潭”捣翻后才算结束。

进行完非正常死亡者灵魂超度仪式就可以正式开祭了。在这之前先生还要在堂屋大门外左侧的墙壁上设一个牌位，这个牌位由一块长红布条和两块小红布条做成。牌位上的字不是直接用笔写上去的，而是先将毛笔蘸上蜂蜜，每写完一个字就抓一把小米撒上去，让小米黏在用蜂蜜写的字上，这样就会出现一个用小米写成的字。照此方法直至把牌位上该写的字都完成，再将红布挂上去，然后端上贡品。

可以正式开祭了，首先，岑立明先生在灵前念着词，并在他的口号下岑家的孝男和孝女在灵前排成几排，先是男的面向左，女的面向右，先生念完词后再转向牌位。接着要发孝衣，一人手执一炷香。然后，长子岑言光先上前跪于牌位前，先生杀鸡祭灵。之后众先生唱祭诗，孝男孝女面向牌位鞠躬。祭诗唱完，法事完毕。接下来就是午饭时间了。孝男孝女在举行转场期间不能坐，只能蹲，吃饭的时候也只能蹲在地上吃，而且不可以用碗，每人手中只能拿一把勺子舀饭菜。

2. 外家及马郎上祭

到下午15点左右，这时是转场仪式中最热闹的阶段，因为外家及马郎家前来上祭了。外家是指岑家儿媳妇的娘家，也就是儿子的老丈人家。岑家兄弟在外家来之前是只戴孝没穿孝衣的，孝衣是外家带来的。首先来送孝衣的是大儿子岑言光的岳父家，即大外家。岑言光夫妇以及儿子都要跪着，让外家人为岑言光父子穿上孝衣，背上孝布。然后外家人以及孝男孝女要去“店家”，即岑家安排给外家人住的那户人家。孝男孝女们在“店家”门前跪拜，敬酒，然后才离开。除了大外家来送孝衣，之后还不断有其他的外家，包括家族中其他儿子的岳父家也要来送孝衣。

除了送孝衣的外家到来以外，还有家族中已嫁出去的姑娘家，以及亡者的外孙、外孙女，女老人娘家那边的侄女、外甥、外甥女等都纷纷前来上祭。上祭的时候每家都带来两袋糍粑（大概有十几个，糍粑当时就要切开，切好后还要将一小块装回袋子里，其他的要分一些给寨上人）、糖果糕点、水果和礼金。并在灵前鞠躬、跪拜、戴孝。

下午 15 点半，大马郎（本来应该是亡者岑国孝的大女婿担当，因大女儿夫妇已经去世，经商量决定由小女婿担当大马郎，大女儿长子担当二马郎、二女婿担当小马郎）来到路口了，小马郎家必须在大马郎先到之后才能进来。大马郎家带来了跳转场舞的十几个小伙子还有其他帮忙扛狮、马、鹿、象（均是纸扎成的）以及阴锣、阳锣的好几十号人。岑家的孝男孝女以及身着盛装的十几个女子这时要在路口迎接。这时不是大队伍一起进寨，而是要等大马郎首先前去灵前献祭文，换上新鞋袜，穿上孝衣，献上祭品并在灵前跪拜。大马郎和大外家都献完祭文和祭品在灵前跪拜过后(大外家是必须是在大马郎家上祭之前进寨)，位于路口的大小马郎家队伍才开始进寨。

大马郎上祭完毕后就去了路口带着他领来的大队人马来到岑家院子里。大马郎先走，二马郎、小马郎家才能进。大小马郎家都带来了大批的纸火、“狮马鹿象”和一头牛，其中大马郎家还带来一头祭祀猪。大马郎家的人进到院子里，昨天来跳转场舞的那些小伙子又开始围着幡杆跳了起来，同昨天一样，主人家也是要用毛笔蘸上墨水在他们脸上画上一道印记。执事先生说，在跳转场舞的小伙子们脸上画上一道，意思是要他们给死去的老人带个话，说老人的家人们在集体送他上天。然后小伙子们就一直尽情地跳着、转着，进行了差不多一个小时。

跳完转场舞就差不多到晚饭时间了。

3. 点灯

白天的活动落下帷幕后，从晚上到次日天亮都一直有大大小小的仪式要进行。

晚饭后，20 点半左右，同第一天晚上一样的程序，执事先生们又要开始在灵房点灯了，点完灯后岑家的四个孝男又要继续在灵房前烧纸钱。

晚上 22 点左右，大马郎家过来的小伙子们又要继续跳转场舞，旁观的乡亲们继续叫好，其间，锣声、鼓声、钹声、欢呼声响彻了整个村庄。

跳完了转场舞就又要像第一天晚上一样舂糍粑了，不过不一样的是，今天晚上舂糍粑的不是主人家，而是大马郎家。先是大马郎上场，舂了几下之后就换成其他人，不过都是大马郎家带来的人，就这样轮流换了几拨人才把糍粑舂好。糯米被舂成了糍粑，本来接下来要做的是将盆里的糍粑团成团，捏成一块一块的圆饼，可这时候大马郎家来的年轻人们和主人家这边的人却打起了“糍粑仗”，他们用手扯下小块小块的糍粑互相攻击，有点类似于现在的很多年轻人在过生日时抓起奶油蛋糕互相涂抹的情景。

4. 送伞、送灯、送鹅

在激烈的“糍粑仗”之后，五位执事先生正在堂屋准备接下来要举行的另外一个仪式。这时是晚上23点半，在堂屋放铜鼓的位置、堂屋大门外以及院子里幡杆树的位置都各站了两个歌师。铜鼓边的两位歌师手里拿着画有铜鼓的一张白纸，大门边的两个歌师手里各拿一把纸伞，幡杆树下的两个歌师手里拿的是画有生肖图案的白纸。各就各位后，六位歌师就开始在唱盘歌了。铜鼓边的两位唱的是送灯歌，大门边的两位唱送伞歌，幡杆下的歌师唱送鹅歌。边唱着，幡杆下和大门外的几位歌师就一边向堂屋方向移动脚步，只有铜鼓边的两位歌师位置不变，约进行了一个小时才结束。

这个仪式结束后就要到凌晨一点多才有一个仪式，称“堂祭”。堂祭的程序实际和白天进行的开祭仪式程序是一模一样。堂祭之后还有大大小小的仪式，其间歌师们都要不停地唱，一直进行到凌晨4点多才休息。

第三天（3月2日）

3月2日是岑家举行转场仪式的第三天，也是最后一天，由于前一天晚上各种仪式一直进行到天亮，所以无论是执事先生们还是主人家，都已经很疲乏了，因此这一天早餐吃得比较晚，早上7点半才吃早餐，这一天的第一个仪式是在8点多才开始。

1. “赶场”

今天的第一个仪式叫作“赶场”（由布依语翻译成汉语之后的意思）。上午8点，首先两个先生（岑天兵和岑天虎）领着孝男（这时的孝男不仅包括岑家四兄弟，还有三位马郎）孝女从堂屋大门出去，他们的头上都插着一株稻穗，这时大马郎家跳转场舞的人也在院子内跳着。关于他们头上插的稻穗是有来历的，传说以前有一位先生为别人家做法事，可是法力不够没能将死者灵魂送上天，灵魂上到了半空就上不去了。这时在地里割稻子的人听到半空中有叫声，于是抬头望去，由于阳光刺眼，就用握着一株稻子的手挡在额头上看天。可就在这瞬间，半空中的灵魂就立即上天了。于是后来，做法事的先生们以及孝男孝女，都要在头上插一株稻穗，以顺利超度死者灵魂上天。

先生带着孝男孝女出来以后，在院子围着幡杆逆时针转三圈，之后所有人便一起到了后山的一块空地。跳转场舞的小伙子们在一旁激烈地跳着，两位先生领着孝男孝女分成了两组，每组都用三根木棍在地上搭个小架子，各将一只鸡倒挂在架子上，然后几位孝男跪在架子旁，两位先生就开始边念经边领着孝女们围着架子转圈，先顺时针转又逆时针转，这样才能把脚印盖住。

先生还给每一个孝女分一把米，她们边转圈边撒米，意为撒给去世老人的种子。岑家的三个女儿（一个是大女儿由儿媳妇代替）各都背上一顶草帽、竹筐和一瓶酒，在“赶场”回来之后，这几样东西都不能带回，要挂在路口，等仪式全部结束后她们直接带回自己家。

2. 杀牛

上午10点，大马郎、二马郎（岑家已去世的大女儿的长子）和小马郎（二女婿）牵来的三头牛就要杀了用来祭祀。这时堂屋内同时进行的还有关南天门、收铜鼓的仪式。

首先，堂屋内，岑立明老先生念着经书，各位孝男手里拿着火把（由草和纸钱包着一块孝布而成的），随着先生的指示，他们要将火把点燃，然后拿到铜鼓边烧掉。先生念完经后，位于堂屋左侧“南天门”位置的铜鼓就要被请下来了，然后要将“南天门”立即封死。这时外面院子里的三头牛同时被杀掉，另外值得注意的是，下刀之后每头牛都必须由总管检查之后才能拖走，不然会视为不吉利，家族中会有不祥的事情发生。

三头牛每头都是一刀致命，待总管检查之后人们迅速将牛拖走，再迅速地剥皮、割肉，先是割下牛前腿抬到堂屋大门口祭，这时先生也要念经，等三头牛的前腿都已经割下来，就要将这六条牛腿都放进铜鼓，放在堂屋中央供着。等祭祀完毕之后，这六条牛腿要分三条给做法事的先生们，另外三条给主人家。至于牛后腿，马郎家在仪式结束后要带走。

3. 撤幡杆

中午11点左右，两位先生（岑天兵和岑天虎）身着长袍，在院子内的两棵幡杆树下设坛念经文。这个仪式主要是将幡杆上的灵喊下来，也即是参与整个转场仪式人们的灵魂，先生念经将活人们的灵魂都喊下来，然后才能撤幡杆，让去世的老人安安心心地上天了。

中午11点40分左右，那两个装满岑家全家人衣服的竹筐又再次被搬到外面，并设了一个灵位，然后先生、孝男要在灵前跪拜。竹筐内的衣服是岑家老小平时穿的几件衣服，经过这个仪式超度之后他们的衣服今后穿在身上也会保佑他们全家平安健康。

4. 关天门

中午12点，开在房顶上的“天门”要关闭了，因为死者的灵魂已经通过“天门”上天。同开“天门”时一样，岑天兵的父亲岑正华老先生手执一把剑，指着开在屋顶上的每一个“门”，一边念经，一边安排在房顶上的那个人将瓦片归位，关上了“天门”。

中午12点40分，马郎家、外家来的人要上桌，坐到一起开始唱盘歌。这时堂屋内的东西已经撤得差不多了，纸伞、灵房也纷纷撤走，外面的幡杆树和报天钱也被撤了下来。同时，在堂屋内，岑家的几个儿媳跪在灵罩前，先生在前面念经，然后将放在灵罩上的大米分别抓一把放到每个儿媳的衣服兜里。

做完这些之后，到下午13点左右，这时要把所有的纸火都送去死者的坟前，纸马、轿子和几把纸伞烧掉，其他的直接插在坟周围。要等送纸火的人回来后才开始吃午饭。去坟前送纸火的有岑家的三个儿子（长子岑言光夫妇没有去）以及帮忙的人，岑家长子岑言光夫妇则跪在堂屋内等待外家人来给他们脱孝衣，换回他们平时穿的衣服。

这时候，歌师、寨上德高望重的几位老人要围坐到一起唱歌，桌上摆着酒，还有一盆煮熟的猪瘦肉（之前的几天是不可开荤的，这些肉是经过先生做了法事之后大家从此时便可以开荤了）。

5. 送马郎

下午16点，整个转场仪式基本结束了，最后一个环节便是送客。所有的客人中，贵宾是外家和马郎家，尤其隆重的是送马郎家。

岑家共来了三个马郎，每个马郎家都带来了歌师。在送走他们之前，主人家要准备礼物，这些礼物一般有钱和银镯子。六个银镯子是老人生前留下的东西，分给三个孝女，而钱称为"跟牛钱"，因为以前在做完转场后主人家要回赠马郎家一头牛，现在不流行赠牛了，就改成直接给现钱，所以称为跟牛钱。跟牛钱一般数目都不少，岑家这次给三个马郎家的就分别有1000多元钱。这些礼物不是由主人家直接给，而是由总管作为代表，而马郎家那边也是由一起来的歌师为代表。总管代表主人家向马郎家的代表说一些感谢之类的话，另外还要祝福他们，希望这些礼物能带给他们吉祥。每一个马郎家都接受完礼物后整个转场仪式就宣告结束了，马郎、外家人就开始各回各家。

第三节　婚姻习俗文化

在一般意义的文化中，婚姻礼俗是一个族群文化的又一个非常重要的部分，丧祭仪式是"安顿"死亡意义的仪式，而婚姻则是"安顿"生存意义的仪式，没有这样的部分，文化的生命意义是不完整的，这在羊场布依族盘歌的文化生境意义上也是如此。在羊场布依族盘歌中，在婚礼仪式上所唱的盘歌也占有很大的部分，故而，婚姻礼俗文化也是羊场布依族盘歌文化生境的重要组成部分。可以说，没有这个部分，羊场布依族盘歌的婚礼仪式歌也就没有了自己的展示平台。

羊场布依族婚姻习俗我们亦是用调查报告的形式来呈现的。

羊场乡布依族婚姻习俗调查报告

时间：2010年7月26—30日

地点：羊场乡吉星旅社

访谈人：岑立明，男，布依族，时年66岁，盘县羊场乡赶场坡村坪地组人。

潘方林，男，布依族，时年63岁，盘县羊场乡张家寨村罗潘组人。

吴廷贵，男，布依族，时年64岁，盘县羊场乡赶场坡村东场组人。

采录人：杨春艳、王金元

羊场乡布依族不禁止与外族通婚，但大多实行民族内婚，凡不同房族者便可开亲。在以前，他们的婚姻讲究门当户对，大多由父母包办、别人介绍，很少有通过自由恋爱而结婚的。现在，随着时代的进步，人们的观念有了很大的变化，大多数青年男女通过逢年过节等节日活动，自由寻找恋爱对象，感情深厚者便可喜结良缘。其婚姻主要有相识、说媒、定聘酒、发八字、合衣裁帐、接亲（办喜酒）、回门、办回门酒等几个程序。

1. 相识

羊场乡布依族男女青年，一般到十五六岁后，便可以通过对唱情歌等方式来相互认识，如果彼此中意对方，比如姑娘中意某一个小伙子，便会给小伙子送去自己绣制的花草鞋或花荷包，以表达她的爱意，这样，男女青年就继续往来，直到小伙子向姑娘提出结婚的要求；在此期间，如果双方谈吐感觉不投机，那就中断彼此交往，各自寻找自己中意的对象。但如果不是自由恋爱，而是父母包办的情况，男女青年婚姻的缔结就不是自己的意愿了，不管是否愿意，都要按照父母的意愿去行事。因此，在中华人民共和国成立前的羊场布依族地区，有些男女青年，直到结婚进门了，连对方长什么模样都不知道。

2. 说媒

假如男女青年相互同意了，就不再需要媒人；假如不同意，就要请媒人了。但不管是哪一种情况，一定要有婚姻中介人（在此，我们主要叙述需要媒人的情况）。倘若男方青年看上了某个女青年，男方的父母就会找媒人去女方家说媒。媒人有一定的要求，一般与女方家居住在同一个村落，对女方家底比较熟悉且明事理、能说会道、父母健在的人。媒人去女方家时，需要带上糖几封以及三斤或五斤酒到女方家谈亲事，按老话说叫“成不成酒三瓶”，如果女方家不答应，此事就此了结，不存在抢婚的现象；如果女方家答应这门亲事了，媒人便回来并将女方家的意思转告给男方家，即证明双方父母皆已同意这门亲事，在此，媒人起到了见证人的作用。如果事后男青年或者女青年反悔，不愿意嫁给对方，无论他（她）跑到哪儿，都要找回来，接受家族的惩罚（架“蓬柴火”来烧），长辈会极力劝说，让他们遵循婚姻缔结时的承诺。

3. 定聘酒

亲事定下后，男方家会选一个好日子，派人带上 12 斤酒，5 斤糖、一只公鸡和一只母鸡到女方家寨子去。他们先到媒人家，并送给媒人一瓶酒、一只母鸡，在媒人家吃过饭，然后在媒人的带领下才去女方的家中。到女方家后，女方家要设席招待他们并向寨邻告知，让全寨子的父老乡亲集聚到女方家来，届时向大家宣布双方的婚事。到了晚上，大家“捉信玩”（布依族话）即饮酒逗乐，故意为难男方家来吃定聘酒的人，这时，男方家的人就要机灵地应对，稍有不慎，就会被灌酒。比如男方会说：“我们是你家的亲戚，来讨点秧田。”女方家故意说道：“我们家没有，水都已经放干了。”……于是，双方对来对去，全席的人都能来参加，主要是为了娱乐。这个环节即称为“定聘酒”。在“捉信玩”的过程中，女方家会把男方家带的酒倒给大家喝。

第二天一大早，女方家便把男方家带的鸡杀了、煮熟，又把全寨子的人请来，这些寨邻来时，要带上一对鸡蛋来道贺，并将之染成红色，等男方家的人要回去时，把鸡蛋塞在已经喝光的酒坛里让男方家的人带走。大家吃完饭，男方家的人就回去了。

4. 讲好

男方家吃完定聘酒回来以后，便可以去女方家“讲好”了，但要看男女青年的年龄而定，如果姑娘的年纪还小，就推迟几年以后再去讲；如果姑娘已经达到谈婚论嫁的年龄，就可以选择一个吉日前去。去时，由两个人带上几斤酒直接去女方家商议即可，商议完毕就可以回来。

5. 发八字

之后，男方会请寨中有威望的老辈人或者先生选好日子，带上一只公鸡和一只母鸡（母鸡给媒人家，公鸡给女方家）、12 斤酒，至少 20 斤糯米舂的糯米粑粑（粑粑的大小、薄厚，可以体现出男方的脸面）以及糖、饼，还有一定的钱（用红布包住，多少没有固定的说法，看男方家情况而定，如果男方给了 5000 元，那么女方家就要回给男方家 6000 元~7000 元，也就是说一定要多于男方家），这次去女方家的目的是“发八字”，即取得女方的生辰八字，为她以后过世时确定其下葬的时间及转场时为她举行仪式的时间等。到女方家后，女方家仍然摆酒款待，并请来家中亲戚，一同庆祝双方的亲事，并送给所来的亲戚，每家一瓶酒，并将男方家送来的糯米粑粑分发给亲戚们，借以向亲戚们宣布双方的婚事。此外，女方家也要把全寨的人请来“发八字”，由主人家安排把先生请来，并在堂屋里摆好桌子，上面放一块红纸，女方家 6 个人，男方家 2 人，一共 8 个人，大家围坐在桌子旁。坐好后，女方家拿出姑娘的生辰八字并请先生把其写在红纸上，写好后折叠好。这时，寨上的人倒好酒，大家“封正”（说吉利话）一番后把生辰八字交给男方家的人。第二天一大早，女方家又把男方家带来的公鸡杀了，再去请寨上的人来吃完饭后，男方家的人就回去了。

6. 合衣裁帐

讨八字回来，男方家请先生来推算一个好日子，主要是看何月何时去接亲，并派某人去女方家“合衣裁帐”。届时，男方家派 4—6 位家中的妇女来到女方家，并带上一只鸡、12 斤酒、一块菜，女方家会派出相应数量的人员迎接，共同为女方制作嫁妆。一般情况下要做两床被子，两床被面，两套衣服，两套帐子及其他嫁妆，数量一定是双数。男方家派来的人一直到将女方所有嫁妆做好为止，才能离开，在此期间女方家要招待她们的食宿。同时，女方家还会请木匠打一些家具。这样以后，双方就知道具体婚事的操办时间了，于是，各自做好准备。男方家要提前一两个月去请“保送牙送”即唱酒令的男女歌郎，一般为三个，两男一女。去请时，带上一瓶酒。双方准备好后，就等待接亲的到来。

7. 接亲（办喜酒）

接亲时，男方家先请好前来帮忙的人，然后大家带上六七十斤糯米打成的糍粑、24 斤酒、4 块肋巴骨到女方家去。同时，还要用红纸把一定数量的钱包好，一般为 12 元，现在经济条件宽裕了，几百元也可以，包好后送给女方的父母，称为“奶金钱”，象征的是补偿父母的养育之恩。此外，还要看新娘过来时，是坐轿子，还是走路或骑马？如果是坐轿子，就可以不用打伞了；如果是走路或者骑马，就一定带上伞和鞋子。

到女方家门口，女方家要摆拦门酒，一般先拿一个盘子，上面放两个碗，里面倒点酒，拦在门前。男方家的歌郎不管喝多少，但一定都要唱完三道关，唱时不能将酒碗放下，要一直端着直到进入女方家屋里为止。

歌郎所对唱的内容，在第一道时，主要是说从哪里来，一路上怎么来的，而女方家回答道你们带来的东西还在路上，还没有到等；第二道男方家说带来了什么东西，女方家回答你们带来了这么多，这么好的东西；第三道男方家说感谢女方家的各位亲戚来庆祝他们的婚事，感谢招待，女方家回答这样的热情是因为你们的脸面重，你们家人品好，等等。

唱完这三道关以后，男方家的人就可以进到女方家的屋里了。这时，男方家就要唱“沙泥昂”，主要是说些恭维亲家的客气话，并感谢他们的热情款待，感谢让他们进到堂屋里来；女方家回答这样做是因为我们已经是亲家，是应该的。进入堂屋后对歌仍然继续，一直到将男方家送来的彩礼打开、展示给大家看完为止。届时，女方家设席招待男方家来的客人并也把亲朋好友及其寨邻全部请来，这些亲戚朋友来时，也会送来彩礼，如绣花枕头、箱子、被子等，以表示祝贺。

是夜，亲朋、好友饮酒作乐。席间，从男方家去的歌郎要与女方家的歌郎对歌，唱酒令。所唱的酒令主要有“浪贤浪罗”（8首）、“上撞上转”（3首）、“八倍八百”（4首）、“温前朝”“开碗歌或者开碟歌”“叶渡碟”“唱爱情歌”“送别歌”“发亲歌”“接蚊帐歌”等内容。持续的时间很长，甚至通宵达旦，表示大家的高兴、愉快的心情。酒席散的时候，来吃酒的每个人都会分到一份粑粑和酒，媒人得到两坨粑粑、一斤酒、两块猪肋骨。

第二天一大早，按照之前定好的时间，姑娘一般都会选择在早上五六点钟出门，出门时由其同班同辈的亲兄弟或者堂兄弟背她出大门，然后直奔男方家而来。途中，如果碰上另一出嫁的姑娘，两人则需交换一张帕子。接亲的人回来时，女方家还要准备好10斤糯米打成的糍粑和四条猪肋骨肉让其带回来，到男方家后将肉献给男方的父母，以表达女方家父母对他们的尊重，糯米糍粑则分给来帮忙的人和小孩子们。姑娘到男方家时，不需要举行拜堂等仪礼，男方家的人直接将姑娘及其嫁妆等带入新房中。

姑娘尚未进入新房前，男方家要事先铺好床，铺床的时候，有一定的讲究，需要两男两女来铺。铺好后，在床上放些瓜子、花生、钱币等物，让小娃娃来抢着吃。等到晚上，男方家要设席招待各位亲朋好友，并在堂屋里摆好桌子，拿一个小碗装些豆子放在上面，再用一个大碗将其盖住。开席前，要请接亲的人来唱“铺帐子歌”，接着唱“开豆歌”，唱完之后，还要唱“团拢”，即接亲全部办完了，让老人家好好享福等之意。再之后，就随兴创作，任意娱乐了。

8. 回门、办回门酒

新娘在男方家住上三天（其间，新娘不能与新郎同床），三天以后，第四天早上回娘家，称为“回门”。女方家会派人吹着唢呐来接新娘。同时，男方家要准备40个糯米粑，12斤酒和4根猪肋骨肉让新郎送新娘回娘家去。到娘家后女方家还要办“回门酒”。吃完酒后，新郎就回自己家去了，而新娘则留在娘家继续生活。其间逢年过节或农忙时，新娘会回到夫家过节、帮忙，这说明在羊场的布依族中有“不落夫家”的习俗。直到新娘怀孕后，男方才派人将媳妇接回去，过完年后，新娘就将常住在夫家，一般情况下很少回到娘家了。生过孩子后，姑娘的头饰也将从原来的披肩发变为盘头。

第四节　歌师口述史

盘歌的演唱有专门的歌师，也有一般的歌者，虽然普遍意义上是人人都可以歌唱的，但其主要部分仍然由专门的歌师承担，故而，歌师的存在也可以说是羊场布依族盘歌的另一个重要而特定的文化生境。这样，我们在采录、记音、翻译羊场布依族盘歌的同时，也较为详备地采录了羊场布依族部分歌师的口述史，以期能够更深入地理解羊场布依族盘歌。

一、歌师吴廷贵口述史

吴廷贵，男，布依族，1945年出生，贵州省盘县羊场乡东厂村村民，是当地比较有名的布依族歌手。26岁时，经长辈的介绍，由于擅长演唱布依族民歌而不用经过冗长的说媒仪式便与茅口潘家的姑娘成婚。目前，育有三子，最大的在外地上班，因没有口才，所以到现在尚未娶亲。二儿子在册亨工作，最小的儿子结婚不久，目前在家陪伴父母。

吴廷贵歌师所在的东厂，是一典型的布依族村落。全村有65户人家，有226人，主要有罗、吴、岑、潘四个姓氏，其中以吴姓的最多。据当地布依族老人回忆说，东厂一带的布依族祖先来自南京应天府，从洪武年间调北征南后就到达了这个地方。那时，老祖公们兄弟多，土地不够种，所以祖先他们先是住在羊场乡那里，后来不知道是人口多还是什么原因才搬到东厂这里。“东厂”一词，在布依语中念作“隆爽”，其意是“隆树”比较多的地方。后来在确定地名时，人们根据其谐音而称为“东厂”。

吴廷贵歌师一生命运坎坷，自幼父亲便已过世，只能与母亲相依为命，兄弟姐妹一个都没有。7岁时，便离开母亲去上学，那时，小学只有五个年级。吴歌师7岁开始上学，直至13岁才读完小学，据他回忆说，那时老师说什么，他们就跟着说什么。可是，汉语词汇具体指的是什么，大家也搞不清楚。后来，终于小学毕业，他就回家来帮助母亲做些农活，也就从那时开始，他从长辈们那里接触到布依族民歌，从此，对民歌表现出了极大的兴趣与向往。

据吴廷贵歌师口述说，他是在十二三岁时跟吴德民老人学习唱诵布依族民歌的。

吴德民，也是羊场乡东厂村的布依族，可惜早已过世了。据说他是跟段家寨的老人学唱的民歌，具体叫什么名字已不清楚。那时，去段家寨老人学唱歌的人很多，男男女女大约有一二十个，最后学会的也有很多。本来去学习，应该带点礼信去的，但那时经济条件不好，所以大家谁都没有带什么礼信过去。会唱布依族民歌就是不一样呢，后生们学会了，姑娘们可喜欢了！偶尔在路上，你亮出一两首，她们便会蜂拥而来，或者和你对唱，或者静静地听你唱，那场面非常有趣。

除了跟吴德民老人学习外，吴廷贵歌师还跟很多老人学习过，如东厂村吴定荣的父亲等等，吴定荣也特别会唱，歌谱就有好几本，可惜那些歌谱全是汉字记布依族语语音的，不熟识布依语的人看不懂。

那时，去学习唱诵布依族民歌的还有吴明武、吴定仁等老人。那个时代经济不发达，又没有电视之类的电器，大家集聚在某一家，就让会唱的老人来教大家，一唱就唱到凌晨一两点。也不分什么时节，只要大家一有空了就去学习。

就这样，吴廷贵歌师以及同伴们学了好久才略微掌握一些。可是，还没有掌握到一定的火候，哪怕是一半，年轻的吴歌师们便单独上路了。

据吴廷贵歌师回忆说，他第一次单独和姑娘对唱是在去“馆子桥”赶集的路上。那时，与他同去的伙伴去把两个姑娘叫了过来。可是，吴歌师自觉以前没有什么“基础”，也从来没有和陌生的女子说过话，所以十分害怕。但又是死要面子——不愿意把自己这份胆怯表现在陌生人面前，尤其是年轻的女性面前，于是只好硬着头皮去唱。以吴歌师的话说，那时他的脸红得就像鸡冠子一样，而和他一起去的同伴则说得头头是道。还好，和吴歌师对唱的那个小姑娘，估计也是第一次对唱情歌的，她也羞羞答答的没有多说些什么。吴歌师就瞎想：过来的时候有路来，回去的时候怎么回去呢？应该走哪一条呢？等他稍稍镇定下来后，就找个借口，一骨碌地跑回家去了，直到现在，他还遗憾地表示，那次他实在招架不住了。

等到第二次，吴廷贵歌师又和同伴们去普安，吃完饭后，他们便准备去路边休息。刚好，在去的路上碰上三个小姑娘，于是就和她们对唱起来，自上次的“锻炼”以后，他便可以和这些姑娘大大方方地对唱了。

还记得有一次，吴廷贵歌师和村里的人一起去普安江西坡挂红纸。其间，便和那个村子的一个姑娘唱，他们唱了一天一夜都还没有停止，直到第二天主人家煮好早饭后他们才停了下来。之后，那个姑娘叫村里的一个小伙子传话过来说愿意和吴歌师谈恋爱，吴歌师说去就去，于是真的过去了。从那以后，他再也没有紧张过，感觉唱布依族民歌很好玩，大家像兄弟姐妹一样，于是就那样一步一步地唱了起来，直到现在。

仔细数数，和吴廷贵歌师对唱过的人大概都有一两百人了。

吴廷贵歌师去唱民歌时最远的地方是晴隆的茅口，普安县的江西坡、红寨。本地区的就比较多了。晴隆、水城那里的布依族人对唱民歌也比较在行，尤其晴隆，会唱的人比羊场多很多。东厂平均下来，一个村子可能会唱民歌的就四五个，而他们那里，全村落的人都会。大家爱好得很。

至于吴廷贵歌师的传承情况，他现在就只有吴安选一个徒弟。可吴安选与现在的年轻人一样，时常到外面去打工，所以不怎么爱学了。现在，村里会唱布依族民歌的年轻人少之又少。以前，年轻人也不去外面打工，都留守在家里，所以，一逢赶集等时日，从四面八方而来的青年们便在路边对起歌来，那场面非常热闹。

年轻时，吴廷贵歌师一个月要唱一二十天的歌，可现在年纪大了，记性也逐日下降，所以，不能唱那么多的盘歌了，随兴唱个四五首还可以。

按吴廷贵歌师的分类，布依族民歌可以分为三大类。

第一类是少年歌。主要是布依族青年男女相遇相识时所唱的情歌。这些歌主要是在外面唱，每逢赶集或者节庆等时日，青年男女们对唱；或者哪家有客人来，本寨的青年（男女不论）相约去对唱。其大意主要表现爱慕或者恭维等能够取悦、俘获对方方心的话。比如有这么一首，翻译成汉语是这样的：

今天没有谁人把歌理，
是我个人把歌理，
今天没有谁人起来把歌唱，
是有我个人来把歌唱，
今天没有谁人唱凡言，
我们大家共同来唱凡言，
年轻自由不玩耍，
枉自为人在人间。
一个在一边难相会，
看见表妹郎心慌，
一年误春倒是小，
一方绕绕见凡言，
等到蜜蜂把花采，
等到蜜蜂顾得连，
来到这里是多久，
一心想谈个好朋友，
不知妹心是如何，
郎们有话不敢说，
一心要为妹开怀，
唱首民歌引妹来，
你一首来我一首，
恋得天长来地又久，
郎唱民歌心又慌，
看见情妹写文章，
手中提笔心在想，
二人何时得欣赏，
郎唱民歌心又慌，
慌得早饭吃不香，
慌得晚饭吃不进，
把命走定向阎王，
郎唱民歌心又慌，
看见情妹洗衣裳，
等把衣裳洗完了，
好表好妹把心谈，
郎唱民歌心又慌，
看见情妹泪汪汪，
一来郎们孤儿早，
从小就爱唱民歌，
从小学歌来散闷，
无论走到何处方，
谁人认得和谁唱，
何况谦虚把密谈，
我爱唱歌人家讲，
提起唱歌心头痒，
三天不唱心难过，
提起活路不想做。
郎唱民歌心又慌，
早早连妹把家当，
你有情来我有意，
一言一句配成双。
他们唱的是情歌。

第二类是中年歌，主要是在结婚等场合唱。中年歌又分为酒令歌（盘歌）、友谊歌等几种。主人家如果要请歌师去唱时，会送一些粑粑、一块菜、一瓶酒、一对碗等给歌师。歌师出发前，没有什么讲究，亦不用看生辰八字等。但去之前，还是首先做好准备，以防万一。

酒令歌（盘歌），是在结婚时才唱。如在男方家去女方家接亲时，过“三道关”时要唱，接着进到屋子里再唱“沙泥昂”。

这些酒令歌，在去女方家接亲的当天晚上唱得比较激烈，大家暗自较劲，一定要唱赢对方为止。因此，唱时大家互相挖苦，输了感觉特别没有面子，赢了大家才感到脸上有光，围观的人也比较多。据吴廷贵歌师说，他去当歌郎时，一般都是一个人和对方几个人对唱，但从来都没有输过。以他的比喻说，唱时就像打仗一样，让他们举手投降。胜利的就奖赏一碗酒。记得最厉害的一次是在红寨的时候，吴歌师和村里的人去接亲，他们从第一天的八九点唱到第二天的八九点都还没有分出胜负，于是，吴歌师就要个小计谋，等对方才刚起歌，他便立马接了下来，并用特别大的声音把对方声音盖住。于是那些人就说：“他抢着唱歌，可知他的歌像海底那样深，还量不出来呢。”就这样，前去接亲的歌郎就把对方吓输了。所以，吴歌师说：“唱盘歌，一定要声音洪亮，否则就很容易输给别人了。”

但是，在行酒令时，也有唱平手的时候，届时大家都会唱些恭维对方的话，这就是盘歌中的“友谊歌”。

第三类民歌便是老年歌，即办丧事时才唱，平时不唱，也不会在家里唱，大约有十几首。主要从盘古开天辟地开始唱，有开端、中途、末尾三个部分，开端讲的是前朝往事，中途主要是记述亡人的生平事迹，末尾主要是修饰性的言语。

二、歌师吴安情口述史

吴安情，女，布依族，1970年出生，羊场乡瞿家寨村罗家寨组人。

吴安情歌师12岁时母亲过世，兄妹六个跟着爷爷一起长大。10多岁的时候开始学唱盘歌，会唱布依族情歌、盘歌、接亲歌、酒令歌。吴安情说：“主要是我娘家的歌唱氛围好，爷爷、伯伯、除了弟弟外，兄弟姊妹五个都喜欢唱。”现在在羊场街开一个门面，卖民族服饰和纸扎，一个月的收入有3000元左右。

我们这边去接亲负责唱歌的有两个男子和一个女子。去接亲时唱的歌大概有20首左右。我十六七岁的时候就开始去帮人家接亲，第一次帮人接亲是到小河口村丁海组的男方甘塘去接亲，那时候是边学边用。接亲的那些礼节我是懂的，从小看着爷爷、奶奶、伯伯去给人家接亲，自然也就懂了这其中的礼数，晓得了怎么做的套路。第一次去的时候还很不会唱酒令，对方的人多，总是劝我喝酒，我只好笑着表示谢意。他们老是劝来劝去的，我又不喝，就感觉有些不自在，回来后就决定好好学唱酒令歌。到第二次去帮人家接亲的时候，对方唱起酒令歌来，我也照样能回他们，这次他们直接是没有办法，再劝我喝酒了。想不到一个女子怎么也会唱这么好又这么多的酒令歌。

根据男方家和女方家的路程远近来确定出发去接亲的时间，大概估摸着下午五六点钟能到女方家就行。我们去接亲，唱歌的女子要背一把伞去，其他的两个男子要带叶子烟去。女方家要安排七个女子来作陪。

发亲的时间是天蒙蒙亮时，新娘的父母和姑娘唱一首分别歌，我作为去接亲的，就坐在挨着堂屋偏房的门口处。等到姑娘和父母唱了这首分别歌后，就从连接堂屋和偏房的半门绕出堂屋，拉着新娘上轿。以前我们这里很多地方没有通公路，去接亲都要靠走小路，不像现在了，走到哪里都通了公路，还可以坐车了。

我学唱这些歌，也不用特地去拜谁为师，我爷爷、奶奶、伯伯都会帮人家接亲，他们教其他人的时候，我也在一旁学，那时年纪小，喜欢唱歌，就跟着学会了。就像现在唱得比较好的潘方林，他也是跟我爷爷他们学的，他喊我奶奶叫姑奶奶，我们是表兄妹。

我喜欢唱歌，那时家庭经济情况也不好，我也不想去读书，就在家帮着照顾兄弟，有空就跟着爷爷、伯伯学唱歌。那时学唱歌的人中只有我唱得好，我想要学就要学好，帮人家做事也是一样，答应人家的就一定要帮人家做好。

我伯伯可了不得，他不但懂文化，歌也唱得好，他还把这些歌抄成好几本书。他有一次去记歌，人家唱完了，他也全记下来了，人家就很羡慕他，说他怎么记得这么快。后来我伯伯过世了，留下的那些歌本，我就拿着去找吴定则教我，只有他和我二哥看得懂我伯伯的歌本，不懂的就让我二哥教我。我二哥可怜得很，他以前帮人家接电的时候，被电打死了。我伯伯还有几本歌本，先是被吴定明拿走了，前两年我才从他那里拿了回来。我伯伯传下来的这些书，保存的还比较好，但是有些都还是融①了。我要把这些书好好收存，现在的年轻人也越来越不喜欢唱这些了，也不晓得再过多少年，都会把这些打落了。我现在是没有娃娃，要是哪天我有娃娃了，我一定教他/她唱这些歌。

现在只要有人来和我学，我也是乐意教他们的，我会把我会的都教给他们。就像现在有些人要去接亲，来和我学歌，就用手机把我唱的歌录下来，回家去后，慢慢跟着学。

我没有读过书，这些歌我都记在心里。相比较下，陆荣秀（在当地算是唱布依盘歌唱得比较好的一人）她们唱得就没有我多，一个原因是她们不经常唱，很多词都记不起来了。我让她们照着书唱，她们又说我年轻点，记性也好点，就让我唱了。

我结婚结的晚，27 岁才结婚，娘家在羊场乡赶场坡村东场组。当时为了照顾比我小 7 岁的兄弟，他胆子小。当时我想外出去打工，丢下他一个人在家也挺可怜的，所以哪里也没有去。

我家男的（其丈夫）脾气好得很，我们结婚这些年，到现在都还没有生育，要是换成在其他家，肯定会闹出一些摩擦来，但是我们两个的感情还比较好，一直也没

① 融了：方言，意即纸张字面破损得看不清楚。

吵闹过。他以前读书也是比较好的，读完高中，回来后就在保基当代课老师，前些年，代课老师的工资少得很，就想着不教了，自己回来做点小生意。像我们现在按着节令做点生意，过年的时候卖点对联，平常卖些纸扎和民族服饰，芒种的时候卖些种子，清明的时候卖些香火纸钱。他对我喜欢唱歌是很支持的，我们有时唱歌唱一夜到亮他也不会说什么。我们唱的歌也有编成碟子的，有人来我家玩时，我播放从场坝上买来的碟子时，他就会说还不如放你们自己拍的，自己唱的还要好听些。

今年初六我去长流下面的茅口（隶属于晴隆县）郎田村那边比赛唱歌，我最后得了第二名，他们给了我 200 元的红包。因为有事，我初九就回来了，但是他们那边举办的唱歌比赛从初三一直要唱到十五。

这些年我在周边遇到的对手，就是今年我去郎田村唱歌比赛时遇见的一位女子。她叫白山红，我们唱了几晚上，都还没唱够，她也是说，如果我们早二十年认识、遇见就好了，我们唱得很是合心意。我转回来之后，有一次她还约了三四个人，来我家这里唱歌。当时从赶场坡也来了几个人说是来和她们对唱，但是赶场坡的这几个也很是记不全，就叫我替她们回几首。后来，白山红她们直接不接她们的歌唱了，只和我唱。我四姨妈也在我们寨上，晚上给我们煮夜宵吃，接着唱，也是唱了一夜到亮，我四姨妈还说我，我这么会唱歌，害得从赶场坡来的那几个只好转回去了。

像晴隆那边每年过年的时候都会举办唱歌比赛，我准备今年再去，也不是为了得个奖，我从这里坐摩托车到郎田要 50 元钱的车费，来回要 100 元。主要是去那里唱歌唱得合我心意，我觉得那边的人讲话比我们这里的人说话要温柔一些，我们布依族盘歌的语言巧得很，歌词也很有含义。但是白山红她们说我说的话、唱的歌和她们那边一样。

我觉得我们羊场布依族的盘歌还是很出名的，每年都有人去水城演出，我在这里没有人了解我会唱盘歌，所以也就没有机会去水城，我倒是想有机会能去。好多人说我大方、出得了场，不怕害羞，也不怕出差错。记得我第一次去帮人家接亲的时候，他们说是不让我摸酒瓶，第二天又说是我错了。我当时也没觉得有什么害羞的，我想这次我错了，下次我就懂得了。

我们这里像潘方林、罗照超他们唱歌都是唱得好的，吴廷贵不但会唱，还会编歌，他还把七仙女、天仙配编成歌，教我们唱。

现在我们民族的年轻人结婚都简化了，也因为现在的年轻人在外面打工的多了，他们在外面自由恋爱了，好多都是把结婚酒和满月酒一起办了，这样的话，也就用不着我们会唱歌的人去接亲了。都不像以前了，以前我们民族的女子就是办过结婚酒了，也不一定去夫家住。现在一年能碰上一两台（传统的结婚酒席）就算不错了，我们也因为不经常唱，所以有些就容易忘了。

我现在唱的歌总数该有百把首，这些歌可都是根据我们民族的风俗习惯、老古规矩传下来的。我们寨子就在这乡场上，汉族也多，做生意的人也多，有好多我们民族的习惯都改变了，要是我们不把这些歌传唱下去，说不定以后大家都不懂得我们民族的规矩了。

我们唱的歌有些可以现编，但很多都是根据老传统、老规矩而唱成的。

我还会织布、挑花、绣花，那年潘芳红他们下来采录我们布依族的盘歌，我穿着我们民族的服装去，就有人说我穿的鞋好看。我现在卖一些民族服装，主要是男装，自己织布做出来的衣服要卖 120 元，像买来的棉布做成的衣服就要卖得便宜些。

我也是经常穿我们民族的服装，夏天穿着长衣服虽然热点，但穿习惯了，也喜欢穿我们这种长衣服。

端午节的时候，我去了红果，我一个老表在红果菜场卖粽粑，她忙不赢①，就叫我去帮忙，我就在那里待了两三天。在红果我没有见到我们这种民族服装，也没有看见穿我们这种长衣服的，就我一个人穿，还有好多人来看我呢。在盘县（城关）倒是有我们这种民族服装，我们讲话也只有少部分人听不懂，大部分人还是能听懂的。

三、歌师陆荣秀口述史

陆荣秀，女，布依族，1948 年出生，贵州省盘县羊场乡甘塘村村民，与岑天德、潘方林、吴廷贵等一道，是盘县羊场乡一带比较有名的布依族女歌手。据她自己口述说，年轻的时候来到甘塘的姑妈家，那时有很多布依族小伙子来和她对唱盘歌。后来，经过姑妈等人的做媒，才从晴隆县茅口远嫁到这里。

晴隆茅口，据说也是布依族人聚集的地区，那里的人们也比较擅长唱民歌，可惜没有有识之士和文化人的关注，所以，他们的盘歌没有得到人们的青睐和重视。实际上，娘家茅口那里的盘歌比羊场这里丰富多了。几乎每个人都会唱，因此，有谚语说："会走路的就会唱歌""憨包都会吹木叶"等等类似的说法。不说远的，就说陆荣秀歌师自己家，父母、兄弟姐妹以及寨邻等所有人都会唱，并且只要有人唱，都能够对得出，也对得上。

陆歌荣秀师所在的村子甘塘，是一个汉族、苗族与布依族杂居的村子。全村分上、中、下三个小组，有 138 户人家，主要有吴、罗两个大姓。据吴姓的老人回忆说，他们的祖先是从江西迁徙来的。

据陆荣秀歌师口述说，她小时候，虽然家境不错，但是那时盛行重男轻女，所以小时候没有读过书。

陆荣秀歌师七八岁的时候，便和同伴们跟着村子里会唱民歌的老人学习，只要有人会，他（她）便就是大家的老师，会唱的教不会的，大家一起互相切磋、学习。那时，由于村里的陆凤明老人最擅长布依族民歌，所以，大家都去拜他为师。虽然说是拜师，可实际上不需要进行什么拜师的仪式和仪礼，只要和他打声招呼就可以了。大家在一起学习了许久才稍微掌握了一些。所学到的东西也因人的领悟性而异，以陆荣秀歌师的话说——只要用心了，都会唱的。

等到十一二岁，陆荣秀歌师就开始和村里人去接亲，从那时起，她就开始正式对唱布依族盘歌。

---

① 忙不赢：方言，意即忙不过来的意思。

20岁时，陆荣秀到甘塘姑妈家做客，因为她擅长唱山歌而受到年轻后生们的狂热追捧。在甘塘做客的那几天，几乎都没有休息的时间，而是在小伙子们的车轮战中熬过的。但也正因为这一次做客，使得她的魅力家喻户晓。姓罗的人家率先捷足先登，托陆荣秀歌师姑妈这个媒人向陆家提亲。就这样，在姑妈的说媒下，陆荣秀歌师于22岁时嫁到甘塘的罗家。

嫁来时，与陆荣秀同来的伴娘可能还不大熟悉布依族民歌，所以在很多年轻小伙子的围攻下，伴娘急得把所有的民歌都给忘了。作为新娘的陆荣秀歌师，在旁边跟着着急，只有自己出马来对唱。嫁到甘塘以后，有很多人来跟她学习盘歌，但很多人后来由于出去打工等原因都不再学习唱盘歌了。

婚后，陆荣秀歌师育有四男一女，目前所有孩子都已成家。只可惜没有一个跟随母亲学习唱盘歌。

在陆荣秀歌师的盘歌生涯中，印象最深的一次即是和张家寨村罗潘组的潘方林老人的对唱，俩人都感觉比较“合心”，以陆歌师的话说——感觉潘方林的嗓子比较好，与他对唱时两个人之间比较有默契。最终，陆歌师与潘歌师打成平手。从唱盘歌到现在，还从来没有输过呢。

陆荣秀歌师年轻的时候唱的盘歌比较多，现在年纪大了，只有接亲时才唱，平日里很少唱。前不久，有人组织去唱，她便去唱，还得到个银奖。

陆荣秀歌师除了在本地区唱外，还到水城、六枝、晴隆等地唱过。

陆荣秀歌师说，在布依族地区，虽然这么多人喜欢唱盘歌，但真正以歌相识，最后成家的年轻人很少。唱歌只不过是他们相互交往、结识的一种方式。因此，是否会唱盘歌，在布依族社会并没有作为一个妇女是否贤惠或者男方择偶的标准。

但人们在对唱盘歌时，还是有所选择的。如果感觉和对方的调子不和或者不默契，便随便唱几首后找个借口开脱，又或者尽量找各种对方接受的理由，比如不同班不同辈等等，使自己的口气尽量委婉一些。这样，和对方的对唱便草草结束。

布依族民歌在陆荣秀歌师看来，可以分成以下四种。

一是山歌。这类歌曲主要是抒情性的民歌，主要是年轻的男女青年，也可以是中老年人，他们可以在山坡等野外对唱。

二是情歌。这类情歌与山歌又有所不同，主要是男女交往、谈恋爱时唱的歌曲。也是布依族青年男女对唱的歌。

三是酒令歌。这类歌为一问一答，盘根问底，主要是在婚嫁期间由宾客对唱。唱时，有大小歌郎，大歌郎坐在堂屋里，另外的歌师在另外一个屋子。

四是孝歌。这类歌主要是在办丧事时才唱，平时不唱，也不会在家里唱，曲目很少。主要从盘古开天辟地开始唱，有开端、中途、末尾三个部分，开端讲的是前朝往事，中途主要是记述亡人的生平事迹，末尾主要是修饰性的语言。一般而言，女歌师不去唱孝歌，陆荣秀歌师从来就没有去过，主要原因是与孝歌的声音和调子不适。

以上几类歌调子各异，演唱时也不尽相同。

三、歌师岑天德口述史

岑天德，男，时年 60 岁。羊场乡赶场坡村田坝组人。初小六年级毕业，在他们那一代人当中算是文化程度比较高的。家中三个儿子，都外出打工去了。大女儿已出嫁。

该村有 103 户人家，540 多人口，主要的姓氏有吴、潘、岑、罗。

岑天德会唱布依情歌、送亲歌、迎亲歌等。从小跟着父亲学会的，主要也是那时候村寨里唱歌的氛围好，像他们这个年纪的人，年轻的时候想找到一个好媳妇，都要会唱情歌。还有就是自己觉得苦闷的时候也唱歌以此消愁。但是现在都不兴了，现在的年轻人要么出去读书，要么出去打工，也不需要唱这些歌了。像他自己最近两年也都去广东打工，月收入 1500 元左右，相比之下，比在家里做农活要好多了。

以前周围的布依族寨子哪家办红喜事时，都会请会唱接亲歌、酒令歌的人去帮忙，主事家拿一瓶酒来请，要是答应了，就接下这瓶酒，不答应就不接酒。

以前也有人跟着岑天德来学唱这些歌，但是这些来学的男的几乎都外出务工，他们是：

岑天为，男，布依族，时年 46 岁。岑天为十四五岁的时候来与岑天德学习唱盘歌。

岑天流，男，布依族，时年 36 岁。岑天流十五六岁的时候来与岑天德学习唱盘歌。学了两年，擅长唱高腔。

柏瑞健，男，布依族，时年 42 岁。柏瑞健是从外村来本村寨上门入赘，他来学时相对较晚，声腔不大好，但胆大，敢出场合。

与岑天德学习唱盘歌的还有两个妇女目前在家，她们分别是吴定芬（时年 52 岁，本村人）、卢红秀（时年 54 岁，从普安嫁到本村）。

岑天德对当地布依族的各种歌曲的认识是：转场唱的歌基本固定，即兴发挥的空间比较小；而酒令歌较灵活，围绕着一个固定的框架，即兴发挥，往框架里填词；迎亲歌和送亲歌也较灵活，但是歌词大部分都一样；在家里唱的友情歌大致内容都是给人以教育启迪。

第二章　盘县羊场布依族盘歌概述

以歌唱的方式来表述自己的文化和情感，在人类的表述行为中应该是一种比较常见的行为，也是语言表述和肢体动作表述之间的一种。在中国古代，我们的先人很早就把这些人类的表述行为分列为“言之”“歌吟之”“舞之”“足之”“蹈之”，很明显，这是按照表述的情感程度来分列的，有一个情感状态的递进关系，即一般的“言之”不足以表达内心情感时，就要“歌吟之”，而进一步“歌吟之”不足时，进而就是“舞之”“足之”“蹈之”了。这“舞之”我们可以理解为手的动作表述，“足之”可以理解为脚的动作表述，那“蹈之”则可以理解为手和脚一起来，这就是全身一起动起来了，这合起来就成为我们今天的“舞蹈”。这似乎就是一种“原逻辑思维”的表述，但它确实把人类情感的递进关系说清楚了。在这个递进关系中，“歌吟之”是语言表述的第二步，它比第一个表述的情感系数要强烈，而且这第二步中，“歌吟之”中的“歌”和“吟”是可以分列为两个级别的，在汉语中就有“歌唱”和“吟唱”这两种方式，前者比较注重内容的表述，后者比较注重声音的意义……也许，在“歌吟之”的形式中，还可以有更多的意义。羊场布依族盘歌就是这样的“歌吟之”的事物，而且这是在整个南方百越族群之后裔族群中都拥有的事物，即在整个的南方百越族群之后裔族群中，都习惯于这样的歌唱。在南方百越族群之后裔族群中，“歌吟之”可以说一种表述的常态，壮族、布依族、侗族、水族等等，都是非常喜欢“歌吟之”的民族，并且把自己的“歌吟之”分成了许多类别，“盘歌”就是一类。说“盘歌”，在壮族、布依族等民族中都有，但是，像羊场布依族人那样，把“盘歌”发展为“歌吟之”的一切，在南方百越族群之后裔族群中少见，在布依族中亦少见。正是这样的“少见”成就了羊场布依族盘歌。当然，成就羊场布依族盘歌的还有它自身的关于整个南方百越族群之后裔族群的原始文化记忆，以及关于整个南方百越族群之后裔族群的精神观念方面的内涵，这样的东西我们在整个南方百越族群之后裔族群中，已经是非常罕见的存在了。我们可以这样来理解它们，即壮族的“刘三姐”可以唱得很美，侗族大歌也可以唱得很漂亮和独特，可以轰动世界，布依族的“好花红”也可以是一种审美典范，但这些都是现代世界对于南方百越族群之后裔族群歌唱文化的一种选择，但维系这些“美丽”的根本是什么？我以为就是羊场布依族盘歌中所表现的那种南方百越族群之后裔族群的原始文化记忆和精神观念内涵。

第一节　盘歌概述

“羊场”在这里是一个特定的名词，尤其是该地的布依族盘歌成为“中华人民共和国非物质文化遗产代表作名录”之后，“羊场”这个地理名词就比较特定了，因为羊场由一种民族文化的式样上升到一种国家视野的层面，以后会因为这里的布依族盘歌的存在，给予羊场一个特定的含义，即出现布依族盘歌的地方。也许当地的行政领导和一般的群众，甚至布依族群众，认识不到这种意义和这种意义的未来影响力，但这样的特定历史已经形成。我们认识羊场布依族盘歌，也必须从这里入手。羊场这个地域对于羊场布依族盘歌来说，是一个至关重要的因素，因为是羊场这个地域产生了布依族人的盘歌。

羊场在行政区划中称为“羊场布依族、白族、苗族、彝族乡”，少数民族人口占全乡总人口的43.74%，是一个典型的多民族乡，在这里，布依族也就4000多人。这种民族分布在学术上意味着什么？即多民族边缘！我们不知道旧时这种民族分布是怎样形成的，但是，这种多民族交织在一起却是今天，或者说是历史中的事实了。在我们的调查中，不难看到，此地的民族文化在相互间是有较大影响的，但也有自己比较明确的界线，地域上、特性上、内容上、形式上……都有比较明显的区别，都相互成为对方的文化边缘。在彝族和布依族的文化边缘上尤其如此，因为这两个民族都在自己的“后面”拥有整片的民族文化分布，不是一个孤岛的文化形态，相互代表着文化边缘。即由于历史和迁徙等等原因，处于北盘江一带的布依族人西进以后，在羊场与贵州西部的彝族人相遇，形成了布依族人和彝族人文化边缘，或者说其文化边缘的一个组成部分。羊场布依族盘歌就是在这个地域中形成的，或者说留存下来的！

布依族是一个善于歌唱的民族，在贵州省的许多地方我们都能够感受到这样的歌唱，甚至我们可以说这是一种歌唱文化，因为它渗透于布依族文化的太多方面，从惠水布依族的“好花红”，花溪布依族“洒啦啦的杨柳……”民歌野唱，开阳南江河布依族的“十二月”演唱……都会给予你太多的歌唱感受和印象。布依族人在歌唱中表现的那一份自在和满足，是我们其他自以为喜欢歌唱的族群难于理解的。但是，我们在研究这些布依族人的歌唱中，我们发现，上例中的布依族歌唱，多数表现得都是娱乐和审美类型的歌唱……明显可以看到他们歌唱文化的推进和演化痕迹，很少能看到他们更为原初形态歌唱了。即那种“覆盖”布依族人文化生存一切形态的歌唱，这种歌唱在边缘地区的羊场布依族中还非常完整地保存着，而且非常有幸地被“历史”赋予了一个“羊场布依族盘歌”的形态，更有幸地被国家列入了国家第二批非物质文化遗产代表作名录。我们知道，在整个南方百越族群之后裔族群中，“歌唱”是一种常态，即这些民族都“喜欢”歌唱，不管外界赋予它们什么样的名称，侗族大歌是这样，刘三姐式样的民歌也是这样，即这些“歌唱民族”的“歌唱”都有一个“被命名”的过程，这在“羊场布依族盘歌”中也不例外。

几年以前，一个出生于盘县羊场的布依族人在一个叫“六盘水市民族民间文化保护促进会”的机构中“公干”，他支持和促成了有关机构进行了盘县羊场乡的布依族人的国家非物质文化遗产代表作名录的申报，并且获得了成功，而且是以民间文学的名目，作为一种民间歌谣的形式申报成功的。这个申报就定名为“羊场布依族盘歌”，并且表明“羊场布依族盘歌”包含了羊场布依族人“歌吟之”的所有形式和内容。这就完全改变了羊场布依族人“歌吟之”的自然状态，羊场布依族人“歌吟之”的自然状态中，“盘歌”自然是其中最为重要和显著的事物，但是“盘歌”也只是羊场布依族人“歌吟之”的自然状态中的一类，而我们以国家的名义，以国家非物质文化遗产代表作名录的形式，进行了一次“国家归类”。不过，在我们的调查中，羊场布依族人完全地、并且非常具有荣誉感地接受了这样的“国家归类”。也就是说，国家和羊场布依族人都顺利地完成了这个“被命名”的过程，“羊场布依族盘歌”与羊场布依族人“歌吟之”的自然状态顺利地实现了概念上转换，不是一个相互冲突的事物。

这也是我们学理上的一个必要表述！

后来，我们受当地主管单位的委托，对羊场布依族盘歌进行全面的整理、记音、翻译，使“历史”“发现”了布依族盘歌。之所以这样说，是因为我们没有进入羊场布依族盘歌调查之前，大家，甚至包括演唱歌师都不一定清楚羊场布依族盘歌在整个布依族歌唱文化中的地位和重要性，只知道羊场布依族盘歌是一个民间文学类别中的国家非物质文化遗产代表作名录。另外，对于羊场布依族盘歌，甚至布依族盘歌的研究极少，几近为零，只有几篇面上的介绍性文章。

在余漫江女士的一篇题为《最后的歌师》文章中，把盘县羊场乡的盘歌称为“布依族口传史诗——布依族盘歌”，这也是羊场布依族盘歌申报国家非物质文化遗产代表作名录的名称。这是关于羊场布依族盘歌的最初的理解，这个理解非常关键，不管理解是否正确，但它确定了两个最为重要的命题，一是关于羊场布依族盘歌的内容定位——“布依族口传史诗”；二是关于羊场布依族盘歌的形式定位——“布依族盘歌”。实际上，在我们整理了全部的羊场布依族盘歌之后，内容上羊场布依族盘歌不一定完全是“布依族口传史诗”，甚至还可以说没有任何所谓“布依族口传史诗”的内容。形式上羊场布依族盘歌中有相互盘诘、歌唱问答的歌唱形式，但不是所有的歌唱都具有这样的形式。这是羊场布依族盘歌“历史”的开始，因为余漫江女士就是这次申报的主要执行人。

在这以后，我们的羊场布依族盘歌才有了相关的表述。

其后是余未人老师在《当代贵州》2009 年 8 月第 16 期上的一篇题为“布依族两代歌师”的文章。这篇文章基本上是一篇新闻性稿件。

这两篇文章严格来说均不是学术研究的表述，而是散文性质的表述。至于布依族盘歌的概念，在“中国非物质文化遗产网”上有这样描述：

盘歌是以唱歌形式盘问对方一些事物的歌，青年、老年人都唱，但场合不同。青年男女社交初识时，便唱盘歌问对方的姓名，所住村寨和是否有恋人等，借以互相了解。中年、老年人在喜庆的场合中，唱述古人、古事的时候，便用盘歌的形式互相问答，歌手们在对答时表现机灵应变的才能。问得不准确或答复不对题时，就要引起听众的议论和欢笑。

盘歌所问的范围很宽广，诸如天地的形成；日月星辰的变化；山川草木的起源；动植物的种类及其特性与作用；庄稼生长过程及种植的季节；等等，从内容上看，类似科学答辩，但它却是艺人们用夸张的手法虚构了许多优美动人的内容来表达人们智慧的一种手段。另外，唱歌猜谜语，也属于盘歌的形式。

这个关于布依族盘歌的定义，不难看出其“原产地”仍然在羊场，也是国家非物质文化代表作名录申报人的解读，也就是说，是羊场布依族盘歌的国家名录的申报，定义了布依族盘歌。但问题是，我们现今已经把羊场地区布依族所有的歌唱都视为羊场布依族盘歌的歌唱了，就像我们在“凡例”中所说的，这是“大盘歌”的概念，即相互盘诘、歌唱问答的“盘歌”成为羊场布依族所有歌唱的称呼，羊场布依族所有歌唱被“定义”为“盘歌”了。这个定义已经成为一个既定符号，且羊场的布依族人和所有歌师也不反对这个称呼。我们也自然尊重这种历史！

这里还有一个问题，即羊场布依族盘歌的研究在中国几乎是一个空白，是一个基本没有被学界前人关注过的文化事物，我们没有任何的学术表述和研究的依托可言。当然，这种研究也可以是中国布依族文化研究的一个开创，问题的关键是，我们面对的这个文化事物的重要性如何，至少相关中国的布依族如何，即它的存在和出现，对于理解和解读中国布依族文化性质和意义重要吗？能在民族学研究和文化人类学研究的诸多理论表述中寻找自己的意义吗？能在中国的布依族民间文学中有所展示吗？

“能！完全能！”我们的回答是肯定的。

在我们的记音、翻译整理中，当羊场布依族盘歌展示了它的全貌之后，我有两个感叹：一是它太大了（内容和形式诸方面包容太多）；二是它比较古老，反映了布依族人很久以前就存在的“族群记忆”。这个“族群记忆”我们还没有在研究中将它解读清楚，但是它肯定关联现今的许多的布依族人思想、观念和行为，乃至于整个南方百越族群之后裔族群的原始文化记忆和精神观念。

“羊场布依族盘歌”作为民间文学的类别成为国家非物质文化遗产代表作名录，也就是说其是被作为民间文学作品来对待的，它在中国布依族民间文学中的表现自然也是不容忽视的，但它表现的意义远远大于民间文学。这方面我们在记音和翻译中的感受就比较强烈，演唱丧祭仪式歌的歌师会说，“户外歌”是“野歌”，没有意思。演唱婚礼仪式歌的歌师会说，“户外歌”没有“路数”，即不在规矩中……这让我们非常困惑，在民间文学的基本形态中看来，这些“户外歌”正是民间文学性歌唱的主体部分，是表现其审美思想感情和喜怒哀乐的主要方面，但这些歌唱却在“体系”内受到压制和排斥。这样的羊场布依族盘歌一开始就遭遇了“挪移”，得其名不得其实，但在这个名下却展示了中国布依族文化的更大的“实”——仪式性歌唱、歌唱的生存。

可以说，羊场布依族盘歌古老形态也是在中国的布依族中绝无仅有的，即我们在许多布依族文化的中心区域，基本上看不到这样的布依族歌唱文化表现了。这也非常符合文化人类学中“文化传播学派”的理论表述：文化边缘的文化一般要比文化中心的文化变化得慢，文化中心的文化向文化边缘传递之后，会在文化边缘积淀下来，并且成为古老的文化遗存。我们以为，羊场布依族盘歌就是这样的产物。

在历史上，北盘江流域很早就有布依族先民繁衍生息和迁徙流动的地方，在往北盘江上游的流动迁徙中，羊场布依族先民在羊场地区与原来居住于贵州西部的属于“氐羌族群”的彝族先民相遇，并且固定下来，形成了两种文化的自然边缘，而与北盘江一带的布依族又形成了一定的“区隔”，文化的交流和互换又受到一定影响。在与彝族等民族文化的交流中，一方面接受了他族的一些文化，也同时强调和固化了自己的一些文化，这样，包含古老文化形态和意识形态的布依族先民文化在这样的边缘中就被“历史地保存”了下来。

这就是对羊场布依族盘歌之所以存在的基本解读！

在羊场布依族盘歌中，虽然没有叙述这一支布依族的“口传史诗”，但羊场布依族盘歌却覆盖了羊场布依族的方方面面，在神性意义的祭祀中，羊场布依族是用唱歌的形式来完成的，在肃穆沉重的丧祭仪式中，所有的仪式过程是用歌唱的形式来完成的，在所有的婚姻礼仪和婚礼仪式中，羊场布依族也是用唱歌的形式来完成的。在这一方面，也许随着时代的变化会有一些变化，但基本的礼仪和精神不变。在人情交往，人情往来，交朋结友，也就是说社会交际的一切，也是用歌唱的仪式来约束的，羊场布依族在实现以上交流的时候，也有自己的一整套唱歌礼仪，也是用歌唱的形式来完成的。至于个体之间的表述，如青年男女的友情和爱情表述，也是用歌唱来实现的。这些歌唱被称为“户外歌”“坡上唱的歌”“野歌”“青年歌”“爱情歌”等等，这些歌是不准在屋里唱的歌，与我们一般意义上的民歌最为接近。这一类歌在羊场布依族歌唱中，有许多动情的表现，但在羊场布依族歌唱中，是“等级”最低的歌唱，故有“野歌”的说法，“野歌”实际上是一种带有贬义的称呼。

在羊场布依族歌唱中，主要由三个仪式性套歌构成：一是丧祭仪式的套歌；二是婚礼仪式的套歌；三是友情往来的仪式性套歌。再加上种类繁多的“户外歌”，就是羊场布依族盘歌的全部。这方面，我们将在下面的“羊场布依族盘歌类型分析”中来论述。

第二节　盘歌思想内容

在羊场布依族盘歌中，关于羊场布依族盘歌的内容定位是“布依族口传史诗”，关于形式的定位是“布依族盘歌”。这有其自身的历史和现实情况，在其上已经有所表述，于此不必多言，但在我们的整理、记音、翻译中，我们也不能按照以上的表述来分列和定位，只能按照我们整理、记音、翻译的具体现实来论述。如上所述，羊场布依族盘歌主要由三组“套歌”和一系列“户外歌”等组成，把羊场布依族盘歌分为类型，它至少有四种大的类型：第一类是丧祭仪式歌；第二类是婚礼仪式歌；第三类是友情仪式歌；第四类是“户外歌”。

关于羊场布依族盘歌的类型，我们会在下文中做进一步分析和研究，这里主要涉及羊场布依族盘歌类型的思想内容论述。

这四个类型的羊场布依族盘歌有自己不同的思想内容。

一、丧祭仪式歌类型的思想内容

羊场布依族的丧祭仪式歌一共有10首正常死亡状态下的丧祭仪式歌，一首非正常死亡仪式歌，也称为“解难歌”，以及送伞歌、送灯歌、送鹅歌、接大外家歌、送外家歌、安顿外家歌、出孝歌、羊场布依族各姓来历（籍贯）歌等。如果是正常死亡的，不唱“非正常死亡仪式歌”，其余的全部演唱，如果是非正常死亡，一定要先唱“非正常死亡仪式歌”，即先举行了一个非正常死亡仪式之后，此亡灵才有资格进入正常死亡的丧祭仪式。非正常死亡和正常死亡，在羊场布依族中有自己特定的意识、观念和要求，这方面，我们于后一章有一定的论述。

丧祭仪式歌的演唱实际上就是丧祭仪式的举行过程，祭师就是歌师，歌师亦即祭师。

非正常死亡仪式歌，也称为“解难歌”。在羊场布依族人的观念中，认为被火烧死、水淹死、跌岩死、刀砍死、枪打死，以及死在外面，没有死在家中的族人视为“非正常死亡”，这样的死亡一定要举行非正常死亡仪式，唱非正常死亡仪式歌之后，才能举行正常的丧祭仪式。

这种非正常死亡也被羊场布依族人认为是一种重大的灾难，所以此仪式歌也被称为“解难歌”。其歌唱的内容主要是上到天上的十二口塘去寻找迷失和禁锢在哪里受苦受难的死者灵魂。这种受苦受难的状态在“解难歌”中被描述成为灵魂一生只能在水塘里捞鱼摸虾。这种意象是典型的族群记忆的留存，对于解释这个南方水泽地区的民族原生状态对于族群观念和行为的影响，有巨大的帮助。

在其他地方的布依族文化建构中，有十二层天的建构，但羊场布依族的十二口塘的描述，我以为是其原型，但奇怪的是，这是苦难之地的原型，而不是“天堂”。在十二口塘中，多数是有各种妖异怪兽守卫的，并且分布着不同的布依族人的灵魂，即布依族人的许多灵魂都是“居住”在这些塘中的。羊场布依族“解难歌”演唱了每一口塘的情形之后，最后在十二口塘中找到了要找的非正常死亡者的灵魂，把他（她）引导回家，整个仪式和仪式歌唱结束，以后就是正常死亡的仪式和仪式歌唱了。

10首丧祭仪式歌分别是：

第一首为“送魂走歌”。说的是人死亡之后灵魂要离开尸体，去到他（她）应该去的地方，不要游荡，如果处于没有归宿的游荡状态，会影响生人（在世活着的人），会使人致病，所以，在丧祭仪式歌中，一开始就要安抚好这个新死亡的灵魂。这里还有一个内含，即新死亡之人是不“认识”灵魂去路的，要适当“送”一下。这个“送”一下，一般是把灵魂送到可以“安身”之处，比如祖先灵魂所在之地等等。

第二首为“找地盘歌”。这首歌是承接上“送魂走歌”而来的，要为新死亡的灵魂找到自己的“地盘”，是以安顿亡灵为内容的歌唱。这个内容的歌唱也有安顿好死者的亡灵为生者祈福的意义和内容，但是，比之第十首的“归仙”内容，这只是一个现实的安顿。

第三首是“做梦”。这是羊场布依族人用梦来“寻找”死亡原因的歌唱，不同的梦不但代表不同的死亡，也会在他们日常生活中形成许多征兆，羊场的布依族人就在这些“梦”中寻求死亡的原因和解读死亡的不可避免。

第四首是“报丧”。这是在丧祭过程中如何“报丧”的歌唱，说最初布依族人没有“报丧”这一礼仪，后来才有了“报丧”这一礼仪，老人的死亡就得到了生者的关照和抚慰，以及如何实现“报丧”这一礼仪的过程等等。

第五首是“做马郎”。这是在丧祭过程中如何“做马郎”的歌唱，说最初布依族人没有“做马郎”这一礼仪，后来才有了“做马郎”这一礼仪，才有女婿家的来人敬祭老人，以及如何“做马郎”的礼仪等。“做马郎”的礼仪在彝族丧祭中也非常盛行，羊场布依族人在丧祭中出现“做马郎”的仪式内容和称呼，彝族丧祭仪式对其有一定的影响，因为在贵州省其他地方布依族人的丧祭中，很少有此说法。

第六首是“分遗产歌”。老人去世，必然带来家庭财产处置的变化，羊场布依族丧祭仪式中的“分遗产歌”就歌唱的是此内容，他们用歌唱的形式告知人们如何按照习惯来处置死亡老人留下来的家庭财产，保持一个家庭的正常秩序。这种内容的歌唱实际上就是民间习惯法的演唱，对所有的羊场布依族人都是有约束力的，亦对维持羊场布依族人的内部族群正常关系作用巨大。

第七首是“孤儿歌”。对于“孤儿”主题的歌唱，在许多民族中都有，这是民间苦情表达的最常见的主体，羊场布依族丧祭仪式歌把它纳入了自己的演唱内容，既有“苦情”的表达，也有对于失去父母的特定哀思，也有丧失父母之后的孤儿抚养的族群习惯法表述。

第八首是“收魂歌”。在民族民间的丧祭仪式中，“收魂”是一个重要环节，即在丧祭仪式中，生人的“生魂”和死人的“死魂”是可以经过“通神”的先生、祭师等进行有限的交流，但在整个仪式结束之前，就要举行一个仪式使所有的灵魂归位，生人的魂魄和死人的魂魄都要归位，以便举行下一个阶段的仪式，羊场布依族“收魂歌”就是演唱的这样内容。

第九首是“得病歌”。这首歌的内容涵盖了生命中的病痛和病灾，包括了生命离去的哀痛和不舍，也包含了对现世苦难的倾诉和留念，也有对离去生命的劝慰，现世是苦难和病痛的，未来世界是美好的，不要留念现世。在羊场布依族“得病歌”中，也还有为死者生命中所有病痛的内容进行解除的意义，即演唱和举行了这样的仪式，你死后在另一个世界里就不会再有现世的种种病痛，即“无病无灾”的理想境界。这个内容在彝族丧祭中也是必备的仪式内容，他们称为念“洗解经”，不过彝族“洗解”的范围比羊场布依族的要大，包括了“原罪”的东西，而羊场布依族中就没有“洗解”“原罪”的内容。羊场布依族的“得病歌”应该与其有一定的关联。

第十首是“归仙”。在每个民族的信仰文化的核心，都会建立一个死者要去的美好的未来世界，不管是称为“神界”“仙界”“极乐”“天界”等等，都是这样的事物，并且都会在死后所举行的仪式中把死者的灵魂指引到这里，羊场布依族的“归仙”就是这样的地方，并且他们认为，死者灵魂归仙的路径就是那根幡杆，布依族人的灵魂就是从这根幡杆归仙而去的。自然，归仙而去的地方是一个不可比拟的好地方，演唱中都会有一系列美好仙境的描述，这在羊场布依族的“归仙”歌唱中也不例外。

在这十首丧祭仪式歌演唱完毕之后，羊场布依族丧祭的神性演唱和仪式结束，羊场布依族先生的“工作”也就结束了。但是，这一场丧祭仪式的世俗仪式部分并没有结束，关于丧祭仪式的演唱还将继续，只不过要换演唱角色了。

在羊场布依族丧祭仪式中，姻亲的外家一定是要来人的，来人一定要唱“送伞歌”“送灯歌”“送鹅歌”这三首仪式歌，同时举行死亡的探视仪式和敬献仪式，这种歌就是外家来的歌师唱的。这也是丧祭仪式的一个重要组成部分。

“送伞歌”“送灯歌”“送鹅歌”这三首歌不长，就是一系列吉祥顺利的象征性表达。这是百越族群之后裔族群的基本意识和意象，尤其是其中的伞意象，对百越族群之后裔族群的其他民族影响比较深刻，比如侗族的伞意象就是，在侗族的萨坛中，伞是居于萨坛中心的一个象征性物件。

“接大外家歌”“送外家歌”“安顿外家歌”实际上是事务性歌唱，即对外家的到来表示谢意，仪式完成后安排外家去住宿等，但这些都是要用唱歌来表达的，而且唱这种歌是要求丧家的歌师来唱的。

“出孝歌”是半仪式化的程序安排的歌唱，即安排出殡的一系列事务的歌唱，这是要丧家歌师来歌唱的。唱完这首歌，就可以出殡了，把死者抬上山安葬。

“羊场布依族各姓来历（籍贯）歌”是家族中族长来歌唱的歌，即在歌唱中叙述这一姓氏族人的来历等等。这种歌是在丧祭仪式中的某个时间来唱的，“送伞歌”“送灯歌”“送鹅歌”这三首歌也是在丧祭过程中唱的，时间不是既定的。

二、婚姻仪式歌类型的思想内容

婚礼仪式歌既定的有数十首，从“招呼歌”开始到“铺床歌”结束，基本上随婚礼仪式的推进而逐步歌唱。主要有“进门招呼歌”，其内容主要就是用歌唱方式与对方打个招呼。其后是“接亲·拦路歌”，由姑娘家歌师和接亲家（男方家）的歌师用一问一答的形式来歌唱。当地布依族人称此为“三道关”，即唱三次歌，过三道关，歌唱正确，就可以通行了。这三次歌唱基本上都是明知故问，顾左右而言他，故意盘问来接亲的队伍，而接亲的队伍中的歌师也要一一回答，以此引出机智和歌唱趣味。

过了“三道关”后，来到姑娘家门口，还有礼仪性的歌唱——“进门歌”，内容就是进门打招呼。

进门后，男方家和女方家的歌师按照礼仪位置坐好，开始“浪先浪路”的歌唱，有许多首，主要内容是讲来路和礼仪的。这些歌唱是互相盘诘、应答式的，你一段我一段，可以长可以短，主要是礼仪古理古规的来历，以及男方家送来的礼品等内容。

之后就是“摆桌子行礼数”的歌唱，这些都是仪式性很强的歌唱，歌唱的进程就是仪式进行的过程。

下面的“发九发光”歌、“锅丢锅装”（打亲家歌），亦是仪式性很强的歌唱。

“温前朝”（前朝歌）是一种摆古的歌唱，但在羊场的歌唱中比较简略。

“揭盐豆碗歌”是一个测试此次婚姻缔结的仪式性歌唱，就像占卜一样，即在两只碗里放上盐豆、花生、葵花子、煤核四样东西，看先揭开的碗里出现了什么，以此来测试此次婚姻缔结如何。不管结果如何，都是整个家族最为关心的事情，所以歌唱到这个环节的时候，人们是最为安静的，一旦歌唱揭晓，众人释然。这个过程的歌唱内容要从种豆和盐巴的来历说起，可以是一个很长的过程。

“告别歌”就是“发亲歌”，一旦歌师唱完这首歌，姑娘就要出门走了。告别歌唱的是告别亲人、朋友，同时还向姑娘居住和生活过的一切事物告别，诸如厨房的碗筷，屋里的织布机，门前的石头台阶，院子里的龙门，院子的母鸡，等等，当然还有离开父母的悲切……

“铺床歌”是歌师在男方家唱的婚礼仪式歌，经过这种歌唱的床，其后的夫妻生活就蕴含了美满和多子多福，所以伴随着歌唱，其中有许多象征性的仪式过程。

在羊场布依族婚礼仪式歌唱中，有许多犹如丧祭仪式歌中的程序性歌唱表述，如要求厨房上菜吃饭等等，都是用歌唱来表达的，这些也是羊场布依族婚礼仪式歌唱的组成部分。

三、友情仪式歌类型的思想内容

友情仪式歌也是一种套歌，是一组可以调换相关过程的仪式性歌唱。这种歌唱除了一般意义的仪式程序之外，主要内容则是“摆天摆地”，即我们所说的天是怎么来的，地是谁造的，人是怎么来的，等等。在这样世俗性极强的友情交往中，歌唱属于信仰核心结构的内容，实在是一个奇怪的结构。

在羊场布依族“友情歌”中，这一套歌也有几十首，并且可以视实际情况增减。“招呼问候歌”与其他招呼歌的性质和内容一样。“迎接亲友盘歌”就是真正的“盘歌”了，其“盘问”的过程就是歌唱最有趣味的过程，歌唱的时间越长，两个歌唱群体的交流越融洽。“开天辟地歌”“唱天上的歌”“造星宿歌两首”“创造歌”就是布依族人回答天地起源的歌唱，并且是一个典型的在集体无意识状态下的群体教育和互相渗透的过程。下面的“造水歌”“造火歌”“造粮食歌”“造碗歌”“造菜歌”“造桌歌”“造酒药歌”等就是创造性“运行”世界的歌。“卢凌喝酒歌”是羊场布依族对酒的一种特殊表达。在以后的歌唱中，盖房造屋、娱乐玩耍、谈情说爱、谈婚姻论嫁等等，无所不包，几乎所有的神性生活和世俗生活，羊场布依族都要用歌唱来包容它们，这是一件非常令人惊奇的事情。这种歌唱的文化欲望，在我们的记音翻译经历中，就有一个非常令人感动的实例，即在我们大致结束记音翻译工作之时，羊场布依族歌师们，一定要加上一首所谓的“感谢歌”，以感谢和记录这次的记音翻译工作（见绪论）。

这首根本不是羊场布依族盘歌体系内的歌唱，而是就此事而现场编唱的一首歌，但我们也记音和翻译了它，它的存在也可以是羊场布依族盘歌的一个特定的“新成员”了。从这个例子中我们不难看到，羊场布依族对于歌唱的热爱和痴迷。

四、“户外歌”类型的思想内容

羊场布依族“户外歌”是我们给予它的名称，因为我们想避免族群对于这种歌唱的轻视，我们在这次记音翻译中，这部分的内容是记音翻译最少的部分。青年歌记音翻译了四首，爱情歌记音翻译了六首，另外，我们还记音翻译了一首“孤儿歌”，而实际上这类歌的内容是巨量的，而且羊场布依族很早就习惯用汉字“记音”记录他们所“创作”的所谓“户外歌”。我们在羊场布依族盘歌调查中，曾经搜集到许多“歌本”，其上记录了许多我们所说的“户外歌”。羊场布依族仪式性歌唱内容，在某种程度上是不变的，而所谓的“户外歌”是可以不断增加的。

“户外歌”类型的歌唱有爱情歌、青年歌、山歌、情歌、孤儿歌等，情景不同，场景不同，对象不同……说法也不同，但它们都有一个共同的特点，即是一种谈情说爱的歌，是一种交流情感的歌，是一种娱乐玩耍的歌，是一种倾诉个人情感的歌……在不同的情景、场景、对象中，其歌的名称就不同，内容也有一定区别。

爱情歌、青年歌都是典型的青年人谈情说爱的歌唱，孤儿歌是专门叙述孤儿苦情的歌唱，这些歌唱内容就是一个情字。而这些正是羊场布依族人情感世界的重要组成部分，这些是非常感动人的。在我们记音翻译爱情歌时，译读的歌师几度潸然泪下；在记音翻译孤儿歌时，也是几度使记音、翻译工作进行不下去，因为歌师不忍其景，要让自己的心情平静下来才能继续工作。

这个部分是我们将来进一步记音、翻译羊场布依族盘歌，进一步梳理羊场布依族民间文学和文学性歌唱，进一步发掘羊场布依族文学艺术，进一步理解羊场布依族人的情感世界的重要部分。

第三节　盘歌类型和表现形式

在羊场布依族盘歌思想内容的表述中，我们是以它的类型来分别表述的，我们看到，不同的类型有不同的思想内容呈现，这样，我们不难理解，这种类型是按照不同的内容、场合、歌唱形式来进行分类的。

在上一节的论述中，我们已经看到，四个类型的歌唱其内容指向是不一样的，丧祭仪式歌的主要内容是羊场布依族神性世界的事物；婚礼仪式歌的主要内容是羊场布依族婚礼仪式的仪式性歌唱，以及相关的人生礼仪的歌唱；友情仪式歌的主要内容是羊场布依族对自然创造的认知和人生礼仪的歌唱；“户外歌”的主要内容是羊场布依族青年男女友情、爱情的自由抒发，以及羊场布依族人的多种情感世界的歌唱。这些指向决定了羊场布依族盘歌的类型性质，因为只有内容的不同才会决定场合、歌唱形式的不同。

受到歌唱内容的制约，这四种歌唱的场合是不同的。丧祭仪式歌是在丧祭仪式中歌唱的，只有在举行了一系列祭祀仪式的称为“灵堂”或者“祭祀场”中歌唱这样的内容才是正常的，而在其他的场合都是不合适的，有时候甚至是禁忌的，如在一个正常家庭的屋里，是绝对禁忌响起这类歌唱的。丧祭的场合是一个仪式化之后的场合，是用一系列的牺牲的祭祀来实现的，这个场域是神性场域，是生人与死人灵魂交流的场域，这个时候的歌唱对象是双重的，既可以是歌唱给生人听，也可以歌唱给神灵听，内容也自然可以是双重的。没有了这样的场合，这种歌唱在某种程度上就是不合时宜的。

在这样场域中的歌唱自然是肃穆的、哀伤的，哀伤的程度有时候决定这个族群对于死亡的认识，如果觉得死亡是一件幸运的事情，那其哀伤的程度就低，反之则强烈。这种认识自然会影响到这种歌唱的气氛。羊场布依族丧祭仪式歌是肃穆的、哀伤的，但前者主要是其歌唱的仪式化带来的，因为这种歌唱既然是一种仪式过程，其情必然是肃穆的。哀伤的表现恐怕主要是在丧家的生离死别上，这也会影响到歌唱的气氛，影响到歌师的歌唱。

婚礼仪式歌的歌唱场合是婚姻礼仪的现场，由于这是世俗性质的歌唱，故婚礼仪式歌就是机智的、充满智慧和趣味的歌唱过程。

在任何族群的人生礼仪中，生和死都是两个永恒的主题，丧祭仪式是“处理”死亡的仪式，即“死得其所”；而婚礼仪式则是“处理”生的仪式，即“生的合理”，或者说“生的合规”。但这二者的取向不同，一个是“死的未来”，一个是“生的未来”。因为前者是不可知的，是一种特定的带有心理渴求的理想性的文化表述，所以它只能是神性的，或者说是灵魂性质的，也就不是一般人能够理解和表述的，所以它永远是神性的仪式，是先生，或者说“通神者”“指导”和“操作”的仪式，因为只有他们才有权利告诉人们要这样举行这样的仪式。当然，这个“通神者”在成为“通神者”获得这个身份认定之前，会有一系列的族群认定过程和仪式……而后者则是每个世俗社会都能够感知和理解的过程，所以它是世俗走向“生的未来”的仪式。这在羊场布依族人那里也不例外。正是这种仪式的不同取向和仪式性质，使羊场布依族婚礼仪式歌成为与丧祭仪式歌完全不同的类型。在这个婚礼仪式歌中，其基本内容是世俗性的，但也有神性内容的表达，如“揭盐豆碗歌”，以及其中“驱邪降魔”的内容也属于此类。在羊场布依族婚礼仪式歌中，其主要的内容就是世俗婚姻礼仪的歌唱，以及离别中亲情的表述等等。在这样的歌唱中，不但有亲缘集团关系的仪式性表述，也有文化场域中族群意识和生产、生活知识的“集体无意识传达”，在丧祭仪式歌唱中要“教会”人们如何死亡，在婚礼仪式歌唱则要“教会”人们如何生活。在这类歌中，情感表述也是非常重要的组成部分，尤其是新娘出嫁时的悲喜之情……在这样内容的“制约”下，羊场布依族婚礼仪式歌必定是一种以世俗为主体的歌唱了。歌唱仪式是世俗的仪式，歌唱情感也自然是世俗的情感，它是一种生活的歌唱，自然也是一种世俗社会智慧和机智趣味的歌唱。这一类歌唱在羊场布依族中有专门的歌师，也有专门的成套的规定性歌唱，也有自由的个体与个体之间的“散唱”，即包括了一些我们所说的“户外歌”的歌唱。这也是婚礼仪式歌的一个组成部分，但这样的歌唱只会在成套的婚礼仪式歌唱完之后，才会进入，而且主要在深夜进行。在婚礼仪式歌和深夜的“散唱”中，这样的歌唱自然多是盘诘问答式的，歌唱往往是婚姻双方歌师比拼的过程。

友情仪式歌的歌唱的场合主要是在家里，主要是在集体性质的比较正规的接亲访友时的歌唱。即羊场布依族在日常生活中经常有群体性的互访，他们称为“走亲访友”的活动，这种活动有时是有目的的，如寻亲、求亲、缔结婚姻关系，以及重要事宜商议等等，也有为节日庆典的群体性聚会……在这些聚会中，这种性质的歌唱也就出现了。

这种性质的歌唱我们把它称为“仪式性歌唱”，因为我们发现，这样的歌唱在歌唱中也是成套出现的，也有其必备的规定性歌唱，即这样的聚会在歌唱中表现了其强烈的仪式性特征，是一种世俗生活中的礼仪表现，所以，它也是一种仪式性歌唱。

这种歌唱在演唱中就显得更为轻松和自由，更为灵动，因为这是一种更偏重于娱乐和审美的歌唱。但是，羊场布依族的歌师们却在其中楔进了“开天辟地”的内容，使这样的歌唱又有了史诗的意味，因为这样的内容是一个族群信仰建构中的必备构件。这样的构件一般是出现在祭祀仪式，或者丧祭仪式中的，而羊场布依族却使这样的东西出现在这样的歌唱中，是一个很值得研究的现象。并且这种创造性的歌唱又被高度娱乐化了。在羊场布依族友情仪式歌的歌唱中，几乎什么都在“造”，造天、造地、造房子、造船、造火、造水、造粮食、造酒等等，无一不造……这样，歌唱既是娱乐的，又是神圣的，自然也就是仪式性的。这种把神圣和娱乐融为一体的歌唱，使羊场布依族友情仪式歌的歌唱别样而独特。

“户外歌”是羊场布依族歌唱的第四个类型。它实际上由三个小的亚型组成：一是青年歌；二是爱情歌；三是山歌。这三个小类歌都是要求布依族人在户外歌唱的歌，青年歌因为这样的歌多为年轻人歌唱之，故名为青年歌；爱情歌因为这些歌多为表达爱情而唱，也可以称为爱情歌；山歌因为是在山野歌唱故称为山歌。其实，这三者有许多内容是可以相通的。在我们的记音、翻译中，我们感觉到，山歌中不一定有爱情表述，风情风物也大有可唱，爱情歌则一定是缠绵哀婉的情感表述，青年歌有时候也有友情的真切歌唱……

这类歌是所有的羊场布依族人可以张口就来的歌唱，但往往是能唱婚礼仪式歌的歌师唱得最好。

这一类型的歌应该是羊场布依族歌唱类型中最“野”的歌，它的歌唱最为自由，也最有发展性。在羊场布依族歌唱类型中，丧祭仪式歌是永恒不变的，婚礼仪式歌其礼仪部分亦基本上是不可变的，友情仪式歌的基本程式也是不可变的，而其“户外歌”则多数东西都是可以随着时代的发展而变化的。

孤儿歌也是羊场布依族歌唱的一个特定类型，即“苦情歌”，它的基本表现就是哀情，但有时候这种哀情会上升为一个族群的群体性哀情表现和倾诉。孤儿歌在场合上的限制不多。

羊场布依族歌唱的不同的类型就会有不同的内容，不同的内容的歌唱就会选择不同的场合，不同的场合就会有不同的仪式性表现，也就会有不同的场域表现和要求，也就会有不同的歌唱形式和音调。而这些反过来也会促成歌唱分类的特色形成。

我们说不同的盘歌类型有不同的内容，而这些不同的内容是在不同的场域中形成的，是一种互相适应的结果，同样，在不同场域中出现的盘歌，也有不同的歌唱形式。

在丧祭仪式的歌唱中，主要是专门的祭师的歌唱，是一种祭师的独唱，很少有盘诘，也没有问答，基本上是一种神性世界的宣叙形式的歌唱。这是一种神性的歌唱形式，也是一种“专断”式的歌唱，唱什么就是什么，是一种我唱众听的歌唱形式。这样的歌唱一般是“照本宣科”式的歌唱，并且所唱的内容有时候连祭师也不完全清楚。这样的歌唱一般都是有歌本的，故而这样的歌唱有时候就是一种宣叙形式的歌唱。这种形式下的歌唱比较神奇，离听众太远，所以多数听众要么迷离，要么茫然而心不在焉。

在婚礼仪式歌的歌唱中，其形式就不是丧祭仪式歌唱中的独唱了，而是从始至终的对唱。这种对唱多数时候是群体性的对唱，一些时候是个体性的对唱。在婚礼仪式歌的对唱形式中，一般有两个以上的群体，即婚姻缔结双方各有一群歌师出现，少则两个，多则六个到八个，分大歌郎、二歌郎、三歌郎、四歌郎……大歌郎是群体的领导者。对歌时是有一定秩序的，此方的大歌郎唱，必定是彼方的大歌郎应对，此方的二歌郎唱，必定是彼方的二歌郎应对，以此类推。在婚礼仪式的歌唱中，大歌郎唱什么内容，二歌郎唱什么内容……都有一定的规定性，不能错乱。婚礼仪式的歌唱一般是规定性的，因为它也是一种仪式性歌唱，或者说歌唱就是仪式的一个重要组成部分，但是，因为这样的歌唱又是在盘诘问答中实现的，在实际的歌唱中又可以出现随机应变的情况，从而超出它仪式的规定性，被视为一种机智和趣味的表现。

在友情仪式的歌唱形式中，也是对唱形式的歌唱，但却没有婚礼仪式中的那么多的规定性和神性，故其对唱形式和内容都要自由得多。在婚礼仪式的歌唱中，其规定性是较严的，但是，在友情仪式的歌唱中，这样的规定性就比较弱，这样，友情仪式的对唱变数就较大，其歌唱内容就可以发生很大的变化，其繁复者可以“缠绵”几天几夜，其简略者可以在一个白天一个黑夜中歌唱结束，就看是否“唱逢对手”。

在“户外歌”的歌唱形式中，青年歌主要是“玩耍”的歌，可以独自歌唱，也可以对唱，可以是一群唱，一群听，也可以是双方群体对唱。也可以是男女情爱的交流，也可以是友谊情感的交流。情歌主要是男女爱情的表达，有独自歌唱的，也有对唱的，并且对唱可以是群体性的对唱，也可以是男女单独对唱。爱情歌多数是独唱形式的歌唱，主要是情爱命运的倾诉，也一般以女性为主，内容也以情感的苦闷和婚姻的不幸为主。山歌就是山间中的歌唱，主要形式就是个体的歌唱，以娱乐和解闷为主要内容。

在羊场布依族盘歌的歌唱中，其表现形式还主要是"语言声调"式的歌唱，不同的歌唱类型有不同的歌腔和声调，但没有纯粹声乐艺术上的固定形式，而且这样的歌唱一旦固定了声乐形式，它们就可能失去其固有的歌唱色彩。

在羊场布依族盘歌的歌唱中，一般没有乐器的伴奏，都是清一色的清唱。在羊场布依族中，他们是有自己乐器的，但均是独立的演奏，很少进入这四个类型的盘歌歌唱。

这四个盘歌类型因为有自己的不同的表述内容（在第二节中有论述），因而才有了不同的类型场所和不同的场域性质，实际上这个话可以反过来说，即不同的场域性质决定了不同盘歌内容的出现，这是可以相互制约和相互彰显对立统一的两个部分。正是这两个部分的存在，又决定了盘歌的类型的表现形式。还有，由于内容功能诉求的优先性，又决定了盘歌都是无伴奏的，"语言声调"式样的歌唱。这种歌唱中有审美娱乐的表现，但绝对是很次要的表现。这些我们在后面的章节中还有论述。

以上是我们对于盘歌的分类和分类的论述，其实在羊场布依族中，尤其是歌师中，他们也存在着自己的分类意识和观念。吴廷贵歌师就认为，盘歌分为三类，第一类是少年歌，主要是布依族青年男女相遇相识时所唱的情歌。第二类是中年歌，主要是在结婚等场合唱。中年歌又分为酒令歌（盘歌）、友谊歌等几种。第三类民歌便是老年歌，即办丧事时才唱，平时不唱，也不会在家里唱，有约十几首。

陆荣秀歌师也认为布依族民歌可以分成以下四种。

> 一是山歌。这类歌主要是抒情性的民歌，使用范围主要是年轻的男女青年，也可以是中老年人，他们可以在山坡等野外对唱。
>
> 二是情歌。这类情歌与山歌又有所不同，它主要局限在男女交往、谈恋爱时唱。使用对象也主要是布依族青年男女。
>
> 三是酒令歌。这类歌表现为一问一答，盘根问底，主要是在婚嫁期间由宾客对唱。唱时，有大小歌郎，大歌郎坐在堂屋里，另外的歌师在另外一个屋子。
>
> 四是孝歌。这类歌主要是在办丧事时才唱，平时不唱，也不会在家里唱，曲目很少。主要从盘古开天辟地开始唱，有开端、中途、末尾三个部分，开端讲的是前朝往事，中途主要是记述亡人的生平事迹，末尾主要是修饰性的语言。一般而言，女歌师不去唱孝歌，陆荣秀歌师从来就没有去，主要原因是与孝歌的声音和调子不适。

以上几类歌调子各异，演唱时也不尽相同（见第一章第四节）。

这样的分类也有自身的道理，基本上可以与我们上面的类型呼应。

第三章 盘县羊场布依族盘歌民族学、人类学研究

羊场布依族盘歌是羊场布依族的一种歌唱，但它绝不仅仅是我们所说的审美娱乐意义上的歌唱，从某种意义上来说，说羊场布依族盘歌是一种关于布依族口传史诗式样的民间文学（民间歌谣），是看轻了羊场布依族盘歌。我们认为，羊场布依族盘歌是一种歌唱文化，它的存在不但包含了羊场布依族的审美娱乐，还包含布依族整个族群文化的重要内容，以及整个百越族群之后裔族群的许多重要的文化。如在羊场布依族盘歌中显示的整个百越族群之后裔族群的族群记忆；在羊场布依族盘歌中显示的仪式性文化；在羊场布依族盘歌中显示的符号和象征意义；在羊场布依族盘歌中显示的族群信仰文化；等等。我们不但可以在文学的民间文学上来礼赞它，更为重要的是，我们还可以在民族学、文化人类学上来研究它和认知它。在这样的研究中，我们可以看到非常遥远的古代百越族群时代留存的族群记忆，可以看到这种记忆在其后裔族群中的文化影响力。在这样的研究中，我们可以看到有一种仪式由于歌唱的存在而存在，有一种生存由于歌唱而变得独特而有意义。在这样的研究中，我们可以看到由一个民族在仪式中显示的符号和象征，看到它在文化的结构性上影响一个族群的文化生存。在这样的研究中，我们可以看到，信仰是这样被建构起来的，并且成为这个民族“亘古不变”的精神信念的，以及它是在世俗的社会中是如何被运行的。

第一节 作为仪式的歌唱

“仪式”是人类文化中一种象征性质的表达和结构，在文化人类学中有专门的仪式理论的表述，但仪式的学理表述是从文化人类学的象征人类学中而来的。

象征人类学是当代西方人类学的重要思潮之一。它的产生，大致可以追溯到19世纪末20世纪初人类对于代表社会地位和生命经历的各种仪式进行解释、赋予意义的研究。其主要代表有：利奇（Leach）、维克多·特纳（Victor Turner）、格尔兹（Geertz）等。对于“象征”的定义也非常之多，而以何星亮先生综合众家所长后所

下的定义尤具代表。他说，“象征”乃是“指某种表达意义的媒介物（包括实物、行为、仪式、语言、数字、关系、结构等有形物和无形物）代表具有类似性质或观念上有关联的其他事物”①。所以，象征人类学研究民族社会中的符号现象，着重研究这些符号的“意义——象征”，认为“只有将意义——象征作为人类的特征来进行研究才具有真正的重要意义”②。但是，在谈论“象征”时，又离不开一定的场合、文化空间，也就是说离不开一定的仪式。正如彭兆荣先生在其《人类学仪式的理论与实践》中所说：“仪式中充满了象征符号，或者干脆地说，仪式就是一个巨大的象征系统。”③ 象征主义仪式理论大师特纳也说：“可以把象征看作仪式最基本的构成单位，它是社会结构中具有行动上的操作能力，并成为社会向某一放下行进中的积极动力。”④ 而仪式，作为一个具有理解、界定、诠释和分析意义的“巨大话语”，它在广大的空间和范围内，比如宗教的仪式、世俗的仪式、世俗融于宗教的庆典、仪式与节庆、政治性仪式、市民的仪式、私人仪式和集体仪式旨在造反的活动与旨在集结的活动、季节性活动、节假日仪式等，除了因特殊的场景表示特定的象征指示关系外，它还可以建构、强化或者倒置各种不同的关系或者意义空间。反过来，成为一种转喻或者区别于他者的象征参照系统。正如利奇在谈到服饰的象征意义研究时说的那样：“如果脱离一定的场合，衣着用品就毫无意义。一旦某种特定的服装习惯性地与某种特定仪式或与此相关的特定的社会职务相联系时，该服装的任何特征部分都可能成为这种仪式或职务的转喻代号。”⑤ 所以说，仪式与象征的关系非常紧密。在人类学家看来，“仪式及其与之相关的事物无不充满了象征的意义，仪式中的形体动作、颂语卜辞、偶像法器、场地陈设等，以象征的形式与周围的世俗世界分隔开来，从而构成一个神圣的世界。”⑥ 总之，“仪式与象征是人们以特定的形式与神圣进行联系的努力，即对神圣的信仰和神圣的宇宙模式的追随。”⑦ 羊场布依族盘歌不是一个仪式的建构，但它主要是一种仪式性歌唱，而作为一种仪式性歌唱，也就成为一种可以作为仪式分析的对象。

在羊场布依族盘歌的四个类型中，有三个是要在仪式中歌唱，即要在“特殊的场景表示特定的象征指示关系”后才能唱，或者说唱了才有意义。

丧祭仪式歌由 10 首本体歌（羊场布依族称为“长歌”），一首“非正常死亡歌”，三首特定的仪式歌，三首礼仪歌，一首“籍贯歌”组成。

婚礼仪式歌主要由“三道关”“浪贤浪罗”（8 首）、“上撞上转”（3 首）、“八倍八百”（4 首）、“温前朝”“开碗歌或者开碟歌”“叶渡碟”“唱爱情歌”“送别歌”“发亲歌”“接蚊帐歌”等组成。

友情仪式歌主要由“招呼问候歌”“迎接亲友盘歌”“开天辟地歌”“创造歌”

---

① 何星亮．象征的类型［J］．民族研究，2003（1）．
② 黄淑娉，龚佩华．文化人类学理论方法研究［M］．广州：广东高等教育出版社，1998：384.
③ 彭兆荣．人类学仪式的理论与实践［M］．北京：民族出版社，2007：202.
④ 维克多·特纳．仪式过程——结构与反结构［M］．黄剑波等译，北京：中国人民大学出版社，2006.
⑤ 黄淑娉，龚佩华．文化人类学理论方法研究［M］．广州：广东高等教育出版社，1998：386.
⑥ 庄孔韶．人类学概论［M］．北京：中国人民大学出版社，2007.
⑦ 庄孔韶．人类学概论［M］．北京：中国人民大学出版社，2007.

“相思歌”“逃婚歌”等一系列歌组成。

这三种歌唱都是在一定的仪式前提下举行，而不会轻易地歌唱。在这三种仪式歌唱中，丧祭仪式歌的仪式性最为强烈，婚礼仪式歌与仪式的关联度最为紧密，友情仪式歌有一定仪式，但其仪式的神性意味最淡，娱乐性最强，属于世俗生活仪式中的歌唱。

丧祭仪式歌由10首本体歌是要在羊场布依族丧葬祭祀中歌唱的，我们在第一章第二节中看到，要歌唱这10首称为“长歌”的丧祭仪式歌，要完成“确定大马郎”“请先生进屋”“围房”（亦称“维元”）、“招灵”“接幡杆树”“立幡杆树”“挂大鼓”“报信”“接马郎”……一系列的仪式之后，才能歌唱这10首本体歌。这10首歌的内容参照第二章。

第一首为“送魂走歌”。这是一个安抚死者灵魂的歌唱，在丧祭仪式中有为死者的灵魂“开南天门”和“开天门”的仪式，意思是为死者的灵魂打开一个通道，实际的仪式中就是打开左边一扇门，象征性表述这是通向天堂的门，以及把房顶的瓦揭开，让死者的灵魂从打开的屋顶洞中出去。而这首“送魂走歌”就是为实现丧祭仪式环节而唱的歌。

“现在杉树已倒下，
现在可以去报信，
地方现在已有人来管。
……
想让谁来唱歌送老人去仙界，
也没有谁来唱歌送老人去仙界。
……
我们两个来唱歌送老人上天，
我们两个来唱歌送老人上仙界。
……
我们今晚把你的魂送走，
明早我们把你的灵魂接回来。”

——“送魂走歌”

这首歌一开始与其说是歌唱，不如说是仪式在歌唱中另类举行，第一句就是“现在杉树已倒下，现在可以去报信”，实际上在歌唱中就重复了其丧祭仪式的环节和过程。在后面的歌唱中表明，我们唱歌把死者的灵魂送到“仙界”，这在布依族观念中是一个幸福无忧的好地方。最后一句是虚实均有的安慰话语，表明你死了后应该去这样的好地方，那是你应该去的地方，我们也不会忘记你的，在为死者举行的仪式没有结束之前，我们每天早上都会接你回来享受祭祀。

这样的安抚实际上也是一种仪式，一种歌唱的仪式。

第二首“找地盘歌”也是安抚死者灵魂的继续。歌唱是为了灵魂有一个“现实的安顿”，使死者在天上也有自己的安身之地。

“做梦”是羊场布依族用梦来“寻找”死亡原因的歌唱，这个歌唱包含了布依族先民在古代对于死亡现象的探寻，一方面渴求解读死亡的原因，一方面又表述死亡的不可避免。既然死亡是不可避免的，我们人的死亡就是天理，是我们活着的人和死去的人都应该接受和理解的。这种死亡和灵魂的理解是非常重要的，它可以是一种更深层次的死亡安慰，也可以视为一种仪式的环节。

至于第四首“报丧”和第五首“做马郎”均是羊场布依族丧祭仪式的程序解读，是其丧祭仪式的一个补充部分。这也说明，在羊场布依族丧祭仪式形成之初，是有一定变革过程的，在出现这两个环节之前的羊场布依族丧祭仪式中，这两个环节可能是不存在的。这在为什么要在羊场布依族丧祭中砍牛的传说中，可以得到印证。

“分遗产歌”“孤儿歌”应该是族群习惯法的表述，既是现实意义的歌唱，也是为了死者的灵魂安息的歌唱，因为这些让死者牵挂的现实问题处理不好，死者的灵魂是不安的。但是，这样的歌唱意义是多重的，它不但安抚死者的灵魂，亦可以建立一个族群的伦常和规约。

“收魂歌”就可以是一种与丧祭仪式并行的仪式歌唱。在民族民间的丧祭仪式中，“收魂”是一个重要环节，即在丧祭仪式中，生人的“生魂”和死人的“死魂”是可以经过“通神”的先生、祭师等进行有限的交流，但在整个仪式结束之前，就要举行一个仪式使所有的灵魂归位，生人的魂魄和死人的魂魄都要归位，以便举行下一个阶段的仪式，羊场布依族“收魂歌”演唱的就是这样的内容。但是，羊场布依族丧祭仪式中已经有了一个这样的专门仪式，为什么还要在这 10 首本体歌唱中出现这首“收魂歌”呢？可以解读为布依族先民的习惯，他们很早就有为生者的灵魂歌唱收魂的本源文化表现，即可以不用举行仪式就可以为其生者收魂，但是，在后来一系列的仪式发展中，仪式中有了仪式性收魂，而歌唱性收魂依然。这样，就可以把“收魂歌”的歌唱，视为布依族先民的原始行为的遗存。

第九首“得病歌”歌唱的是生命中的病痛和病灾，包含了生命离去的哀痛和不舍，也包含了对现世苦难的倾诉和留念，也有对离去生命的劝慰，现世是苦难和病痛的，未来世界美好，不要留念现世，等等。这样的歌唱在羊场布依族丧祭仪式中没有对应的仪式，但在与其为邻的彝族丧祭仪式中有这样的仪式，他们称为念“洗解经”，意思是可以通过此仪式，解除包括“原罪”在内的一切罪孽。羊场布依族“得病歌”应该与其有一定的关联，我们也可以把它视为一种用歌唱的形式举行的丧祭仪式，因为实际的功能表现中，歌唱也是一种仪式，也可以解除布依族人的生命中的病痛和病灾。

第十首“归仙”。在每个民族的信仰文化的核心，都会建立一个死者要去的美好的未来世界，不管是称为“神界”“仙界”“极乐”“天界”……在羊场布依族丧祭仪式中，这是其仪式的终极仪式环节，一切的仪式性表征，都是要指向这里——仙界。“归仙”的歌唱是独立存在的，在丧祭中的归仙仪式举行前就会歌唱，但两者的指向是同一的。在羊场布依族丧祭仪式中，死者灵魂归仙的路径就是那根幡杆，几乎所有布依族人的灵魂就是从这根幡杆归仙而去的。而在“归仙”的歌唱中，也是用歌唱来表述了这一系列的过程。实际上，这一歌唱归仙的仪式过程，比仪式的归仙过程还要详细许多。

> 太阳一步步走（比喻亡魂向前走，去了以后就不再回来），
> 父母的亡魂去到第一层天。
> ……
> 到了第十层，
> 是老祖宗在的这一层。
> ……
> 留你在仙界，
> 打开仙界的第一层门，
> 里面有金子。
>
> 打开仙界的第二层门，
> 这层有金马鞍。
> ……

在这样十层天的描述性歌唱中，极尽对于天堂世界的渲染。在这样的“世界”描述中，是很有感染力的，它可以极大地减轻人们对于死亡的恐惧。而在一般性仪式中，就不可能实现这样的描述。

在这10首本体性的“长歌”之后，羊场布依族丧祭仪式歌还有三首丧祭仪式歌一定要唱，这三首仪式歌为“送灯歌”“送伞歌”“送鹅歌”。前面的“长歌”是在羊场布依族丧祭仪式的第一天晚上歌唱的，这“送灯歌”“送伞歌”“送鹅歌”三首歌，则是在第二天晚上歌唱的，而且是在比较隆重的仪式环境下歌唱的。在第一章的第二节中，我们看到这个情景是这样记录的：

> “在激烈的‘糍粑仗’之后，五位执事先生正在堂屋主持接下来要举行的另外一个仪式（即‘送灯歌’‘送伞歌’‘送鹅歌’仪式）。这时是晚上23点半，在堂屋放铜鼓的位置、堂屋大门外以及院子里幡杆树的位置都各站了两个歌师。铜鼓边的两位歌师手里拿着画有铜鼓的一张白纸，大门边的那两个歌师手里各拿一把纸伞，幡杆树下的那两个歌师手里拿的是画有生肖图案的白纸。各就各位后，六位歌师就开始唱盘歌了。铜鼓边的两位歌师唱的是送灯歌，大门边的两位歌师唱送伞歌，幡杆下的歌师唱送鹅歌。边唱着，幡杆下和大门边的几位歌师就一边往堂屋方向移动脚步，只有铜鼓边的两位歌师位置不变，约莫进行了一个小时才结束。”

这里的六位歌师不是丧祭仪式中唱“长歌”的歌师，而是“马郎”家带来的歌师，也就是说，这个歌唱性仪式主要由外家来人完成，这里面的象征性意义我们后续

要论述，于此我们只表述过程。在这个仪式过程中，外家来的歌师要用歌唱的方式，给亡灵送来三样东西：一是灯；二是伞；三是鹅。灯是为了照亮灵堂和伞，伞是亡灵上天堂用的必备护佑品，即羊场布依族人的亡灵一定是要打着伞上天到仙界的，鹅是羊场布依族的引路灵物。有此三者，羊场布依族人的亡灵才能升天而到仙界。

灯一盏一盏的都亮了，
灯要照着花伞。

花伞要一直打到坟上去，
一盏灯照着孝女，
一盏灯照着孝男。

一盏灯照着马郎，
一盏照着超度亡人的大桌子，
一盏照着师傅的大桌子。

——“送灯歌”

这个伞不是拿到田里用的，
这个伞不是拿到地里用的。

这个伞是拿给亡人去新地方用的，
这个伞是送父亲上天用的，
这个伞是送父母亲归仙的。
……
这把伞慢慢地往天上去了，
天上的那些男女亡人羡慕这把伞和老人。

——“送伞歌”

这个鹅不是到田里面去的鹅，
这个鹅不是到地里面去的鹅。

这个鹅是到新一个地方去的，
这个鹅是送父（母）上天去的，
这个鹅是送父（母）上仙界去的。

——“送鹅歌”

这种“送”是外家的特权，也是一种义务，但是，这不是一种没有回报的“送”，因为每一首歌唱的最后，都会有“吉祥富贵”的祝福，即得到这些东西的亡灵，要保佑他们。

花伞要一直打到坟上去，

从今往后，
要让这次来当马郎的各家平安富贵。

——“送伞歌”

在这三首外家歌中，以“送伞歌”最为繁复和隆重，一般要从做伞的竹子唱起，然后是如何做造伞的纸，如何取得给伞染色的颜料，等等，说明羊场布依族最看重伞的意义。

我们从以上不难看出，在这个环节中，仪式主要就是歌唱，歌唱就是仪式，可能在仪式的场域中安排了纸铜鼓、幡杆、纸鹅、纸伞等道具，但他们的出现也是为了歌唱的神性而出现的，是为了歌唱而出现的。这也是羊场布依族丧祭仪式最为典型的重要的歌唱性仪式。

在羊场布依族丧祭仪式中，属于仪式性歌唱的歌，除了以上的歌唱外，还有一首“出孝歌”。这首歌是在整个丧祭仪式结束后，出殡前必须唱的一首歌。

我们的父母已经去世了三个场天，
我们的父母已经去世了九个场天。

我们的父母去世以后就放在棺材里面，
把棺材放在一个很宽广的大地里，
把棺材放在一个大的丫口上。

去把先生请来看坟地，
来到这里看坟地。

龙脉好的坟地在哪里，
龙脉好的坟地在哪个位置。
……
这样做了以后就能有儿有女，
生儿子就能上学读书。

生女儿就能荣华富贵，
让主人家和外家都荣华富贵。

这首“出孝歌”一唱完，就表明可以出殡了，也表明整个的仪式和仪式性歌唱结束。

以上是羊场布依族丧祭仪式歌中的仪式性歌唱，但在这种歌唱之外，其丧祭仪式中还有一种歌唱，我们把它称为“礼仪性歌唱”。这样的歌唱不是丧祭仪式中仪式性歌唱的内容，而是表示礼仪内容的，但我们认为，这也是羊场布依族丧祭仪式歌唱的一个组成部分。这样的歌唱有“接外家歌”“送外家歌”“安顿外家歌”三首，这种歌唱内容就是表示迎接外家，送外家去住什么地方，把外家安顿好等，就是一种比较正式的礼仪性表达，但他们也要用歌唱来完成。

在羊场布依族丧祭仪式歌中，还有一首特定意义的“籍贯歌”，这首歌也是羊场布依族丧祭仪式歌的一个组成部分。这首歌一般是在整个仪式举行前歌唱的，一般由族中的长老来完成，内容讲的是本族群的族源。这样的歌唱在仪式的那一个环节来唱，可以很灵活，是一个游离于仪式之外的歌唱。

在羊场布依族丧祭仪式歌的仪式性歌唱中，还有一个重要的、极不容易出现的仪式性歌唱“非正常死亡仪式歌”。这个歌唱一定要在羊场布依族人非正常死亡的状态下才会举行。我们在调查中很幸运地调查并观察到了这个仪式。

> 今天的非正常死亡超度仪式由岑立国和岑天兵两位先生主持。首先，院子内放一张方桌，桌上再搁一个盛满米的升子，升子下压一张纸钱，升子内塞了50元钱，同时插上三炷香设好灵位，再在灵位前供上三杯酒。另外方桌的一条桌腿下还放了一个织布时用的篦子。除了准备这些还要做12个形状由大到小的泥碗，里面盛满水，代表12个水潭。然后再将一个用竹子串上几根高粱秆做成的竹筏放在最大的一个泥碗里，竹筏上有个茅草人，代表死者。还杀了一只鹅并将血分别滴在这12个“水潭”中。(注：赶场坡的布依人认为，浮肿死的老人是身体被泡在水里才会发生水肿的，老人走后灵魂一直是在河里，只有经过超度后把老人接上了岸他才会过上好日子)……
>
> 早上9点40分，岑立国先生和岑天兵先生在堂屋内做完法事后从堂屋里出来，来到12个“水潭”边，其中岑天兵先生手提一个小竹筐，筐内装有一只公鸡。接着两位先生就开始念经为亡者超度，他们用布依语唱着解难歌，大约唱了一个小时，等一一把那12个“水潭”倒翻后才算结束。(见第一章第二节)

“非正常死亡仪式歌”在羊场布依族中，一般称为“解难歌”，意思死者是非正常死亡，要为他解除死难。在布依族的观念中，这些死难者的灵魂在死后会滞留在十二口塘的某一处，举行这样的仪式，就是要在这十二口塘的某一塘里，把他的灵魂解救出来，归于正常的灵魂状态。而这个仪式主要是用歌唱的形式完成的。

……
叫昂的妇女管辖着云层上面的塘子，
这是天上的第一个塘子。

这个塘子有一只大母鸡，
他们（神仙）又吃鹅又吃鸭，
还吃肝子，又吃肠子。

死去的这个年轻妇女（指未正常死者）不在这里，
死去的这个年轻妇女没有来到这里。
……

过了这一层再往上走，
过了这一层再往上去，
去到天上的第十二个塘子。
……
从这个塘子解到那一个塘子，
先解天上的第一个塘子。
……
我们两个解了一塘子又一塘子，
我们解到天上第十二个塘子。

要是我们变成一片白云，
从这里往下飘，
飘去了十五代。

人家向你（亡魂）要甜酒，
甜酒在袋子里面。

人家向你（亡魂）要肉，
肉还在家里面。

这次我们已经解到十二个塘子，
我们已经解完了十二个塘子。

这首“非正常仪式歌”非常长，它一般要唱人间塘里内容之后才会唱到天上十二口塘的情况，在唱完天上十二口塘之后，再唱如何“解”的内容，并且是从第一口塘唱起，也就是从天上的第一口塘唱起，一口塘一口塘地寻找死者的灵魂……在以上的仪式中，我们看到十二个泥碗的设置，那就是十二口塘的象征性表达，一一打翻十二个泥碗，就是代表在十二口塘中寻找死者灵魂的过程，而这一切，都是用歌唱来完成的。但是，我们在“非正常仪式歌”中还看到，这样的寻找行为并没有在“倒翻”十二个泥碗时结束，而是“我们来到了天上最大塘子的门口了”。

才打得“独良谢”，
才打得“灭良埃”（一种水生物），
“独良谢”也得到了，
“独良埃”也得到了，
“良累”（一种水生物）也得到了，
“良林”（一种水生物）也得到了，
我们来到了天上最大塘子的门口了。

来到这里还要干什么？“我们俩来解这个大塘子了，我们要来找我们人的灵魂回去。”即这样的解救没有在十二口塘结束，还有第十三口大塘，装着所有布依族人的灵魂，要把他们一起解救回去。这个意义我们后续还要研究和论述。

至此，羊场布依族丧祭仪式歌的仪式性歌唱才算是全部表述完毕。在这里，我们可以看到，丧祭仪式歌的仪式性歌唱有两种性质，一是仪式歌唱本身就是仪式的构成，二是歌唱是仪式的一个组成部分，是配合仪式的出现而歌唱的，而这两种歌唱都表现了仪式性歌唱的基本性质。

在羊场布依族丧祭中的仪式性歌唱表现是很强烈的，可以说没有这些仪式性的歌唱，其丧祭仪式就是残缺不堪的，但是，这样的作为仪式的歌唱在其婚礼仪式歌中却表现得更为强烈，甚至可以说，在其婚礼仪式中，没有婚礼仪式歌的歌唱，就没有仪式的存在。

羊场布依族婚礼仪式中，有“说媒”“定聘酒”“讲好”“合衣裁帐”“接亲（办喜酒）”“回门、办回门酒”等数个环节，在前四个环节和“回门、办回门酒”中，没有歌唱，而在“接亲（办喜酒）”这个环节中就有大量的仪式性歌唱。主要有“进门招呼歌：撒尼昂”“三道关”“浪贤浪罗”（8首）、“上撞上转”（3首）、“八倍八百”（4首）、“温前朝”“开碗歌或者开碟歌”“叶渡碟”“唱爱情歌”“送别歌”“发亲歌”“接蚊帐歌”，以及“铺帐子歌”“开豆歌”“团拢歌”等。前者在男方家唱，后者在女方家唱。

> 今天上午我们在从家里说要来，
> 我们开始来了。
> ……
> 本来我们想说，
> 我们不知道该向谁打招呼。
>
> ——“进门招呼歌：撒尼昂”

从这样的“进门招呼歌：撒尼昂”歌唱开始，整个羊场布依族仪式就开始了，可以说其婚礼仪式是从歌唱开始的，仪式就是歌唱，歌唱就是仪式。

> ……
> 从床的这一头要平顺到那一头，
> 使这家的金童玉女满床（撒糖果、花生、豆子在床上，两对男女小娃上床去抢糖果、花生、豆子，以求吉利）。
>
> 这个帐子要挂得高一些，
> 这个床要铺得平平整整。
>
> 平平整整从床的这一头到那一头，
> 使这家满床满屋都是金童玉女。
>
> ——“铺床歌”

在“铺床歌”唱完这最后一段时，婚礼仪式歌的歌唱结束，羊场布依族婚姻仪式随着歌唱的结束也结束了。

在羊场布依族婚礼仪式性歌唱中，几乎所有的歌唱都是仪式性歌唱，而没有如其丧祭仪式的礼仪性歌唱。另外，其丧祭仪式的礼仪性歌唱主要是神性歌唱，而其婚礼仪式性歌唱则主要为世俗性礼仪歌唱，只有“揭盐豆碗歌”具有一定的巫意和神性。

在羊场布依族作为仪式的歌唱中，还有一个组成部分，即友情仪式歌。这样的歌主要有“迎接亲友盘歌”“开天辟地歌”和各种“创造歌”等等。这样的歌唱有一定仪式，但这样的仪式只是一个框架，并不决定内容的呈现，即在“迎接亲友盘歌”这样的仪式性歌唱之后，歌唱的双方就可以自由的“造天造地”造一切了。在这样的友情仪式歌中，几乎可以包括所有世俗性的歌唱，所以我们在其中可以见到喝酒的歌、相思的歌、抢女友的歌、逃婚的歌、玩耍的歌……这样的歌唱一般是两个群体之间的歌唱。在友情仪式歌中，可能是其仪式性歌唱最弱的一个部分。

第二节　盘歌中象征隐喻和符号

正如前面所说的，仪式是符号和象征意义产生的巨大空间，在我们论述了羊场布依族盘歌的仪式性歌唱之后，盘歌中的符号象征，是我们又一个重要论题。

在我们把仪式看作一个巨大的符号和象征的时候，盘歌的仪式性歌唱也是其中重要组成部分，因为盘歌有时候不但是一种歌唱，而且是一种重要而独特的仪式，它的符号性和象征性也是十分强烈的。另外，羊场布依族丧祭仪式和婚礼仪式与盘歌实际上是一体的，是可以相互印证的。

在文化人类学象征人类学的理论中，人类文化中表现为象征意义的有多种，比如实物、行为、仪式、语言、数字、关系、结构等等，都可以表现为具有象征意义的事物，我们这里只涉及其中关于仪式一种。

在羊场布依族文化中，我们只论述其两种仪式，即丧祭歌仪式和婚姻歌仪式。我们把这两个仪式视为两个不同的体系，前者为神性体系，后者为世俗体系，它们又分别由一系列的环节组成。在一个族群文化生存中，对于死亡的安置是十分重要的，因为这是人类生存于世界的基本依托，如果不存在这样的安置，人在生命期中的生存是很没有希望的。但是，这个未来的世界又不是我们可以直接安置的过程，不像婚姻那样的生的过程，我们可以直接以某种物质的形式表述它的存在和意义，而是要通过符号、隐喻和象征来表述它的存在。在丧祭仪式歌的歌唱中，10 首本体歌中包含了羊场布依族对于死亡安置的一系列象征，是羊场布依族丧祭仪式歌象征和隐喻的重要组成部分。

在 10 首本体歌中，几乎所有的表达都是象征性的，其歌唱的开篇就是“杉树还未倒，不用去报信”，在人们的眼中，把杉树的站立与否和人的死亡联系在一起，杉树倒了人也就亡了，杉树没倒人也没有亡。这个隐喻和象征还有一种自然生命的表达，即人的生命意义与杉树是具有一致性，人会像杉树一样生长和死亡……这也是羊场布依族在象征中表达的基本生命观。这样的象征在10首本体歌中到处可见，应该是第一个层面上的象征，也可以成为“语言的象征”。但是，这是10首本体歌象征性表达的基础，布依族人在其中要想建立的象征不仅仅如此，它应该还有我们称之为“过程的象征”和最后的“终极的象征”。在10首本体歌中，第三首“做梦歌”就是我们所说的“过程的象征”。在这首歌中，它一开头就是这样来歌唱来的：

我们来唱两首做梦经，
我们来颂三首做梦经。

梦见父母打着大伞走田间，
梦见父母打着纸伞过田坝。

最后是以这样的歌唱来结束这首“做梦歌”的歌唱：

梦见父母走不告诉任何地方，
梦见父母走不告诉兄弟姐妹。

走了不告诉任何人，
走了不告诉姊妹。

其间全部是以“梦见”的象征表达了父母亲离开人间的过程。这个死亡显然不是实际中的个体的死亡表述，而是羊场布依族对于死亡过程的一种象征。这个象征表达的意义是什么？羊场布依族认为死亡像“梦”一样，那么，生命的过程也像“梦”一样吗？歌唱中没有回答。在中国传统的生命理念中，就有“人生如梦”的说法，而羊场布依族人的生命与死亡的象征却有它自己的特定表达方式。寻梦可能是我们人寻求和创造的起点，羊场布依族也在以这样的方式探寻。在“做梦歌”中，我们就看到许多所谓梦的“征兆”。

梦见父母骑马下坎
马鞍断成了三节。
……
梦见父母扛倒伞，
梦见父母空打伞。

——“做梦歌”

这都是生活中“反常”的表现，反常的事物出现在梦里，就是一种警示，它将预示着什么。这不是今天科学的认知行为，但是，在羊场布依族的象征中，就包含了这样的认知和探寻。

像这样的“过程性象征”，在“得病歌”中还有表现。

在羊场布依族盘歌的隐喻和象征中，最重要的是其“归仙歌”中所表述的“十层天”，这是羊场布依族的“终极性象征”。

太阳一步步走（比喻亡魂向前走，去了以后就不再回来），
父母的亡魂去到第一层天。

这一层天是雾气蒙蒙，
过了这一层再上去。

再从这一层往上走，
又逐步往前。

又到了第二层，
这一层有火焰。
……

又到了第三层，
这一层是偷猪和羊去杀的，
死在这一层。
……

到了第四层，
这一层是人家拉黄牛拉水牛去杀的，
死了以后到这一层的。
……

去到了第五层，
这一层是小孩得天花死的，
就到这一层。
……

到了第六层，
这一层是小孩出痧子死的，
就在这一层。
……

到了第七层，
女人非正常死亡的，
就在这一层。
……

到了第八层，
这一层是年轻的女孩死于性病的，
就在这一层。
……

到了第九层，
有三丘田。

田里有石头，
石头要碎了。
……

到了第十层，
是老祖宗在的这一层。

——“归仙歌”

在这样的十层天的建构中，第一层是水，第二层是火，第三层是“偷猪和羊去杀的”死者，第四层是“人家拉黄牛拉水牛去杀”的死者，第五层是“小孩是得天花死的”死者，第六层是“小孩出痧子死的”死者，第七层是“女人非正常死亡的”死者，第八层是“年青的女孩死于性病”的死者，第九层是“三丘田”，第十层是“老祖宗在的这一层”。

这是羊场布依族人死亡灵魂的归位建构图，而且是象征性的。这个象征性图表，表达了羊场布依族人的死亡等级，在第一和第二层中没有死者的灵魂，第三、第四两层是有“道德缺陷”人的灵魂所居，第五、第六层是得病死亡的小孩的灵魂所居，这实际上非善终者的灵魂所居之处，第七、第八层是非正常死亡的女性灵魂所居之处，这六种死亡灵魂都是需要举行相应的解救仪式才能使其灵魂“上升”的灵魂。在九层天里，没有灵魂，只有“三丘田”，这是为什么，不太清楚。羊场布依族人正常的灵魂所居之处在第十层。到了老祖宗居住的地方，这里有金有银，不用栽种……是仙人居住的好地方，用比较通俗的话来说，是一种“极乐世界”，但是，这个“极乐世界”羊场布依族人式样的“极乐世界”。这样的地方好啊！

留你在仙界，
万代不相见。

去仙界后永远都不回，
万代不相逢，
万代不见你的后世人。

——“归仙歌”

这个羊场布依族的“终极象征”，对于羊场布依族人来说意义重大，它完成了羊场布依族人的终极关怀，使他们在生命中不至于痛苦不堪地生存，因为他们可以在死后归入仙界。这样的象征性描述和终极关怀，在许多的族群文化中都有表现，是一种文化的必备表现，但是，羊场布依族人用仪式性歌唱的形式来表现它，却是比较特定的。比如，我们在佛教中可以看到西方极乐世界的图形描述，在基督教中我们也可以看到所谓天堂的图景，可以用歌唱的形式来象征性表述这样的死亡的未来世界，在世界上并不多见。可以说，其他族群习惯于在图形中看见自己的灵魂的未来世界，但是，羊场的布依族人，可能在歌唱中更能完整地理解自己的极乐世界。

在羊场布依族盘歌的歌唱中，这样的重大的象征和隐喻还表现在“非正常死亡歌”中。在这首歌中，羊场布依族人建构了一个十二口塘的体系，来表明布依族先人苦难的历程。

在这首“非正常死亡歌”中，先是表述了现实世界关于“塘”的存在和意义，然后是表述了天上十二口灵魂塘的存在，说许多布依族先人的灵魂都在这些塘里，最后是如何解救这些个塘中灵魂的过程。所以，这个象征性表述，分三个层次，一是现实塘，二是天上塘，三是如何解救天上塘中的灵魂。同时，这十二口塘是个体灵魂（飘逸的灵魂）藏身之处，而在十二口塘之外，还有一口总的“大塘”，这个口塘“装”了所有布依族人的灵魂（飘逸的灵魂），故而，解救是解救个体灵魂的行为，同时也是解救全体布依族灵魂（飘逸的灵魂）的行为。

这是天上的第一个塘子。
这个塘子有一只大母鸡，
……
去到天上的第二个塘子。
这个塘子有野鸡，
立知（人名）这个老者在这里，
以老（人名）这个老者也在这里，
……
去到天上的第三个塘子，
看这个塘子里又有哪些。
只看见死去的年轻男孩儿，
又看见死在月子头的妇女。
……
去到天上的第四个塘子。
看见塘子里有“读喝”（一种水生物），
看见塘子里有母马。
……
去到天上的第五个塘子。
在这个塘子里看见“陆代”（水里的一种怪物），
这种怪物会吃人，

……
去到天上的第六个塘子。
看见这个塘子里有鱼，
看见仙女在这里睡觉。
……
去到天上的第七个塘子。
看见这个塘子里有铁水，
看见后面来的仙女。
……
去到天上的第八个塘子。
看见这个塘子栽着卢谷（脱壳后即为薏仁米），
望着一大片卢谷。
……
去到天上的第九个塘子。
看见这个塘子里有“郎散”（一种粮食作物），
望着一大片“郎散”。
……
去到天上的第十个塘子。
拿鸡鸭来祭祀，
是不是也拿羊来祭祀。
……
去到天上的第十一个塘子。
又拿鸭子来祭水坝，
是不是也要拿水牛来祭水塘。
……
去到天上的第十二个塘子。

看见这个水塘里有“宅龙”（一种动物），
看见这个水塘里有“宅洒”（一种动物）。

在这十二口塘中，每个塘的情景不一样，但是，每一种不同情景的出现，都是充满意义的，这些意义是羊场布依族，或者说是整个布依族精神象征的聚合体，它们在一个很长的历史时期积淀在这里，成为一种象征性意义上的体系，表达布依族人的死亡苦难。对于每一个塘的事物的象征意义，实际上我们今天已经不能够完全解读了。我们对这首“非正常死亡歌”进行记音、翻译的过程中，反复地询问其中每一个事物词汇意义时，有许多都是歌师无法解读的，有的甚至连词汇的基本意义都不甚了了，原因是古上留下来的，他们只会读唱，但并不知其意……这可能于神性的歌唱中更有意义，就如佛的“六字真言”，成为有魔力，或者有神力的神性词汇了。

在羊场布依族盘歌的象征和隐喻的表现中，由外家歌师歌唱的“送灯歌”“送伞歌”“送鹅歌”也是富于民族学、文化人类学中象征人类学意义的。送灯是照亮灵堂和灵魂归路，送伞是其灵魂升天的基本“工具”，羊场布依族人的死者灵魂要打着伞才能升天归仙的，送鹅是用鹅为灵魂引路，鹅是灵异的动物。为什么这样的东西要外家来“送”呢？这是羊场布依族婚姻关系的象征和隐喻，而且是神性的象征和隐喻。现实中，婚姻集团的成员有维护整个婚姻集团利益的义务，而在另一个世界里，也有维护婚姻集团成员灵魂的义务。这种观念羊场布依族人很是看重，羊场布依族在现实中如果没有外家来上祭、来“送灯歌”“送伞歌”“送鹅歌”，其灵魂是不易安宁的，很多人家虽然喜欢儿子，也很重视女儿。所以，“送灯歌”“送伞歌”“送鹅歌”在羊场布依族丧祭中，也是具有象征性意义的歌唱。

以上是羊场布依族丧祭歌唱中象征和隐喻的表述，这些事物在其婚礼仪式歌的歌唱中也有许多这样的结构，它们在一定程度上表述了羊场布依族关于生命象征和隐喻，如其中的“揭盐豆碗歌”。这个歌唱的就是如何做盐豆碗，直至揭开的过程。我们在前面论述过这样的歌唱，它是一次对于此次婚姻的测试，用盐豆等事物象征事物的性质。虽然在实际中这样的测试不影响婚姻，但是布依族还是比较注重这样的测试。我参加过一个这样的婚礼，在唱“揭盐豆碗歌”时，全场鸦雀无声。这样的象征性表达，在其婚姻仪式的歌唱中还有，但相比较丧祭仪式歌的歌唱而言，羊场布依族婚礼仪式歌的歌唱，更多的是世俗礼仪的歌唱。

在羊场布依族盘歌歌唱的象征和隐喻中，我们还看到了符号的意义。

符号是人们共同约定用来指称一定对象的标志物，它可以包括以任何形式通过感觉来显示意义的全部现象。在这些现象中某种可以感觉的东西就是对象及其意义的体现者。研究符号的现代符号学是从语言学开始的，其影响最大的符号学家是瑞士的语言学家索绪尔，他在《普通语言学教程》中，将符号分成意符（Signifier）和意指（Signified）两个互不从属的部分之后，真正确立了符号学的基本理论，影响了后来李维史陀和罗兰·巴特等法国结构主义的学者……符号学对于文化人类学的结构主义人类学有重要影响，因为这样的符号研究最后往往与象征的意义结合起来，表现事物的“意指”。在羊场布依族盘歌中，我们就看到在盘歌中所呈现的象征，在仪式中被符号化，成为一种具有“意符”和“意指”具象的物质的符号。

> “铜鼓边的两位歌师手里拿着画有铜鼓的一张白纸，大门边的那两位歌师手里各拿一把纸伞，幡杆树下的那两位歌师手里拿的是画有生肖图案的白纸。”（见第一章第二节）

这里的白纸，以及在这个仪式中所用的鹅、灯、伞等物质，实际已经不是实际上的功用性物质，而是一种符号化了的事物，它们在这里要表达各自的“意指”，即都是有具体指向的。

这在关于十二口塘的仪式最为明显，因为我们看到在这样的仪式举行和唱“非正常死亡歌”的时候，在桌子下面出现了十二个泥碗，这十二个泥碗就“意指”向了歌唱中的十二口塘，成为歌唱中的十二口塘的“意符”，也就是说，在具体的仪式中，羊场布依族把歌唱中的象征性隐喻的十二口塘给符号化了。

第三节　盘歌中古百越族群的原始族群记忆

以上是对羊场布依族盘歌仪式性歌唱性质的分析，以及盘歌中象征和隐喻、符号的基本论述，这些论述揭示了盘歌仪式性歌唱的性质和盘歌在象征人类学上的意义，表现了盘歌的重要方面，但是，羊场布依族盘歌一个更为惊人的意义还在后面，这就是蕴含在盘歌中的古百越族群的原始族群记忆。在羊场布依族盘歌中，不但有我们理解的歌谣的民间文学意义，还有民族学、文化人类学诸方面的意义，还有关于古代百越族群丰富的原始族群记忆，这些记忆不但属于古代百越族群，也属于百越族群之所有后裔族群（即属于从古代百越族群分化而来的众多民族，包括今天的布依族、壮族、侗族、水族等等），我们可以从中看到许多属于遥远古代南方诸民族的文化遗存，对于解读今天的布依族、壮族、侗族、水族等诸民族文化意义重大。

族群记忆是一个特定的概念，它是“集体记忆”这一概念中的子概念。“集体记忆”是一个特定社会群体之成员共享往事的过程和结果，“集体记忆”得以传承的条件是社会交往及群体意识需要保持该记忆的延续性。而族群记忆是作为一个民族层次的群体，以自己的方式保存下来的关于自身过去的印象和历史记录，并且从中汲取力量，形成群体的凝聚力。

族群记忆需要一系列要素来加以体现，即族群记忆必须有作为载体的物质的或精神的承载物。族群记忆本质上是一种集体性的文化积淀。族群记忆的核心是本民族认同的价值观。从这个意义上讲，羊场布依族盘歌就是这样的“承载物”。

羊场布依族盘歌是布依族的一种歌唱文化，这是我们认识羊场布依族盘歌的基点。在以民族为称谓的族群文化中，以歌唱的形式来展示的并不多见，羊场布依族盘歌则是特定的表现，没有哪一个地方的族群文化像羊场布依族盘歌那样，是用歌唱的形式来表现的。布依族是一个非常喜欢歌唱的民族，但也没有哪一个地方的布依族像羊场布依族那样喜欢歌唱。从羊场布依族盘歌的三个套歌看来，羊场布依族盘歌的歌唱几乎覆盖了全部的羊场布依族文化，仪式性的文化是用歌唱来完成，一般礼仪性的文化也是用歌唱来实现的，日常社会生活的交流也是用歌唱来达到的，群体性的聚会和交流是歌唱，个人的情感交流和倾诉也是歌唱，生产知识和生活知识是用歌唱来传达的，思想和意识，以及信仰观念也是用歌唱来传达的，传统的伦理道德教育是用歌唱来实现的，个人的品德修养和性格养成是在歌唱中获得的……这种歌唱文化在羊场布依族中几乎无所不在。

羊场布依族这种“无以复加”的歌唱文化是如何形成的，是我们面对羊场布依族盘歌时的第一要题，我们一时难以回答，但这正是羊场布依族盘歌歌唱文化最为紧要的问题。

羊场布依族盘歌肯定是发生于百越族群之后裔族群“善歌”这个文化基础之上，或者说“文化基因”之上的，但为什么百越族群之后裔族群的侗族“唱”的是“侗族大歌”，而羊场布依族唱的是“盘歌”呢？为什么“侗族大歌”只是一种涉及其部分文化形态的歌唱，而“盘歌”则是覆盖一切的歌唱？可以不可以这样来看待这个问题，即“歌唱”在他们同是百越族群时期是一体的，而在“分列”为同源而不同族群时，其“歌唱”才有了变化。那么，羊场布依族的歌唱就一定比“侗族大歌”的歌唱要古老。我们知道，当一种事物处于不分化的状态时，它的形态一定是比较古老的，而处于分化，并且分化得比较精细时，或者说从文化表现为要向审美娱乐为要转化的文化事物，其文化形态就是在时间上比较靠后的，“侗族大歌”与“盘歌”比较就是。前者主要是娱乐和审美的，后者主要是仪式和文化的，在这样的比较中，没有人会认为娱乐和审美的文化比仪式性的文化古老。仪式性文化的古老是不言而喻的，而且羊场布依族盘歌的古老，可能比我们想象的要久远。百越族群之后裔族群是现今中国西南地区最为重要，族群人口最多，文化的影响力也是最为强烈的一个群体，但是，我们在其他民族中寻找不到这样古老的歌唱，不管是“刘三姐式”的歌唱，还是“侗族大歌式”的歌唱，都不是百越族群之后裔族群的“文化歌唱”，它们实际上主要是娱乐和审美性的歌唱，而今天只有羊场布依族盘歌是整个中国百越族群之后裔族群中可以称为“文化歌唱”的歌唱。这个认识在今天提出后，我们就可以从这个高度来确立羊场布依族盘歌之于整个中国百越族群之后裔族群文化的重要性了，因为我们可以从羊场布依族盘歌的歌唱中看到之于整个中国百越族群之后裔族群文化的许多重要表现。

那么，我们把羊场布依族盘歌的歌唱上升到这样的高度来认识，其依据是什么？我以为是羊场布依族盘歌中所蕴含的“族群记忆”，即在羊场布依族盘歌中，我们可以看到在百越族群面临某一种历史性变革的时期，所残存在族群记忆中的一些东西。这些东西会“顽固”地成为其信仰核心的某些“构件”，留存在文化的表述中，羊场布依族盘歌中就非常清晰地发生了这样的事情。

我们把这一类的“族群记忆”进行简单梳理之后，大致可以分列出以下几个方面：一是“解难歌”中的南方百越族群从渔猎文明向农耕文明的转换的族群记忆；二是“归仙歌”中的布依族十层天构建的族群记忆；三是“送伞歌”中的属于整个南方百越族群之后裔族群的“伞意识”族群记忆；四是原始死亡礼仪变化的族群记忆；五是原始的水泽环境的记忆和渔猎文明记忆等等。

一、“解难歌”中的南方百越族群从渔猎文明向农耕文明转换的族群记忆

关于百越族群，这是一个学界确立的早期西南民族群体概念，在这个概念中，这个百越族群包含了现今中国两广，及其相邻的广大地区的族群分布。这个族群的原始人种种群基本属于马来人种，与中国北方蒙古人种在体质人类学上是有很大差异性

的，在现今的中国人种志分类中，这两种人种是中国人种志分类的主体。越人，在人种志的分类中就是越人，但在文化志分类，就是“百越”。“百越族群”在被中原文化认知，或者说影响之后，就发生了一系列的在文化人类学上所说的“解构”和“建构”的过程。在中国汉族的文献记载中，秦汉时期的“击南越”是有明确历史记载的事件，这是百越族群文化历史变化的一个关口，我们今天所说的百越族群应该就是在这样的历史背景下，发生了一系列的变化……但是，发生这一系列变化的历史和历史细节是不可能在没有文字的族群中得到“记载”的，但是，它却会在没有文字的族群中得到“记忆”。这种记忆一般有两种方式，一是史诗描述的方式，二是丧祭中灵魂记忆方式，前者的“记忆”依存的是歌者的民间口述，后者的“记忆”依存于祭师的颂经。

秦汉时期的“击南越”是一个事件，这个事件表面触及疆域的改变，但深层的是生产方式，以及文明形式的变化。我们今天不能确定这个事件发生时的百越族群就是处于完全的“渔猎文明”的状态，还是“水泽农耕文明”加“采集文明”的文明状态，但至少“渔猎文明”的状态是他们的主体文明表现之一，我们也不能说一定是北方的农业文明影响和改变了当时的百越族群的文明形式，但是两者文明形式的差异性肯定是被百越族群的人看到了的，这样，变化就会自然而然发生了。我以为，羊场布依族人在为非正常死亡人所唱的“解难歌”中所描述的“苦难灵魂”，以及灵魂被解救回来归家的情景，就是这个时期的百越族群的原始记忆。在羊场布依族人的“苦难灵魂”和“正常灵魂”的观念表述中，在水塘中“捞鱼摸虾”的灵魂，就是“苦难灵魂”，而回到土地上的家中的灵魂就是“正常灵魂”。这就很有意味了，为什么羊场布依族会这样描述自己的“苦难灵魂”？在水中的生存就一定具有这样的苦难性质吗？如果换一种文化认知和建构的依托，那在水中的生存也许是最美好的灵魂生存方式。我以为只有一个解释，就是这个“苦难灵魂”记忆了百越族群中关于文明形式认知的历史变化，改变自己原有的灵魂生存方式。那么，这种族群记忆应该是百越族群之后裔族群的普遍族群记忆，事实上不是，因为“族群记忆”还有一个会变化消失的特性，它在族群文化的运动中会随着时间的变化而变化和消失，尤其是在族群文化运动激烈的文化中心，这样的变化就更快。

羊场布依族“苦难灵魂”的族群记忆，在一定程度上反映了百越族群在历史上的这种文化变化，这种变化决定了后来百越族群的生存方式，使百越族群之后裔族群成为今天的侗族、水族、布依族、壮族等等，如果不能够完成这样的灵魂生存形式的改变，他们是很难成为今天的以上族群的。这种情况在彝族的文化中也发生过，他们的先民是来自游牧文明文化的氐羌族群，其文化的根是游牧文明，而这样的文明形式下的灵魂生存方式是不会有三个灵魂之说的，但在氐羌族群进入西南地区之后，就面临着生产方式由游牧为主向农耕为主的转变，而这个转变反映在灵魂生存的形式上时，彝族人的灵魂就变成了三个，一个被“指路”到西方与祖先汇合，一个被安置在一个称为“祖灵筒”的竹筒里，一个被安置在山上的坟墓里……这是一个典型的游牧和农耕结合后的灵魂生存形式。彝族人就是依靠这样的方式，找到在自己的文明形式发生变化后的灵魂生存空间的。相比之下，羊场布依族“苦难灵魂”的族群记忆，就是百越族群解决自己在新的环境里灵魂生存方式的一种反映，但这样的记忆在其他变化很大的后裔族群中，已经很少见了。也只有在这样的文化边缘上，我们才能看到这样的原始族群记忆。

二、“归仙歌”中的布依族的十层天构建的族群记忆

在羊场布依族“解难歌”中，记录了“解难”经历的十二口塘，而且是天上的十二口塘，这是属于现今我们称为布依族族群记忆了。在布依族中，有一个天上世界的文化建构，有学者认为这是布依族的类似于天堂世界的结构，是安置布依族人灵魂的世界，进而认为这是布依族人的未来灵魂的理想世界。在没有见到在羊场布依族“解难歌”中表述的十二口天塘之前，有学者认为这可能是布依族受近代西方宗教的影响而形成的文化建构，但事实上不是，羊场布依族“解难歌”中的十二口天塘，就应该是这一建构的原型，也就是说，这是布依族在原始族群记忆中就有这样的东西。但是，这十二口天塘在羊场布依族“解难歌”中并不是布依族“天堂结构”，而是其“苦难灵魂”所居之地。不过我认为，十二口天塘在不同布依族群体中演化为一部分布依族人的“天堂结构”是再容易不过的事情了。从这里我们也可以看出，在羊场布依族盘歌中的文化意象之古老，它不但显示了古老的百越族群的族群记忆，还为后裔族群的文化演进提供了文化营养。

布依族类似于天堂世界的结构在其歌唱中有没有呢？我认为是有的，这就是“归仙歌”中的“十层天”。关于这“十层天”，我们前面已经有过分析。这“十层天”中的第十层，就是羊场布依族人建构的天堂。这个天堂，就是安置羊场布依族人灵魂最理想的地方，但是，这也只能是百越族群的一种原始记忆，是百越族群从原始的渔猎文明、采集文明向水泽农耕文明转化时的一种天堂记忆。在第九层天时，有“三丘田”，这是一个重要的原始记忆，田是水泽农耕的重要象征，没有它，这个天堂也是不幸福的。这就像苗族的“天堂”的芦笙一样，苗族的天堂里没有芦笙也是不能构成天堂的。

布依族天堂记忆应该是比较模糊的、漂移的，因为我们在许多其他的布依族古歌中就看到这种模糊性。如有一首布依族古歌叫《十二层天十二层海》，它上面描述的天和海更多的是一种幻想游戏。

> “布依族的古歌《十二层天十二层海》，幻想天上有十二层，海下有十二层。在《十二层天十二层海》中，诗人自己邀请身边的朋友（歌手）一道，像雄鹰展翅，一层层往上飞，（一说像爬楼梯，一层层往上爬）。第一层天是大雾，迷茫一片；第二层天是白云，朵朵白云是天上的棉花；第三层天，鹅鸭成群；第四层天，彩虹造雨；第五层天，天帝的宫廷，歌手们不敢入内；第六层天，仙女居住的银河；第七层天，七仙女织锦；第八层天，天上水塘；第九层天，神鸟乌鸦息树上；第十层天，雷公住所（雷公司雨）；第十一层天，月宫，天狗吃月；十二层天，太阳天，歌手们到此炎热难当。

> “歌手们下来，又畅游海底。第一层海，海虾居住；第二层海，石蚌居住地；第三层海，鲤鱼住地；第四层海，海螺住地，房屋美观；第五层海，海里龙宫，龙王龙女在唱歌；第六层海，海官龙王在断案；第七层海，犀牛住地；第八层海，水鸭居住；第九层海，龙王造井灌田园；第十层海，龙女绣花织锦；第十一层海，龙王赶集（赶场）；第十二层海，石柱撑大海，海底大无边。
>
> “在这样的幻想世界的描述中，既有文化心态的问题，也有想象力的问题，但这里无疑是布依族人‘拜’‘仙’界的‘底色’所在。”（见吴秋林著，《众神之域——贵州民族民间信仰文化调查与研究》，民族出版社，2007年，第323-324页。）

正如引文中所说，它的“底色”还在布依族人的“仙界”，而这也证明，羊场布依族盘歌中的“十层天”是这种“底色”重要的原始族群记忆，他们是在这种记忆下的“幻想”。

“送伞歌”属于整个南方百越族群之后裔族群的“伞意识”族群记忆。

在羊场布依族丧祭歌唱中，它有一个由外家歌师唱的“送伞歌”。在以上的论述中，伞的意象随处可见，是羊场布依族盘歌重要事物。伞在实际的生活中就是一个用具，据说这个伞是鲁班的老婆发明的，是为了鲁班出门做工时有一个可以“挡雨遮风”的东西。这个用具的地域环境一定是南方多雨天气中的产物，是对于南方多雨气候的适应，或者说超越，但是伞在羊场布依族中却成为一个可以使死者灵魂升天的象征性物件。在羊场布依族仪式中，死者的灵魂是要打着伞升天的。

> 这个伞是拿给亡人去新地方用的，
> 这个伞是送父亲上天用的，
> 这个伞是送父母亲归仙的。
>
> ——“送伞歌”

没有伞，死者的灵魂是上不了天，不能“归仙”的。

我们不能推测伞在其他民族中的实际生活用具是如何“变化”成这样的事物，也不能表述为什么羊场布依族在丧祭中一定要强调“伞”的灵魂意义，但我们可以肯定，这不是一个个案的独特，而是整个百越族群在古代早就形成的意识，只不过是羊场布依族古歌中遗存了这样的古代记忆。因为我们在百越族群之后裔族群中都能够找到这样的“伞意识”，并且大量地在生活中被符号化了。在侗族的萨坛中心我们也看到了这样的伞，在侗族的鼓楼形态上也看到其时伞形的放大，在布依族人的姑娘出嫁，打伞是必须的。

在侗族中，主要是在贵州的南侗地区，每个村寨都有一个萨坛，这个萨坛在形制上就是一个土堆，但上面有一系列的象征物，各地村寨的象征可能不尽相同，但有一样东西是同一的，这就是伞，几乎所有的萨坛的土堆上都会放置一把伞。这把灵伞一旦经过仪式，就会永远放在那里，保佑一个村寨侗族人的灵魂了。同样在贵州的南侗地区，每个村寨基本上都有一个鼓楼，其形式多种多样，但只有一样不变，就是所有的鼓楼实际上就是一把伞的外形……

伞在日常生活中只是一个用具，是在野外遮阳挡雨时的用具，但为什么会在百越族群之后裔族群中被神化了，被符号化了！这种神性、这个符号在百越族群之后裔族群中代表了什么？象征着什么？

伞在实际的功能性上是遮阳挡雨，也许在某个历史久远的时间里，少见于伞的百越族群的越人把这个事物神性化了，在其实际的功能应用上把它符号化了，并且作为某种象征，一直留存在族群的记忆里，并在历史中被不断放大。羊场布依族丧祭歌唱中的“送伞歌”应该就是这样的事物，但是，表现在这里的族群记忆，可能是百越族群之后裔族群的“伞意识”记忆中最为古老的族群记忆。而“建构”在萨坛里的“伞”，发散在鼓楼形态中的伞，融汇在婚姻习俗中的伞，就是百越族群之后裔族群的“伞意识”的后续表现了。

这种关于百越族群的原始记忆非常重要，因为这样的族群记忆一定不是百越族群在分化以后的记忆，一定是在百越族群还是一个自在的群体时的记忆，也就是说，这样的“伞意识”在百越族群还是一个自在的群体时就已经存在了，要不，它不会留存在后来的百越族群之后裔族群的文化中。那么，羊场布依族盘歌的族群记忆的古老就可见一斑，这对于分析百越族群的古代文化和百越族群之后裔族群的文化意义重大，羊场布依族盘歌的文化价值也是无与伦比的。

三、原始死亡礼仪变化的族群记忆

婚姻文化是一个族群文化极为重要的部分，它的存在决定了一个族群现实的生存状态和观念，也决定着这个族群种的延续，所以，历来为人们所看重。在羊场布依族盘歌中，这样的歌唱也是其重要部分。但是，羊场布依族盘歌中关于百越族群分化时的原始婚姻变化的族群记忆，也很重要。

在羊场布依族盘歌中，我们随处可见这样的诗句：

天上的云彩一片黑一片蓝，
一会黑云往上飘浮，
一会又看见蓝云往上飘。

从前父（母）亲过世了，
以前还没有孝带（即没有关于丧祭的礼仪，下同），
以前还没有孝帕。

太阳晒着大地，大地还没开裂，
父（母）亲去世了还没有去报信。

父（母）亲去世了很久，
父（母）亲过世后还没有超度（“超度”是佛家的概念，这里不是请和尚来

做“超度”仪式的意思，而是借用这个概念，即羊场布依族认为他们的仪式亦是可以使亡灵得到类似于佛家的那种“超度”的）。

还没有派两个人去报信，
还没有叫两个人去告知。

还没有通知我们来戴孝，
还没有通知我们来做马郎。

送伞的马郎还没有（因为送灯、送伞等是女婿家的必备的礼俗），
送灯的马郎也没有。

现在有了孝带，
现在有了孝帕。

太阳晒着大地，大地已经开裂，
父（母）亲去世已经去报信了。

父母亲已经去世了很久，
父（母）亲过世后正在超度。

派两个人去报信，
已经派两个人去告知。

已经通知我们来戴孝，
已经通知我们来做马郎。
……

——“送灯歌”

以前还没有田，
人就没有饭吃，
人死了后没有人祭奠。

——“非正常死亡歌”

在这首“送灯歌”里，原来的羊场布依族先人在自己族群的人死亡后是没有这些死亡礼仪的，是在某一种文化力量的影响下才有了关于死亡的礼仪，是什么样的文化力量？在盘歌中没有说，我们也无从猜测，但一定与从北方南下的中原汉文化有关。在这之前，羊场布依族先人的死亡中没有死亡礼仪，那它是一个什么样的状态呢？我们在这样的民间传说中可以看到一些端倪。“古时候，老人过世后，人们不知道可以把亡人土葬，寨上的老人过世，就把亡人的肉分给寨邻吃。”（见第一章第二节）在这个传说中，古时候的“分尸而食”的年代里，自然也就无所谓死亡的礼仪

了。但重要的不是这个传说，也不是上面歌句中所说的从没有死亡礼仪到有了死亡礼仪的变化，而是羊场布依族盘歌“记忆”了百越族群的死亡礼仪变化的记忆。这个原始族群记忆也是发生在百越族群没有分化之前，在分化之后，许多百越族群之后裔族群已经基本上没有这样的记忆了，但在布依族中还较多，尤其以羊场布依族盘歌中的此类原始族群记忆最为清晰。

四、原始的水泽环境的记忆和渔猎文明记忆

布依族是百越族群之后裔族群的一个重要部分，他们的先民几乎从来没有离开过南方水泽地带的环境，对于环境和因为其环境的存在而渊生的文明形式，其记忆应该是比较深刻的。羊场布依族盘歌于此的表现就很强烈，在盘歌中，“水泽环境记忆”随处可见。在十二口塘的现实描述中，大量的水中生物的出现，大量水环境的描述，“水泽环境记忆”呈现强烈，无处不是在水泽中的痛苦的存在和因水而痛苦不堪的灵魂。

在这个水塘里打捞得一些蝌蚪，
有些蝌蚪在很深的地方，
我们都可以捕捞得到。

打捞到了三斗“娘累”（一种水生物，可食用），
打捞到了四斗“娘埃”（一种水生物，可食用）。

“娘累”用来做早饭菜，
“娘埃”用来下饭。

——“非正常死亡歌”

像“娘累”“娘埃”这样的水生物，在歌中还有许多，如：“独鄂”“读喝”“陆代”“宅龙”“宅洒”“独良谢”“独良登”“王龙”“囊林”“灭良埃”“独良埃”“良累”“良林”等等。这样的水生物有的是歌师可以解读的，有的是歌师解读不了的，歌唱它们只是一种古人就传下来的名称。

在“非正常死亡歌”的歌唱中，有许多的篇幅都是在叙述关于塘的生存和过程，在塘里抓鱼，在塘里捕猎以上的各种水生物……似乎其主要的生存就是在塘与塘之间，即在塘里渔猎是古代百越族群先人的重要生活生产内容。不过，这可不是一种幸福的记忆，而是一种痛苦的记忆。

纸马有我们去送，
捞兜有我们拿，
我们要把你（灵魂）从水里捞到干处。
……
这次我们十二个塘子解了十二次，

这次我们把十二个塘子都解完了，
两个亡灵已经接回来了。

——“非正常死亡歌”

所有的努力就是要把水中的灵魂捞到干处，而捞出来的灵魂住在哪里最理想呢？

哪家的亡灵就在哪家，
灵魂回来就安心住下。

谁家的灵魂到谁家，
灵魂在堂屋的神龛上（类似于汉族人的神龛，位置和方位基本相似，但摆设与包含的观念大不相同）。

燕子飞回来陪着灵魂，
灵魂在“龙昂”（房子里的一个位子）上，
燕子飞回来陪着灵魂。

如果人的灵魂在背后，
灵魂就护着后面。

如果灵魂在前面，
灵魂就护着前面。

身上的灵魂就在身上，
身上的灵魂就回归肉体里，
灵魂就归位了。

——“非正常死亡歌”

这个归位的灵魂已经是在一个农耕文明情景中的地方了。在这里，水中的灵魂是一种灵魂的灾难，是亡失灵魂的所在之地，是一个苦难之地，把其灵魂泡在水塘里，是对于非正常死亡者的惩罚。羊场布依族为什么要用十二口塘的建构来描述灵魂的苦难？我认为这就是其原始族群记忆中的“水泽记忆”在起作用，这是其先人生存的自然环境状态在起作用，羊场布依族人的族群记忆中抹不去这些。另外，这样的“水泽记忆”中伴生的就是渔猎文明的族群记忆，即在很早以前的百越族群的历史中，就有过这样的历史文化阶段。古代的渔猎文明的生计方式，已经深深地印在其族群记忆中，使羊场布依族盘歌中的人一直在使用捕鱼的工具，在一个又一个塘里劳作……

第四节 盘歌中族群信仰

信仰文化是一个族群，或者民族文化的核心文化。一个文化共同体的存在，信仰文化是其基本核心构件，有这样的构件存在，才可能有其他文化发展和建立的可能性。在羊场布依族盘歌中，我们亦看到了这样的族群信仰文化。

信仰文化的出现一般要有两个前提：一是要回答世界是怎么来的；二是要回答人是怎么来的。只有回答了这两个问题，你才有建立你自己文化基点的可能性。在人类文化发生发展的历史上，似乎回答世界是怎么来的和回答人是怎么来的真实性和客观性并不重要，而是你一定要回答，并且你面对的群体相信如此就行了，相信并且仰望就可以成立了。从这里，你可以信仰任何一个你自己建构起来的事物，称呼它什么都可以，鬼、神、上帝、天、地、灵、精、怪、偶、像、气、道、德、祖先、英雄、方位……都可以。实际上，现今世界上的任何一种信仰都是这样建立起来的，甚至包含今天的科学和真理也在这样的历史文化惯性中，我们的考古学、天文学，“拼命”地说明人类是1000多万年前起源于非洲，“拼命”地说明宇宙是一个什么样子，实际上也是惯性地要建立所谓的科学信仰，因为科学是讲求真理的，真理是以客观存在为基础，但是，人的文化生存是需要信仰的，而科学的运行不需要。科学时代要建立科学信仰？这是一个悖论，但是这是现实。

信仰是决定文化式样的基础，有什么样的信仰就会有什么样的文化式样，所以，理解一个文化的前提也是理解它的信仰，这也是我们理解羊场布依族文化的基础。羊场布依族的信仰可能还同时表现在其他地方，但盘歌中的信仰文化应该是其信仰文化的主体。

在羊场布依族盘歌中，世界是怎么来的表现在其友情仪式歌的“创造歌”中。

就唱“白兴城”（歌名）那一段，
就唱“白兴旺”（歌名）那一段。

“白兴城”和“白兴旺”，
上辈子不知道谁在这里开始繁衍了人类？

——“开天辟地第一段”

把水母牛都犁死了，
它的头就变成了山坡。

它的脖子就变成了山洼子，
它的血就变成了水。

它的皮就变成了地，
它的毛就变成了茅草。

它的肉就变成了我们的食物，
它的脚就变成了四根柱子。

它的眼睛就变成了天上的星星，
天地才有了今天的太阳。

——“开天辟地”第二段

说到云南的大山，
又可以犁又可以耙。

讲到我们贵州，
只能犁不能耙。

地不一样平，
有些地方高有些地方低。

有凸出来的有凹进去的，
没有哪个地方好唱歌。

——“开天辟地”第三段

篾要划成薄的，
编成大簸箕。

又织成筛子，
大小筛子都织了。

小筛子筛小坡的泥巴
大筛子筛大坡的泥巴。

已经把泥巴筛完了，
把周围都筛平了。

把周围都筛宽了，
把四面八方筛宽阔了。

我把四周都筛好了，
我把四处都筛好了。

——“开天辟地”第四段

这样的“神话”已经不是原生性的神话，而是在布依族先民从百越族群演化为今天布依族人的过程中逐步形成的，不过，这也是羊场布依族对于“世界是怎么来的”的回答。

至于人是怎么来的，在盘歌中没有直接的回答，只是在一些零星的歌句中有所表示。在布依族中，也有“洪水神话”，它们也可以视为关于人是怎么来的回答。

在这样的前提下，羊场布依族信仰本体是什么？我以为是超然的十层天之上的“仙界”。在一系列的关于布依族信仰文化的研究中，我们看到的布依族信仰在一般的层面上是多样化，或者说“凌乱不堪”的，有自然万物的信仰，有灵的信仰，有祖先信仰，有傩坛信仰，有苗族的鬼信仰，在羊场布依族中，还有源于彝族的草偶信仰……这说明，布依族的信仰文化是极易受到周边民族信仰文化影响的，但是，在北盘江流域，以及黔中布依族中，仙界信仰是其一个最为本色的信仰核心。因为我们在羊场布依族的文化中看到，其许多的仪式、许多的歌唱、许多的文化解读、许多的文化形式是在仙界信仰中建立起来的。而且，这样的信仰文化在很大程度上代表了布依族在完成演化之后的最初的文化本色，因为我们可以在布依族的其他信仰文化中，看到这样或者那样的外来影响，而在仙界信仰中，我们是看不到这些东西的。

这是羊场布依族最为重要的族群信仰，正是这个信仰本体的存在，羊场布依族文化才具有文化多样性的基本意义和色彩。

在羊场布依族中，自然万物有灵的信仰也是比较普遍的，如在“盘山神歌”中就有这样的歌句：

哪个塘子深就有神在，
哪个崖石高就有神在。

神从下面往上来，
神从下面往上来。

神来找东西吃，
但没有找到东西吃。

神来到寨子边，
来到寨子边的大“高庸”（一种药材，即大血藤）上。

不知道在低处还是在高处祭供它（指神）？
不知道搭个台子还是放在地上祭供？

不知道放在哪儿来祭奠，
不知道放在哪儿来祭奠，
不知道放在哪个山包去祭奠。
而在知道在哪里祭祀之后，这里的牛羊猪鸡就会满圈。
拿竹子来做神台，

拿“外尝”（一种树）做卦。

一打就打出一个顺卦，
就在这里供你（神）。

就在这里祭奠你（神），
就拿到这个山包来祭供你（指神）。

老鹰就不吃鸡和鸭，
豹子也就不吃牛和羊。

鸭鹅满窝，
牛羊满圈，
粮食满仓。

这种信仰也是比较自然原生性的信仰，因为布依族人就生存于这样的环境中，感悟和理解这样的环境，心生敬仰是自然而然的事情。这种信仰也是人类在最初的时代里理解世界万物的一种努力，是人类的一种本能性质的理解，所以，这样的自然信仰我们可以见之于几乎所有的民族中。

第四章　盘县羊场布依族盘歌文学研究

羊场布依族盘歌在被国家认定为国家级的非物质文化遗产名录时，是以民间文学中的民歌而命名的，故羊场布依族盘歌不但是文化的盘歌，也是文学的盘歌，这样，羊场布依族盘歌的文学分析也是十分重要的部分。在前面的类别研究中，盘歌被分为四种类型，我们注意到，其前两种类型主要是仪式性歌唱的内容，而后两种类型则属于这里所说的文学性歌唱内容。作为文学性的歌唱，关注的自然是盘歌的审美，以及对于生活的歌唱。在盘歌的文学性歌唱中，我们面对的是盘歌的歌唱性，盘歌的文学意象和审美，以及文学叙事、歌唱者、听众等一系列事项。

第一节　作为文学歌唱的盘歌

在从文学的角度上来看待羊场布依族盘歌时，首先要叙述的自然是羊场布依族盘歌文学内容。这部分歌唱的内容在羊场布依族盘歌中是广泛存在的，在婚礼仪式歌中，礼俗是其表达主体，但这些婚姻礼仪的过程亦是羊场布依族人日常社会生活的组成部分，其中也包含了他们的喜怒哀乐。如在婚礼仪式歌中的“告别歌”，这是一个礼俗仪式的歌唱，但它表现的离别之情，却又是羊场布依族人情感世界的最为真切的流露。

在婚礼仪式歌中，仪式性歌唱是主体，但实际上在其仪式歌完毕之后，还有大量的原来属于我们所说的“户外歌”的歌唱，这些歌唱就是典型的一般民歌的内容。

“友情歌”是一个仪式性的套歌，它有其自己仪式性内容的一面，但仪式只是一个“外壳”，在这“外壳”之下，实际上它就是羊场布依族盘歌的最为主要的文学歌唱部分。在“友情歌”中，是讲礼仪的，有一系列礼仪的歌唱，但主要的内容则是文学性的歌唱。“开天辟地”是所有族群创世歌唱的主要内容，这在羊场布依族中也不例外，在“友情歌”中也是以此开头的。这样的歌唱内容主要就是文学性的，这在羊场布依族盘歌中表现得非常充分，开天辟地创造世界本来是回答一个族群信仰基础性观念的要义的，但在民族民间的口述性歌唱中，往往带有民间文学的色彩。在这里，它可以既是经典的，也是文学的审美的。羊场布依族人在歌唱这些内容时，他们相信世界是这样创造出来的，并且可以成为其信仰观念的基础性观念，但这也是审美的开天辟地，即他们也在这样的经典性表述中，享受文学创造的乐趣。天地是这样创造出来的，那后续的一切也是可以创造的，于是造火、造水、造粮食，然后造酒，于是就有了“卢凌喝酒歌”……这种创造的乐趣最后凝集在酒上，所以，布依族人爱酒是有深厚的文化原始趣味的。这些文学内容的表现在民间歌唱中比较特别，应该是羊场布依族特定的文学内容，因为没有哪一个民族的文学歌唱中有直接的赞美造酒和喝酒的内容。

在“友情歌”的歌唱中，男女情爱也是其文学歌唱的内容之一，如何选定女朋友，如何带领心爱的女友逃婚，如何建立自己的美满婚姻……都有一系列的歌唱。在“友情歌”的歌唱中，“开天辟地”“造酒喝酒”“选定女友、逃婚、追求爱情理想”是其三大主题，间或还有一些诸如“择日子歌”的歌唱内容。这样的文学演唱结构比较特别，但它反映了羊场布依族的审美理想。

羊场布依族盘歌的文学歌唱，我认为主要表现在其“户外歌”的歌唱中。在这样的歌唱中，情感表现是一个永恒的主题，亲情、爱情、友情是三个小的类别，而爱情则是主体中的主体……它们最广泛地表现了羊场布依族人的生活和情感，最广泛地表现了羊场布依族人的审美理想，是羊场布依族人文学表现最为活跃的一个组成部分。但这一部分在一定程度上受到羊场布依族礼俗的压制，限制它们的演唱场合就是一例。但在一定限制下的“户外歌”演唱却是羊场布依族盘歌中分布最为广泛的文学歌唱，因为几乎是全民性的可以“张口就唱”的艺术歌唱形式。

这部分歌唱还与羊场布依族的器乐有比较密切的联系，也就是说，这样的歌唱是比较讲究音乐性的，其不但内容要好，但在歌唱上也要美（好听）。这就把“户外歌”的歌唱与其他三个部分的歌唱区别开来了。丧祭歌的歌唱不会有“好听”的要求，但也不是说丧祭歌唱中没有情感表现，在歌唱到其中的“孤儿歌”时，也会使人潸然泪下。婚礼仪式歌主要是礼俗歌唱，对它也不会太明确的要求“好听”，但情感表现也是经常出现的，尤其是“告别歌”中的离别之情的表现也是非常感人的。“友情歌”是日常礼俗和情感倾诉的结合，是有一定的“好听”要求，但其亦不是十分严格的。而“户外歌”在羊场布依族盘歌中，则一般要求“好听”，如果不“好听”，这首歌就在很大程度上不可取了，即“户外歌”一般不会在内容上来判断它的优劣，而是以“好听”为基本标准的。

羊场布依族盘歌的文学歌唱中还有一个重要的部分，这就是其文学形式分析。羊场布依族盘歌是歌体的形式，而且是歌唱的歌体，也可以说是歌唱的诗体。这种表现形式既有歌的表现，又有诗的要求，有诗歌的简略性和表述的跳跃性，还要有语言韵律的要求。这些在羊场布依族盘歌中的表现是比较充分的，但我们很难在汉语的语境下来分析这些来自语言韵律的表现，因为我们最后的翻译很难实现其语言韵律的转化，这就期待布依族语言韵律专家的参与。

羊场布依族盘歌是诗体的形式，是可以歌唱的诗体，它的句式结构是两句一段的基本句式。句式结构是诗歌表述的内容结构，它的长度与内容和情感表述的节奏有关，一般来说，两句一段是比较古老的诗歌体句式结构，是一种在时间上比较久远的句式结构，世界上比较古老和著名的诗体“柔巴依”就是两句式的。在羊场布依族盘歌中，两句一段的句式是所有类型歌唱的句式，但在实际的应用中，也有突破形态的两个两句，或者三个两句之后的一个三句式，即两个两句，或者三个两句与一个三句式组成一个内容表现组的形式。这种两句式的句式结构，是一种非常灵活自由的诗歌句式，非常适合多种内容的表达，这在羊场布依族盘歌中表现得很充分。羊场布依族盘歌表现的内容无所不包，但很少受到语言节奏的限制和表现形式的影响。这种句式结构与羊场布依族盘歌中的古老文化意象也具有一定的一致性，即句式结构的表现与其表现的古老文化意象是可以互证的。

羊场布依族盘歌形式分析中句式结构分析是深入语言词汇结构的分析，也一样期待布依族语言专家的进一步研究和分析。

羊场布依族盘歌在歌唱时，一般都有一个“歌头”，即歌唱的开头部分，这个开头部分开始有一定内容表达，但成为“歌头”套路之后就没有实际的歌唱内容，而主要是表明歌者要唱歌了，以及要唱什么样的歌。如其婚礼仪式歌套歌中的“路上歌”，我们一共记音翻译了八首，它的每一首开头都有这样的“歌头”：

哎……
本来呀本来，
今早上客从客家来，
客人来是有理由的。

这样的“歌头”往往在套歌的第一次歌唱中是有意义的，但在后来就是一种套路了。

在盘诘问答的盘歌中，羊场布依族盘歌不但有“歌头”，而且还有“歌尾”，在羊场布依族盘歌“友情歌”套歌的“招呼问候歌”中就是如此。

女方：
你唱完没有？
你要讲的事情讲清楚没有？

你唱完就休息，
歌头转过来让我接着唱。

这是此段的“歌头”，但这个“歌头”是在前一个“歌尾”的后面接续过来的，这个“歌尾”是：

我的歌唱不完就算了，
讲不完的就丢了。

让你远方的客人接着唱，
让你远方的客人接着往下唱。

在其他的羊场布依族盘歌中，不属于盘诘问答的歌唱一般均有“歌头”来启唱，但在盘诘问答的盘歌中，不但有“歌头”，同时也会有“歌尾”，以使接着唱的人能够唱下去。在羊场布依族盘歌中，“歌头”的表现是多样性的，有的是事项意义的表达，有的是时间和事由的说明，有的就是景物的描写，有的纯粹就是比兴的开头，并且在完成开头作用之后，就直接作为下一首相似内容歌唱的“套头”了。有时候，羊场布依族盘歌的“歌头”会比较长，会成为羊场布依族盘歌炫耀歌唱技巧的部分。

羊场布依族盘歌的歌唱形式中，巡回往复也是其重要的歌唱形式。在羊场布依族盘歌中，同一个内容在歌唱中会多次巡回往复地歌唱，即同一个内容会在歌唱中唱两次，甚至多次。这样的歌唱只会在重复句中把个别字句稍加处理即可。这样的歌唱在羊场布依族盘歌既有巡回往复的吟叹，也有语言机智趣味的炫耀意味。

在羊场布依族盘歌的文学歌唱中，我们还可以展开许多的方面，如羊场布依族盘歌的文学想象，它的奇丽诡异，显示了羊场布依族的想象深厚的族群地域文化性，在文学上具有超凡脱俗的表现。

第二节　盘歌文学的比兴和审美

“赋比兴，风雅颂”是汉代“毛诗序”中关于中国古代诗歌理论的重要概念，前者是手法，后者是根据内容而来的分类……它由此影响中国诗歌几千年的认知和历史。我们今天从文学的角度来审视羊场布依族盘歌时，也奇妙地适应于这样的诗歌理论和叙述。在羊场布依族盘歌中，没有赋，但比兴的手法比比皆是。比和兴应该是两个不同的概念，有自己不同的诗歌表现，比即比喻，兴即兴起，就像一个开头、起头，有意义，也可以没有意义，就是一个修饰性表述，使诗歌变得有兴趣。

比喻在羊场布依族盘歌中是其使用最为频繁的一种手法。

你的歌声很好听像“不达噔”（一种有美妙声音的布依族乐器），
你的歌声很好听像二胡的美妙声音。
……
你的歌声怎么这么好听，
你的歌声就像小溪的流水声那么好听。
……
你的歌声就像瀑布的流水声，
瀑布流下来的水打着旋涡。
……

你唱的歌像花儿一样一朵朵，
你唱的歌像花儿一样竞相齐放。
……
你唱得真好，
好得像掉在房檐上的小李子一样脆响。
……
你唱得这么好听
好得像板栗树掉下来的花，
干脆得就像松树梢。
……
你的歌像黄果的枝枝，
你的歌像黄果般漂亮。

这是羊场布依族盘歌中友情仪式歌中“招呼问候歌三首”里的关于赞美双方歌声的比喻，在“像——”和“好得像——”的基本格式上，歌师们展开了他们日常社会生活和自然世界的一切美景，一切他们认为美好的事物和美音，来比喻（赞美）对方（男女）的歌声。“不达噔”和二胡的声音、小溪的流水声、瀑布的流水声、掉在房檐上的小李子一样脆响、花儿一样竞相齐放、板栗树掉下来的花、松树梢、黄果的枝枝、黄果……在你把这些比喻歌声的比喻汇合起来的时候，你会发现，前五种就是羊场布依族认为的美妙的声音，而后五种比喻则是美妙歌声的情态。在这样的比喻中，没有浮华和空虚绚丽的词汇，但是，把这些关于声音和比喻声音情态的事物在联想中汇合时，能有比这更能打动人心的东西吗？朴实而自然，是羊场布依族盘歌的比喻色彩。

在羊场布依族盘歌中，以上的比喻随处可见，比喻中的明喻、暗喻、借喻、假喻等亦随处可见。这样的“喻”把羊场布依族盘歌表现的丰富多彩，生动活泼。

在文学中，作为文学手法，比和兴往往是连在一起来表述的，但二者有所不同，“比者，以彼物比此物也；兴者，先言他物以引起所咏之词也。”（宋代朱熹语）故“兴”就是起兴，是借助其他事物作为诗歌发端，以引起所要歌咏的内容。不过，有的“兴”兼有发端与比喻的双重作用，所以历史上“比兴”常联用，专用于指诗有寄托之意。在羊场布依族盘歌中，“先言他物以引起所咏之词”亦是随处可见。

今年天上变成一片片乌云，
天上乌云在缭绕，
天上乌云在翻滚。

——“送魂走歌”

怎么扇风风箱口都不开，
就像地里栽的白菜。

——“孤儿歌”

天上有很多黑色的乌云，
有一片乌云走了，
有一片乌云在转。

——“解难歌”

丫口上的风很凉爽，
丫口上的水很甜美。

——“送伞歌”

天上的云彩一片黑一片蓝，
一会黑云往上飘浮，
一会又看见蓝云往上飘。

——“送灯歌”

在“送魂走歌”中，“天上乌云在缭绕，天上乌云在翻滚。”没有多少意义，就是一种“起兴”，一个开头，引出下面的诗句来。“解难歌”“送伞歌”“送灯歌”都是这样的句子，只有“孤儿歌”中诗句属于有发端与比喻双重作用的句子。“怎么扇风风箱口都不开，就像地里栽的白菜。”前句属于起兴，后句属于比喻，但二者又是一体的。当然，我们这里说这些“起兴”仅仅为“兴”，也是不符合实际的，因为这样的诗句在“兴”中也是有意义的，至少它们都可以是一种意象和象征，表现歌者的心境。

我们注意到，以上的这些“兴”，多出现在丧祭仪式歌中，所以，这些“兴”多有心境描述的铺垫，要从日常的生活情景中进入“丧”的情景，要“兴”起一个由头的同时，就会有心的象征，所以“乌云”就是……这样，“乌云”也就不是一种简单的“兴”，而是一种心境的描写了，但这个描写没有直接的关联，所以它又是“兴”了。

我们还注意到，以上的这些“兴”，多出现在丧祭仪式歌中，而前面的“比”又多出现在友情仪式歌中，而婚礼仪式歌中两者均有，这是一个有趣的现象，说明手法的呈现与所表现的内容密切相关。丧祭仪式歌中用“兴”实际上是不太合适的，“兴”应该是抒情的一种表现手法，所以，“羊场布依族盘歌”中的“兴”就多是兴兼及象征的“兴”，这是一个特点。

在“羊场布依族盘歌”中比兴是主流，当然，“羊场布依族盘歌”中也有热烈的直抒胸臆的歌唱，如其“户外歌”中的“爱情歌”。

我们怎么舍得分离呀我的情哥哥！
我们怎么舍得分开呀我的情哥哥！
怎么也不能这样狠心地分开呀！

讲到我呀，

做人真心实意了就容易在一起，
我们两个的恩情难舍难分。

要是我去跳水死了我们就难得在一起了，
所以哪怕头断了我们也要在一起。

——“爱情歌”第二首

这样的“爱情歌”直白而热烈！当然，“爱情歌”亦可以因人而异，既可以直白，也可以委婉……风格可以多种多样。

在羊场布依族盘歌中，其想象也是多彩多样的。不过，比兴手法仍然是羊场布依族盘歌的基本表现手法。这种情况直接影响到羊场布依族盘歌的审美情势，因为比兴可以说是羊场布依族盘歌的审美表述的基点，那么羊场布依族盘歌的风韵是古朴而敦厚的，羊场布依族盘歌的审美就是朴质古拙的。

从以上的论述中我们看到，比兴在羊场布依族盘歌中可以说成是一种基本的手法，但是，这种朴质的手法源头在哪里？我以为与百越族群在春秋秦汉时受到中原文化的全面影响有关。这里我有几个方面的证据：一是百越族群的演化一般认为在秦汉前后；二是我们在田野调查中得来的关于布依族人的“祭社”仪式。

前一个证据最有力的就是秦汉时期的“击南越”的记载，以及后来的赵佗。史载，赵佗（约前240年至前137年），汉族，秦朝恒山郡真定县（今河北省正定县）人，秦朝著名将领，南越国创建者。赵佗是南越国第一代王和皇帝，前203年至前137年在位，号称“南越武王”或“南越武帝”。赵佗创建的“南越国”自公元前204年建立，至公元前111年汉平南越，历经五代，共93年。这个历史事件就是广泛而深远地影响百越族群演化的历史过程，壮族和布依族的主神“布陀罗”应该直接与赵佗有关，布依族的中习汉的深刻文化心理表现也与此有关……我以为，正是这个历史过程，中原的文化广泛地影响了这块土地，布依族先民正是接受这种影响的最为直接的群体，这里面自然包括了《诗经》这一类的歌谣的影响。这样，现今的羊场布依族盘歌中比兴，可以说是《诗经》的布依族意韵……不过，在布依族中，有这样古韵的歌唱并不是普遍现象，布依族的歌唱已经有了太多的变化和发展，已经很少能看到这样的“布依族比兴”了，而处于布依族文化边缘状态的羊场布依族盘歌却比较完整地保留了这样的古韵。从这个意义上来讲，羊场布依族盘歌在文学上的价值也是巨大的。

后一个是我们在贵州省主要的布依族地区调查时发现，布依族地区普遍有一种称为“社”的存在，即在每个布依族村寨的路口，都有一个类似汉族村寨路口的土地庙的建筑，里面供奉有一块或者几块怪石，每年的开春，村里的布依族人都会来祭祀小屋里的怪石，称为“祭社”。

“社”在中国古代是土地神的称呼，“稷”是谷神，而“社”就是土地神。《孝经纬》记载：“社者，土地之神。土地阔不可尽祭，故封土为社，以报功也。”在中国古代，“社”实际上就是一块标志疆域边界的石头。

> 这个“社”的原形是一块古代人作为占据疆域标记的石头。在平原和草原性质的土地上，“立石为记”，以表明这块土地或草原已经有了主人。这是人类的一般性质的土地标记行为，它与在山中结草以示某树、某物为人所有的标记性质一样，并没有什么特别的地方。但是，一旦这种标记的人是要定居于此地，并准备长期耕种这块土地的时候，这块石头就不仅是一种标记，而是一种“社”了。从这里开始，这块最初称“社”的石头，就慢慢变成了代表和管辖土地的“社神”。①

在中国古代，每年祭祀谷神和土地神的行为被称为“社稷”，其祭祀最后形成关于国家存在与否的隐喻，称为“江山社稷”……后来这样的祭祀逐步被“宗庙祭祀”所代替，“社”的信仰也逐步演化为现代汉族村寨路口的土地庙和土地信仰，这样的土地庙中已经不是石头，而是土地公婆的神像，其祭祀也在过年时举行。而布依族的先民却在土地信仰还是一块石头时接受了这样的事物，所以留存在布依族地区的“社庙”里就是一块石头，仍然称为“社”，祭祀“社”的时间仍然在春季。

> 可以说，贵州之地的土地信仰文化表现，是中国目前为止我们所看到的最为丰富的土地信仰文化表现，是现存的中国土地信仰文化最为重要的活形态的博物馆。
>
> 在这个博物馆中，最为古老的土地信仰文化类型，当为布依族的社神类型的土地信仰。
>
> 在布依族人土地信仰文化中，在土地庙的建设中，它来源于古代的形制信息基本未变，木制的社神庙房，如板万的社神庙就是这样的，泥涂的社神庙房，比如高寨的社神庙就是这样的。在庙中置石为神，这也是没有多大变化的。连把社神庙建于村寨附近森林茂密之处，我以为也是古制在这里的表现。
>
> 在我们的调查中，没有一个布依人说他们的社庙是土地庙，认为他们敬奉的是土地神，而认为他们的这个社神是他们的寨神和祖先神。这应该是旧时代社神在布依族文化中的演化，即他们在接受社神之后，加入了他们自己的信仰文化理解。故原有的社神信仰内容上会加上更多的信仰内容。
>
> 在中国古代的社神祭祀中，一般有春社和秋社两种，即春天时候的土地神祭祀和秋天时候的土地神祭祀。在布依族社神类型的土地信仰中，只有春社性质的祭祀，即“三月三”的“祭社神”。②

这个证据表明，百越族群的先民们受到中原文化的影响，主要是在春秋前后，也是比兴流行的时代，我们以为布依族先民就是在这样的时候接受了“中原比兴”的影响，形成了自己的歌谣的基本表现手法，而且这样的表现手法在“本土化”后又积淀在羊场布依族人中，并被保存至今。实际上这个证据与前面的第一个证据是可以

① 吴秋林著:《中国土地信仰图像文化人类学志》，民族出版社，2009年，第32-33页。
② 吴秋林著:《中国土地信仰图像文化人类学志》，民族出版社，2009年，第39-40页。

互证的。比兴是中国传统诗歌的基础性“诗法”，而在这样的留存中有这样的表现，意义是多重的。

羊场布依族盘歌这样的诗性，其审美不能不是朴质古拙的。

第三节　盘歌的叙事

“叙事”最简单的意思，即是对于故事的描述，但在文学、符号学等领域成为重要的概念，有其特定的意义，并发展出专门探讨叙事问题的“叙事学”。这里的文学叙事主要指的是在羊场布依族盘歌中的对与故事的叙述，以及这些叙事的意义。

在羊场布依族盘歌中，有许多歌唱叙事的存在，但我们以丧祭仪式歌中的“得病歌”为例。

“得病歌”在羊场布依族盘歌的丧祭仪式歌中属于第九首，是丧祭仪式歌一个非常重要的歌唱，这个歌唱在形式上是歌谣，但实际上是一个叙事性歌唱，因为我们在“得病歌”的歌唱中看到的是一对青年男女的生生死死的故事。“得病歌”是以这样的诗句开头的：

从前在高山上住有很多苗族人，
过了不久就不见了。

是发生了很大的瘟疫，
因为瘟疫死了很多人。

有很多人死于瘟疫，
死得剩不下几个人了，
到今年更见不到几个人了。
……

这种歌唱就是在讲一个故事，说以前山上苗人的故事，说苗人被瘟疫致死的故事。并以此来开头，讲述羊场布依族人的死亡故事。

正月间我做了一个梦，
腊月间又梦见几个人在聊天。

梦见这几个人在说天说地，
梦见挖得一大片地，
梦见开得一大片田。
……

在这样的歌句后，讲的就是古代的布依族先民是如何开垦土地，如何种地，如何获得丰收，如何请姑娘来加工粮食……但是，不是每一年都会丰收，在下一年就“寅年栽种寅年也不出，卯年栽种卯年也不发芽”了，这样，饥荒年就要来临了。但在庄稼没有收成的年代里，布依族先民还可以捕鱼，并描述了古代捕鱼的情景：

……

鱼有时候歇在上面的塘子，
鱼有时候会从上面的塘子掉到下面的鱼脖里（鱼脖，是布依族在水中捕鱼的装置）。

把四个“猛”（古代布依族先民捕鱼的工具）放在鱼塘子里，
第一个“猛”的作用，
不让鱼跑掉。

第二个“猛”的作用，
逆着水放。

第三个“猛”的作用，
让鱼往“猛”里面去。

把“猛”收回去时，
就可以收到很多鱼。
……
接下来讲的是在渡口渡船的经历。
让我去渡船带客人过河，
渡船让客人过。

让客人上船，
坐船要给一种银饰（银耳环、银手镯等），
得了银饰才渡你过河。

渡你过河要给盐巴，
要得盐巴才渡你过河。
……

布依族先民是水边居住的群体，在渡口渡人过河也是一种营生，从中布依族先民也可以从中获得收益。在这样的营生中，还表现了关于这个营生的一系列信息。

你这个船是什么树木做的，
我的船是钓鱼竿做的，
船头是用水麻柳捆的。

……
如果是渡外地人，
那么我就要钱。

如果是渡彝族人，
那么我就要盐巴，
那我也就带你们过河。
……

在这样的歌唱中，还有与渡河人讨价还价的情景描述。如何开垦土地，如何种庄稼，如何捕鱼，如何渡船……实际上就是布依族先民如何生活的图景描述。但这些都不是叙事的主题，“得病歌”的叙事主题是在后面的关于主人公与其女友的故事，这才是“得病歌”的叙事主题。

你从下面来，
你听见我在“光平”（地名）的女友带口信来没有？

你从下面来，
你看见我那一块地里的庄稼成熟了没有？
你看见我那一块田里的庄稼成熟了没有？
你知道我在“光平”（地名）的女友有没有口信带来？

主人公惦记着在“光平”的女友，四处探听她的消息，但许多次人们都没有给他带口信来。终于有一天，有一个人说：

我从下面来，
我看到你那块地里的粮食已经成熟，
我看到你那块田里的粮食已经成熟，
我听到你在“光平”的女友带来口信给你。

我从下面来，
我看到你那块地里的庄稼已经成熟，
我看到你那块田里的庄稼已经成熟，
我听说你在“光平”的女友生病了。

生病了没有人去看望，
病了要让你去看望。

病了的人没有人去看望，
病了的人要让你去看望。

没有人拿水给她喝，
要你拿水给她喝。

没有人砍柴给她烧，
要你砍柴给她烧。

没有人拿她衣服去看病（布依先人用病人的衣服去求巫医问卜，类似今天的看病），
要你拿她的衣服去看病。

没有人拿她的腰带去看病（布依先人用病人的腰带去求巫医问卜，类似今天的看病），
要你拿她的腰带去看病。

我“光平”的女友病重还是病轻？
如果她病轻我就走路去，
如果她病重我就骑马去。
……

随后就是一系列的叙事，讲他如何给女友准备礼物，如何希望女友尽快地好起来，而他的女友已经病入膏肓，她也在思念他。

狗叫来又叫去，
难道它知道我的男友要来。

难道他知道我在生病，
难道我的男友知道我生病来看我。

母亲，你轻轻把我扶起来，
轻轻地扶我起床。

母亲，你扶着我去，
扶我去看我的男友。
扶我转来。

不要说你去看男友，
不要说你要转来，
你病得头都抬不起来，
你病得头都掉在枕头下。
……

见到自己的女友病成这个样子，他心急如焚。

我不让你死，
我会拿钱来给你解灾。

我会找钱来给你治病，
我原来有点私房钱也拿来给你解灾。

我去找人借钱也要给你治病，
卖田卖地找钱我也要给你解灾。

男友为她去占卜、祭祀山神、树神、洞神、鱼神……遍求一切神灵来保佑自己的女友，去寻找药物为女友治病，打鱼给女友补身子……但一切都无济于事了。男友为此也伤心欲绝，不可独活，于是约定：

如果是男友先死去的时候，
女友先死男友为其办丧事。

如果男友先死的时候，
男友先死女友就要为他做花树（这是羊场布依族民间的习俗，男人死去，与他相好的女友要为他做花树，做花树还要举行一定的仪式）。

并说：

有一棵花树要插到望见坟的半路，
让后人记住我们两个人的深情厚谊，
让后人永远怀念我们两个人的情义深深。

如果女友先死以后，
我就编篱笆保护好你的坟，
不让牛来踩你的坟。

你要先编篱笆来等着，
不要让水牛来踩我的坟。

如果牛踩在坟上我的背会疼，
水牛踩在坟前面我也会疼。
……
人已经死了，
如果是女友先死了，
就埋在路外边。

如果是男友先死了，
就埋在路里边，

使他们坟上的烟气互相缠绕。

烟气互相缠绕升上天，
让后人羡慕我们的两人的深情。
……
别人认为我们没有结婚就死了，
别人说我们是没有结婚就死了的人，
一年以后我们在坟上也要相会。
……

这样的故事基本上就是羊场布依族版的“梁山伯与祝英台”，或者说是类似于“梁山伯与祝英台”的羊场布依族爱情故事。故事本身非常生动和凄婉，它表明爱可以不顾一切，生命是短暂的，而爱情是可以永恒的，只不过羊场布依族用自己的方式表述了这一切。

这样的叙事在“羊场布依族盘歌”的文学性理解中，可能就是叙事，或者说这是一种诗性叙事，它用诗歌叙事方式叙述了一个凄婉悱恻的爱情故事，他们这种至死不渝的爱情追求，体现了羊场布依族爱情观和审美观，尽管这样的情爱与羊场布依族的世俗观点是冲突的，但羊场布依族社会还是容忍，甚至“赞赏”这样的行为，表现了羊场布依族人于此的内心的冲突，也表现了情与理的冲突……要不，也就不会把这样的爱情“赞歌”放到丧祭仪式歌中来歌唱。也许，羊场的布依族人认为，死亡可以超越一切，死亡我们不可避免，但我们可以超越它，爱就是超越它的一种途径。这样说来，把这样的爱情赞歌放到丧祭仪式歌中来唱，不是羊场布依族人的一种无意之举，而应该是其生存智慧，或者说生存理念的结果。

我们在前面说“得病歌”是类似于“梁山伯与祝英台”的故事，这只是一个比喻，实际上“得病歌”的叙述完全是布依族式的，在其叙述中贯穿了大量的羊场布依族人的生活情景和精神观念，如他们对于病的“医治”，就完全是巫术性质的“医治”，比如在歌唱中就展开了大量的巫术仪式的描述……在叙事中，还讨论了关于死亡“哈生”的观念，“哈生”在羊场布依族中被认为是一种生命气息，一旦消失人的生命就会完结，而使用一定手段保住“哈生”，生命就可以延续。这些描述却不是一种民俗的描述，而是为了推进故事“情节”和表达男女双方的情爱深深而展开的，也就可以说是文学描述的一部分。这样的“爱情推进”才使得羊场布依族的“梁山伯与祝英台”更具有族性和特定的魅力。“羊场布依族盘歌”的“得病歌”是在丧祭仪式歌中来歌唱的，而这种歌唱的基调是一种神性歌唱，是唱给活人和死人一起听的，这样，类似“得病歌”这样的叙述也可以说是神性叙述。

从这里我们可以得出这样的结论：“羊场布依族盘歌”的叙事是一种诗性的叙述，是一种充满巫意的叙述，是一种神性叙述。

当然，在羊场布依族盘歌中的其他部分，也还有一些可以视为叙事的歌唱，但是在丧祭仪式歌中这样的叙事最多，是羊场布依族盘歌叙事的基本表现。

在“羊场布依族盘歌”中，这样的叙事在民族学文化人类学中还有更为深刻的意义，但其不是这里的话题。

第四节 盘歌的歌者和听众

在羊场布依族盘歌中，歌者和听众也是一个重要的部分，有什么样的歌者就会有什么样的盘歌，有什么样的盘歌就会有什么样的歌者。听众也一样，有什么样的听众就会有什么样的盘歌，有什么样的盘歌就会有什么样的听众。

在羊场布依族盘歌中，它有四个类型，这四个类型的歌者和听众都是不同的。

在羊场布依族盘歌的背景文化调查中，我们调查了几个歌师的口述史，他们用自己的“话”讲述了自己是怎么样成为歌师的。

吴廷贵，男，布依族，1945 年出生，贵州省盘县羊场乡东厂村村民，是当地一带比较有名的布依族歌手。

……

吴廷贵十二三岁时跟吴德民老人学习唱诵布依族民歌。

吴德民，也是羊场乡东厂村的布依族，可惜早已过世了。据说他是跟段家寨的老人学唱的，那个老人具体叫什么名字已经不清楚了。那时，跟段家寨老人学唱歌的人很多，男男女女大约有一二十个，最后学会的也有很多。……后生们学会了，姑娘们可就喜欢了呢！偶尔在路上，你亮出一两首，她们便会蜂拥而来，或者和你对唱，或者静静地听你唱，那场面非常有趣。

除了跟吴德民老人学习外，吴廷贵还跟很多老人学习，如东厂村吴定荣的父亲，等等，吴定荣也特别会唱，歌谱就有好几本，可惜那些歌谱全是汉字记布依族语语音的，不熟识布依语的人看不懂。

……

仔细数数，和吴廷贵歌师对唱过的人大概有一两百人了。

……

年轻时，吴廷贵歌师一个月要唱一二十多天的歌，可现在年纪大了，记性也逐日下降，所以，不能唱那么多的盘歌了，随兴唱个四五首还可以。

吴安情，女，布依族，1970 年出生，羊场乡瞿家寨村罗家寨组人。

吴安情 12 岁时母亲过世，兄妹六个跟着爷爷一起长大。10 多岁的时候开始学唱盘歌，会唱布依情歌、盘歌、接亲歌、酒令歌。吴安情说：“主要是我娘家的歌唱氛围好，爷爷、伯伯、除了弟弟外，兄弟姊妹五个都喜欢唱。”

……

我们这里像潘方林、罗照超他们唱歌都算唱得好的，吴廷贵不但会唱，还会编歌，他还把七仙女、天仙配编成歌，教我们唱。

……

我现在唱的歌有百八十首，这些歌都是根据我们民族的风俗习惯、古老规矩传下来的。我们寨子就在这乡场上，汉族也多，做生意的人也多，有好多我们民族的习惯都改变了，要是我们不把这些歌唱下去，说不定以后大家都不懂得我们民族的规矩了。

我们唱的歌有些可以现编，但很多都是根据老传统、老规矩而唱成的。

……

陆荣秀，女，布依族，1948 年出生，贵州省盘县羊场乡甘塘村村民，与岑天德、潘方林、吴廷贵等，是盘县羊场乡一带比较有名的布依族歌手。据她自己口述说，年轻的时候来到甘塘的姑妈家，那时有很多的布依族小伙子来和她对唱盘歌。后来，经过姑妈等人的做媒，才从晴隆县茅口远嫁到这里。

……

陆荣秀歌师认为，在布依族地区，虽然这么多人喜欢唱盘歌，但真正以歌相识，最后成家的年轻人很少。唱歌只不过是他们相互交往、结识的一种方式。因此，是否会唱盘歌，在布依族社会并没有当作一个妇女是否贤惠或者是男方择偶的标准。

……

岑天德，男，时年 60 岁。羊场乡赶场坡村田坝组人。初小六年级毕业，在他们那一代人中算是文化程度比较高的。家中三个儿子，都出门打工去了。大女儿已经出嫁。

该村有 103 户人家，540 多人口，主要的姓氏有吴、潘、岑、罗。

岑天德会唱布依情歌、送亲歌、迎亲歌等。从小跟着父亲学习，主要也是那时候村寨里唱歌的氛围好，像他们这个年纪的人，年轻的时候想找到一个好媳妇，都要会唱情歌。……

以上是羊场布依族盘歌的主要歌者。从以上的信息来看，有以下几点是共同的：

一是歌者的习得主要是环境和氛围造成的，也就是在集体无意识中习得的，不需要特别的学习，也没有特别的师承关系，在一个歌场中，谁都可以是学员，也都可以是歌师，就看你的领悟和喜爱程度如何了。

二是歌者习得歌唱，成为歌师的动力不完全是为了婚姻，而是歌唱可以带来一种社会的敬意，整个羊场布依族社会是尊重歌者的。

三是习得布依族歌唱不需要现代教育意义上的文化，没有现代教育意义上的文化，也可以习得布依族歌唱的能力。

四是歌者一般都有用汉字记录布依族语语音的“歌本”，歌者可以在“歌本”上练习和习得歌唱。

五是歌者的歌唱都是群体性的，有一定的场域限制。

这样的歌者就是羊场布依族盘歌歌唱的主体。

唱丧祭仪式歌的主要是老年歌者，歌唱是程式化的，基本没有什么变化。唱婚礼仪式歌的主要是中年歌者，歌唱有一定的程式，但可以有一定变化。唱友情仪式歌的主要是中年歌者和青年歌者，有一定的程式框架，但可以变化。唱“户外歌”的主要是年轻人，没有什么固定程式，可以随心所欲地进行创造性发挥。这样的歌唱也有一定的场域限制，这在前面已经有所论述。

在歌者出现时，必然伴随的是听众的出现。但在不同的歌唱时，听众的群体时有所变化的。

在丧祭仪式歌的歌唱时，丧家和丧家的亲朋是听众主体，而且这样的歌者和听众的角色是不能变换的。

在婚礼仪式歌的歌唱中，有一个歌唱者的群体，即男方家歌师群体和女方家歌师群体，这是婚礼仪式歌歌唱的主体，而听众是参加婚礼的所有亲朋和寨邻。这样歌唱中的歌者角色基本上也是不能互换的，但是，在歌唱中，听众是可以出来歌唱而成为歌者的，他的出现不能与原来的歌者互换，但自己可以从听众变换为歌者，因为这样的歌唱也是婚礼仪式歌歌唱的一个部分。

在友情仪式歌的歌唱中，也有一个歌唱主体，但是，这时的歌者和听众是可以随时变换的，因为这个群体的任何一个人都可以既是听众也可以是歌者，只要你开口歌唱。别人一歌唱你就是听众，你一歌唱你就是歌者。

在“户外歌”的歌唱中，歌唱的双方是频繁互换歌者和听众角色的，但是，在这样的歌唱中，还有一个永恒的听众，那就是自然，它从始至终一直会听着所有歌者的歌唱和观察所有听众的表情。

这些歌者和听众的关系，也在一定程度上反映了羊场布依族盘歌的意义。

第五节　盘歌的比较研究

羊场布依族盘歌是目前布依族歌唱搜集、整理、记音、翻译体量和规模最大的文学作品，但是，这样的工作在以前也有人做过，也有一定的成果出版，如贵州省民族事务委员会古籍整理办公室、黔南州民族事务委员会编，黎汝标、黄义仁等编译整理出版的《布依族古歌》（贵州民族出版社，1998 年），贵州省安顺地区民族事务委员会、镇宁布依族苗族自治县民族事务委员会编的《古谢经》（贵州民族出版社，1992 年），望谟县民族事务委员会编，韦文坤口述，黄荣昌、黄仕才搜集整理，黄荣昌、周国炎、黄仕才翻译整理的《安王与祖王》（贵州民族出版社，1994 年），以及《布依族古歌叙事歌选》，等等。另外，我们还在开阳的布依族中，做了一定的调查，搜集了一些该地的布依族的歌唱。

在这些布依族古歌中，《布依族古歌》的体量最大的，约有 6000 多行，《古谢经》也有近 4000 多行，《安王与祖王》有 1700 多行，这些布依族古歌的搜集、整理、记音、翻译都很规范，有国际音标，有翻译等。《布依族古歌》《安王与祖王》主要表现的是黔南、黔西南地区布依族的古歌，而《古谢经》则反映的是黔中地区的布依族古歌。这些歌唱都是很古老的歌唱，亦反映了各地布依族的诸多方面，其价值也是不容低估的。

把以上的关于布依族歌唱的表现与羊场布依族盘歌相比，它们有许多的共同之处，第一都是歌唱，这些搜集、整理、记音、翻译的作品都是歌唱后的产物。它证明了歌唱在不同文化区域中的布依族在歌唱表现上的同质性。第二都是以歌谣的形式来搜集、整理、记音、翻译的。第三是用歌谣来叙事也是一个基本同质的表现，如《布依族古歌》中就专门有一类“爱情叙事古歌”。

把以上的关于布依族歌唱的表现与羊场布依族盘歌相比，它们也有许多的不同之处，我们可以从以下几个方面展开：一是在搜集、整理、记音、翻译的体量和规模上；二是在搜集、整理、记音、翻译的布依族古歌内容上；三是搜集、整理、记音、翻译的布依族古歌的歌唱性上；四是在搜集、整理、记音、翻译的角度上；五是在搜集、整理、记音、翻译的系统性上。

一、在搜集、整理、记音、翻译的体量和规模上

以上搜集、整理、记音、翻译的布依族古歌从体量和规模上与羊场布依族盘歌比较起来，黔南、黔西南的《布依族古歌》只有6000多行，黔中地区的《古谢经》只有4000多行，都只有一半以下的体量和规模。当然，不是说这些地区布依族古歌的总量少，而是被搜集、整理、记音、翻译的量少。在这些地区的布依族中，这样的布依族古歌应该亦是巨量的。如《布依族古歌》中的“范郎与媚香”“范龙”“马赛”就只是当地布依族“做桃”仪式中“十二花王歌”中的几部歌。再如，此书中的“摩经·温”，原本由十三个大的组成部分，也只搜集、整理、记音、翻译其中的一小部分。至于《安王与祖王》就只是一个叙事歌，就更没法与之相比了。

二、在搜集、整理、记音、翻译的布依族古歌内容上

在这方面，黔南、黔西南地区布依族古歌的搜集、整理、记音、翻译的内容都只是不同各类的一个部分，不是完整的某一个方面和类型的歌唱，而羊场布依族盘歌基本上完整地搜集、整理、记音、翻译了其基本的歌唱。《布依族古歌》中的内容有三个部分，一是“造物古歌”，有《十二个太阳》“洪水滔天”“兄妹结婚”“造天造地”“造山造坡”“造人和造畜”“造树”“造船”“造火”“造鸡”“造酒”“造房屋”十二首。二是“风俗古歌”，有“《摩经·温》选译”“砍马经”“祭土地经”“添粮补寿经”“造花歌”“采天花”“十一月生产歌”“开道歌”八首。三是“爱情叙事歌”，有“凤明和龙妹”“范郎与媚香”“范龙”“马赛”“安王与祖王”五首。而《古谢经》中就是在黔中布依族“殡王仪式”中的全部歌唱，相对完整，但也只有4000多行。《安王与祖王》也就是一种在非正常死亡等特定仪式中的歌唱，也是一个完整的歌唱，也只有1700行。其他的关于布依族歌唱的搜集、整理、记音、翻译，就不足为道了。就目前来说，羊场布依族盘歌在搜集、整理、记音、翻译布依族歌唱方面，是体量和规模最大的，相对一个区域的内容也是最多最完整的。

三、在搜集、整理、记音、翻译的布依族古歌的歌唱性上

在这方面，羊场布依族盘歌是所有搜集、整理、记音、翻译的布依族古歌中最具有歌唱性的。《布依族古歌》三个方面的内容歌唱性是比较强的，“造物古歌”是在朋友聚会的时候唱的，“《摩经·温》”是在丧祭仪式中唱的，“爱情叙事歌”的“凤明和龙妹”是在一种称为“过阴”的活动中唱的，“范郎与媚香”“范龙”“马赛”等是在“做桃”仪式中的“十二花王歌”的演唱中唱的，《安王与祖王》是在非正常死亡仪式等特定仪式中唱的，但也能为民间史诗性质的歌唱，在《布依族古歌》中的“安王与祖王”就是比较纯粹的仪式歌，而单独成书的1700多行的“安王与祖王”就是民间史诗性质的歌唱了。应该说这样的歌唱其歌唱性都是比较强烈的，但是，其部分歌唱也会受到仪式程式的影响，《布依族古歌》的“安王与祖王”就是，其歌唱性就不如有1700行的“安王与祖王”。《古谢经》是黔中地区的布依族民间祭祀仪式中的歌唱，但是，这里的歌唱已经不是歌唱，而是一种“念唱”了，而且声音很小。这样的念唱其歌唱性就更弱了。相比较而言，羊场布依族盘歌是最为强烈的，表现在它基本不受仪式程式的限制，甚至把歌唱也变成一种仪式。在以上的布依族歌唱表现中，仪式性歌唱是重要的，但是，在羊场布依族盘歌中，仪式性歌唱则是主要的歌唱，并且在一系列仪式性歌唱中，其自由和激越的程度也是其他布依族歌唱不可比拟的。

四、在搜集、整理、记音、翻译的角度上

在这个方面，前面的布依族古歌与羊场布依族盘歌也不尽一样。前面的布依族古歌基本上是在民间文学的角度上来搜集的，且时间跨度很长，如《布依族古歌》中的“造酒歌”就是1960年2月搜集的文稿，其搜集整理的格式也是民间文学的基本格式，有演唱人、搜集整理人、搜集整理时间、流传地区等要素。虽然在后来的整理、记音、翻译中，把这样的东西视为“古籍”，但其基本的角度和视野未变。这样的情况在黔中地区的《古谢经》中要好得多，它没有民间文学搜集整理角度带来的局限性，但是它也没有现实仪式背景材料的支撑。而羊场布依族盘歌的搜集是全方位的，并且有严格的民族学文化人类学的田野背景材料作为学术支撑，在学术价值上是不可比拟的。

五、在搜集、整理、记音、翻译的系统性上

系统性是信息估量上的一个重要指标，也是一个事物信息完整性的重要表现，如果表述的事物具有完整性，那它的信息量就最大，其价值也就最大。我们在搜集、整理、记音、翻译一个民族民间文学和文化相关事物的时候，系统性是非常重要的，羊场布依族盘歌的在搜集、整理、记音、翻译中，就非常注意其系统性问题，所以，羊场布依族盘歌的最后呈现基本上是一个比较完整的系统。四个类型的歌词基本完备，主要的歌师有自身的口述史记录，区域性文化的背景材料有田野作业而来的文本，歌

师的演唱有全部的录音材料，有大量的现场摄像和照片文本……而这些，在前面的布依族古歌的搜集、整理、记音、翻译中是基本不存在和不完备的。

从总体上来说，羊场布依族盘歌是古意比较浓厚的歌唱，黔南、黔西南地区的布依族歌唱也应该是古意比较浓厚的部分，但在搜集、整理、记音、翻译的过程中，由于认识上、思想上、角度上的种种原因，并没有注意这方面的搜集、整理、记音、翻译，反而是注意了民间文学方面的搜集、整理、记音、翻译，而这些只是一个文化的外围性质的组成部分。这样，黔南、黔西南地区的布依族歌唱看起来的古意就不如羊场布依族盘歌。最为要命的是，在这样的引导下，布依族的许多地区歌唱已经慢慢地审美娱乐化了，其歌唱的主体已经是一种审美娱乐性质的歌唱，很少见文化性的歌唱和仪式性的歌唱了。所以，羊场布依族盘歌就显得很珍贵了。

就具体的作品我们也做一个比较。

黔南、黔西南地区的《布依族古歌》的“造酒歌”：

师厄造李子，
师厄造桃子，
农贤造谷米。

从前咱乡未造水，
林婆奶奶造石头，
脚一踩就成口井，
造水岩中出，
祖王平地造田。

从前米粒像罐大，
……
(以下是如何买谷种种田的过程，略)
谷把晒成一排排，
挑进囤进仓，
叫小孩来舂。

何方有酒药？
那座山有兔耳风？
兔耳风造酒才甜，
酒药叶造酒才醇。

酒药藤长在悬崖上，
徐长卿在陡坡上，
一处采一两棵，
扯要一两根。

拿来晾在楼上，
叫小孩来舂，
妇女们来滚药丸，
妇女们来捏药饼。

滚成三十颗雄珠，
捏成九十颗雌的，
拿去盖在簸箕里，
三朝我们起去看，
五天我们去取用。

酒药已经发霉了，
哪天造好酒？
羊猴两天好造酒，
卯辰两天好造酒药。

鹌鸪造碗，
龙伯奶奶造酒药，
东行婆婆来造酒。

兔耳风造酒甜，
酒药叶造酒醇。

这样的“造酒歌”与“羊场布依族盘歌”中的“造酒药歌”比，这样的就比较完整，从种粮食，到寻找做酒的草和做成酒药，再造酒，而后者主要讲盘歌时的男女情意。只有“‘射赤’（一种草）这种草做酒比较好喝，‘高单’（一种草）做酒特别辣。”但是，在歌中传递关于造酒的地方性知识上，其功能是一样的。另外，“造酒歌”的文学性更强，也比较适合于阅读，其中亦表现了在搜集、整理、记音、翻译上的民间文学趋向，即他们在搜集、整理、记音、翻译时就注意了这样的取舍。这首歌是《布依族古歌》中的“造物古歌”，古意应该是很浓厚的，但其这样的表现并不明显。

下面是来源于开阳县南江乡布依族婚礼仪式上“夜宴歌”中的《撒花歌》：

正月撒花是新年，二人姊妹去拜年，上前三步拜香火，退后三步拜花园。
二月撒花是春分，手拿花子进花林，那天要想好花戴，多在花园要几春。
三月撒花阳雀啼，桐子开花秧落泥，好鼓不要重捶打，好话不用人来提。
四月撒花栽早秧，田边地角有花开，菊花童子来相会，讨朵鲜花席上栽。
五月石榴红似珠，花子结子映堂屋，石榴花开红似锦，红花开在主人翁。
六月栽花热忙忙，学堂书生打开窗，满屋阳光鲜艳锦，半夜读书月明光。
七月栽花正立秋，东风吹来透心头，花枝花叶变花样，喜花朵朵向日勾。

八月桂花处处香，中秋季节风渐凉，堂上中秋吃月饼，月饼那有桂花香。
九月栽花菊花香，菊花造酒请客尝，唯有瓶中菊花酒，日开坛子满屋香。
十月梅花露梅砣，带上鲜花也不多，满山黄叶满落地，犹如红豆正下坡。
冬月雪花白如云，遍地不栽自然生，绿竹雪花飘飘洒，恨雪还有雨露恩。
腊月梅花朵朵开，雪来凝打站起来，只有蜡梅经得冷，隔年开花等春来。

——吴秋林、杨春艳、王金元于2008年搜集整理

这样的歌唱基本上就是审美娱乐类型的歌唱，这样的歌唱也是黔中布依族歌唱的基本类型，即黔中布依族主要歌唱就是此类，而其他性质的歌唱就很少了。在羊场布依族盘歌的歌唱中，也有大量这样的歌唱，如“户外歌”类型，大多是这样的歌唱，但不同的是，“户外歌”不是羊场布依族盘歌的歌唱主体，而审美娱乐类型的歌唱，在一定程度上是黔中布依族歌唱的主体。另外，在黔南、黔西南，以及黔中的部分仪式性歌唱中，用的是布依语，但审美娱乐的歌唱则多用汉语，而在羊场布依族中，所有的歌唱都是用布依语。①

① 《羊场布依族盘歌》除上述的内容外，还有“歌词”部分，而且内容极为丰富，是该书的重要组成，但由于内容过于宏大，故略之！特此说明！笔者。

后　记

《盘县羊场布依族盘歌》一书的“收官”之时，自然有许多无言之记，对它一定要记住点什么，因为我们为此付出了太多的东西。

我是从来没有做过如此规模的搜集、整理、记音、翻译的事情，也不知道它的“轻重”，就像一个莽撞的人，以为这个东西“一般般”，背上背了才知道厉害，放不下来，又沉重无比……在最“急眼”的时候，我感觉我的左眼布满了“飞蚊”（即眼底出血），而我的右眼刚做完视网膜脱落复位手术……好在一切都过去了，《盘县羊场布依族盘歌》已经成型，多方也给予了诸多的理解与支持，《盘县羊场布依族盘歌》基本还像个样子。

行行复行行！《盘县羊场布依族盘歌》也算是人生路上的一个风景罢了。

在这里，我要感谢羊场布依族的众多歌师们，没有他们，我们是走不到今天的，而且，《盘县羊场布依族盘歌》中也包含了他们的心血。要感谢盘县文体广播旅游局的领导和工作人员，他们也在《盘县羊场布依族盘歌》中做出了自己的贡献。要感谢贵州民族学院的师生们，没有他们的帮助和理解，我们也是不能够完成这样的巨著的。还有我的几个任劳任怨的研究生，我不好对他们说感谢的话，但最艰难的时候，他们的身影一直在我的眼前……

行行复行行！

再次感谢所有让我难以忘怀的人们！

吴秋林

2011 年 9 月 1 日

吴秋林文集

第七卷

六枝“箐苗”文化研究

前　　言

一般而言，写一本书，论述一个什么问题，都要有一个"绪论"什么的，我过去也是如此，就自己的思想展开，把在书中想研究的东西梳理一遍……但在这本书面前，我好像没有"思想"，只有许多经历和记忆，因为从20世纪90年代起，我就在这里（"箐苗"人的村寨里）做田野，来了去，去了来。其间，有过一本称为《梭嘎苗人文化研究》的小书，但只是小书而已，这本小书是一本以田野记录和小论述为主的介绍性质的书……而在今天，在我们拟写一本更具有宏观层面的、更具有理论思考和梳理的书的时候，脑海里没有理论、没有思想，因为这近20年的关于"梭嘎苗人"的田野经历感想太多了。我观察了"梭嘎苗人"20年，我已经在其中"陷"得太深，"陷"得太深就容易没有思想，没有理性，没有思考……但有更深刻的领悟和感情，所以，我于此只能写"前言"了。

1993年，有人给我描述了一个发现——说有一个外界俗称"长角苗"的民族群体，居住在一个深山里，风俗奇特而古老，尤其是妇女头上装饰要绑上一只长长的木角，犹如水牛的两只大而长的角，看起来非常夸张，很能吸引外界的目光……这个地方叫"梭嘎"。以后我就去了两次，但每次都是"看热闹"，坐一会，转一转，喝口水，就走了。

"箐苗"女

1995年，当地的旅游部门在"梭嘎"搞了一次活动，我去了，并且在寨子里住了下来。县里的同志安排我住在一个叫杨（略）的乡干部家里。这个杨（略）由于在乡里是干部，故在村里说话是很有分量的，所以我们在"后面"戏称他为"小苗王"，实际上这里没有"王"，但一些说话"算数"的"自然领袖"在寨子里一直都是有地位的。我在他的帮助下，做了第一次的田野调查，一直到数天后才离开这个叫陇嘎的小村子。在这些天里，有许多经历，看到许多当时被称为“长角苗”的青年男女在“做坡”，听到两个男青年在吵架，别人告诉我别看，他们在“争女朋友”，有寨老会管。

以后我又陆续去过梭嘎多次，有为了一般民俗活动的，也有为了其音乐文化专题的。有一次杨（略）的儿媳带我去“花房”（青年男女会面的隐秘之地）拍摄照片，里面的人嚷起来，杨（略）的儿媳说，这是吴老师，怕什么……有一次我陪几位省里的民族音乐界的专家去梭嘎，没有住的地方，我砸碎了保护站的窗户，然后进入房间拿出了被子……

2000年，我与曾经在六盘水工作过的杨耀荣，去梭嘎做了时间更长的调查，深入到更多的“长角苗”人的地区，地处六枝特区行政区域中的寨子我们去了，地处织金县行政区的一些寨子也去了。拍摄了许多照片，做了许多笔录。当时住在一个叫“小坝田”的山窝里，并且第一次看见和拍摄到“布谷鸟”，它就在我们住的那家人屋子傍的树上不停地叫。

这以后就是间隔一段时间都要到那里走一走，仿佛有什么“牵挂”似的。

这些年，关于梭嘎，有些事情印象极深。有一年，一个在中国传媒大学的研究生来到梭嘎，拍摄一个课题需要的东西，又是杨（略）的儿媳帮助和接待了她，在杨（略）的儿媳的带领下“转”了半月，她很兴奋，说得到了许多“好东西”，我记住了。后来我到了北京，问起这事，她不好意思地说，没敢编辑，因为后来杨（略）的儿媳说，因为相处了一个多月有了感情，不忍心骗她，就告诉她说，以前带领她拍摄时说的那些东西是“说着玩的”……所以……啊！这样啊！以后我老在想这件事，哭笑不得，其实我觉得这些苗族人有足够的“智慧”来应付外界“给予”（强制的，一厢情愿的，也有苗民们喜欢和愿意接受的）的一切，因为这个地方在几十年间“被给予”了太多的东西。

后来又经历了一件事情，而我是“参与者”。就是这个中国传媒大学的研究生打电话给我，说整个梭嘎十二寨闹翻了，说杨（略）的儿媳带了一个要“悔婚”的女孩偷偷跑到贵阳来打工了，女孩出来？得了！一个寨子的人急死了……并请我去把她们找到，送回来，家里人不知道她们的电话和地址，只有这个中国传媒大学的研究生知道，所以……我去了，并且找到了她们。她们在一个并不大的纸箱厂里做女工。我找到她们。并且劝说她们先回去，说清楚了再出来……她们拿着我给她们买的车票（因为她们没有工作满一个月，根本没有拿到工钱），回去了……后来我才知道，这是梭嘎苗族人“开天辟地”的事，那个女孩回去后，娃娃亲的男方家主动来退婚了……女孩很高兴，因为她不喜欢这个“娃娃亲”的男方，有自己喜欢的人，之前几次提出退婚，男方家死活不同意，而这次……这个女孩后来跟自己喜欢的男友一起出去打工，也就很少回来了。在她还没有出去打工前，我去过一次梭嘎，她的家人一定要请我去她家吃一次饭，我推辞不去，知道她们家很穷，但是如何都不行……这件事很触动我的心，从这个事情我才理解了什么是梭嘎苗人，那时候已经是21世纪了，周边的农村人出去打工早就是一种极为平常的事情了，而梭嘎……

后来，那个带我去花房的人来到贵阳，说要到北京去，北京有一家公司请她去学习电脑办公等等，费用完全由公司付给，我帮助她买票等等。

后来还有一件事情可以说是“吓死我”了，就是在前几个月，我去了毕节做田野，一个毕节学院的音乐老师帮助我们，我们要请他们吃饭，他说他的未婚妻是我认识的人，是六盘水的一个名人，歌唱得很好。我问是谁？他说是……他说出这个女孩的名字时，我内心很惊愕，我赶紧告诉我的学生不得乱讲话，这人就是那个杨（略）的儿媳，我太知道这个女孩的身世和经历，她也数次帮助过我，如今……我再见到她时，这个昔日山村的媳妇，已经没有任何痕迹，完全是一个城里现代女人的装束。后来我才知道，这个女人已经离了婚，已经走出了梭嘎，按照梭嘎苗人的说法，她已经嫁到毕节去了，只是我没有想到她会嫁给一个我熟悉的人。我不知道怎样来评述这件事，但我觉得这是所有梭嘎苗人的自由。但它使我在民族学和文化人类学上思考一件事情，即“族群的演化和边际”。梭嘎苗族人他们从远古走来的时候，从来没有停止过自己的演化过程，他们的文化一直都是一种动态的状态，但是，他们的族群是任何演化的？他们的文化边际在哪儿？是什么？所以，我们这本书就分成了两个部分：一是民族志的田野部分，一是关于这些问题的研究部分。这样的设置是目前国际上民族学文化人类学最为流行，或者说先进的一种做法，它不但有自己的表述空间，也还有留有清晰的边界给予后人的研究，而不是一堆混杂的印象。当然，选择这样的题目来进行研究，也还有另外的学理思考，因为在多年的文化演化的思考中，我悟出了这样一个规律，即文化的“固化和涣散”律，即你强制消除某种文化的时候，它固化（不管是外在形式和内心形式），你中心排斥边缘，边缘化某种文化时，它也固化，而这样的“固化”保护了许多的在中心文化运动中早已经消失了的东西。而你消除这样的强制，中心也不排斥边缘，也不边缘化某种文化，即给予所有的文化以“平等”的时候，这种文化就不可避免地“涣散”了。这就是说，在文化的“固化和涣散”律中，你的愿望与结果正好相反。可能我们的宪法中的“各民族一律平等”，我们20世纪50年代的民族社会历史调查，我们的20世纪60年代的“民歌运动”，我们的20世纪80年代的“三套集成”，我们今天的全国性的“非物质文化遗产保护”，以及关于梭嘎的国际性的“文化生态保护区”的设立，都是以“文化平等”的名义，最后致使文化“涣散”的一种做法。但是，这些做法都没有错，都是人类文化良知下的产物，但我们不能回避具体的结果。这是一个两难的选择，也是我们文化上的困境，我们也许不完全赞同杨（略）的儿媳的改变，因为她就是一个梭嘎苗人文化涣散的个体，但谁都会尊重她的自由。

这也是我们为何研究梭嘎苗人的动机之一，因为这个“个案”的表现给我的感受是比较强烈的。

我似乎又在讨论学术了，也许是吧。

研究部分是我的学生王金元在做，他今年民族学硕士研究生毕业，但我把他留了下来，要求他做完这个题目再找工作，我戏称此为“硕士后”。年轻人的活跃的思想也许比我们要敏锐得多。实际上也是如此，在研究部分出来之后，其学理部分的理论梳理就非常到位，视野很宽，角度高，也很新颖，一些理论论述也比较前卫，许多新的理论表述都得到了比较好的运用。对“箐苗”这样的区域性苗族群体，在国家层面有一个理论上的论述和观照，尤其是把“箐苗”这样的事物放到“民族和族群”的理念上论述的时候，使我们对于许多“历史事件”有了新的发现和认识。当然，研究部分不可能把田野中采集上来的资料全部消化完毕，比如“箐苗”自性的研究在其中就比较少，而这个部分在“箐苗”的文化研究中是比较重要的。

“箐苗”作为一个独立自在的区域性群体，在特定的情形中是如何保持自己的语言、文化、习俗和信仰，如何在他者和自性的表述中实现自己的，并且在一定的地域内实现文化的自律运行……这都是一些非常重要的研究课题。我们知道，一种文化的整体在被无情的情态打碎的时候，其“文化的残留”部分是如何在新的地域中再生和新生的……“箐苗”的文化就属于这样的文化，在西南地区的乃至于整个中国和世界各地的苗族都是这样性质的文化。这种文化自性的研究是非常重要的！我们希望有机会再次在学术上面对“箐苗”，因为研究文化的自性，“箐苗”是一个再好不过的个案了。

田野部分我和另外的同志来做。

田野部分我们可能在原来的《梭嘎苗人文化研究》的基础上做，在原来的基础上，会有许多新的东西和资料进来。其实，民族学文化人类学的田野永远是阶段性质的，因为文化本身就是动态的，我们不可能在不同的时间踏进一条河。比如说“长角苗”这个称呼，在20世纪90年代的时候，梭嘎的苗族人对这个称呼还没有任何“情绪”，基本认同了这个“他称”，但是，在进入21世纪之后，有些梭嘎苗族人就开始对这个称呼有“情绪”了，似乎他们认为这是“有问题”的称呼，“不太好”的称呼，他们自认为“箐苗”这样的称呼要好一些，以为这是他们的自己的称呼。但实际上这也不是他们自己的称呼，而是很早以前就存在的“他称”。这个变化很奇妙！但我们也尊重他们，所以，我们此书的副题也就称为“——六枝‘箐苗’文化研究”。

第一章 “箐苗”概况

正如我们在前言中所说，“箐苗”是现今梭嘎苗族人一种可以认同和愿意接受的称呼，那我们没有理由不尊重它，所以这里我们原来称为“梭嘎苗人”的称呼，于此全部改成“箐苗”。关于“箐苗”的调查，在“箐苗”十二寨为人所“发现”之后的几十年中，有许多人来过，有欧美许多国家的学者和观光者，也有许多来自国内的同人和旅游者，有太多的观感和情感抒发式的文章，也有许多比较严肃的调查和思考，如中国艺术研究院在2005年至2007年间，就做过一个名为“梭嘎生态博物馆文化遗产保护的人类学考察——一个来自欧洲经验的中国实践个案研究”，以及“梭嘎苗寨文化记忆库”等系列项目的大型的综合性质的考察和田野。至于个人的、小团队的考察和田野就更多了，但是，不知道什么原因，比较深入的研究成果并不多见。我是在20世纪90年代初进入梭嘎调查的，但是到如今，要说完全“读懂”“箐苗”还不敢，但我以为我应该是对梭嘎的调查最为认真的一个，对他们的文化内心最为尊重的一个……我就是这样来用调查来“说”我面对的梭嘎。当然，在这里，我也借用了一些同人的调查记录的材料，我想用这样的机会来汇集最多的、最规范的田野资料，为民族学文化人类学的研究服务，为比较完整正确地展示“箐苗”人的文化。于此处，向这些先生们表示崇高的敬意！

第一节 “箐苗”调查和田野方法论

在进入梭嘎的最初阶段里，我的文化人类学田野方法论修养还是在一种学习的阶段，实际上我是不太清楚我要以什么样的方式来面对梭嘎，所以，我进入梭嘎的初期，就是最为简单的观察和感受，对什么都有兴趣，都想了解，都想学习，都想知道……这种状态我在后来教授学生时才知道，这就是初学者的状态。

在中国的传统民族学中，田野调查是被强调的，但是，传统民族学的调查是处理点与面之间关系的经典调查，也可以说是“解剖麻雀”式的调查，即找到一个点，把点上的情况了解清楚，然后在面上走一走，就把在点上调查而来的东西“使用”

在面上，并且“解剖”和“描述”面上的情况如何……但是，这样的调查和后续的研究问题就很多，因为在民族文化上，点上的“麻雀”往往只是点上的“麻雀”，而不是面上的“麻雀”，这只“麻雀”一往面上一“飞”就错。在对于梭嘎的调查中，我们不敢使用这种经典的传统的民族学调查方法，但是，解剖“麻雀”又是必须的，关键是不要往面上“飞”，所以，我们在使用民族学传统调查方法的时候，只使用前者，不使用后者。另外，传统的民族学调查方法一般是要“模糊”一些调查要素来表现“麻雀”的普遍性的，但是我们在其中不这样做，我们一定是要遵从这些要素的，因为这些要素也是社会科学的基本精神表现。在这些调查中，西方经典的文化人类学的调查方法也被我们使用，即“个案”的描述方法。个案的科学精神就是确定明确的时间点和空间点，以及讲述者和记录者状态，明确地告诉你这个点的位置和角度，使你的视点清晰而明了，是你可以在科学学理上可以认证的。这有点像考古学上的“层位”和地层关系的表述。

图 1-1-1　陇嘎老寨

在具体的方法论中，观察是我们调查的常态，我们一旦进入这个区域，我们的眼睛就是“打开”的，我们的文化感知的器官就是“开机”的，我们可以在被调查者的常态中得到许多信息，也就是说，我们可以在观察中描述被调查者的文化……我想，这就是民族学文化人类学家与一般旅游者的不同。也就是说，没有民族学文化人类学的方法论的基本训练，你“观察”的眼睛就不会打开，你就不会有“文化感知的器官”的存在。很多人去了一个地方，回来就说，没看到什么，原因就是如此。

这是观察法！我们在以下关于梭嘎的描述中，许多就来源于此。

访谈是民族学文化人类学田野的基本武器，我们在梭嘎的调查中也经常使用，许多的个案和文本就是在这样的调查方法中产生的。访谈中有“他观”和“自观”的角度变化，也有描述和表述的区别，也有跨语言文化的深究和误读。我们于此在梭嘎调查的实践中，有许多体会。在这样的体会中，关键信息人的选择可能是这种方法最为重要的地方，在关键信息人中，有地位的关键信息人又最为重要。

在调查中，资料的调查和使用也是方法论的重要方面，一个人、一个群体再“强悍”，总有一系列的弱点和短处，但是如果一群人的力量就大得多。我们在梭嘎的调查中，对于文献资料的使用亦是比较多的，尤其是别人调查的资料。别人的调查有自己的角度和见解，可以弥补许多东西，使你的视野更为开阔，我们于此也借用了一些别人的调查资料。

一般的调查都有一个时间的要求，如文化人类学的田野一般要求一个年度周期，因为人类的一切行为表现都会尊崇这个周期和节律，调查一年，经历了这样的周期过程，你就会理解文化中的诸多表现和诸多因素，了解其文化为什么是这样，而不是那样。我们在梭嘎的调查自然没有这样一直连续不断的周期，但是我们是可以把多年的断续时间连续起来，完成一个连续的周期印象。我们已经有近 20 年的不连续的田野时间，我们已经可以明显地感觉到对象的文化变化。在田野中看到时间的意义是很不容易的，我们在一定程度上看到了。

还有，这个调查是由我来表述的，但是这个调查却不是我一个人完成的，他自然有与我一起去调查的同志，也有梭嘎的接受我们调查的村民，在某种程度上来说，我们与他们共同完成了对梭嘎“箐苗”的文化描述。我的“影响”在调查中会呈现出来，而他们的“影响”也会呈现出来。

图 1-1-2　化董

我对于“箐苗”的调查，在《梭嘎苗人文化研究》中所描述的调查经历是一个基础，后来我们又对梭嘎地区的苗族做了多次的调查和探访，这些全部合起来就是我们对“箐苗”的调查。

具体的对于梭嘎地区的“箐苗”的调查我在《梭嘎苗人文化研究》中是这样写的：

过去和今天之间的时空里，世间任何物的、观念的东西，都会在这个无限的空间中变化、发展或消失，对人类的文化更是如此。可能对动态性更大的人类文化来说，过去和今天的无限时间对它的影响更为深刻和强烈，由于时间的延续，变化会很大。不过，在地理因素、人文守持自闭因素，以及其他因素的影响下，也会有例外，处于贵州省六枝特区和织金县交界处的 12 寨“箐苗”的文化，就是一个特例。

12 寨“箐苗”他们自成系统地生存于自己独有的文化中，很早就在不足 50 平方公里的狭小的封闭的自然环境中，进行自闭性的人种和文化的发展和延续。在不久之前，他们对外界所知不多，外界对他们也所知不多或更少，但是，他们以独特的夸张的服饰文化表现，以及自闭而有效的民族文化的自我律动，让周边地区的其他民族人们深感异样……正是这种异样感让周边地区的人们感到这支苗族与众不同。他们的服饰独特，他们严格地奉行族内婚，有自我管理的村社组织形式，有古老而独特的习俗……他们与当地的其他民族不同，与当地的其他支系的苗族也不完全相同。

20 世纪 90 年代以前，他们还鲜为人知，他们还“埋”在深深的山里。到 1990

年前后，对它的“发现”才开始，随之而来的“调查”也在一定程度上开展起来。

这里，我们对于后文要经常使用的“箐苗”这个词汇有一个说明，苗人一般都自称为“蒙”（HMONG），这在“箐苗”的自称也是如此，但“蒙”的称呼在中国国内似乎也并不“通行”。这支苗族在人们的俗称中被称为“箐苗”，这“箐苗”的称呼属中性，也得到这支苗人的认同，但这与现行的中国民族政策有不合之处，故我们这里以“箐苗”“箐苗文化”（以地域）来称呼他们，这样，既有这支苗人的特征表现，又有不会有碍他们是苗族中的一支的表达。

图 1-1-3　后寨

一、对“箐苗”的“发现”

关于“发现”的说法，也许并不科学，“箐苗”已自在地在那里生活了许多个世纪，你怎么一下就发现了他们呢？不过，从 20 世纪 90 年代起，世界各国的相关学者和旅游者，不断地走进“箐苗”的山寨……就在前不久，这里还在挪威的资助下，建起了中国第一个民族文化生态博物馆……从这个意义上讲，最先关注它，并把“箐苗”的文化往外介绍的行为，不能不说是一种“发现”。这应是研究“箐苗”的起点，在我们今天较为全面的对“箐苗”的文化进行调查、研究、诠释的时候，也应从对它的“发现”说起。

在 1993 年以前，人们对这支苗人的文化所知甚少，可以说就连当地的其他民族的人们也不很清楚“箐苗”的文化，更不清楚他们文化的性质，如果不是一个历史的机遇，也许“箐苗”的文化至今仍旧“埋”在深山中不为人知，不会得到人们的关注，也不会给“箐苗”的发展和福利带来机遇。1990 年，这个机遇出现了，一个从六盘水市委宣传部来挂职的干部走进了“箐苗”的寨子，对“箐苗”的风俗习惯和文化，表现了极大的兴趣，并以他自己的能力和学识来认识和极力介绍“箐苗”的文化。这个人叫杨耀荣，他 1990 年就到当时的新华区挂职中共新华区委副书记，当时是区管乡的行政体制，处在六枝特区梭嘎苗寨属当时的“小乡”梭嘎乡管辖，而梭嘎乡当时属新华区管辖。问及当时他进入梭嘎苗寨的动因，他说：“我的家乡织金县与新华梭嘎交界接壤，12 寨‘箐苗’处在两县的交界地，我是一个从市机关下来的挂职干部，当地的一些干部对我们来基层挂职有戒备心理，工作不好做，也有一些误解。1990 年年初时，我意识到来这里又不是长期在这里干。我看这里的梭嘎苗寨风俗很有意思，我是长期搞宣传的，不如去访谈一下，帮他们宣传一下，看能不能搞点旅游开发，现在时兴这个，说不定还要得!"

这"说不定要得!"还真要得！之后，杨耀荣在挂职的相当一部分时间里，就蹲在"箐苗"的寨子里，并很快为"箐苗"极为鲜明的文化特色所吸引、所感染，自觉地成为"箐苗"文化的推介者。他一方面在梭嘎苗寨中采风，撰文往外介绍"箐苗"的风情和文化，一方面以多种方式把"箐苗"的文化对外宣传。先后撰写了一系列的文章和调查报告，并在1992年贵州《党的生活》上发表了题为《我下基层》文章，给予他的基层工作高度评价。

杨耀荣的努力获得了很大的成功，如今"箐苗"在世界上的名声已经很大了，并且，"箐苗"人在外界的关注中得到了一系列的帮助和福利，文化、经济上也有所进步和发展。这些方面的起始，都与杨耀荣最初极力对外推介"箐苗"文化的努力和付出是分不开的。对此，"箐苗"至今都很感激他，都记着当年的杨书记的"关怀"。这些，在我与杨耀荣到"箐苗"寨子做田野作业时，"箐苗"对杨耀荣的热诚和酒桌子上的"敬意"就可切身感受到。"杨书记"也很以此为荣，常说："唉！是我第一个'发现'了'箐苗'。""箐苗"是当地他族人根据其女性头上的木角而来的"俗称"，词性为中性，但根据中国官方的民族政策，苗族是所有苗族的正规称呼，不得随意称"某某苗"，杨耀荣最初向外界介绍这支苗族时，使用了"长角""长角人"这个称呼，为此，有关管理部门还特地纠正过他的说法，但"长角苗"的称呼已广为传播，被大家所认同和使用，从这里而言，杨耀荣是"发现"了"长角苗"。不仅如此，杨耀荣在推介"长角苗"的过程中，还为我们对"箐苗"的研究，提供了一批"文本"，成为后来人们田野作业的参照。

话说回来，杨耀荣以他的方式"发现"了"箐苗"，但真正让"箐苗"的文化和风情引起世界各国人士的关注，还在于1992年第一期《今日中国》（英文版、法文版等）对"箐苗"文化的大篇幅的介绍。在这一期《今日中国》里，他们用了3个篇幅的文字、图片和4个篇幅的彩色照片介绍了"箐苗"的文化和风情。而这一"介绍"，以及其他一些相类似的介绍，就是在杨耀荣的推介和帮助下完成的。正是这一介绍，让外界的人士大开眼界，吸引了世界上许多人的目光。从这以后，各种机构、各色各样的人，怀着各种各样的目的，来到了这些昔日封闭得不能再封闭的山寨……我也是在这些年中对它发生兴趣，并有一定的研究性关注的。

在这些"关注"中，有多少研究性的目光来深究这一文化成因和运动的状态，我们不好作评价，但我以为，这一鲜明的个案需要深入地理解和研究它。

1995年我对"箐苗"的文化进行了一个初步的但仍不失为一个较为全面的调查，如果加上我们这本书的另一个作者杨耀荣先生从1990年就开始的一系列的"采风"活动，那我们这本小书的调查基础是从1990年开始的。

1990年，杨耀荣的调查是从一般性的"采风"开始的，其视野、角度也是如此，故而，其材料从文化人类学田野上来说，是不规范的和有缺陷的，甚而有"途说"的内容。但正是这些内容，成为外界了解这支"箐苗"的最初的"原始"材料，影响了绝大多数，特别是旅游者、观光者，甚而某些学者对这支"箐苗"的正确理解。

不过，杨耀荣的调查还是为我们这本书提供了大量有用的信息，让我们看到“箐苗”的文化信息，是这样从一种自在信息变为一种传输和流动中的信息，以及在流动中的变异等等。

图 1-1-4 “箐苗”民居（一）

我作为此书的执笔者，对这支“箐苗”的调查是从 1995 年以前开始的，1995 年以前，我去过梭嘎苗的寨子陇嘎，但只是短暂停留。1995 年春节，也就是“箐苗”的“坐坡”和跳花的节日期间，我在此做了约 5 天的调查。

1995 年“箐苗”的“跳花”节，是六枝特区政府旅游局出资，由“箐苗”在梭嘎乡当干部的王开云、杨宏祥等人具体组织的，按“箐苗”的话说：杀了一个大牛，牛肉随便吃！当时的旅游局局长高明很想通过这次“组织”，把“箐苗”的这些寨子作为六枝特区民族文化旅游开发的重点，好好地宣传一番，故而，高明他们这次邀请了省、市的很多领导，也组织了一些国外旅行团……我也就是在这个节日里，受六枝特区朋友的邀请，来到“箐苗”寨子的。那天，我们在陇嘎下了车，才知道：“箐苗”此时在国内外已经很有名气了，有关方面已经下拨了 30 万元人民币，修建了一条近 5 公里长的公路，从乡里直通陇嘎寨子，并同时在陇嘎的三岔口处，修建了一个接待站。

这一天是阴天，天上还不时地下着小雨，新修的公路泥泞不堪，汽车根本无法上到陇嘎寨子，很多应邀前来的客人只能步行 4—5 公里到达陇嘎寨子，不过，好在高明他们组织了好几十匹山马，一趟一趟地往山上送年纪大的和腿脚不便的客人。天气不好，好几个说好要来的外国旅行团都未到来，但从省内、全国各地来的客人还是很多，他们与从四乡八寨来的“箐苗”和看热闹的其他民族人，把“跳花”的那块麻窝地挤得满满的……

参加这样的民族节日活动，实际上我的调查也就开始了，许多需要观察的内容，在麻窝地“跳花”场上就可观察到。这一天我收获不小，学到了不少东西。不过，我此行的目的不是来做一个充满新奇感的观光客，而是计划在这里留下来，做一个初步的调查。当然，当时的调查并没有明确的目的，而是希望对这个至今仍保持传统风俗的民族有一个基本的田野作业考察。这一次考察完全是一个学者的个人的自在行为，这样，考察自然没有任何经费，表面上就像在乡下的亲戚家做客。实际情况也是如此，我在“跳花”将要结束时，找到高明，把我要在“箐苗”寨子留下来的想法告诉她时，这位大姐把我像世交小兄弟一样，推到陇嘎寨的“头面人物”杨宏祥面前，说：“这位吴老师是我的小兄弟，他要在这里搞你们民族的文化调查，你就安排住在你家。”

在拢嘎寨杨宏祥家里，一住就是四天。我们外面的汉人亲切地笑称杨宏祥为苗王。这个精明能干的苗族汉子外出修过湘黔铁路，是一个有头脑、见过世面的人。他没把我当“贵宾”见外，但食宿安排全是他的，而且调查安排他也安排得很到位，还经常一陪到底，哪天他实在有事，也有他安排的人陪着我进行调查，使我的调查进行得很顺利。

图 1-1-5 “箐苗”民居（二）

四天中，我了解了陇嘎寨的基本情况，访问了陇嘎寨的“箐苗”文化的“博士”——鬼师和弥拉，对“箐苗”的祭树、扫寨、婚俗、丧俗、坐坡等风俗习惯，进行了较为详细的调查。另外，住在“箐苗”家里，实时地观察和理解可能感受到得到的东西更多。如关于未婚“箐苗”每年 10 天左右的自由情爱话题，这种关于情爱的话题，就是在一般汉人眼里都难于展开，于此我却与一个 14 岁就开始“坐坡”，时年 24 岁的年轻人谈得很“开放”，开放到他承认近十年的“坐坡”史中，有 20 多个“情人”。

在调查大致完毕，我爬上寨子对面的一个小山上，那里有一群 12—15 岁的“箐苗”的少男少女们，他们作为“坐坡”的模仿者、练习者，正在山上学唱情歌和游戏。这些孩子们告诉我，大哥哥、大姐姐们都出去玩耍了，他们只得在寨子边玩，不得到远处。

这个山峰的树丛中，我发现了许多幽幽的兰草！这些孩子们惊奇我对这些“草”的惊讶，在我几次挖掘兰草不成功时，几个孩子很愉快地递上他们一瞬间就采到并根茎完好的一大把幽幽的春兰。

在陇嘎寨调查的几天里，我一直很想上其他的“箐苗”的村寨里走走，但由于天公不作美等原因，一直未能成行。

这次调查虽然我没有预定的目的，但它的一些材料还是在我的研究仡佬族文化的一本叫《居都——一个仡佬族文化社区的叙述》的书中得到应用。

我的另一次访问陇嘎寨，是2000年2月。这次的调查主角是贵州省民族民间器乐集成办的专家杨方刚（已故），以及时任贵州大学艺术学院党委书记、民族音乐学家邓康明等人，调查的主要目的是了解“箐苗”的芦笙、三眼箫等民间器乐的音乐表现和文化生态状况。这次调查并没有直接产出与我们这本小书直接相关的材料，但在另一个角度来看“箐苗”的文化时，仍有许多难得的启发，从这里而言，它也能是我们小书的调查之一。

二、最近的这次调查是这一课题的主要调查

我是2001年6月8日从贵阳出来的，8日晚到达六盘水市，与同伴杨耀荣会合。在进行了相应的调查准备工作之后，于6月11日从六盘水市前往六枝特区，在六枝特区党委书记熊德威的支持下，我们于当天下午就赶到了梭嘎乡，与乡领导简单表明来意，就直接下到了小坝田村的王开云家。

王开云是梭嘎小乡原书记，是“箐苗”在当地政府里任职的第一个官员，现已退休在家。他与杨耀荣的友谊很深，对我们的到来他很高兴，对我们的来意更是由衷支持，我们调查的几天里，他放下手里的活，一直陪伴我们做调查。

6月11日的这天晚上，王开云请来了高兴小学的两位教师，闲聊中我们的工作就开始了。

6月12日是一个雨天，哪儿也去不了，故主要请王开云以他去年老父亲去世为例，讲述“箐苗”的“老喜”（丧俗）等个案情况。下午，王开云又请来寨上最老，也是“箐苗”现在还在世的年纪最大的王姓老人，让他讲述“箐苗”“红喜”（婚俗）的情况。这天下午天就晴了。

6月13日是一个晴天，我们吃过早饭后，就按这天的工作安排，前往高兴及织金的新寨、后寨、全寨等村寨寻访。

图1-1-6 “箐苗”民居（三）

高兴寨距小坝田寨约两公里，我们是上午10点钟到达高兴寨子的，这时候寨子中只有一些妇女和老人。我们在寨子中找到一位乡村赤脚医生，他生病在家，没能外出，不过，我们也只能与他简单地聊几句，就上路了，因为这“箐苗”12寨诸方面都是相通的，相关的面上的情况大都有所了解，走村寨的目的：一是希望对每个“箐苗”的村寨有一个现场的印象；二是寻访一下，看看每一个寨子之间有没有差异性表现，并适当采录一些有特定表现的个案；三是拍摄一些现场照片，这也是我们这次田野作业的一

个重要方面。

三、在高兴寨我们只有一些图片的收获

从高兴寨出发，一路上坡，在翻过一个岔口之后，我们一行人（吴秋林、杨耀荣、王开云）就踏上了属毕节地区管辖的织金县地界。回首眺望，是一派莽莽苍苍的高原，“箐苗”的十数个寨子，就深深地嵌在这大山的皱折中。

我们三人在岔口处合了一个影，也算是课题人员田野作业的一个例证和纪念。

一个小时之后，我们就走进了织金县的新寨。这个村与高兴寨、小坝田一样，是一个纯粹的“箐苗”的寨子，但在外貌上看它就没有六枝特区的“箐苗”的寨子有生气，别的不说，房子多数是草房，村子里卫生也很差，看得出，此寨子有一些被遗忘的感觉，得到外界的了解和资助很少。

我们是在一个曾经在外当过干部，现退休在家的人家落脚。他的儿子正好在家。他和父亲为我们谈了一些寨子里的情况，并穿上他的全套民族服装、拿出“箐苗”特有的大芦笙，让我们拍摄照片。

从这家人家出来后，我们又到了这个寨子的另一家人家访谈。这家的主人是一个老年妇女，她很健谈。据说，她曾经是贵州省人民代表大会的代表，现今仍是镇人民代表大会的代表，可她现今的三间房屋已经有两间屋顶大见天光，破败不堪了。她说她现今已 60 多岁了，自从她的老伴去世后，她家就“很恼火”（土俗话：很困难）。她说她曾经为她所在的乡镇小学建校舍和乡里修桥、修路要过不少钱，现在她想为自己家要点钱修房子了。

告别这位昔日的省人大代表，我们按计划往全寨走去，走不到一小段路，王开云遥指远处一座高高的山峰说：全寨就在那座山峰半山腰的一个凹地里。我们一看不由得倒吸一口冷气，那高高的山峰下还隔着一个宽宽的山谷呢。看看天色，如果我们照计划前往全寨，那今天就很难回来了。我们商议了一下，决定不去全寨，而折向山后的后寨。

后寨在山路一个岔口处，这里更偏僻，情形比新寨还要坏，房舍比新寨更差。我们在寨子里很少看到青壮年，大部分外出打工，在家的也都到地里干农活去了。在村里的大都是一些孩子，且大多数都是一些根本无法上学的适龄儿童。这群孩子围观我们几个“外人”，其情形让人心酸。我提议把村里的儿童都找来，照一张合影，也许我能帮他们一下，但一时无人理这件事，村干部们全都在很远的山上干活，一时也找不到他们。下午时分，我们离开时，也没能做成这件事，我为此常挂于心怀。

下午回到小坝田的王开云家，我们，主要是我和杨耀荣先生已经很累了。但稍稍休息之后，我们又在王开云家进行另外的访录。

当夜很累，我们睡得很香。杨耀荣遇上他挂职时的老朋友，多喝了几杯，醉了。

6 月 14 日又是整整的一天，跑了大湾、安柱等村寨，不过，我们一天中大多数时间用在了路上。本来，到新场乡的大湾村，步行只要两个多小时，但乡政府支持了我们一个吉普车，乘车往新场，在绕到织金县境内转回来，路上走了也差不多三个多

小时。车到达一个叫王家冲子的岔口时，杨耀荣说：这个岔口处，就是清同治年间起义的苗人与清军决战的战场，岔口下就是苗人的大本营。

从岔口下来，车子就在险峻无比的山谷里穿行，山谷的两侧是一片片高高的灰灰的怪石嶙峋的石头陡坡，好像很难看到黄色的土星，可山谷间却有一个不小的、房舍密集的寨子，一色的青瓦石墙，村口还有一座高高的碉楼，好像这里有无数的故事，同行的一位当地人告诉我，这里的山里，种点大烟什么的，鬼都不晓得，中华人民共和国成立前这里就种过不少大烟，因而这里的人并不穷。当年在这里挂职的杨耀荣就带着派出所的干警来这里铲除过大烟苗。

图 1–1–7 “箐苗”的织布机

沿着这条有点像“金三角”大本营的山谷走了一个多小时，在快要走出这条山谷的时候，我们一行人到达了我们这次寻访的目的地——大湾。

在大湾我们活动了近两个小时，主要是在一个姓熊的乡干部家落脚。在村子里寻访时收获不大，与其他村一样，多数的男人都不在家，在农村，没有男人的家是没有灵魂的家，也是不大会对人开口、特别是不会对陌生外人开口说话的家。倒是老熊家的孩子们成了我们的访录“明星”，一个劲希望我给他们多照相，很自如时，情不自禁地叉起腰，做出很神采飞扬的样子。这个姿态我很眼熟，好像在许多照片里见过，这时我突然悟出，这是“箐苗”女孩子最为经典的姿势。

老熊的儿子很英俊，肯定是一个“坐坡”的“好手”，吹着芦笙照相的样子也很精彩。我们告别老熊家，老熊的儿子送我们出门时，我看见杨先生亲热地挽着老熊的儿子，征询“坐坡”的事情，老熊的儿子说：“可以去，就连结过婚，以后又打单的男人都可以去，只怕姑娘不喜欢你呢！”

往回走的路也很漫长，但也不像来时那么空落了。半路上，我们没有去新华乡的另一个“箐苗”人的寨子——火烧寨，而是直接往回赶，想在天黑之前赶到梭嘎乡的“箐苗”的寨子——安柱。

赶到安柱的时候，天已近黄昏，只能抓紧时间拍几张安柱的照片。在安柱，我们碰上了原来“六枝游击团”一位老战士，他现在每个季度在政府那里还可以领到一些补贴，他以前在“六枝游击团”时是一个小炮手，入朝作战回来后就回到了家乡，务农至今，一直什么也不是，什么也没有。直到 1990 年前后，他的老团长宋崇书回乡任六枝特区的区长，小炮手找到他，才有了今天的补贴。

安柱在中华人民共和国成立前很长一段时间里，是一个彝族土司安柱的领地，势力不小，故安柱的“箐苗”外出当兵的不少。前不久，一个从台湾来的老兵也找到安柱，这也是他的老家。这位台湾来的老兵还去看望了他原来在家时娶的妻子，原妻现自然已是别人的妻子了，且也根本不认得他了。这位台湾老兵说起他们的“老名”（请参见后面的关于“箐苗”老名的叙述）时，这位老女人才知道这是她“死”了多少年的原夫，但一切已隔世久远。

回到梭嘎乡，天已经完全黑了。

这时，我们才觉得，原先要跑遍“箐苗”12 寨的计划似乎有些不现实，一是山道艰险；二是农忙季节，不是时候，为生计奔忙的农民，心也不会静下来听你们这些“闲人”的“闲聊”，故访录的效果不会好；三是 12 寨“箐苗”的风俗差异性不大，在一个点上就能得到共同的情况。我想：我们在从其他方面搜集一些二手资料，在这里的调查就可以告一段落了。

本来还有前往纳雍县的百兴镇寻访一个叫“白泥屯”的“短角苗”村寨，据传，“箐苗”似乎与他们有很大的关联（请参见后文关于“老喜”的相关文字），但由于交通的问题，也没能成行。

6 月 15 日我们离开了梭嘎。后又在六盘水市和贵阳等地搜集相关资料。

以上是《梭嘎苗人文化研究》的调查描述，也是今天我们此书的调查描述，再加上后来的一些调查和资料的搜集，就是《族群演化与边际——六枝“箐苗”文化研究》的研究基础。

第二节 “箐苗”自然地理生态环境

关于“箐苗”的自然地理生态环境描述，我们仍然借用《梭嘎苗人文化研究》一书的文字。

“箐苗”现今已经成为世界范围内一个鲜明的文化人类学和民族学的个案对象或范本，以及文化生态旅游的一个热点，许多相关方面已经有和正在有许多作为，其他相关方面的工作也许做了许多，但对“箐苗”较为全面的文化人类学的考察却不多。这方面，一些外国文化友人也许比我们国内的学者做得更多，起码在田野作业的时间总量上，他们要比我们多得多，从我了解的情况来看，已经有英、法、美、澳大利亚，以及中国港、澳、台的一些学者进入了这一地区，并采录了相当多的资料，这在我们的采录中有明显的感觉。这里面肯定有不少的产出了，但由于语言方面的障碍和文化心态的理解上，这些“友人”有些个民族文化的层面，他们根本进不去，而这些正是我们这些“土著学者”的优势。

这次较为全面的调查，是比较顺利的，我们在现今调查和过去调查的基础上，力图对六枝、织金交界处的“箐苗”12 寨的地理自然环境有一较为全面的文化人类学的叙述。

在叙述“箐苗”的基本概况时，我们不想用传统的经济学或政治行政学上的描述，而是先请人们看一看下面这一幅图。

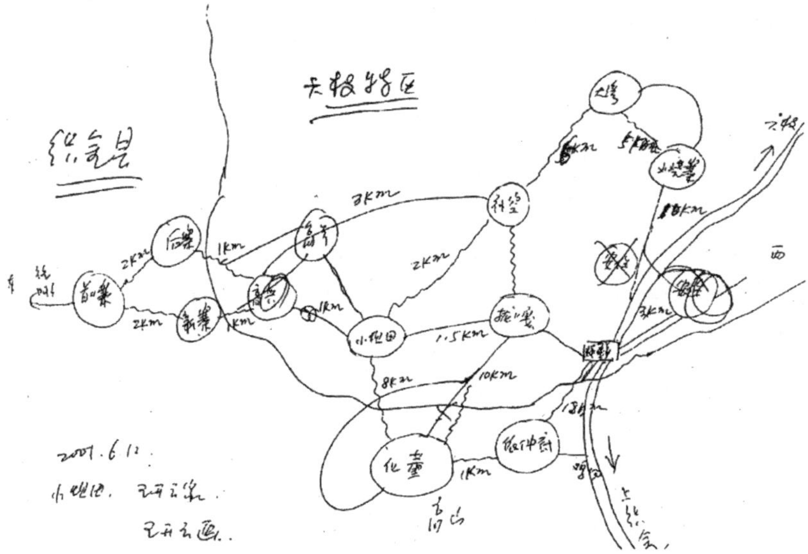

图 1-2-1　2001 年 6 月制作于小坝田

这是一幅由“箐苗”参与描绘的“箐苗”12 寨方位图，这幅方位图的描绘可能最蹩脚的，但可不可以说这是一幅“箐苗”的心中的方位图呢?！而这里包含的不仅是自然地理上的“学问”，还有比这多一点的东西。

“箐苗”12 寨，在六枝特区的有陇嘎、小坝田、高兴、补空、安柱、大湾、火烧寨，称“六枝 7 寨”；在织金的有全寨、新寨、后寨、化董、依仲底，称“织金 5 寨”。这 12 个寨子都是自然村寨的称呼，六枝特区的陇嘎、高兴、小坝田、补空为一个行政村，称为高兴行政村，属六枝特区梭嘎苗族、彝族、回族乡；安柱也是梭嘎乡的另一个村的一个自然村，分上安柱和下安柱；大湾、火烧寨属六枝特区的新华乡。织金的全寨、新寨、后寨、化董、依仲底 5 个自然村都属于织金县的阿弓镇。

陇嘎的苗语称呼为“母甲”，陇嘎是母甲的化音。其村现有 120 户，500 人（这是十年前的数据，今天已经有了很大的增长，但这是一个动态性质的约数，故不校正，下同）。这里的“母”意思是“族”，即族人居住的寨子。“母甲”可理解为，一个叫“甲”的族人居住的寨子。

小坝田的苗语称呼为“母侯跌”，侯跌在苗语中意思是铁锅底，母侯跌意思是一个如铁锅底的族人居住的寨子，但这个寨名在中华人民共和国成立初期让土改工作队员们感到很别扭，于是就改成了小坝田，而这个寨子的山窝里，实有一小坝田。这个村现有 55 户，230 人。

高兴的苗语称呼为“母依”。这里的“依”指的是布依族，“箐苗”自己说，这里原来是布依族居住的寨子。原先好山好水，说原来的布依人打田时，才去放水，打完田，水也放满了，后来，这一寨子人得病在不住（土语：住不下去了）才搬走了。

走的时候，他们用一口铁锅盖死了泉源，至今高兴的水都不好，高兴的苗人找遍了附近山洞，都没找到这口铁锅。高兴的名字也是中华人民共和国成立后土改时政府的干部取的，那时，母依寨子是梭嘎乡最为高寒的寨子，在贵州高寒往往与贫苦相连，而解放翻身的苗人哪还能高寒呢？此地改为高兴吧！于是在政府的“账册”上，此地就叫成了高兴。这个名字“箐苗”们没有什么异议，沿袭至今，现今外人也只知道这里叫高兴，而“箐苗”仍然清楚它还有另一个叫“母依”的名字。高兴现有73户，290人。

补空的苗语称呼为“母空”，现有118户，500人。

安柱的苗语称呼为“母自”，现有150户，600人。

大湾的苗语称呼为“母别”，现有260户，800人。

火烧寨的苗语称呼为“母司”，现有40多户，170人。

全寨的苗语称呼为“母奢”，现有60户，240人。

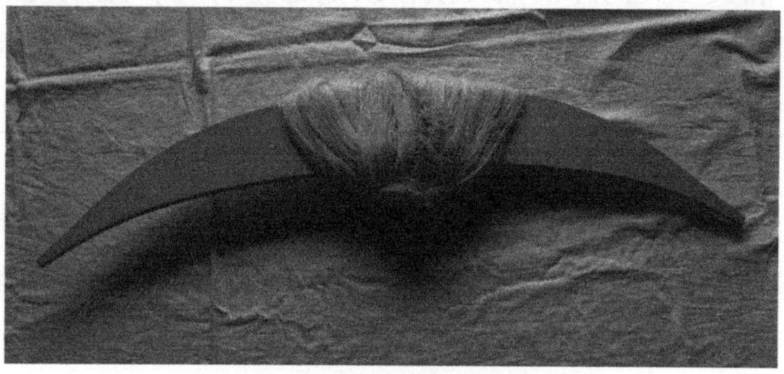

图1-2-2　“箐苗”的木角

新寨的苗语称呼为“母嘎绕菜”，苗语的“绕菜”意思是新来的，即我们新来族人的寨子。现有70多户，300多人。

后寨的苗语称呼为“母嘎绕苏”，苗语中的“绕苏”意思是老户，或老早就来的族人。现有50多户，200人。

化董的苗语称呼为“母龙”，现有100户，450人。

依仲底的苗语称呼为“母仲底”，现有100户，400多人。

以上称为“箐苗”12寨，此“箐苗”12寨统计数字约为1200户，4700多人。但据我们的观察和调查，这一地区的“箐苗”要多于这个数字，就寨子而言，这也是个约数，取12为圆满之意，在“箐苗”12寨周边，还有好几个自然村寨的“箐苗”没有算在内，具体的情况是这些周边寨子总或多或少有一些杂居民族，在观念上有不纯正的念想。这种念想直接影响到“箐苗”12寨的称谓。实际上的“箐苗”的寨子约有14寨或15寨，故有的学人称“箐苗”14寨、15寨都不应奇怪。

对“箐苗”12寨地理和风物的描述，杨耀荣先生1991年时就有一个已经对外“宣传”的文本。这个文本是这样的：

在“箐苗”居住的中心地带，织金县鸡场乡秦家岩脚，以及秦家岩脚周边含长角寨的40余平方公里的深山幽谷中，处处是奇山、异洞和怪水，皆鬼斧神工，变幻莫测，令人叹为观止，流连忘返。

一、家岩脚别有天

在离秦家岩脚三四里的地方，有一条逶迤而下的梯级高岩瀑布。喷珠涌雪，听向导讲："水大时周围四五里地都能听到瀑布的澎湃咆哮，路人皆停步下车一饱眼福。"沿500余米的石级，直抵秦家岩脚门缘——岩纤。此地名也许是阡陌纵横之意。五六百亩的水田旱地，豁然闪开，进入100余米宽的河道平地，抬头放眼，峭壁森严，峰回崖悬，刀砍斧削的百丈悬崖陡壁，围得像铁桶似的。岩顶是白云蓝天，阳光涌泻，两边半崖横空，一线栈道石眼，逶迤绵延，直抵田亩尽头，是方圆数十丈口径的大溶洞猛然衔接。洞中碧溪纵横，流水涓涓，水底的白鹅卵石像一颗颗莹润的珍珠，在流动着的水中晃动。

深洞中半山上留有溪水流过的痕迹，水沟栈道尽头，凉气沁心，数十丈高的大溶洞又一大门厅豁然开朗，顶壁霓霓有光，是阳光折射的水色波光。洞中或笑佛端坐，或雄狮睡卧，或玩猴倒挂，或寿星飘逸潇洒，或剑仙气势夺人……处处是千姿百态的钟乳石，处处水石皆鬼铸神造。向导说："若是洪水季节，筑筒大水轰然而下，唯有洞壁栈道沟能勉强通行。"洪水暴涨季节，那又是什么样的一番情景呢？

出洞口豁然开亮，亮光刺目。涉河而上，两岸连山，绝壁千尺，河水似练，翠峰如簇，两岸高崖或古松横生或古藤倒挂，亦是鹰鸟盘旋，山燕翻飞，鸟鸣猿啼，此正是万木葱茏的深山幽谷了。在这幽壁的山谷中，是松涛鸟鸣，也预示着小河奔故的歌舞英姿，两岸柱天奇峰蜿蜒起伏，削立长空，千姿百态。

顺河而上，过"一线天"，抵达真正的秦家岩脚。回首诸峰小，举目山势危。拾级而上，越过农家田园，秦家岩脚已在脚板底下了。猛抬头，一峰横挡路口，犹如一柄穿天利剑，亦似玉柱撑天，猛然横插河心，泰然耸立，刀削斧砍，不下500余米，堪为秦家岩脚的崖岛了。再拾级而上，曲曲弯弯，羊肠小道似一条飘带直系云天，玉石板铺就的千百级梯阶，晃若登天梯。叩南天门，门是铁皮包就的粗厚山木，伤痕累累，也不知经过了多少岁月沧桑。

进得山门就到了秦家岩岛，这里原是土匪驻扎，清军和苗族起义的队伍曾在秦家岩脚激战过。在这里，四五亩土地的岩顶完全可以自耕自食，在这500余米的高空俯视近水远山，对岸崖畔，有坐地航天巡视苍茫宇宙之感。环视一线，雄奇吐翠，直指云天，满山遍野的神奇绚丽风光，把山峰坡岭点缀得神气活现。近处的山，远处的山，都布满了葱

图1-2-3　制作木角

绿的松林。闻阵阵松涛，听鸟鸣猿啼。这些天籁之声在朝霞暮烟中回荡，实有超凡脱俗之感。

山门对面，其势如滚滚“天河”的半崖渠水，动工于1965年，修了26年方竣工，其工程之艰辛令人难以置信，皆一锤一钻地在三四百米高的悬崖绝壁上，硬开出一条长四余里长的崖石隧道，每开三四米远就横空开一石窗，吐碎石，见阳光，又继续凭自然光一锤一钻向前拓进，一直到悬崖大渠横空出世，可见开山人的毅力智慧，皆是当地农民的杰作。功夫不负有心人，这条奔流不息的“天河”水，灌溉了织金县西部数以万亩的良田好土，这数以万亩的良田在“天河”未开通时，尚是低产旱地，如今，这些地面已是米库粮仓。

秦家岩脚景地的近邻，是“箐苗”的12个古朴村寨，洞穴人家，清秀的长角女们的奇特头饰，“箐苗”精湛独特的古朴装束，热情奔放的歌舞，神奇的长角武功，生动有趣的恋爱婚配，井然有序的隆重“老喜”，祭祀信奉和“箐苗”的盛情好客，如此迷人的民俗风情，可谓“红花”“绿叶”！

二、鬼斧神工的溶洞群落

秦家岩脚西行12里，是乌江上游河沿的高崖绝壁，半崖是电影《云雾山中》的安家窗子洞，洞下的懒龙桥畔，是埋葬解放军烈士忠骨的烈士陵园。窗子洞边的高崖下，有一个花鱼洞，花鱼洞口径50余丈，往里走是石阶石径，井然有序，还有深不可测的龙潭水流漫漫。缺少光合作用的白草和阴竹林，更有五六尺长的“人脚印”。进洞时，竹草完好，出洞时，草竹往往如羊吃马啃，当地人说是河马所吃。洞内阴风习习，洞口凉气沁心，加上神仙鬼怪的迷信和“传说”，仅有血气方刚的中青年偶敢携火把而进，出洞的所见确实如此，讲得令人毛骨悚然。

花鱼洞旁边是躲兵洞，躲兵洞的知名度覆盖远近区县，洞口直径四五丈余。洞口离乌江上游河水位10余米，洪水季节也是二三米，洞中出来的小河水从半途钻入河底冒出水面，甚为壮观。进洞口是六枝特区新场新华两区交界接壤地，出口处是10余里地的织金县三塘区鸡场乡马家大屯下，即秦家岩脚。洞内大厅星罗棋布、纵横交错，如城市中心花园和大小十字街头。洞厅宏大，往往高达五六丈余，面积七八亩，或十余亩，且咫尺相连。当地人讲，好办大兵工厂，搞飞机场跑道也行。洞内神奇幽深，鬼斧神工，酷似田园人家，晨钟暮鼓，千奇百怪的钟乳石琳琅满目。洞内河溪处处，河中有潭，亦有幽静的湖泊。

每年春节期间，当地数千人云集躲兵洞口，或游玩，或闲坐，或谈情说爱，或商品交易，也有在洞内放电影、录像的，成了当地大山腹中的民族聚会地点，熙熙攘攘，人头攒动，有如繁华集市。

躲兵洞往乌江上游河沿上走不远处，是旧社会百姓躲兵匪避贼的保安大屯，保安大屯位于50余丈高的半崖上，是一块方圆五六十平方丈的高崖平屯。保安屯上方，是知名度很高的纳雍县白泥屯。白泥屯即纳雍县百兴区，四面高崖绝谷，屯上为一个区大部分地面。好个白泥屯，“一条路口进，来时骑大马，去时拄拐棍，高崖看走马，雄关古战云”。当地民谣如是说。

躲兵洞横下的大河沿岸，沙子河鱼坝的老鸦洞，更是天外有天。这里横贯的一条乡村公路在鱼坝拐一个折叠急弯，急弯的半山上，就是一个如老鸦张嘴而有舌的大洞口，洞口亦常有老鸦驻扎，于是，老鸦洞由此而得名。其实，酷似老鸦舌头的是一个方圆 10 余米的大圆山石，石径 40 余米。绕舌进洞，斜下走 500 余米，一大坡陡然而下，大坡有屯，屯上有径长驱直下洞底，洞底那个 10 余亩地的大石麻窝中，其自然光线皆由老鸦洞口注入，清晰可见。

进入第二厅，厅亦是一大石麻窝，高百余米，宽亦 10 余亩。其顶棚森然如第一厅那样如大铁锅反扣。厅壁的钟乳石目不暇接。一条小腿粗细的泉溪纵横其中，向四方涓涓流淌而去，直接进入叫黄家大浪的半崖大溶洞中，采硝人如是说，他们采硝的木船逶迤而进，进到“无边海岸的大海中”，惧怕而回。当地称为可怕的阴海子，最可怕的是惊涛拍岸崖时发出的轰然雷声，黄家大浪名副其实。

老鸦洞门厅有一道环形古石，当地人说是苗兵造反时，其头目自恃其勇，发誓要攻破老鸦洞这个“落地营盘”，但却被“落地营盘”中飞出的枪子绝命于石墙外，抛尸荒野。

“落地营盘”往里走的第二厅后壁，有仅够一人躬身而进的门洞，进去就是老鸦洞神奇的第三厅了。

这是一个两亩余地的溶洞厅，有一处酷似帐幔牙床，床前是石人演奏笙箫鼓乐，赫赫有曲有调有音，奇怪吗？那是水石风的碰击。老鸦洞至今完好如初。此洞厅有一后洞，都是千米余见方，足可建个足球场。

走出洞来，乃田园人家，道路山岭和前方吹风洞又历历在目。吹风洞，因昼夜四季不停吹风而得名，夏鼓凉风，冬鼓白雾，白雾漫漫变幻成洞边树木草棵上的颗颗露珠，方圆数十米白茫茫一片。

此处三五里地面上，尚有穿洞、水落洞、落水洞、老豹洞、朝天洞等 10 多个神态各异的大溶洞。相连的大河沿一带，还有云霄洞、者卜底硝灰洞更为神奇。大大小小成百上千个千奇百怪的而又神秘的溶洞群落，能成为类似躲兵洞等像样的溶洞不下近百个。

在这个溶洞群落奇观的地域中，是苗清决战的古战场，至今，在这个古战场的遗址上。俯拾皆是当年火炮遗物。其战场工事亦处处举目可见，那弯鱼塘处，则清兵坟中的长辫大牙处处都是。

三、怪水美如画

溶洞群间，“箐苗”新寨后山谷，距秦家岩脚 30 余里地，是一个四壁封闭的袖珍盆地，从海拔 1800 米的盆沿降落到 900 余米的盆底，有六七百亩田土和 10 多户人家，这就是方圆百十里闻名遐迩的雨不冲了，在 30 余米高的半山坡上。一道轰然而下的瀑布，声如奔雷，形似珠帘倒挂，落在地面却变成一条蜿蜒曲折的小河，顺山走势流淌在秀美的田园中，勾勒出两个“鱼”字，然后哗哗啦啦伏流不知去向。鱼群却是从两头伏流洞中，源源不断地供应上来，为绿树小桥流水人家的雨不冲，平添一番“稻谷香、鲜鱼汤”的情趣。

秦家岩脚距安顺龙宫、黄果树有五六十公里，距贵昆线电气化铁路30公里，距织金打鸡洞40公里，接壤于新兴工业城市高原煤都六盘水西部乡村，其开发前景，非常可观。养在深闺人未识，仙境原来在眼前。随着旅游业的发展，六盘水市的崛起，纳织煤田的开发，贵昆线、南昆线和内昆线的延伸，以及龙宫、打鸡洞的建设，近几年来，秦家岩脚的游人也随之络绎不绝，众人一致认为，仅这秦家岩脚的天然英姿，就足以和龙宫等地媲美，至于长角寨的溶洞群，尚鲜为人知。

这篇文章叫《“长角”苗寨的奇山、异洞和怪水》（文中的“长角”全部换成了“箐苗”），是作为“民族风情”发表在六盘水市的一家杂志上的。以下的文本亦同此。

这是一篇很好的游记似的文本，它描述了“箐苗”12寨及周边地区的地理环境的状况和性质，虽然“箐苗”12寨每一个寨子都有它特定环境，但大的地理环境也就是如此。贵州西部的崎岖高原是总的状貌，但每一个村寨都会有自己的特定“地理故事”，并且这些故事也能在一定程度上影响居住者的相应表现，更深层次讲，也能影响他们的文化生态的某些东西。从人文地理上来说，什么样的地理环境，就会培育出什么样的民族文化生态，或直接影响某些民族文化的构成。如这块土地出产什么样的物产，就直接影响到生存于这土地上的族群的观念表现的物质形式，“箐苗”12寨中有“麻”这一物品的产出，才有可能构成“箐苗”人服饰艺术表现的物质形式。

在这样的地理环境中，“箐苗”年复一年地生息繁衍，保存和发展了自己民族的文化，营造了一个自我感觉良好的民族生态环境。

第三节 “箐苗”文化概况

从政治上说，“箐苗”是一种自然性质较厚重的族群，在社区中并没有严密成型的纯社会组织的结构和相应的组织形式，没有寨际间的联盟形式，也没有“寨老”或相应称呼的领导者。当然，像部族联盟的相应组织形式，可能在时间不久以前的年代里是存在的，但随着历代中国中央政府对这些地区行政能力的加强，大的区域族群社会组织结构基本不存在，在局部地区，也许还有个别的相似的结构遗迹，但那也只是一种象征性的东西了。“箐苗”相关这方面的情况也概莫能外，他们现今关联形式早已不是一种社会性的组织，这种形式完全属于中国中央的行政范围，即不管“箐苗”的文化认同如何强烈，它都只能是某某县某某乡某某村的村民。故而，“箐苗”现今的关联形式基本上表现在民族文化规约和一些民族习惯法规约上，如现今“箐苗”寨子里的一般民事纠纷，基本不用我们现行的行政管理规范，而是通过自己寨子的老人依据民族自己古老的习惯法，自己就解决了。甚至于有些不关涉人命的刑事案件，也在自己寨内就处理了事，并不惊动官府。这方面，在婚姻管理上表现更为突出，“箐苗”寨子里的婚姻，长期以来，一直以自然习惯法为准。

从经济上说，“箐苗”12寨的经济是一种完全的沿袭了几千年未变的小农经济，经济上的普遍贫穷落后是其基本特征，且由于人口的过量发展，土地资源荷载超限，就传统的经济而言，已无奢谈发展的必要，只能是一种自耕自食，低水平维持人口繁衍的经济状况。不过，现代农业的一些技术成果在其中还是有一定的应用，如化肥、农药、杂交良种等都已进入“箐苗”寨子，影响他们的经济发展水平，即现在的“箐苗”的农业经济与纯粹传统的小农经济相比有了新的因素，水平也不能完全相比了。

图 1-3-1 “箐苗”妇女头饰

对这些方面，杨耀荣先生也有自己的文本：

“箐苗”仍然是“男尊女卑”，其家务、取水、抚育小孩、做衣和田间劳动等全部是女人们的事，男人仅是田地犁耙等重活和主持家政，从政独裁。

女人们也很会侍候男人，妻子对丈夫皆百依百顺，她们很讲究卫生和梳妆打扮，尤其是姑娘们，一天要梳洗打扮若干次，对头上的角特别留心。至今（1990年），仍有90%的长角女人不会讲汉语，上街买盐买布也就是男人们的事了。但男人中仍有25%不会讲汉语。男人一生的事务就是走亲串戚、赶场、犁牛打耙，独揽家政，似家中“老太爷”，衣来伸手，饭来张口。

“箐苗”文化落后。20世纪60年代以前，在“箐苗”中找不出一个识文断字者，连汉语也仅有少数人会讲，生产小队会计、记工员也要去邻队的其他民族中聘请。1968年，上级民委拨款2000元，由“箐苗”自己投工投木，在梭嘎苗寨集中的高兴村建三间教室，办起了“箐苗”的第一个学校——高兴小学。读满三年初小，就到15里外的乡中心完小就读。但时至今日，办学历史20多个春秋，全高兴村都是99%的文盲，至今，唯有两个学生读到初一。学校的老师是从外乡聘请来的一个年届花甲的老人，学生多达100余人，全是长角孩子，但最多读到小学二年级就辍学了。辍学的原因，是听不懂汉语，更不懂书本，对书本上的诸如汽车、火车、城市毫无感性认识。经济拮据又买不起书本，有幸读到乡小学的书本学费更无力承担。至于冬季取暖，因村小离煤山太远也买不起煤，其办法是：入秋，各位学生的家长就将柴火集在学校周围，进入隆冬季节，孩子在教室或球场或田边地角烧火取暖。

习惯势力的羁绊，也是文化上不去的一个主要原因，高兴村适龄儿童的入学率为40%。1987年以前没有女孩就读，1988年才有两三个长角女孩就读，现在（1990

年）也仅有七八个女孩入学。长角女从来不读书，10多岁就得学习画蜡做花绣朵做衣裙，否则，就视为无出息，长大了难找对象。因为“箐苗”找对象、恋爱、结婚，首先要看姑娘会不会雕花绣朵做衣裙。由于这样，“箐苗”继承了针线刺绣蜡染文化，却（在文化教育上）贻误了一代又一代的长角女。

“箐苗”的近亲通婚，也抑制了“箐苗”的发展。早婚，同样影响“箐苗”的人口素质。“箐苗”十六七岁就结婚的至今还有，若20多岁没有结婚，无对象，不生儿育女，就成为男无本事女无出息的谈笑资料和讥笑对象了。人言可畏，这些“光棍”们恨无地洞可钻，乃至不敢出门见人。

图 1–3–2 “箐苗”男性服饰

冷坝乡新寨村有一个24岁的长角女杨昌平，娘家在织金县吹聋乡，从小能歌善舞，在县、地的文艺舞台上独占鳌头，组织上作出免费让她去省城深造五年的决定，但这颗正冉冉升起的大山明星，在17岁就结婚生育儿女了。

“我过得很好，在家和亲人们一起生活、劳动。”这是杨昌平的原话，她是县人大代表，开会休息期间，常常坐在过道的水泥台阶上奶着自己的孩子，回答路人的问话。

“箐苗”12寨的人畜饮水都在不同程度上存在着困难，导致了卫生条件难以改善。1981年至1990年，冷坝新寨，全是“箐苗”聚居，因水质原因，死亡39人。至今，人畜饮水仍未解决，三里地的龙井山泉，几经周折也未能引入寨中。

“箐苗”住地，诸多原因，注定了难以摆脱的贫困。这个民族历来成了救济对象。

偏僻边远的“箐苗”住地，交通闭塞，山地贫瘠，主要种苞谷、洋芋。每年，整个梭嘎苗寨中，仅有两三户杀得了年猪，莫说万元户，连千元户也没有。很少有瓦房，“箐苗”们是土墙草盖，一牛一猪，就算是富有人家了。但不管穷困到何等程度，其灿烂多姿的服饰雕花绣朵和各种蜡画等独特艺术装饰却与生命同在。

每年春种夏管秋收大忙季节，“箐苗”们皆扶老携幼，自带农具，成群结队，拖儿带崽地倾巢出动。荷锄扛犁，牵牛带狗，下山去邻近汉家、乡场打短工。除供食宿外，每工报酬一两元不等，而“箐苗”自己的地，却因土地贫瘠，又无钱买化肥追施，管理差，更谈不上种田技术，往往是白打白栽。所以，从汉家耕地进入“箐苗”地界，特别是在青苗季节，“箐苗”那黄萎的庄稼地与汉家郁郁葱葱的庄稼地形成鲜明的对比。

“箐苗”，在旧习惯势力、近亲通婚、贫困交加和政治经济文化的低谷中，要发展振兴，还需国家花大力气和“箐苗”自身的努力。

这篇文章名字为《“箐苗”政治文化和落后的经济》，它所叙述的情况确实如此，虽然这10来年间已经有了很大变化（比如人畜饮水问题在六枝特区的大多数村寨已经得到解决），但基本面上的情况还依旧。当然，杨耀荣先生的这个文本是一个以汉文化价值体系为根据的文本，对“箐苗”文化的理解自然有偏颇之处。如一个民族的文化，严格来讲，我们很难用“落后”这个字眼来界定它。很难用经济的标准来决定它。

对“箐苗”的概况，我在1995年也有一个文本对它进行了描述，它也能是“箐苗”的一种概括。这个文本如下：

“长角苗”与当地或附近的“短角苗”“歪梳苗”“小花苗”等，都是一种他称性质的称呼，取于该民族男女头上承负发髻的像牛角一样的木质物体。这个东西一般为硬木扁形，牛角状，最长者有二尺五寸长，一般妇女平时都把这角绑在头上，形同人头上有角，故见者呼此类人者为“长角苗”。此称呼可能由来已久，并已得到“箐苗”的自我认同，但据知最初他们的自称并不是“长角苗”，而是自称为“箐苗”，现此称在我们调查时已经不很流行（不过后来人们又比较认同外界称他们为“箐苗”）。在对待他们的称呼上，官方和书面的正规称呼为“苗”并没有任何前冠词。

此族类人口约有4000多人，共分布在六枝特区与织金县交界的约十数个村寨中。据调查，他们约有三分之二的人口、村寨分布在六枝特区境内，三分之一的人口、村寨分布在织金县境内。此支系人口、村寨虽分属两县、区，但均是连成一片的，在祭祀、社交、族间活动礼仪等均同属一个小的文化共同体。该族支系内的中心一般在六枝特区境内的陇嘎、高兴等村，许多支系内的重大活动都在这些地方举行，这两个村或主要是陇嘎村的某些活动和事象对整个“箐苗”地区的村寨都有示范意义。

这个支系虽官方称为苗族，但有许多东西与一般或异地的苗族有许多不同之处。

语言上属西部方言区，与东部方言区的苗族在某些语言上也能相通。

生产状况属最落后的手工加畜力的村落式的小农业生产，林业、手工业及副业几乎没有。经济十分贫困，就其中的陇嘎村而言，基本没有瓦房，一般为木结构的草房。民族乐器上有芦笙、三眼箫、皮鼓等。三眼箫为此支系独有。

图1-3-3 “箐苗”女性服饰

民族服饰上，自织麻布、手绘蜡染、讲究刺绣。女上衣为无领、窄袖、带后幅，全为蜡染，衣衫左、右幅的边常为一个绣花带，袖后幅常绣花。

女下身为一百褶裙，带横条花。足穿钉子鞋（传统为牛皮钉子鞋，现多穿胶鞋），小腿处裹毛毡。妇女颈部有铜圈为饰物，小胫处挂一黑色毛毡（章维）。男子的传统衣饰也尚花色裙子、花腰带等。

有祭祀日“祭箐”或“祭山”等。

丧礼叫“打嘎”，有“等嘎”和“打干嘎”的习俗。

婚礼媒人最受气，有姑娘好找，媒人难找之说。传统的婚礼中有要猪头的习俗。

每年正月初四到十四的10天中，男女自由往来叫“坐坡”，大有古代婚姻形式的遗风。此节日中，整个“箐苗”地区，“花裙现四野，歌声起八方，芦笙茅屋起，草丛不夜天”，民族风情最为浓郁。

这是我在1995年发表的关于“箐苗”文化调查报告中的一段，也是概述的一个参照。

从政治、经济等方面来说“箐苗”的文化，肯定不会有太多的色彩和表现，但从民族基本文化而言，“箐苗”的文化则是鲜明的丰富多彩的。这些方面主要表现在婚俗“红喜”、丧俗“老喜”、出生礼和成人礼的“取名礼仪”，以及表现“箐苗”信奉观念的“祭树”“看鸡卦”等方面。还有一种反映过去“群婚制”或“伙婚”遗存的“坐坡”，也是其一个很重要的文化表现方面。

第四节　“箐苗”族源探寻

“箐苗”在这里生存了很长的时间，在这样的环境中，保存和孕育了自己独特的文化，已经是非常令人瞩目，不过，这个文化共同体的源头在哪儿，也是人们比较关心的问题。说实在的，在我们的调查中，对这样的问题有所关注，但不具体，故我们关于“箐苗”族源的探寻，要借用一些别人的材料来表述，如在“梭嘎文化生态保护站”工作的罗刚和郭迁二人就关注过这样的问题，进行过这样的采录。

关于“箐苗”的族源，他们采录过一些所谓的神话。这样的文字不一定能确定“箐苗”的族源，但关于“箐苗”的族源探寻，也只有这些文字，而且这些文字也是有一定参考价值的。

一、神话一

讲述翻译：熊华艳

记录整理：罗刚、郭迁

很久以前，有一位少女未婚而怀孕，十二个月之后生下一个肉团，少女没有告诉父母，就一直躲在自己的房间里孵着肉团。七八天之后，父母很奇怪女儿为什么一直不出房间呢。于是父亲来到少女的房间查看。这时正好少女起身到厕所去了，父亲到处找不见少女，就掀开被子，发现了肉团。父亲既害怕又生气，抱着肉团走出来，看见屋里烧着的一锅热水，便将肉团扔了进去。不料却听到肉团里传出嘈杂细小的喊救命的声音。

少女回到房间发现肉团不见了，四处寻找，终于发现了热水锅里的肉团，急忙抱了出来。父亲在旁边见状夺了过去，用棍子劈了开来，发现肉团里分成很多小格子，每个小格子里都有许多的小人。

少女看见肉团被劈开，伤心的晕了过去，醒来后看见母亲守在床边，便询问母亲。母亲悲伤地说，父亲因为生气和害怕，已经死了。小人却不断地长大，都出去了。少女伤心地说失去肉团她也无法活下去了，她要离开这里，让母亲跟在她后面，只要能看见她的背影就行，如果她死了，要上去看，如果她死时是面朝天，那么表示会有疾病白骨成山，如果死时是背朝天，那么表示有洪水来。

说完之后，少女就离开了家门，母亲一直跟在她后面，有一天突然发现她的背影不见了，走过去一看发现她死了，是背朝天。母亲悲伤地采来一些树枝，用茅草扎成架子盖住少女。这就是后来“箐苗”嘎房的由来。

母亲按照少女生前的嘱咐，回去通知那些小人搬到这座高山上来居住。果然不久，就发生了洪水，淹没了很多地方。小人们因为得到了少女的预先警告，没有受到伤害，于是就在高山上世世代代生活下来，直到今天，形成了梭嘎生态博物馆社区的十二个自然村寨。

二、神话二

很久以前，有一个少女在森林里无意中摘了三个干桃子吃，不料却怀了孕，吃一个桃子生一个小孩，最后生了三个小孩。

三个小孩都非常调皮，总是喜欢问一个奇怪的问题。他们问妈妈，为什么头上有蓝蓝的东西呢？母亲就告诉他们说，头上是天，脚下是地。

他们又问，为什么天在头上呢？我们要和它比赛。于是他们准备把天打到地上。母亲听了很生气，于是想出了一个办法：装病，说自己胸口疼。

图 1-4-1　“箐苗”女性头饰

儿子们很孝顺，但又不知道该怎么办，就去问神树。

母亲把自己的脸画成神树的样子，躲在神树背后。

老大来问神树，母亲就装成神树的声音回答他，说：你的母亲的病吃雷公的心才能好。

老二来问，母亲又是同样的回答。

老三来问也是一样。

于是，兄弟三人就一起去抓雷公。

雷公住在天的上面，它的雷电非常厉害，看见三兄弟过来，就放出雷电。老大和老二有点贪生怕死，心里一慌，就被雷一吼电一闪给击死了。

老三胆子大，就用手去抓，正好抓住了雷公的脚，将它抓了下来，绑在柱子上，剖开胸膛，取出心给母亲吃，母亲的病就好了。

但是上天知道这件事后非常生气，就降下雨来，想惩罚老三。老三穿的鞋非常好，他也很珍惜，怕淋湿了，就一直躲着水。

于是上天知道老三怕水，就放了洪水下来，淹死了他们。

三、神话三

从前，有一群人生活在一起，生活很安稳。不料，有一天突然发了很大的洪水，将所有的田地和房子都淹没了，大地一片汪洋，人们几乎全被洪水淹死。只有一对姐弟两人因为躲到木鼓里去玩，才幸免于难。

当姐弟俩掀开木鼓上牛皮的时候，看见到处都是大水，只有这个木鼓孤单地漂浮着。于是姐弟俩就开始想办法，怎样才能让大水退去呢。后来弟弟终于想到了一个方法，他用他们玩耍时带进来的树枝插入水中，于是水就沿着树枝插的地方流走了。

慢慢地，水流干了，可是新的问题又来了，他们的木鼓被挂在了半崖上，上也上不来，下也下不去。

姐弟于是开始寻找可以脱困的方法，他们发现半崖上住着一只老鹰，还带着两只小鹰。姐弟俩将小鹰抓了过来，依靠老鹰寻找的食物来生存。

老鹰寻找的食物根本无法养活两只小鹰和姐弟俩，又无法抢回自己的孩子，老鹰也感到很无奈，就对姐弟俩说："你们放了我的孩子，我就从这里把你们放下去。"

图 1-4-2 "箐苗"女孩

姐弟俩对老鹰的话有些怀疑，便指着地上的一块大石头对它说道："如果你能将这块石头从地上抓起来，我们就相信你能把我们放下去，如果不能，那就不行。"

老鹰飞下去将石头抓了上来，姐弟俩也相信了他，就放了两只小鹰。老鹰也就将他们从半崖带到了地上，姐弟俩从此就在半崖下生活下来。

过了一段时间，弟弟觉得太孤单了，就对姐姐说要和她结婚。姐姐不同意，说：

“我们是有血缘关系的亲姐弟，不能结婚。”

弟弟为了说服姐姐，便想了一个办法，说：“这里有两块石头，我们拿着各自上一个山头，然后将石头放下来，如果两块石头合在一起，那么我们就结婚，如果是分开的，我们就不结婚。”

姐姐同意了这个办法。

结果滚下的石头合在了一起——据说这就是后来的两块石磨的由来。

姐弟俩认为这是老天爷的意思，于是就结了婚。

没过多久，姐姐就怀孕了。到了分娩的时候，弟弟不在家，结果姐姐生出了一个不像人也不像野兽的怪物。

姐姐觉得非常奇怪，就用刀把这个怪物砍成了很多块。又因为特别生气，就将这些碎块拿到外边到处乱扔。

第二天，姐姐突然发现外面有许多人，他们还互相询问姓名。原来他们都是那些肉块变成的。

有些落在了野兽的背上，他们就以这个野兽作为自己的姓氏。落在羊背上的后来就姓杨，落在熊背上的后来就姓熊，而落在泥巴上的就姓王了（天下之大，莫非王土）。

这就是现在的以长角为头饰的苗族三大姓的由来。

四、“箐苗”的由来

口述：王秀珍老人（77 岁）

翻译：熊华艳

记录整理：罗刚、郭迁

据说，这支苗族原本生活在平原上，他们有一个首领称为苗王，传说苗王有一个神鞭，当敌人来进攻时，苗王只要将鞭子一挥敌人就会倒下。

汉人为了打败他们，就趁苗王出去打猎只有他女儿在家的时候，来到他的家用假鞭子将神鞭给换走了。

于是汉人又来进攻。由于失去神鞭，苗王也没有了法力，就被汉人打败了。

苗王带领大家逃到了贵阳黔灵山的深处，经过一段时间的辛勤劳作，终于过上了比较安稳的日子。

但是，汉人怕苗王又造出新的神器来对付他们，到处搜索苗人的落脚地，又发现了他们生活的地方。

汉人趁苗王出去打猎的机会，悄悄跟踪他，并将他打成重伤。

族人找到苗王时，他已经奄奄一息了，只是再三叮嘱族人，说：“我死了没关系，只要你们能平安地活着。你们赶紧逃吧，哪儿生有苦蒜，哪儿就是你们的家。在那里你们才能过上安稳的日子。还有，你们不能和外族通婚，如果有，大家就将他逐出本族。”然后又叮嘱族人用树枝插在头上，让汉人认为他们又造出了新的神器，就不敢追了。

苗人遵循苗王的叮嘱一直寻找着苗王所说的苦蒜生长地，寻找了许多地方，经受许多磨难之后，终于来到了现在的居住点——梭嘎。

梭嘎这个地方以前是大片的原始森林。苗人寻找食物的时候，在石头缝里发现了一株香喷喷的野草，根类似大蒜。放在嘴里尝了一下，味道有点苦，于是他们认为这就是苗王所说的苦蒜，这里也就是他们的居住地了。（如今的苗家也还在吃苦蒜，只是不能种植，还需到野外采摘，苦蒜并且有治疗肠胃不适的功能。）

就这样，这支苗族在梭嘎安了家。

图 1-4-3 “箐苗”的老神树

他们依靠本地的野生食物生存。但是因为人口众多，野生食物无法满足族人的生活需要。于是，苗王死后形成的两个带头人——也就是现在的寨老和寨主就与族人商议，决定将全部的两百多人分成十二组，以此地为中心散布开来，开荒种地，解决生活需要，就这样形成了现在的十二个寨子。

由于长期受到汉人的攻击，苗王规定大家不许与外族通婚，从此，这支苗族就形成了只在族内通婚的习俗。

离开黔灵山的那天，正好是三月上旬的龙日。苗人就将所有的鸡拿到山上去祭拜那棵最大并且一年四季都不会落叶的神树，祈祷以后的生活平安和幸福。从此以后，每年的那一天就成为这支苗族的“祭山节”。

在经过多年的种植野生植物的过程中，选择了适宜在高山上生长的苞谷和洋芋作为主食。

在生产活动中，人们选择了牛作为伙伴，并且在耕种中逐渐离不开牛了。于是，在人死之后，族人也会宰杀一头牛来祭奠死者。生时需要一头牛，死了之后也需要一头牛帮助。逐渐地，形成了对牛的崇拜，而且也慢慢地将当初插在头上的树枝换成了牛角的样子。

这支苗族在日常的生活劳作中经常遭受一些野兽——主要是鹿的袭击。大家就在牛角上缠上黑色的头发，并用白色的麻线绑紧，形成鹿角的样子，以此来迷惑野兽，对付它们的进攻。

久而久之，这种装饰就成了这支苗族的独有头饰。这就是“箐苗”的来历。

而头饰后面的小花，则是纪念为了苗族而牺牲的苗王。少年和老年所戴的头饰都是小一些的，大概有四五斤左右；中年人的头饰则要大得多，最重的大约有十多斤。男人在打猎和劳动的时候，则不戴头饰，只是将头发绾好盘在头上。

中华人民共和国成立以后，要求男人把头发剪短，于是也就无法再戴头饰了。从20世纪80年代以后，女人也是在比较正式的场合才会戴头饰，而平时只戴长角，不盘头发。

五、“箐苗”的由来（另外一说）

在贵州省六枝特区及织金县的边界居住着一支以长角为头饰的苗族——“长角苗”（又称“箐苗”）。据说，这支苗族原本居住于原来的江西湖广大朝门小铁门朱市汉。那时还不是苗族，而是汉族。后来因为天灾人祸，四处逃亡，从而逃往现贵州省贵阳市黔灵山。为了生存，他们在黔灵山上伐木造田，在山顶挖了几块正方形的地，在山腰挖了一片梯形田，过上了稳定的生活。

然而，好景不长，当他们正满足于此处的安居乐业时，风波又起——“吴王剿水西”一事随之爆发。原本，吴王并非为了剿水西，而是剿灭八家彝族霸主。但由于他们心地善良、胆小怕事，害怕吴王会剿到自己头上，于是再次逃亡，逃至深山箐林之中，为了避免吴王的追杀，他们改名换姓，并用毛藤裹在头上，加之又是在深山箐林之中，才决定将名字改为“箐苗”。头上所裹的毛藤渐渐转化为装饰品。慢慢地，这支“长角苗”也叫“箐苗”。为了纪念这支“箐苗”在黔灵山挖下的田地，他们才在衣服的两肩上画上两个正方形的花纹，代表其山上的地；在衣尾上盘上梯子形的花纹，代表山脚的田。他们所逃亡的深山箐林，就是如今十二寨苗族的故居。

原来这十二寨苗族所居的地方是一片原始森林，经过多年的毫无节制的砍伐，才使原来的绿洲变成了现在的荒山。

这支“箐苗”逃于森林中时，他们只靠野生食物及打猎为生。以石头、泥土及树木建造房子。在这块贫瘠的土地上过着吃不饱穿不暖的日子。尽管当时这支苗族只有两百多人，但靠那些野生的食物已不能满足生活的需要，于是他们就自己分成十二个组，每组以两人带头，各自在离原地不远的地方去找寻可食之物。就这样，每一组就在各自不同的地方定居下来，形成了现在分布于六枝特区和织金边界的这十二个苗寨，而带头的两人就成了寨主和寨老。

现在这支“箐苗”已从原来的200多人发展到5000多人，依然还是那十二寨子。当然，现在“箐苗”寨子不只十二个，但那些较小的寨子只不过是原来某个大寨子中的一个小小的分支。

为了纪念自己逃亡时所走过的山山水水，他们就将这些山山水水绣在花纹上，作为裙子及衣服的装饰品。

以自己的族群记忆和想象来表述自己的族源，以及解读自己文化共同体的一些状态和现象，是文化的一种自然现象，以上关于“箐苗”的描述也概莫能外。不过，这样的“箐苗”族源追寻，还是能反映一些族群记忆和历史印迹，对我们理解和研究“箐苗”的文化，也是很有价值的。

第二章 “箐苗”丧祭文化

丧祭文化在所有的文化共同体中都是居于核心地位的文化。在一般的文化观照和理解中，人们都是先从眼睛里看到这个文化共同体的服饰和建筑的形象，继而从声音中听到音乐和故事，并且都急于对所见所闻进行“解读”，但往往不去或者不愿意去深入“参加”他们的葬礼和祭祀，认为这是与自己的精神和观念是有“冲突”的……殊不知这样的“解读”往往是错的，因为在一个文化共同体中的能让别人“看见”和“听见”的东西都是源根于他们的葬礼和祭祀，要理解他们的葬礼和祭祀，你才能正确地解释你的“看见”和“听见”的东西。这一章内容就是这样的内容，它们在文化中处于非常重要的地位。第一节和第二节的内容以我们自己的调查资料为主，第三节以别人的调查资料为主，而且第三节的资料的民族文献价值很高。

第一节 “箐苗”祭祀与信仰

这一节的内容我们亦基本借用《梭嘎苗人文化研究》的描述。

信仰是文化的核心内容，也是文化中最难改变的东西，改变了其他外围的文化构建，也不一定能够改变信仰，但信仰要是改变了，那其他的文化也就很容易被改变了。在社会化组织程度很高的社会里，人们的信仰主要表现于宗教，而自然性质很浓重的族群文化中，其信仰则主要表现在一系列的祭祀上，故我在《居都》一书中曾这样表述过：“一个民族文化的核心部分应该是它的祭祀，因为该民族群体的许多方面都能在祭祀中得到较为充分的表现。同时，它也是一个民族共同体成员相互认同的最重要的一个方面。民族的节日、丧俗、婚俗、语

图 2-1-1 陇嘎村长老祭祀老神树

言等在一定程度上可以相互影响，可以借用、改造、参与，可以容忍许多变化、差异。可是，如果所信仰和崇敬的东西不同一，即不是这个种属的范畴，那么，这个认同就很可能不能成立。因为在很大的程度上，其他的东西是可以学习，可以‘拿来’并使用的，可在祭祀上则不行。可以说，祭祀除了具有多种功能外，‘种属象征’当是其中最重要的一个功能。”（见《居都》第 28 页，吴秋林，贵州人民出版社 1997 年版。）“箐苗”文化也应该如此来认识。“箐苗”文化中的祭祀和信仰的表现是较为充分的，祭树或祭箐是其信仰的主要表现，在“老喜”等习俗中，也有许多观念和信仰的内容。

对“箐苗”祭山林，1995 年我们采录有一个个案。

一、“箐苗”祭山林

讲述者：熊玉安、熊玉文（熊玉安，男，时年 50 岁，父亲原是寨老，自己在十多年前得了“弥拉”，对本族的鬼事很熟，大多这方面的事理都由他来主持。熊玉文，时年 32 岁，父亲很早就是红、白事的主持人，此人现为该村村主任。）

讲述地点：六枝特区梭嘎乡陇嘎村

讲述时间：1995 年 1 月

采录人：吴秋林

“箐苗”虽然是苗族，但祭礼却与其他苗族差异很大。他们不杀牛祭祖，也没有祭祖（这里与杨耀荣先生所说的“捏秏子粑”的文化事象可能有不同的地方，因为此事包含了一定的祭祖内容，但具体的情况不详，且存疑）的习俗，而只有祭山（也叫祭箐），他们自述为他们所有族内活动最大的最重要的活动。

图 2-1-2 陇嘎村长老在祭祀中看鸡卦

祭山的日子为每年阴历三月的第一个龙场日。

每年由几家，在陇嘎村具体由七户人家操办，即由他们几家挨户收份子钱，然后去买七只鸡（这种情况在其他村也许只有两三户，买鸡也是两三只不定，因其他村祭的箐林或许只有一处，而陇嘎村一年要祭三处箐林）。据述：他们原来是用猪祭山的，现在改为用鸡祭山了，大约改了几十年了；祭祀除了鸡以外，自然还有一定量的烧酒。

除了鸡、烧酒，还得上山砍一棵竹子，金竹、苦竹都可，取中间一截，把一头剖四片，一头不剖，握住竹子不剖的一头，一摇，另一头就啪啪作响。同时再取一棵竹子，不修上部的枝，并用黄篾把散开的竹枝箍拢，成一个大扫把状。

有了这些东西，到祭祀这一天，先进行的是扫寨。

扫寨得请一个“弥拉”，他拿着公鸡一只（扫寨必须是公鸡），另一手拿着那响竹，从寨中的随便那一家开始都行。到某一家，一同扫寨的随行人把那大竹枝插在大门口，弥拉就提着公鸡，打着响竹，边走边说：“今年鬼大得很，把鬼从家里扫出去，给这只鸡背去。”（用苗语）弥拉要在这一家的每一间屋子都走遍，并且每间屋都得撒几颗黄豆，意为打鬼。然后才走出此人家门。这家人呢，就得用一块布包一点灶里的灰，包好后绑吊在大门口的竹枝上。

每家都是如此，家家都扫完后，弥拉和扫寨随行人就一起拿着鸡、大竹枝，从西边的路口出寨，一直到一个三岔路口，把公鸡杀了，用鸡血洒在竹枝上。弥拉这时说：“鬼让你（指鸡）背走，年年都不会回来。”

最后把竹枝丢在路边，扫寨即完成。

另外有一点得补充，即扫寨前，寨子的东、南、北三面的路口都拉上一条绳子，意为封住了，待弥拉他们从西边出寨时，又随即把西边的路口也用绳子封了起来。

鸡拿回来，把鸡头砍下交给寨上主持人（一般是寨老），鸡肉弥拉和几个扫寨的就可以吃了。

扫寨一般是祭祀这天上午进行，接着就开始真正的祭山了。陇嘎村每年要祭三处箐，具体地点都在某一棵大树下，最先祭的是寨子下面的那棵大树（我给它们称呼为“下箐”“中箐”“上箐”，是按高度区分的）。

祭下箐得用两只鸡（公鸡、母鸡要求不严，但一般还是要用公鸡）。寨老领着村里愿去的人，一般要求家家都得去男主人，但不去也没人去责怪，小孩是男的也可以去，但女人和女娃儿都不能去。到了下箐里的一棵大枫香树下（此树很大，有两三人合抱之围），先在树下用树枝搭一个小床模样，意为山树神有个魂魄的坐处，然后主持人（说此箐是杨家长房主持如此说的）又取一截木棍，剖两半，用一个碗倒上酒，用剖两半的木棍蘸上酒，摔在树干上，说：“今年给你大神树喝酒，给石山岔口喝酒。”接着杀鸡，把鸡血洒在大树脚、树上，并扯鸡毛蘸血粘在树上。血不洒在小床上。

把鸡煮熟了，剔出鸡腿骨；看鸡卦，看完鸡卦把鸡腿骨插在大树干的缝里。此处的祭箐算是完毕。

鸡卦有如此说道：鸡卦上的一个眼为一筹，两个眼好，白雨（冰雹）不落地；三个眼好，兆丰年；四个眼好，白雨不落地；五个眼凶，遭白雨之灾，六个眼、七个眼也为好。此鸡卦主要预卜当年的庄稼好坏收成。（从此事象看出，白雨是此地庄稼的主要自然灾害，说明过去这里自然气候恶劣，常常风云突变，冰雹灾多，故白雨成为此地自然灾害的象征物了。）

鸡肉在当时煮熟了还要端到神前供奉。

这个箐林祭完后，人们又到另一个箐——我称为“中箐”（即此寨的后山半腰）再祭一次，方法同下箐祭的一样，也是要用两只鸡。

祭完中箐，最后就到最高的那个箐的一棵神树脚（是一棵青冈树，很大，早已朽了，前几年已经倒了，但祭祀地方不变），祭法与前面两处一样，但全部男人得上山，寨老领头说："野兽出不出寨子子？"众人应："出！"寨老说："各种病灾出不出寨？"众人应："出！"寨老说："鬼出不出寨子？"众人应："出！"如此应答，意在驱灾、驱鬼，因而要求每个男人都得来出一把力，把野兽、病灾、鬼驱出寨子去，这自然是全寨每个男人的分内事了。

图 2-1-3 "箐苗"扫寨仪式

最后一棵大树下，不知何年何日埋下了一个土陶罐（观察到颜色是白色），里面装满了去年祭山时装满的水。在祭山的这一天里，由一个属龙的人挑水上山。祭完山后，打开盖子（盖子是一块天然的石板），由属龙的人打开，如果坛内水是满的，预兆今年好丰年，水下去了少许，是正常年份，问题不大，添上水就行了。如果水下去了很多，今年年成就不会好了，添满水后盖好，但今年寨人就得小心行事了。

此水罐很为寨人看重，平时没有人敢去动石板，怕寨里出了什么事，一寨人都会怪罪他。每年在加水时，如发现罐子破了，得马上更换。

此水罐还能预知寨内一年中关于火灾的情况，如水下去得多了，就会认为今年要遭火灾，各家就百般小心提防了。他们叫失火也很有意思，不叫失火，叫失水，好像失火不是火的问题，而是失去了水（罐水）的问题。

三个地方祭完，水也加满了，就把三处的六只鸡拿来，全部剁碎，每家分一份，带回去吃。

留下的七个鸡头，就派人分送到轮到下年操办此事的人家，下一年就有操心此事的人家了。

他们以此叫祭山是对的，要祭山得有个具体的形象，这形象就是山上的箐林了；箐林祭之得有个具体的点，那就是箐中长者或奇异者——某树了。

这样的箐林是受到寨人严格保护的，大概也是寨上公产，箐中树木谁要是偷砍了。如果认错态度好，负责祭一年的山就行了，如寨中人认为他态度不好，就得罚他的酒，让全寨人都喝醉为止。平时，箐中的枯枝落叶也是不让人动的。

陇嘎村的这个个案采录时，他们带领我查看了三处箐林中的两处，后山的那个装水的坛子，我们还打开看了看其中水的情况。

在我调查这个个案时还得知：四清时，工作队以清除封建迷信为名，要砍箐，全寨人以搬走为胁迫，才保住了此寨经过数百年保护起来的箐林。但现在箐林也不是很大，周围的树也不是很多了。

另外，此寨的三个箐林都祭的现象值得探究，有迹象表明，原本时，此寨祭箐是以氏族为单位的，祭箐日期是否一致也不清楚，是不是后来归集体了，为了方便，笼而统之算了，而成今天的情形的。这里有两个有力证据，一是此寨主要有三姓：杨、熊、王，而寨里正好有三个箐；二是熊玉安讲述下箐祭祀情况时，明确表示，说祭祀词及摔木片只有杨家如此。这方面的情况又与当地仡佬族的按氏族祭树、祭山的习俗是一样的。

据知，“箐苗”的其他寨子的祭箐、祭山林也与此大同小异，故这一个案基本可作为“箐苗”祭祀的一个范本。

这个个案的内容包含大，它包含了三个方面的内容：一是“扫寨”；二是预测和祈祷今年有一个好的收成；三是祈求箐中的神灵——树神保佑全寨平安，诸事顺利。这三者都可以作为单独的重大的村中祭祀来举行，但这里都合为一个过程，成为一个祭祀活动的不同部分，说明“箐苗”对自然神灵的敬仰呈淡化的情态，还有，经济状况的不好，也是淡化祭祀的重要因素。由于是多个祭祀内容的组合，其中表现的观念也是多样的，苗族特有的鬼观念，体现在“扫寨”的驱鬼上；而在贵州西部普遍存在的对自然生命力的崇拜，则表现在祭箐上面；对水灵和庄稼灵的信仰，又含混地出现在看水的盈亏中。在“箐苗”文化中，神灵、鬼怪是无所不在的，但也是含混不清的，在他们的意识中，畏惧和敬仰也是含糊不清的。

图 2-1-4 扫寨仪式前往下一家

祭箐、祭山林、祭山石等祭祀，在贵州西部的其他少数民族，乃至汉族中都是普遍现象。要完整、充分理解“箐苗”的祭箐，肯定得参照他们的相同祭祀。

下面，我们录入一个六枝特区居都仡佬族的个案、一个周边地区彝族的个案、一个广西隆林县仡佬族的个案。

二、六枝特区居都仡佬族的祭树

讲述者：李发旺，男，时年 65 岁，（是李发胜“长房主事人”的同辈兄弟）

讲述地点：六枝特区陡箐乡居都村

讲述时间：1995 年 1 月

采录人：吴秋林

李发胜宗属的李家人户都用的是以下的规矩、日期，祭祀的地方也是同一的，要举行祭山、祭树活动时都由李发胜带领全姓宗属的人一起进行。

祭山、祭树的日期是农历三月的第一个虎场日，具体运用要看当年的农历与山区场期排列交合的情况，或者是农历三月的初几，或者是农历的三月十几不定。这种祭祀活动历时三天，第一天要祭一个地方，第二天给死去的祖先挂纸，第三天祭另外一个地方。

第一天祭的是一个叫“小神箐”的地方，或者说是李发胜宗属祭祀的比较小或次要一些的地方。这里同样有一些山石和树，具体的位置也就在数棵树当中比较大一些的那棵树脚下。此次祭祀的用品是一只白色的公鸡、九个饭团，还有泡木枝以及白酒等。购公鸡的费用是姓氏中的人共同凑的，饭团、泡木枝、白酒由长房主事人准备。

这一次祭祀上山的时间一般是中午，山区的时间概念不很准确，在太阳上升到差不多的高度，长房主事人觉得到时间了，就招呼人拿上祭祀的东西，带领李发胜宗属的人上山。此次上山一般要求一户人家去一个男人，成年妇女不能去，男孩女孩都可以去。这次上山祭山、祭树，要求是每户都去一个男人，大多数都会去，也有不去的，不去的也没有什么处罚的规定，要求并不是很严格的。

到了祭祀的地方，长房主事人先用泡木枝在一棵树下（每年都在这棵树下，此树一般都是青冈树、香樟树、冬青树等树木，是这片树林中比较茂盛和常青常绿的较大的树）搭一个小棚子，形状如山间守青的人字形窝棚，只不过很小。此象征为祖先的住处。搭好棚子，摆上饭团，长房主事人就把那只白公鸡提在手上，用仡佬语念请祖先来享用。大意是：“今天时间到了三月，我们大家来献鸡给祖先，请祖先享用吧！”还说：“我们的祖先来到陆地时，最先是住在树上的，我们现在在树下祭祀祖先，望祖先保佑我们。”等等，说完后，就杀鸡，把血滴在树下或洒在树干上。由长房主事人向大树磕三个头。杀死的鸡用开水烫下鸡毛，弄干净，就放到早已烧好水的锅里，稍稍煮一下，成型后就从锅里拿出来，整只鸡就放在树下供起来，鸡旁边放一碗酒、一碗饭。长房主事人这时在一旁用马勺（一种长柄的小木勺）舀饭、舀酒，轻轻倒洒在地，并掐鸡肝，一点一点地丢在地上，他边做动作边说，请祖先来享用饭、酒、鸡等。这个过程就是祭祀中的最重要的内容——供献，居都人统称为“信（献）饭”。

供献仪式完毕后，到山上去的人就把鸡回锅再煮熟，就着鸡肉喝点酒后，大家就四散回家了。这样，第一天的祭祀就算完成了。

第二天，李发胜宗属的各家各户分头上山，到自己已故老人的坟前，放上一碗酒、一碗饭、一碗肉，各家各户的当家男人也是用马勺舀一勺饭、一勺酒向自己的祖先“信（献）饭”。有时，有的人家还在坟上挂上“清”，（贵州山区挂在坟上的一种祭奠物。它是白色的棉纸，用工具打上对称的波浪线，撕开，用红纸系住中腰部，一端系在一根棍子上，棍子插在土坟顶部。）因为不管是轮到什么样的虎场日，时间上大致也是清明节前后，这方面也受汉族习俗的影响。

第三天，才轮到正式的祭山、祭树。这一天李发胜宗属祭祀的地方叫"大神箐"，它在"小神箐"的附近，形式上都差不多，但此处的山石、树木都要大一些、多一些。这天早上，长房主事人要早早地寻找到一种叫"耗子刺"的植物和一些泡木技，并把它们做成碎木花，另外，还得准备三十根金竹。用来供的粑粑也得由长房主事人操办。粑粑捏成一公一母的两条龙，公的装上角，同时还得准备一个鸡蛋、一只童子鸡。

图 2-1-5 "箐苗"耗子粑节中的祭祀仪式

做完这一切，长房主事人就得行祭祀前的看鸡卦的事了。长房主事人拿着一只鸡（这只鸡应该是长房主事人准备的鸡），心里祈念当日行祭之事，以及当年的吉凶祸福诸愿。祈念之后，长房主事人在家里用手把鸡捏死，以后把死鸡从门里丢到门外。外面早已等待的其他同宗人，立即把鸡的腿骨剔出来，看腿骨上面的眼洞，这眼洞他们称为"筹"，以预示当年的吉凶。鸡腿骨上的"筹"如何，有许多讲究，但不管"筹"如何，似乎并不影响这一天的祭祀安排。

看完鸡卦，并由长房主事人门外的人把此鸡煮了来吃，并同时吃了中午饭后，长房主事人就开始一家一户地"转灶"了。转灶由长房主事人领着，一个人抬着那对龙粑粑跟着。每家出一只祭祀用的鸡（不论公母）用一个笼子装好，由两个小孩抬着跟在身后。到每户人家时，此家的全部人口都得站在灶前。长房主事人来到灶边，说："时间到了，我们来祭祀祖先。"边说边用手撒一些耗子刺、泡木枝做成的木花，并献上一些水酒，最后带着一行人围着灶转一转。如有的家灶在墙角，转不成圈，也得把所要用祭祀的东西在灶前过一遍。此家转完，又是下一家，同样也得如此程序来一遍，直到把本宗属的人户全部转完。

转完灶，全宗属的所有男人就得抬着鸡笼、水酒、祭祀用的其他物品，跟随长房主事人来到那个"大神箐"的地方。这时候，所有寨子里的本宗属的男人都会参加祭祀，一般没有不参加祭祀的男人。到了大神箐，人们先用那三十棵金竹绑扎成一个不小的人字形窝棚，高三米多，宽、长都近一米，并在棚里放一个编好的竹炕笆。这个炕笆是仿照他们每家每户灶头顶部吊着烘东西的那种炕笆编的，只不过小一点。放好炕笆，把那一对龙粑粑放在炕笆上，再把转灶用剩的碎木花倒在树脚。这个棚自然是搭在树脚的。做完这一切，长房主事人就开始念请祖先了。所念请的内容与第一天在小神箐处念的一样，也是用仡佬语念的，随即把一只公鸡和一只母鸡杀了，把血滴在粑粑龙上以及树脚、树身上。接着，把这两只鸡烫好，弄干净，并稍稍煮一下，成型了就取出来放在炕笆上，再加上酒、饭、鸡肝，长房主事人又用马勺舀饭、舀酒，用手掐鸡肝，把鸡、饭、酒等历数，给祖先“信（献）饭”。如前面一样供献一番，然后大家就把剩下的鸡全部在那里杀死，烫干净，掏出鸡杂来“打平伙”（即大家把鸡杂在那里煮来下酒），而鸡肉则由各家各户带回去自己处理。以鸡杂下酒时，进入了娱乐的时间，年轻人有兴趣还可以唱歌、吹木叶等。最后，参加祭祀的人就陆续回家，这天的祭祀活动也就结束了。

整个祭祀活动，在请祖、转灶等严肃时刻，都说的是仡佬语。李发胜宗属的祭祀现场不禁止说汉语，但同样禁止成年妇女参加祭祀活动。

另外，听说上面祭祀的神箐实际是李发胜宗属的大神箐和中神箐。他们一共有三个神箐，分大、中、小。除了上面的两个神箐外，他们村子附近还有一个小神箐。这个小神箐不祭祀，或不正规祭祀，而是这宗属的大人、小孩、老人、妇女，有个什么小病小灾、头痛脑热的，要杀鸡祈愿，求祖先保佑时，就到这个小神箐去。

以上的个案，是“箐苗”周边的共同地域中的不同民族的类似的个案。仡佬族和“箐苗”都是长期生存在这一地域中的民族，山、树都是他们离不开的事物。在贵州，大多数民族并不祭山、祭树。据《贵州少数民族节日大观》记载，苗族的节日74个，布依族的节日34个，侗族的节日21个，水族的节日7个，仡佬族的节日11个，土家族的节日6个，彝族的节日12个，瑶族的节日4个，回族的节日2个，毛南族的节日2个，其他的节日12个。在如此众多的节日中，大致只有贵州西部的仡佬族和“箐苗”，以及彝族等其他民族中有祭山、祭树活动。这说明一个什么问题呢？我以为是地域环境生态状态的长期影响所致。在20世纪50年代以前，被当地族人称为“箐林”的植被还“铺天盖地”地覆盖着大地，这种“箐林意象”也许在许多个世纪里一直作为自然的主意象“浸染”山箐中的每一个族人。在这样的自然生境中的仡佬族人、部分彝族人，以及其他族人，为什么不祭山、不祭树呢？年年岁岁，林中传来的生机与活力，都坚定地支持着族人的最朴实无华的生命信念，故而，不管以上祭祀形式上表现如何，都与这一环境生态紧紧相连。

无疑，“箐苗”的祭箐，包含了鬼神观念等内容，但它的主要表现仍是一种自然生命力的崇拜。这种自然生命力的崇拜又主要体现在“鸡牲”和“树的意象”上。“杀鸡”，从某种意义上来说，与杀牛、杀猪、杀羊、杀马等的性质是一样的，都可以称为“血牲”，都是利用这些家牲、家禽的血来表达一定的意义。只不过有一点可以肯定，大牲畜的“血牲”出现一定比小型的家禽“血牲”要早一些。据我们现今所知，公猪“血牲”应该是公鸡“血牲”的前身，但由于经济的、公鸡本身的旺盛的交配能力，还有方便及其他一些原因，公鸡渐渐取代了公猪。这些，在居都祭祀活动的表现中，形影仍是清晰的。“由此而来的公鸡血祭的寓意，也就是‘生殖力’，希望、祈愿通过此形式，把公鸡一样的旺盛的生命力注入他们的生存空间，使大地里的种子（记住，他们举行祭祀的时间都是生命复苏的孟春三月）受到那种神秘力量的影响，或者说是为了让‘种子’受到某种‘精力’的感染，产生出发达旺盛的后代，如此庄稼也就能丰收了。扩散开来，人也能接受这种‘传导’，使人丁兴旺起来。”（《居都》第 46 页，吴秋林，贵州人民出版社 1997 年版。）

以上是我在《居都》一书中对居都仡佬族人祭树个案的分析，它实际上也能用于“箐苗”祭箐的分析，据知，“箐苗”的祭箐最初也是用的是猪。

“另外，居都人的这样的祭山、祭树还有更深一层次上的意义，这就是直接的生命和生殖的表象意义。这是我们一般意义上的祭山中所没有或不那么明确的。在祭祀的历史中，这些祭祀人如果在有条件的时候，他们选择山会选择一个森林最茂盛、最葱茏、最有活力的山；而从中选择箐时，又会选择最有活力的箐；进而选择树时，又会从青冈、冬青、香樟三类树（为何要选择它们呢？原因很简单，冬青和香樟树都是这山区最常见的常青不败的树木，而且冬青的花和香樟木本身都有一种迷人的香气；至于青冈树，它虽落叶，但它的籽实却一直是某种旺盛生命力的象征）中选择最大、最老，长得最茂盛、最具生机的树作为他们的祭祀对象，这其中的意义几乎在全球的各自然民族中都是相同的，即生机和生命力的象征，并祈愿通过一定的祭祀把活力渗透给崇敬它的人。”（《居都》第 46 页，吴秋林，贵州人民出版社 1997 年版。）这个对为什么要祭祀山、箐、树解释，在“箐苗”的祭祀中也是如此的，也许现今举行祭祀的族人并不能解释他们的行为，或者他们有另类的解释，但他们祭祀的意义，从根本上不会超越这个范畴。

对于“箐苗”的祭山林的行为，其他人也有关注和采录，亦录于下，以存不同角度的采录供参考。

三、梭嘎“箐苗”祭山节

口述：王兴洪（陇嘎寨村民）

搜集整理：周安贵

据说很久以前，“箐苗”的祖先居住在平原地区，是个大富翁，因为受人陷害，只好带领家眷逃到深山野箐中，一代一代生存下来。为了掩护自己，他们模仿箐鸡的颜色和花纹来做衣服；为了记住祖先们过了多少道坎、越过多少条河、翻了多少座山，箐苗妇女至今穿的裙子自下而上都是一道血红，一道乳白，一道青黑的交错出现。因为有了山坡、河流和大箐他们才得以生存自今。为了纪念山水箐的深恩，箐苗十二寨每年都要举行祭山活动，祭山节的日期定在每年三月初一至三月十二的龙日（即辰日）。

祭山日之前，负责祭山活动的七户村民分工，到各家各户收钱，一般每户收 2—3 元，困难点的人家就拿 2 元；60 岁以上的孤寡老人只拿 1 元。七户人家各人履行自己的职责：一家负责祭山；一家负责搓草绳、扎毛人；一家负责管龙坛；一家负责扫寨；一家负责管肉；其余两户人家，哪样不来做哪样，负责配合。

收来的钱在祭山节快到时买鸡七只，剩下的打酒。

祭山节主要有三项活动：一是扫寨子、扎寨口；二是祭龙坛；三是祭神树。三项活动一项接倒（着）一项，每一项都由一个成头的人负责。

龙日到了，箐苗十二寨男女老少一齐上山，每个寨子都热闹起来了。从上午辰时开始，拉鸡的（用米草绳拴着鸡的翅膀，在路上用人抱，走到哪家都过拉），扛竹子的（一根大竹子，不修枝桠，走到哪家就挂一小包煤灰，扛竹子的人只能站在门外），用簸箕抬黄豆的、用竹竿打墙的（用三四尺长的竹竿一头剖成七八瓣）、请人祭神树的，还有弥拉（传说中跟鬼神沟通的人）都上阵了。弥拉念咒语到哪家，鸡就拉到哪家，一间房子一间房子地转，叫“扫”。

图 2-1-6　“箐苗”耗子粑节祭祀仪式中的祭品

抬黄豆的人用手滚动簸箕里的豆，叫“摇”。拿竹子的人一面墙一面墙地敲，叫“打”。“扫”“摇”“打”之后，弥拉就问“病魔除不除?”“除!”弥拉问一声男女老少紧跟着大吼一声，“除!”“天罗地网除不除?”“除!”“口嘴除不除?”“除!”“哭神除不除?”“除!”“瘟疫、五鬼、坐星、凶神恶煞除不除!”“除!”走出门外，一个小布袋装的煤灰便迅速挂在那根的大竹子的丫枝上了。这煤灰象征着各种坏的恶的东西都装进袋子带出去了。一个寨子一家一家地扫，从东南方向开始，到西方结束。最后，大竹子扛的一家一小包煤灰就在西方路口上扔掉，又用草绳扎了路口，还拿毛人把守。同时杀鸡，用鸡血洒在西方路口上，扯鸡毛粘在竹竿上。象征各种坏的恶的东西吃了鸡毛和鸡血。进寨子的每条路口都要用草绳两边拉上扎起来，并且由两个毛人把守。

接下来是祭龙坛。龙坛埋在寨子背后的山梁下（不知是哪朝哪代的老人埋下的，一般在新建寨时就埋下了），坛口用薄石板盖着，任何人都不敢动，由一家人常年管理。只有祭山活动这一天，由负责管理龙坛的人家来打开，并挑一挑水来加满（用一个专门的木瓢，这木瓢由专人管，一代传一代）。如果要加三四瓢水，说明今年年成不好；如果只加两瓢多水，说明今年年成一般；如果仅仅加一瓢或一瓢半水，说明今年是个好年成。

加满水后，又将石板盖上，只有到了来年才由另外负责祭山的人来打开，加水。

最后是祭神树。神树是箐林中一棵最大的四季常青树，由一家人专门养树。只有这家人才有资格、有权利祭神树。所以要派专人去请来。

祭神树时，收柴的收柴，烧水的烧水，等锅里的水冒（开）了，祭神树的这个人就从神树上砍下一小根拇指粗的枝来，再从大的一头砍成三寸长的一截，剖成两半边，象卦（用来敲神树）。剩下的树枝砍成十多截小棒，搭个二十来厘米宽的小棚子在神树脚，祭神树的米饭、甜酒就放在小棚子里供上。这时，开始杀鸡了，鸡血全部洒在神树上和小棚子上。把鸡烫好把毛整干净，先拿鸡的内脏和鸡卦肉放在锅里煮，煮好后捞出来，与米饭一起在神树脚供。边供边用两半边刚才砍好的小木块在树上敲击着，说：“神树神树保佑我们寨子，让白雨（冰雹）大暴雨全部下往其他地方去！让灾难、病虫害全部往其他地方去……”念完把鸡卦上的肉吃了，接着看鸡卦，鸡卦看完后就挂在神树上，年年都是这样。

扫寨、祭龙坛和祭神树三项活动结束后，把七个鸡头分给下一年成头的七户人家，七个人当场把鸡头吃了分工，哪个管山，哪个管水，哪个管哪样就定下来了。新负责的人即当着寨子里的所有男女老少重新宣布：“谁砍了神箐一棵树，罚酒12斤和一对鸡（每只五六斤重），大人娃娃无一例外”（原来是罚酒120斤，要够全寨人喝一顿）。

剩下的鸡肉一家一坨，全部分完。最后，由寨老讲话，当着神树宣布村规民约。之后，大家唱歌的唱歌、跳舞的跳舞、吹芦笙的吹芦笙、喝酒的喝酒，欢庆祭山节。

在“箐苗”中，人们普遍信鬼，相信鬼的存在和影响人们日常生活的能力，所以，一旦有发生个人的状态（比如生病等），就会请鬼师来“用鬼”，其中“叫魂”的仪式出现的频率是最高的。为此，熊光禄先生就采录了“叫魂”的仪式文本。

四、叫魂

在“箐苗”村寨中，“叫魂”人人都会，谁都可以叫魂。但是，弥拉叫魂更能让人们信服，人们认为，弥拉的身上附着有神，他能够看到人的魂魄，在叫魂时，他能够看到魂是否在人的身边，能够找到魂魄的去向，并且还能够请神去将人的魂魄捉拿回来，让人健康、平安。而一般的人尽管会叫魂，但是他们看不见人的魂魄，在叫魂时人的魂魄是否来了，他们是看不见的，只能从用来叫魂的鸡、鸡蛋或其他东西来判断人的魂魄是否来了。

在“箐苗”习惯中，一般是出现下列问题时才叫魂的。一是某个人经常生病，人们就认为是人的魂魄不在身边，所以要叫魂；二是人们在跌倒时（特别是小孩跌倒），人们认为魂魄可能因跌倒被吓跑了，不敢接近人的身体，所以要叫魂；三是过年过节要叫魂，人们认为，过年过节是家人团聚的时候，在节日里叫魂，能够让家人的魂魄聚在一起，不容易走散；四是生小孩时要给刚出生的小孩叫魂，他们认为，小孩刚出生来到人间，其魂魄可能不在其身边，必须给小孩叫魂，使小孩出生之后乖、不哭；五是弥拉在为人们解身（驱鬼）时，发现人的魂魄逃离了人的身体，并且正在向阎王城方向走去，于是人们请弥拉来叫魂。

在叫魂时，一般用鸡或鸡蛋（没有鸡时常用蛋来代表鸡），用鸡叫魂时一般都是一对。他们认为，鸡能够将人的魂魄带回来，能够说服魂魄待在人的身边。

叫魂之后，如果叫魂用的是鸡蛋，就把鸡蛋煮熟后，将鸡蛋掰成两半，看魂魄是否来到人的身边。如果蛋黄的中心有一滴向露水般的水珠，说明魂魄已经来了，如果蛋黄的中心是干的，说明魂魄还没有喊回来，必须重新叫魂；如果叫魂用的是鸡（一般是两只，即公鸡母鸡各一只），则是用鸡卦来看，鸡卦好，说明魂魄已经在人身边，鸡卦不好，说明魂还没有来。在他们的习惯中，鸡卦一般是四筹、五筹、七筹最好，六筹、八筹较好，九筹以上较差，各筹在鸡卦上的显示歪歪扭扭时为不好。

如果是弥拉叫魂，他边叫边喊人们去找魂（即找一些虫子）。在他把魂找来时，他会叫人们去某一个位置（如门槛下面）找，如果找到，说明魂魄真的来了，此时，弥拉一般都会叫人们用蜡将其粘好后放在柜子里，使魂魄永远逃不出去。如果找不到任何东西，说明魂魄还没到，弥拉必须继续寻找，查找跑掉的魂魄。

“叫魂”，尽管人们看不到真正的魂魄，却填补了人们心灵的空虚，为人们提供了精神支柱，使“箐苗”在健康出现问题时能够找到安慰。

“叫魂”是有“叫魂词”的，也称“叫魂歌”。

五、“箐苗”叫魂歌

今天是龙日（随便哪天日子，只要是叫魂日），
龙日是好日子。
今天是龙夜，
龙夜是好夜，
我用这只鸡（有时用的是鸡蛋，但叫时也称鸡），
把小品绕（孩子的名字）的魂叫回来，
他不肯来，
我让鸡把他带回来，
他来不完我让鸡把他召回来（在苗族人的观念中人有三个魂）
喊来不让他倒，
也不让他偏，
喊来以后，
住在火炉边，
喊来与妹绕（孩子的姐妹）作兄弟姐妹，
快来啦！

今天是龙日（随便哪天日子，只要是叫魂日），
龙日是好日子。
今天是龙夜，
龙夜是好夜，
我用这只鸡（有时用的是鸡蛋，但叫时也称鸡），
把小品绕（孩子的名字）的魂叫回来，
你在阴间的街道上我也要把你叫回来，
你在干活的地方我也要把你叫回来，
你在商场里我也要把你叫回来，
来不了鸡会把你带回来，
来不完鸡会把你召回来，

快来啦！

今天是龙日（随便哪天日子，只要是叫魂日），
龙日是好日子。
今天是龙夜，
龙夜是好夜，
我用这只鸡（有时用的是鸡蛋，但叫时也称鸡），
把小品绕（孩子的名字）的魂叫回来，
你变成虫虫蚂蚁也要叫回来，
你倒在门前也要叫回来，
你倒在山上也要叫回来，
我要叫你来活一千年、一百岁，
快来啦！
这样的“叫魂歌”是在不同的“叫魂”仪式中必须唱的。

在“箐苗”的禁忌、习俗中，还有许多相关于信仰的东西，这些都是其信仰文化的组成部分，但这必须是更进一步田野作业后才能进行研究和诠释的东西。

第二节 “箐苗”丧葬文化

丧葬中的葬礼，是人生礼仪中的最后一个关口，也是民族文化表现最丰富、最“顽固不化”的地方。“箐苗”的丧葬文化也是这样表现的。1995年，我在陇嘎村采录一个丧葬个案，2001年6月，又在小坝田村采录了一个丧葬个案，两个个案如下：

一、陇嘎村采录的丧葬仪式

讲述者：熊玉安、熊玉文（熊玉安，男，时年50岁，父亲原是寨老，自己在十多年前得了“弥拉”，对本族的鬼事很熟，大多数的这方面的事理都由他来主持。熊玉文，时年32岁，父亲很早就是红、白事的主持人，此人现为该村村主任。）

讲述地点：六枝特区梭嘎乡陇嘎村

讲述时间：1995年1月

采录人：吴秋林

梭嘎苗老人去世叫“成神”。

“成神”后，抬出棺材（棺材一般都是早已准备好的），由亲近的几个亲人装棺，一般不让外人插手和观望。先把死者身体擦拭一遍，再着手穿早已准备好的新衣服，衣服最初穿的是民族的服装，现已经随意了，但仍要求衣物是棉、麻质地的，并且为

单数，3 件、5 件等。衣服穿好，再穿上一双麻布鞋，并在外面再套上一双用米草打的草鞋。死者的头用五尺左右的布帕包好便可。生时戴的角不能装进棺材。枕头得用米草和茅草做，茅草必须得扯房子大门口房上的茅草，然后用布包好。就可以装棺了，棺内现在是用棉纸垫棺，原先不但用棉纸，还得先在棺内垫一床竹席。

问及随葬品，介绍情况的诸人都说一般不清楚，据推测，即便有也极少。

图 2-2-1 “箐苗”丧祭仪式中的“打嘎”场景

装好的棺材就停放在堂屋里，盖上棺材盖，不钉死，亲朋来想看还可以打开。

如果此时主人家有能力办丧事，就得开始以下工作。

请家族中懂“家事”的人来做有关“鬼事”，故有时请的就是“弥拉”，但有时也不是。这人受托，就得上山砍一棵刺竹，取一截，剖成两半（此物在祭山时也要用，但名称和意义族人也说不清楚）准备着。拿一碗米，用手从中抓米（死者为男抓七把，死者为女抓五把）放在早准备好的锅里，随便煮一下，捞出来，放在一个甑里，象征性地蒸一下，然后把此“饭”铺在一个簸箕上，放在棺木前面。此时棺木下点一盏小油灯，汉人叫长明灯，但他们虽点此灯却意义不明确。纸、烛、香在丧礼中也有用的，但少，可用可不用。

做好这些，懂“家事”的人就得拿一个土罐子，装上“老苦酒”（即水拌酒），用那剖开的刺竹蘸酒轻敲棺木，说：“你在和人在，你死和鬼在。”（都用的是苗语讲，此含义为从此分开人、鬼世界）又说：“你喝一杯，喝两杯，喝三杯，你喝去一百年、一百岁，喝去一百年不转来。”（此有送别的意义，但此族并没有为此仪式附加更多的东西。如亲人一起相送等，大概由“办事者念”就行了）此时得用一只公鸡（一般为红色），捏死，并用刺竹片敲棺木，说：“这只鸡给你，与你一起上路。”（此大概为引路鸡）此“办事者”又说出此家已死的五辈祖先，说明此去的相会之人，但只说五辈，更远的就略之。

此鸡用过之后，就烫了煺毛，用开水煮成形，然后放在簸箕里的饭上。

此时寨上的大皮鼓已拿来挂好，会吹芦笙的人也请来了，边吹边打，开始唱“老洗歌”和“孝歌”。一般芦笙有十二谱，加上序曲一般叫“十三谱”。隆重的就得把十三谱全部唱完、跳完。吹芦笙者边吹边跳，每吹跳完一谱，就该唱“老洗歌”的人唱“老洗歌”一段，“老洗歌”有三句、五句、七句，每段大致要唱一个多小时，用苗语唱，大致内容是：“今年开年开工，老人成神……”然后是指引死者的魂魄回归祖先早已去的地方，路上一路吩咐注意留心些什么……（此如“指路歌”一番）。据知，此魂魄回返的线路与民族迁徙的路线相关，但于此已经很模糊了，多注重他在世时与地域内的种种人、事、物的道别，以及在世的人乞愿神灵保佑。

对于扎纸马等物事看家境来，家境好的可以任意扎了送给死者，家境不好的不扎也可以。于此我有不解，扎纸人、纸马、纸牛、纸羊类的东西在经济上花费并不大，几根竹子，一些纸品糊上就行了，可此族人一定认为家境好才行，是否此为一种观念，认为送走的纸扎物实际上是今后死者会来带走的真实物品，所以是否扎纸物品他们得慎重。如此，就很有意义了，如贵阳高坡苗族平时不敢念“请祖经”一样，他们也是怕请来了祖先，又没有酒肉“打发”是很不妥的。

在吹芦笙时，寨中的另一部分人，主要是赛中每一家当家的，就得全部集中到办丧事的人家或相应的地方商量这丧事如何办。程序为：选几个管事管理丧事诸事务；分配哪几家负责接待哪个寨的亲朋，负责请信、送信，以及住宿、吃饭等事务。主要管事的这个人要求最高，各方面的知识、礼数、程序都要求全面适当，因为他得应付许多料想不到的问题。实际上。寨上不管哪家的丧事，基本上是全寨人共同协力来办的，办丧事家得杀牛，准备许多粮食，但仍有许多的用粮是大家分担的。

分配安排后，办丧事家就得安排人扎“嘎房”了。嘎房是外族人的叫法，他们叫“嘎搓”。一般来说，要为每一个死者盖一个“嘎房”送葬，而盖“嘎房”就肯定得杀一头黄牛，故人们把“箐苗”的葬礼也简称为“打嘎”。这里面就包含了盖嘎房和杀牛。

嘎房的顶如伞状，下有九根柱子支撑，中间的一根柱子必须是杉树的，盖成后就如一个伞状的亭子。房顶盖有一定的木条，上面用杉树的青枝铺盖于上，形成一个绿色的伞顶。伞顶的每一根柱子都得牵一根青藤下来，直到地面，四面八方挂下来，很有些气势。房柱的圆周处，得用麻秆（原先用白色木条）交叉插编成一圈，如剑一般。

图 2-2-2　“箐苗”丧祭仪式中“打嘎”转嘎

这是基本的嘎房，也就是说，最简单的嘎房也得搭成这个样子，至于嘎房的高度、大小，得视主人家的经济状况，小的嘎房也要放得下棺木和人能够进出，大的嘎房就随人的心情和能力了。于此，这支系人是尚大的，故据知就有人家为盖“嘎房”用去几棵大树的。

在这基本形状的嘎房上，还有加圈的讲究。圈用木条削好插成，每一圈也是交叉插编，孔状呈棱形。麻秆那圈不算，再外加几圈无定数，但需单数，如一、三、五、

七、九等，但人们所见的最多有九圈。每一圈的宽度能够满足抬棺木进出的宽度，并且每一圈都留有一个门，门必须按一定的方位设置，不能有错。问及此事，说在外加圈与否有时不是因为经济能力等因素，而是担心找不到精通此事的弥拉或鬼师及懂此事的人，搞好了可以大吉大顺，如果一旦方位搞错了，就会招来祸事。另外，进入这样的嘎房也不能错了位置，故搭好后，师博得先领一家大小演习一次对了才行。还有，各家进门的规矩也不一样，也得注意。

家里的"事"做完，嘎房搭好，一方面奔丧的亲朋来了，过姑妈和母舅家来人的关也要开始了。如果家里是男性老人去世，得请姑妈家人来，如果是女性老人去世，就得请母舅家的人来，这叫请姑妈或母舅吃牛腿。

请姑妈或母舅吃牛腿有许多讲究和过程，后叙，先叙此间亲朋送礼奔丧的情况。

亲戚来参加丧礼，一般得送一些规定的礼物。首先是女婿家，一般的要求是女婿得送黄牛一头。其他亲戚送鸡、粮食、布、钱等，亲戚如果送布、粮食等就随意多少，不讲究；但如送鸡、钱等能分开的东西就得按份送了，即去世的老人有三个儿子（他们自然为老人办丧事），那么送礼者就送三只鸡、三份钱，不能只送一份。

如有朋友来，也大概如此，但此族丧礼中这样的事好像极少。

这些牛、布、鸡、粮食、钱等，全部交到管事处。原先没纸笔记录的事理，一般用竹片刻印记数。这些东西的处置，得请到姑妈或母舅家的人，"吃"完牛腿，把棺木移进嘎房后再说。

请姑妈或母舅吃牛腿是丧礼中比较重要的一环。

寨上那几家分配到接待姑妈或母舅的寨人，就得先找一个精明能干的人去报信。

报信人到姑妈或母舅家，在门口就说："拿一碗水，捡一颗红煤炭来。"家人如此给了东西，报信人用红煤炭放进水碗里，后用碗里的水洗手才进屋，并说："某某老人一百年上天了，请姑妈家（或母舅）去与老人住一晚上。"

姑妈或母舅家马上用鸡来招待报信人。不过，这鸡得报信人自己杀，自己煮好；然后端上饭桌，姑妈家人吃饭时，报信人拿一张板凳搭在大门中间，端着一碗饭，饭上有鸡肝，用马勺（小木瓢）舀饭，舀一点鸡肝放在饭上，做献饭状，说："我来报信，你赶后来，吃了快回去。"整个意思是给同来的去世老人献饭（这个献饭与居都仡佬族的献饭完全相同）。献完饭，大家才吃饭，报信任务完成。随后，姑妈或母舅家就准备启程了。

姑妈或母舅家要准备五尺布，为去世老人做腰带；捏死一只斤把重的公鸡，烫好煮熟，再煮熟两斤米饭，一同装在一只口袋里。又去请会吹跳十三谱芦笙的寨人，会唱《老洗歌》的寨人，还要请一个懂规矩、能说会道、精明的人当姑妈或母舅家的管事。

姑妈家一行人来到办丧事的家里，办丧事家的管事负责接待，程序是办丧事家的管事（简称"办管"）先请姑妈家的管事（简称"姑管"）喝酒三杯，然后来请这一行人去早已分配好的人家住下。如果办丧事家的经济条件好，就先杀一头牛，把牛腿送到负责接待姑妈家人的人家里去，用来招待姑妈或母舅。

下晚，姑管就得故意去请办管吃饭，表示客气．其真意是要酒喝，用酒招待姑妈家的人。并以此开始“斗嘴”。

办管：“一亲二戚（土语：所有亲戚）都吃了，怕你姑妈家的人没吃饭。我来招呼姑妈家的人吃饭。”

姑管：“我已经吃了。怕你不得吃，来请你管事吃饭。”

这时，办管就知道该去姑妈的住处与姑管交锋了。办管去时需带够烧酒。

办管进门就说：“父亲去世了，姑妈还是姑娘。”

姑管接口：“哪里死了？我来到半路还看到他在割草。”

办管：“死还是死了，姑娘抬高手让过。”

这时办管就得给在场的人每人倒上半碗酒，此酒不能别人代喝，一定要自己喝，但对妇女不强求。酒喝了，就得由姑管说“咪咪”（谜语）给办管猜了。

姑管说：“灯（一般从灯开始），灯里有油、有灯芯，灯是用什么做的？老人得去了没有（意思用了没有）？”

办管答：“油是从水里变的，灯芯是棉花做的，灯是泥巴做的，老的已经得去了。”

姑管每如此问一次，办管就得倒酒一次，如果办管答对了，就进行下一个“咪咪”，如答不对，就得再倒酒，重问一次。

姑管当然得尽其所能，问遍所知事理。以显其能，办管也得尽量发挥所知，不让对方问倒，免对方耻笑。所问多是村寨生产、生活日常事理，争取每一件都想到、问到、讲到，最后一直到老人的入土的各种细节，每个事物都问了之后，还要问为老人安排了没有，除了铺陈有关知识外，还有对丧葬监督之意。这样的对阵常常演化为两个寨子在所谓“民族文化学识”上的对仗，有为寨人争光的含义。多说、多问、多铺陈的有本事，答不出来的一方又丢脸又丢了酒。

这样一问一答，大有传播“民族文化知识”的意味，功能是多方面的，故这样的问答，一般都要几个小时才能完成。待所有的问答完成，即“咪咪”猜完，办管就会对姑妈说：“饭已经熟了，茶也整好了，请姑妈到家里去献点饭。”

这时姑妈就知道前一程序已完，就叫她带来的芦笙队出来，吹芦笙，跳芦笙舞，唱老洗歌等，如同前，也是要吹跳十三谱为上好。

待姑妈家的芦笙吹、唱、跳完毕，办丧事家的人才能把棺木抬进早已搭好的“嘎房”里。

安放停当，懂“家事”的人就得把女婿家送来的牛牵到嘎房，用那两半刺竹片蘸上酒，敲棺木，说：“这是某某女婿送给你的一头牛。”如果有数个女婿，就从大女婿先讲起。如此做完，就可以杀这些送来的牛了。

杀牛还有讲究，牛头是办事人家的，牛前胛骨至第二根肋骨处砍下，是送给大儿子的老丈人的，如果有两头以上的牛，那第二头牛的前胛骨就送给二儿子的老丈人，如牛再多，那就按兄弟、亲堂兄弟的老丈人的顺序，一直送完为止。剩下的牛肉，再一分为二，一半给女婿，一半给办事人家留下。给女婿家的那一半，实际上都带不回去，多留在寨中负责接待女婿家来人的家中，招待女婿家的来人。接待女婿家的寨人也是如此，由他们负责供饭。

到晚上，办管就得用钱打发女婿家，一般是牛价的一半。如果收钱就完事了，如果女婿家不收钱，就说："闪马我骑不倒，喜欢骑背龙马。"或说："这个鸡蛋我包不倒，怕路上打破了。"

这样，办管把打发钱收回，再拿些酒给他们喝也就行了。

棺木前还放一个簸箕，其上有米饭，一只鸡，另外还加上一碗牛肉。也是由懂"家事"的人来说："给你献牛饭。""送你一瓢饭，两瓢饭，三瓢饭。"（大概也是用马勺舀送）然后用手撕开那只鸡，一分为二，放一半在簸箕里，另一半撕成三份，又说："送你一瓢肉，两瓢肉、三瓢肉。"

献饭完毕。

之后，办事人家要在嘎房里请姑妈家的人一桌席；席上，办管要把簸箕里的那半只鸡送给姑管，说："这一半是姑妈家的。"

这时，姑妈家的芦笙队又吹跳起来。跳完，唱完，办事人家就得请两个堂女婿（怕亲的哭得太凶了）去看姑妈家的管事（实际上是看姑妈），女婿说："妈妈，你为哪样不带我父亲来？"说完就要哭。

姑管说："不哭，不哭，有我们在。"就劝慰他们。劝住后，姑管每人送一块钱，同时喊吃饭，一般不会吃，就送两碗牛肉。

于此，人们开始把棺木抬出"嘎房"，并推倒嘎房，抬棺木上山。所有的亲戚都上山相送，但也没什么强求规定。一路放鞭炮，吹喇叭（唢呐）。一直送到山上。一路上，他们不兴撒买路钱，路过桥时，也不用像其他民族那样，要让儿子在桥下站着，叫"抵桥"，说是此地的地盘是他们老祖先的，最早的桥也是他们祖先修的，故不撒买路钱，不让儿子"抵桥"（此与仡佬族的习俗相似）。

棺木在路上也不能随便落地。棺木下井时，死人的头靠山，脚朝山下。棺木落井后，由其一个儿子背三撮箕泥巴盖一下，其他寨人埋土。坟堆好后，一般用毛石砌一圈就可以了，基本没有墓碑，然后家人在坟前烧一些纸，有香插也可，不插也行。至此丧事就算办完了。

"箐苗"的丧俗有几点需要说明：

1. 基本不用香，完全不点蜡烛，不设灵堂，只在棺前点一盏灯。

2. 只在堂屋棺木前烧一次纸，埋好坟再烧一次纸，一共两次。

3. 清明时不挂亲，只在年三十在家烧纸给死去的老人拜年，初一再到坟上去烧点纸，点香，献饭。

4. 坟堆尚大，有"你有一千一万，你的姐坟还不是细丘丘一个"的说法，坟小了会被人嘲笑，故我所见的坟一般都很大，最高的约有近三米。坟堆之巨，他族少见。

5. 也兴看地，但由几个老人看，不由风水先生看。埋葬也看时辰，也是由老人定日子。另外，我在陇嘎的一位弥拉处看到一个看日子的木刻，与居都仡佬族的基本相同，也可用其看上山的日子。

6. 实际情况中的礼俗已有较大的变化，如要求女婿送牛就有很大改变，要求如此，送不起，用其他代替一下也能谅解。

以上是正常的“打嘎”过程，如果出现以下情况，还可以变通为“等嘎”和“打干嘎”。

等嘎。所谓等嘎不是他们民族对此事的称呼，而是我给此事的称呼，他们对此有没有固定的称呼还不太清楚。具体情形是这样的：如果老人过世，当时的日子不好，如正逢正月的“坐坡”等节日，或其他的不好日子，一般就不发丧，不办丧事。另外，如果经济状况不好，一时根本无力“打嘎”，也是不发丧、不办丧事的。遇到以上两种情况，一般就只把老人装进棺木里，抬到寨子附近的背静处放置起来，然后选择日子和等经济好转再行“打嘎”。一般情况来说，只要等嘎，就得等年余后，让尸体全部烂腐等臭味不大时，再打嘎，要不，只等月余或几个月，实际上的臭味就让人不敢挨边。

放置这样的棺木没有什么要求，背静处，砍几根木料垫在地上，不让棺木落地就行。

如果不“等嘎”，可把人先抬上山掩埋了，待时机再为其“打嘎”，这就叫“打干嘎”。埋入后时间不定，年余，或几年均可。打干嘎时，先在堂屋里用木料和稻草搭一个灵房，放一套衣服，然后请弥拉用一碗水上山，到死者的坟上，把魂魄请回来，引到那套衣服上。这里自然有一些接魂、引魂的法子。接魂后，即认为死者的魂魄在衣服里代表死者了，这样就可以在堂屋里进行前面正常打嘎中所做的一切。堂屋里的事办完了，关于亲戚的事也完了，就把衣服移到嘎房中，又接着做正常打嘎做的事理。最后做完，把衣服送到坟上，抖一下，表示魂魄已经送回原处，干嘎打完。

按理，“干嘎”的礼数应该与正常的打嘎一样，但肯定，实际中执行得并不认真和严格，但所有的形式还是要的。

注意，所有丧礼中的“懂家事人”念的话语都是苗语，也叫打话，一般不会讲其他民族的语言。

二、小坝田村采录的丧葬仪式

讲述者：王开云，男，时年50岁（退休在家的乡干部）
讲述地点：六枝特区梭嘎乡小坝田村王开云家
讲述时间：2001年6月12日
采录人：吴秋林　杨耀荣

（1999年3月，王开云的父亲王忠华老人去世，按老例举办了“打嘎”，当地俗称“老喜”，即相对于婚俗中的“红喜”而称，也就是为老人办丧事。王开云根据为其父办“老喜”的经历，同我们讲述了“箐苗”的丧俗情况。）

老人过世，先把人从床上抬下来，放在用两条条凳搭的木板上。这时候，家人就得抬出棺木，把棺木清扫干净，并同时给老人洗身子，穿老衣。这老衣是地道的民族

图 2-2-3 “打嘎”场景

服装，质地为棉、麻织品，以手工织的为上。有胶（指化纤类布料）的不行，身上也不能有铜、铁、塑料之物，衣服用布带系之。穿好衣服，再给老人穿上一双布鞋，但布鞋上要再套上一双草鞋，因为“箐苗”最初只草鞋穿。

装棺这些事只有家里人做，不请外人。把老人装入棺木停好后，一家人就要哭起来，哭诉死者的生前，哭诉他给人的好处，男女老幼最后看一眼去世的老人，就盖上棺盖。之后，老人用过的一些旧物，就要拿到村西的三岔路口去烧掉，烧时加一把草，意思是最初睡的是草。停好棺木，就得请人开路了。

我家老人过世时，我提了一瓶酒，请的是“五献杨”杨姓的杨铁五来开的路。这个杨铁五那年63岁，他不是鬼师，也不是弥拉，而是专门为“成神”老人开路的人，“箐苗”12寨的老人“成神”，大多请的是杨铁五等几个“五献杨”先生来开的路。“五献杨”先生为12寨“箐苗”过世的老人来开路是老规，也只有“五献杨”先生才能为12寨“箐苗”过世的老人来开路，其他姓不行。“五献杨”的开路先生有好几个，杨铁五是其中之一。

“五献杨”的开路先生，只要你请到，一般不会拒绝。那次我提瓶酒，进门跪下磕头，说：“我们家老人成神了，请你去给老人带路。”

杨铁五即跟随王开云一起来到王家。

开路先生一来，先吹芦笙的“带路调”，吹这种芦笙叫“开路芦笙”，意思是告诉死者，开路先生要为你带路。一吹芦笙老人的魂魄就要走了。

芦笙的“带路调”吹毕，开路先生就会拿两小竹片，说：“某某老人，我准备带你去阎王那里去了，你去不要回头，一直走。”然后就把此户人家的祖上迁徙地方的地名一个个说出来，模拟给人带路的全过程，途中哪里上坡、下坡、越岭、过沟，哪里休息等等。但最后的方向是纳雍方向的白泥屯村，似乎到了白泥屯就是重要站点，往后一般就省略了。

开路时，棺木前有一簸箕饭，饭上方一只杀了用滚水烫成形的鸡（不论公鸡母鸡）。开路完毕，开路先生就把约有5寸长的、两头削成尖状的竹片插在饭上，接着是儿孙们给开路先生磕头，开路的事就算全部完成了。

做完这一切的当天晚上，主人家就得通知寨里的“头面人物”（王开云家这一次是由村里的村民小组长王开关）通知小坝田寨上的所有人户，每家来一个，男主人来，共同商量为王开云家老人成神办丧事。一般每户都会来人，因为寨子里任何一家老人成神，其丧事都是全寨人共同来办的。

这天晚上王开云家来了50多个人，除了出门在外打工的，在家的各户男主人都来了。大家商量的要点第一个就是要推荐一个总管（苗语：“不偷中”，意为“头人”“管这件事的头人”），选总管，一般选正派、责任心强、热心、有组织能力、有一定威望的人，这个人平常可以是一般的人，也可以是平时出头露面的人。

大家这次推举的总管是熊开学，时年50岁，小学文化，是小坝田村的村民组老组长。

总管一选出，人们就会从屋外的竹林中砍来一根竹竿，交到总管手中，在过去没有文字记录能力的时代，“箐苗”办事，12寨来客的人数、礼物等，全部刻在这根竹竿上，最后总管凭这根竹竿上的刻记，向主人家和全村人交割钱、物及来客等情况。同时，这根竹竿也是权力的象征，总管在办丧事的过程中，竹竿一刻也不离手，更不敢遗失，如果遗失，就会遭到村人的耻笑和责备，今后可能永远抬不起头来。现在，竹竿的刻记功能已丧失，因为村里很容易找到能够用记事本记录人来客往的文化人，但竹竿的权力象征作用仍在，丧事中，谁拿着竹竿，谁就是总管，就可以指挥、调度、安排一切。总管一旦选出，主人家的钱、财、物、人员全部由总管说了算，主人家要用酒、米、肉等，也得找总管要。

总管选出后，总管就会拿着那根竹竿，先选择一些人组成一个管事班子，分好谁管粮食、酒、肉；谁管记账等等。然后再安排12寨的族人，哪村、哪寨由哪几家接待……在接待人户的安排中，姑妈家和老表家是最重要的人家，一般都要优先安排，安排离主人家近一点，房子好一点的地方。再后是各寨的族人，这样的丧事，全寨的人户都会分担接待外寨族人的任务，12寨各寨的亲戚一般也都会到来。

这时，主人家就会给每人倒三杯酒，意思是敬大家三杯酒，望大家协助把这件事做好，做妥。总管会说：“主人家呀，你把这件事全部交给我们，不要嫌我们吃得凶，吃得多，你们如果有意见，我们就半途把小竹竿甩给你们家不管了。”

主人家表态：“不怕的，任由我们家客人吃……放心去做好了。”

这时，主人家的儿子、孙子，从老

图2-2-4 “箐苗”芦笙

大开始，就向村里每个人磕头，众人就说："起了，把你家的老人埋在一个好地方，大发大富，起了。"这小坝田50多户的男主人，礼数上要一个个磕到，但遇到辈分低的人户主人，就会赶紧止住，不让磕头，不接受，就算了。

主人家磕完头，总管带的一班管事，又给众人磕头。众人说："这次选你干，好好干，干好了，下次再选你干！"

开路、选总管诸事先后进行完毕，分到招待姑妈家和老表家的人户，就得派人上门去通知此事。去的人到姑妈家和老表家门口，说："打碗水到门口来！"这样一说，主人家就知道有事了，会连忙在门口放上一碗水，并捡一颗红炭丢在碗里，叫作打一个"出坛"。这样，来通知的人就可以进门，说："某某老人成神过世了，请你们去与他住一个晚上。"这家人会问清时间，做些准备，并会捉鸡来杀了招待通知人。杀好鸡，看完鸡卦，通知者就用鸡肝及饭在门口向死者献饭，说："我已通知姑妈和老表了，现在饭菜都弄好了，请来吃吧。"

姑妈家、老表家至少要来三个人以上。通知过后，死者家的人就得注意在路口瞭望，并准备好酒、肉等，预备好在路口迎接的准备。一旦看见姑妈家、老表家的人来了，死者家的人就得到路口去迎接，至少也应有三个人以上去迎接。在路口接到姑妈家的人，先敬三杯酒，再磕头，牵衣顿足哭着接进家门。如果迎接不到，迎接不好，让姑妈家、老表家的人对迎接不满或自己走进死者家门，那可是要遭族人责骂的。

这时，丧事的总管会安排人去煮饭、买酒、准备一应用具，并派一拨人去搭"嘎房"。"箐苗"办"老喜"，都要为死去成神的老人搭建一个嘎房，并进行相应的转嘎仪式。这嘎房一般是中间一根大木柱，在大木柱往外搭一个方形的亭子，四个角，每个角有一根柱子，这个像亭子一样的嘎房，全部用木条搭成，木条上捆上茅草，嘎房的四个角，一个角用茅草扎一只鸟。

"嘎房"苗语叫"阿叉"，有许多讲究，像给死者盖一栋房子一样，它一般要高7尺以上，人可以自由进出，并完全把棺木都遮盖住，一般要有8尺左右宽。嘎房的四个角一定要朝向正东、正西、正南、正北，不能有偏差。

嘎房搭好后，就围着嘎房用木条绑上草，像篱笆上围上一圈，以便转嘎，每圈上都有六个朝门，朝门也是木料搭建，木条上绑草，每个朝门上都有茅草扎的鸟儿。围着嘎房的一圈木条的草上，还用两头尖的白色薄木片插满，银光闪闪。一般人家建嘎房，要求这样的转嘎圈至少要建三层，最多的可建到12层，每层的朝门是错开的，故转嘎时一定得踏着一定的方位走。建嘎房要视家庭的经济能力，现今已根本没人能搭建12层的嘎房了。建这样嘎房木料要很多，占地可达数亩。

王开云家老人去世时，嘎房也只搭了三层。

嘎房搭好后，就要去请鼓了。接请鼓时，由两个年轻人（男性）披麻布衣，手拿一把苞谷，到上一次办"老喜"的人家。一般是办了"老喜"的人家打完嘎就把鼓挂在墙上，一直等到下一次有人家办"老喜"来接走为止。去的人在鼓跟前敲三下鼓，说："大鼓，我们来取你去与老人家做伴！"并把苞谷交给管鼓的人家，就把鼓从墙上取下来，背着往嘎房走，背鼓不能在半路上把鼓放在地上，落地就不行，就预示着不顺利，所以背鼓一般是两个人，一人累了另一个人接着背。

鼓是一截很粗的原木中间挖空，两边钉上牛皮即成，分量是不轻的。

鼓运到嘎房后，就得挂在嘎房的东面或西面，这在各姓人家各有不同，王开云家这一支，就习惯挂在东面，即在棺木的大头处（有的姓是把鼓挂在棺木的小头处），王家棺木的停放按规矩，是东西向安放的，大头在东。

这些事情准备完毕，一般第二天各寨的亲戚就要来了。“箐苗”12 寨虽跨两个县，但相距都不远，亲朋听到消息，一般上午就能赶到寨上。各寨来的族人，就按划定的人户，由各户人家接待。一般是中午这一顿吃寨上的，晚上这一顿吃主人家的。

老人过世，与他同辈的不用牵牛来送，但晚辈，特别是姑妈家的后辈等都要牵头牛来送。送牛名义上是送给过世的老人阴间使用，但送牛的晚辈也不会白送，因为主人家要用一定的“牛价”打发晚辈，故有时送牛者多有收益。没有牵牛的，牵羊也行。牛羊牵来后，立即宰杀，一半交给管事掌管，一半放在寨上各户人家，用于招待各寨客人。

王开云家老人成神时，牵来的大、小牛有 8 头，羊有 10 多只，视用肉菜的情况，并没有全部宰杀。

这天白天，拉了牲口来的亲戚中，各门亲戚的亲疏，要安排各门亲戚来“闹”（陪）老人。最先自然是姑妈家和老表家，来人一边吹芦笙，一边唱孝歌，女的一边哭。这时，姑妈家的管事在棺木旁要向主人家的管事询问老人的死因等情况，往往以：“我昨天还看见他在坡上做活路，他并没有走吧?!”为开头，来历数去世人的生平、对人的好处，以表达对他的怀念。其中质询死因，看看家人对去世的老人好不好，有病了医没医，平时家人对老人好不好，如有回答不妥和确有对去世的老人不好之处，难免责备和数落。总之，在应答中，对老人的去世，主人家对姑妈家、老表家要有一个清楚的交代，虽然过程已经仪式化，但还是很激烈的，主人家的管事回答不好，往往要被罚酒……这个过程大概要进行三个小时左右。

姑妈家“闹”过了，才安排各家亲戚来“闹”。

王开云家办“老喜”时，有 20 多家牵了牲口，故每户安排半个小时来“闹”老人，故这一天王开云家热闹非常，20 多户人家每户一拨芦笙，一拨接一拨，“闹”了一整天。

白天“闹”结束后，晚上就由姑妈家的人围棺而坐，不准哭、不准闹，只喝酒，吹芦笙，唱孝歌。一般是吹一谱芦笙，唱一首孝歌，一共是 12 谱芦笙，12 首孝歌。整整要吹、唱一整夜。天亮时，不管芦笙是否吹完，孝歌是否唱完，就得把棺木从家抬到嘎房里去了。

抬棺木时，鬼师抬着献给老人的饭和酒走在前，随后是棺木，棺木后是家族中的人，这时其他姓的人就不参加了。棺木抬到嘎房，先围绕着嘎房转三圈，又围着大鼓转一圈。王家只建了三层，所以转嘎的时间不长，如果是 12 层，就要转数小时。最后转到嘎房，把棺木东西向安放在嘎房内。停放完毕，人们把老人的棺木打开，鬼师开始与成神的老人“交牛”。先用两个木叉安放在地上，上置一横木，成一个门状，牛绳子就从这“门”中穿过，绳头牵到死者手中。每牵一条绳子，鬼师就说：“这是某某献给你的牛，你得牛到阎王那里去种点粮食吃。”有一头牛就牵一条绳子，死者手中的绳头越多，得到的牛就越多。

交完牛，棺木就盖上了，家人就哭诉一场。

鬼师则一直守在棺木旁，看好开路先生的那两片竹片，绝不能丢失了。同时，有人专司敲鼓，鼓声不断。这时，来下祭的姑娘家及其他亲戚，就可以到嘎房来“闹”，吹芦笙，唱孝歌，随便“闹”多久。

最后，主人家的管事要请姑妈家的人跳嘎。吹芦笙和唱孝歌的人围着嘎房跳，其他人男的在东边坐成一排，女的站着。管事为姑妈家的每一个人倒一碗酒，每人分一坨牛肉。姑妈家请的管事也就坐在中间，主人家会请两个女的到姑妈家的人面前哭诉，姑妈家的管事会站起来说：“不要哭了。”并一人给一块钱打发，并递上两碗牛肉，这样，跳嘎就结束了。鬼师就提着献饭走在前，亲戚走在后，就要抬棺木上山了。埋坟的地点、时间没有什么讲究，合适、方便就行。棺木下土后，先由孝子背三撮箕泥巴盖棺，说：“背三撮箕泥巴给你盖房子！”随后大家盖土垒坟。

“箐苗”的坟都为土坟堆，无碑刻，不用石头包坟，上山时也不撒买路钱，不讲究朝向，不看地理，只尚坟堆大，坟堆大了说此家要大发，故“箐苗”的土坟堆一般都很大。

堆完坟堆，鬼师要把开路时的两片竹束在一根木棍上，坟堆上还要栽一窝茅草，并插在坟堆上，同时还要向老人交东西，说：“你用过的那些东西都交给你了。但实际东西都拿回来使用。”

交完东西，鬼师要用马勺代表各家各户向死者献一次酒水，念一家献一次。接着还要为每户人家再取一次魂，过程比上次简单，各户人家不用派人前来领肉坨。

下葬时，那一簸箕饭和那只鸡要一起下葬，并埋在棺木的大头之下，意思是埋有那么多饭，待老人数完这些饭粒，才会再要饭吃，那已经是几十年过去了，故家人就会平安无事。

最后，鬼师要把那两片小竹片系在一起，并系在一根木棍上，插在坟头上。

棺木抬走后，把嘎房向西砍倒，诸事完毕后一般是一把火烧掉。

老人上山后，其他各寨亲戚基本上就散去了，但姑妈，老表家的人要留下，专门杀一小牲口招待姑妈、老表家的客人。

主人家在席间不断向姑妈家、老表家的客人敬酒，酒碗敬递上去，姑妈家、老表家的客人会说：“这个碗有点漏，换一个碗来。”实际是放 10 元钱在碗底，打发敬酒的人。第二天，主人家要用一腿牛肉，一口袋饭，一小碗牛心，送姑妈家、老表家的人上路。要送到半路，向姑妈磕头，姑妈打发 5 元钱后就回返。

整个“老喜”结束。

随后也就是总管向主人家交账。由于招待各寨人的粮食由寨上所有的人户共同负担，故主人家的粮、肉等消耗并不大，有时还会有盈余。

这两个个案在主要的情节大致相似，但各自也有许多不同之处，且不同的地方可互为补充。在总的方面，如停棺、通知姑妈老表家、开路、搭嘎房、“闹”嘎、转嘎、姑管与办管交锋、上山、埋坟、堆坟等大的情节上差异不大，但前一个案中就没有“接鼓”“取魂”的内容，以及对小竹片的交代等。我以为，他们在前一个案的实际操作中是有的，但在采录中疏漏了，当然，这也不排除每个个案在现实运行中的差异性。

在一切民族文化中，随着岁月的流逝，变化最小的部分就是丧葬部分，这在“箐苗”文化中也是如此。在其他文化部分，如“红喜”、服饰、工艺等方面，在这几十年中，是有所变化的，但“箐苗”丧葬却很少变化，大致一切都在“老例”中。而且，这种“老例”的运用在“箐苗”文化中是受到普遍鼓励的。一种新的服饰可以在“箐苗”中受到赏识，但丧葬中的新东西，人们的第一反应只会是拒绝。故而，在“箐苗”文化中，与其他文化表现一样，保留了最多的这个民族最久远的信息。

“箐苗”丧葬文化中，表现的首要信息可能是他的族源。在他们的开路经中，都有这一姓人家的基本迁徙线路，这些一姓一姓的线路，汇集起来，就是这一民族，或民族支系的迁徙线路。在“箐苗”文化中，各姓的“老喜”开路都是开到纳雍县的百兴镇白泥屯寨子，以后就略而不计了。也就是说，在“箐苗”文化中，白泥屯是其文化发展的一个转折点，从那个点上开始，“箐苗”就独立地建立了自己的影响至今的文化，这也就是我们今天看到的“箐苗”文化。但是，他们与白泥屯老寨的“冥中”联系还是得到承认的，他们所有的死者魂魄都得回到白泥屯去。据知，白泥屯人也是苗族，只不过他们是短角，是银角，俗称“短角苗”，习俗上也有一些相似之处。但演化至今，“箐苗”文化中的独特表现，已有自己独特的文化内涵了。

“箐苗”丧葬文化中，“打嘎”不是“箐苗”文化的独有表现，它同时出现在这一地域中的其他民族中，如仡佬族、彝族，以及其他苗族支系中，但在“箐苗”的“打嘎”中，苗族式的鬼神文化色彩又非常浓厚。我以为这种“打嘎”的丧葬形式与这块土地上的彝族关系最大，极有可能是这一丧俗先在彝族中发生，然后成为整个黔西北地区的共同丧俗行为。当然，从“嘎”“那”这两个字音来看，又与这块土地上最早的原住民——仡佬族有很大关系，因为“嘎”和“那”是一种古老的源于仡佬语的地名读音，在这块土地上，现今仍有许多叫“嘎”和“那”的地名。这两种说法不管如何，都说明“箐苗”丧葬文化深受地域文化的影响，只不过其仍顽强地保存了自己祖先崇拜的信仰。这方面，我们还可以从“箐苗”丧葬文化的用鼓中看到这种融合，“箐苗”的木鼓是神圣不可侵犯的，也是与祖灵相关的事物，而这是典型的苗族文化事物。它一般用整段木头掏空制作，牛皮蒙面，主用于丧葬祭祀。

“箐苗”丧葬文化中，穿民族服装，不用铜铁等，都是一般丧葬礼俗中好理解的东西，但在棺内垫草、穿草鞋、烧草等就是他们具有独特含义的丧葬文化了。我以为这可能与他们祖上最初来到此地“开荒拔草”的艰难困苦有关，有纪念的意义，也有借此教育后代的目的。

可以说，在“箐苗”丧葬文化中，还有更多更深刻的文化内涵，它的每一个细节都有丰厚的历史文化积淀，只不过我们这里无法一一诠释它。

第三节 "箐苗"丧葬祭词

"箐苗"丧祭仪式中，为亡灵开路仪式是比较重要的一个仪式，因为它关乎灵魂处置是否妥当，如果处理不好，比如指路指错了，亡灵就会回来寻找生人的麻烦，影响人们的正常生活。在这个仪式中有需要念诵很长时间的"开路词"，也叫"开路仪式歌"，它们是"箐苗"丧祭仪式的重要组成部分。这里我们找到两个"箐苗"的"开路仪式歌"，一是"安柱苗族开路仪式歌"，二是"高兴寨开路仪式歌"。

一、安柱苗族开路仪式歌

熊姓师傅吟唱，熊光禄翻译。

这是2006年2月，在安柱村为王玉清老人所做的丧祭中的开路仪式歌。

注：依永，苗语音，王玉清的老名；牙甘乜，苗语音，地名；司矣，苗语音，人名。

依永，我用竹卦将这碗酒送给你喝，
你活着是人，
死去是鬼，
在死亡路上，
饥饿路上，
你都可以喝，
这酒给你去喝千年万年，
喝了之后你可以去同祖宗们一起，
男的就跟着男的在一起，
女的就跟着女的在一起。(嘿，嘿嘿)

依永，你就要开始上路了，
我用竹卦将这碗酒送给你喝，
你活着是人，
死去是鬼，
在死亡路上，
饥饿路上，
你都可以喝，
这酒给你去喝千年万年，
喝了之后你可以去同祖宗们一起，
男的就跟着男的在一起，

女的就跟着女的在一起。(嘿，嘿嘿)

依永，我跟你说：
世界上的山，
一群群的，
就像你的子孙一样，
这世上的人就要开始做客了。

世界上的山，
一堆堆的，
就像你的亲戚朋友一样，
现在的人也要开始打嘎了。

所有的山峰就像人一样坐在一起，
有的山像你的子孙（意思是子孙在不断高升，要成为贵人），
只是你的身体就快要腐烂了，依永。

依永，我跟你说：
世界上的山，
一群群的，
就像你的子孙一样，
这世上的人就要开始做客了。
世界上的山，
一堆堆的，
就像你的亲戚朋友一样，
现在的人也要开始打嘎了。

所有的山峰就像人一样坐在一起，
有的山像你的子孙（意思是子孙在不断高升，要成为贵人），
只是你的骨头就要往山上丢了，依永。

是谁拿来麻籽？
是司矣拿来麻籽。
在哪儿拿麻籽？
在牙甘乜的地里拿的麻籽。

拿了麻籽之后，
用一点撒在山上，
留一点栽在地里。

种子会发芽，
芽儿也会长，
九十九棵麻秆长得一样齐，
八十八棵麻秆长得一样长。

用中间这一棵来做你的衣服，
穿去给你的祖先看；
用外边这一棵做你的牛鞭子。

是谁拿来谷籽（译者注：稻谷）？
是司矣拿来谷籽。
在哪儿拿谷籽？
在牙甘乜的田里拿的谷籽。

拿了谷籽之后，
用一点撒在山上，
留一点栽在地里。

种子会发芽，
芽儿也会长，
芽儿长后就会抽出谷穗，
谷穗成熟后就会成为谷子。

用谷草做你的鞋子，
穿去给你的祖先看；
用谷子做你吃的饭。

是谁拿来慈竹种？
是司矣拿来慈竹种。
在哪儿拿慈竹种？
在牙甘乜的森林里拿的慈竹种。

拿了慈竹种之后，
九十九棵慈竹长得一样齐，
八十八棵慈竹长得一样长。
用中间这一棵根部的这一段，
来夹着骨头给你去喂狗；
用中间这一段，
来做成送饭给你吃的这对竹卦。

是谁拿来鸡种（译者注：小鸡）？
是司矣拿来鸡种。
在哪儿拿鸡种？
在牙甘乜的鸡笼里拿的鸡种。

拿了鸡种之后，
就有了母鸡，
母鸡一天下一个蛋，
它下了十三天，
有了十三个蛋。
然后就有了十三只小鸡。
老鹰从天上飞过来，
抓走了一只，
野猫从地下也抓走了一只，
现在只剩下这只，
留给你做盖波波（译者注：管箩）的鸡。

是谁拿来猪种？
是司矣拿来猪种。
在哪儿拿猪种？
在牙甘乜的猪圈里拿的猪种。
拿了猪种之后，
就有了母猪，
母猪一年生下两窝。

老鹰从天上飞过来，
叼走了一只，
狼从地下也叼走了一只，
现在只剩下这只，
就留给你去做［直译：撑起（嘎房）中间那棵树的猪］。

是谁拿来牛种？
是司矣拿来牛种。
在哪儿拿牛种？
在牙甘乜的牛圈里拿的牛种。
拿了牛种之后，
就有了母牛，
母牛三年生了两个小牛。
一头给你的子孙做耕牛，

一头就给你带到阴间去帮你干活。

是谁拿来树种？
是司矣拿来树种。
在哪儿拿树种？
在牙甘乜的森林里拿的树种。
拿了树种之后，
种子会发芽，
芽儿也会长，
九十九棵树长得一样齐，
八十八棵树长得一样长。

用中间这一棵的根部的一节，
来做你的房屋（译者注：棺材）；
用中部这一节，
来做你的洗脚盆；
用顶部这一节，
来做你的木梳，
给你去梳头。

现在我就要跟你说了：
依永，现在你就要离开床了，
床说："你去不得。"
你就跟床说：
"我在的时候，
我生病你不管我，
我呻吟的时候你不听，
现在，阎王老人已经勾了我的名字，
我应该走了。"

依永，你走到土灶边，
土灶说："你不能去。"
你就跟土灶说：
"我在的时候，
我生病你不管我，
我呻吟的时候你不听，
现在，阎王老人已经勾了我的名字，
我应该走了。"

依永，你走到小门边，
小门说：“你不能去。”
你就跟小门说：
“我在的时候，
我生病你不管我，
我呻吟的时候你不听，
现在，我吃完了，喝光了，
阎王老人已经勾了我的名字，
我应该走了。”

依永，你走到堂屋里，
堂屋说：“你不能去。”
你就跟堂屋说：
“我在的时候，
我生病你不管我，
我呻吟的时候你不听，
现在，我吃完了，喝光了，
阎王老人已经勾了我的名字，
我应该走了。”

依永，你走到大门边，
大门说：“你不能去。”
你就跟大门说：
“我在的时候，
我生病你不管我，
我呻吟的时候你不听，
现在，我吃完了，喝光了，
阎王老人已经勾了我的名字，
我应该走了。”

依永，你走到煤灰堆，
煤灰堆说：“你不能去。”
你就跟煤灰堆说：
“我在的时候，
我生病你不管我，
我呻吟的时候你不听，
现在，我吃完了，喝光了，
阎王老人已经勾了我的名字，

我应该走了。”

依永，鸡叫的时候，
你就跟着鸡走。
你走到森林边，
森林说：“你不能去。”
你就跟森林说：
“我在的时候，
我生病你不管我，
我呻吟的时候你不听，
现在，我吃完了，喝光了，
阎王老人已经勾了我的名字，
我应该走了。”

依永，鸡叫的时候，
你就跟着鸡走。
你走出寨子之后，
这里有一棵很大的树，
根部这一节要九个人合抱，
顶部直顶天，
它的枝丫伸向四面八方，
树叶非常的茂密，
请你别怕，
树叶滴下来的水，
只是寨上人的眼泪。
请你赶快离开这里吧。

鸡叫的时候，
你就跟着鸡走。
晴天你躲在鸡翅下，
雨天你躲在鸡尾下。
请你往平寨（译者注：向出生的方向去经过的地名）方向去。

现在你到了平寨，
鸡叫的时候，
你就跟着鸡走。
晴天你躲在鸡翅下，
雨天你躲在鸡尾下。
请你往龙场方向去。

现在你到了龙场，
鸡叫的时候，
你就跟着鸡走。
晴天你躲在鸡翅下，
雨天你躲在鸡尾下。
请你往毛栗坡方向去。

现在你到了毛栗坡，
鸡叫的时候，
你就跟着鸡走。
晴天你躲在鸡翅下，
雨天你躲在鸡尾下。
请你往××（××，苗音地名，下同）方向去。

现在你到了××，
鸡叫的时候，
你就跟着鸡走。
晴天你躲在鸡翅下，
雨天你躲在鸡尾下。
请你往艾绒（苗语音，大森林的意思，死者的出生地）方向去。

现在你到了艾绒这个地方，
去给你母亲磕个头吧。
你母亲生你的时候，
喘气都成了烟雾，
眼睛鼓得像个牛眼，
血流成河。

她的大腿是你坐的板凳，
她的乳房是你的午餐，
她的背是你的床。

她带你去干活，
在山上摘野果给你吃，
在山下摘花给你玩。

你要记住她，
你现在就打开柜子，
穿上你最好的衣服，
然后打开大门，

从这里开始走吧。

你离开了大门之后，
请你回头看你母亲的田地三次，你再走。

依永，你衣服穿好了，
那田地你也看了，
现在你就开始走吧。

鸡叫的时候，
你就跟着鸡走。
晴天你躲在鸡翅下，
雨天你躲在鸡尾下。
请你往××方向去（译者注：去出生地与去阴间的路反向，所以原路返回，再走）。

现在你到了××，
鸡叫的时候，
你就跟着鸡走。
晴天你躲在鸡翅下，
雨天你躲在鸡尾下。
请你往毛栗坡方向去。

现在你到了毛栗坡，
鸡叫的时候，
你就跟着鸡走。
晴天你躲在鸡翅下，
雨天你躲在鸡尾下。
请你往龙场方向去。

现在你到了龙场，
鸡叫的时候，
你就跟着鸡走。
晴天你躲在鸡翅下，
雨天你躲在鸡尾下。
请你往平寨（译者注：向出生的方向去经过的地名）方向去。

现在你到了平寨，
鸡叫的时候，
你就跟着鸡走。

晴天你躲在鸡翅下，
雨天你躲在鸡尾下。
请你往仓边方向去。

现在你到了仓边，
鸡叫的时候，
你就跟着鸡走。
晴天你躲在鸡翅下，
雨天你躲在鸡尾下。
请你往梭嘎方向去。

现在你到了梭嘎，
鸡叫的时候，
你就跟着鸡走。
晴天你躲在鸡翅下，
雨天你躲在鸡尾下。
请你往坷垃寨方向去。

现在你到了坷垃寨，
鸡叫的时候，
你就跟着鸡走。
晴天你躲在鸡翅下，
雨天你躲在鸡尾下。
请你往干河方向去。

现在你到了干河，
鸡叫的时候，
你就跟着鸡走。
晴天你躲在鸡翅下，
雨天你躲在鸡尾下。
请你往鸡场方向去。

现在你到了鸡场，
鸡叫的时候，
你就跟着鸡走。
晴天你躲在鸡翅下，
雨天你躲在鸡尾下。
请你往茅草坪方向去。

现在你到了茅草坪，

鸡叫的时候，
你就跟着鸡走。
晴天你躲在鸡翅下，
雨天你躲在鸡尾下。
请你往平坝方向去。

现在你到了平坝，
鸡叫的时候，
你就跟着鸡走。
晴天你躲在鸡翅下，
雨天你躲在鸡尾下。
请你往小龙场方向去。

现在你到了小龙场，
鸡叫的时候，
你就跟着鸡走。
晴天你躲在鸡翅下，
雨天你躲在鸡尾下。
请你往××方向去。

现在你到了××，
鸡叫的时候，
你就跟着鸡走。
晴天你躲在鸡翅下，
雨天你躲在鸡尾下。
请你往（姆来场?）方向去。

现在你到了（姆来场?），
鸡叫的时候，
你就跟着鸡走。
晴天你躲在鸡翅下，
雨天你躲在鸡尾下。
请你往××方向去。

现在你到了××，
鸡叫的时候，
你就跟着鸡走。
晴天你躲在鸡翅下，
雨天你躲在鸡尾下。

请你往××方向去。

现在你到了××，
鸡叫的时候，
你就跟着鸡走。
晴天你躲在鸡翅下，
雨天你躲在鸡尾下。
请你往下吾罗（苗语）方向去。

现在你到了下吾罗，
鸡叫的时候，
你就跟着鸡走。
晴天你躲在鸡翅下，
雨天你躲在鸡尾下。
请你往查二（苗语）岩方向去。

现在你到了查二岩，
对面有一个瀑布，
从崖上飞奔而下。
你在这河里面，
甜也要喝三碗，
苦也要喝三碗，
你去了之后，
才能与祖先相处融洽。
(走累了，喝水，休息一会儿)

现在你喝完水了，
鸡叫的时候，
你就跟着鸡走。
晴天你躲在鸡翅下，
雨天你躲在鸡尾下。
请你往北夫乜（苗语，河水源头上）方向去。

现在你到了北夫乜，
鸡叫的时候，
你就跟着鸡走。
晴天你躲在鸡翅下，
雨天你躲在鸡尾下。
请你往一刀瓢（苗语，半山腰）方向去。

现在你到了一刀瓢，
鸡叫的时候，
你就跟着鸡走。
晴天你躲在鸡翅下，
雨天你躲在鸡尾下。
请你往老窝（**译者注：隶属张维**）方向去。

现在你到老窝这个地方，
带着孩子的妇女要在这里给孩子喂奶；
中年以上的男子经过这里，
要歇下来抽烟；
青年男女经过这里，
要打扮才走。依永。

（休息）
（休息时，唱酒令歌、吹芦笙给死者听）

二、酒令歌歌词第一部分

（一）

老太太活着，
她不知道她会死；
老头子活着，
他不知道他会亡。
现在老太太死去，
现在老头子死去，
老太太死去，
让老头子整天都在想念她；
老头子死去，
让老太太整天都忘不了他。
老太太活着，
她不知道她会死；
老头子活着，
他不知道他会走。
现在老太太死去，
现在老头子死去，
老太太死去，
让老头子整天都在想念她；

老头子死去，
让老太太一个人留在后面。

（二）

老太太死去，
老头子端了一碗饭去丢在路边，
回到家里，却没看见老太太待在家里。
老头子死去，
老太太舀了一瓢饭撒到地上，
回到家里，却没看见老头子坐在床上。
老太太端了一碗用水泡过的饭撒在坟头上，
喊老头子起来，和她说一句。
老头子对老太太说：
我的肉已经腐烂了，
我的血已经变成了红土，
即使我和你说，
你也听不见了。
我的肉已经腐烂了，
我的血已经变成了黑土，
即使我和你说，
你也听不到了。
老太太对老头子说：
既然这样，
你应该跟我说些什么呢？
老头子说：
我摘了一片菜叶丢到了路上，
我只希望你去带着孙子好好地生活。
我摘了一片树叶丢在地上，
我只希望你去带着孙子好好地活着。

三、酒令歌歌词第二部分

（一）

晴天，蘑菇长在麻秆上，
雨天，蘑菇长在石头旁。
现在这位老人死去，
喊两位年轻女子去哭，
喊两位青年男子去唱酒令歌。

晴天，蘑菇长在麻秆上，
雨天，蘑菇长在杉树旁。
现在这位老人死去，
喊两位年轻女子去哭，
喊两位青年男子去吹芦笙。

（二）

这位老人活着，
他也怕自己会死；
这位老人活着，
他也怕自己会亡。
现在这位老人死了，
让他自己的孩子像一群孤牛；
现在这位老人走了，
让他自己的孩子像一群孤马。
这位老人死去，
他的孩子给他穿上一身很好的衣服，
但是，他却让他自己的孩子哭得像牛叫。
这位老人活着，
他也怕自己会死；
这位老人活着，
他也怕自己会亡。
现在这位老人死了，
让他自己的孩子像一群孤牛；
现在这位老人走了，
让他自己的孩子像一群孤马。
这位老人死去，
他的孩子给他穿上一身很好的衣裳，
但是，他却让他自己的孩子哭得像马嘶。

（三）

现在，阎王老人让这位老头子死去了，
太阳初生的时候，老太太去打开门，
不知道何时才能把自己的孩子养大。
现在，阎王老人让这位老太太死去了，
太阳初生的时候，老头子去打开窗，
不知道何时才让自己的孩子自食其力。

四、开路仪式继续

依永啊，你休息好了，
就应该喝点酒，吃点饭。
现在我就用竹卦将这碗酒送给你喝。
你活着是人，
死了是鬼。

你在死亡路上，
饥饿路上，
可以喝酒，
也可以吃饭。
现在我给你装一瓢（饭），
给你装两瓢，
给你装三瓢，
我给你装一块（肉），
给你装两块，
给你装三块，
让你去吃一辈子。

你去了之后，
女的要跟女的走，
男的要跟男的走。

依永，你吃完之后，
鸡叫的时候，
你就跟着鸡走。
晴天你躲在鸡翅下，
雨天你躲在鸡尾下。
请你往敏扎（苗语）方向去。

现在你到了敏扎，
鸡叫的时候，
你就跟着鸡走。
晴天你躲在鸡翅下，
雨天你躲在鸡尾下。
请你往蒙扎（苗语）方向去。

现在你到了蒙扎，

鸡叫的时候，
你就跟着鸡走。
晴天你躲在鸡翅下，
雨天你躲在鸡尾下。
请你往犒惹（苗语）方向去。

现在你到了犒惹，
这里有两条路，
上面一条是人走，
下面这一条石坷垃比较多，
很容易夹断牛腿，
所以你应该从上面那条路走。

鸡叫的时候，
你就跟着鸡走。
晴天你躲在鸡翅下，
雨天你躲在鸡尾下。
请你往阴间的大门方向去。

现在你到了这个大门，
这里有两条比较凶猛的狗，
请你别怕。
你可以用这两根骨头去哄它们，
然后你就从这里快步跨过去。

你跨进大门之后，
鸡叫的时候，
你就跟着鸡走。
晴天你躲在鸡翅下，
雨天你躲在鸡尾下。
请你往补得底（苗语，阎王殿）方向去。

现在你到了补得底，
这里有一位身材魁梧的老人，
他的腰要九个人才能合抱，
他的胡子一直垂直到胸部，
请你别怕，
他是阎王老爷。
如果你见了他，

他对你说：“你不能去。”
你就对他说：
“我在的时候，
我生病你不管我，
我呻吟的时候，
你不同情我。
现在，我吃光了，喝完了，
你把我的名字勾了，
我应该走了。
如果不信，
请你去翻书吧。”

书翻完了之后，
你打开他的后门，
鸡叫的时候，
你就跟着鸡走。
晴天你躲在鸡翅下，
雨天你躲在鸡尾下。
请你往阴间的扎办扎哈（苗语，花盛开的地方）方向去。

现在你到了扎办扎哈，
花开得迷人，
金黄的果子发出一阵阵香味，
请你不要随便摘。
迷人的花是你们寨上的女子，
或者你的姐妹；
果子也是你寨上的男子，
或者是你的兄弟、子孙。

鸡叫的时候，
你就跟着鸡走。
晴天你躲在鸡翅下，
雨天你躲在鸡尾下。
请你往给才（苗语）方向去。

现在你到了给才，
天空乌云密布，
请你别怕，
即使天下雨了，

那只是你亲人的眼泪；
那隆隆的雷声，
是你的子孙用那铳声为你送行。

鸡叫的时候，
你就跟着鸡走。
晴天你躲在鸡翅下，
雨天你躲在鸡尾下。
请你往年德（苗语）方向去。
这个地方，
到处都能听到老虎呼啸的声音，
请你别怕，
那是你的子孙，
用那芦笙、木鼓，为你送行。

鸡叫的时候，
你就跟着鸡走。
晴天你躲在鸡翅下，
雨天你躲在鸡尾下。
请你往岛艾瓤（苗语）方向去。

在这个地方，
你可能会听到别人说，
毛毛虫就像那公绵羊一样大，
也像公山羊一样大，
请你别怕，
其实，毛毛虫只有大拇指一样小，
只有大脚趾一样小。

现在你可以穿你那双草鞋，
踩死它们，
从这里走过。
你过了这里之后，

鸡叫的时候，
你就跟着鸡走。
晴天你躲在鸡翅下，
雨天你躲在鸡尾下。
请你往甘子岛甘边波（苗语，山高冰雪大的地方）方向去。

在这里，
风雪很大，
请你用波炯波落（苗语，盖嘴的红布，口罩）盖住你的嘴，
用奴迭奴都（苗语，鸟爪，用红布套的手指、脚趾，苗族人认为人死了可能会变成鸟）套住你的手指和脚趾。
然后你就从这里跨过去吧。

现在你过了甘子岛甘边波，
鸡叫的时候，
你就跟着鸡走。
晴天你躲在鸡翅下，
雨天你躲在鸡尾下。
请你往斜豁（苗语）方向去。

你到这里，
这里有一条河，
水流湍急，
请你别怕，
直接从上面跨过去。

鸡叫的时候，
你就跟着鸡走。
晴天你躲在鸡翅下，
雨天你躲在鸡尾下。
请你往仰透（苗语）方向去。

现在你到了仰透，
一般的人都用身上的银子来买东西吃，
但请你不要全都花掉，
要留点去买田地，依永。

吃完之后，
我们就要上路了，
鸡叫的时候，
你就跟着鸡走。
晴天你躲在鸡翅下，
雨天你躲在鸡尾下。
请你往敏斗（苗语，小垭口）方向去。

你到了敏斗，

这里有三个人，
他想抢你的牛羊，
请你别怕。
你先对他们说：
“这些都是我的，
这些牛羊身上都有标记的，
你们的牛羊还在后面。”
如果他们不听，
你就用弓箭和刀杀死他们，
离开这里。

鸡叫的时候，
你就跟着鸡走。
晴天你躲在鸡翅下，
雨天你躲在鸡尾下。
请你往年斗（苗语，大垭口）方向去。

现在你到了年斗，
你可以看到三个寨子，
最上面的一个寨子，
是瓦房和平房，
那是彝族或者汉族人居住的；
中间的寨子，
是茅草房，
这是你的祖先祭祖的地方；
最下面的寨子，
也是苗族人居住的。

你看见了吗？
现在就有一个人来背水了，
你不喊她，
她就要喊你；
你不拉她，
她就要拉你。
这个人就是你的祖先。

鸡叫的时候，
你就跟着鸡走。
晴天你躲在鸡翅下，

雨天你躲在鸡尾下。
请你往水井的方向去。
（有人放鞭炮，熊光禄解释：放早了，应该在后面说到打雷下雨的时候再放。）

现在你到了水井，
你去不了，
波坂（五限杨最高一辈的女祖先的名字）拉你去；
你走不动，
喊卜坂（五限杨最高一辈的男祖先的名字）来背你走。
现在我就有把你交给你的祖先了，依永。

现在我跟你说两句话，
我就要回去了；
死人不能回头，
也不能回去；
死人不应该思念兄弟子孙，
也不应该思念姐妹；
死人不应该思念自己的妻子，
也不应该思念自己的爹娘。

天地万物都是这样，
你应该安心地去。

我话已经说完了。
你去得了，
我去不了，
现在我用这竹卦，
把我的灵魂打回家。
依丸（死者的侄儿，熊光禄解释：一般要已婚长子背这个弓箭包，因死者长子未婚，由其侄儿背）是你的儿子，
他背着弓箭和刀，
陪伴着你上路。
你去得了，
他去不了，
我用这竹卦把他的灵魂打回家。
娘丸是你的儿媳，
她背着衣服包，
陪伴着你上路。

你去得了，
她去不了，
我用这竹卦把她的灵魂打回家。

五、高兴寨开路仪式歌

(熊玉安吟唱，熊光禄翻译)

[这是在高兴寨为一名叫“卜刮”(老名)的老人举办丧祭时的开路仪式歌。]

常用名词：卜刮（死者的名字）；司矣（苗族人下意识的神的名字）；牙甘乜(地名)

卜刮，我来到你家，
我看见一个人，
站在路边；
我坐在你家床上，
我看见一个人正好站在路旁，
是你吗？
如果是你，
请回来吧！
让我跟你说两句。

卜刮，我用这对竹卦，
斟一碗就给你喝，
我准备要带你上路了。
给你一瓢（酒），
给你两瓢，
给你三瓢；
给你一片（肉），
给你两片，
给你三片。
让你在饥饿的路上吃，
让你在死亡的路上喝，
给你去喝千年万年，
给你喝了之后，
让你能找到祖先。
你喜欢男的就跟着男的走，
你喜欢女的就跟着女的走。嘿，嘿嘿。

卜刮，现在我跟你说，

人死是不能复生的，
你走之后是不能回头的，
在这人世间，
死去的人，
是不应该思念自己的妻子和儿女的，
死去的人是不能思念自己的兄弟姐妹的。

卜刮，其实你来到这人世间，
你只是来陪着你的兄弟姐妹，玩玩而已。
卜刮，其实你来到这人世间，
你只是来陪着你的妻子儿女，玩玩而已。
你现在已经死了，
你就应该走。

卜刮，在这人世间，
岩石一堆堆，
山峰一群群，
你死了之后，
身体就要开始腐烂了。

在这人世间，
岩石一堆堆，
山峰一群群，
你死了之后，
你的骨头就要往山上丢了。

卜刮，现在我跟你讲，
麻籽在牙甘乜地，
司矣拿来了麻种，
栽下了三棵，
一棵在中间，
两棵在两边，
麻籽会发芽，
芽长大之后会成麻，
麻会变成纱，
纱会变成布。
用中间的那棵来给你做衣服，
用两边的两棵来做你的腰带和赶蚊子的鞭子。

卜刮，现在我跟你讲，
树种在牙甘乜森林，
司矣拿来了树种，
栽下了十棵，
一棵在中间，
九棵在两边，
树种会发芽，
芽长大之后会成树，
九棵用来做你子孙们的房子。
中间这棵根部的这一段，
用来做你的房子，
中间这一段用来做你的脸盆，
顶部的这一段，
用来做你的梳头的木梳。

卜刮，现在我跟你讲，
慈竹种在牙甘乜旮旯，
司矣拿来了慈竹种，
栽下了十棵，
一棵在中间，
九棵在两边，
慈竹种会发芽，
芽长大之后会成竹，
九棵用来做你的簸箕。
中间这棵根部的这一段，
用来做你的拐杖，
中间这一道用来做你的竹卦，
顶部的这一段，
用来做你的牛鞭。

卜刮，现在我跟你讲，
慈竹种在牙甘乜坷垃，
司矣拿来了慈竹种，
栽下了十棵，
一棵在中间，
九棵在两边，
慈竹种会发芽，
芽长大之后会成竹，

九棵用来做你的簸箕。
中间这棵根部的这一段，
用来做你的拐杖，
中间这一道用来做你的竹卦，
顶部的这一段，
用来做你的牛鞭。

卜刮，现在我跟你讲，
谷种在牙甘乜田，
司矣拿来了谷种，
三月撒谷种，
五月栽秧，
九月丰收谷子，
用谷草做你的草鞋，
用谷子做你吃的饭。

卜刮，现在我跟你讲，
鸡种在牙甘乜笼，
司矣拿来了鸡种，
鸡种就变成了母鸡，
母鸡一天下一个蛋，
下了十三天，
得十三个蛋，
然后鸡蛋变成了鸡，
老鹰从天上来叼走一只，
野猫从地下来抓走一只，
现在用一只来做你开路用的鸡，
用一只来做你盖簸箕的鸡，
用一只来给你做鸡汤喝。

卜刮，现在我跟你讲，
猪种在牙甘乜圈，
司矣拿来了猪种，
猪种就变成了母猪，
母猪一年出两窝猪，
老鹰从天上来叼走一头，
老虎从地下来抓走一头，
现在只剩下一头，

就用它来做你的断命之猪。

卜刮，现在我跟你讲，
牛种在牙甘乜圈，
司矣拿来了牛种，
牛种就变成了母牛，
母牛三年出两头牛，
留一头给你的子孙做牛种，
用一头来送给你，
去做你的耕牛。

卜刮，现在我就要带你上路了，
我跟你说，
你离开床的时候，
床对你说，
你还不能走，
你就对他说，
我在的时候你不管我，
我呻吟的时候，
你不同情我，
天上有十二种病，
地下有十二种鬼，
他们找到石头，
石头会裂，
找到了山，
山都会垮，
找到了树树都会翻根，
现在找到了我，
喊了十二个弥拉，
都不能说服他们，
喊了十二个药王，
也不能救活我。
现在我吃完了喝光了，
阎王老人勾完了我的名字，
我应该走了，
你说完之后就离开他。

卜刮，现在你待在火炉边，

我跟你说，
你离开火炉的时候，
火炉对你说，
你还不能走，
你就对他说，
我在的时候你不管我，
我呻吟的时候，
你不同情我，
天上有十二种病，
地下有十二种鬼，
他们找到石头，
石头会裂，
找到了山，
山都会垮，
找到了树树都会翻根，
现在找到了我，
喊了十二个弥拉，
都不能说服他们，
喊了十二个药王，
也不能救活我。
现在我吃完了喝光了，
阎王老人勾完了我的名字，
我应该走了，
你说完之后就离开他。

卜刮，现在你来到小门下，
小门对你说，
你还不能走，
你就对他说，
我在的时候你不管我，
我呻吟的时候，
你不同情我，
天上有十二种病，
地下有十二种鬼，
它们找到石头，
石头会裂，
找到了山，
山都会垮，

找到了树，
树都会翻根，
现在找到了我，
喊了十二个弥拉，
都不能说服它们，
喊了十二个药王，
也不能救活我。
现在我吃完了喝光了，
阎王老人勾完了我的名字，
我应该走了，
你说完之后就离开他。

卜刮，现在你来到大门下，
大门对你说，
你还不能走，
你就对他说，
我在的时候你不管我，
我呻吟的时候，
你不同情我，
天上有十二种病，
地下有十二种鬼，
他们找到石头，
石头会裂，
找到了山，
山都会垮，
找到了树树都会翻根，
现在找到了我，
喊了十二个弥拉，
都不能说服他们，
喊了十二个药王，
也不能救活我。
现在我吃完了喝光了，
阎王老人勾完了我的名字，
我应该走了，
你说完之后就离开他。

卜刮，现在你来到煤灰堆傍，
煤灰堆对你说，

你还不能走，
你就对他说，
我在的时候你不管我，
我呻吟的时候，
你不同情我，
天上有十二种病，
地下有十二种鬼，
他们找到石头，
石头会裂，
找到了山，
山都会垮，
找到了树树都会翻根，
现在找到了我，
喊了十二个弥拉，
都不能说服他们，
喊了十二个药王，
也不能救活我。
现在我吃完了喝光了，
阎王老人勾完了我的名字，
我应该走了，
你说完之后就离开他。

卜刮，我用竹卦斟这一碗酒给你喝，
依云是你的大儿子，
让他背着刀子和弓箭送你上路。

卜刮，你活着是人，
你死了是鬼。
你在饥饿路上多吃一点，
你在死亡路上多喝一点，
给你喝千年万年，
让你找到你的祖先。
你喜欢男的就跟着男的走，
你喜欢女的就跟着女的走。嘿，嘿嘿。

卜刮，我用竹卦斟这一碗酒给你喝，
亚云是你的大儿媳，
让她背着包送你上路。

卜刮，你活着是人，
你死了是鬼。
你在饥饿路上多吃一点，
你在死亡路上多喝一点，
给你喝千年万年，
让你找到你的祖先。
你喜欢男的就跟着男的走，
你喜欢女的就跟着女的走。嘿，嘿嘿。

卜刮，你生在高兴寨，
你父母将你的衣服装在柜子里，
你打开柜子，
穿上你最喜欢的衣服，
然后，向你的父母下跪吧，
因为，你父母生你的时候，
喘气像牛一样，
眼睛鼓得像牛眼睛，
血流成河。
你父母的大腿是你的板凳，
母亲的乳房就是你的午餐，
她的背是你睡的床。
他们带你出去干活，
在山上摘野果给你吃，
在路边摘花给你玩。
你爬坡的时候是他们拉你的手，
你下坡的时候是他们摘棍子给你拄。
你磕完头之后，
我就要带你上路了，
请你往商扎（地名）看去，
这里有一棵很大的树，
根部需要九个人合抱，
顶部直顶天，
枝叶茂密，
露水滴滴答答地往下落。
请你不要怕它，
请把伞打开，
离开这里。

卜刮，我用这竹卦，
斟一碗酒给你喝，
卜乔是你的表哥，
让他帮你打牛，
陪你一起上路吧。

卜刮，你活着是人，
你死了是鬼。
你在饥饿路上多吃一点，
你在死亡路上多喝一点，
给你喝千年万年，
让你找到你的祖先。
你喜欢男的就跟着男的走，
你喜欢女的就跟着女的走。嘿，嘿嘿。

（熊玉安对死者说：卜刮，我跟你说，你到底要走哪一条路，你要从上面走还是从下面走？你想从上我就带你从上，你想从下我就带你从下。既然你想走下面我就带你走下面吧！你别怕，我会叫人背你走，哦，你还想去看亲戚朋友？那好，我就带你从新村经过。）

卜刮，我用竹卦斟这一碗酒给你喝，
我就要带你上路了。

卜刮，你活着是人，
你死了是鬼。
你在饥饿路上多吃一点，
你在死亡路上多喝一点，
给你喝千年万年，
让你找到你的祖先。
你喜欢男的就跟着男的走，
你喜欢女的就跟着女的走。嘿，嘿嘿。

卜刮，你向凉水井看去，
到了这里，
请你回头再看看你的田地！
看看你的妻子儿女！
还有你的子孙和兄弟姐妹（说到这里指路人哭了）！

卜刮，在死亡路上，
是如此的冷清，

鸡叫你就跟着鸡走。
太阳晒，
你就躲在鸡翅下，
下雨时，
你就躲在鸡尾下，
还有芦笙陪伴着你，
请你往小坝田方向看去。

卜刮，在死亡路上，
是如此的冷清，
鸡叫你就跟着鸡走。
太阳晒，
你就躲在鸡翅下，
下雨时，
你就躲在鸡尾下，
还有芦笙陪伴着你，
请你往陇嘎寨方向看去。

卜刮，在死亡路上，
是如此的冷清，
鸡叫你就跟着鸡走。
太阳晒，
你就躲在鸡翅下，
下雨时，
你就躲在鸡尾下，
还有芦笙陪伴着你，
请你往陇嘎新村方向看去。

卜刮，在死亡路上，
是如此的冷清，
鸡叫你就跟着鸡走。
太阳晒，
你就躲在鸡翅下，
下雨时，
你就躲在鸡尾下，
还有芦笙陪伴着你，
请你往新发寨方向看去。

卜刮，在死亡路上，

是如此的冷清，
鸡叫你就跟着鸡走。
太阳晒，
你就躲在鸡翅下，
下雨时，
你就躲在鸡尾下，
还有芦笙陪伴着你，
请你往旮旯寨方向看去。

卜刮，在死亡路上，
是如此的冷清，
鸡叫你就跟着鸡走。
太阳晒，
你就躲在鸡翅下，
下雨时，
你就躲在鸡尾下，
还有芦笙陪伴着你，
请你往七块田方向看去。

卜刮，在死亡路上，
是如此的冷清，
鸡叫你就跟着鸡走。
太阳晒，
你就躲在鸡翅下，
下雨时，
你就躲在鸡尾下，
还有芦笙陪伴着你，
请你往干河方向看去。

（熊玉安对死者说：不行，这里有个你的孙子在跟着，你要把他打回来。这个孩子是杨进财家的第二个儿子，一定要把他打回来，超过三岔河就不行了。其他的人都不管，只管他就行了，请把他拴在路边。）

卜刮，在死亡路上，
是如此的冷清，
鸡叫你就跟着鸡走。
太阳晒，
你就躲在鸡翅下，
下雨时，

你就躲在鸡尾下，
还有芦笙陪伴着你，
请你往鸡场方向看去。

(熊玉安对死者说：我已把他拴在路边了，请你放心的走。)

卜刮，在死亡路上，
是如此的冷清，
鸡叫你就跟着鸡走。
太阳晒，
你就躲在鸡翅下，
下雨时，
你就躲在鸡尾下，
还有芦笙陪伴着你，
请你往犒热扰（苗语）方向看去。

卜刮，在死亡路上，
是如此的冷清，
鸡叫你就跟着鸡走。
太阳晒，
你就躲在鸡翅下，
下雨时，
你就躲在鸡尾下，
还有芦笙陪伴着你，
请你往炙石珊（苗语）方向看去。

卜刮，在死亡路上，
是如此的冷清，
鸡叫你就跟着鸡走。
太阳晒，
你就躲在鸡翅下，
下雨时，
你就躲在鸡尾下，
还有芦笙陪伴着你，
请你往茅草坪方向看去。

卜刮，在死亡路上，
是如此的冷清，
鸡叫你就跟着鸡走。

太阳晒，
你就躲在鸡翅下，
下雨时，
你就躲在鸡尾下，
还有芦笙陪伴着你，
请你往三岔河方向看去。

卜刮，在死亡路上，
是如此的冷清，
鸡叫你就跟着鸡走。
太阳晒，
你就躲在鸡翅下，
下雨时，
你就躲在鸡尾下，
还有芦笙陪伴着你，
请你往悉倪土（苗语）方向看去。

卜刮，在死亡路上，
是如此的冷清，
鸡叫你就跟着鸡走。
太阳晒，
你就躲在鸡翅下，
下雨时，
你就躲在鸡尾下，
还有芦笙陪伴着你，
请你往小龙场方向看去。

卜刮，在死亡路上，
是如此的冷清，
鸡叫你就跟着鸡走。
太阳晒，
你就躲在鸡翅下，
下雨时，
你就躲在鸡尾下，（你怎么不肯走，该走就要走。）
还有芦笙陪伴着你，
请你往侯家岔口方向看去。

卜刮，在死亡路上，
如此的冷清，

鸡叫你就跟着鸡走。
太阳晒，
你就躲在鸡翅下，
下雨时，
你就躲在鸡尾下，
还有芦笙陪伴着你，
请你往木粘渣（苗语）方向看去。

卜刮，在死亡路上，
是如此的冷清，
鸡叫你就跟着鸡走。
太阳晒，
你就躲在鸡翅下，
下雨时，
你就躲在鸡尾下，
还有芦笙陪伴着你，
请你往木粘渣岔口方向看去。

卜刮，在死亡路上，
是如此的冷清，
鸡叫你就跟着鸡走。
太阳晒，
你就躲在鸡翅下，
下雨时，
你就躲在鸡尾下，
还有芦笙陪伴着你，
请你往小鼠场方向看去。

卜刮，在死亡路上，
是如此的冷清，
鸡叫你就跟着鸡走。
太阳晒，
你就躲在鸡翅下，
下雨时，
你就躲在鸡尾下，
还有芦笙陪伴着你，
请你往小鼠场方向看去。

卜刮，在死亡路上，

是如此的冷清，
鸡叫你就跟着鸡走。
太阳晒，
你就躲在鸡翅下，
下雨时，
你就躲在鸡尾下，
还有芦笙陪伴着你，
请你往日箸爵沙（苗语）方向看去。

卜刮，在死亡路上，
是如此的冷清，
鸡叫你就跟着鸡走。
太阳晒，
你就躲在鸡翅下，
下雨时，
你就躲在鸡尾下，
还有芦笙陪伴着你，
请你往查二岩方向看去。

卜刮，我跟你说，
这里有一条瀑布从山崖上淌下来，
你到这里，
如果手脏就洗一下，
不脏也要摸一下，
你去了之后，
才能与祖先相处融洽，
那崖上很高，
你肯定去不了，
你必须从小路绕过去。

卜刮，在死亡路上，
是如此的冷清，
鸡叫你就跟着鸡走。
太阳晒，
你就躲在鸡翅下，
下雨时，
你就躲在鸡尾下，
还有芦笙陪伴着你，

请你往卜得杜瓦（苗语）方向看去。

卜刮，在死亡路上，
是如此的冷清，
鸡叫你就跟着鸡走。
太阳晒，
你就躲在鸡翅下，
下雨时，
你就躲在鸡尾下，
还有芦笙陪伴着你，
请你往卜得饶（苗语）方向看去。

卜刮，在死亡路上，
是如此的冷清，
鸡叫你就跟着鸡走。
太阳晒，
你就躲在鸡翅下，
下雨时，
你就躲在鸡尾下，
还有芦笙陪伴着你，
请你往卜得扎（苗语）方向看去。

卜刮，在死亡路上，
是如此的冷清，
鸡叫你就跟着鸡走。
太阳晒，
你就躲在鸡翅下，
下雨时，
你就躲在鸡尾下，
还有芦笙陪伴着你，
请你往卜得扎巴（苗语）方向看去。

卜刮，我跟你说，
在这里花开得比较好，
那果子也成熟了，
请你不要乱摘，
花开得好是寨上的人和亲戚朋友，
果子是兄弟姐妹和侄儿子孙。

卜刮，在死亡路上，
是如此的冷清，
鸡叫你就跟着鸡走。
太阳晒，
你就躲在鸡翅下，
下雨时，
你就躲在鸡尾下，
还有芦笙陪伴着你，
请你往汪家冲方向看去。

卜刮，在死亡路上，
是如此的冷清，
鸡叫你就跟着鸡走。
太阳晒，
你就躲在鸡翅下，
下雨时，
你就躲在鸡尾下，
还有芦笙陪伴着你，
请你往龙家坡方向看去。

卜刮，在死亡路上，
是如此的冷清，
鸡叫你就跟着鸡走。
太阳晒，
你就躲在鸡翅下，
下雨时，
你就躲在鸡尾下，
还有芦笙陪伴着你，
请你往嘎比玛磕（苗语）方向看去。

卜刮，我跟你说，
这里有一棵大树，
树根的这一段要九人合抱，
顶部直顶天，
所有的孩子到这里，
都会吊上去吃奶，
请你别怕，
在这里男人必须歇下来抽烟，

喝酒吃午餐，
女人背着孩子来到这里，
也要喂奶，
年轻男女到这里，
需要打扮，
所以你先吃完午餐后再走。
（唱到此处死者和熊玉安休息，芦笙响起，唢呐吹起，二儿子唱孝歌。）

仪式继续：

卜刮，我用这对竹卦，
斟一碗就给你喝，
我准备要带你上路了。
给你一瓢（酒），
给你两瓢，
给你三瓢；
给你一片（肉），
给你两片，
给你三片。
让你在饥饿的路上吃，
让你在死亡的路上喝，
给你去喝千年万年，
给你喝了之后，
让你能找到祖先。
你喜欢男的就跟着男的走，
你喜欢女的就跟着女的走。嘿，嘿嘿。

卜刮，我用这对竹卦，
斟一碗就给你喝，
你吃完午餐之后我就要带你上路了。

在死亡路上，
是如此的冷清，
鸡叫你就跟着鸡走。
太阳晒，
你就躲在鸡翅下，
下雨时，
你就躲在鸡尾下，
还有芦笙陪伴着你，

请你往平津寨的小岔口方向看去。

卜刮，在这个地方牛去不了，
但有人帮你带去，
请你放心走。

在死亡路上，
是如此的冷清，
鸡叫你就跟着鸡走。
太阳晒，
你就躲在鸡翅下，
下雨时，
你就躲在鸡尾下，
还有芦笙陪伴着你，
请你往平津寨的大岔口方向看去。

卜刮，在死亡路上，
是如此的冷清，
鸡叫你就跟着鸡走。
太阳晒，
你就躲在鸡翅下，
下雨时，
你就躲在鸡尾下，
还有芦笙陪伴着你，
请你往平寨方向看去。

卜刮，你到了平寨，
这条路很难走，
在这里请不要伤心，
不要想念妻子和儿女，
不要想念亲戚朋友和兄弟姐妹（唱者对听众说，卜刮哭了，他不想走）。

在死亡路上，
是如此的冷清，
鸡叫你就跟着鸡走。
太阳晒，
你就躲在鸡翅下，
下雨时，
你就躲在鸡尾下，

还有芦笙陪伴着你，
请你往安窭（苗语）方向看去。

卜刮，在死亡路上，
是如此的冷清，
鸡叫你就跟着鸡走。
太阳晒，
你就躲在鸡翅下，
下雨时，
你就躲在鸡尾下，
还有芦笙陪伴着你，
请你往冷坝方向看去。

卜刮，你到了冷坝，
这里有三股水，
两边两股是人喝的，
中间这一股是鬼喝的，
中间这一股，
甜要喝三口，
苦也要喝三口，
去了才能与祖先相处融洽。

在死亡路上，
是如此的冷清，
鸡叫你就跟着鸡走。
太阳晒，
你就躲在鸡翅下，
下雨时，
你就躲在鸡尾下，
还有芦笙陪伴着你，
请你往捣玛磕（苗语）方向看去。

卜刮，在死亡路上，
是如此的冷清，
鸡叫你就跟着鸡走。
太阳晒，
你就躲在鸡翅下，
下雨时，
你就躲在鸡尾下，

还有芦笙陪伴着你，
请你往箸磕（苗语）方向看去。

卜刮，在死亡路上，
是如此的冷清，
鸡叫你就跟着鸡走。
太阳晒，
你就躲在鸡翅下，
下雨时，
你就躲在鸡尾下，
还有芦笙陪伴着你，
请你往翰犊（苗语）方向看去。

卜刮，在这里，
草长得很茂盛，
时而会听到虎啸的声音，
请你别怕，
把弓箭扛在肩上，
把刀拿在手上，
继续上路。
其实，这里根本没有老虎，
那虎啸声是你的子孙在用芦笙为你送行（芦笙响起）。

在死亡路上，
是如此的冷清，
鸡叫你就跟着鸡走。
太阳晒，
你就躲在鸡翅下，
下雨时，
你就躲在鸡尾下，
还有芦笙陪伴着你，
请你往哈索（苗语）方向看去。

卜刮，你到了哈索，
这里乌云密布，
雷声轰隆，
请你别怕，
天下雨，
是你亲戚朋友的眼泪，

隆隆的雷声，
是你的子孙用炮声为你送行（此时要鸣三炮）。

在死亡路上，
是如此的冷清，
鸡叫你就跟着鸡走。
太阳晒，
你就躲在鸡翅下，
下雨时，
你就躲在鸡尾下，
还有芦笙陪伴着你，
请你往干卓（苗语）方向看去。

卜刮，在这里，
毛毛虫像公绵羊一样大，
像公山羊一样长，
请你别怕，
本人是在骗你，
其实，毛毛虫只有手指一样大，
像脚趾一样长，
请穿上你的那双草鞋，
踩死他们，
离开这里。

在死亡路上，
是如此的冷清，
鸡叫你就跟着鸡走。
太阳晒，
你就躲在鸡翅下，
下雨时，
你就躲在鸡尾下，
还有芦笙陪伴着你，
请你往红河的大岔口方向看去。

卜刮，你过了红河之后，
在死亡路上，
是如此的冷清，
鸡叫你就跟着鸡走。
太阳晒，

你就躲在鸡翅下，
下雨时，
你就躲在鸡尾下，
还有芦笙陪伴着你，
请你往兰州街方向看去。

卜刮，你到了兰州街，
一般的人都要用银子来买少午（中饭到晚饭之间的点心），
但你要记住，
不要把钱全都花光了，
要留一点去买田地。
现在你吃完了，
现在你朝阴间方向看去，
阴间的磨石山。

卜刮，在死亡路上，
是如此的冷清，
鸡叫你就跟着鸡走。
太阳晒，
你就躲在鸡翅下，
下雨时，
你就躲在鸡尾下，
还有芦笙陪伴着你，
请你往阴间上天的梯子方向看去。

卜刮，现在你登上了天梯，
有人就要抢你了，
你就对他们说，
你们都在后面，
这些（牛和羊）是我的，
在他们的身上都标有记号，
说完后你就离开这里。

在死亡路上，
是如此的冷清，
鸡叫你就跟着鸡走。
太阳晒，
你就躲在鸡翅下，
下雨时，

你就躲在鸡尾下，
还有芦笙陪伴着你，
请你往阴间的茅草坡方向看去。

卜刮，在死亡路上，
是如此的冷清，
鸡叫你就跟着鸡走。
太阳晒，
你就躲在鸡翅下，
下雨时，
你就躲在鸡尾下，
还有芦笙陪伴着你，
请你往阴间的雪山方向看去。

卜刮，到了雪山之后，
风雪特别大，
请别怕，
把鸟脚套在你的脚趾上（一般要用红布做一个套子套住死者的大脚趾），
把鸟趾套在你的手指上（一般要用红布做一个套子套住死者手上的大拇指），
把盲炙盲洛（一般要用红布盖在死者的嘴上）盖在你的嘴上。

在死亡路上，
是如此的冷清，
鸡叫你就跟着鸡走。
太阳晒，
你就躲在鸡翅下，
下雨时，
你就躲在鸡尾下，
还有芦笙陪伴着你，
请你往阴间田地的方向看去。

卜刮，到了这里以后，
我就要将这只鸡交给你了。

在死亡路上，
是如此的冷清，
鸡叫你就跟着鸡走。
太阳晒，

你就躲在鸡翅下，
下雨时，
你就躲在鸡尾下，
还有芦笙陪伴着你，
请你往阴间的桥方向看去。

卜刮，在死亡路上，
是如此的冷清，
鸡叫你就跟着鸡走。
太阳晒，
你就躲在鸡翅下，
下雨时，
你就躲在鸡尾下，
还有芦笙陪伴着你，
请你往阴间的水井方向看去。

卜刮，在死亡路上，
是如此的冷清，
鸡叫你就跟着鸡走。
太阳晒，
你就躲在鸡翅下，
下雨时，
你就躲在鸡尾下，
还有芦笙陪伴着你，
请你往阴间的大门方向看去。

卜刮，你到了这个大门口，
这里有两条狗，
它们很凶，
你用骨头哄它，
就从这里跨过去。

卜刮，你过了大门之后，
你的三代祖先（死者属三限杨，只记三代祖先）就要来等你了，
这里有三条路，
左边这一条，
是往彝族的寨子去的，
右边这一条，
是向汉族的寨子去的，

中间这一条才是往我们苗族的寨子去的。
在这条路上，
你会遇到一个人，
笑着的不是你的祖先，
特别生气的那个才是。
现在你遇到他了，
我就要把你交给他。

卜刮，到了这里，
你去不了，
波筹（三限杨最高一辈女祖先的名字）拉你去，
你走不了，
喊卜筹（三限杨最高一辈男祖先的名字）背你走，
现在我已经将你交给他们了，
你去得了，
我去不了，
我用这对竹卦，
将我的灵魂打回家。

卜刮，依云，
是你的大儿子，
他背着刀子和弓箭，
送你上路，
你去得了，
他去不了，
我用这对竹卦，
将他的灵魂打回家。

卜刮，安云，
是你的大儿媳，
她背着衣服包，
送你上路，
你去得了，
她去不了，
我用这对竹卦，
将她的灵魂打回家。

卜刮，卜乔，
是你的表哥，

他帮你拉牛，
送你上路，
你去得了，
他去不了，
我用这对竹卦，
将他的灵魂打回家。

在这场丧事中，绕嘎时要唱孝歌。起孝歌如下：

（一）

晴天云雀叫，
雨天杜鹃啼，
阎王老爷要让这位老人死去，
不留一点情面，
这位老人如果要死去也无可奈何。

晴天云雀叫，
雨天杜鹃哭，
阎王老爷要让这位老人死去，
这位老人如果要死去你也喊不回来。

晴天时花儿阵阵香，
结出的果实串串红，
阎王老爷让这位老人死去，
砍杉树来做他的嘎房，
砍春菜树和苦竹来做成芦笙，
吹出了这位老人离去的忧伤，
让所有的客人都来这里哭。

（二）

晴天时花儿阵阵香，
结出的果实串串黄，
阎王老爷让这位老人死去，
砍杉树来做他的嘎房，
砍春菜树和苦竹来做成芦笙，
吹出了这位老人离去的忧伤，
让所有的客人都来这里看。

第三章 “箐苗”婚姻与服饰、音乐等

婚姻是个体人一生中的重要关口。出生礼、成年礼、婚礼、丧礼这四大人生礼仪，在世界任何一个族群文化中都是必不可少的，而婚礼中表现的族群文化，则是这一族群文化中最丰富、最激动人心的和最美好的组成部分。“箐苗”婚姻文化不但丰富，而且独特和富有魅力，特别是未婚青年男女在每年正月初四到十四的自由情爱，更是引人注目。

另外，如果说“箐苗”语言、祭祀、婚俗、丧俗等文化是一种内结构性质的文化，那么，其文化中最具外在形式感的就是服饰文化和音乐歌舞文化了。在世界上众多的民族中，最具吸引力的民族文化就是其服饰和歌舞，把这一民族的“表情”和特色做了最充分展现，也可说是这一民族的基本标志，人们不一定对这个民族有什么深刻的认识和理解，但从这些标志上，就能轻而易举地认识这个民族。任何一个其他民族都能从这些外在的表现上来看它和认识它的。另外，这些方面还是一个民族情感文化的主体部分，也是其工艺和艺术表现最为全面和丰富的地方。

第一节 “箐苗”婚姻

在这一节中，我们亦以《梭嘎苗人文化研究》中的文本为主要表述。

最早向外介绍“箐苗”婚姻文化和习俗的是杨耀荣先生，我们把他写的文本也作为一个个案。他的文本是这样的。

一、生动有趣的恋爱和庄重负责的婚姻

搜集整理：杨耀荣

搜集时间：1992 年前后

搜集地点：陇嘎

“箐苗”的恋爱，生动有趣；“箐苗”的婚姻，庄重负责；“箐苗”封闭的近亲婚姻循环，抑制了“箐苗”的发展（对于文本的一些带有倾向性描述我们一般不做改动）。

青年人的相亲活动，或赶集，或办酒，或跳场集会。但其集中的时间，大都在古历春节期间的正月上旬，在这个黄金时间里，姑娘们或三五成群在一家，或在堂屋、在院子、在牛圈楼上，绘画绣花，等待着小伙子们的到来。在这个时间，家家都备有吃的喝的。十二个长角寨热热闹闹，这是“箐苗”联络感情的热潮，在这个热潮中，小伙子们可以在十二个寨子任意跑串，任何家都可去当座上宾，挑选意中人。处处是一派欢歌笑语，处处是歌舞和绘画绣花，生动有趣，古朴动人。

图 3-1-1　“花场”中的男女

一年四季，在平时的乡场上，多有三五成群的长角姑娘们，借故“生事”，或对“箐苗”小伙脚下使绊，或要“箐苗”小伙买晌午吃，或要“箐苗”小伙赠送什么信物。谁家姑娘追求者多，谁家就引以为荣，姑娘也引以为自豪。在这些乡场情爱的角逐中，笔者目睹几个“箐苗”小伙暑天在梭嘎乡场上用衣服蒙头，在面条摊上买面条吃时，那大汗淋漓的狼狈相。问其所以，原来是因为囊中羞涩，怕“箐苗”女们来“敲竹杠”。

为了寻找意中人，小伙子们往往要在舞蹈谱曲上狠下功夫，姑娘们也在衣饰、绘画绣花和蜡染上刻苦钻研，以此作为建立美好家庭和联络感情的共同语言及“资本”。意中人找到了，获得父母认为可以开亲了，还要取决于以鸡卦论成败。

图 3-1-2　“箐苗”每年一次的“花场”

鸡卦，也就是鸡大腿至鸡身上的那一节骨头，汉族人家也用来占卜吉凶祸福。“箐苗”的占法：二酬、三酬为顺，四酬为正义，五酬以上就不好了。酬，就是卦骨上的骨眼，数酬时必是两只卦骨眼之和。

“箐苗”称鸡卦为“哑巴”“哈包”，凡婚姻大事，皆托付于“哑巴”“哈包”来裁决，历史以来，直至今天，皆依然沿袭鸡卦。

多少对相爱的男女被鸡卦弄得生离死别，多少例没有爱情的婚姻，却又被鸡卦生拉硬扯成家，生儿育女。

求婚之先，小伙子要请一个“帮手”，即类似介绍人。先确定好姑娘父母确实在家了，未出发之前，小伙子和“帮手”杀一只未生蛋的雏鸡，即小仔鸡煮吃，看卦，卦不好则止，卦好就向女家出发，二人一进门，“帮手”先向姑娘父母跪下，小伙子也随之跪下，磕罢头起来，当夜即留宿姑娘家，姑娘则躲避开了。

天亮，小伙子和“帮手”在床上假睡听动静。若无任何动静，小伙子和“帮手”则不辞而别，此桩婚事告吹，赶快溜走，从此死心。若姑娘家人提前起床做饭，碰得锅碗瓢响，盛情留客，则此桩婚姻有眉目了。

姑娘家请来几个“头人”、寨老或亲友，杀一只未开叫的小公鸡煮吃，吃罢照样看卦，一切也是依卦好坏而定。卦好，婚事则继续，卦不好，则止。

以上是“箐苗”婚姻的第一道程序。第二道程序——纳聘。

纳聘也是井井有条，从不违反。小伙子来到女方家，女方家拿出几斤土酒，杀一对雌雄小鸡，请来亲友寨邻，由有威信的人主持，同样是吃鸡看卦，这可是上得桌子下不得桌子的，若不谈妥就走，举寨人笑话，大家都难以抬头，至少此寨无议事能力。

现在，亦如汉族人家聘礼折钱，可以讨论还价。女方家要钱多，介绍人和主持者等说男方家穷或其他什么理由，小伙子这时不厌其烦地给女方家的父母，长辈磕头以求少算钱。男女双方的谈判代表也各有其理，最后定好双方都能接受的聘金方休。

“谈判”全部成功后，敲定结婚日子。

一般在十冬腊月，男方单日女方双日，以农历为准，一经敲定，叫铁钉钉木，不可改动。

于是，大家欢快畅饮，行酒令，一醉方休。

第三道程序是办嫁女结婚酒，男女双方热热闹闹，十二寨同庆，一醉方休。大家倾其所有，杀猪宰羊，堪称一方盛典。

男女双方两家大办七天七夜酒。办得人穷，办得债台高筑，也是心甘情愿，以后演变为一天只吃一顿饭。

新郎要亲自去新娘家接亲，坐席吃酒，向各位老人长辈磕头，办酒结束，接走新娘。新娘出嫁，新婚当天新娘子就要返回娘家，娘家必须派人去接，人越多越风光。而新郎家则要有情有义，备办酒席，用大方桌反着摆放酒席，用竹棒抬上，连同新娘子一同送至路口，迎接招待岳父家来客，大家尽兴吃酒席，行酒令，劝酒敬酒，吃完后，外家来的几个头面人物合计一下，蜂拥新娘而去，新娘在娘家三天后，新郎去接回新娘。

七天满，新郎家人备马驮，夫妻双双来到娘家，双双一道拜双亲，认外家，认父母、亲友、家屋老小一一相认。有几家家亲内戚、几位老人、如何称呼，每认一家家亲，每认一位老人长辈。给一袋炒面（用大麦炒黄捣成面粉）和一瓶土酒作见面礼。

就像汉族人家新姑爷用猪肉成条成块到岳父家拜年一样。也有打发新郎新娘两三元，三五元钱不等。

图 3-1-3 大山中的“箐苗花场”

现在有些变化了，姑娘往往要在新郎家住 10 来天，才双双拜见岳父母、认亲等。

“炒面认亲”，须先做准备，这些用山泉拌后即可进食的炒面制作，苦了新郎全家。若外家亲戚家屋多，至少也要准备办几百斤上千斤炒面才够。

若出现离婚，也是有一套严格的规矩程序。由女方找一家“中人”，“中人”要有调解能力，或寨老，或“头人”，或干部。“中人”将“离婚女”母子全收留和“中人”家暂为一家，“中人”视为自己女儿亲人大事办理，“离婚女”在“中人”家一样干家务活、农活，有什么活，干什么活。要求离婚（合协调）女一天交一元钱作为“中人”伙食、调解费，另交 12 元作调解协商用费，12 元取一年 12 月团圆之意，不足部分“中人”补足。

“中人”从收留“离婚女”之日起，就义不容辞地奔走调解，实在无效，“中人”才出面请来男女双方父母、亲友、“头人”，正式议定协商离婚。好好开花好好谢，从不惊动官府，更不经法律机关。

若出现丧夫丧妻，也同样有一套十分严格的规矩程序。若丧妻，男照规矩，恋爱结婚就是。若丧夫，外家来出面，带走自己的女儿。至于所生儿女是否也一并带走，须协商解决，一般是外家要送来一头牛；方能带走自己的女儿。女儿回到外家，仍按卦卜结婚等规矩程序进行。一旦结婚了，其后夫就要担负起前夫即死者的社会责任和义务，包括丧葬期间的财务和抚育子女，奉养老人等，这是十分负责的婚姻。

恋爱、结婚，仅限在十二寨内，即“箐苗”内部封闭循环进行，至今亦然。婚姻，将“箐苗”的感情焊接成了铁板一块。十二寨皆亲套亲，亲连亲，近亲结婚，早婚早育。

这种封闭的近亲结婚能否打破？随着时代的变迁，岁月的流逝，改革开放的进行，近几年来，出现了 10 多个长角女外嫁汉族人家现象。

杨耀荣先生的文本不规范，有的说法有违于文化人类学的规则，有的说法不妥，如“多少对相爱的男女被鸡卦弄得生离死别，多少例没有爱情的婚姻，却又被鸡卦生拉硬扯成家，生儿育女。”“男女双方热热闹闹，十二寨同庆，一醉方休。大家倾其所有，杀猪宰羊，堪称一方盛典”等文字就很不妥，都有些想当然的描述。但我们仍保留它的原样，亦在一般的“风情作品”与文化人类学田野作业的个案对比间

"学习"这种差异，这对我们也是有启示的。当然，这个文本中包含的一些信息也是我们的正规个案中没有的，能作为一种重要补充。如"炒面认亲""离婚"等情节就很重要。这个文本发表时，杨耀荣先生给了它这样一个名字：《生动有趣的恋爱和庄重负责的婚姻》，事先就给自己的作品做了一定的定位，先入为主。

1995年，我到陇嘎村调查时，在婚姻文化上做了相应的个案。

二、陇嘎村"箐苗"婚恋习俗

讲述者：熊玉安、熊玉文（熊玉安，男，时年50岁，父亲原是寨老，自己在十多年前得了"弥拉"，对本族的鬼事很熟，这方面的事理大多数都由他来主持。熊玉文，时年32岁，父亲很早就是红事、白事的主持人，此人现为该村村主任。）

讲述地点：六枝特区梭嘎乡陇嘎村

讲述时间：1995年1月

采录人：吴秋林

"箐苗"青年男女一般在十四五岁就开始参加一年一度的"坐坡"活动，当然也不否认平时的男女往来交往的因素。通过一系列的接触，包括对歌、交谈，互送礼物等，男女双方觉得你有情我有意时，男方的父母就请媒人为儿子说亲了。这样是最好的方式，当然也有单是男方看上了女方，并没有与女方有事先的感情基础的，也请父母找媒人说亲的。另外，如果父母的意见加入进来，成为主动者也有父母做主为儿子请媒人说亲的。

图3-1-4 "花场"中的花树

大致有三种说亲方式，但实际中可能比这三种情况还要复杂和细腻得多。不管哪种情况，都需要进入"箐苗"婚俗中说亲请媒人的程序。

请媒人由男方父母出面，所请媒人有一定要求，要请缘分好、家里娃娃多、长得好的，至于请什么种类的人倒没有什么一定之规，实际中请的媒人则多为男性的成年人。

媒人请来，说明是去某某家，说某某女儿，然后就用一公一母的两只鸡宰吃，吃完鸡就看鸡卦，如果一头有眼的为一般，两头有眼的也为好（一个眼叫"一筹"），但中间有眼的为“夹杠”。如果是前者，此亲就可说，如遇“夹杠”，此亲就说不得了，作罢，因“夹杠”为不吉利。这样就得让男方另找一家的女儿，这也是可能的，因为在此族内，一个男孩有几个女友是常事，同样，一个女孩有几个男友也是常事。

鸡卦看好后，媒人就带着男方上路到女方家去了。到女方家他们得突然出现，如果让女方家早早知晓他们是来说亲的，那么女方家的父母就会迅速躲出去，媒人和男方就得一直在女方家等待，女方父母实在躲不下去了回来。如果突然进了女方家门，媒人也得先抓住女方父母中的任意一个，赶紧跪下磕一个头，并说：“我是来说这个(指女孩)，去背水给某某老人（指男方的父母亲）吃。”

这样女方父母就不能躲出去，需坐下来让男方的媒人说亲。

媒人第一次去女方家不带礼物，磕完头后大家也不谈说亲的事，只闲聊，摆家常，一直这样交谈到深夜。女方家叫媒人与小伙子去睡觉。如果媒人精明，他这一夜就不会睡得太实，耳朵听着女方家屋子里的动静，半夜听到女方家有杀鸡的声音，天不亮就悄悄叫起小伙子走人，此事就作罢了。因为女方家如不同意这门亲事. 不会嘴上说，而只在半夜时杀一只鸡，把鸡全部砍碎，不留鸡卦，待媒人早晨起来给他这只鸡，叫“洗膝盖头”。不同意亲事中，还有说媒人不懂规矩，没有出息的意思。这是很没有面子的事，如媒人早早逃之，人们还会说他机灵，所以有经验的媒人这天晚上一般都不会睡得太实。

如果女方家一夜没有什么动静，待天亮时才起来杀鸡，那表示女方的父母已同意这门亲事，随后就是看鸡卦——天意如何了。

如鸡卦好，此亲事就大致定下来了；如果鸡卦不好、不吉利，女方家父母就会对媒人说：“镰刀、弯刀不直路，双方歇气。”此事只得作罢。

图 3-1-5 “花场”中的“箐苗女”

女方家父母同意，鸡卦好，媒人就可以去第二次说亲了。这一次男方家的媒人也不带什么礼信。第二次男方媒人和小伙子去时，女方家也会请上一个媒人等在那里。双方见面后坐下，拿一只鸡来杀，看鸡卦，不过这次的鸡卦好坏都无所谓，不作数，以第一次的鸡卦为准。

随即女方媒人拉开桌子请吃饭，开始“摆对”，也就是坐在桌面上讲礼钱。

女方媒人说：“一年有十二个月，一个月要一百，十二个月要一千二，一要三百，(一般不说二要）三要九百，四要一千二，翻一番要二千四。”

男方媒人说：“来不倒（意不要这么多）一三百，二六百，三九百就行了。只有老鸦的窝棚在，不得蛋了，是空的。”

经过如此“摆对”，这钱多少就定下来了。摆对是按规矩说的，要这么说，但最后定下礼钱不一定多少。以前是一千元左右；现在两千元、三千元都有了。

如此，第二次说亲的任务就完成了，男方媒人和小伙子就回去准备礼钱看日子接亲了。

第三次去女方家时，就是看好日子去接了。男方去接亲的有：媒人、小伙子(新郎)，还有一个年轻的小伙子的陪伴。当然男方得带上礼钱。

男方家人一到女方家门口，就要接受女方家人的“打亲”。女方家的姑娘们排成队，站成两排，每人手里拿着一根树枝，接亲队伍从中间经过时，姑娘们就挥动树枝，抽打媒人，媒人只有尽快冲进女方家门，才能少挨些打。姑娘们只打媒人，不打新郎和陪伴。

进到女方家里，吃完晚饭，桌子就摆开了，男方这边三个人，女方这边一般是五个人，其中包括原来的女方媒人，也全是男性，也要家里双亲健在，儿女多、健康人缘好的人家的男主人。这时男方家拿出事先定好的礼钱给女方家。然后由媒人带着给女方家里的所有大人小孩每人磕三个头。磕法是：媒人与新郎一起，先给家里最年长的人磕一个头，然后依次每人都磕到，第一遍完后，又从最年长的开始磕第二、第三遍，才算完事。

磕完头，男方回到桌子旁，男方和女方就开始以媒人为首的对唱，唱的是“酒令歌”，内容大致是双方结亲、吃酒的情形，反反复复地唱，从各个不同方面，各个不同角度来唱，一个接着一个地对唱，唱重了就落笑话。唱错了对方就唱一首来讽刺你，还要罚喝酒。对唱酒令歌时，双方还要比试喝酒，谁喝得多，唱酒令歌又不错乱，谁的本事能耐就大，受到赞赏。

这样的对唱酒令歌，可以一直唱到深夜，各寨的人都可以来听，但女方家不管饭，只给来人酒喝。听唱酒令歌时，男人不能进屋，只能在屋外、房后等地方听。如果按传统的习惯女方家还要在桌子边放一个簸箕，里面放上酒和一个猪头，因为“箐苗”在女儿出嫁的时候，有“要猪头”的习俗。哪家如果摆上了猪头，无疑是摆了一个赛歌台，任何一个寨子的姑娘、媳妇都能相约，进堂屋来与男方媒人和女方媒人对唱酒令歌。这些女人进来时是唱着酒令歌进来的，进来先倒两杯酒给两个媒人喝，然后就开始对唱酒令歌，如媒人唱得好就不罚酒，接着唱下去。这样你来我往很是热闹，但女方如唱不败媒人是不会空手走的，一直要把媒人唱败，唱不出来了，就罚媒人喝酒，并揪媒人耳朵说：“猪不吃食揪猪耳朵”（媒人再痛也不能叫唤）。这样，女方家就得把簸箕里的猪头让她们拿走。这些女人得到猪头，就欢天喜地拿到寨子边打平伙去了。

一般来说，进来唱酒令歌要猪头的女人是不会败的，有时她们如实在胜不了媒人，对唱时间久了，主人家也会出来中止对唱，给她们一个猪头。

这些年轻女人拿走一个猪头，接着另外一些年轻女人又唱着酒令歌进来了……就这样，每来一拨对唱酒令歌的女人就拿走一个猪头，如猪头没有了；就用相同重量的猪肉代替，如猪肉也没有了，就得再杀猪，只要办了，主家就得拿到底，要不就认为不得出息。据说，过去有人家这样办过，当时杀了九头猪才应付下来。

这样的事如今在"箐苗"地方已经没有哪家敢如此办了，这一习俗许多年轻人已不知道了。

图 3-1-6 "花场"中的"风景线"

第二天，天亮了大家就坐着摆家常，约到上午 10 点时，女方家牵一只大公羊到门外，另外放一大土壶酒在公羊旁边。这时，女方媒人对男方媒人说："出去晒太阳。"男方媒人就出去把大土壶的酒拿来，倒酒给大家喝，这样也就没事了，如果男方媒人不拿大土壶，先摸了大公羊，就叫男方媒人抱住大公羊，不准他进女方家门，在场的人就围住取笑他。待大家笑够了才让他进女方家们，然后就摆桌子吃中午饭。

饭后，接送亲的队伍就该上路了。男方接亲的仍是三人，女方送亲的人有：女方的亲哥（没有亲哥，堂哥也行），亲哥的陪伴（唱酒令歌好的、聪明的男青年），选来做新娘妈的（不是亲妈，或是选一个人好、家庭好、子女好的母亲来做新娘的妈妈），新娘的女伴。

新娘这天里外都穿戴一新，是一生中最好的衣服，头发也精心绾在长长的木角上。据说传统中出嫁的新娘所绾发的式样，麻绳的绑扎等都与一般姑娘不一样，可惜现在所有的女性于此都没有什么区别了。

新娘的陪嫁没有严格要求，箱柜等不得定数，有无皆可，但女方家一定要陪嫁新娘一头牛，虽是陪嫁，但又叫"打发接亲的"，不直接叫陪嫁。至于新娘的母亲能给女儿什么有纪念性的陪嫁，就没有一定的定数了。

上路时，女方家的全部亲朋都一起来送新娘。接亲送亲的人群上路，男方家就要准备了，一般是在半路办好酒席等他们，有时也在男方的寨子边摆酒席，但无论如何不进寨。队伍到后，女方送亲的一般亲朋吃完酒席就立即回转，只留下新娘、亲哥、亲哥陪伴、新娘陪伴、临时做新娘妈妈的五人。

一行人到男方家后，按传统习俗，也要同女方家一样，摆桌子，摆猪头唱酒令歌，附近寨子的年轻女人亦可以来要猪头，情形与女方家一样。

另外，在娶媳嫁女期间，男女双方还办席招待专门来做客的客人。

客人散后，当天晚上新娘与新郎不能同房，新娘与"做妈妈的"和"女伴"同宿。新娘的亲哥和亲哥的陪伴在当天唱完酒令歌就回去了。

第二天早上，临时做新娘妈妈的要给男方家的老人洗脸，不真洗，而是做样子，每洗一次老人要给一元钱答谢，尔后还要洗脚，也是做样子，每洗一次也是给一元钱答谢。

这天早上，男方的妹妹得带嫂子去看水井，叫新娘学背水。虽然新娘子于此早就熟悉了，但这个规矩不得破坏。

以后两天中，新娘与临时做新娘妈妈的及女伴一起住宿，新郎新娘仍不同房。满三天，女方的哥哥就来接她们，并连新郎一起接走。在娘家住三天后，新郎新娘才单独回到男方家，进入正式的夫妇生活。

整个婚礼才算最后完成。

另，酒令歌所唱语言为苗语。

这个个案应是"箐苗"婚姻文化的主体个案，它虽然是陇嘎村的婚姻文化个案，但整个"箐苗"地区在婚姻习惯上大致都是相通的。不过，2001 年 6 月我们在小坝田村采录了另一个婚姻个案，以丰富对"箐苗"婚姻文化的理解和探讨。

三、"箐苗"的"红喜"

讲述者：王姓老人，男，时年 87 岁（农民，当时是"箐苗"年龄最大的老人）

讲述地点：六枝特区梭嘎乡小坝田村王开云家

讲述时间：2001 年 6 月 12 日

采录人：吴秋林　杨耀荣

（王姓老人在数十年前亲自主持过一个完整的、较为传统的"红喜"，故我们把他请到王开云家。）

我们民族的人要看上哪家的姑娘，首先要两家的姑娘和儿子同意，男女双方都中意了才可谈婚事，请媒人。

第一步是男方和媒人提着酒，到女方家去提亲。出门之前，男方家要打一个草鸡（母鸡）看鸡卦。这鸡卦是鸡杀死后从鸡身上剔出来的鸡骨腿，这鸡腿骨上会有不同位置、数量的洞眼（"箐苗"称为"筹"），就以此来判断此次婚姻的成败。一般而言，鸡卦有中间一筹，两头各有一筹的三筹鸡卦为最好，意思是中间一筹是嘴，两边各是一个人的腿，嘴合拢了，是红喜中最好的卦象。如果是两筹、一筹、四筹、无筹都有一定解释。男方家打完鸡卦，如果鸡卦好，这桩婚事可继续进行，如果鸡卦不好，甚而凶险，这桩婚事就免谈了，一点"商量"的余地都没得。如果是鸡卦好，或过得去，那么，男方、媒人提着酒，包着鸡卦（要请女方家人验看），就可以上女方家提亲了。

男方和媒人到了女方家，女方家也要为此事打一次鸡卦。女方家打鸡卦用的是一只草鸡、一只公鸡，分别代表男方家和女方家，如果鸡卦得七筹最好，男家三筹，女家四筹。鸡卦没有什么问题，这第一步的提亲算是成了，如果鸡卦有问题，此婚姻也就吹了，不管你男青年、女青年如何相好，也是枉然，没得商量。

双方鸡卦都好，媒人就可以回到男方家商量给女方家的价码（聘礼），一般是一头大牛，牛越大越好，牛越大表明男方家对这门亲事越有诚意，另外再加 30 块小洋（银毫子，区别于大洋，即银圆，俗称为"袁大头"，一种民国时流通的银币）。

价码讲好，就可商定接亲的日子，以男方为主，以男青年年龄数的单数年的某个月某个日子接亲。为何要单数年接亲，意思是落单数年（比如19岁、21岁等）人口发达。

到接亲的头一天，新郎、媒人及其伴郎三人到女方家接姑娘，牵上一头大牛，带上讲好的价码及酒等物品。

男方进了女方的家门，先吃点饭，垫补肚子，然后女方家会摆上酒饭。吃完饭，擦完桌子，又摆上酒，以男方家的媒人为一方，女方家请一个能说会道的主事为一方，喝着酒，拉开架式，开始讲女方的人才，男方的价码。男方的媒人说男方家诚心诚意，但经济恼火，只能出一个低低的价码要你家姑娘；而女方的主事则历数姑娘如何好人才、好手艺，并故意开一个高高的价码。这样你来我往，讲男方家境，为人；讲女方的人才如何好，极尽能事，但女方主事无论如何讲，也不会把价码降下来。这时，男方新郎、媒人就只好给女方家的众人磕头，磕了头后，女方家的主事就会以此为由，把价码往下降一次，然后又继续讲各自的人才、价码。待新郎、媒人再次磕头时，价码又降一次，如此再三，磕第三次头时，价码就会降到原先早就商定好的价码上，这时，男方媒人就可以把30块小洋交给女方主事，大牛也进行交割，讲人才价码的礼仪就可以结束了。

这天晚上，是唱酒令歌，主要是男女双方在桌子上讲人才价码的那一伙人。在这桌唱酒歌的人有讲究，一是这桌人要求夫妻子女双全，家庭和顺，口碑比较好的人家；二是一唱一整夜，不准下桌。桌上男女双方的参与人互相比唱酒令歌，比喝酒，唱不好，唱错的唱不上来的罚酒三杯，用的是羊角做成的酒杯。酒令歌的内容无所不包，十分广泛，展示民族的方方面面。

第二天早上，吃完三桌客人的酒席，新郎和媒人就可以接新娘出门上路了。新娘一般步行到男方家，没有什么仪仗，身边只有一个伴娘。新娘大致没有什么嫁妆，家庭经济好的，随身的衣服多一些，家庭经济不好的，随身衣服少一些。

新郎、媒人、新娘等人出门时，媒人会往身后丢一双花耳草鞋，众人就会争抢这双花耳草鞋，并说，媒人拿了匹小马来，我们拿来骑，争、闹、吵、笑，众人高兴不已。

新娘来到男方家门口，男方家族中的老人会拦在男方家的大门口，用一个公鸡来扫“口嘴”。“口嘴”的意思是不好、不顺的一切，即通过扫口嘴，把好的让进来，不顺不好的挡在门外。老人在门口拿着鸡，念念有词，然后把公鸡放在地下，如果公鸡此时拉了屎，认为好，刚才的扫“口嘴”应验了。随后把公鸡杀了，看鸡卦，得二筹、三筹卦最好。

新娘进门后，视男方家庭经济情况，会有大小不等的酒席，请家族内的亲戚、朋友等。

一般人家的婚礼，大致到这里就差不多，第二天新娘就回到娘家，男方家再有一些简单的走往，不久新娘就会在丈夫家长住了。但是，如果按老传统，以及男方家经济实力雄厚，就可以接着举行婚俗中的“打猪头”。

举行打猪头时，一是要把自家房屋的四壁木板拆掉，让打猪头的人从任何一个方向都可以伸竹竿进来和人进来；二是在堂屋里安两桌人唱酒令歌，人员以新郎、媒人等为主，这桌唱酒令的人要求和形式也同在女方家的唱酒令歌一样，也是谁也不准下桌子，唱一整夜；三是杀牛或杀猪，备好足够的牛肉、猪肉和酒。

举行打猪头，就得通知“箐苗”十二寨的所有人，即所有族内的苗人男女都可以来此家打猪头。

打猪头的人来时，先从拆开的板壁外，伸进竹竿进来在吃酒的两桌人头上做敲打状，然后进屋来，主要与新郎和媒人对唱酒歌：“你绳子搓不好，拉不出小猪，要揪你耳朵。”用竹竿敲打、揪耳朵、唱酒歌都针对媒人和新郎，尤其是媒人，唱、闹一番之后，男方家就得割一斤多的牛肉或猪肉给来打猪头的人户，才算是了却一次打猪头。前一拨打猪头的人走了，另一拨又来，热闹得很。

如果男方家打猪头了，女方家第二天就会来一大拨亲戚接女儿回家。但女方家的亲戚一般不会进男方家的寨子，而是由男方在寨边的岔路口上摆酒席款待女方家的来人。这时，女方家会送牛及一定数量的礼信给男方家。女方家把女儿接回自己寨子，半路上女方寨子的全寨人会来讨要女方的礼钱。

这天晚上，其他寨子的人，也可以到女方家来打猪头，讨酒喝。

来打猪头的人，年轻的不送礼，老的来要送一些粮食、家禽等为礼。

大约40年前，我们寨子上（小坝田）的一户人家办过打猪头，杀了一个好几百斤的大牛。以后，我们长角十二寨就没有人家搞过打猪头了，现在长角十二寨1000多户人家，来打猪头支不起嘛。

如果打了猪头，女方家把新娘接回去了，男方家还要拉个大牛去把新娘接回来，这样，整个婚姻礼数才算完全。

这两个个案与杨耀荣先生文本中表达的信息，已基本把“箐苗”的婚姻文化描述清楚了。在这两个个案中，我们看到，“箐苗”婚姻文化是深深根植于它特有的文化中的。“箐苗”是众多苗族人中的一支，故而它的婚俗中也有结婚后不落夫家的遗风，苗族婚俗中的不落夫家，在其他苗族支系中是较为严格的，而在“箐苗”婚姻文化中却只有些形式和象征意义了。“箐苗”婚姻文化中，结婚的头三天不同房，由伴娘和临时做新娘妈妈的陪伴，并一定要回门“认亲”，再次回到男方家才能做夫妻。这已经没有不落夫家的实际内容了。

“箐苗”婚姻文化有许多仍属于山区少数民族婚姻习俗的一般范畴，这些内容的理解毋庸多言，但它有几个方面的东西很值得注意。一是他们婚姻的分合建立在鸡卦上；二是媒人“磕头求亲”；三是“打亲”，即男方来接亲时媒人要被女方的人敲打。

婚姻由鸡卦来决定，这是一种“神判”或“神定”的方式，鸡卦是“箐苗”寻求神意的基本手段，在祭祀上使用，在祈福消灾时使用，在婚姻习俗中也使用。它说明，信仰文化在文化结构中占有主导地位，一旦形成，就会影响一个文化的许多方面。“箐苗”婚姻文化中用鸡卦来决定婚姻的成败，我以为它还不仅是一种信仰文化的“染色”所致，而是一种“神圣婚姻”的表达方式，是“箐苗”婚姻文化的一种内在选择，即表明“箐苗”婚姻文化既尊重人的情感（在说亲时以男女的相互建立感情为基础），随后才是打鸡卦，看神的意愿。如果两者都顺意，那是美满的，如果人意、神意相冲突，以神意为准。顺人意的婚姻是美好的，但顺神意的婚姻是神圣的。在“箐苗”婚姻文化中，神圣的婚姻是第一位的。也许这种以神圣为要的婚姻文化，会如杨耀荣先生担心的那样，毁掉某些人的爱情，但我以为在“箐苗”婚姻文化中并不会生发出“人意婚姻”与“神意婚姻”的对抗，因为对神意的判断，很大程度上也是那对有情人内心真实体现。还有“箐苗”婚姻文化中，“箐苗”的婚姻价值观也许和我们汉族不一样，他们有自己的见解，由不得我们臆断。

“箐苗”婚姻文化中媒人为新郎“磕头求亲”的文化事象，是一异乎寻常的现象，我自从1995年采录到这个个案后，一直思考这个问题，但至今仍没有满意的答案。这样的媒人一定不是我们汉文化中理解的媒人。在杨耀荣先生的文本中，似乎把这个媒人称为“伴”。我认为杨先生这一称呼更要贴切一些，而“媒人”这一称呼恐怕是一种汉化的译解，不能反映它的本意。可为什么这个媒人一样的“伴”要为新郎去受这么多的“辛苦”。喝酒、比酒量、唱酒歌，带着新郎磕头……尽心尽力，求不到姑娘，办不好这桩婚事，好像媒人的责任比新郎还要大，好像丢面子是媒人的事似的。这为什么？我在陇嘎时，有人还对我说过，旧时的“箐苗”婚姻习俗中，还有媒人要把新娘背进新郎家的仪轨，只不过现今不兴了。从这里我们也许可以“感觉”媒人这一角色的意义，即旧时这样的媒人如此为新郎“讨”老婆，一定是某种习俗所致，但这一习俗一定还有另一方面的原因，即这样的媒人一定在相应的方面同时还有一定的权力，但现今这种“权力”丢失了，而另一方面却仍在运行，所以让人才有异乎寻常的感觉。

“箐苗”婚姻文化中“打亲”的习俗，也是一个非常古老和意味深长的事象。打亲是新郎一生中的大事，也是新娘与其家人分离的直接原因，但亲人们的怨气却发在媒人的身上，这是很奇怪的事象，用一般的想法很难理解。对此，我们很难有较清晰的解释，不过我们能很清楚地说，这“打亲”的文化事象非常古老。大家知道，苗瑶是同源民族，且发生分化时至少在15个世纪以前。苗瑶分化后，瑶的“游耕”文化性质使它受外族文化的影响较少，因而也就更多地保留了其古老文化，其中广西南丹白裤瑶的婚俗中，我们就能看到与“箐苗”婚俗相同的“打亲”习俗。以此而言，两者婚俗中的“打亲”文化事象，我以为其来源都非常古老。

“箐苗”婚姻文化中“要猪头”的习俗，也是一个非常独特和有意义的事象，打开四壁，摆上酒桌，簸箕里放上一个猪头，就有向十二寨“箐苗”发出挑战性邀请的意味。主人家一方面向“箐苗”显示自己的财富和能力，一方面由此把整个婚礼推向一个新的层面。这时候，这一婚礼往往会变成一个民族文化展示的舞台。集体无意识地传播和发扬光大自己的民族文化，于此会表现得淋漓尽致。

“箐苗”婚姻文化中，还有一个更为特殊的地方，这就是“坐坡”，也就是“箐苗”婚前情感交流，对此，我1995年采录了个案。

四、陇嘎村“箐苗”的“坐坡”

讲述人：（略）
讲述地点：六枝特区梭嘎乡陇嘎村
讲述时间：1995 年 1 月
采录人：吴秋林

“坐坡”是“箐苗”关于男女情感交流方面的一个盛大节日，里面有众多的细节和内容，但此事象带有一种民族隐私的性质，探访和调查很困难。于此虽没有发现明显的禁忌，但多数族人都是避而不谈此事的，并对某些说了此事情节的人抱有敌对情绪，特别是族中出来工作的某些族人，更以强调“实事求是”为借口，有意掩饰这些正常的文化事象。因而，叙述“坐坡”中，我一概不涉及具体被采录人的姓名和有关情况。

“坐坡”的日期定为每年的正月初四到十四，前后约十天。

主要内容有两个：一是男女之间的自由交往；二是自发的或有组织的歌舞会演。当然，根据不同的年景和实际情况，会有其他的内容融入，如表演蜡染刺绣技艺、捻线、织布功夫，以及显示各自的蜡染成品、刺绣成品，还有男女青春风采的综合展示，等等。不一而足，某些年事象多一些，某些年事象少一些。

在以上的诸内容中，青年男女的自由交往是其一个主要内容，在任何一种情况中大概它都不会受到影响。

在这期间，男女之间，主要是青年男女之间（主要是未婚者）的交往是不受任何限制的。此族有不成文的规矩，在这十天内，已婚的男女也可以加入“坐坡”行列，不受限制，男女的任何一方，不管对方“坐坡”期间行为如何，都不得提出任何异议，更不得闹事，如出现这种情况，都会受到寨老们的指责和处罚。但真正处罚在“箐苗”中很少发生，所以处罚的例条如何在调查中显得很模糊，大概为：制止、口头指责、罚酒，最严重者也就请酒席。

对已婚男女参加“坐坡”情况的调查得知在较为封闭的数十年前，已婚男女参加“坐坡”大概是较为普遍的，因为在封闭的小环境中，男女双方的“性独有”思想，由于有传统的“坐坡”经历，并不是十分浓厚的，故双方都能够理解和谅解，并不影响“坐坡”后的正常的夫妇生活。但现在这种情况有了很大的变化，“性独有”由于受各种因素的影响，显得比以前要浓厚很多，男女都不愿对方去“坐坡”，真正能友好协调后共同去“坐被”的已经极少了。故现在一般认为，如已婚的男女出去参加“坐坡”了，那么他们的感情一定是发生了危机，感情不好才如此的。这个转变对“坐坡”的影响很大，即已婚男女相对减少了，事象主要在未婚男女间进行。我为此询问几对夫妇的男方，他们都说：“‘坐坡’还是想去，但心里也不愿意自己的老婆去，你不想让她去，她自然也不想让你去，一个想着一个，一般只要感情可以，双方也就不会去了。”

我是 1995 年在此族的“坐坡”节期间到村里去调查采录此事象的，虽无法得知确切的已婚男女“坐坡”的比例，但可以肯定，已婚男女参加“坐坡”的可能有，但极少。

这种变化又引起了相关的另一个变化。我在采录中碰到一个男青年，他自叙已经21岁了，问及婚姻，他说：“还不想考虑，想多‘玩’几年。”这事象也从一方面反证了前面所叙问题的真实性，即结婚后的制约。

图3-1-7　吹芦笙的“箐苗”小伙

从某种意义上来说，十天的“坐坡”，主要是未婚青年男女情爱欢乐的节日了。

“坐坡”是“箐苗”人的说法，相邻的其他少数民族也有类似的节日；但叫法不一样。解释“坐坡”二字还要从男女交往的形式讲起。“坐坡”，即在此期间，男女到坡上交往，故对此采录中得知两种说法。

一种是初四到来，这个村的成年女人（主要是未婚者）就成群结队到坡上隐秘之地，一般是三个一群、五个一伙在坡上分布开来，互不干涉、干扰，来往的线路据说也是隐秘的，但做一些只有本民族人能识别的记号，男青年就寻“标”而去，找寻自己喜爱的异性。这种说法还说女儿一般是白天不回家的，要由母亲寻“标”送去吃的。整个事象就是一个在坡上坐（南方汉语的“坐”意思就是住，住在那里）的意思。

另外一种说法是，“坐坡”节日到来，几个女伴相约在某家，把燃料、粮食等全凑在此处，在堂屋里生起一大堆塘火，堂屋里放上许多稻草，就等待异性青年的到来。

前一种说法我以为是事实，但这已是过去的事象了，现今有，也比较少了。因为数十年前的“箐苗”地区森林很多，岩洞、山崖、草丛、树洞等隐秘之处，安全、保暖、防雨、方便，条件很好，再加之那时的人口只有现在的二分之一或三分之一，相互干扰不大，如此“坐坡”更舒心，更自在一些，但现今这些“坐坡”条件由于森林的消失，荒地的过度开垦，人口的大量增加，以上的种种条件已消失，“坐坡”很难再像以前那样了。

而后一种“坐被”据调查，是现今的“坐坡”方式，这有些像某些民族的“花房”。“箐苗”现今的“坐坡”也就在这样的情形下开始的。

这里先从坐坡男女年龄的限制说起。这个民族似乎并没有成年礼（当时我们没有采录到老名的情况）一类的仪式，男、女孩子在十四五岁时就跟大一些的哥哥姐姐去学习“坐坡”的规矩和技巧。这个年纪也有交上朋友的，但这样的情况比较少，大致要“实习”一两年，才能进入比较实质性的内容。

“坐坡”中，一般是男性来串寨子，而女性只在寨中或寨子附近的地方活动。男性在这个寨子“玩”几天，又可到别的寨子去，而女性则没有这样的主动性，而是送走这寨的一伙青年，又可迎接另外一个寨子的青年。

具体的过程大致是这样的：外寨的一伙男性青年进寨后，大概很快会知道哪几家有哪些参加“坐坡”的姑娘，就如同很早以前实行真正“坐坡”那样，他们会很快知道哪些坡上有姑娘一样。如此赶快找到这样的人家，如果这家已有男性青年在此了，就有两种选择，要么留下竞争，要么另寻一处。而姑娘对外来的男青年，最初都是一视同仁的，如有很多小伙来找她们，她们自然很高兴，有被人看重的荣誉感。接触开始，一般用歌来相互问候，介绍、询问，拉家常、对歌是如常的节目，如小伙有一技之长，就表现一番。另外男女会吹芦笙的吹芦笙，会吹三眼箫的吹三眼箫。如果是早晨到的寨子，大家吹牛，熟悉熟悉，吃过中午饭，如果天气好，大家就相邀上山唱歌吹芦笙。如果天气不好，吹芦笙、唱歌、吹牛，就得在堂屋进行了。一天下来，队伍就开始分化，因大家各自都相中自己的意中人。如果此时是如从前在山上“坐坡”，那各人就“叼”起自己的女友，找地方各自为政。但现今的野外条件不好，一般在山上玩到下晚，虽各自情有所钟，但仍然回来，吃完晚饭。大家在火塘边拉家常、唱歌、吹芦笙，途中，有情人就会悄悄起身双双溜出去，找一个地方幽会去了，这一夜，这一对人就不会回到这所房子来了。要到第二天才回来。如果是男女在白天的交往中，并发展达成更进一步的情义，或者说姑娘也有情义，姑娘也会到火塘边陪小伙吹一阵子牛，拉家常，晚了时，姑娘就会回到自己家里睡觉，而那个小伙就只有在这户人家的火塘边草堆上睡上一夜，等明天再做新的打算了。

一般的情况是，屋里有五个姑娘，大致就会进来五个小伙子，如果晚上五个小伙子都没有在火塘边睡觉，那她们、他们大致都成功了，有人睡在火塘边，就肯定有落单的了。有时，小伙群中的大哥，会带上一个十四五岁的小男孩，什么时候他都跟大哥在一起，包括幽会，不过小男孩此时只是远远地当哨兵，他们自己说是叫男孩来“看形势”。

第一天下来，不成功者就会转移阵地，成功者如果情义甚浓，就可以在此玩几天，然后再“串”别的寨子。

这种“娱乐”中，有能力，长相好，能说会道，唱歌吹箫、吹笙都在行的小伙子，可以在几天中与这个村的几个姑娘交往，直到走进最后阶段。当然，这几个姑娘不会是一个小群的，而是分别几个小群的，即与甲“处”过了，避开甲，又与乙相“处”，“处”完乙，又与丙“处”。大家虽心照不宣，但都避开为好。这是特别的，一般的只是在此寨“处”一个女朋友，然后又到下一寨子寻找“知音”。

在这种相处过程中，小伙子们的伙食全部由姑娘们家里提供。

在这样的相处中，对歌、吹芦笙的内涵是很丰富的。这个民族的情歌，就是这几天唱得最响，并且，在歌中的人际交往、人生见解、劳作等，都围绕着“郎哥情妹”的主题得到多方面展示。

调查中，根据对被调查者的观察，参加“坐坡”的男女行为目的大概有几种。

1. 追求异性交往的新奇，丰富自己的异性交往经验，这些大都是男、女新手。

2. 寻求民族文化的交流，寻找对话，交流情感，在这种交流中认识自身，以在此种交流中实现他自己认为的人生价值，如对歌中唱服气了几个漂亮姑娘，对某某姑娘歌唱的赞赏等。这是较有民族文化修养的一种人。

3. 通过如此的交往，多年“坐坡”，与多个姑娘交往，最终从根本上选择一个自己认为满意的姑娘为妻，这是寻求婚姻的一类人。

4. 通过十天的放纵把自己诸多的受压抑的方面释放出来。

这是大致的观察分析，也许实际情况比这些还要复杂。

在调查期间，正是他们“坐坡”的日子，在村子里我所见所闻的情形是这样的，白天姑娘们都穿上一年中最好最新的衣裙，小伙子们神出鬼没，周围的坡上有歌声和男女出没。夜间，歌声和芦笙、三眼箫的声音此起彼伏，歌唱到深夜和天亮，没有人会干涉。我曾提出深入他们交往的现场的要求，被拒绝了，他可以讲很多情况，但极不喜欢外人如此。依此我理解了一个问题，民族的禁忌受到尊重，但民族有些东西既不是禁忌，又绝不让你了解太深入的东西，怎样来表述呢，我想到一个术语：“民族隐私”。另外，“坐坡”中男女追逐中肯定会发生争斗，但总的印象平和，争执和打斗我在调查中没有见闻。

以上是“坐坡”的一个方面的事象，重要，但它也还有另外一个方面的内容，这就是正月初十的跳花。

跳花场地大致年年都在一个地方，“箐苗”的花场在陇嘎村附近的一个山坳里。此跳花的来由、传说、意义我还没有深入调查，现场观察的事象有如下。

不管是有组织的还是自发的，初十这天，陇嘎这一片区的“箐苗”姑娘、小伙大都要来到这里。最先是领头的村吹芦笙，男女跳起有祭祀意味的舞蹈，然后就是各地、各村的芦笙队、歌舞队上场，一个接一个，有交流、比试的意思。

对歌也是跳花的重要内容，只要有人挑起阵势，歌声就会此起彼伏，很热闹。

这一天的姑娘穿上最好最美的衣服，一排排站在那里；自然有展示各村、各地蜡染、刺绣手艺的韵味，也是一种交流比试。

这一天的小伙们也会穿上裙子，恢复他们民族男性原本的穿戴。

可以说，跳花是这个民族一年中最大规模的聚会，故各地来看热闹的人都很多，本民族的男女老少来，外民族的人也来。

在这个个案中，相关方面已经有了一定的诠释，可能我于此也没有更多的东西要展开，但在有的方面要有一定的“叙述”。如“坐坡”是一种原始时代“群婚制”或“伙婚制”的遗存，也是一种“试婚制”的遗存，同时也是一种释放情绪、欲望性质的“属地表现”。

群婚制的时代，婚姻的关系是建立在一群男人与一群女人之间的关系……在“箐苗”婚姻文化中，一年中的其他时间里，其表现的婚姻关系完全符合现代的婚姻规范，但在每年的农历正月初四至十四这10天里，这一寨子的一小群青年男子与那一寨子的一小群女子的情爱关系，就大大超越了现行的婚姻规范，呈现出一种群婚制中才有的形式和状态。这10天里，只要他们两情相悦，没有任何非爱、非情感的东西横在其中，也没有两性婚姻中那种复杂的组合。这样的关联我们不好评价，但看到现代还有人“回忆”和复制出过去的婚姻表现，不能不让人惊奇。当然，这也只是群婚制的一种遗存，并不是真正意义上的群婚制，只表现了它的一些基本关系状态。

试婚制在历史上是一种过渡性质的婚姻制度，“箐苗”的“坐坡”也有这样的意味。婚前的“坐坡”很多时候就是有情人的一种“试婚”经历。在陇嘎村的调查中我得知，一些婚姻就是建立在“坐坡”的基础上，“欢乐”了几年后，遵照婚姻礼俗结为夫妻。

“箐苗”婚姻文化中，结婚后的男女之规约是很严格的，而这种严格的前提是一年一度的“坐坡”的放纵与未婚时的青春欢乐。人们都知道，世界上的每一个民族都有类似形式的节日，而“坐坡”也有这样的性质。

“箐苗”婚姻文化中，他们一直奉行严格的族际支系内婚，基本没有梭嘎苗女外嫁的。据知，他们族群一直强烈地反对族际支系外婚，过去谁要嫁了外族人，是要被族人杀死的。现在情况有了变化，但变化不大，迄今为止，只有10来个他们认为没有“本事”的“箐苗”女人嫁了外族人，只有几个“箐苗”男人取了外族人的女人做妻子，且都是外出工作的人，而在村里的“箐苗”没有一个男人取外族人的女人为妻。由于过分强调族际支系内婚，近亲婚姻自然难免。

以上是10多年前我们关于“箐苗”婚姻文化采录，在现今，我们也得到了一个“箐苗”婚姻文化的采录文本，其中又呈现了许多新的内容。

五、“箐苗”婚俗

搜集整理：熊光禄
搜集地点：陇嘎村

1. 跳坡

“跳坡”是“箐苗”青年男女谈情说爱的节日，从正月初四至正月十五，共12天。在各个“箐苗”村寨中，姑娘们为迎接青年小伙子的到来，他们一群群聚集在一户人家。在大年前夕，他们预先准备好了煤，以便小伙子们到来时能够取暖。此外，他们还预先酿好了甜酒，等待小伙子们的到来。

正月初四那天，年轻的小伙子们穿上节日盛装，开始“跳坡”，他们从一个寨子到另一个寨子，一直到正月十五为止。小伙子们每天去一个寨子。第一天下午去，第二天下午走，如果第一天就遇上了自己喜欢的和喜欢自己的人，那么他就会留下来，其余的人继续走。

小伙子无论走到哪里，他们都会被姑娘们关在门外，直到他们唱完进门歌方能进屋。而姑娘们见到小伙子们后也开始忙碌起来，她们做菜做饭来招待刚到来的小伙子。饭后，姑娘们和小伙子们又开始对歌，一直到深夜，唱累了，才能停下来与大家一起聊天，不知不觉就天亮了。

午饭后，男女青年开始打扮，穿上最漂亮的服装，带着芦笙、口琴（以前是口弦）、三眼箫等乐器到山上去游玩，在各村寨的山头上，青年男女一群群坐在柔软的草坪上，他们有说有笑，带有几分浪漫。很快就到下午三四点钟了，他们又一起回到了家，小伙子们开始要甜酒喝，姑娘们也喊小伙子们唱酒令歌（主要是跳坡酒令歌），很快，火热的甜酒端了过来，小伙子们边喝边唱。酒喝完了，歌也唱完了，姑娘们就开始送他们上路，他们一路上缠缠绵绵，歌声不断，一直送到很远很远，才依依不舍地分开。

“跳坡”让青年男女心中的情感得到了释放，他们随时都可以向自己喜欢的人表白，不会担心因遭到别人拒绝而感到不安。在苗族“跳坡”中，无论你说喜欢谁都行，绝对不会有谁说你是疯子，也不会有谁拒绝你，即使他很不喜欢你，也不会拒绝你，他（她）也会对你说，他（她）“喜欢”你，至于是否真的喜欢，只有他（她）才知道，或者他（她）会通过各种方式表现出来他（她）真的喜欢你。在“跳坡”的日子里，青年男女的恋爱达到了真正的自由，父母对他们不会有任何约束。

2. 晒月亮

在“箐苗”风俗习惯中，“晒月亮”也是青年男女恋爱的主要方式。姑娘们通常两三个人聚在一家，一起画蜡、刺绣等，而小伙子们到了夜晚，就会成群地出去找姑娘们聊天。他们带着口琴、三眼箫（以前是口弦和芦笙）等乐器，到姑娘们聚集的房屋前吹奏，两三谱吹完后，姑娘子们才出门来迎接，他们在月白星稀的夜晚一直聊到深夜，甚至黎明。“晒月亮”一般都是“箐苗”男女青年寻找对象的主要方式，他们“晒月亮”不受父母的约束，如果在谈恋爱的过程中双方都情投意合，两人可以直接去找女方的父母商量，要求女方的父母答应他们的婚事。当然，女方父母是否答应，那又是另外的事了。

3. 父母对婚约的影响

在“箐苗”风俗中，“跳破”和“晒月亮”充分说明了青年男女恋爱的自由，但是，恋爱的自由并不意味着他们婚姻的绝对自由，父母对青年男女婚姻有着较大的控制权，影响着苗族青年男女的婚姻状况。

（1）父母要看对方的家庭背景

这里所说的家庭背景，不包括物质方面的，因为在“箐苗”中，尽管存在贫富差距，但是这种差距并不大，不会影响青年男女的婚约。按照苗族的习惯，无论家庭经济状况如何，吃的都是苞谷饭和酸菜汤。生活习惯并没有多大的区别。他们最注重的是要看对方的父母在苗族中的公信力是否高，或者看对方家的祖辈是否曾被人们说有“蛊”（传说中的一种毒或鬼），如果有这些就不行，青年男女的婚约就会遭到父母的反对。如果两个人坚持要在一起，那么父母就会采取强制的措施，逼迫他们分开。

（2）要看对方父母是否与绝大多数人的关系融洽

苗族人最重感情，因而他们在为子女订立婚约时，特别注重对方父母与其他人的关系，如果对方父母在其所处的寨子与人的关系很差，并且很多人都是这样认为，那么，即使青年男女双方彼此都很喜欢，也会遭到父母的强烈反对。反之，如果对方父母在其所处的寨子与人的关系很好，在子女同意的情况下即可订立婚约。如果一个人寨子里有事，他不闻不问，别人叫他也不去，或者大家出点钱发展公益事业，他坚决反对，别人会觉得这个人很怪，在他要让自己的子女与其他人的子女订婚时可能会遭到别人的拒绝。

所以，即使青年男女都彼此喜欢，也必须得到父母的同意方可订婚，从这一点来说，“箐苗”青年男女的婚事多数还是由父母决定。

4. 订立婚约

（1）婚约订立前的准备

在“箐苗”习惯中，婚约的订立主要有三种情况，一是娃娃亲；二是男女双方同意后订立的婚约；三是由父母自行做主订立的婚约。尽管三种婚约在性质上不同，但是定亲的方式是相同的，并且都是口头婚约，从来不采用书面婚约。首先，男方的父母要为自己的儿子订立婚约时，都是事先通知女方父母的，如果女方父母同意了，男方父母才作出行动，如果女方父母不同意，那么婚约就会被终止，也就是说，婚约能否进行，必须以女方的父母是否同意为前提。其次，如果女方父母同意后，男方的父母就会去找一个媒人（一般是本寨子里能说会道的人），与自己的儿子一起去提亲，（如果是娃娃亲，那么就让自己的一个家属陪媒人去）。

媒人找好后，男方家要杀一对鸡，请媒人吃饭，并看鸡卦，如果鸡卦好就去订婚，如果不好，就取消订婚。鸡卦看完以后，如果符合男方父母的要求，媒人和男方就可以上路了。但是，在他们去提亲的路上，如果遇上了雷雨天气，也会取消订婚计划，因为苗族人认为那是不吉的预兆，是老天不允许的表现。所以他们在选择定亲日子时往往是在秋冬两季。在定亲时媒人只带两瓶酒（一般是玉米酒）和适当的彩礼钱（包括订婚钱和给女方祖父母的钱）。

（2）婚约的成立

到了女方家后，女方的父母一般不会直接与媒人谈论子女的婚事，而是去叫其他的亲属和邻居来和媒人谈论。他们来时也不直接和媒人说定亲的事，而是故意捉弄媒人，如他们会说：“你是今天赶场晚了来这里歇的吧?”之后媒人才开门见山地说出媒人的来意，随之进入正式的“人才马价”（当地苗族的说法）讨论之中。“人才马价”定了之后，婚约基本成立。此时，如果是男方和媒人一起去，那么男方必须向女方家在座的各位（不分男女）一一磕头致谢。

随后，女方家也要杀一对鸡来看鸡卦，如果鸡卦不好（只有他们才知道鸡卦的好坏），那么这门亲事就不能算是成功，媒人和与其同去的人就会连夜返回男方家说婚约不成功。如果鸡挂好了，那么婚约正式成立。此时，他们双方就会安心地喝酒、唱歌了（主要是唱婚姻酒令歌），直到第二天中午，才能离开女方家，回男方家报喜。

5. 结婚习俗

“箐苗”结婚，以前都是事实婚姻，他们不需要结婚证，不到政府民政部门进行婚姻登记，只要苗族同胞公认他们是夫妻即可；法定婚姻是最近一些年才发展起来的。他们的结婚习俗与其他族别有着很大的区别。

（1）结婚日子的确定

结婚的日子一般由男方家决定。婚约成立后，如果男女双方同意，父母也会允许他们同居。婚约成立后一年或半年，男方父母确定结婚日子后，再通知女方家。结婚日子一般是根据男方的年龄来确定的，通常以男方的年龄是单（如 19 岁）为依据。通知女方家结婚的日子一般是男方直接去通知，不需要媒人，男方提着一瓶酒去，直接与其岳父商量即可。但一般要提前一两个月事先通知，因为这样以便女方父母有所准备，准备嫁妆（如柜子、箱子、被条等）、送给男方的衣服（麻布衣服）、布匹（指麻布）等。

（2）结婚

结婚的日子到来时，男方家仍然要请媒人去接。在苗族风俗中结婚的日子一般有两天，即第一天新郎去女方家，第二天再接新娘回来。男方家一共去三个人，即媒人、新郎和伴郎，他们出门之前必须吃三桌饭，媒人和新郎必须向家里的人（包括所有的亲戚朋友）磕头三转方能出门。

到了女方家，女方家也要请人来陪坐，一人陪媒人，两人陪新郎和伴郎。吃饭时，媒人与相对的陪坐人坐上位（一般是面对大门而坐），新郎和伴郎坐右边的位置（以面向大门为准），陪新郎和伴郎的那两个人坐左边的位置（与新郎和伴郎相对），其余两人坐下位。当所有的菜都上齐以后，陪媒人坐的人才开始说话，与媒人讨论定亲的时候还没有交清的彩礼钱的问题，他们讨论时非常的含蓄，而不是直接与媒人要彩礼钱。媒人将余下的彩礼钱交给相对的陪坐人后，就开始向女方家的亲戚朋友（不分男女）磕头，新郎也跟着媒人一起磕头，一直磕头三转（伴郎不磕头）。之后，才安心下来唱歌（主要是唱婚姻酒令歌）、喝酒，一直到深夜。

图 3-1-8 “箐苗”婚礼上的“打亲”

第二天，大约早上八九点钟，女方家做好了饭菜，他们又吃了三桌才起程，在吃的过程中，他们边吃边唱，临走时也要磕头三转方能离开。头磕完了，媒人背起女方家做好的饭（约 30 斤）和一只猪后腿（约 30 斤），有的人还在背箩底下放了大约 20 多斤重的石头，故意戏弄媒人，而女方家的亲戚朋友也背起了嫁妆送新郎新娘上路，媒人走在最前面，新郎和伴郎走在中间，新娘和伴娘走在后面。刚走出女方家的寨子，男方家的亲戚朋友也在寨子附近迎接了，当女方家将嫁妆交给男方家后，两家的亲戚朋友又喝起酒来，边喝边唱，热闹极了。半个小时之后，他们才半醉半醒地离开。

新娘和伴娘到新郎家后，三天之内不能返回娘家。三天后，新娘新郎才送伴娘回去，男方家还给伴娘适当的彩礼钱（根据家庭条件适当送）。一个星期之后，男方家用苞谷（玉米）炒熟后，将其磨成炒面，与新娘一起返回娘家，将炒面分给女方的所有家族（只限新娘父母所居住的寨子），每户一瓶酒，8—10 斤炒面（现在改为每户 8—10 斤米）。之后每户都要请新娘新郎去吃饭，回去时每户要送一点饭（3—5 斤）和肉（0.5—1 斤）给新娘新郎带回婆家，并给新娘新郎少量的钱（目前送每人 5—10 元），但是在送钱给新郎时新郎必须磕头致谢。

6. 离婚

（1）女方父母请人去和男方父母协商解决

在苗族礼俗中，离婚一般都是女方主动提出，而男方总处于被动地位。如果男女双方感情不和，离婚时都是女方先去找男方家，因为，如果男方家去找女方家，那么，女方家可能会以男方故意戏弄女方为由而不肯完全退还男方家的彩礼钱（因为是男方主动找女方家定亲）。即使是男方不同意与女方在一起，他也要说是女方不愿意在一起，故意不同意和女方离婚，但是由于男方的不主动，女方不得不主动去找他请求离婚，因为在苗族习俗中，女孩子如果年龄大了，找对象是很困难的（这是当地的说法）。

为此，女方父母会找能够说服男方父母的人去，尽量说服，如果男方的父母不同意离婚或者是同意离婚，但要女方家加倍退还彩礼钱，那么请去的人会回来向女方父母禀报，并说明对方的情况。如果连续几次都是这样，那么女方父母就会对自己的女儿做思想工作，逼迫女儿去男方家（当时苗族人的法律意识不高，不知如何寻求法律援助）。女儿在无路可走时只有服从父母的命令。如果男方家同意离婚，那么，女方在其送的彩礼钱上加几百元钱退还男方家即可（至于加多少那要看男方家人的态度了），男方家也要将女方所有的嫁妆原本退回，如果发现嫁妆不是自然损坏，而是男方人为破坏的，可以根据破坏的轻重从彩礼钱中扣掉相应的钱，至于家庭财产一般都归男方所有。彩礼钱和嫁妆都不是当时退还，而是要到女方重新结婚时再退还，如果女方嫁不出去，那么男方家也不能请求女方家退还彩礼钱，女方家也不能去男方家背回以前的嫁妆；如果女方意外去世了，男方家的彩礼钱也就没了（苗族人有一种说法："羊毛出在羊身上"）。

（2）女方直接去男方居住的村委会主任家请求离婚

男女双方感情不和时，女方也可以直接去村民委员会主任家请求村民委员会主任（以下简称村主任）（以前是找生产大队队长）调解离婚，一般都是夜晚从男方家直接去村主任家。女方偷偷地从男方家跑出来，不敢让男方的家人看到，要不被抓到后会挨打的，她一般都是背着网兜，里面装一些自己要穿的衣服。去到村主任家放声大哭，请求村主任帮她做主。在村主任家的这几天，她每天天还没亮就起床，帮村主任家背水（苗族人不用挑，而是用桶来背）、扫地、干活等，晚上还要帮村主任夫人画蜡、刺绣。

一两天之后，村主任才去通知女方的父母和男方家，叫他们一起来村主任家调解子女离婚之事，双方父母都到了之后，女方父母还要根据当地的生活水平支付女儿在村主任家吃住的生活费用，然后村主任再进行调解。如果男方家比较呆板，不同意离婚或者要在以前送的彩礼钱上加很多的钱，那么有可能到深夜都调解不好。相反，如果男方家三言两语就同意了，那么女方家只在原彩礼钱上加几百元钱就行了。调解完毕之后，不需要签订离婚协议书，只要找两个比较有权威性的人代表双方表示已经离婚，双方给这两个人每人一元钱作为担保即可。之后，男女双方无论谁结婚都不会遭到对方的限制。

如果男女双方有子女，那么离婚时女方不会完全退还男方原彩礼钱，至多只退一半，而嫁妆原本退还，若嫁妆被男方人为破坏的，则从彩礼钱中扣掉相应的钱作为补偿，孩子如果是女孩就跟着母亲，由母亲自行抚养；是男孩则由父亲抚养。家庭财产一般都归男方所有。

（3）到人民法院去离婚

到人民法院去离婚，是最近几年才出现的，一方面是农民的法制意识有了提高，另一方面是他们在遇到男方家不同意离婚（虽然子女感情不和）或男方家要高价退婚而女方却无能为力。这种习俗使得一些人意识到通过法律的途径离婚比起一般的自行离婚要好得多，这种离婚方式对男女都比较公平，目前通过人民法院离婚的人也开始多起来了。不过，到人民法院离婚，通常是在通过苗族习俗离婚不成的情况下才去的，目前绝大多数人还是按照苗族习俗进行离婚的。

这个个案的采录人是一个当地人，在描述内容时有自己觉得需要忌讳的东西，所以他回避了许多东西，但是，从他的角度，也说出了许多重要的信息，是一个很重要的关于“箐苗”婚姻习俗的补充。

下面这个个案是一个关于“箐苗”婚礼的描述，其中的唱词是一个非常重要的补充性资料，在一定程度上丰富了我们对于“箐苗”婚姻文化和习俗的了解。

六、“箐苗”的婚礼

搜集整理：杨光亮

据说在举行婚礼之前，男女双方的父母均需要为其子女办喜酒，而男方要请一位年龄比新郎较大的人做主婚人，请一位年龄与新郎同等的人做伴郎，女方也要请一位年龄与新娘差不多的人做伴娘。

大喜之日，主婚人可以不穿盛装，但新郎及伴郎必须穿盛装，将盛装穿好后，证婚人在前，新郎在后，给在场的老人一一磕头。然后，由主人家将所需的钱清点给主婚人，于是，大家就送主婚人、新郎及伴郎前往新娘家。

到新娘家，一般是黄昏后，新娘家派出八位花枝招展的小姑娘在门外站成两排等待着新郎的到来。她们每人手里拿着一根木条，待主婚人、新郎、伴郎到门外时，她们只让主婚人进家，而用木条将新郎和伴郎拦在外面。这时，新郎就猛冲过去，但受不了木条的打而退了下来，再次猛冲，又被打退回来，第三次猛冲，这群小姑娘才让新郎及伴郎进新娘家。

在这里，主婚人及新郎也要给所有在场的老人一一磕头致谢，然后就是酒席伺候。在酒席上，主家请一位陪客与主婚人坐在主位，主婚人居右，陪客居左，新郎与伴郎坐在主婚人的右边，其余四人入座后，主婚人就把钱数给其陪客，由陪客转交主人家。但陪客并非一下就收下主婚人的钱，他要再三推辞，一定要主婚人及新郎再次起来给所有在场的老人磕头三转后方能收下。

将钱收妥后，主家就请一位能言善辩的人来给酒席上的八人倒酒。这时，一般先由主婚人的陪客唱一首酒念后，大家就跟随唱歌，或唱酒念。但酒是一杯跟着一杯的递上来，待吃饱喝足后才能休息。

第二天清早，主人家再次摆酒席恭送新郎新娘。此时，在酒席上的时间长短一般要根据新郎家的要求而定，若新郎家要求新娘在中午之前进家门，则可少玩一些时间；若在中午之后进家门，则可多玩一些时间。也就在这时，新娘及伴娘均穿好盛装，等待主婚人、新郎及伴郎的请求。

当新郎新娘到男家时，首先就有一位老人拿着一只大公鸡在大门口等候，新郎新娘走到门口，那位老人就提着公鸡在他（她）们头上转三转后才能进家。然后，主婚人及新郎再次向在场的老人磕头，至此，婚礼暂时告一段落。

之后，又有两个基本的环节——开柜和披红布。

1. 开柜

在婚礼上，女方一般以箱子一个、柜子一个、被子一床、碗橱一个作为陪嫁之礼。新娘到新郎家后，必须请新郎的母舅为其开柜。开柜时，有如下之说词：

日即食粮
天地开张
子木生在何方
长在何方
子木生在昆明山顶上
长在昆明山
白天在昆明山上晒太阳
晚上在昆明山上晒月亮
风来吹，雨来淋
一年长三寸
十年长十二方
三十六人砍来不能动
七十二人砍来不能翻
忽然如今长大水
大水拉在不闹绳
人人说子木无用处
鲁班砍它下来造成柜子送新人

九把钥匙九把锁
九把阳来九把阴
天上的王母娘娘来开柜
地上的王母娘娘来开城
主家给我一杯茶
恭贺主家代代发
主家给我一杯酒
恭贺主家代代有
一不早，二不迟
正是主人家开柜之时
一开龙头
恭贺主家儿子儿孙重诸侯
二开龙腰
脱开南烧换子朋
三开龙尾
恭贺主家高重举

一开天长地久
二开天久地长
三开荣发富贵
四开子孙满堂
五开五子登科
六开六合同春
七开天上七姐妹
八开神仙吕洞宾
九开九龙来归位
十开子孙坐北京
十一开金满斗
十二开顺交春
喂牛牛成对
喂马马成双
养女荣发富贵
养儿做高官
恭贺主人家百方千孙万代的富贵

至此，再以苗语唱如下一首歌，开柜之礼即完成：

开花结果黄

结果在刺粱
今日完婚后
明年子满堂

2. 披红布

古老的婚礼中，新郎的母舅一般都要买一丈二尺长的红布来为其挂红，母舅还要请一位特别会说“四句”的先生伴随。

新娘到新郎家后，母舅开柜完毕，即要请伴随的先生将一丈二尺长的红布批在新郎的肩上，即披红布。披红布时，有如下的说辞：

主家门前凳有一张斗
请我们三亲六戚来吃这杯挂红酒
这个堂屋四角方
先把新人请来站中央
自从今日传过后
恭取主家儿子儿孙升高官
东方子人开
西方子人才
我们二人恭秀请
恭贺主家新人站出来
这匹红布滑又滑
将它打个结子送给新人拿
打个结子送新人来背起
新人的二人夫妻寿年是八十八
这匹红布红殷殷
出在苏州城
苏州出来贵州卖
母舅将钱买来挂新人

一挂天长地久
二挂天久地长
三挂荣发富贵
四挂子孙满堂
五挂五子登科
六挂六合同春
七挂天上七姐妹
八挂神仙吕洞宾
九挂九龙来归位

十挂子孙坐北京
十一挂金满斗
十二挂顺交春

正月二月撒种子
三月四月种子生
五月六月拈棉种
拈种娘娘又操心
初一早上纺纱子
初二早上上机床
初三初四都织起
织得这匹红布来挂新郎

一织天上一还月
二织地上百草生
三织王母宠龙会
四织百种星上生
五织
六织
七织
八织
九织
十织二人夫妻转来配成婚
十一织得个种种上
十二织种手巾

这匹红布三丈二尺长
出来顺仓小女航
左一转来转新种果
右一转来转月男
出了月男生贵子
出了贵子是读书郎
一顶帽子圆又圆
三手四脚跪在神跟前
自从今日说过后
荣发富贵万万年
这件衣裳测得标
先测衣领后测腰

自从今日说过后
脚蹬圆凳渐渐高
这条裤子西羊叉
母舅将钱买来缝送他
自从今日穿过后
荣发富贵发西家
这双鞋袜弯又弯
上手买来下脚穿
左脚穿来做黄帝
右脚穿来做高官
恭取主家百子千孙万代的富贵

喂牛牛成对
喂马马成双
养女荣发富贵
养儿做高官
主家门前有棚柴
风吹两边排
自从今日说过后
恭取主家大发财
主家门前有棚树
风吹两边林
自从今日说过后
恭取主家大发大富

恭取主家吃不完用不尽了

至此，新郎将一杯酒递给说词先生一饮而尽，说声感谢，披红布完毕。

第二节 “箐苗”服饰和音乐歌舞

对“箐苗”文化中的服饰文化，我于1995年年初进行了调查，在2000年年初时，我们又在陇嘎村进行了专门的音乐文化调查。

一、“箐苗”文化中的服饰文化

讲述者：熊玉安、熊玉文等，另加现场观察。（熊玉安，男，时年50岁，父亲是原寨老，自己在十多年前得了“弥拉”，对本族的鬼事很熟，大多的这方面的事理都由他来主持。熊玉文，时年32岁，父亲很早就是红事和白事的主持人，此人现为该村村主任。)

讲述地点：六枝特区梭嘎乡陇嘎村

讲述时间：1995年2月

采录人：吴秋林

这里的“服饰”应该是一个大服饰的概念，即包括发髻样式、衣裤鞋、身上的饰物等。

1. 发髻样式

此支系的发髻在30年前男女都如此，男女都终身不断发。男女都在头上用麻绳绑上一个微微上翘的木角，并把头发用白布带子交叉捆绑在木角上，使头发成八字形向左右伸延，形成特有发髻。这是数位“箐苗”青年和壮年或老人的叙述，但对男人的盘发形式没有特别的叙述和说明，只说大致与现在仍存在的妇女的盘发样式相同，本人没有见到过实物，因现在的男人已完全没有了头上的木角和发髻，一如汉族等其他民族男性的发式，只是在节日时，在头上盘包上一块黑色的头布。如此，现今这个民族支系的发髻样式只保留在女性的头上，男性头上的发髻恐怕永远消失了，而描述这个民族支系的发髻就只能体现在对女性发髻的描述了。

“箐苗”女孩大约在10岁时，孩子的父母（多数时候是母亲）要为女孩子准备一个小小的木角。木角一般是硬木，如青冈、栗木等，尺寸不定，孩子小就小一点，随着年龄的增长，木角也得换成相应长度。

女孩戴木角时大致也就是女孩学习绣花、画蜡、蜡染等技艺的开始，于此有没有什么仪式或定规，情况不明。据一般的询问说是没有。是不是历史上有过一定的礼仪，后逐渐荒废的推测也没有可据之处、之说，但开始给女孩戴木角，肯定有一种“集体无意识文化互渗”的意义，对民族文化于此的传承有决定性的影响。

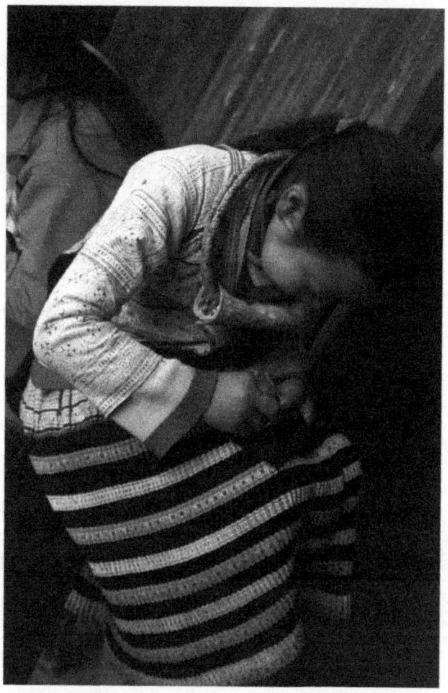
图3-2-1 “箐苗”女孩刺绣

给女孩戴木角是母亲当然的任务，并有教会女孩绑木角的职责。据观察，绑木角需要先把头发在脑后中央部位绾成一个圆形的发结，用麻绳把木角和头发同时绑好，既定型了头发结，又绑牢了木角，然后把头发盘绾在头上。据介绍说，五年前这就是日常的生活装束。现今则头发就不盘在木角上，木角上是空白，看上去就如动物头上的两只角。这样盘发的头上装饰也就是“箐苗”女性的日常式样，从小孩到大人都是如此，别有一番情致和异样感。在数十年前，日常生活中的男女老幼都是如此，那更显得特别。现今男性已经全部没有木角了，少部分女孩子也在平常日子不戴木角；披着头发。到节日（特别是“坐坡”到来），以及有什么重要的场合和活动，“箐苗”女性的头发就得认真地盘在木角上，用白布带交叉绑好，在头顶上形成美丽的乌发云髻。据介绍，在不久以前，女性头上的云髻全部由妇女本身头发形成，一般没有另外的东西掺杂发中，故头上发髻最重的有 3 千克。这里有两个事象值得一叙，一是木角的长度，二是发髻的大小；在调查中，对木角的长度有没有一定的规定和要求，一般的说法是没有，是随妇女的意愿而决定的，但我觉得族内对木角的形状、长度是有一定要求的，也许某种形式上的比较正规的规定没有形成，但相应的不成文的规定是有的。在观察中，女孩的木角一般较小巧，带有预习性质，但成年女性的木角一般部长过两肩约五寸，木角尖锐，微微上翘，如盘上头发，左右的头发大大超过双肩。

在调查中，对“箐苗”女性头上发髻的大小我也进行了观察，几乎每一个女性，或主要是女青年，都尽力把头上的发髻盘得很大，最大限度地展示自己如云的乌发，你对她的发髻表示关注和兴趣时，她们明显地显示出兴奋。这里面似乎表现了一种倾向——以大而黑的发髻为美。确实，一头又黑又亮又大的发髻，对表现青春活力和美丽肯定是一个重要方面。正是由于这种倾向，才使木角由一般的木纤子发展成今天“箐苗”的角（我以为此事象与古籍上记载的“椎髻之民”的濮人直接相关，但他们的承负发髻的只是一般的木纤子，我以为是“箐苗”先民把此事象强化为现今的木角，成为这个民族支系的象征物，而这种强化的动因就是让乌发越多，发结越大越好的趋向。这种趋向有美的因素；也有文化的更深层次的因素，如作为“箐苗”的动物模仿、生殖、生命力蕴含等）。木角最长者约二尺五寸，这可能也是木角的长度追求的极限，这与木质、头发重量等有关。

以上是关于发髻的叙述，对于头发本身也观察到一些内容，最早的“箐苗”发髻全部是真正的头发，而且以乌黑发亮的长而大的髻为佳，因而该族的女性对头发的养护肯定有一整套的经验方法，其如何，作为男性调查者在短期的调查工作中是不可能得知的，但“箐苗”女性头发养护的方法、方式肯定有，而且还有不少的民族文化蕴含。在观察中，我看到，女性中白发者极少；另外，中年妇女头上的头发有明显的长期不断梳理爱损稀疏的现象。由此可见，头发在“箐苗”女性一生中是何等的重要。长和多的头发虽然是好事，但要真正养护出一头好的秀发却不是一件容易的事，于是不知从何年代起，“箐苗”女性中就出现了头发的替代品——黑毛线或其他黑色的线状物体。有的只用它来衬底，发髻的面上仍覆盖上自己的黑发，但有的就干脆全用黑毛线等物，使真正意义上的发髻发生了很大的变化。到今天，“花场”上的“箐苗”女性头上全部如此，只是自己的头发参与或多或少。

“箐苗”发髻的包扎式样、用绳等在不久前还有讲究或其他区别的。据调查得知，出嫁时的女性绑扎发髻就与平常及别人完全不一样。不过，现今这些东西已没有多少人探究了。女性本身也没有人知道和执行相应的规定，故现今的女性发髻的绑扎是很随意的。

2. 服装

衣物是“箐苗”保持传统较为完整的一部分，传统的男式、女式服装都保留了下来，并能在民族节日中展示出来。对服装我们分男式、女式来叙述。

（1）女装

布料一般为麻布。麻布又为自种的麻，抽丝纺线后，用木制的古老的平机手工纺织而成，质地较为精细。

图 3-2-2　苗蜡

布料一般都要经过蜡染。先将布料裁剪成衣料后再蜡染，因为衣服的左右幅、左右衣袖的图案一般是对称的。一般装饰的上衣为白底蓝花图案的蜡染，整个上衣由精致美丽的手绘蜡染花纹图案覆盖，淡洁素雅。这几乎是素装，但在上衣上绣花是一件更为重要的事情。在观察中，我看到几种形式，一是衣服的左右幅刺绣；二是只有左右袖子上半部分刺绣；三是左右袖子全部刺绣；四是衣服的左右幅、左右袖子全都刺绣；五是整个上衣全部刺绣。在更细微的差别上还可以分类，但此分类已经体现了生活装到盛装，从老年装到青年装的一般原则，不过这种原则已经被他们自己打破。生活装是不绣花的蜡染上衣，全绣花上装在花场上鲜艳夺目，但也有部分姑娘仍着全素色蜡染上衣，也十分引人注目。

“箐苗”的这种上衣无领、窄袖，前裾短，后面有一片与下裙一样长的长方形后幅，这个长方形的后幅是任何一件女上衣都要有的东西，并且是上衣绣花的起点和必备，也就是说，哪怕是全素色的蜡染上装，这后幅上也是要绣花的。这后幅上花纹一般是横条花，细致地从下到上，一道一道地与背部的花色相接。

上衣上的刺绣，有直接绣在经过蜡染处理过的衣服上的，这样一般就以白底蓝花蜡染图案为底色进行衣服的装饰，另外有将整块的绣片缝在衣服上，如有部分姑娘的肩、袖处的绣花图案就是如此。

在蜡染和绣花上，不管使用多少种图案式样，都讲究左右袖、左右衣幅上花纹图案的对称效果。另外，对称的原则还被应用于衣服左右的图案中，这些作为左右大对称的图案中。也在上下、左右关系上体现这一对称原则。可以说，上衣的每一处图案都表现一定的对称关系，这使得“箐苗”的女性上衣上的图案花纹，既变化万千，又协调统一。

这种无领的上衣，从脖领处下来，必有一方长长的幅边，这条幅边也被“箐苗”

聪明的女性充分利用。这条幅边的图案不管是蜡染或刺绣，在表现对称原则的同时，又从最根本处表现每一件服装的与众不同。在1995年正月初十的花场上，你很难找到上衣图案花色完全相同例子，在我的镜头里曾出现了四位姑娘，上衣的花纹图案几乎一致，在左右袖、左右幅上的花纹图案大致相同，但这四位姑娘的四条幅边的花纹图案却完全不一样，一下子就把“雷同”二字轻轻抹掉了。

这种上衣只有一个位置在衣服中部的布结相系，作为纽扣。这种布结即便完全系住，女性大V字形衣领，完全看得到外衣里的内衣。我们现今看到的女性内衣多为红色或粉红色的衬衣，此明显为现今市面上的一般衬衣。最初的传统的“箐苗”女性内衣大概不是这个样子，应该是普通的麻织内衣，或者说根本没有内衣。至于现今内衣的颜色，这与一般的粉红色、红色表现青春娇艳的观念是相同的，故我以为，如果她们传统的衣饰中有内衣，颜色也是倾向于红色的。

在内衣里面，应该是束胸一类的东西，但据知文胸在她们那里几乎是没有的，只有极少的有外出经历的女性才有戴文胸的可能性。

图3-2-3 女装纹样

“箐苗”女性的下装是一幅筒式的百褶裙。一般以黑色为基底色，间以红、浅蓝色的条纹，形成对比强烈的色彩变化，非常醒目。最常用的色彩搭配是这样的，从裙边算起，第一道是红色（或为半道），第二道是黑色，第三道是红色，第四道是黑色，第五道是浅蓝色，第六道是黑色，第七道是红色，第八道是黑色，第九道是浅蓝色，第十道是黑色，第十一道是红色，第十二道是黑色，第十三道是浅蓝色，第十四道是黑色，第十五道是红色，第十六道是黑色，再以上就是裙腰，这里一般就是白底蓝花的蜡染布料缝制的。这十六道色条（可能实际中的色道有一定的变化，但不大），五道红色，三道浅蓝色，八道黑色，黑色和红色的色条宽度大致相同，有一定的差异，但不是很大，三道浅蓝色色条宽度只有黑色、红色宽度的一半左右。或者更窄一些。色彩上黑色不变，但红色、浅蓝色在总的色调不变的情况下就有许多变化，如橘红、淡红、昏红、过渡红、黄红等，浅蓝色也是如此。我在花场上，见到裙子的色调总的如此，但见不到完全一样条纹和颜色搭配的两条裙子。

据调查询问得知，传统的妇女装饰中，裙子里一般也就没有内裤，腿上也没有裤子一类的衣物，完全靠裙子和衣服来保暖。但现今这种情况有了很大变化，部分女性已经在裙子里面穿上了内裤和棉毛裤一类的东西保暖了。

这种裙子的长度一般达到小腿的中部。裙子下的小腿上，裹着一片白色的很厚的毛毡，它长度与每个人的小腿长度一样，即从踝关节直到膝关节处，宽度也与小腿的粗细适中，使用时把毛毡裹在小腿处，膝关节处用绳绑好，脚背处又用传统的钉子鞋延伸上来的布片套住、绑好。这块裹腿毛毡的保暖应该是有特别功效的，特别是在过去传统的女性下身穿戴中，就显得尤为重要。

毛毡下面就是鞋了。传统的鞋是以牛皮为底，鞋底有铁钉，绣花鞋面，上有一黑色软布统，把布统提起，形同今天所见的半腰水靴。这种鞋的牛皮底约有五层，多为犍牛皮所做（可能也有多几层的或少几层的），鞋底上有数十颗铁钉分布，在泥泞的山区行走不易打滑。鞋帮是布面绣花，男女鞋都绣花，但女鞋的颜色为红色等，男鞋的颜色大概淡雅一些。另外。男女鞋的区别主要在于：女鞋的鞋尖是一个带钩的形状，而男鞋的鞋尖部则包了一块硬牛皮，其余部分大致相同。“箐苗”在不久前是很看重此鞋的，女儿出嫁的陪嫁品中就得有鞋。我在一杨姓家中就看到了这样的实物。现今的“箐苗”男女已经没穿这种传统式样的鞋了，但对鞋底带钉的鞋情有独钟，故在每一个男女的脚下，都有一双带胶钉的足球鞋，以替代皮底的铁钉鞋。这也是文化事象流变的例子之一。

以上是女性的衣装，但还得有三样东西才能组成“箐苗”女性服饰的整体，这就是脖颈上的银圈、小腹处的肚兜似的饰物，以及这个饰物带上的数条手巾。

（2）铜圈

铜圈作为女性的一种装饰品是挂在脖颈上的，铜圈为圆形，脖颈后面铜圈是普通的铜棍状圈，下巴处铜圈有卷曲的装饰花圈。这样的装饰铜圈有的女性戴，有的女性没有戴，但据知为戴圈多的显贵。观察到的情况，戴者少者四个圈，多则八个圈。

图 3-2-4　女装纹样

小腹处的类似肚兜的东西基本为圆形，黑色，质地为毛毡，很厚，大小正好把腹部、耻部下延全部盖住。此物她们叫“围腰”（章围），而我以为它肯定有自己更深含义的称呼。此物的上部处连接两根带子，挂在脖子上，左右还有两根小一些的带子，系在腰上。

问及此物的实际效用和意义，一般只说是为了好看。我以为它不可能是家务活的围腰，在外和在家劳动时都不取下，只把它转到身后。也不是为了手的保暖而设置的，因为“箐苗”女性手的取暖大都伸至后腰的上衣尾幅下，并不放在此物下。唯一的实际功用就是为腹部和耻部挡风寒了，但又不完全，放在外面，挡风寒的功效有，但并不明显。我以为，它肯定是某种文化含义的表达，比如对最原始的遮羞布、皮幅的回忆和外化，故而此物的文化意象很古老。调查反映说“是一种规矩”。

系在“围腰”带上的手巾也是“箐苗”身上的饰物之一。这些手巾一般带花，花色多种，有带，分两条、四条、六条对称系在左右“围腰”的带上，然后垂下，大致达到“围腰”的底部或者超过露出，在“围腰”两边。问及此物时，也是说好看，文化事象的蕴含一时不好理解。

（2）男装

在“箐苗”中，男性的衣饰也显得很重要，至少比一些消失了男性民族服装的民族重要，因为至今“箐苗”的服饰消失并不是很多。

男性三十年前头上是有饰角和盘发的，但现今一如汉族，只包了一块黑色的帕子。

男性的上衣布料是麻织的土布，染成青黑色。硬领，窄袖，从领口到下摆是两排白色的蝴蝶结式的布纽扣，左右有两个四方形的口袋，口袋就是两块绣花块，有精制的绣花图案。另外，上衣的袖口和领口处也绣有一圈花，这是男性上衣绣花的三个地方，观察多例，均未见有破例者。

男性上衣也有后摆，长度没有女性的长，也是长形的，颜色同衣服。没有花饰。但男性上衣的后摆在有些例子中消失。我以为，前一种有后幅的上衣是比较传统的，后一种无后幅的是经过改进了的。

男性上衣的这一块后幅我以为与古代仡佬族的披袍、套头裙有关，具体情况有待进一步考究。

男性上衣内部现今的穿着是多样化的，但在不久前的传统中也有类似女性内衣的问题，因我在观察中发现，有一男青年竟穿四件如此的上衣，保暖？或是一种富有的显示？

男性下身传统的是一袭如女性一样的白色百褶裙，长至小腿中间位置，这似乎没有什么值得多言的，倒是其绣花的腰带值得一书。这腰带系在男性腰部，很长，可以在腰上围好几圈，带子垂在男性面前有一长形的条幅，条幅下垂边上有的还有穗花。整个腰带全部绣上了精美的图案，原则上与女性的相同，其腰带刺绣程度与女性上衣的满绣相同，可见传统的男性服装也与女性服装一样。很看重这些美色的展示，只是女性重上衣，男性重腰带。另外，男性在传统的衣饰中，最初也是裙子下没有内裤或长裤的，但现今也有了变化．基本上都有穿长裤了。

男性着裙者小腿亦有白色毛毡裹之，鞋前面已叙述。饰物上，男性脖颈上亦有铜圈，情形与女性相同。在花腰带的两边，也系有同女性一样的花手巾。另外，一些男性还斜挎着一个精制的绣花包，这也是男性的饰物之一。

以上是整个“箐苗”我已知的服、色、饰情况，可能并不完全。应该说，他们的服饰是非常引人注目的，蜡染图案很精细雅致，绣花图案也很新颖丰富，特别强调对称关系和效果。在色彩上，视觉感觉很清新，不俗气，再加上此支系男女长相都较好，肤色也白洁，给人印象深刻。

以上的个案对“箐苗”文化中的服饰文化进行了相应的描述，概况如此，但我们还无法深入“箐苗”文化中的服饰文化的工艺层面。毋庸讳言，这里肯定有“箐苗”文化的许多表现，并值得我们注意和研究。

在个案的描述中，我大致顾及了基本面上的东西，但也有当时不明了的地方，如“箐苗”女孩脖颈上的银圈，以及我称为“围腰”的东西。“箐苗”的女孩戴银圈除了表示富有外，还有一个重要的功能，这就是表明女孩未婚，已婚的妇女就不再戴银圈了。

对于我个案中所说的“围腰”这个名称，以及对其理解都有些不明了的地方，对此，杨耀荣先生1990年时对此进行了描述，我以他的描述对这方面是一个较好的补充。他文中说：

图 3-2-5 “箐苗”男女盛装

章围，又称毡围，毡者，羊毛擀织就的羊毛毡也，其“章”之意，大概是“毡”字谐音衍化而来，称谓之习惯了，也就约定俗成，“围”，取围裙围巾围腰之形象功能。章（毡）围是否有其他之含义，有待考证。

“箐苗”妇女都要系戴一个章围，只有也唯有“箐苗”女人才可以系戴，实在是一个时刻不离身的“护身符”，即使是在田间劳作也要系戴，样式犹如孩童之兜肚，更如日本女人和服背上那个“装饰包”。

章围有背带，但不似小学生们斜背书包，却又如小学生们有时将书包背带挂在颈部肚前那样。如此，这个“包”就自然遮盖了小腹至大腿的全部，上至小腹，下至大腿，左边横平腰际，走起路来磕碰大腿，有些不便。

章围博大宽厚，一挡百挡，挂于颈，系于腰，是长角女性服饰的一个重要组成部分，显眼夺目。

章围重的达两三斤，一般的半斤，上窄下宽成椭圆形，边长8寸至1.2尺，羊毛擀织成整块，一律用一种植物叶靛蓝色染就。

女孩进入十二三岁就戴章围了，一戴就是告老终年，进入坟墓亦然。60岁以后，章围就用一块轻便的青布代替。

对“箐苗”的蜡染，杨耀荣先生也有一些文字，同样也是很好的补充。

“箐苗”蜡染古朴新颖，精湛别致，虚实相映，变化无穷。走进“箐苗”寨，灿烂多姿的彩色蜡染、青白蜡染迎面扑来。“箐苗”的服装，常常晾在石头上、树林里，挂在篱笆边、屋檐下，一条条，一幅幅，一块块，大小不一，长短各异，令人目不暇接。

靛青底布用植物靛青色汁将白色棉布及蜡画浸染。家家都有靛青染缸染锅，户户皆有蜡碗画笔，家家姑娘妇女都精通这门艺术工序流程。这是“箐苗”人的一门祖传技艺，即使是温饱未及的人家也必备蜡染器具和颜料，潜心制作彩色蜡染。否则，这家女孩必遭议论讥笑，视为无本事，严重的被人看不起到门可罗雀，择偶难。习俗如此，无议逆转，宁可土地荒芜，也要绘画蜡染刺绣，是一种特有的兴趣、爱好，也是一门特有的艺术。若是彩色蜡染，其黄色，由当地一种山草熬汁而成，其他红绿诸色，皆就地取材，大都是一些矿物、植物原色。

图 3-2-6 “箐苗”女的“长发”

女孩从 10 余岁就进入刺绣、蜡画和蜡染生涯。蜡画主要安置在女性衣背和衣尾摆处，每一个“箐苗”女性特别是姑娘、少妇，其背负的是一件珍贵的蜡染艺术珍品，一个民族的历史、智慧和文化，在“箐苗”蜡染里，也浸透着母亲的心血和慈爱，凝结着“箐苗”姑娘的手巧聪慧、忠贞勤奋。

“箐苗”蜡染及刺绣是“箐苗”中情人的信物，更是“箐苗”人珍贵的民族遗产、祖传技艺。

蜡染放置皆是肩、背、袖、腰和尾摆，裙子为四环花纹，余下绣、蜡相兼，不可错乱，有如反穿，衣鞋当帽，遭讥笑唾骂。

这些文字对“箐苗”的蜡染描述和评价都是很有深度的，也接触到一些工艺上的问题。

可以这样来说，这些已深入到“箐苗”日常生活的方方面面，在他们的工艺、恋爱、婚姻、人口、生产、纺织、审美、情感生活等方面，都有所表现。

与“箐苗”服饰文化一样重要的文化是它的音乐歌舞文化。

“箐苗”音乐文化主要表现在芦笙、三眼箫、改制口琴、孝歌、酒歌、山歌、情歌等方面，其中三眼箫是这个民族支系所独有的，很有特色。从音乐文化生态来说，他们主要有如下的表现：酒歌、孝歌主要用于丧事（参见第二章的祭词）；但前者在更广泛的范围内都可以用。山歌、情歌主要用于青年男女谈情说爱，以每年的“坐坡”表现得最为出色。上列的三种乐器以芦笙最为重要，芦笙曲中又以祭祀芦笙十二谱最为重要。此乐器使用广泛，丧葬中用，喜事中用，谈情说爱中

图 3-2-7 “箐苗”女的“长角”

用，还有男女间情感交流、一般生活中的语言交流等功能。三眼箫、改制口琴的主要用途是年轻人情感交流的工具，当然也是起艺术情感追求的重要方面。在“箐苗”中，你如果不会唱情歌、不会吹芦笙、三眼箫、改制口琴就表明你没有文化（民族传统文化），你也就是无能、无本事之人。这样的人是很难找到伴侣，或很难找到好的伴侣。

从音乐文化上来说，“箐苗”音乐与其文化生态的关联十分密切，其音乐是一种语意性包容在内的音乐艺术表达，生活气息十分浓郁。对“箐苗”的音乐艺术诸方面，我们在这里很难进行音乐艺术的专门探讨，只能就其音乐文化而言，做一些讨论。

2000年年初，我们在进行民族器乐的采录中，对其三眼箫及三眼箫所依存的文化生态有一个文本。这个文本的描述对我们了解“箐苗”音乐文化有很大的帮助。为了描述和理解的方便，我们也把它视为一个个案。

二、陇嘎村“箐苗”的音乐文化

采录地点：六枝特区梭嘎乡陇嘎村
采录时间：2000年2月
采录人：杨方刚、吴秋林

此箫名为三眼箫（苗语称为“匝若”）。三眼箫系气鸣乐器，发音原理近似竖笛，由于吹口风门窄细，所以发音有别于笛而近似箫。此箫斜开三孔，孔眼不在一条线上是为了便于手指按孔。由下而上分别称为1、2、3孔。

三眼箫大体有大、小两种，大箫1=G，小箫1=F。发音本音（即缓吹音）1孔为“2”，2孔为“6”，3孔为“1”；连同泛音1孔为“2 3 2”，2孔为“6 5 6 3”，3孔为“1 1”。故其音列为“6 1 2 3 5 6 1 2 3”，用叉口吹法1孔可出“7”音。根据乐曲常用音排列为“2 3 5 6 1 2 3 ”。

三眼箫设置三孔音的主要根据是当地苗族的民歌音调（三眼箫的曲调源于吹歌，故其音调有歌唱的实际含义）。我们知道音孔少的乐器，演奏音调主要靠一系列的泛音，而这种泛音的发音靠口风和气息的控制，控制得好，则音的运用自如而灵活，每个音的流动（微升、微降，上下滑动等等）非常自如，这样就易于模仿人声，成为一件歌唱性（语义性）很强的乐器。我们知道，音律性很强的管乐器和弦索乐器最初的曲调大多出于模仿人的歌唱，随着乐器律的规律化（管乐器用开设一系列的音孔把调律音的音高相对固定化），器乐与声乐逐步分家，此时，管乐摆脱了人声模仿的桎梏，走上独立发展的阶段，根据这一基本规律来推断，现尚处于模仿人声阶段的三眼箫（从其演奏的乐曲曲目可以证实这一点）是一件相当（或比较）古老的乐器，它与贵州仡佬族的开二孔的“泡木筒”似有某种渊源关系。三眼箫流布地域为黔西北一带，为苗族中的一支“花苗”所拥有，曾载于《中国少数民族乐器志》。

三眼箫主要是男青年向女青年表示情爱时吹奏，亦在一般情况下表达抒发自己的情感。

三眼箫的制作过程：由吹奏人自己在山间寻一竹节均匀、较直的水竹，粗细均可，但一般均寻粗壮者。晾干后，打通竹节，一般在竹的大头削一个45°的吹口，吹口背钻一圆孔，从吹口顶端剖开一条缝，插进一条形竹片，撑开所剖竹片，形成吹口风门振动气流。然后，往下钻三个位置不同的圆孔，再刷上一层土漆（也有不刷者），三眼箫也就做好了。此处收录的三眼箫总长为103厘米，吹口长3.5厘米，吹口距第一个音孔为53厘米，第二个音孔在第一个音孔的左下侧的12厘米处，左右相距2厘米；第三个音孔又在第二个音孔的对面下侧17厘米处，第三个音孔距箫尾20厘米。

三眼箫的音乐特点为：高音细柔，中低音浑厚，曲调流畅如歌，节拍挥洒自如，旋律行进时经常运用7度（5 6，或1 2）音程下行跃进，构成其音调特色。

这是我们根据从陇嘎村采集到的三眼箫而编写的文字，其乐器中表现出来的文化情态，与“箐苗”的其他文化表现是一致的。从以上的文字我们得知，三眼箫是一件很古老的乐器，与仡佬族的二孔泡木筒有相似的性质。这些，大致从另一个方面佐证了“箐苗”与仡佬族文化上有一定的关联。

“箐苗”芦笙也是很有特色的，属于贵州黔西北芦笙的范畴。其芦笙曲调祭祀意味很浓，也很沉重。

“箐苗”歌舞应该是乐舞一体的，一般来说，有乐就能有舞，有舞就有乐，且二者内容是相辅相成的，并且与民族的习俗直接相关联，但外族人很喜欢把它们分开来认识和理解。杨耀荣先生就是这样来看待“箐苗”的歌舞的，杨的文本如下：

热情奔放的“箐苗”歌舞，在改革开放的大潮中，流珠泻玉般地流淌出山外，展示出了大山深处的奇观，也展示出了“箐苗”悠久绚丽的文化。

1990年，农历四月八，这是苗族的节日，省城贵阳，苗家集会，梭夏乡高兴村的“箐苗”歌舞演出队也汇入其中，以其独具一格的表演，誉满省城。翌年6月，在黔东南凯里举办的“贵州省村级民族歌舞会演”中，也是这支“箐苗”歌舞演出队，一展风采，备受观众青睐。这是“箐苗”首次走出大山的先头“部队”，“箐苗”以自己的歌舞，向大山外面的世界宣告了自己的存在。

“箐苗”歌舞以“跳场”“谈情说爱”“老喜”三种类型为主，其各种场合的歌、舞、曲皆严格有别。男人们学歌练舞，如女人们学绘画绣花，非到炉火纯青地步不可。

“箐苗”跳场是在乌蒙山腹地，织金、纳雍、普定和六枝四县（特区）接壤交界地最大而最隆重的盛会.“箐苗”自己组织跳，汉家踩场开场也请跳，哪个乡场要图兴盛都请跳，据说衰败了的跳后就兴旺，兴旺了的跳后更加繁荣。这实际上是当地山民们对“箐苗”歌舞的赞誉。

1987年，本地老卜底大桥落成，经议定要在这座横跨乌江上源的大桥两头开辟一个新场，也是请“箐苗”来跳场的，后来，果然场坝兴旺得很，至今不衰，七天一场不断。人们都说：“这又是‘箐苗’跳兴旺起来的一个乡场!”

“箐苗”跳场一般在毗邻的织金县吹聋和六枝特区梭嘎举行。跳场往往取决于资金的筹措，国家盛典之类的重大节日，或接受邀请，或自己集资，有如筹办一场运动会，也有如筹办一场文艺会演。实际上这是“箐苗”自己的一次大聚会，也是各兄弟民族的一次联欢会。

热闹的“箐苗”大聚会，均由“箐苗”自己筹办，接到通知后，每一村寨都得参加，就像国际奥林匹克运动会那样认真、严肃有序。聚会上有武术、赛马等各种表演，有老年人的叙旧，有青年人的谈情说爱，有对歌、行酒令，还有其他民族的商品交易。

盛典中最为精彩热闹的，是跳场中心的“转花树”。场中心栽棵“花树”，“花树”均为常青树。“花树”上系挂有一根根、一束束花线和红绳。“花树”周围地面画有各寨界线，以寨为单位开展歌舞，如吹奏芦笙、抚琴吹箫等活动。“箐苗”青年男女则围绕“花树”歌之舞之，既雄壮又优美。

跳场临近结束时，一些在场的有心人，便蜂拥而上，采摘“花树”上的花线红绳，然后为孩子拴带，图个“消灾除祸”的吉利。

“接花树”这是最讲究的，以往皆是那些不生育儿女，或生了儿女不乖而短命了的“箐苗”父母最热心的事。事毕须摆酒设席请客，如接儿子媳妇一样隆重，其实也是对劳动者的慰劳。关于“接花树”的有关传说和故事，当地流传甚多，有偶然的巧合，有迷信的传说，古朴而又神奇。

图 3-2-8　“箐苗”女梳头

“箐苗”歌舞中的“老喜”尤为讲究，有 6 大谱 6 小谱之别，连开头的谱计算在内，共为 13 谱。各谱音律节奏都很有感染力，闻之催人泪下，主要是缅怀死去的老人，有对死者的歌颂，有对死者一生的叙说，乃至成鬼后的希望，真挚深沉，动人肝肠。曲语皆由芦笙吹奏一曲，另一人用口念唱一谱，两人配合默契，其演奏出神入化，气势沉郁悲壮，粗犷庄重。

每种歌舞都有一个“进门谱”，无论进家门演奏，或是在山野中的集会歌舞，每次每支歌舞开头都必须有“进门谱”，否则，如文无题，龙无头。不吹进门谱就吹其他谱，若避开“进门谱”入题，就等于不事长辈，无论吹奏得如何优美动听，都像无营业执照一样，无论其经济效益如何，都必遭非议。至于“谈情说爱谱”，均属谈情的叙说，爱的倾吐，其中内容和艺术都是难得的佳品。

三眼箫，凭“三眼”就可吹奏出优美动听的音乐，堪称“箐苗”一绝。在贵阳、凯里会演中，高兴村“箐苗”的三眼箫吹奏在众多乐器中大爆冷门，诸多声乐行家里手在惊叹之余，反复试之又不成调，乃至无法成音。“箐苗”的三眼萧多在“箐苗”青年男女中吹奏，内容大多为谈情说爱。又有铜片乐器叫口弦，四五寸长，为一薄片，中间有刻度，边吹边用手指弹，音微而悦耳，主要用于男女幽会时当“暗号”。

“箐苗”歌舞，热情奔放，绚烂多彩，是历代“箐苗”劳动人民智慧的结晶。

这个文本让我们不难看出，其歌舞不但与音乐一体，而且是民俗活动的一部分。

关于芦笙舞，在“箐苗”中有一个传说。

在“箐苗”跳芦笙舞时，以两脚交替抬起跳跃为基本舞蹈动作，有一则传说故事叙述了这个基本舞蹈动作的起源。

很久以前，苗王把公主嫁给“狗”青年。“狗”青年每天外出上山打猎维持生计，养活妻子。公主在家织布、做饭等丈夫回家。他们相亲相爱，形影不离。

有一天，“狗”青年去打猎几天没回家，公主坐立不安，有不祥之兆，便上山四处寻找。找呀找，没见“狗”青年的踪影，最后找到一块岩石脚，只见岩石脚下一群乌鸦飞来飞去，岩石下有虫蛇在爬。公主知道是丈夫遇难了，悲痛不已，她砍来竹竿在空中挥舞，驱赶天上的乌鸦，口中不停地吼叫呜呜呼呼，呜呼呜呼！时而抬左脚向虫蛇踏去，时而抬右脚向虫蛇踩去，哭泣不止。她边哭边踩，边打边吼，借以驱鸦逐虫。

从此，后人为了怀念先人，砍来竹管做成芦笙，模仿着呜呜呼呼声吹奏。以两脚相互交替抬脚跳跃为基本舞蹈动作，创造了自己的舞蹈。在一年一度的正月初五跳花时，吹芦笙跳舞的人还背着祖先遗留下来遗物（衣服帽子）在花场跳芦笙舞蹈。笙管时而指天横扫，时而对地哀鸣。女人则边跳边唱，伴着嘤嘤的哭泣声。据说，正月初五上山坡跳花是苗族人怀念先辈的一个隆重祭祀日，同时也是男女青年以芦笙传情达意，选择意中人的一个情人节。在芦笙舞场上，多情的苗家姑娘明里观赏苗家小伙的芦笙舞姿，暗中选择心上人，而苗家小伙则以优美的芦笙技艺博得姑娘的爱慕，许多苗家青年在跳花场喜结良缘。

第三节 “箐苗”语言、姓氏和名字

一、“箐苗”语言

“箐苗”语言属苗语西部方言区，语言与周边其他苗族的语言大体相通，语言上并没有什么特定的表现，不过，他们由于实行极其严格的族内婚，语言的纯正性很高，区域内对自身语言的依赖性也很大，与其他语言区域的界限分明，独立性强。在语言方面，我 1995 年的文本是这样的：

民族语言上我是外行，故数天的对话、观察、了解都只是一些外在的现象，并没能进入其内部的探究。

图 3-3-1 “箐苗”人的鞋

这个支系的语言相对受到外界关注和研究的极少。他们的语言从地域上说属苗语西部方言区，据悉，他们与当地的其他苗族的语言交往问题不大。但同时又据他们一个姓杨的自然领袖说，他们的语言与黔东南的苗族某些语言也是相通的，这是他参加修建湘黔铁路时的亲身经历。

支系的大多数男人都能讲汉语，但多数人词汇不多，表达困难，对汉语表达理解上也有语音、词义上的障碍，基本表现为一种语种性质的障碍，故一般的男人只能进行与他日常生活、地域相关的物事，以及问候性质的交流。能讲汉语，并在交流上比较流畅的男人也有，他们多为出外读过书，上过学，或经常外出的那一小部分人。

支系中的大多数女人汉语能听懂，能讲部分汉语的女人也很多，但普遍不善于对外交流，并且有一个明显的感觉，她们拘泥或不愿意与外人交流，特别是与异性交流应答。不过，该族的女人并不怯于外人对她们的注视和探寻。在妇女的语言表现中，还有一个令人费解的现象，即 45 岁左右的妇女在汉语言交流上明显要比 15 岁左右的少女流畅得多。这肯定不是成熟与羞怯的差别，而是 15 岁左右的少女根本找不到相适应的汉语词汇，或者所发汉语音节十分别扭。这当然与语言环境和训练相关，但究其原因不得而知。

另外，此语言对新的外来词语几乎没有多少融解、改造的能力，基本上全部照音节接纳，如“火车”“汽车”“录音机”“同志”“共产党”等。

语言方面，在最近的这次调查中，我们涉及的也不多，大致的情况也就如以上文本。不过，以上文本中所叙述的东西与概述中杨耀荣先生的文本有相冲突的地方，比如他所说的文盲比例数和文化落后的分析等，也许他有他的道理，角度不同，我说的是日常语言运用，而他说的是书面汉文化的文化标准。

“箐苗”语言相对独立地在自己区域内广泛应用，并且创造性地“活”在这个民族的诗歌（山歌、情歌、酒歌等）里，“活”在他们的日常口语的运用中。“箐苗”语言与其他苗民族支系的语言一样，传统的传承中是没有文字的，虽然现今在世界上已有三种后人创造的苗族文字——20 世纪在贵州省的威宁石门坎由于传教的需要，由西方传教士创造的苗族文字；东南亚的苗族移居美国后出现和使用的一种苗族文字；20 世纪 50 年代由中央人民政府组织国内专家为苗族人创造的一种文字。这三种文字都是拼音文字，都有一定的应用范围，但都没能成为这个民族统一的文字，也许大多数远乡僻地的苗族人对自己的语言应用还处于一种自在的传统的轨道中，并不知道世上还有苗族文字的运用。“箐苗”语言运用就处于这样的状况之下。至于在苗族的一些故事传说中有古代苗族文字的内容，一些苗族学者也认为苗族的古代曾有过文字，但我们至今没有见到过可靠的学术证据，故苗族语言的文字问题，只能如此而言。

“箐苗”的语言运用中，据调查，他们还有一种叫“密语”的语言。这种语言也是苗语，但这是一个特定的语音符号系统，只在“箐苗”十二寨中使用，即对汉族等其他民族使用汉语，在一般的情况下使用苗语，在有汉族等其他民族的人在场，又不愿意他们知道说话内容时，使用一般苗语；在有外支系的苗族或懂苗语者在场，又不愿他们听懂话意时，就使用他们的“密语”。这是我 2000 年年初的调查所得，但我无法得知这一“密语”系统的使用细节和相关情况。

“箐苗”对自己的语言的运用，无疑是他们体现民族文化认同感最基本的文化结构物。语言这东西甚为奇妙，无论你在何处，一吐乡音，就现乡人，就能找到一瞬间把我们连在一起的东西。这在“箐苗”中更是如此，不过，“箐苗”总的数量上看并不多，但对自己民族语言及文化的自信是少有的。在前面杨耀荣先生的叙述中有这样一段文字：

冷坝乡新寨村有一位 24 岁的长角女杨昌平，娘家在织金县吹聋乡，从小能歌善舞，在县、地的文艺舞台上独占鳌头，组织上做出免费让她去省城深造五年的决定，但这颗正冉冉升起的大山希望之星，在 17 岁就结婚生育儿女了，选择了穷乡僻壤的深山、人均口粮不足 300 斤苞谷的艰苦生存之地，变成了今昔判若两人的一只“落地核桃”。

对这个事例，杨耀荣先生表达了他的看法，即“落地核桃”，但反过来讲，为什么不是文化自信的选择呢？在外面世界的物质的富有和文化的贫穷（相对“箐苗”而言）与“箐苗”十二寨中的贫穷和文化的富有相比之下，这位“箐苗”十二寨中的美人的选择我以为没有什么错误可言。

图 3-3-2 “箐苗”人的生活用具

二、“箐苗”姓氏和名字

姓氏是华夏民族、特别是汉民族的一个极为重要的文化范畴，现今的“箐苗”也有这样的文化范畴，但他们的表现却与汉文化中及其他民族中的姓氏和名字的表现大不相同，有他们的特定意义和表现。

在"箐苗"十二寨中，一般的苗人一生中大致有三个名字：一是小名；二是学名；三是老名。小名是这个人出生三天后从父母亲那里得到的，小名中第一个音节是自己的名，第二个音节则是父母的名字，如父母的名字为"波"，这家的四个子女（如三男一女）则分别称为：哥波、二波、三波、妹波。"箐苗"的小名一般要用到结婚生子有了老名之后，才告一段落。学名是"箐苗"的孩子们要到现代学校上学时，才取的名字。这样的名字就有姓氏的概念，比如王某某、马某某、李某某等。很明显，这种带姓氏的名字，是较为现代的时间里才进入"箐苗"中的，从某种意义上说，是苗人为适应中央政府对少数民族实行"编户"的结果，是一种外来的文化范畴，也是一种"箐苗"适应生存的表现。现今这种姓氏已经很好地融入了"箐苗"的名字运用中，成为"箐苗"文化的一个构成了。但话说回来，这种带姓氏的名字，在"箐苗"文化中地位并不高，在对外运用时很广泛，他们自己也觉得很方便，就是在文化观念上没有地位。如一个"箐苗"带姓氏的名字，在"箐苗"十二寨及周边地区可以被叫得响当当的，但这个"箐苗"去世时用的绝不会是他（她）的学名，而是他（她）的老名，学名无所谓死不死，而老名者则能真正的生真正的死。

"箐苗"如果他们不上学，不外出工作，不上户口，一生可能根本就不会给自己取什么学名。

当然，这些在"箐苗"中都难于避免，故一般的"箐苗"也都有一个学名让外人来称呼他。有的"箐苗"，特别是女孩，可能一生都没有过所谓的学名，遇报人口登记表及户口时，往往由家人现编，到下一次同样情况出现时，原来编的名字忘了，又新编一个，故有时同一个人在官家的"账户"上会有几个不同的名字。

"箐苗"的这些姓氏来源现今已很难考证，但不外乎三种情况：一是赐姓；二是随姓；三是自己跟姓。这三种方式是贵州地区少数民族取得姓氏的普遍方式。第一种姓一般是因为有功，由官府或官人赐给的姓氏。第二种是因为投靠大势力的大户人家，或有某种程度的关联就随主人的姓。三是自己为了方便，自己选择喜欢的姓氏。"箐苗"的姓氏可能多为后二者。不管是哪种情况，"箐苗"运用这样的姓氏都是久远年代的事情了。不过，"箐苗"这种姓氏的使用还是广泛的。

据王开云介绍："箐苗"十二寨一共有王、杨、熊、李四大姓。王姓分别有两个鬼师，不同鬼师的王姓可以开亲。王姓在"箐苗"十二寨中约有 600 多户人家，杨姓也有两个鬼师，献饭三勺者叫"三献杨"，献饭五勺者为"五献杨"。"三献杨"以陇嘎村为主，有 100 多户；"五献杨"以化董为主。李姓以火烧寨村为主，有 60 多户。熊姓以陇嘎为主，有 250 多户。

老名是"箐苗"一生中最重要的名字，也是"箐苗"的终极名字，其意义已大大超过名字本身。取老名是在夫妻生下第一个孩子的第三天，有一定的仪式。

三、"箐苗"取名仪式

讲述人：王开云，男，时年 50 岁

讲述地点：小坝田村王开云家
讲述时间：2001 年 6 月 12 日
采录者：吴秋林　杨耀荣

“箐苗”一生中大致有三个名字：一是小名；二是学名；三是老名。

“箐苗”取名有一个仪式，是在小孩生下三天后举行。

“箐苗”男女从小到结婚生子前，只有一个小名，即父母老名的一个字，再选另一个字音合成为小名，并一直叫到结婚生下孩子。孩子生下三天后，就可以举行取名仪式，给自己和妻子共同取一个名字，习惯称老名，即死后后人献饭时要称呼的那个名字。

取名仪式中要给年轻的父母先取一个老名，再用他们的老名中的一个字音，给新出生的孩子取一个小名，即取名仪式包含了两代人的取名内容。

取名一般要办“取名酒”，取名酒外婆家一定要来人，寨上的亲戚一定要请到，也一定要来。如家境不好的也可不请、不办取名酒。

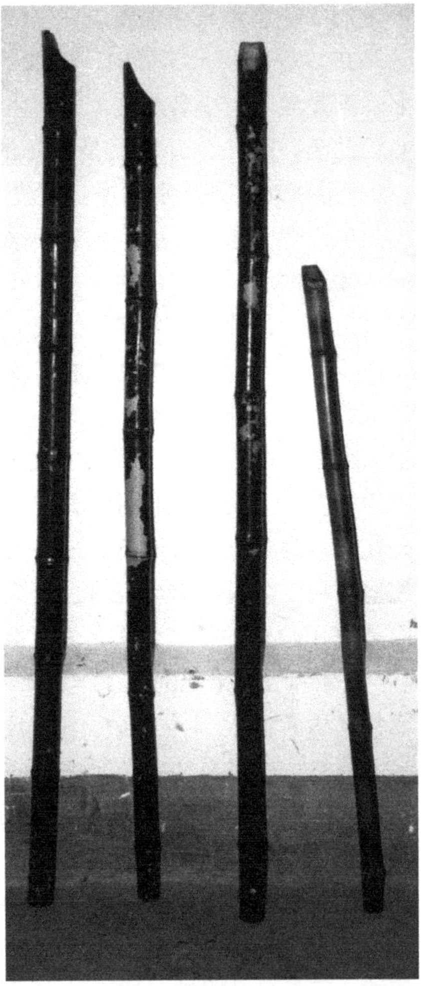
图 3-3-3　“箐苗”三眼箫

“箐苗”的老名取名是夫妻共名。取老名时如果取作“明”，那么男的就叫“补明”。女的就叫“波明”，“补”在苗语中意思是男性，“波”在苗语中是女性，即“男的明”“女的明”之意。故人们一听到他们的名字，就知道他们是有生育的一家人。父母的老名取好后，就可给新出生的孩子取名字了。如果给小孩取名为“马”，这个小孩则叫“马明”；如次子以后的名字为“狗”，这个小孩则叫“狗明”。

“箐苗”取老名和小名都绝对用苗语。

“箐苗”如果结婚没有生育，则没有取名的资格，如果到死都没有老名，就会失去老名，在家族鬼师的叫魂献饭中，就会没有你的名字。如果只生了女儿，那你的老名有，但你死后你的老名也就无人往下传了。

取名后要用一对鸡为取名的这家人叫魂。请的叫魂者需是上一辈的、年纪大的、有威信的老人。他叫魂时站在大门口，面朝门外，左手抱着那对鸡，右手拿着镰刀，用苗语说，魂魄回家来了，在东方的魂魄回家来了，在西方的魂魄回家来了，在南方的魂魄回家来了，在北方的魂魄回家来了，出门在外的魂魄回家来了，在坡上的魂魄回家来了，在沟里的魂魄回家来了，在省外打工的魂魄回家来了……有时念得简单一点，一会儿就完，有时念得复杂一些要念半个多小时。念毕，扬手把镰刀往身后的屋里摔，再看镰刀把朝里还是朝外，如果朝里，说明魂魄回来了；如果朝外，说明魂魄没有来。这样要丢三次镰刀，有两次朝里就算过关了。

取名仪式在“箐苗”的一系列的仪式中不算隆重，但对“箐苗”的每一个个体却很重要，取老名的仪式看似简单，但包含的内容十分丰富。

图 3-3-4　“箐苗”芦笙舞

这里面有出生礼的内涵，婴儿出生了，一般的民族文化中都有为出生婴儿举行出生礼的内容，并常常是单独、隆重举行。而“箐苗”却把它与似乎是成年礼的取老名合二为一，在为结婚生子后的夫妻取老名的同时，为婴儿取小名。这个小名就是这个新的生命在梭嘎苗族中一个个体符号，表明新的生命在“箐苗”中的所有权益的开始。在取名仪式中，是先有了父母的老名，才有婴儿的小名，这个过程也是很有意义的，即这个孩子的归属和由来，以血缘关系的表述都包含其中。这在严格实行族内婚的“箐苗”中，是很重要的，它会帮助族人在未来的婚姻交流中方便地避免血缘近亲的发生。

在“箐苗”的取名仪式中，类似出生礼仪的取小名是重要的，但更为重要的是取老名的内容，可以说，取老名是取名仪式中重头“戏”。仪式中取老名，表面看是一对青年男女由此获得了一个名字，并成为这个民族的一个正式的成员，这完全是一种成年礼的内容表达。可从表达的内容看要比这深沉得多，为什么“箐苗”要选择确认生育之后才能成人这种方式来举行成人礼？生育什么时候成了最终获得“箐苗”族际认同的基本条件的？不得而知，但它从中表现的“种族繁衍”的强烈愿望，不是一句话两句话能说清楚的。除了“种族繁衍”的表达外，仪式还有一个更为重要的内容，即“回归祖先”的“信牌”的取得。在“箐苗”中，一个因为没有生育而不能得到老名的人是不能想象的，没有老名，在阴间的祖先根本不知道你是谁？而且将来你连被后人献饭的资格都没有，这不就意味着被抛出族群之外了吗？人可能不怕肉体的死亡，但怕的是魂魄无所归依，如果因为无生育而无老名，就意味着魂魄无所归依，而其活所为？在“箐苗”中，有了老名，魂魄就有所归依，余何所求？所以，“箐苗”可以什么都不要，但一定要有生育，有老名，而后还要有儿子，把自己的老名传下去。我在“箐苗”寨子做田野作业时，常看到这样的例子，不要国家优厚的工作都可以，但不能没有生育，不能没有老名，没有传老名的儿子。这些，可能不是一般的乡村计划生育干部能够理解的，他们往往只批评他们落后、没文化，但实际情况不像他们想得那么简单。这些“箐苗”实际上是最听话的人群，他们不是不理解计划生育政策，而是怕没有老名。

在小坝田村，我们采录了王开云家的“家族世系表”，从中我们能清楚地看到“箐苗”父子连名情况。

四、王开云家族名谱表

讲述人：王开云，男，时年50岁
讲述地点：小坝田村王开云家
讲述时间：2001年6月13日
采录者：吴秋林　杨耀荣

王开云能往上说的最早的祖公、祖奶叫“补收”和“波收”。

补收与波收生四子一女，分别叫哥收、二收、三收、四收、妹收。

哥收家老名叫“补嘎、波嘎”，生一子，小名叫哥嘎。哥嘎家的老名叫“补周、波周”，生一子，小名叫着周。着周家的老名叫“补云、波云”，生一子，小名叫尔云。尔云家的老名叫“布初、波初”，生一子，小名叫哥初；生一女，小名叫妹初。妹初时年8岁，是哥收这一支年龄最小者。

这一支人现住梭嘎乡团结村，称为“收A支”。

这一支排辈分是收、嘎、周、云、初。

二收家老名叫“补发、波发”，生二子，小名不知。大儿子家的老名叫“补家、波家”；小儿子家的老名叫“补多、波多”，其年轻时被抓兵，一去不归，故名谱中断。

大儿子补家、波家生三子，小名分别叫秋家、增家、幺家。

1. 秋家老名叫“补公、波公”，生四子，小名分别叫饭公、湾处公、二公、菊公。

饭公的老名叫“补楼、波楼”，生二女一子，小名分别叫妹楼，时年21岁；菊楼，时年18岁；小名叫云楼。

湾处公年轻时被抓兵，下落不明，无后，也无老名。

二公家老名叫“补德、波德”，生一子，小名叫哥德，时年14岁。

菊公家的老名叫“补兰、波兰”，生二子一女，小名分别叫哥兰（12岁）、二兰（8岁）、妹兰（5岁）。

2. 增家的老名叫“补胜、波胜”，生六子，分别叫马胜、二胜、四胜、法胜、引胜、今胜。

马胜家老名叫“补走、波走”，生子小名叫哥走：哥走家的老名叫“补拾、波拾”，生女小名叫城拾，时年6岁；生女小名伏拾，时年4岁。

二胜家的老名叫“补愁、波愁”，生子小名叫东愁：东愁家的老名叫“布荷、波荷”，生子小名莲荷，时年7岁；生女小名叫妹荷，时年5岁。

四胜家的老名叫“补松、波松”，生子小名叫轻松，时年20岁：生子小名叫二松，时年18岁；生子小名叫三松；生女小名叫妹松，时年10岁。